国/际/商/务/经/典/译/丛

全球营销

第 8 版

沃伦·基根（Warren J. Keegan）
马克·格林（Mark C. Green） 著

傅慧芬 杜 颖 译

GLOBAL MARKETING

Eighth Edition

中国人民大学出版社
·北京·

随着经济全球化的深入发展，国际贸易、投资和商务活动日益频繁，企业不可避免地要应对来自全球范围的更加激烈的竞争。与许多跨国公司相比，我国企业在国际化环境下成功运作的经验不足，国际化经营水平还比较低。更重要的是，我国国际商务专门人才相对短缺。

适应经济发展的要求，加速国际商务专门人才的培养和培训已成为我国高等学校面临的紧迫任务。2010年，经国务院学位委员会批准，部分高校设立国际商务硕士专业学位；2012年，教育部颁布《普通高等学校本科专业目录（2012年）》，将国际商务专业从目录外专业调整为基本专业。

顺应这一教育发展趋势，中国人民大学出版社在成功出版"工商管理经典译丛"的基础上，精心策划并适时推出了"国际商务经典译丛"（翻译版）和"国际商务经典丛书"（英文版）。丛书所选书目，都是国际知名教授的经典著作，经过长期教学实践检验，多次再版且畅销不衰，在许多国家采用，包括查尔斯·希尔的《国际商务》、托马斯·普格尔的《国际贸易》和《国际金融》、沃伦·基根的《全球营销》等。在引进和出版这两套丛书的过程中，我们力求基于目前国际商务专业的核心课程，既帮助高校建立自己的课程体系，又兼顾企业国际化经营的实际需要。同时，我们在编辑出版的过程中，对引进版图书的内容严格把关，取其精华，对不严谨或不当之处进行删改，确保图书质量。

我们希望，这两套丛书的出版能对我国国际商务专门人才的培养及我国企业国际竞争力的提升有所帮助。真诚期待广大读者提出宝贵的意见和建议。

中国人民大学出版社

前　言

　　《全球营销》(第 8 版)是建立在之前畅销版本基础上的。全书通过概述全球商业环境的主要维度，从环境和战略切入主题。书中的概念和分析工具有助于读者将 4P 理论成功地应用到全球营销实践中去。

　　我们编著所有 8 个版本的目标都是相同的：撰写一本内容权威而风格和语气轻松、自信的书。以下是学生们的评价：

- "一本含有真实案例的优秀教材。"
- "作者使用简洁的语言，清楚地陈述了要点。"
- "这是我本学期使用的最好的教材。"
- "在课本的易读性方面，作者卓有成效。"

　　我们根据自己在本科生、研究生的课程和企业培训班中积累的经验，修改、更新和扩展了《全球营销》(第 8 版)。本书读者的反馈意见和建议使我们受益匪浅。我们还把自己在美洲、亚洲、欧洲、非洲和中东地区直接观察和体验到的信息充实于书中。这些努力使本书能够迎合世界各地师生的需要。《全球营销》被美国的许多高校采用，英文的国际版也已在许多国家使用，包括澳大利亚、加拿大、中国、爱尔兰、意大利、日本、马来西亚、沙特阿拉伯、韩国、西班牙和斯里兰卡。本书的阿尔巴尼亚文版、中文版(简体和繁体)、日文版、韩文版、马其顿文版、葡萄牙文版、西班牙文版和土耳其文版也已有售。

第 8 版新在哪里

- 半数的开篇案例和相关的章节末尾案例都是新的。留下的原有案例也已修订和更新。
- 所有包含主要公司、国家和行业数据的表格均已更新，包括第 3 章和第 7 章所有关于收入和人口的表格，表 10 - 2 "世界最有价值品牌"，表 13 - 1 "2011 年广告支出排名前 25 位的全球营销商"，以及表 13 - 2 "全球前 20 家广告公司"。
- 有关"金砖四国"的讨论已经扩大到了"金砖五国"，这反映了南非作为新兴市场日益重要的地位。
- 对社交媒体进行了新的讨论。第 15 章 "全球营销和数字化革命"也经过了全面修订和更新，包含了对基于位置的移动平台、云计算、平板电脑和其他新兴主题的讨论。
- 新的专栏"创新、创业和全球创造"介绍了来自世界各地富有远见的商业领袖。
- 对第 3 章的收入和人口数据重新进行了整理，提高了清晰度和可比性。
- 在对章末案例进行分析时，强调了对批判性思维的培养。

早期版本中都有的主题包括新兴国家（特别是巴西、俄罗斯、印度和中国）日益增长的影响力。第 8 版在以上四个金砖国家的基础上增加了南非。同样在早期版本中，我们还对全球公司在全球舞台上实现规模化经营所采用的营销战略进行了探讨，这些公司包括巴西航空工业公司（巴西）、卢克石油（俄罗斯）、西麦斯（墨西哥）、联想（中国）和印度的三巨头——威普罗、印孚瑟斯和塔塔。第 8 版中，我们扩大了视野，审视新兴市场的整体情况。我们注意到，在全球经济衰退之前，墨西哥、印度尼西亚、尼日利亚、土耳其（即所谓的薄荷四国），以及许多其他新兴国家正在迅速地上升为竞争活力和市场机会的爆发点。

在之前的第 7 版中，我们绘制了新生经济的复苏路径以及由此带来的全球市场机遇和威胁的转变，并引入了诸如紧缩、资本外逃、货币战争、双谷经济衰退、全球失衡、全球再平衡、量化宽松（QE）和主权债务危机等新词汇。欧元区的危机曾经是并且现在仍是当今最重要的事项之一。希腊、爱尔兰、意大利、葡萄牙和西班牙尤为值得予以密切关注，这也是第 3 章的开篇案例。与此同时，亚洲的重大新闻是中国超越日本成为世界第二大经济体。中国也超越美国成为世界头号制造业大国。

上述趋势也是第 8 版的核心。如前所述，北非正在进行前所未有的社会和政治变革。撒哈拉以南的非洲经济体正在迅速从全球金融危机中复苏。商业媒体每天都在发布公告：全球公司计划进入非洲或扩大在那里的业务。巴帝电信、可口可乐、福特、IBM、雀巢和沃尔玛等公司争相涌入这片世界上最后的未开发市场，参与"最后的淘金热"。第 15 章的开篇案例"非洲 3.0"探讨了移动电话是如何改变整个非洲大陆的商业活动和家庭生活的。这里显然是一个值得关注的地区。

新近的一些研究发现也整合到第 8 版的每一章节中。比如，我们纳入了朴胜虎（Seung Ho Park）和温伟德（Wilfried R. Vanhonacker）在《跨国公司在中国的挑战：思考当地化，行动全球化》（The Challenge for Multinational Corporations in China：Think Local，Act Global）一文中提出的重要见解，该文发表于 2007 年麻省理工学院《斯隆管理评论》上。同样，我们也引用了艾林丹·巴塔查亚（Arindam K. Bhattacharya）和麦维德（David C. Michael）2008 年发表在《哈佛商业评论》上的《当地公司如何让国际巨头走投无路》（How Local Companies Keep Multinationals at Bay），该文极具见地。

同样，我们对全球/当地市场的悖论进行思考时，也受到了约翰·奎尔奇（John Quelch）2012 年出版的《所有生意都是当地化的》（All Business Is Local）一书的影响。我们还添加了许多全球营销的实例。各家公司和组织的网址遍布全书各个章节，学生可以借此开展深入的研究和探索。

章末案例和章节专栏

每章的开篇案例都简单介绍了与该章主题或内容直接相关的某公司、某国家、某产品，或某个全球营销专题。案例的篇幅长短不一，短的仅有数百字，长的超过 2 600 字，但都可以在一节课内读完。编写这些案例出于同样的目的，即引出问题，以激发学生的学习兴趣；鼓励学生积极参与课堂讨论；在培养批判性思维能力的同时，让学生有机会应用这些理论和概念；以及增加师生在课上的互动体验。书中的每一章节和每一个案例都已在本科和研究生课程中进行了课堂测试。

　　此外，每章都配有两个或更多专栏，它们涉及三个主题："新兴市场简报""创新、创业和全球创造"和"文化背景"。

教学辅助资源

　　● 教师手册。可下载的教师手册包括了评判事例、讲义提纲、章末讨论题和案例题的答案，以及额外的学生活动和作业等。
　　● 测验文件。可下载的测验文件中包含1 600多个问题，其中有单项选择题、判断题和写作题。每个问题后都有正确答案、与之相关的学习目标、适用的AACSB类别、问题类型（概念题、应用题、批判思维题或综合题）以及难度等级。
　　● PPT讲义。PPT中包括基本大纲和要点以及各章节的相应图表，既可以根据个人的课程需要进行全面自定义，也可直接使用。每张PPT的注释部分都为学生提供了额外的说明。
　　我们在写作这本教材时面临的挑战之一是全球商业环境的快速变化。昨天之不可能已成为今天的现实，新公司如雨后春笋般出现，公司领导层也在发生突变。换言之，任何一本书都会因每时每刻发生的事件而很快过时。即使这样，我们仍要着手创作扣人心弦的故事，以捕捉全球化时代下正在展开的营销大戏。本书作者对全球营销这一主题充满激情；如果读者察觉到我们行文中的热情，那我们就成功了。我们相信你们会发现《全球营销》（第8版）将是同类教材中最引人入胜、与时俱进、关联最紧和最有用的一本。

目　录

第 I 篇

引言

*I*ntroduction

▷▷▷ 第 1 章　全球营销导论

第1章
全球营销导论

学习目标

1. 使用产品-市场矩阵来解释公司进行全球扩张的各种方式。
2. 描述全球化产业中公司寻求竞争优势的方式。
3. 对单一国家营销战略和全球营销战略进行比较和对比。
4. 认识全球 500 强中排名靠前的公司。
5. 阐明公司在将管理方向从国内/民族中心发展到全球/世界中心的过程中所经历的各个阶段。
6. 对当今影响全球一体化的驱动力和约束力进行讨论。

案例 1-1

全球市场也是当地市场

让我们思考以下命题：我们生活在一个全球市场中。苹果手机、麦当劳餐厅、三星高清电视、乐高玩具、斯沃琪（Swatch）手表、博柏利（Burberry）风衣以及卡特彼勒（Caterpillar）挖土设备几乎在这个星球上随处可见。全球企业都是关键市场上的强大对手。例如，美国汽车业巨头通用汽车和福特，都卷入了与丰田、现代等全球性的亚洲竞争对手以及大众等欧洲公司的竞争中。总部设在美国的全球最大的芯片制造商英特尔公司，正与韩国三星公司展开竞争。惠而浦（Whirlpool）和伊莱克斯（Electrolux）的家电产品也正与德国博世（Bosch）、中国海尔以及韩国 LG 生产销售的家电产品争夺宝贵的零售空间。

接着让我们考虑第二个命题：我们也生活在一个地方特色鲜明的世界里。例如，在中国，百胜国际餐饮集团的快餐连锁店东方既白，面临着来自新亚大包（New Asia Snack）和海底捞等当地餐馆的竞争。[1]* 法国国产电影票房占法国本地全部电影票房收入的 40%，而美国电影的票房却占了法国本地总票房的 50%。在土耳其，像谢尔塔布（Sertab）这样

---

* 为节省篇幅，将本书注释放于 www.crup.com.cn 网站，读者可登录该网站免费获取。——译者注

的当地艺术家，其唱片销量占总销量的 80％多。针对日本少女的杂志《奇奇》（Kiki），也正在报刊亭同来自西方出版商的《时尚女孩》（Vogue Girl）、《世界女孩》（Cosmo Girl）等其他杂志一争高下。在德国，儿童电视巨头尼克（Nickelodeon）与当地广播公司超级 RTL 互不相让。在巴西，很多消费者都偏爱安塔克狄柯（Antarctica）软饮料和其他类似的当地品牌。这些饮料是用生长在亚马孙河一带的瓜拉那莓果制作的。

这本教材的核心内容就是"全球市场对当地市场"之悖论。我们将更详细地研究当地市场的性质。不过现在我们先聚焦于这个悖论的前半部分。回忆一下那些遍布在世界各地的品牌和产品。如果问问普通的消费者，全球那么多品牌和产品都来自何方，你可能会听到各种不同的答案。的确，一些品牌，像麦当劳、多瑟瑰（Dos Equis）、斯沃琪、沃特福德-韦奇伍德、菲拉格慕（Ferragamo）和博柏利等，被人们直接归为某个国家的品牌。在世界的很多地方，可口可乐和麦当劳是公认的美国标志性品牌，正如菲拉格慕和范思哲（Versace）是经典意大利风格的代名词。

然而，人们对其他一些产品、品牌和公司的母国的辨识就比较模糊了。哪些品牌是日本的、美国的、韩国的、德国的、印度的？什么时候一辆德国汽车不是德国人生产的呢？一辆汽车可以既是德国产又是美国产的吗？想想以下情况：

● 美国造福特野马车 65％的部分是在美国或加拿大制造的；美国造丰田微型货车 90％的部分是在美国或加拿大制造的。[2]

● 中国的上海汽车集团股份有限公司拥有名爵（MG）跑车（传奇的双座英式跑车）的所有权。2008 年，上汽集团开始在英国长桥的某工厂制造限量版的 TF 车型；2011 年，MG6 轿车开始在英国伯明翰投入生产。[3]印度的塔塔集团斥资 24 亿美元从福特手中收购了路虎和捷豹。

● 德国汽车制造商宝马在美国南卡罗来纳州斯巴坦维利生产的 X5 SUV 出口到了 100 多个国家。

在本章结尾处，你会找到案例 1-1 的其余内容。这两部分会让你有机会了解到更多有关全球市场的信息，并能测试你掌握的当今全球营销的专题知识。你可能会为自己学到了那么多知识而惊喜！

1.1 引言和概览

上述例子说明，全球市场已有多种表现方式。有的相当隐晦，有的则显而易见。你购物时会发现，自己喜欢的产品和品牌贴有多国语言标签。当地加油站的名称或许已由格蒂（Getty）改为卢克（Lukoil），这反映了俄罗斯能源巨头的全球化拓展。或许你在高速公路上见过联邦快递全球供应链服务车队的半挂货车。或许你从互联网下载电台司令乐队（Radiohead）的《彩虹中》时，利用了其提供的自由选择定价方案。当你在自己最喜欢的咖啡店选购一磅全豆中美洲咖啡时，会发现一些咖啡豆标有公平贸易认证。你打给软件技术支持服务中心或者航空客服中心的免费电话，接听方或许位于印度的班加罗尔或孟买。获得 2009 年奥斯卡最佳影片奖的《贫民窟的百万富翁》，是在孟买及其附近拍摄的。你肯定从媒体报道中得知了纽约的"占领华尔街"运动以及英国、德国、希腊和意大利的相关抗议活动。

全球营销日益升高的重要地位，是过去 160 年中大变革的一个方面。这一变革给许多国家人们的生活和各行各业带来了深刻的影响。国际贸易的存在已有几个世纪：传说始于公元前 200 年的丝绸之路是连接中国和地中海地区欧洲国家的陆路通道。从 19 世纪中叶到 20 世纪 20 年代初，英国称霸世界经济，国际贸易蓬勃发展。但是，包括第一次世界大战、十月革命和经济大萧条等在内的一系列全球剧变，为那个时代画上了句号。第二次世界大战结束后，一个新的时代开始了。作为这一全新全球化时代的标志，先前只服务于本国市场的公司纷纷开拓全球市场，进行空前的扩张。

40 年前，"全球营销"一词甚至尚未问世。而如今，企业家们纷纷期望利用全球营销来充分发挥各自公司的商业潜能。这就是为什么不论身在亚洲、欧洲还是北美洲或南美洲，你对本章开头提及的品牌都耳熟能详的原因。不过对公司而言，它们需要认真对待全球营销的另一个更关键的原因是：生存。如果管理团队不明白全球市场的重要性，那么该公司的国内业务将可能败给那些成本更低、经验更多、产品更好的竞争对手。

可是何谓全球营销呢？全球营销与通常在入门课程中教授的"常规"营销有何差异？市场营销（marketing）可定义为，通过创造、沟通、开发和交换等方式向顾客、合作伙伴和社会整体提供相关价值的活动、制度和过程。[4]公司以其具有竞争价值的产品和服务来满足顾客的需求和欲望，营销活动也正是围绕这个主体活动开展的。**营销组合**（marketing mix，即 4P——产品、价格、渠道和促销）构成了当代营销者的主要营销工具。市场营销是一门世界通用的学科，无论是在阿根廷还是在津巴布韦，都是适用的。

本书以**全球营销**（global marketing）为主题。从事全球营销的组织将资源集中于开拓和利用全球的市场机会并规避其中的风险。常规营销和全球营销的一个差别是活动的范围不同。从事全球营销的公司往往在国外市场上开展重要的商务活动。范围问题可以用我们熟悉的增长战略中的产品-市场矩阵（见表 1-1）来概念化。一些公司追求市场开发战略，即通过将既有的产品和服务引入新的细分市场或新的地域市场来寻找新的客户。此外，全球营销还可以采用多元化战略的形式，针对新的细分市场、新的国家或地区创造并提供新的产品或服务。

表 1-1　产品-市场矩阵

市场导向		产品导向	
		现有产品	新产品
市场导向	现有市场	1. 市场渗透战略	2. 产品开发战略
	新市场	3. 市场开发战略	4. 多元化战略

请将表 1-1 应用到实践中，为其他全球公司创建产品-市场矩阵。宜家、乐高和迪士尼都是很好的备选项。

● **市场渗透**（market penetration）：在美国，星巴克在会员卡和奖励方案的基础上开发了一款智能手机应用程序，顾客可以通过电子支付的方式购买商品。这款应用程序会显示一个条形码供咖啡师扫码。

● **市场开发**（market development）：星巴克通过与印度塔塔集团的合作进军印度。第一阶段是在印度采购咖啡豆并销往世界各地的星巴克门店。下一阶段则可能会在塔塔旗下的高档酒店泰姬酒店开设星巴克店。[5]

● **产品开发**（product development）：星巴克创设了一个名为 Via 的速溶咖啡品牌，顾客可以在办公室和其他无法烹煮咖啡的地方尽情享用咖啡。在美国取得成功后，星巴克又在英国、日本、韩国和其他几个亚洲国家相继推出 Via。星巴克还推出了它的第一款咖啡机 Versimo，可以让星巴克的顾客"在家制作他们最爱的饮料"。

● **多元化**（diversification）：星巴克进行了几项新的投资，包括投资音乐 CD 和电影制作。接下来星巴克将对店铺进行调整，使其可以作为酒吧运营，从而在晚上吸引更多的顾客。[6]

从事全球营销的公司经常会在世界的某一国家或地区遇到独特或不熟悉的情况。例如，有些地区假冒伪劣和盗版活动猖獗，在该地区做生意的公司必须格外注意保护知识产权并应对山寨产品。在世界的某些地区，贿赂和贪污根深蒂固。一个成功的全球营销者应能够理解特定的观念，并通晓世界各国不同的商业文化。他还必须理解，战略若能与普遍适用的营销原理相结合，巧妙实施，将提升市场成功的可能性。[7]本书聚焦于全球营销的主要维度。虽然作者假定读者已经上完了营销学初级课程或者拥有同等的经验，但下一节开头仍将概述营销学的基础知识。

1.2　营销学原理概述

如上节所示，营销与财务和运营不同，它是商务活动中的一个职能性领域。营销还可看作一系列活动和过程，它与产品设计、制造以及运输物流一起，构成了一个企业的**价值链**（value chain）。从概念设计到售后支持，每个环节的决策都应以能否为顾客创造价值为评估标准。

对于在世界任何一地经营的任何企业，市场营销的精髓都是在为顾客创造感知价值（即卓越的价值主张（value proposition））的工作中超过竞争对手。**价值等式**（value equation）是这项工作的行动指南：

价值＝利益/价格(资金、时间、精力等)

营销组合是这个等式的组成部分，因为利益就是产品、渠道和促销的结合。按照一般规律，顾客感知的价值可通过这些方式增加。市场可以为顾客提供一套更好的利益组合，或者降低价格（或者两者兼顾！）。营销者可以努力改进产品，设计新的分销渠道或创造更有效的沟通策略，或三者兼顾。营销者也可通过找到降低成本和价格的方法来实现价值的提升。非货币成本也是一个因素；企业可能有办法减少顾客为了解和寻觅产品花费的时间和精力。[8]以价格为竞争武器的公司可以使用丰富的低工资劳动力资源或采购便宜的原材料。公司也可以通过高效率的生产带来的低成本或量产形成的规模经济来降低价格。

回顾一下市场的定义：有能力购买并有购买意愿的人或组织。为了在市场上获得成功，某产品或品牌必须达到市场可以接受的最低品质，并且与购买者行为、购买者期待和偏好保持一致。假如公司既能提供优质的产品、分销或促销带来的利益，价格又比竞争者低，那么它就有绝对的优势。丰田、日产和其他日本汽车制造公司在 20 世纪 80 年代的美国市场上取得的显著成就正是通过创造卓越的价值实现的；与克莱斯勒、福特和通用汽车的产品相比，这些日本制造商供应的小轿车质量更高，性能更好，价格更低。如今，汽车企业将目标市场转向了印度和非洲等新兴市场。雷诺及其竞争对手正在向中产阶层顾客传递一个新的价值主张：1 万美元即可买到高品质的汽车。继雷诺成功推出达契亚洛冈（Dacia Logan）之后，塔塔推出了 2 500 美元的纳努（Nano）汽车，日产也随即推出了 3 000 美元的达特桑（见案例 11 - 1）。

　　在全球营销中取得成功往往需要毅力和耐心。第二次世界大战后，日本公司最早出口的一些汽车也曾遭到市场的冷遇。例如 20 世纪 60 年代末，斯巴鲁美国公司开始进口斯巴鲁 360 型汽车，以 1 297 美元的标价在美国销售。但在《消费者报道》（Consumer Report）公布了对该车"不能接受"的评价之后，销售就搁浅了。同样，南斯拉夫尤格（Yugo）汽车曾在 20 世纪 80 年代以 3 999 美元的标价成为当时美国市场上最便宜的新车，却只获得了少量的销售额（某消费者杂志所做的调查对此车给出了"勿买"的评价结果）。斯巴鲁 360 型汽车和南斯拉夫尤格汽车在市场上败北的主要原因都是质量差。[9]但是，斯巴鲁的故事却有一个圆满的结局，这在很大程度上归功于该公司几十年来在改进车辆方面做出的不懈努力。事实上，新的《消费者报道》中，斯巴鲁在质量榜上名列前茅，超越了马自达、丰田、本田和日产。[10]然而，历史对南斯拉夫尤格汽车却没有那么友善，它最终入选了《时代周刊》"有史以来最差的 50 款车"。

　　即使是世界上最大、最成功的公司之一，在寻求全球机遇的过程中也难免磕磕碰碰。沃尔玛最近之所以退出了德国市场，部分原因是德国人能够在其他深度折扣店享受到更低的价格。此外，许多德国人更偏好去几家小商店，而不喜欢在那些位于市中心外的一站式商店购物。同样，总部位于英国的乐购公司试图将旗下的新鲜便捷店（Fresh & Easy）打入美国市场的努力也以失败告终，部分原因是美国消费者对其出售的大部分自主品牌商品并不熟悉（见案例 12 - 2）。

1.2.1　竞争优势、全球化和全球性行业

　　一家公司比竞争对手为顾客创造了更多的价值时，就可谓在同行中享有**竞争优势**（competitive advantage）。[11]竞争优势是在与同业竞争对手对比中显现出来的。例如，你开在某地的自助洗衣店属于当地洗衣业，你的竞争对手是地方性的。全国性行业中的竞争者则是全国性对手。全球性行业（如汽车、消费电子产品、服装、药品、钢材、家具以及其他许多行业）的竞争则具有全球性（同理，在很多当地性行业，竞争就是当地性的）。如果企业投身于某个全球性或正在全球化的行业，全球营销便成为必不可少的活动。一个原本地方性或全国性的行业转变为全球性行业，是更广泛的经济全球化进程中的一部分。以下是杰格迪什·巴格瓦蒂（Jagdish Bhagwati）对全球化的定义：

　　　　经济全球化，通过贸易、外商直接投资（由公司和跨国企业开展）、短期资本流动、劳动力和人力资源的一般性国际流动以及技术流动，使国家经济融入国际经济。[12]

　　从市场营销的视角来看，全球化呈现给公司的是刻不容缓的机会（和挑战），由经理决定是否向全球提供产品或服务。同时，全球化又呈现给公司史无前例的重组自身的机会，正如约翰·米克尔思韦特（John Micklethwait）和阿德里安·伍尔德里奇（Adrian Wooldridge）所说，"允许消费者购买世界最佳产品的全球市场同样也允许生产商找到最佳的合作伙伴"。[13] 全球化为专业体育组织提供了重要的营销机会，比如美国职业篮球联赛（NBA）、美国职业橄榄球大联盟（NFL）和美国职业足球大联盟（MLS）。MLS 主席唐·加伯（Don Garber）指出："全球文化中的通行语言是足球。那是'最佳击球位'。要是没有全球化带来的变小的世界，我们就不会有今天的机会。"[14]

　　除了全球化竞争，全球化对全球产业还有其他影响吗？答案是肯定的。正如管理学专家迈克尔·波特所定义的那样，**全球性行业**（global industry）是可以通过整合和利用全球规模经营获得竞争优势的行业。换言之，当公司在一国的行业地位与其在别国的行业地位需要相互依存时，其所在的行业就是全球性的。全球化的指标包括跨国贸易与全球生产总值的比、跨国投资额与资本投资总额的比、参与世界主要地区竞争的公司所创造的收入与行业总收入的比。[15] 确定某行业部门全球化程度的一种方法是计算该部门每年的全球贸易额（包括生产过程中运往其他国家的零部件）与行业年销售额的比。从这些指标来看，消费电子产品、服装、汽车和钢铁行业都是高度全球化的行业。[16]

　　要想在全球性的行业里取得竞争优势，高管和经理必须坚持一个界定明晰、专一聚焦的战略。**聚焦**（focus）就是将注意力集中到核心业务或能力上。雀巢公司前董事长赫尔穆特·莫彻尔（Helmut Maucher）的评语清楚地指出了聚焦对全球公司的重要性：

　　　　雀巢公司是专一的：我们只做食品和饮料。我们并不是开自行车铺的。甚至就食品而言，我们也不是什么食品都做。有些领域我们绝不涉足。因为竞争的缘故，我们在欧洲和美国暂时没做饼干和植物奶油。我们不做软饮料，因为我说过，我们要么收购可口可乐，要么就别碰它。这就是聚焦。[17]

　　不过，公司管理层可以另辟蹊径，随着总体战略的转移，改变聚焦的内容。甚至连可口可乐公司也被迫进一步聚焦于其核心饮料品牌，2001—2002 年销售疲软期后，其前董事会主席兼首席执行官道格拉斯·达夫特（Douglas Daft）宣布与雀巢公司结成新的联盟，以期合作开发并营销咖啡和茶品。达夫特还提出了改造可口可乐的美汁源业务单元，将其变成一个在全球各地营销果汁品牌的全球分部。达夫特解释道：

　　　　我们是一个品牌和商务网络。谁都不想成为一个单一的饮料公司。每个品牌都有不同的投资回报率。销售方式不同，饮用的原因不同，管理结构可能也不同。如果你把它们混同起来，就丧失了焦点。[18]

　　公司高管有关聚焦的讨论不胜枚举，这是他们面对全球商务环境的变化做出的反应。近年来，贝塔斯曼、高露洁、达能、伊莱克斯、菲亚特、福特、富俊国际、通用汽车、哈雷-戴维森、汉高、乐高、麦当劳、飞利浦、东芝以及其他很多公司纷纷加紧把战略重点聚集到自己的核心业务和品牌上去。具体的做法，除了结盟还有其他许多形式，包括合并、收购、剥离，以及将业务收缩后并入公司其他部门。[19]

　　价值、竞争优势以及实现这两项所需的聚焦战略之间存在普遍的相关性，这些概念应该成为世界各地营销活动的指南。全球营销要求人们以全球为基点关注这些问题，并运用能够监视全球市场机会和风险的信息系统。本书的基本理论前提是：理解并从事全球营销的公司与缺乏这种认识的公司相比，总体上能够为顾客提供更多的价值。很多人都有同样的信念。例如在 20 世纪 90 年代，C. 塞缪尔·克雷格（C. Samuel Craig）和苏珊·P. 道格拉斯（Susan P. Douglas）曾经指出：

> 全球营销已不再是抽象的概念，而是确定的现实……不去参与全球市场竞争已不再是一种选择。所有的公司，无论其规模大小，都要以世界大市场为背景精心设计战略，以预测、应对和适应这些市场不断变化的格局。[20]

越来越多的证据表明，许多行业中的企业都认识到了这个问题。比如，三家意大利的家具公司通过合作来扩大海外销售额，以此应对亚洲公司带来的日益增长的竞争。诸如路威酩轩集团（LVMH）和普拉达集团等奢侈品公司创造了新的商业实体模式，而正是这种新模式将波尔托纳·弗劳家具（Poltrona Frau）、卡西尼卫浴（Cassina）和卡布里尼家居品（Cappellini）联合起来。[21]中国香港的太平地毯国际公司（Tai Ping Carpets International）也在全球化。公司的高管已分散到世界各地；而金融和技术职能仍在香港，营销主管以纽约为根据地，运营主管则位于新加坡。公司董事约翰·英（John Ying）指出："我们正在努力创造一个微型跨国公司。"[22]

1.3　全球营销：是什么，不是什么

市场营销是一个普遍适用的学科，只不过营销手法因国家而异，简单的原因是世界各国和各族人民彼此之间存在差异。这些差异意味着在一国已被验证成功的营销方式在另一国未必奏效。顾客偏好、竞争者、分销渠道和传播媒介可能都不一样。全球营销的一个重要管理任务就是，通过学习，发现营销计划和项目可延伸到全球各地的程度以及必须修改的程度。

一家公司完成上述任务的方式反映了其**全球营销战略**（global marketing strategy, GMS）。在一国的营销活动中，战略发展涉及两个根本问题：选择目标市场和开发一套营销（策略）组合。虽然人们的视角会有所不同（见表 1-2），但这两个问题同样是公司全球营销战略的焦点。所谓全球市场参与度（global market participation），就是公司在主要世界市场上经营活动的多寡。标准化与当地化都是相对的概念，即在各个国家营销组合的每一个要素可被标准化（执行得一样）或当地化（执行得不一样）的程度。例如，最近耐克公司在针对泛欧女装市场的广告中采用了"我就在这里"（Here I am）的广告语。耐克之所以放弃著名的"想做就做"（Just do it）的广告语，是因为调查发现，欧洲的女大学生并不像男大学生那样在体育运动上争强好胜。[23]

表 1-2　一国营销战略与全球营销战略的对比

一国营销战略	全球营销战略
目标市场战略	全球市场竞争
开发营销组合	开发营销组合
产品	产品调整或产品标准化
价格	价格调整或价格标准化
渠道	渠道调整或渠道标准化
促销	促销调整或促销标准化
	营销活动的集中
	营销活动的协同
	竞争行动的集成

全球营销战略有三个与营销管理相关的维度。其一是营销活动的集中度，即与营销组合（如促销活动或定价决策）相关的活动是在一个国家还是在几个国家开展；其二是营销活动的协同度，即全球各地计划并执行与营销组合相关的营销活动时，各种活动相互依存的情况；其三是竞争行动的集成度，即公司在世界各地的竞争性营销战术相互依存的程度。全球营销战略的设计应有助于提升公司在全球各地的业绩。[24]

文化背景

英国史上最伟大的文化出口——摇滚 50 周年

摇滚乐从何而来？20 世纪 50 年代，巴迪·霍利（Buddy Holly）、埃尔维斯·普莱斯利（Elvis Presley）、查克·贝里（Chuck Berry）和雷·查尔斯（Ray Charles）等美国艺术家开始挑战流行音乐的界限。但真正完成这一音乐形式变革的是来自英格兰利物浦的四名年轻人。20 世纪 60 年代，他们为音乐注入了新的力量。正如音乐电视网（MTV Networks）执行官比尔·弗莱纳根（Bill Flanagan）所言，约翰·列侬（John Lennon）、保罗·麦卡特尼（Paul McCartney）、乔治·哈里森（George Harrison）和林戈·斯塔尔（Ringo Starr）凑在一块儿，就是"史上最棒的音乐"。

20 世纪 60 年代，英格兰向世界出口的不仅仅是披头士乐队，还有动物乐队（The Animals）、奇想乐队（The Kinks）、滚石乐队（The Rolling Stones）等一波"英国入侵"乐队。无论变革元年是哪一年，是 1962 年（披头士在英国发行第一首单曲）、1963 年（披头士登上了英国榜榜首），还是 1964 年（披头士在埃德·沙利文秀（The Ed Sullivan Show）上的演出，让"披头士狂热"席卷美国），如今"披头四"都迎来了他们的 50 周年纪念日。

在英国，披头士的唱片由帕洛风（Parlophone）发行。帕洛风是百代唱片（Electrical and Musical Industries Ltd.，EMI）旗下的唱片公司，而百代作为母公司，还拥有著名的艾比路（Abbey Roads）录音室。正是在这个录音室中，披头士与制作人乔治·马丁（George Martin）合作录制了唱片。而披头士唱片的国际发售则依赖于其在各个国家与其他公司签订的许可协议。尽管 20 世纪 50 年代百代收购了总部位于洛杉矶的凯必多唱片（Capitol Records），公司高管们却错过了披头士唱片在美国的发行机会。因此，披头士最初的几首单曲和一张黑胶唱片 *Introducing the Beatles* 是由 Vee-Jay 唱片发行的。随着这个四人团体的受欢迎程度与日俱增，凯必多获得了披头士后续单曲及黑胶唱片的发行权。其余的，正如他们所说，已成为历史。

从全球营销的角度来看，披头士唱片无论是在产品调整还是在产品扩展方面的历史都可以作为一个有趣的案例进行研究。很多人没有意识到，披头士在英国发行的早期专辑与在美国和其他国家发行的并不相同。百代寄往各个国家的母带，往往是根据当地公司的要求定制的。在英国，披头士发行的第一张黑胶唱片名为 *Please Please Me*，而不是 *Introducing the Beatles*。凯必多第一次发行披头士的黑胶唱片是在 1964 年 1 月，唱片名为 *Meet the Beatles*。但它其实就是披头士在英国发行的第二张黑胶唱片（原来的唱片名为 *With the Beatles*）。

此外，与在英国发行的专辑相比，披头四在美国发行的专辑曲目更少，曲目的序列也不同，还包括了一些很少在英国黑胶唱片上出现的单曲和附加歌曲（B-side）。而在法国，最受欢迎的是"慢速唱片"（extended play），这种唱片每面通常包含两首歌曲。

当然还存在着其他差异。比如，为了使披头士的声音更加"美国化"，一些音轨中加入了一种被称为"混响"（reverb）的录音效果。混响是通过添加一种类似回声的效果使"干音"（未处理的声音）听起来"更湿润"。另一个录音工具——"压缩"，则可以在高频声音（比如林戈·斯塔尔架子鼓镲片所发出的声音）上加入嘶嘶声。此外，为了迎合美国市场，还对一些原始的单声道和立体声音轨重新进行了混音处理。

资料来源：George Martin, *All You Need Is Ears*（New York：St. Martin's Press, 1979）；special thanks to Douglas Hinman, Piers Hemmingsen, and James McVeety for additional research.

是否进入一国或更多市场的决策取决于公司的资源、管理层的心态以及机会和威胁的性质。如今，多数观察家都认为，巴西、俄罗斯、印度、中国和南非（统称为金砖五国的5个新兴市场）代表着重要的增长机会。而墨西哥、印度尼西亚、尼日利亚和土耳其——所谓的薄荷四国——也具有巨大的潜力。这些国家的营销问题将在全书各处的"新兴市场简报"专栏中具体阐述。

我们可以将博柏利作为全球营销战略的案例进行研究。这个英国奢侈品牌在数十个国家都有销售，而从博柏利最近的扩张计划中我们可以看出它把重点放在了几个地区。首先是金砖国家，那里日益庞大的中产阶层消费者正在成长为奢侈品牌的忠实拥趸。其次是美国，那里的商场经理们急于通过分担装修成本和提供诱人的免租期来吸引那些颇具人气的奢侈品零售商。博柏利的营销组合战略包括以下方面：

● 产品：提高手袋、腰带和配饰的销售量——与服装相比，这些产品的销售周期更短。

● 价格：比蔻驰（Coach）贵，比普拉达（Prada）便宜。其价值主张的核心就是"经济实惠的奢侈品"。

● 渠道：计划在纽约、伦敦和香港等主要城市开设更多的独立商店。这些城市提供了公司一半以上的收入和利润。[25]

● 促销：推出新标识，以减少"格子过度曝光"的现象。使用推特和 www. artofthe-trench. com 这类新媒体。开始"博柏利不插电"（Burberry Acoustic）计划，通过网站 live. burberry. com 为新晋音乐人才增加曝光度。

正如表1-2所示，全球营销战略的下一部分涉及营销活动的集中和协调。对博柏利而言，就是偶然增长促成了个人运营部门之间的相互联合。一些地方的公司部门几乎不与其他部门交流，有时它们会相互竞争，有时它们会为自己的市场设计产品，但不会与其他业务部门分享。为解决这个问题，首席执行官安吉拉·阿伦茨（Angela Ahrendts）十分清楚地意识到，她需要利用博柏利的特许经营权。她的口头禅是：一家公司，一个品牌。阿伦茨同样也面临其他挑战，即在全球经济的困难时期，必须保持势头，在不断扩张的同时避免品牌被稀释。

长期以来，学者和商务工作者对全球营销存在不同的见解，争议集中在对标准化和因地制宜战略的选择上。许多见解的分歧都可追溯到西奥多·莱维特（Theodore Levitt）教授1983年刊登在《哈佛商业评论》（*Harvard Business Review*）中题为《市场的全球化》

（*The Globalization of Markets*）的论文。莱维特教授认为营销人员正面对一个"同质化的地球村"。他建议企业开发标准化、高质量的世界性产品，并通过标准化的广告、定价和分销活动在全球各地营销这些产品。然而派克金笔（Parker Pen）等公司因听从莱维特的建议而失败，莱维特的建议也成为争议的热点。商业报纸经常援引那些质疑莱维特观点的行业观察家的评语。例如，巴克尔·斯皮尔沃吉尔·贝茨环球广告公司（Backer Spielvogel Bates Worldwide）董事长兼首席执行官卡尔·斯皮尔沃吉尔（Carl Spielvogel）在20世纪80年代后期对《华尔街日报》（*The Wall Street Journal*）的记者说："西奥多·莱维特关于世界正在同质化的论点完全是胡扯。现在大约只有两个产品适合搞全球营销，其中一个是可口可乐。"[26]

可口可乐在全球的成功归功于它推行了全球营销。不过这一成功的基础并不是营销组合要素的全部标准化。例如，可口可乐在日本成功的秘诀在于它投入了大量时间和资金使自己成为日本通，即利用其销售队伍和自动售货机经营点建立了一套完全当地化的基础设施。可口可乐在日本的成功在于赢得了"全球当地化"的能力，这种能力使其成为像当地公司那样的日本通，同时还能赚取世界规模经营带来的利益。虽然可口可乐近期在日本的销量有所下滑，但日本仍是其关键市场，占到其全球总运营收入的约20％。[27]

"全球当地化"的确切含义究竟是什么？简言之，它意味着成功的全球营销企业必须具备"思维全球化和行动当地化"的能力。以下是大前研一（Kenichi Ohmae）对此悖论的总结：

> 全球公司的基本特征是在组织内部保持适度的张力且不受损害。有些公司认为，新的世界需要各地都适用的、同质性的产品（一个规格世界通用）；另一些公司则认为，这个世界要求不断地定制产品（为每个地区特制所需产品）。最佳全球公司明白，这些说法都不对，也都对。它们同时保持这两个视角。[28]

在本书中我们将多次看到，全球营销或许包含标准方式（即实际产品本身）和非标准方式（即分销和包装）的结合。一种全球产品或许在全球各地都是相同的，也可能是不同的。全球营销要求营销人员面对具有相似和不同特征的全球市场时，其思维和行动的反应既是全球性的，也是当地性的。

但重要的是，我们应当记住"全球当地化"是双向的，其含义比"思维全球化和行动当地化"更为深远。已经有许多公司认识到，"思维当地化"和"行动全球化"同样十分重要。若运用到实践中，这意味着公司可以发现远在其总部之外的创新价值，并移植到本土市场加以利用。举个例子，法国的麦当劳餐厅和其他地方都不一样，装修色调更为柔和，金色拱门也更为精细。一些美国的特许经营商在看到法国销售业绩增长后也开始采用类似的装修风格。正如《汉堡商业报》（*Burger Business*）的编辑斯科特·休姆（Scott Hume）所指出的那样，"麦当劳大多数有趣的想法都来自美国以外的麦当劳，这使其逐渐成为一家在美国拥有诸多门店的欧洲连锁企业"。[29]

这些逆向创新不仅发生在西欧和北美这类发达地区，中国、印度和其他新兴市场不断增长的经济实力也带来了许多原创理念（见表1-3）。例如，雀巢、宝洁、联合利华以及其他消费品公司都发现，为低收入消费者开发的低成本简易包装产品对西班牙和希腊等地区注重成本的消费者而言也十分具有吸引力。[30]

表 1-3　思维当地化/行动全球化

公司/总部所在国	产品
肉桂卷甜品店（Cinnabon）/美国	中南美洲的肉桂卷顾客偏爱牛奶焦糖酱。为这些地区开发的产品正在被引入美国，其中美国的拉美裔人口起到了关键作用。[31]
星巴克/美国	星巴克在阿姆斯特丹开设了一家概念店，提供新的设计理念，比如用当地采购的和再生的建筑材料等。其将最好的理念推广至欧洲其他地区。《快公司》（*Fast Company*）杂志将星巴克创意设计总监利兹·穆勒（Liz Muller）评为"2013 年度最具创意人物"之一。
卡夫食品/美国	拉美和中东的区域经理用当地流行的芒果和菠萝口味替代最畅销的橙汁口味时，果珍（Tang）已经成为一个价值 10 亿美元的品牌。卡夫食品计划利用其在国外学到的经验教训，让果珍重新赢得美国市场。[32]

可口可乐用兼具全球和当地特点的营销组合来支持旗下可乐、芬达和 Powerade 品牌。如今已有几十家公司通过创造强势品牌成功开展了全球营销。它们获得成功的方式是多种多样的。在消费电子领域，苹果已经成为软硬件集成、方便易用、尖端创新和高科技设计的代名词。在家电领域，博世的竞争优势源于德国在工程和制造方面的卓越声望。意大利的贝纳通公司利用一套周密的分销系统迅速地将最新的时装运送到其遍布全球的专卖店网络。支撑卡特彼勒公司全球业绩的是一个经销商网络，该网络在世界任何一个角落支持兑现"24 小时供应零件和服务"的这一承诺。以上案例表明，条条道路都是全球营销的成功之路。在本书中，我们并不主张将全球营销视为一种对全球各地营销强行实施完全统一方式的"自动反应式"攻势。全球营销的一个中心问题是如何调整全球营销概念，以适应某个特定的产品、企业和市场。[33]

如表 1-4 所示，麦当劳营销战略的基础是一套全球化和当地化相结合的营销组合。譬如，麦当劳商业模式的核心成分是在世界上几乎任何地方都可建立的餐厅系统。麦当劳餐厅在多数国家的菜单都供应核心食品（汉堡包、炸薯条和软饮料），同时也根据各地的饮食习惯调整和定制餐饮品种。巨无霸在美国的均价是 4.20 美元，而在中国的售价相当于 2.44 美元。在任何情况下，中国的巨无霸都比美国的巨无霸便宜。但这种比较公平吗？各国的房地产价格和人均收入都不一样。

一家公司采取何种全球营销的具体方式，取决于行业现状、资源及其竞争优势的来源。例如：

● 哈雷-戴维森摩托车被全世界当作全部是在美国生产的车。这家公司是否应该在像墨西哥这样的低工资国家生产？

● 本田公司和丰田公司在世界市场的成功是靠从日本工厂出口汽车起家的。如今这两家公司都在美洲、亚洲和欧洲进行生产和组装业务，然后再从这些厂区向当地市场的顾客供货，并出口到世界其他地区。例如，本田公司每年从美国工厂出口数万辆雅阁和思域轿车到日本和其他几十个国家。欧洲消费者会持续购买从美国出口的汽车吗？美国消费者还会继续不断地买进美国制造的丰田车吗？

● 优衣库是日本迅销旗下的子公司。它在日本拥有约 850 家门店，在其他 12 个国家拥有 300 家门店。该公司 90% 的服装来自中国。目前，优衣库在美国有 6 家门店，计划在 2020 年实现开设 200 家美国门店的目标。该公司是否能在 2020 年实现其销售额 500 亿美元的目标，从而成为世界第一的服装零售商呢？

表 1-4 有效的全球营销——以麦当劳为例

营销组合要素	标准化成分	当地化成分
产品	巨无霸	麦克阿鲁迪卡土豆汉堡包（印度）
促销	品牌名	俚语绰号，如"米基 D's"（美国、加拿大），"麦基 D's"（英国、爱尔兰），"麦嘎斯"（澳大利亚），"麦卡丽"（芬兰），"麦克多"（菲律宾），"麦克杜"（法国）
	广告语："我就喜欢"	法国电视广告为"Venez comme vous êtes"（"做你自己"），多样化的制片手法从不同方面展示了不同个体的独特之处。其中一个特写是一个年轻人和他的父亲一起用餐，广告的创意围绕着性自由和叛逆展开，而这个父亲没有意识到他的儿子是同性恋。
渠道	在人流和车流密集的公共区域开设独立分店	瑞士麦当劳在瑞士全国铁路系统经营主题餐车；麦当劳在赫尔辛基到奥斯陆的斯特纳摆渡班轮上供应食品；送餐上门（印度）
价格	巨无霸的均价为 4.20 美元（美国）	6.79 美元（挪威）；2.44 美元（中国）

这些问题的答案是：要看情况。由于哈雷-戴维森的竞争优势部分是建立在其"美国制造"的定位基础上的，所以将生产转移到美国以外地区是不可取的。该公司已经在堪萨斯州新建了生产基地，并停止了比尔（Buell）摩托车的生产。它还出售了 2008 年收购的意大利摩托车制造商奥古斯塔（MV Augusta）。

丰田公司在美国的成功最初归功于其将世界级生产技术"丰田之路"转移到了美国，同时它还通过广告强调亚洲龙（Avalon）、凯美瑞（Camry）轿车和坦途（Tundra）皮卡是美国工人用许多购自美国供应商的配件制造的。丰田约有 2/3 的利润来自美国市场。但是，在努力成为世界顶级汽车制造商的过程中，丰田保守的企业文化以及对削减成本的过分关注降低了产品的整体质量。如今丰田面临的重大问题是，在因突然加速等广为人知的问题导致令人难堪的产品召回后，其声誉和销量能否恢复如初。

如前所述，优衣库的 1 200 家门店中约有 1/4 位于日本以外的国家和地区；它主要的国家市场包括美国、中国、俄罗斯、新加坡和韩国。购物者对优衣库丰富多彩的设计和高标准的服务给予了积极的回应。这些正是日本零售商所擅长的。据科尔尼管理咨询公司（A. T. Kearney）2011 年全球服装零售发展指数统计，服装业排名第一的新兴市场是中国。在中国，优衣库的管理团队有选择性地针对北京、上海等人口稠密的城市开展经营活动。[34]

1.4 全球营销的重要性

以国民收入计算，美国是世界最大的单一国家市场。即使如此，它也只能吸纳世界市场约 25% 的产品和服务。因此，期望发挥最大发展潜能的美国公司必须"走向全球"，因为其余 75% 的市场潜量在国外。可口可乐的管理层是理解这一点的：公司营业收益（operating income）的 75% 和营业收入（operating revenue）的 2/3 都源自北美以外的地区。非美国公司争取境外市场机会的动力更大；它们的市场机会包括美国的 3 亿人口。例如，对日本公司来说，尽管本国市场（按美元计算的价值）的规模在世界排行第三，仅次于美国和中国，但日本以外的市场占世界市场潜量的 90%。对欧洲国家而言，这种市场前景更加广阔。尽管德国是欧洲最大的单一国家市场，但在德国公司眼里，94% 的世界市场潜量存在于德国境外。

许多公司已经认识到在本国以外地区开展商务活动的重要性。仅仅几年前还严格控制在国人手中的一些行业如今已被少数全球公司统治。在 21 世纪的多数行业里，能够生存和繁荣的都是全球企业。一些未能对全球化的挑战和机遇做出足够反应的公司将被活跃、有远见的公司收购。其他公司将会经历剧烈的转型，如果转型成功，它们会获得重生。转型不成功的公司则会消失。

每年，《财富》杂志都会以营业收入为标准评选出 500 家最大的服务业与制造业公司。[35]2012 年全球 500 强的榜首是荷兰皇家壳牌，营业收入为 4 840 亿美元。前 10 名中有 8 家公司位于石油或能源领域。全球最大的零售商沃尔玛占据了第三的位置；它目前仅有约 1/3 的收入来自美国以外的国家和地区。但是，全球扩张一定是公司发展战略的关键。丰田是 10 强名单中唯一的全球汽车制造商。在过去的几年里，它面临着前所未有的挑战，其中包括迫使其召回数百万辆汽车的质量控制问题。

通过观察以年销售额计量的单个产品市场规模，我们可以获得另一个估量全球营销重要性的视角。《财富》排名中的许多公司都是全球市场的主要参与者。表 1-5 列出了部分全球行业市场的年销售额。

表 1-5　市场有多大？（消费品）

产品/服务	市场规模 （10 亿美元）	主要参与者/品牌
香烟	295	菲利普·莫里斯国际（美国）、英美烟草（英国）、日本烟草（日本）
奢侈品	230	路威酩轩（法国）、历峰（瑞士）、开云（法国）
化妆品	200	欧莱雅（法国）、雅诗兰黛（美国）、资生堂（日本）、宝洁（美国）
个人电脑	175	惠普（美国）、联想（中国大陆）、戴尔（美国）、宏碁（中国台湾）
平板电视机	100	三星（韩国）、索尼（日本）、LG（韩国）
瓶装水	100	雀巢（瑞士）、达能集团（法国）、可口可乐（美国）、百事可乐（美国）
家用电器	85	惠而浦（美国）、伊莱克斯（瑞典）、博世-西门子（德国）
手机	60	诺基亚（芬兰）、摩托罗拉（美国）、苹果（美国）、三星（韩国）
视频游戏	43	任天堂（日本）、索尼（日本）、微软（美国）
音乐唱片	32	索尼 BMG（日本）、华纳音乐（美国）、环球音乐（法国）

资料来源：Compiled by the authors.

1.5　管理导向

公司对全球市场机会做出反应的形式和内容，很大程度上取决于管理层对世界本质的有意识和无意识的判断或信念。公司员工的世界观可分为母国中心的（ethnocentric）、多国中心的（polycentric）、地区中心的（regiocentric）和全球中心的（geocentric）。[36]以母国中心为主导的公司管理层可能会有意识地做出朝全球中心方向发展的决策。上述各种管理导向统称为 EPRG 框架。

1.5.1 母国中心导向

凡是认为自己的国家优于世界其他国家的人均属于**母国中心导向**（ethnocentric orientation）。母国中心导向有时和民族自傲的态度或民族优越感相关，也可以表现为对本国以外的营销机会漠不关心。公司员工只看见市场的共性，并以为在本国市场畅销的产品和可行的做法也会在其他任何地方畅行无阻。在有些公司，母国中心导向意味着常常忽视出现在本国以外的机会。这些公司有时被称为国内公司（domestic company）。在海外经营业务的母国中心公司称为国际公司（international company）；它们始终认为在本国成功的产品是卓越的。这个观点导致**标准化/延伸策略**（standardized/extension approach）的出现，其前提是：产品不经修改就可在世界各地销售。

母国中心导向有多种表现方式，正如以下事例所显示的：

● 日产公司的母国中心导向在其向美国出口轿车和卡车的最初几年里表现突出。该公司汽车的原设计适合温和的日本冬季，但在美国许多地区的冬季月份里，这些车很难发动起来。在日本北部，许多车主是用毯子包住引擎罩保暖的，所以日产公司臆想美国人也会这么做。日产发言人承认："我们在很长一段时间里一直试图在日本设计小汽车，然后力推到美国市场，让消费者接受。但这似乎并不见成效。"[37]

● 直到 20 世纪 80 年代，礼来医药公司（Eli Lily and Company）的经营一直表现出母国中心导向的特点，该公司在美国以外地区的活动受到总部严格的控制，公司专注于销售原本为美国市场开发的产品。[38]

● 多年来，加利福尼亚罗伯特·蒙德威公司（Robert Mondavi）的经理们把公司经营成一家母国中心导向的国际公司。该公司前首席执行官迈克尔·蒙德威（Michael Mondavi）是这样解释的："罗伯特·蒙德威曾经是一家地方的葡萄酒酿造厂，它思维当地化，种植当地化，生产当地化，但销售全球化……要成为真正的全球公司，我认为必须不受国家和国界的限制，在世界最佳葡萄生长地区种植和生产优质葡萄酒。"[39]

在以母国为中心的国际公司里，海外经营不像国内经营那么受重视，或是只被当作隶属于国内经营的一部分（我们所说的"国内"，是指公司总部所在国的国内）。以母国为中心的公司通常认为，经实践检验正确的总部知识和组织能力可被应用到世界其他地方。虽然这种情况可能给公司带来优势，但当地市场宝贵的管理知识和经验可能会被忽略。即使国际市场上消费者的需求和欲望与本国市场不同，公司总部仍然不会关注这些差异。

60 年前，大多数企业（特别是美国这类大国的企业）可以依赖母国中心导向取得成功。而如今，公司想要把自己变成高效的全球竞争者，母国中心主义已经成为它必须克服的主要内部弱点。

1.5.2 多国中心导向

多国中心导向（polycentric orientation）与母国中心导向正好相反。多国中心描述了这样的管理层的信念或判断，即每个公司商务所及的国家都是独特的。这一判断为每一子公司开发独特的业务以及为赢得业绩而设计的营销策略打下了基础。多国公司（multinational company）一词经常用来描述这一结构。这一观点促使人们采取**当地化/因地制宜策略**（localized/adaptation approach），因为产品需要根据不同的市场条件做适当修改。以下所举就是多国中心导向公司的例子：

● 直到 20 世纪 90 年代中期，花旗银行遍布世界的金融服务仍以多国中心为基点。以下是花旗银行前任高管詹姆斯・贝利（James Bailey）对该公司的描述："那时我们像是一个中世纪的国家，有国王，有宫廷，并负责管理国家，对吗？不。是地主们负责管理。国王及宫廷官员可能发出种种指令，但是要靠地主们去做事。"[40] 当时的首席执行官约翰・里德（John Reed）已经意识到金融服务正在全球化，于是试图争取使花旗银行各下属营业单元高度集中。

● 英荷合资的消费品公司联合利华曾经表现出多国中心导向。比如，其舒耐（Rexona）除臭剂品牌有 30 种不同的包装设计和 48 种不同的配方，其广告也因地制宜。在过去的 10 年间，公司最高管理层通过集权和削弱各国当地管理层权力的改组计划，改变了联合利华的战略导向。[41]

1.5.3 地区中心导向

在**地区中心导向**（regiocentric orientation）的公司中，管理层将每一个地区都视为独特的市场，并试图开发一体化的地区性战略。在此背景下，"地区化"有何含义？一家聚焦于北美自由贸易协定成员国（即美国、加拿大和墨西哥）的美国公司是地区中心导向的。同样，一家聚焦于欧洲的欧洲公司也是以地区为中心的。有些公司服务于全球市场，却以地区为中心。这种公司可视为此前提及的多国公司模式的变形。过去几十年间，通用汽车盛行地区中心导向：世界各地（如亚太地区和欧洲）的主管在为当地市场设计汽车时被授予相当大的自主权。比如，公司在澳大利亚的工程师开发在当地市场销售的汽车。这种方式的一个结果就是：全球各地通用汽车公司的汽车装有 270 种不同型号的收音机。通用汽车的副总裁罗伯特・卢茨（Robert Lutz）曾告诉记者："通用汽车的全球产品计划曾经是四个地区计划的合订本。"[42]

1.5.4 全球中心导向

全球中心导向（geocentric orientation）的公司将整个世界视为潜在市场并努力发展一体化的全球战略。全球中心导向的公司又称为全球公司（global company）或跨国公司（transnational company）。[43] 如前所述，在过去的几年中，通用汽车公司长期坚持的地区中心导向，已被全球中心导向替代。其他的变化还包括：新政策要求将工程师的工作以全球为基础进行分配；设在底特律的全球理事会负责决定公司每年 70 亿美元的产品研发预算分配。全球中心导向的其中一个目标是：采用 50 种不同的收音机来节省 40% 的收音机成本。

好在许多公司的管理层都意识到，采用全球中心导向是必要的。然而，新的结构和组织形式要收到成效尚需时日。随着新的全球性竞争者的出现，诸如通用汽车之类的老牌工业巨头必须面对组织转型的挑战。10 多年前，通用汽车的一名主管路易斯·R. 休斯（Louis R. Hughes）说："我们正在转型为跨国集团。"通用汽车阿根廷公司的前总裁巴兹尔·德罗索斯（Basil Drossos）的看法与休斯如出一辙，他指出："我们要成为一家全球公司而非多国公司，这就意味着，专门的技术中心可能设在所需的任何地方。"[44] 目前，按营业收入衡量，通用汽车仍是世界头号汽车制造商。2008 年，丰田在世界范围内的销量首次超过通用汽车。2009 年，通用汽车从濒临破产的边缘走出，成为一家小体量、精简化的公司。

还可以这样介绍全球公司：它要么利用单一国家为世界市场服务，要么从全球获取资源服务于特定的国家市场。此外，全球公司往往会保持其与特定总部所在国的联系。哈雷-戴维森基于美国而服务于世界各地的市场。与此类似，奢侈品营销商托德斯（Tod's）所有的生产活动都在意大利进行。与此相反的是，优衣库从低工资国家采购服装，然后利用其精密的供应链确保商品及时交付到各个门店。贝纳通采用混合方式，既从意大利采购服装，也从低工资国家采购。哈雷-戴维森、托德斯、优衣库和贝纳通均可称作全球公司。

跨国公司不仅服务于全球市场，同时也利用全球供应链，这使其对国家的认同也很模糊。一个真正的跨国公司可能是"无国家的"。丰田和本田就是两家拥有主要跨国特征的公司。在全球公司或跨国公司里，管理层会在营销项目中使用标准化/延伸和当地化/因地制宜相结合的战略。区分全球或跨国公司和国际化或多国公司的一个关键要素是心态：在全球或跨国公司里，在做延伸还是因地制宜的决策时不是靠臆想，而是基于对市场需求的持续性调研。

评估公司"跨国程度"的一个办法是计算三个比率的均值：（1）国外销售额与总销售额的比率；（2）国外资产额与总资产额的比率；（3）国外雇员人数与雇员总数的比率。按照这些指标，雀巢、联合利华、飞利浦、葛兰素史克（GSK）以及新闻集团（News Corporation）都属于跨国公司。每家公司的总部都位于一个国内市场较小的国家，这一现实迫使管理层采取地区中心或全球中心的管理导向，以实现收入和利润的增长。

创新、创业和全球创造

安德玛

凯文·普朗克（Kevin Plank）是一位企业家。他开发了一种创新产品，而后创立了一个品牌并成立了一家公司来制造和销售这种产品。应用现代营销的基本理念和方法，普朗克取得了极大的成功。与许多企业家一样，普朗克的想法最初源于他自己的需求和欲望。作为马里兰大学美式橄榄球队的成员，普朗克对他在训练中穿着的传统棉T恤很不满意。在"必定有更好的东西"的信念下，普朗克想到了合成材质的女性内衣——通常是聚酯纤维和莱卡的混纺面料。他认为可以改造这种材料用于新型运动服。这种轻盈的面料不易变形，有良好的吸水性，速干，且像肌肤般舒适贴合。

在大四那年，普朗克买了一卷面料并雇了一位裁缝来缝制一些T恤。他把这些T恤送给了马里兰大学的队友以及他在NFL的朋友。1996 年毕业后，普朗克在乔治城的自家排屋中开了家店。在向各个大学的装备经理赠送了数百件T恤后，普朗克拿到了他的第一笔订单：佐治亚理工学院购买了 200 件 T 恤，每件 12 美元。在不到 20 年后，普朗克的公司有望实现 20 亿美元的销售额。

　　在这一规模达 370 亿美元且由行业巨头耐克和阿迪达斯主导的运动服装业，安德玛（Under Armour）参与了角逐。此外，普朗克的公司还是紧身衣（compression wear）这一专业类别的主导者。一位竞争厂商的所有者十分钦佩地指出："无论是产品创新、包装，还是'对的时间，对的地方'，或者是以上所有，他们总能点燃导火索。"正如另一位业界观察家所说的，"他们看到了别人看不到的，并且以此为中心开展业务"。用普朗克自己的话来说，"我们所做的就是改变人们对健身的看法"。

　　我们可以从最新的产品介绍中看到这家公司对创新的坚持。例如，Spine 是一款 2012 年推出的轻量跑鞋。在耐克主宰的跑鞋市场，为了帮助安德玛赢得鞋类业务，普朗克聘请了吉恩·麦卡锡（Gene McCarthy）和戴夫·多布罗（Dave Dombrow）分别担任鞋类业务高级副总裁和创意总监。无论是麦卡锡还是多布罗都来自耐克。Spine 的设计就像是人体脊柱一样：可以根据穿着者的需要，给予稳定的支撑或灵活的弹性。另有 E39 T 恤，配有传感器，可以监控穿着者的心率、呼吸及其他关键指标。UA Highlight 是一款美式橄榄球鞋，运动员穿上它，就不必再使用绷带固定脚踝了。此外，针对恶劣天气下在校园里行走的学生，还有一套 Storm Cotton 防水运动衫，可使他们远离穿雨衣或打伞的麻烦。

　　普朗克正在坚定不移地朝着他的战略目标——把安德玛打造成"世界上最大的品牌"前进。为此，他必须扩大公司的全球影响力。2012 年，安德玛只有 6% 的营业收入来自北美以外的地区。相比之下，耐克有 60% 的国际业务；而对于总部位于德国的阿迪达斯而言，也有 60% 的销售额来自欧洲以外的国家和地区。

　　资料来源：John Kell, "Under Armour Arrives on Global Stage," *The Wall Street Journal* (June 3, 2013), p. B2; Bruce Horovitz, "Under Armour Races to Discover Innovative Fitness Gear," *USA Today* (July 6, 2012), pp. 1B, 2B.

　　全球中心导向是综合母国中心导向和多国中心导向的结果；这是一种既看到各个市场和国家的共性也看到其差异的"世界视野"。这种视野促使企业努力创造一套能完全迎合各地需求和欲望的全球战略。一个地区中心导向的经理可以说在区域范围内拥有世界视野；对地区以外的世界，他会采取母国中心导向或多国中心导向，抑或两者结合的视角。然而近来的调查结果表明，许多公司正在竭力增强它们的地区竞争力，而不是直接改变和发展自己在竞争环境中的全球应变能力。[45]

　　母国中心导向的公司，其营销管理是集权的；多国中心导向的公司是分权的；地区中心导向和全球中心导向的公司则分别在地区和全球范围内实行一体化。各种导向之间的关键差异源于在背后支撑每一种导向的主观判断。母国中心导向的思想基础是相信本国比其他国家优越。多国中心导向观点背后的判断是：世界各国在文化、经济和营销条件等方面有如此多的差异，以至于跨越国界照搬经验是不可能和徒劳的。企业领导人如今面临的一个重要挑战是，带领公司跨越母国中心导向、多国中心导向或地区中心导向，到达全球中心导向。一本引起高度关注的全球商务著作指出："多国式的解决方案遇到了难解的问题，原因是它忽略了全球战略执行中的几个组织障碍，低估了全球竞争的影响。"[46]

1.6 影响全球一体化和全球营销的作用力

　　过去的 65 年里，全球经济的迅猛发展是在各种驱动力和抑制力的不断相互作用下形成的。在这几十年的大部分时间里，世界各地不同产业的公司通过实行国际战略、多国战略或全球战略取得了辉煌的业绩。20 世纪 90 年代，商业环境出现的变化多次对现有的商业运作方式提出挑战。如今，尽管经济危机使得保护主义抬头，但全球营销的重要性仍在不断提高，其原因是：驱动作用力的发展势头强于抑制作用力。图 1-1 展示了影响全球一体化的作用力。

图 1-1　影响全球一体化的作用力

　　区域经济协定、不断趋同的市场需求和欲望、技术进步、削减成本的压力、提高质量的压力、通信和运输技术的改进、全球经济增长以及发挥杠杆作用的机会等都代表着重要的驱动作用力；任何受这些作用力影响的产业都有全球化的可能。

1.6.1　多边贸易协定

　　一些多边贸易协定加速了全球一体化的进程。《北美自由贸易协定》加强了美国、加拿大和墨西哥三国之间的贸易。《关税及贸易总协定》截至 1994 年已经获得 120 多个国家的承认，以它为基础创设的世界贸易组织，促进并保护了自由贸易。在欧洲，扩增欧盟成员国的做法等于降低该地区内各国间的贸易壁垒。人们也期待单一货币区的创建和欧元的诞生可以促进 21 世纪欧洲内部贸易的增长。

1.6.2　趋同的市场需求和欲望以及信息革命

　　研究世界市场的人会同时发现文化的共性和差异。人类本性中的相同因素提供了一个创造并服务于全球市场的潜在基础。"创造"是一种刻意的行为。大多数全球市场并非与生俱来；它们必须通过营销活动被创造出来。例如，没有人天生需要喝软饮料，然而某些国家的人均软饮料消费量已超过普通水消费量，这是市场营销驱动的此类行为变化，况且当今的软饮料行业也是一个真正的全球性产业。越来越多的证据表明，世界各地消费者的需求和欲望从未像现在这么趋同。这为全球营销创造了一个机会。在那些意图为全球顾客服务的全球竞争者的压力下，采取产品因地制宜策略的多国公司正面临失败的风险。

　　信息革命，即人们所说的"信息民主化"，是社会趋同的一个原因。驱动这场革命的是各种技术、产品和服务，包括卫星天线、CNN 和 MTV 等横跨全球的电视网、广泛覆盖的宽带互联网，以及像脸书、推特、YouTube 等的社交媒体。所有这些沟通工具的应用说明，即使在地球边远角落的居民也可以与其他国家的居民进行生活方式和生活水平上的比较。在诸如欧洲和亚洲等地区市场，越来越多跨国界的广告宣传和消费者的流动给做营销的企业创造了实现泛区域产品定位的机会。互联网是一个更为强劲的驱动力：每当一家公司建立起一个网站，就有一个企业自然而然地开始面向全球。此外，互联网允许世界任何地方的人们与外界联系，购买或销售几乎无穷无尽的产品和服务。

1.6.3　交通和通信技术的进步

在过去的 100 年间，由距离产生的时间和成本差异已大大减少。喷气式飞机使得人们能在 48 小时内环游世界，实现了交通的革命性进步。旅游业的发展使得许多国家的人们能见到和使用到在国外销售的最新产品。1970 年，跨国旅行的旅客为 7 500 万人次；根据国际航空运输协会（International Air Transport Association）的统计，这个数据到 2011 年已经增长到近 9.8 亿人次。高效的全球企业有一个基本特征，即在雇员之间、公司与顾客之间进行面对面的沟通。现代喷气式飞机旅行使这种沟通成为现实。如今的信息技术允许航空联盟的成员，如美国联合航空公司（United Airline）与德国汉莎航空公司（Deutsche Lufthansa AG），销售对方航班的机票，从而帮助旅客更轻松地从一地飞往另一地。同时，国际数据、语音和视频通信的成本在过去的几十年里已经大幅降低。如今，Skype、Google＋和思科网真（Cisco Telepresence）都已成为强大的新型沟通渠道。它们是一系列创新中的最新成果，而这些创新还包括传真、电子邮件、视频电话会议、Wi-Fi 和宽带互联网等。它们使得即使身在世界偏远一角的经理、员工和顾客不用旅行就可实现电子化联络。

类似的革命也发生在运输技术上。实体分销涉及的运货时间和资金成本已大大降低。使用专门设计的汽车运输船将汽车从日本和韩国运到美国，其单车装运成本低于从底特律到美国任何海岸城市的内陆装运成本。另一个关键的创新是人们越来越多地使用 20 英尺和 40 英尺的金属集装箱，这种集装箱可从卡车上转送到火车上，再转送到轮船上。

1.6.4　产品开发成本

当新产品需要大额投资和较长的开发周期时，全球化将更具有紧迫性。医药业为这一驱动力提供了显著例证。根据美国药品研究与制造商协会（Pharmaceutical Research and Manufacturers Association）的统计，1976 年开发一种新药的成本为 5 400 万美元。如今，开发一种新药并通过安全监管部门市场准入审批需要 14 年，新药市场化所需的平均成本估计高达 4 亿美元。[47]没有哪个单一市场可能大到足以支持如此大额的投资规模，所以企业必须从一个全球规模的大市场收回其高投入。因此，辉瑞、默克、葛兰素史克、诺华（Novartis）、百时美施贵宝（Bristol-Myers Squibb）和赛诺菲-安万特（Sanofi-Aventis）以及其他领先的制药公司毫无选择地投入到全球营销中去。如前所述，全球营销并不意味着要在世界的每一个地方经营；例如在医药行业，7 个国家的市场就可构成总销售额的 75％。正如表 1 - 6 所示，今后几年亚洲的药品需求预计会有两位数的增长。为了挖掘市场机会并降低研发成本，诺华及其竞争者们正在中国建立研发中心。[48]

表 1－6　按地区分类的世界药品市场

	2011 年	2007—2011 年	2012—2016 年
	市场规模（10 亿美元）	复合年增长率（%）	预计复合年增长率（%）
北美	347.1	3.5	1～4
欧洲	265.4	4.9	0～3
亚洲/非洲/澳大利亚	165.2	15.5	10～13
日本	111.2	3.9	1～4
拉美	66.7	12.3	10～13
全世界	995.5	6.1	3～6

资料来源：Based on IMS Health Market Prognosis. Courtesy of IMS Health.

1.6.5　质量

全球营销战略可能会带来较多的营业收入和营业边际利润，这些收入反过来又支持新的设计，保证生产质量。一家全球公司和一家国内公司可能各自都将销售额的 5% 花费在研发上，但由于全球公司服务于全球市场，其总收入可能几倍于国内公司。因此人们很容易理解约翰迪尔、日产、松下、卡特彼勒和其他全球公司为什么能达到世界级的质量标准。全球公司为业内所有的竞争者"提高了门槛"。当全球公司在质量方面设立某条基准线时，同业竞争者必须迅速改进自己的产品以达到同等质量水平。例如，在过去的 40 年里，随着日本制造商在产品的质量和耐用性方面声名鹊起，美国汽车制造商眼看着它们的市场份额被不断侵蚀。尽管在质量上有很大的进步，底特律目前仍面临着一个新的威胁：销售额、收入和利润随着经济危机大幅下跌。甚至在危机之前，日本人已在越来越受具有环保意识的司机欢迎的混合动力汽车上投入巨资。丰田普锐斯车型的巨大成功就是一个例证。

1.6.6　世界经济趋势

2008 年经济危机开始之前，经济增长已经成为国际经济扩张和全球营销增长的驱动力。其原因有三：第一，主要发展中国家的经济增长创造的市场机会成为各公司全球扩张的主要动力。由于印度、中国及其他一些地区的人均收入提高，越来越多的中产阶层消费者有了比原来更强的购买力。同时，工业化国家增长缓慢，迫使公司管理层转向海外，在经济增长速度较快的国家和地区寻求机会。

第二，在经济发展缓慢时，一国的民众会表现出比较强烈的反对外国公司进入该国市场的逆反情绪，经济的快速增长却能使这种情绪减弱。当一国的经济迅速增长时，政策制定者可能会从好的方面看待外国人。一个成长着的国家意味着市场正在发育；每一个人都有很多机会。因此，"外国的"公司有可能进入某国的国内经济，并在不威胁当地公司生存的情况下建立自己的市场地位，当地公司也可能在新的竞争环境中最终得以强化。如果没有经济增长，全球企业可能要从国内企业的手中抢走生意。如果市场没有增长，国内的企业就很可能寻求政府干预以保护当地企业的市场地位。可以想见，近期的经济危机将使新兴市场的政策制定者为保护其国内市场而产生新的压力。

第三，全球范围内对自由市场、放宽监管及私有化的追求也是一种驱动力。私有化趋势正在打开原本封闭的市场，创造无数的机会。丹尼尔·尤金（Daniel Yergin）和约瑟夫·斯坦尼斯劳（Joseph Stanislaw）两位作者在其著作中对这些趋势做了如下描述：

> 那是全世界史上最大规模的销售活动。许多政府脱手多达数万亿美元的资产，从而结束经营。各种各样的资产都在抛售——从钢铁厂、电话公司和电力设施，到航空公司、铁路，再到酒店、餐馆和夜总会。这不仅发生在前苏东地区，还发生在西欧、亚洲、拉丁美洲和非洲，甚至在美国也是如此。[49]

例如，当某国的电话公司被国家垄断时，政府可以要求它从本国公司采购设备和服务。一家独立公司如果要使股东价值最大化，则要能够自由地选择供应商，向自己提供最佳的总体价值，而不论其国籍。世界各国电话系统的私有化正在为像瑞典的爱立信、法美合资公司阿尔卡特-朗讯（Alcatel-Lucent）和总部在加拿大的北电网络（Nortel Networks）这样的电信设备供应商创造重要的商机。然而经过几年的增长，随着消费者为应对全球经济衰退而不断削减开支，多数电信供应商都处于增长放缓的时期。2009 年，北电网络申报破产；它向苹果和微软在内的多家公司拍卖了数千项专利。

1.6.7 杠杆作用

全球公司拥有独一无二的利用杠杆作用的机会。在全球营销的背景下，杠杆作用（leverage）是指公司因其在一个以上国家所拥有的运营经验而享有的某种优势。杠杆作用允许公司在新的地区市场寻求机会的同时保存资源。换言之，杠杆作用使公司能够花费较少的时间、精力和资金。杠杆作用有四种重要的形式：经验照搬、规模经济、资源利用和全球战略。

经验照搬

全球公司可以利用它在世界市场上积累的经验。它可以利用其在某国或某地区市场已经得到验证的管理办法、策略、产品、广告诉求点，或销售创意、促销创意，并应用到其他相似的市场中去。以惠而浦为例，该公司在美国与像西尔斯（Sears）和百思买（Best Buy）这样的强势零售商买主做交易时，积累了诸多经验。多数欧洲家电零售商都计划建设自己的跨国界"强势"零售系统。惠而浦的前首席执行官戴维·惠特万姆（David Whitwam）解释道："当强大的零售商占据欧洲时，我们也有应对之策。我们在这方面的技巧是能直接照搬的。"[50]

雪佛龙公司是另一个全球公司以经验照搬赢得杠杆作用助力的例子。雪佛龙科威特办事处总经理埃斯坎德（H. F. Iskander）曾做如下解释：

> 雪佛龙在世界各地采油。迄今为止，已经不存在我们没有遇到过或没有成功解决的问题，也没有一块我们未能钻透的岩石。我们将所有的知识集中于总部，对每个问题进行分析和归类，这帮助我们解决任何地方的任何石油钻井难题。作为发展中国家，你们可能有采了 20 年本土石油的国家石油公司，但我们要说的是："瞧，你有 20 年的经验，但缺乏多样性，只不过是把一年的知识重复 20 遍而已。"当你像雪佛龙那样在多个国家

经营时，你看到的将是多种不同的问题，于是不得不拿出多种解决方案来。你必须这样做，否则生意就丢了。所有的解决方案都存储在雪佛龙公司的记忆中，而成就我们业务的关键就是开发那个记忆，如利用我们曾经在尼日利亚处理某个问题的解决方案，来解决在中国或科威特遇到的同样的问题。[51]

规模经济

全球公司可以利用其较大的生产量从单个工厂中获取传统的规模优势。而且，通过在不同国家设立有规模效益的工厂，并对这些工厂生产的零部件进行组装，就可制成成品。日本巨头松下公司是全球营销的一个实践典范，该公司依靠其在日本的世界级工厂向世界各地出口录像机、电视机和其他电子消费品，从而赢得规模经济效应。随着公司实施柔性制造技术并在国外投资建厂，制造规模的重要性或多或少有所递减。然而，规模经济却是 20 世纪 70—80 年代日本公司成功的基石。

规模经济的杠杆作用不局限于制造业。正如国内公司可在并购后通过人员配置去掉重复职位以争取经济效益一样，全球公司也可通过集中管理等职能性活动赢得全球的规模经济效益。较大规模的全球公司也为提高公司员工的能力和素质创造了机会。

资源利用

全球公司的一个主要优势是，它具有在世界范围内寻求人员、资金和原材料从而能够最有效地参与世界市场竞争的能力。对全球公司来说，即使"本国"货币的币值大起大落也不成问题，因为对这样的公司而言，实际上已经不存在本国货币这回事了。世界上的货币五花八门、种类繁多，全球公司只要寻求以最佳交易价格为条件的金融资源即可。届时，全球公司会在满足某种需要并获利的最佳机会中使用这些资源。

全球战略

全球公司最大的单个优势可能就是其全球战略。全球战略是建立在全球营销信息系统的基础之上的，这个信息系统审视全球商业环境以便企业识别市场机会、发展趋势、可能的威胁和可用的资源。当全球公司发现了机会，它便会坚持先前确认的原则：利用技能，集中资源，为顾客创造最大的可感知价值并赢得竞争优势。全球战略是一种创造全球范围内成功的产品或服务的设想。它需要严格的控制、非凡的创新能力和持续不断的努力。全球公司所得的回报不只是成功，还有生存。例如，法国汽车生产商雷诺公司（Renault）多年的经营表现出地区性公司的特点。其间，它遭遇的主要磨难是与标致雪铁龙（Peugeot Citroën）争夺法国汽车业统治地位的双车道赛跑。因身处丰田及其他全球竞争对手主导的行业里，董事长路易斯·施韦策（Louis Schweitzer）只得构筑一套全球战略，别无他法。最近他们的一些动作包括收购日产汽车的多数股份和罗马尼亚的达契亚公司。施韦策还在巴西的一家工厂投资 10 亿美元，并在韩国耗资数亿美元。[52]

在此提请各位谨慎处事：全球战略并不能保证一个组织从胜利走向胜利。不能构建或成功施行全球战略的公司将会失去其独立性。2008 年底英博公司收购安海斯-布希公司（Anheuser-Busch）就是一个这样的实例。一些全球战略并不能取得预期的效果，戴姆勒-克莱斯勒并购后又随之解散以及德国邮政 DHL 未能渗透美国国内快递市场都说明了这个问题。

21 世纪初期极为低迷的商业环境摧毁了不少企业的战略规划，其中包括著名的全球公司以及刚在世界舞台上崭露头角的新兴市场新进入者。以总部在瑞士的 ABB、墨西哥的西麦斯公司（Cemex）以及英国连锁超市乐购为例，三家企业管理层雄心勃勃的全球化愿景都被昂贵的未获成功的战略赌注销蚀。[53]尽管三家企业仍得以生存，但规模都比先前缩小，业务也更加集中。

1.6.8　抑制作用力

尽管有上面指出的各种驱动作用力，但也有几种可能阻碍公司全球营销步伐的抑制作用力。除了已经讨论过的市场差异，主要的抑制作用力包括管理层的短视和组织文化、国家的控制，以及全球化的反对势力。不过正如我们已经指出的那样，在当今世界，驱动作用力相对抑制作用力已占上风。这是全球营销的重要性持续上升的原因。

管理层的短视和组织文化

在很多情况下，管理层完全无视发展全球营销的机会。患有"短视症"和坚持母国中心导向的公司不会在地域上进行扩张。百威啤酒的酿造商——安海斯-布希公司在多年专注于美国国内市场后，最终失去了其独立性。如果在本应听取意见时总部却独断专行，短视往往就是酿成市场灾祸的原因。没有一支能够提供当地市场相关情况的精干团队，全球营销就不会成功。

有些子公司管理层"无所不知"，他们对总部最高领导的远见不以为然。反之，在总部领导通晓一切的公司里，当地经理缺乏发挥主动性的空间，总部也不关心当地市场的深层次需求和状况。但供职于成功的全球公司的主管和经理们却学会了如何将全球视野和当地市场经理的主动性与投入相结合。在本书的一位作者采访一些成功的全球公司高管时，突出了一个令人瞩目的话题，即公司总部应尊重当地经理的积极性和付出的劳动，同时当地经理也应遵循公司总部的远见。

国家的控制

每个国家都是通过控制低科技或高科技行业的市场路径和准入来保护当地企业的商业利益的。这种控制涉及对烟草市场的垄断，也包含政府对广播电视、设备以及数据传输市场的控制。由于世界贸易组织、关税及贸易总协定、《北美自由贸易协定》和其他经济协定的作用，如今关税壁垒在高收入国家已基本消失。然而，**非关税壁垒**（nontariff barriers，NTB）仍然十分常见。非关税壁垒是对跨境贸易的非货币限制，例如美国经济刺激计划中的"购买美国货"条款、食品安全条例和其他官方障碍等。非关税壁垒有可能使企业难以进入某些国家和区域市场。

全球化的反对势力

对世界各地的很多人来说，全球化和全球营销代表了一种威胁。"全球化恐惧症"一词有时被用来描述对贸易协定、全球品牌或公司政策（其结果看起来会难为一些个人或国家，同时又有利于其他个人或国家）的敌对态度。全球化恐惧症的特点表现在各个方面，包括针对政策制定者或著名全球公司的抗议或暴力行动。全球化的反对势力包括工会、大学生、国内和国际非政府组织及其他群体。《休克主义》的作者娜奥米·克莱恩（Naomi Klein）就是一名对全球化直言不讳的批评者。

在美国，有些人认为全球化压低了美国工人的工资，导致蓝领和白领纷纷失业。伴随着近来发生的经济危机，贸易保护主义有所抬头。很多发展中国家正在产生越来越多的猜疑，认为以美国为首的世界先进国家正在"收割"自由贸易带来的大部分好处。一位玻利维亚的失业矿工说："全球化只不过是屈从和统治的一个新叫法而已。我们不得不忍受它500年，但我们现在还想成为自己的主人。"[54]

1.7 全书结构

本书的目标读者是对全球营销感兴趣的学生和商务人士。我们在全书各部分介绍并讨论适用于全球营销的重要概念和工具。

全书分成5篇。第Ⅰ篇由第1章构成，是对全球营销情况和基本理论的概述。第2~5章组成了第Ⅱ篇，介绍了全球营销的环境。第2章和第3章对经济和地域市场的特征进行讨论，包括收入和人口的地理分布、贸易和投资模式，以及市场发展阶段；第4章审视社会和文化因素；第5章从法律、政治和法规等维度进行介绍。第Ⅲ篇涉及进军全球市场时必须考虑的一些专题。第6章讨论营销信息系统和营销调研问题。第7章讨论市场细分、目标确定和市场定位。第8章涉及进口、出口以及资源获取的基础知识。第9章专门讨论包括市场进入和扩张的各种策略选择在内的全球战略的各个方面。第Ⅳ篇涉及与营销组合的决策有关的全球背景。第10~14章详尽地讨论如何就产品、价格、渠道和营销传播做出决策，以应对全球市场的机会和威胁。第15章探讨正在为全球营销者创造新机会和挑战的互联网、电子商务以及数字化革命等其他方面。

本章提要 //////////////////////

市场营销是一项组织职能，一种创造、沟通并提供客户价值的过程，一种能够使组织及利益相关者获益的客户关系管理。从事**全球营销**的公司都要集中公司资源，以利用全球市场机会和应对威胁。雀巢、可口可乐、本田等成功的企业按照它们熟悉的4P**营销组合**模式创建全球营销方案。营销、研发、制造和其他活动构成了公司的**价值链**；公司在全球范围内组织这些活动，以期创造卓越的顾客价值。公司**价值等式**（$V = B/P$）反映了价值与营销组合之间的关系。

全球公司也坚持战略**聚焦**，并不懈地追求**竞争优势**。营销组合、价值链、竞争优势和聚焦是普遍适用的，无论公司是只在本国还是在世界很多国家的市场经营。然而，在全球性行业里，不能找到全球机会的公司就有被较强的全球对手排挤出局的风险。

公司的**全球营销战略**有助于提升公司的全球经营业绩。全球营销战略解决了几个问题。首先，确定营销方案的性质，即对营销组合要素的安排是采取**标准化/延伸策略**，还是根据各国、各地区间的差异采取**当地化/因地制宜策略**。其次，决定是在少数国家集中开展营销活动，还是分散在很多国家开展这些活动。涉及全球营销的公司，也需要协调好跨国的营销活动。最后，公司的全球营销战略通常要解决全球市场参与的问题。

从《华尔街日报》《财富》《金融时报》和其他刊物编制的公司排行榜上，我们可以看出如今全球营销的重要性。不管是用收入还是其他指标来衡量，世界上的大多数大公司都在地区或全球范围内有活跃的表现。对单个行业或产品种类来说，全球市场的规模远大于国内市场，难怪公司纷纷"走向全球"。有些产品种类的全球市场年销售额能达到数千亿美元；其他市场的规模可能小得多。不管面临多大的市场机会，成功的行业竞争者都发现，要想增加收入和利润，就得到本国以外的地方去寻找市场。

公司的管理可按其对世界的导向分成四类：**母国中心、多国中心、地区中心、全球中心**。这些术语反映了发展或演进进程的各级水平。母国中心导向往往是国内公司和国际公司的共同特点；国际公司通过延伸原来的营销组合要素在外国市场寻求营销机会。多国中心的世界观通常在多国公司中占主导地位，营销组合被自主经营的当地经理们根据需要加以调整。当管理层要进一步在地区的范围内整合协调活动时，他们所做的决策往往反映的是地区中心导向。全球公司和跨国公司的经理通常是全球中心导向的，他们在全球市场上同时采取延伸和因地制宜两种策略。

如今人们对全球营销重要性的认识是几种驱动作用力和抑制作用力不断互动的结果。驱动作用力包括市场需求和欲望的趋同，技术、交通和通信的进步，产品成本，质量，世界经济趋势，以及对以全球经营的方式创造**杠杆作用**的认识。抑制作用力包括市场差异、管理层短视、组织文化以及如**非关税壁垒**之类的国家控制。

讨论题 //////////////////////

1. 营销的基本目的是什么？这些目的与全球营销是否相关？

2. "全球当地化"意味着什么？可口可乐是一个全球产品吗？请解释。

3. 公司的全球营销战略是一个关键的竞争工具。请对公司可以采取的全球营销战略进行讨论，并举出使用不同战略的公司的例子。

4. 总部在英国的奢侈时尚品牌博柏利对男女老少都具有相当大的吸引力。最近，为了提高博柏利在奢侈品市场的竞争力，首席执行官安吉拉·阿伦茨推出了一项包含营销组合所有要素的新战略。该战略还涉及博柏利即将进入的关键市场，以及对营销活动的整合和协调。搜索近期关于博柏利的报道并讨论博柏利的全球营销战略。

5. 讨论哈雷-戴维森和丰田的全球营销策略之间的差异。

6. 讨论母国中心导向、多国中心导向、地区中心导向和全球中心导向之间的差异。

7. 找出促进全球一体化形成且不断提高全球营销重要性的作用力，并加以描述。

8. 请给出"杠杆作用"一词的定义，并解释开展全球经营的公司所用的不同类型的杠杆。

9. 每年 7 月，《财富》杂志都会发布全球 500 强。近期的排名可见于以下网站——http://money. cnn. com/magazines/fortune/global500/2012/full_list/，或查阅纸质版的《财富》杂志。浏览该排行榜，选择一个你感兴趣的公司。比较其 2012 年的排名与最新排名。各公司的排名有何改变？参考其他信息（如杂志文章、年度报告、公司网站），以更好地理解导致公司排名变动的因素和作用力。写一篇有关这些发现的简报。

10. 商界有一种"盛极必衰"（Nothing fails like success）的说法。以盖璞公司为例，作为布裤和白色 T 恤等必备衣物的主要提供者和时装零售商是怎么突然失去其市场优势的？摩托罗拉也是其自身成功的牺牲品。摩托罗拉刀锋手机（Razr）曾经那么受欢迎，但公司未能因此取得更大的收益。现在，谷歌拥有了摩托罗拉的移动业务。同样，星巴克首席执行官霍华德·舒尔茨（Howard Shultz）最近也警告说，他的公司和品牌有变得平庸和掉价的风险。而且，正如案例 1-2 所述，一些行业观察家表示，苹果已"失去了它的冷静"。如果让你为这些公司分别提建议，你想说些什么？

案例 1-1（续）

全球市场

你对全球营销已经有了一个整体认识，现在到检测你的全球时事知识的时候了。以下左边列出了一些全球著名的公司和品牌。问题是，这些公司的母公司位于哪个国家？右边列出了可能的答案。将你所选答案对应的国家字母填在横线上，每个国家可用不止一次。题目和可选答案如下：

＿＿＿＿ 1. 凡士通轮胎和橡胶	a. 德国
＿＿＿＿ 2. 雷朋	b. 法国
＿＿＿＿ 3. 劳斯莱斯	c. 日本
＿＿＿＿ 4. 百威啤酒	d. 英国
＿＿＿＿ 5. 本杰瑞冰淇淋	e. 美国
＿＿＿＿ 6. 嘉宝	f. 瑞士
＿＿＿＿ 7. 米勒啤酒	g. 意大利
＿＿＿＿ 8. 罗勒布雷德	h. 瑞典
＿＿＿＿ 9. 凯斯纽荷兰	i. 芬兰
＿＿＿＿ 10. Weed Eater 除草机	j. 荷兰
＿＿＿＿ 11. 假日酒店	k. 比利时
＿＿＿＿ 12. 野火鸡波旁威士忌	l. 印度
＿＿＿＿ 13. ThinkPad	m. 巴西
＿＿＿＿ 14. 威尔逊体育用品	n. 韩国
＿＿＿＿ 15. Right Guard 止汗香体膏	
＿＿＿＿ 16. 百路驰	
＿＿＿＿ 17. 捷豹	
＿＿＿＿ 18. 汉堡王	
＿＿＿＿ 19. 珍妮克莱格减肥法	
＿＿＿＿ 20. 美体小铺	
＿＿＿＿ 21. 泰特利斯	
＿＿＿＿ 22. Swift	
＿＿＿＿ 23. 佳吉亚	
＿＿＿＿ 24. Church's 英伦鞋履	

答案如下：

1. 日本（普利司通）2. 意大利（罗萨奥蒂卡集团）3. 德国（大众）4. 比利时（百威英博啤酒集团）5. 英国/荷兰（联合利华）6. 瑞士（雀巢）7. 英国（英国南非米勒酿酒公司）8. 意大利（贝纳通）9. 意大利（菲亚特）10. 瑞典（伊莱克斯）11. 英国（洲际酒店集团）12. 意大利（金巴利）13. 中国（联想）14. 芬兰（爱默集团）15. 德国（汉高）16. 法国（米其林）17. 印度（塔塔汽车）18. 巴西（3G 资本）19. 瑞士（雀巢）20. 法

国（欧莱雅）21. 韩国（斐乐韩国）22. 巴西（JBS）23. 荷兰（飞利浦）24. 意大利（普拉达集团）

案例讨论题

1. 被誉为"美国偶像"的百威目前已归比利时的一家公司所有。一些消费者打算抵制百威产品，以示对此项交易的抗议。一位观察员看了此事的报道后指出："品牌国籍只与该品牌的诞生地、啤酒原料以及啤酒生产工艺相关。一般来说，与谁拥有公司没什么关系。现在我们生活在一个全球化的世界里。"你同意这种说法吗？

2. 百威一直享有理想工作单位的美名。公司主管们能获得设备齐全的住房奖赏，还能乘坐公司的直升机去旅行；他们还配有秘书以及行政助理。主管们因公出差时可选择飞机头等舱。大部分员工可享用免费啤酒，还可在社区活动中捐赠公司的啤酒等产品。公司还将红雀队主场比赛的门票作为营销工具。百威在广告和促销上投入巨大，各家广告公司每年为百威制作约100则新广告。在上述情况下，你认为百威的新主人会做出什么改变吗？为什么？

3. 2009年，意大利菲亚特公司收购了美国另一家标志性汽车公司克莱斯勒20%的股份。你熟悉菲亚特吗？你认为首席执行官塞尔吉奥·马尔乔内（Sergio Marchionne）想要借此交易达成什么目的？克莱斯勒能从此次联合中获得什么利益呢？

4. 本杰瑞冰淇淋公司是位于佛蒙特州伯灵顿市的一家传奇冰淇淋店。创始人本·科恩（Ben Cohen）和杰瑞·格林菲德（Jerry Greenfield）的传奇故事讲述了他们极有远见的经营方式，其三项宗旨为：产品使命、财务使命和社会使命。这家公司被消费品巨头联合利华收购时，该品牌的一些忠实消费者表示担忧。你认为他们的担忧源于什么？

案例 1-2

苹果对战三星：智能手机霸主之争愈演愈烈

史蒂夫·乔布斯（Steve Jobs）2011年10月去世，世界因此失去了一位现代商业时代的领军人物。由乔布斯联合创办的苹果公司，是消费电子领域的先行者；其推出的主要产品包括Apple II（1977年）、Macintosh（1984年）、iPod和iTunes（2001年）、Apple Store（2001年）、iPhone（2007年）以及iPad（2009年）。乔布斯去世时，苹果已经成为世界上最有价值的科技公司。2012年9月，苹果股价飙升至历史新高，一度涨至每股700美元以上。此外，苹果公司还积累了超过1 000亿美元的现金，其中大部分是外国收入，由海外分支机构持有。而与此同时，诺基亚、索尼、戴尔和黑莓这些曾经称霸一方的科技行业巨头却在苦苦挣扎。

尽管2012年iPhone 5销量喜人，但行业观察家仍然怀疑苹果公司热销产品的热度已经开始下降。苹果公司的声誉是基于其瓦解现有市场（例如，音乐和电信行业）并用科技和设计创新来创造新市场的能力，而这一能力已得到充分验证。但是，2012年推出的iPhone 5被部分圈内人士视为一种"进化式的突破"而非"革命性的突破"。事实上，许多消费者选择购买速度较慢、价格较低的 iPhone 4 或 4S，而不是升级版的 iPhone 5。

随着智能手机关键领域的增长放缓，苹果公司受到了诸多竞争对手的挑战。首要对手就是韩国工业巨头三星集团旗下的三星电子，其产品范围从半导体到家用电器再到智能手机。三星广受欢迎的 Galaxy 系列手机搭载了谷歌开发的安卓操作系统。包括 Galaxy Note（也称为"平板手机"）在内的一些 Galaxy 型号，拥有比 iPhone 更大的屏幕。这类差异化的卖点有助于推动销量。竞争愈演愈烈，因涉嫌侵犯专利权，双方对簿公堂。

中国和欧洲是三星的两个主要市场。2012 年，三星在欧洲推出了 Galaxy S Ⅲ。2013 年，三星在纽约无线电城音乐厅（Radio City Music Hall）举行了一场盛大的活动，并推出 Galaxy S4。为何要做出这些改变呢？负责三星移动业务的主管申宗均（J. K. Shin）表示："我们是智能手机市场的全球参与者，也是一家全球公司，而美国是我们的重要市场……我对我们在美国市场所占的份额并不满意。"

在许多发展中国家，廉价手机的需求强劲。三星和其他公司开发的一些基于安卓系统的型号，售价远低于 iPhone 5。苹果公司并没有提供低成本的 iPhone 版本。在美国，无线运营商威瑞森（Verizon）和 AT&T 通常会向那些签订多年服务合同的消费者提供 iPhone 价格补贴。这就是为什么美国 iPhone 5 可以仅售 199 美元。与之相反，在其他国家，消费者要全价购买 iPhone，还无法取得服务合约。除此之外，世界各个市场的 iPhone 5 都是一样的。然而，三星 Galaxy S4 却有多个不同版本。例如，使用不同的处理器来满足不同地区的需求。

不出所料，智能手机制造商正把目光投向中国、印度和其他新兴市场。例如，中国现在已经是苹果公司的第二大市场。就售价 480 美元以上的手机而言，虽然苹果公司目前的市场占有率将近 50%，但首席执行官蒂姆·库克（Tim Cook）并不满意。分销至关重要，库克正在积极扩大 iPhone 在中国的销售网点数量。苹果公司还与中国最大也是世界最大的运营商——中国移动展开谈判。

随着中国和欧洲市场的增长放缓，印度作为智能手机的第三大市场，其重要性越发凸显。然而，苹果智能手机出货量远远落后于三星。三星安卓手机的售价约 100 美元；相比之下，印度消费者需花费 500 美元购买 iPhone 4，约 850 美元购买 iPhone 5。

众所周知，史蒂夫·乔布斯淡化了正式的营销调研的重要性，他认为消费者并不知道自己想要什么。相反，三星电子极为依赖营销调研；它有约 6 万名员工就职于中国、英国、印度、日本、美国和世界各地的数十个研究中心。三星的设计师拥有心理学、社会学以及工程学等多学科背景。研究人员还会追随时尚及室内设计的趋势。此外，三星在广告和促销方面的投入也超过了苹果公司。例如，在每年 3 月于得克萨斯州奥斯汀举行的"西南偏南"互动式媒体、电影及音乐大会（SXSW Interactive, Film, and Music）上，三星都有一番大动作。尽管许多"西南偏南"大会的参加者都使用 iPhone 和 iPad，但苹果公司并未以企业名义参与该活动。

案例讨论题

1. 你是否拥有智能手机？如有，你购买了哪个品牌的产品？为什么？

2. 你认为苹果公司是否应该推出低成本的 iPhone 以吸引那些不愿或无力为苹果设备支付高价的消费者？

3. 你认为苹果公司是否能像过去推出 iPod、iPhone 和 iPad 一样，通过开发突破性的产品获得持续增长？

4. 三星的全球营销战略是如何帮助其有效地与苹果竞争的？

资料来源：Sam Grobart, "Think Colossal: How Samsung Became the World's No. 1 Smartphone Maker," *Cover Story*, *Bloomberg Businessweek* (April 1 - 7, 2013), pp. 58 - 64; Yun-Hee Kim, "Samsung Targets Apple's Home Turf," *The Wall Street Journal* (March 15, 2013), pp. B1, B4; Dhanya Ann Thoppil, "In India, iPhone Lags Far Behind," *The Wall Street Journal* (February 27, 2013), pp. B1, B4; Brian X. Chen, "Challenging Apple's Cool," *The New York Times* (February 11, 2013), pp. B1, B6; Anton Troianovski, "Fight to Unseat iPhone Intensifies," *The Wall Street Journal* (January 25, 2013), pp. B1, B6; Rolfe Winkler, "Apple's Power Within," *The Wall Street Journal* (December 7, 2013), p. C1.

第Ⅱ篇

全球营销环境

The Global Economic Environment

第 2 章
全球经济环境

学习目标

1. 指出过去几十年来世界经济发生的重大变化并简要说明。
2. 对世界不同地区的主要经济体系类型进行对比和比较。
3. 说明世界银行是如何根据经济发展水平对各国进行分类的，并指出每个发展阶段的主要新兴国家市场。
4. 讨论国际收支统计对世界主要经济体的重要性。
5. 识别出世界主要出口国。
6. 简要说明汇率如何影响公司在世界不同地区的机遇。

案例 2-1

观点之争的新战线

20 世纪的世界经济思想史被称为"观点之争"。1917 年布尔什维克革命之后，苏联领导人构建起了一个中央集权的计划经济体制，并由他们自己掌权。相较之下，西方的自由市场资本主义则更为盛行。然而，在经历了 1925 年股市崩盘和 20 世纪 30 年代的大萧条之后，人们对自由放任的经济政策和自由市场产生了怀疑。也许苏维埃模式是最好的？政府是否确实应该在经济中发挥核心作用？

20 世纪 30 年代，为了让世界经济重新走上正轨，各国政府听从了经济学家约翰·梅纳德·凯恩斯（John Maynard Keynes）的建议，开始实施大规模的支出计划。例如，美国总统富兰克林·罗斯福（Franklin Roosevelt）成立了公共事业振兴署（WPA），让数百万美国人重返工作岗位。在欧洲、拉丁美洲和其他一些国家，尤其是正在为战争做准备的德国和日本，财政刺激计划对当时的政府工作而言也是重中之重。只要能够降低失业率，政府领导人还是愿意接受适度的通货膨胀率的。其结果是可喜的：经济增长开始加速。第二次世界大战的爆发对制造业提出了新的要求，其产出必须有大幅增长，以充分就业和工人短缺取代高失业率。

第二次世界大战之后的冷战时期，东西方开始谋取地缘政治优势。20世纪70年代，西方经济正遭受"滞胀"的困扰：高通胀率和高失业率。而苏联在年迈的勃列日涅夫的领导下，也因经济停滞和萎靡陷入了困境。20世纪80年代，美国总统罗纳德·里根（Ronald Reagan）和英国首相玛格丽特·撒切尔（Margaret Thatcher）都采取了大胆的举措重振国家经济，但此次的做法与之前有所不同。两位领导人都大大减少了政府对各自国家的干预。弗里德里希·冯·哈耶克（Friedrich von Hayek）的经济理论开始盛行一时。

在西方经济复苏之时，戈尔巴乔夫在苏联启动了一项名为"改革"（perestroika）的经济重组计划。但这项计划不仅见效甚微，也出现得太晚。短短的几年内，柏林墙倒塌，两德统一，苏联解体分成了15个不同的国家。时间来到21世纪，与中央集权的计划经济模式相较，自由市场意识形态似乎占据了上风。

然而，2008年，在不受管制的金融市场，松懈的次贷操作和贪念驱动的交易引发了一场经济危机，并很快席卷全球。作为这场危机的始作俑者，美国大范围地陷入了经济困境：房地产市场崩盘，房地产价格暴跌，信贷紧缩，就业增长放缓。这样的情况在全球各地反复上演，包括希腊、爱尔兰、意大利、西班牙和其他地方。章后案例2-1（续）用更多的细节阐述了经济放缓所面临的挑战。（读完本章，请分析该案例并回答讨论题。）毋庸置疑，经济衰退给全球营销人员同时带来了挑战和机遇。

全球经济危机生动地展示了当今经济环境动态性和相互交融的本质。让我们重温市场的基本定义：有需求和欲望，并有意愿和能力开展买卖交易的个人或组织。第1章已经指出，很多公司开展全球营销，以发掘本土之外的新客户，从而提升销售额、利润和市场份额。巴西、俄罗斯、印度、中国和南非特别值得一提，统称为金砖五国（BRICS）的这五个国家市场尤其充满活力，并提供了很多重要的机会。[1]金砖五国和其他新兴市场也孕育了一些试图在本国内外挑战全球巨头的公司。

本章将从世界经济概述讲起，指出世界经济环境最显著的特征，然后审视经济体制类型，讨论市场发展阶段，并解读国际收支。外汇问题将在最后一部分讨论。我们还将在整个章节中贯穿近期世界经济衰退对全球营销战略的影响。

2.1 世界经济概述

第二次世界大战以来世界经济发生了深刻的变化。[2]可能最为根本的变化就是全球市场的出现；全球性竞争者对新机会做出的反应是取代或吞并当地的竞争对手。同时，世界经济一体化程度明显提高。20世纪初，经济一体化的程度为10%，如今已接近50%。一体化在欧盟和北美自由贸易区表现得最为明显。

仅在65年前，世界远不如今日这般一体化。为印证这些变化，我们来看看汽车行业。过去雷诺、雪铁龙、标志、莫里斯（Morris）、沃尔沃以及其他欧洲品牌轿车与诸如雪佛兰、福特或普利茅斯（Plymouth）等美国轿车，或与丰田、日产等日本汽车相比完全不同。这些由当地公司生产的当地品牌，大多销往当地或区域性市场。即使到了今天，全球和区域性的汽车公司还在为本国品牌轿车的购买者生产不销往国外的轿车。然而，再看宝马、福特、本田、现代、起亚和丰田，其制造全球汽车也是不争的事实。产品的变化同时反映了组织结构的变化：世界最大的汽车制造商多半已演进为全球公司。福特是很好的一个例子：它在2008 年发布的一款福特嘉年华（Fiesta）升级版在全世界范围内销售。福特公司执行副总裁马克·菲尔兹（Mark Fields）解释说："我们曾有同样牌名的车型，如福睿斯（Escort）和福克斯（Focus），但是这些车本身的区域性太强。这款车是我们产品的真正的转折点，因为它是真正的全球汽车。"[3]

在过去的 20 年里，世界经济环境的动态变化越来越明显，这些戏剧性的变化意义深远。为取得成功，公司高管和营销人员必须考虑以下一些新的现实情况[4]：

- 资本流动已取代贸易成为世界经济发展的驱动力。
- 生产与就业相脱离。
- 世界经济控制全球局面。单个国家经济的作用已变得相对次要。
- 从 1917 年开始的资本主义和社会主义之争已经结束。
- 电子商务的发展降低了国界的重要性，迫使公司重新评估它们的商业模式。

第一个变化是资本流动量的增长。2009 年全球产品和服务贸易的总值达到 25 万亿美元。然而，根据国际清算银行（Bank for International Settlements）的计算，每天的外汇交易额就有约 4 万亿美元，全年的外汇交易额超过 1 000 万亿美元，远远超过全球产品和服务贸易的数值。[5]这些数据反映了一个不容忽视的结论：全球资本流动额大大超过全球货物和服务贸易额，换言之，外汇市场才是世界上最大的市场。

第二个变化涉及生产力和就业的关系。为了说明这种关系，我们有必要复习一下宏观经济学的基础内容。**国内生产总值**（gross domestic product，GDP）是用来衡量一个国家经济活动情况的数据，它由消费性支出（C）、投资性支出（I）、政府采购（G）和净出口（NX）相加得到：

$$C+I+G+NX=GDP$$

用 GDP 量度的经济增长反映了一个国家生产力的增长水平。直到近期的经济危机发生前，制造业的就业情况一直保持稳定或随生产力的持续提高而降低。一些国家错误的资源配置导致房地产泡沫破裂，就业率也下降了。美国制造业占 GDP 的比重从 1989 年的 19.2% 下降到 2009 年的 13%。[6]2011 年，制造业就业人数占美国劳动力的约 9%，而在 1971 年这一比率为 26%。在这 40 年里，生产率显著提升。其他主要工业国也表现了同样的趋势。例如，英国制造业的就业人数仅占 8%，而 1980 年为 24%。[7]近期一项关于 20 个主要经济体的研究发现，1995—2002 年，工厂 2 200 多万个工作岗位消失，但制造业并未衰退——缩减的是制造业的就业人数。[8]创造新的就业机会是当今政策制定者面临的最重要的任务。

第三个主要的变化是世界经济以统治性经济单位的面貌出现。认识到这一点的公司高管和国家领导人获得成功的概率最高。例如，德国和日本经济成功的真正秘诀无外乎这样一个事实：商界领袖和政策制定者聚焦于世界市场和这两个国家各自在世界经济中的竞争地位。这个变化提出了两个问题：全球经济如何起作用？谁在掌控全局？遗憾的是，关于这两个问题还没有清晰的答案。

第四个变化是冷战的结束。[9]

最后一个变化是个人电脑革命和互联网时代的到来在某些方面降低了国界的重要性。估计全世界至少有 10 亿人使用个人电脑。在所谓的信息时代，时空障碍已被 7 天 24 小时全天候跨国网络世界打破。像亚马逊、eBay、脸书、谷歌、Groupon、iTunes、Priceline、推特和 YouTube 等许多公司正在这个美丽的新世界挑战极限。

2.2 经济体制

经济学家认为世界上有四种经济体制：市场资本主义、中央计划社会主义、中央计划资本主义和市场社会主义（见图 2-1）。这种分类是基于主流的资源配置方法（市场相对于指令）和主流的资源拥有方式（私有相对于国有）进行的。

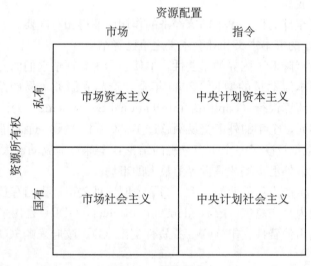

图 2-1 经济制度

然而由于全球化，经济体系已经难以用四元矩阵的界限来分类了。或者，一种更可靠的描述性标准如下所述[10]：

● 经济类型：该国是先进工业化国家、新兴经济体、过渡经济体，还是发展中国家？

● 政府类型：该国是被一位君主、一位独裁者还是一位暴君统治？是一党制吗？是被另一个国家控制吗？是多党派民主体制吗？是一个动荡的国家或恐怖主义国家吗？

● 贸易和资本流动：该国的特点是近乎完全自由贸易还是非完全自由贸易？它是不是某贸易组织的成员？该国是否有货币管理局或外汇管制？是没有贸易，还是政府控制了贸易的可能性？

● 经济命脉部门（如运输、通信和能源部门）：这些部门是否由国家拥有并经营？是否存在国有和私有混合的所有制？它们是否都已私有化，有价格管制吗？

● 通过税收资助的国家服务项目：国家提供养老金、医疗和义务教育吗？是有养老金和教育但没有医疗保险吗？这些方面主要由私有系统支配吗？

● 体制：该国是否透明度高、按规则行事、没有腐败、新闻自由且法院强大？该国是否腐败盛行、政府控制新闻？该国是否不讲规则且法治系统容易妥协？

● 市场：该国有无一个高风险高回报、彰显企业家活力的自由市场体系？这个自由市场是否被垄断企业、联合企业（卡特尔）和集中化行业控制？是一个由企业、政府和劳工一起合作的社会化市场（但是缺少创业扶持），还是一个价格和工资由政府控制的计划市场？

2.2.1 市场资本主义

市场资本主义（market capitalism）是一种由个人和公司配置资源，生产资源私有的体制。简而言之，消费者决定他们要什么，公司决定生产什么和生产多少；国家在市场资本主义体制中的作用是促进公司间的竞争并确保消费者受到保护。如今，市场资本主义在世界各地被广泛采纳，在北美和欧盟最为明显（见表 2-1）。

表 2-1 西方市场体系

体系类型	主要特征	国家
盎格鲁-撒克逊模式	私有制；自由企业经济；资本主义；最低限度社会保障；高度灵活的就业政策	美国、加拿大、英国
社会市场经济模式	私有制；包含雇主团体、工会和银行的"社会伙伴"导向；工会和企业都参与政府管理，政府也干预工会和企业的管理；不灵活的就业政策	德国、法国、意大利
北欧模式	公有制和私有制混合体；高税收；一定的市场管制；丰厚的社会保障	瑞典、挪威

但是，如果认为所有以市场为导向的经济体的表现完全相同，那就把事情过分简单化了。经济学家保罗·克鲁格曼（Paul Krugman）曾经指出，美国与众不同的原因是该国采取了"对所有人都很宽松"（wild free-for-all）的富有竞争力的政策和分权措施。比较而言，外界有时称日本为"日本公司"，这代表了不同的含义，但它所指的不外乎运行制度严密、高度管控、仍遵循市场导向的经济体制。

2.2.2 中央计划社会主义

与市场资本主义相反的是**中央计划社会主义**（centrally planned socialism）。在这种经济制度下，政府在服务于（自认为合适的）公众利益方面享有很大的权力。政府计划编制者就商品或服务的种类、产量、让消费者选购的产品种类做"自上而下"的决策。中央计划社会主义的特征是，政府拥有所有的产业和单个企业。由于供不应求，市场营销组合要素不能被用作战略变量。[11]这种经济体制几乎也不依靠产品差异化、广告和促销；分销由政府掌管以阻断中间商的"剥削"。

市场资本主义在根据人们的需求和欲望提供商品或服务方面表现了明显的优势，许多国家采纳了该制度。而在过去的几十年里，有些国家的经济是依照中央计划社会主义的原则运行的。如今这些国家都实行了经济改革，在不同程度上越来越依赖市场配置。

2.2.3 中央计划资本主义和市场社会主义

事实上，市场资本主义和中央计划社会主义并未以"纯粹"的形式存在。多数国家在不同程度上同时采用指令配置和市场资源配置，如同私有资源和国有资源那样共存。各国政府在现代市场经济中的地位很不一样。那种在私有资源环境中大范围利用指令配置资源的体制可称为**中央计划资本主义**（centrally planned capitalism）。第四种体制，即**市场社会主义**（market socialism），也是可能存在的。这种制度允许在整体国有的环境中采取市场配置的政策。

例如，在政府控制了 2/3 的总支出的瑞典，其资源配置中"选民"导向部分大于"市场"导向部分。在表 2-2 中也可看到，瑞典政府对关键业务部门拥有实质控制权。因此，像瑞典这样的"福利国家"实施的是包含中央计划社会主义和资本主义要素的混合经济制度。瑞典政府正着手推行一个私有化计划，宣布出售表 2-2 中部分公司的股权。[12]2008 年，Vin & Spirit 公司被作价 83.4 亿美元出售给法国保乐力加集团（Pernod Ricard）。

表 2-2 瑞典政府资源所有权实例

公司	行业领域	国有制百分比
桑内拉电信（TeliaSonera）	电信	45
斯堪的纳维亚航空公司（SAS）	航空	21
北欧联合银行（Nordoa）	银行	20
斯德哥尔摩期权交易所（OMX）	证券交易所	7
Vin & Spirit	酒类	100*

* 2008 年出售。

世界上许多地区的市场改革以及新兴的资本主义正在为全球公司创造大规模投资的机会。可口可乐在被印度政府逐出市场 20 年后，1994 年重新回到印度。为此铺平道路的是一部允许外企拥有 100% 产权的新法律。相反，古巴则是指令支配经济的最后一个堡垒，丹尼尔·耶金（Daniel Yergin）和约瑟夫·斯坦尼斯劳（Joseph Stanislaw）是这样总结这一形势的：

> 许多政府正在出售曾被它们国有化的公司，而有些国家正在争取吸引 20 年前曾被它们驱逐的多国公司。如今，左派政治家承认他们的政府再也搞不起豪华的福利国家……政府从"经济命脉部门"的撤退标志着 20 世纪和 21 世纪的分界。很多以往闭锁的国家正在为贸易和投资敞开国门，从而大大扩展了全球市场。[13]

文化背景

后查韦斯时代的委内瑞拉

2013 年 3 月，委内瑞拉总统查韦斯的去世标志着一个时代的终结。自从 1999 年担任总统之后，查韦斯一直变着花样摆弄他在经济发展上的"第三条道路"。当时的英国首相托尼·布莱尔（Tony Blair）指出，这种做法实际上是社会主义和资本主义的混搭——"人性化的资本主义"。然而，不久之后，查韦斯开始诋毁美国并带领他的国家投入社会主义的怀抱。委内瑞拉丰富的石油储备为查韦斯赢得了国民的支持。查韦斯还主要通过"石油加勒比计划"（Petrocaribe）这类低价石油能源同盟，向古巴和其他拉丁美洲邻国提供援助。

美国电影制作人奥利弗·斯通（Oliver Stone）在其职业生涯中花费了大量的精力去记录拉丁美洲的政治环境。一些观察家批评斯通 2003 年的电影《指挥官》（*Comandante*）在宣传反美言论的同时，将古巴领导人卡斯特罗塑造成了一位富有同情心的道德人物。斯通的最新纪录片名为《边境以南》（*South of the Border*）。这次，这位电影制作人将镜头转向了几位南美领导人，包括查韦斯和玻利维亚的莫拉莱斯总统。斯通反对媒体将查韦斯和他的伙伴们描述成"独裁者"。相反，这位导演将这些领导人塑造成了为贫困者斗争的英雄人物，认为他们所做的努力是为了将各自国家的自然资源"归还给人民"。

查韦斯曾是一名军官，在表达对美国政客以及美国式自由市场经济政策的蔑视时，他从不吝啬言论。在《边境以南》中，谈到美国前总统乔治·W. 布什（George W. Bush）时，他说："布什先生，你是一头驴。"查韦斯一次在接受采访时还说："希拉里·克林顿（Hillary Clinton）（美国前国务卿）不喜欢我……我也不喜欢她。"而为什么克林顿夫人不喜欢查韦斯总统呢？至少其中一个原因是，查韦斯的经济政策中包含了国际公司国有化和货币管制措施。同时，用查韦斯自己的话来说："美国资本主义正在走向衰弱……我们需要改变这一制度……在委内瑞拉，资本主义的未来就在墓地里。"

对于资本主义，查韦斯总有说不完的话："这不是资本主义的暂时危机——这是一场结构性危机。""当你身处一个位于像拉丁美洲这样不平等的地区的民主国家时，你需要有社会主义的远见卓识。我相信拥有市场的经济，而不相信市场经济。它们不一样。"

吉列尔莫·苏洛阿加（Guillermo Zuloaga）是委内瑞拉环球电视台（Globovision）的所有者。他对此有着不同看法。环球电视台在委内瑞拉家庭电视市场中拥有近一半的占有率。苏洛阿加对他的电视台能够拥有独立的声音而感到自豪。他在接受《华尔街日报》采访时说："委内瑞拉人的生活质量大大降低了……到处都是供电问题、供水问题，犯罪率居高不下……查韦斯政府几乎违背了宪法的每一个条文。"由于不断指责查韦斯政府，苏洛阿加被捕且被指控犯有诽谤罪。

在查韦斯统治委内瑞拉 15 年后，那里的日常生活又是怎样的呢？在政府的监管下，许多进口许可证过期，导致食品和其他必需品短缺。外汇管制则使得进口商缺乏引进各种消费品所需的美元。委内瑞拉和哥伦比亚有近 1 400 英里的边界接壤；由于卡贝略港和其他港口的情况不容乐观，许多货物不得不从哥伦比亚的港口通过卡车转运至委内瑞拉。积极的方面是：政府就汽油生产进行补贴，一加仑优质汽油仅需约 5.6 美分。

资料来源：Ángel González, "Almost-Free Gas Comes at a High Cost," *The Wall Street Journal* (April 12, 2013), pp. A1, 12; "Hugo Chávez," Editorial, *The Wall Street Journal* (March 6, 2013), p. A20; Sara Schaefer Munoz, "Chávez's Stamp Most Keenly Felt on Farms," *The Wall Street Journal* (October 6-7, 2012), p. A7; Mary Anastasia O'Grady, "Chávez's Assault on the Press," *The Wall Street Journal* (July 12, 2010), p. A13; Matthew Garrahan, "When Hugo Met Oliver," *Financial Times* (June 19/20, 2010), pp. 1, 2; Matthew Garrahan, "Chávez Attacks Economic Critics," *Financial Times* (June 17, 2010), p. 2; Mary Anastasia O'Grady, "Chavismo Meets the Market," *The Wall Street Journal* (June 7, 2010), p. A17.

2.3 市场发展阶段

在任何一个时间点上，单个国家的市场总是处于经济发展的不同阶段。世界银行开发了一套分类体系，基于**国民收入总值**（gross national income，GNI）将各国划分成四种发展类型。世界银行根据贷款类别分别对每种类型的收入情况进行定义，同时每个类别内的国家都具有一系列相同的特征。由此，各个阶段的划分为全球市场的细分和目标营销提供了有用的基础。表 2 - 3 显示了这些分类。

表 2 - 3　市场发展阶段

按人均 GNI 分类的收入组	2011 年 GNP（百万美元）	2011 年人均 GNI（美元）	占世界 GNP 的比例（%）	2011 年人口（百万）
高收入国家（经济合作与发展组织成员）				
人均 GNI≥12 476 美元	43 890 000	41 225	62	1 039
高收入国家（非经济合作与发展组织成员）				
人均 GNI≥12 476 美元	2 752 000	25 372	3	96
中高收入国家				
4 036 美元≤人均 GNI≤12 475 美元	18 240 000	6 563	26	2 489
中低收入国家				
1 026 美元≤人均 GNI≤4 035 美元	4 768 000	1 764	7	2 533
低收入国家				
人均 GNI≤1 025 美元	472.8	569	0.67	816

十年前，世人期待中欧、拉美和亚洲的一些国家出现快速的经济增长。这些被称为新兴大市场（big emerging markets，BEM）的国家包括中国、印度、印度尼西亚、韩国、巴西、墨西哥、阿根廷、南非、波兰和土耳其。[14]如今，巴西、俄罗斯、印度、中国和南非的机会备受关注。如前所述，这五个国家统称为金砖五国。专家预言金砖五国将会成为全球贸易的关键角色。随着市场经济发展带来的收入差距拉大，金砖五国的领导人也会受到来自本土的压力。对这里讨论的每一个经济发展阶段而言，都需要特别关注金砖五国。

2.3.1 低收入国家

低收入国家（low-income countries）是指人均 GNI 不到 1 025 美元的国家。处于这一收入水平的国家具有以下一般特征：

1. 工业化程度有限，很大比例的人口从事农业并采取自给自足的耕作方式。
2. 出生率高，平均寿命短。

3. 识字率低。

4. 严重依赖外国援助。

5. 政局不稳，社会动荡不安。

6. 集中在撒哈拉以南的非洲地区。

13%左右的世界人口包含在这一经济发展类型中。许多低收入国家都有严重的经济、社会和政治问题，因此它们能提供的投资和经营机会都极为有限。一些像布隆迪、卢旺达这样的无增长国家，其大部分人口都徘徊于国家贫困线上。其他一些国家有过稳定的经济增长，却因政治斗争而分裂。其结果是环境动荡，内讧频繁，收入无增长，而且给居民带来很大的危险。卷入内战的国家会成为危险地区，而多数公司会谨慎地避开这些内战地区。

另一些低收入国家则呈现了真正的市场机会。以孟加拉国为例：人均 GNI 接近 780 美元，但其制衣业的出口却蒸蒸日上。2004—2009 年，成衣出口翻了一番；买家包括盖璞、H&M、乐购、沃尔玛、飒拉（Zara）和其他零售商。服装出口占该国出口总量的 80%。尽管如此，孟加拉国工人目前的工资仍在全球服装行业中最低。2010 年秋，政府将最低工资从每月 24 美元调至 44 美元。约有 300 万孟加拉国人（多数是女性）在服装行业工作。中国的劳动力工资上涨及货币走强，使得孟加拉国服装业受益。[15] 遗憾的是，近年来孟加拉国服装厂事故频发。2013 年 1 月，Smart Export Garment 公司在达卡的一家工厂发生火灾，造成 7 名工人死亡。劳工维权人士正在不断呼吁加强监督并提高安全标准。[16]

苏联分裂后形成的一些小国，包括塔吉克斯坦和乌兹别克斯坦，都被归入了低收入或中低收入国家的行列。这些时不时被人们统称为"斯坦国"（Stans）的国家向营销人员提出了有趣的挑战。收入很低，经济严重困难，出现混乱局面的可能性较高。它们会成为典型的问题案例，还是具有良好经济增长潜力并存在有吸引力的机遇？这些国家呈现了有趣的风险-回报机会；不少公司断然决定冒险，而其他许多公司则仍然在评估是否应该冒险。

2.3.2 中低收入国家

联合国将低收入组中排名垫底的 50 个国家称作**欠发达国家**（least-developed countries，LDC）；该术语有时用于表示其与**发展中国家**（developing countries，低收入组中排名靠前的国家＋中低和中高收入组）和**发达国家**（developed countries，高收入组）的差异。**中低收入国家**（lower-middle-income countries）的人均 GNI 水平位于 1 026～4 035 美元之间。这类国家的消费者市场正在迅速扩大。当印度尼西亚和泰国这类国家发动它们那些比较廉价（且动力很强）的劳动力为世界其他地区的目标市场服务时，它们正在形成一种越来越大的竞争威胁。中低收入组中的发展中国家在成熟且标准化的劳动力密集型产业（如鞋类、纺织品和玩具）中具有较大的竞争优势。

2011 年，印度的 GNI 为 1 410 美元，成功地从低收入国家转型为中低收入国家。2007 年，印度纪念独立 60 周年。在过去的几十年里，印度经济仅有微弱的增长。当进入 20 世纪 90 年代时，印度正处于经济危机的剧痛之中：通货膨胀严重，外汇储备很少。该国领导人开放了贸易和投资，并显著地增加了市场机会。曼莫汉·辛格（Manmohan Singh）被任命为印度经济的负责人，曾任印度中央银行行长及财政部部长的他认为，印度一直以来都走错了路。相应地他开始改革计划经济体制：取消对很多产品的进口许可证要求，降低关税，放松对外国投资的限制，并让卢比兑换自由化。

印度前任财政部部长亚什万特·辛哈（Yashwant Sinha）曾表示，21 世纪将是"印度的世纪"。他的话似乎有预见性：印度如今是不少世界级公司的发源地，它们在全球的覆盖面不断扩展，其中包括印孚瑟斯、马辛德拉（Mahindra & Mahindra）、塔塔集团和威普罗等公司。同时在印度运营的全球公司与日俱增，其中有贝纳通、吉百利（Cadbury）、可口可乐、杜邦、爱立信、富士通、IBM、欧莱雅、MTV、史泰博（Staples）、联合利华以及沃尔玛。印度庞大的人口基数也给汽车制造商提供了诱人的投资机会，很多全球汽车制造商展开了印度业务，如铃木、现代、通用汽车和福特等。

乌兹别克斯坦在经济自由度上排名相当靠后。这是中低收入国家商业环境的一个风险指标。即便如此，在这个国家仍有市场机会。2010 年，通用汽车在乌兹别克斯坦的销量比 2009 年增长了 41%。这个中亚国家已经成为通用汽车的第十大市场！俄罗斯这个中高收入国家在 2013 年的排名下滑至第 139 位。它的经济复苏步伐远远落后于其他新兴市场，克里姆林宫开始寻求新的收入来源以应对预算支出，但这也导致了政府部门和企业之间的紧张关系。事实上，部分观察家对俄罗斯是否仍应被纳入金砖五国存有争议。

新兴市场简报

开放的缅甸

缅甸是一个位于东南亚的低收入国家，拥有 5 200 万人口。1948 年脱离英国独立后，其又经历了数十年的军政府统治。2011 年，这个国家突然改变了航向。首先，缅甸公民选举了一位总统——登盛（Thein Sein）。接着，其他政治和经济变化很快发生：释放政治犯，废除新闻审查制度。

缅甸逐渐从独裁统治向经济开放和民主转变，许多西方国家政府受此鼓舞，取消了对该国的出口禁令等制裁措施。这些行动为全球公司敞开了大门。可口可乐、通用电气、万事达、三菱、雀巢、维萨（Visa）等许多公司都在缅甸开展了业务。缅甸的外国投资飙升，从 2000 年的 2.08 亿美元骤涨至 2011 年的 8.5 亿美元。

然而，这些全球巨头仍将进入一个你追我赶的市场。原因何在？在西方制裁期间，中国、日本和其他亚洲国家仍然维持着缅甸业务。如今，它们正享受着这些业务的红利：三菱就是一个很好的例子。多年前，该公司在仰光设立了出口办事处。三菱总经理井土光夫（Mitsuo Ido）说："日本和缅甸有着长期的关系，如今日本公司十分热衷于参与缅甸的建设。缅甸人在某些方面和日本人非常相似。"

美国总统贝拉克·奥巴马（Barack Obama）2012 年底对缅甸进行了短暂的访问。即便如此，现在仍有一些制裁措施存在，包括针对"特别指定国民"（Specially Designated National）的制裁，这当中就有商人 Zaw Zaw 等与前军事政权有关的人士。

缅甸的开放前路漫漫。种族冲突随处可见；刚刚起步的政府在面对抗议活动时，需要花费大量精力维持和平和稳定。此外，缅甸的经济和物质基础设施严重不足。法律制度尚不完善，工人缺乏培训。移动电信网络需要升级；大部分西方手机在缅甸都无法正常使用。亚洲开发银行称，只有大约 1/4 的缅甸人能享受稳定的供电，电力短缺和停电是家常便饭。尽管存在诸多障碍，缅甸丰富的天然气和石油储量对通用电气、法国能源巨头道达尔（Total）和其他公司来说仍是一个重要的机会。

这一"淘金潮"是否能带来巨大的成功还有待观察。几年前，一些试图抓住俄罗斯和越南的新机遇的公司最终都损失了大量资金。腐败猖獗，许多前军方领导人在银行融资和其他服务的保驾护航下开始经营一些许可项目。全球软饮料巨头可口可乐公司发现自己不得不与一些廉价的软饮料竞争，比如蓝山可乐（Blue Mountain Cola）和梦幻橙汁（Fantasy Orange）。即便如此，缅甸的一些企业所有者仍担心外国人会占领他们的关键业务领域。一家纽约投资公司的高管对这种机遇进行了总结："如果我只有 25 岁，并且单身，我就会去那里。它只不过刚刚准备起飞。"

资料来源：Laura Meckler, "Obama Challenges Myanmar on Visit," *The Wall Street Journal* （November 20, 2012）, p. A8; Patrick Barta, "Final Frontier: Firms Flock to Newly Opened Myanmar," *The Wall Street Journal* （November 12, 2012）, p. A1; Michiyo Nakamoto and Gwen Robinson, "Japan Looks for Early Lead in Myanmar Race," *Financial Times* （October 1, 2012）, p. 6; Patrick Barta, "Myanmar Concerns Remain, U. S. Envoy Says," *The Wall Street Journal* （August 20, 2012）, p. A7; "Myanmar Is Next Real Thing for Coke," *Financial Times* （June 15, 2012）, p. 16; Simon Hall, "Energy Titans Look to Myanmar," *The Wall Street Journal* （June 8, 2012）, p. B6; David Pilling and Gwen Robinson, "Myanmar: A Nation Rises," *Financial Times* （December 3, 2010）, p. 6.

2.3.3　中高收入国家

中高收入国家（upper-middle-income countries，亦称工业化进程中的国家或发展中国家）的人均 GNI 处于 4 036～12 475 美元之间。在这些国家中，就业人口向工业部门转移，农业人口急剧减少，城镇化程度提高。智利、马来西亚、墨西哥、委内瑞拉等许多处于这一阶段的国家正在迅速地实现工业化。它们拥有高识字率（的人口）和强大的教育体系，工资水平正在上升却仍旧明显低于发达国家。擅长创新的当地公司会成为令人敬畏的竞争对手，并为它们国家以出口为主的快速增长的经济做出贡献。

金砖国家中的巴西（2011 年人均 GNI 为 10 720 美元）、俄罗斯（10 730 美元）、中国（4 940 美元）和南非（6 960 美元）现都属于中高收入国家。随着石油价格的波动，俄罗斯经济形势时好时坏。强势的当地企业已经崭露头角，如俄罗斯最大的乳制品公司维姆-比尔-丹。然而，腐败盛行，对像帝亚吉欧（Diageo）、玛氏（Mars）、麦当劳、雀巢、英国南非米勒这样的公司来说，官僚主义经常意味着大量的繁文缛节。尽管如此，这里的市场机会还是很吸引人：近年来工资水平显著提升，居民更倾向于消费而不是储蓄。[17]

按经济规模、人口和国土面积排位，巴西是南美洲最大的国家。巴西也自称是南半球自然资源储备最丰富的国家。巴西政府旨在稳定宏观经济的政策取得了令人瞩目的成效：巴西的 GNI 在过去 8 年中以年均 4% 的速度增长。同时，随着收入和生活水平的提高，近 5 000 万巴西人进入了中产阶级的行列。[18]毋庸置疑，这一趋势对于在巴西开展业务的全球公司来说是一个福音，这些公司包括伊莱克斯、菲亚特、福特、通用汽车、雀巢、诺基亚、雷神（Raytheon）、丰田、联合利华和惠而浦等。

巴西作为处于发展阶段国家的典型代表，是重要的对比研究对象。杂货分销公司运用物流软件调配卡车并确定运输线路；同时，马拉车在许多街道上仍很常见。20 世纪 90 年代初期，金融环境变化无常，为求与时俱进，许多本土零售商投资于复杂的计算机和通信系统。他们使用精细的存货管理软件来维持财务控制。由于巴西在计算机方面的优势，外包业务急速增长。[19] 法国前总统雅克·希拉克（Jacques Chirac）曾经强调巴西在世界贸易中的重要性。他指出："从地理位置上看，巴西是美洲的一部分，但按其文化，它是欧洲的；按其利益，它是全球的。"[20]

中国是中高收入类别中排第三的金砖国家；2011 年人均 GNI 为 4 940 美元。中国是外国投资商在发展中世界的最大的单个投资目的地。亚洲、欧洲、北美和南美的公司被中国广阔的市场和潜能吸引，把中国当作它们全球战略中的关键国家。深圳以及其他经济特区已经吸引到了数十亿美元的外商投资。中国已在 2001 年加入世界贸易组织（WTO），对贸易伙伴更具吸引力。为确保国家出口导向型经济转型的持续进行，政策制定者推出了大量的基础设施建设项目，包括机场、货运港、高速公路及铁路。雅芳、可口可乐、戴尔、福特、通用汽车、本田、汇丰、摩根大通、麦当劳、摩托罗拉、宝洁、三星、西门子、丰田和大众等全球公司正在中国积极地寻求机会。

南非于 2011 年加入了金砖国家。2013 年，南非总统雅各布·祖马（Jacob Zuma）在德班接待了来参加峰会的其他四个金砖国家领导人。峰会的一个重要议题就是如何增进五国之间的贸易和投资。此外，祖马总统还希望能为整个非洲大陆吸引更多的直接投资。[21]

实现经济持续最高速增长的中低和中高收入国家，有时被统称为**新兴工业化经济体**（newly industrializing economies，NIE）。总体而言，新兴工业化经济体的特点是工业产出高于发展中经济体；重型制造业和精制产业在出口中的占比越来越大。十多年前开发出原金砖四国框架的高盛公司（Goldman Sachs），已确定了一个名为"新钻十一国"（Next-11，N11）的新国家集团。N11 中有五个国家被认为是新兴工业化经济体，包括埃及、印度尼西亚和菲律宾三个中低收入国家，以及墨西哥和土耳其这两个中高收入国家。在这五国当中，埃及、印度尼西亚和菲律宾在过去几年中都实现了 GDP 的正增长。

2.3.4 欠发达国家和发展中国家的营销机会

尽管欠发达国家和发展中国家存在很多问题，但其长期市场机会还是可以培育的。如今，耐克在中国生产和销售的产品只占其产品总量的一小部分，但在提及中国时，仍称其为"20 亿美元运动鞋市场"，这显然指的是未来市场。普拉哈拉德（C. K. Prahalad）和艾伦·哈蒙德（Allen Hammond）指出了几个需要纠正的有关"金字塔底部"（BOP）的假定和误解[22]：

- 误解 1：穷人没钱。事实上，贫困人群的总体购买力还是相当强的。如在孟加拉国的乡村，村民会花不少钱在使用当地企业家经营的乡村电话上。
- 误解 2：穷人太关心如何满足自己的基本需要，而不会在非必需品上"浪费"金钱。

事实上，买不起房子的消费者确实也购买电视机、燃气炉等"奢侈品"以改善生活。

● 误解 3：在发展中国家销售的商品太便宜，市场新进入者难有获利的机会。事实上，因为穷人经常在买很多产品时得付高价，效率高的竞争者有机会通过提供优质低价产品实现可观的利润。

● 误解 4：BOP 市场的人们不会使用先进技术。事实上，农村地区的居民不但会，而且还能很快学会使用手机、个人电脑和类似的电子产品。

● 误解 5：瞄准 BOP 市场的全球公司会被指责在剥削穷人。事实上，许多贫穷国家的非正规经济体系都具有高度剥削性，而提供基本产品和服务的全球公司有助于提高那些国家的生活水平，并通过惠及当地社会获得合理的回报。

虽然东南亚、拉美、非洲和东欧某些地区的经济条件困难，但那里的不少国家会演变为富有魅力的市场。营销在发展中国家的作用之一就是将资源集中于创造和提供最适合当地需要与收入水平的产品。恰当的营销沟通技巧也可用于加快这些产品的被接受速度。营销可以连接资源和机会，以便按照消费者的意见满足他们的需要。

营销的一个有趣议题是营销与经济发展过程是否有关。有些人认为，只是在富裕的工业化国家才有这样的关联，因为其主要任务是引导社会的资源配置，适应不断变化的生产和产量，以满足动态的市场需要。他们还认为，欠发达国家的主要任务是把稀有的资源配置给明显的生产需要。因此，应该把重心放在生产以及如何增加产量上，而不是消费者的需要和欲望上。

与此相反，将组织资源集中到环境机会上，可以是一个普遍相关的过程。营销的作用（认识人们的需求和欲望，并集中个人和组织的力量以满足这些需求与欲望）在任何国家都是一样的，这与经济发展水平没有关系。当全球营销人员都迎合中国或印度这样的新兴市场中农村居民的需求时，他们也更容易赢得对他们来说十分重要的政府支持和认可。

例如，以下两个原因使得开发可替代性能源变得尤为重要：很多国家缺少煤炭储备以及对化石燃料的严重依赖将导致全球变暖。同样，世界各地的居民都需要买得起的安全饮用水。意识到这一点，雀巢开始在巴基斯坦出售优活（Pure Life）瓶装水，价格约为每瓶 35 美分，并打出广告，承诺"纯粹安全、纯粹可信、理想净水"。之后，优活迅速占据了巴基斯坦瓶装水市场 50% 的份额，同时也在其他许多低收入国家打开了局面。[23]可口可乐公司最近开始迎合低收入国家饮食和健康的需求，推出了一款名为 Vitango 的饮料，可以帮助对抗贫血、失明以及其他和营养不良有关的疾病。

帮助发展中国家加入互联网经济则提供了另一种商机。英特尔董事长克雷格·贝瑞特（Craig Barrett）曾访问中国和印度的乡村，发起了提供互联网接入和计算机培训的项目。一款由汽车电池供能的价格 550 美元的电脑成了英特尔"世界领先"方案的一部分。无独有偶，惠普的工程师正在开发可让偏远地区连接到互联网的太阳能传送装置。[24]同时，一项名为"每个孩子一台笔记本电脑"的计划则致力于开发一种可以让发展中国家政府以 100 美元单价购买到的笔记本电脑。

全球公司也可以一边为当地居民创造经济机会，一边通过寻觅保护古老森林及其他资源的全新方法来为经济发展做贡献。例如在巴西，有一个将椰子外壳加工成为天然橡胶的农民合作社；其与戴姆勒公司协作，用这种橡胶制作汽车座椅、靠枕及防晒板。法国奢侈品营销公司爱马仕（Hermes）创造了名为 Amazonia 的系列手包，这些包都是用从传统橡胶中萃取的乳胶制作而成的。两家公司均及时抓住了机遇，既展现了自己的环保意识，又吸引了绿色导向的消费者。里约热内卢一家为森林工人提供再培训的公司主管伊莎贝拉·福茨（Isabela Fortes）指出："只有给森林工人提供可行的谋生方式，你才可能使他们不再破坏丛林。"[25]

2.3.5　高收入国家

高收入国家（high-in come countries）亦称先进和发达的工业化或后工业化国家；它们的人均 GNI 达到或超过 12 476 美元。除少数石油富国，这一类别中的其他国家是靠可持续性的经济增长达到当前收入水平的。

首先使用"后工业化国家"这一词组描述美国、瑞典、日本和其他先进的高收入社会的是哈佛大学的丹尼尔·贝尔（Daniel Bell）。他在 1973 年的著作《后工业化社会来临》中指出"工业化社会"和"后工业化社会"之间存在收入水平以外的差异。贝尔的论点是，后工业化社会的创新越来越多地源于对理论知识的整理，而不是"随机的"发明。服务业占国民生产总值的一半以上，信息处理和交换愈发重要，知识取代资本成为关键的战略性资源。此外，在后工业化社会，智力技术比机械技术更重要，科学家和专业人员将比工程师和半熟练工人更占主导地位。不仅如此，后工业化社会还展现出了对未来的导向，并强调社会机能中人际关系的重要性。总之，这些作用力和因素会使后工业化国家居民的工作和家居生活发生巨大变化。

在后工业化社会里，产品和市场机会更多地取决于新产品和创新。大多数家庭的基本产品拥有率非常高。寻求发展的组织要想在现有市场上扩增自己的份额，任务非常艰巨，倒不如另辟蹊径，努力创造新的市场。例如在眼下，与通信相关的产业的全球公司正在竭力创造新的交互式电子通信的电子商务市场。一个恰当的例证是巴里·迪勒（Barry Diller）的 IAC 互动公司（IAC/Inter Active Corp），该公司拥有搜索引擎 Ask.com、约会网站 Match.com、网络杂志 *Daily Beast* 和其他互联网业务。

2009 年，富时（FTSE）将韩国的经济地位从"新兴"升级为"发达"。这一变化与世界银行的排名一致，反映了韩国作为一个全球强国的崛起。韩国是三星电子、LG 集团、起亚汽车、大宇、现代及其他著名全球企业的母国。韩国在应对亚洲金融危机时推行了重要的政治和经济体制改革，取消了很多原先的贸易壁垒。即便如此，投资者仍旧关心朝韩关系所带来的政治风险，另一种担心源于外国投资者受到政府反复无常的对待。

美国、日本、德国、法国、英国、加拿大和意大利这七个高收入国家组成了**七国集团**（Group of Seven，G7）。七国的财政部部长、央行行长以及国家首脑之间的协作已超过 1/4 世纪，他们努力朝着繁荣的方向引领全球经济，以确保货币的稳定性。全球无论何时面临危机（20 世纪 80 年代的拉美债务危机，或是 90 年代俄罗斯竭力使经济转型出现的困境），七国集团的代表都齐聚一堂，努力协调各国政策。自 90 年代中期起，俄罗斯开始参加到 G7 峰会中。1998 年，俄罗斯成为正式会员，**八国集团**（Group of Eight，G8）由此诞生。而**二十国集团**（Group of Twenty，G20）成立于 1999 年；它由 19 个国家和欧盟各自的财政部部长及央行行长组成。二十国集团中包括了巴西、印度、印度尼西亚和土耳其等发展中国家。

另一个包含高收入国家的机构是**经济合作与发展组织**（Organization for Economic Cooperation and Development，OECD；www. oecd. org）。OECD 的 34 个成员都推崇市场配置的经济体系和多元化民主。人们对该组织有诸多称谓，如"经济智囊"和"富人俱乐部"等。无论如何，OECD 的根本任务是"使成员取得可持续的最高经济增长并改善人们的经济和福利"。该组织创始于第二次世界大战后共同合作重建地区经济的欧洲国家，如今总部设在巴黎。加拿大和美国于 1961 年加入，日本于 1964 年加入。

OECD 成员的代表在该组织的委员会中共同协作，对影响世界贸易的经济和社会政策进行审查。秘书长主持定期召开的具有决策权的理事会。由成员专家组成的委员会提供了一个讨论贸易和其他问题的论坛。咨询、邻国压力和外交手段是帮助成员坦率地评估经济政策和行动的有效办法。OECD 还会发布国别调查结果和年度经济展望。最近，OECD 更是聚焦于全球问题、社会政策和劳动力市场政策放宽问题。例如，OECD 着手处理了棘手的贿赂案。1997 年，该组织通过决议要求各成员合作追究有关贿赂的指控。决议施行已超过 15 年，德国、法国以及其他一些国家已经出台了反贿赂法律，各国的检察官正通过跨境合作获得更好的工作成果。在其中一起案件中，西门子集团被处以创纪录的 16 亿美元的罚款。[26]

2.3.6　经济发展各阶段的营销启示

在营销公司评估**产品饱和度**（product saturation levels），或拥有特定产品的潜在买主和家庭的比例时，上面描述的经济发展各阶段具有指导作用。乔治·戴维（George David）是联合技术公司（United Technologies）的前首席执行官，该公司下有奥的斯电梯（Otis Elevators）等业务部门。戴维对过去业务中产品饱和度的重要性做了如下解释：

> 我们根据每千人安装电梯的数量来测算各国的电梯总数。在美国以外的多数国家，人们都生活在高层公寓楼里，他们离不开电梯。整个欧洲、亚洲、南美都是如此。在欧洲这样成熟的市场中，每千人约需安装 6 部电梯。所以，我们要在全世界达到每千人 6 部电梯这样的水平还有很长的路要走。[27]

正如上述评价所暗示的，在新兴市场中，许多产品仍处于较低的饱和水平。比如，印度的电信密度（私人电话拥有率）只约 20%。2001 年，波兰每 100 人中有 21 人拥有小汽车，相比而言欧盟国家每 100 人有 49 人拥有小汽车。2002 年波兰每 100 人中有 11 人拥有个人电脑，而欧盟国家是 34∶100。[28] 在印度，每 1 000 个成年人中只有 8 人拥有私人轿车[29]；而俄罗斯和德国的数据分别是 200 人和 565 人。[30] 较低的车辆拥有率也是全球汽车制造商将缅甸视为极具吸引力的市场机会的原因之一。

2.4　国际收支

国际收支（balance of payments）是对一国居民与其他国家居民所做的所有经济交易的记录。表 2-4 是美国 2007—2011 年的国际收支数据。美国的国际贸易数据可从美国经济分析局（U. S. Bureau of Economic Analysis，www. bea. gov）获取；该局的交互式网站便于用户生成定制报告。国际货币基金组织出版的《国际收支统计年鉴》（Balance of Payments Statistics Year-book）则提供了全球所有国家有关贸易的统计数据和经济活动的总结。[31]

表 2-4　2007—2011 年美国国际收支　　　　　　　　　　　　单位：百万美元

	2007 年	2008 年	2009 年	2010 年	2011 年
A. 经常项目	−731 214	−668 854	−376 551	−470 898	−465 926
1. 货物出口	1 148 481	1 304 896	1 069 491	1 288 882	1 497 406
2. 货物进口	−1 976 853	−2 139 548	−1 575 400	−1 934 006	−2 235 819
3. 货物差额	−819 373	−834 652	−505 910	−645 124	−738 413
4. 服务：贷方	497 245	534 166	505 547	553 603	605 961
5. 服务：借方	−378 130	−398 266	−380 909	−403 216	−427 428
6. 服务差额	119 115	135 850	124 637	150 387	178 533
7. 货物和服务差额	−700 258	−698 802	−381 272	−494 737	−559 880
B. 资本项目	−1 842	6 010	−140	−152	−1 159

资料来源：www. bea. gov.

国际收支分为**经常项目**（current account）和**资本项目**（capital account）两个账户。经常项目的测算和记录比较宽泛，包括**商品贸易**（merchandise trade，即制成品）和**服务贸易**（services trade，即无形的、以经验为基础的经济产出）以及像人道主义捐赠等特定类别的财政转账。一国的经常项目出现负值是**贸易逆差**（trade deficit）所致。贸易逆差是指用以偿付进口商品所流出的资金大于销售出口商品所流入的资金。相反，经常项目上出现正值的国家往往享有**贸易顺差**（trade surplus）。资本项目则用于记录所有长期的直接投资、间接投资及其他短期的和长期的资本流动。负值表示现金流出，如在表 2-4 中，第 2 项显示 2011 年美国有 2.2 万亿美元流出，用于支付进口商品的货款。表 2-4 未列示的其他项目包含净误差和遗漏、外债及外汇储备等方面的变化。这些是使国际收支达到平衡的项目。在一般情况下，当一国的经常项目和资本项目的净值出现顺差时，便会增加外汇储备；当该净值呈现逆差时，就会减少外汇储备。认清国际收支总体情况的要领在于它总是处于平衡状态。不平衡通常出现在总平衡表的子项目中。例如，一个常被报道的收支差额就是货物差额（表 2-4 中的第 3 项）。

细看表 2-4 可发现，美国的经常项目和货物贸易平衡表多年来都为赤字。表 2-5 显示了 2011 年美国与中国、印度、巴西、俄罗斯的货物和服务贸易的记录。与表 2-4 一样，表 2-5 中第 4 项和第 5 项的比较展示了美国视角下的一个亮点：美国对世界上大多数其他国家的服务贸易保持了顺差。然而总体来看，美国的国家收支呈现逆差，而像中国这样的贸易伙伴则为顺差。

表 2-5　2011 年美国与中国、印度、巴西、俄罗斯的货物和服务贸易　单位：百万美元

	中国	印度	巴西	俄罗斯
1. 美国的货物出口	105 263	21 616	42 821	8 384
2. 从该国的货物进口	−400 642	−36 338	−31 549	−34 652
3. 货物差额	−295 378	−14 722	11 272	−26 268
4. 美国的服务出口	26 731	11 108	21 721	无
5. 从该国的服务进口	−11 395	−16 921	−6 970	无
6. 美国的服务差额	15 335	−5 814	14 751	无
7. 美国的货物和服务差额	−280 043	−20 536	26 022	无

资料来源：www.bea.gov.

中国有超过 3 万亿美元的外汇储备，远多于其他任何国家。中国的贸易顺差被其资本流出抵消，而美国则通过资本流入平衡了贸易上的逆差。中国与其他一些拥有健康贸易顺差的国家正在组建主权财富基金来进行投资。美国的消费者和企业拥有越来越多的外国产品，而外国投资者则拥有较多的美国土地、房地产和政府证券。2005 年，美国向外国借款的数额是其货物与服务出口总额的 6%。[32] 外资拥有总计 2.5 万亿美元的美国资产；2011 年中国拥有 1.1 万亿美元的美国国债。中国最大的投资银行的经济学家哈继铭认为："几万亿美元（外汇储备）是一个极大的数额，但也是一个烫手山芋。"[33] 一些华盛顿的政策制定者就美国对中国的贸易逆差发出警告，该数额 2011 年已达 2 800 亿美元。

2.5　商品贸易和服务贸易

第二次世界大战结束以来，世界商品贸易的增长快于世界生产，这其中就有《关税及贸易总协定》和世界贸易组织的功劳。换言之，进口和出口的增长超过了国民收入总值的增长。根据世界贸易组织整理的数据，2009 年世界贸易总额达 11.8 万亿美元。然而，因为 2008 年全球陷入衰退，世界贸易的年度增长减缓至 6%。表 2-6 展示了进出口领先国家的情况。

表 2-6　2009 年世界商品贸易中领先的出口和进口国家　单位：10 亿美元

领先出口国	2009 年	领先进口国	2009 年
1. 中国	1 202	1. 美国	1 605
2. 德国	1 126	2. 中国	1 006
3. 美国	1 056	3. 德国	938
4. 日本	581	4. 法国	560
5. 荷兰	498	5. 日本	552

资料来源：WTO.

德国在 2003 年超越美国成为全球最大的出口国。各种规模的德国制造商都从全球经济

增长中受益，因为它们提供的发动机、机器、车辆和其他资本品正是建设工厂和国家基础设施所必需的。在世界各地，机械和运输设备大约占全球出口总量的1/3。总体而言，德国2/3的出口量进入了其他欧盟国家；法国是头号目的地，美国排名第二。如今，出口产品占了德国国内生产总值的40%，与出口相关的工作岗位有900万个。此外，德国公司国外子公司的年销售额达到15亿美元。[34]

2009年，中国在全球商品出口排名上超越了德国（见表2-6），跃居第一，充分展示了其出口大国的地位，并通过两位数的出口增长率展示了其持续的经济实力。中国自2001年加入世界贸易组织以来，出口激增；事实上，各国决策者都在向中国施压，迫使中国将人民币升值，从而阻止涌向各自国家的进口商品潮。

世界贸易发展最快的部分可能要属服务贸易。服务包括旅游和娱乐、教育、商业服务（诸如会计、广告、工程、资本投资和法律服务），以及因使用知识产权而支付的版税和许可费等。服务贸易是高收入国家与低收入国家之间存在的一个主要贸易关系问题。作为一个组群，低收入国家、中低收入国家乃至中高收入国家在国际版权、知识产权保护和专利法方面都存在执法不严的现象，其结果是给出口诸如计算机软件、音乐以及视听娱乐等服务产品的国家造成收入损失。据商业软件联盟（Business Software Alliance）每年发布的《全球软件盗版研究》（*Global Software Piracy Study*），每年世界范围内软件盗版造成的损失高达约500亿美元。

美国是服务贸易大国。如图2-2所示，2012年美国服务出口总额近6 490亿美元。这个数额占美国出口总额的约1/3。美国的服务贸易顺差（服务出口额减去进口额所得）达到2 070亿美元，部分抵消了2012年7 410亿美元的商品贸易逆差。这一逆差相较于2006年创纪录的8 350亿美元已有所下降。美国运通、迪士尼、IBM、微软和联合包裹（UPS）是目前能够激发世界各地服务需求而实现快速增长的少数几家美国公司。

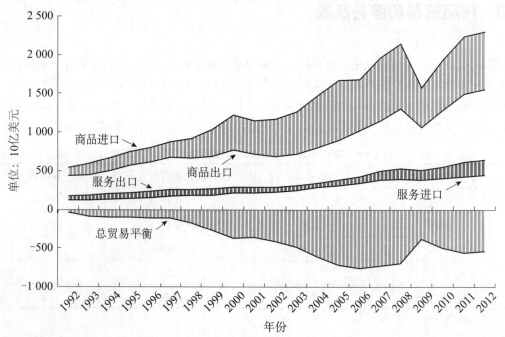

图2-2 美国服务贸易差额和商品贸易差额

2.6 国际金融概述

外汇使得一国的公司能够用不同的货币在其他国家开展业务。同时,外汇也是全球营销的一个方面,它所涉及的金融风险、决策和活动都与国内营销大不相同。在泰国、马来西亚和韩国这样的发展中市场上,可能存在更大的此类风险。当公司在单一国家或地区开展业务而该国消费者和供应商都以同种货币进行支付时,则不存在外汇风险,因为所有的价格、支付、资产和债务都是以本国货币计算的。但当公司在开展跨境商务并使用不同货币结算时,它就跳入了外汇风险汹涌的波涛之中。

外汇市场是由实际存在的买者和卖者组成的市场,即期或远期交割的货币交易在此市场上持续不断地进行。正如前面章节所述,每天都有 4 万亿美元的货币完成交割。即期市场(spot market)进行即期交割,实行远期交割的则称为远期市场(forward market)。这是一个真实的市场,价格由交易时刻的供求关系决定。

那么,这个市场的参与者有哪些呢?首先,一个国家的中央银行可以通过在外汇市场上买卖货币和政府债券来介入货币市场,从而影响汇率。回顾上文,中国持有 1.1 万亿美元的美国国债。其次,部分外汇市场上的交易是全球货物与服务贸易所需的结算。比如,因为保时捷是一家德国公司,美国的购车者购买保时捷轿车所花费的美元必须兑换成欧元。最后,货币投机者也参与了外汇市场。

政府行为或经济危机都有可能造成货币贬值(devaluation);但无论原因如何,货币贬值是指一国货币对其他货币的价值下降。例如,1998 年 8 月俄罗斯经济崩盘,卢布价值暴跌,政府拖欠外债。许多俄罗斯人面临减薪和裁员。储蓄见底,银行关停。而在随后的十年中,俄罗斯经济迅速复苏,实际国内生产总值翻了一番,其部分原因是卢布贬值导致进口价格上升进而刺激了当地生产。正如一位经济学家所指出的,"1998 年的崩盘彻底清理了宏观经济"。[35]

从某种程度上说,如果一个国家的出口大于进口,那么对该国货币的需求量就会上升,该国货币就存在升值的趋势——除非政府所实行的外汇政策不允许货币浮动。在国际经济学中,这种政策被称为重商主义(mercantilism)或竞争性货币政治(competitive-currency politics),其原因在于该政策以牺牲外国竞争者为代价来支持本国产业。

一国货币升值会产生什么影响呢?既有本国影响,也有全球影响。例如,中国的经济增长将减少对美国和其他国家抢购其出口商品的依靠程度。由于进口商品变得更加实惠,中国消费者和公司也将享有更高的购买力。这将对中国的消费物价指数构成下行压力,并帮助其实现控制通胀的目标。宝马、通用汽车和大众汽车等进口零件在中国进行组装的全球汽车制造商将因更低的成本而受益。

表 2-7 显示了在合同规定的各种支付条件下,浮动的币值是如何影响金融风险的。假设一笔交易达成时的汇率是 1.10 欧元=1 美元,如果美元对欧元升值至 1.25 欧元=1 美元,且合同规定用美元支付,这种情况对美国出口商会产生什么影响?若美元贬值(0.85 欧元=1 美元),情形又会如何?相反,如果欧洲买主得以用合同规定的欧元而不是美元支付,情况又会如何?

表 2-7 对外交易中的外汇风险和收益

对外合同外汇汇率	标价 1 000 000 美元的合同		标价 1 100 000 欧元的合同	
	美国出口商收入	欧洲进口商支付	美国出口商收入	欧洲进口商支付
1.25 欧元＝1 美元	1 000 000 美元	1 250 000 欧元	880 000 美元	1 100 000 欧元
1.10 欧元＝1 美元	1 000 000 美元	1 100 000 欧元	1 000 000 美元	1 100 000 欧元
1.00 欧元＝1 美元	1 000 000 美元	1 000 000 欧元	1 100 000 美元	1 100 000 欧元
0.85 欧元＝1 美元	1 000 000 美元	850 000 欧元	1 294 118 美元	1 100 000 欧元

既然币值是不断波动的，那么人们有理由质疑特定货币相对另一货币的币值是被高估还是低估了。回顾上文，币值反映了政府的政策或者市场的作用力。解答这个问题的方法之一是比较一个著名的单一产品——麦当劳的巨无霸在世界各地的售价。巨无霸指数（Big Mac Index）就是确定世界上一种货币疲软或坚挺的"快捷而有瑕疵"（quick and dirty）的方法。它所暗含的假设是巨无霸不管以哪种货币标价，经折算后的价格都应等同于其在美国的美元售价。（有人还根据星巴克咖啡和宜家家具的价格提出了相似的指数。）[36]

如果将巨无霸价格折算为美元后高于在美国的价格，那么该国货币的价值就被高估了。反之，若折算后的巨无霸价格低于其美国价格，那么该国货币的价值就被低估了。在调整国民收入数据以改善可比性时，经济学家引入了购买力平价（purchasing power parity，PPP）的概念。

2.6.1 经济风险

经济风险（economic exposure）反映了币值波动对公司财务状况的影响。当公司的贸易活动用外币进行买卖结算时，经济风险就会出现。例如，帝亚吉欧公司在同意按某一汇率接受苏格兰威士忌的出口付款，而实际上是按另一不同汇率结算时，就会面临经济风险。[37]雀巢公司年度收入的 98% 来自瑞士以外的地区，经济风险显然对它是一个至关重要的问题。在欧元区国家，葛兰素史克、戴勒姆、英国石油、赛诺菲-安万特、荷兰皇家壳牌、阿斯利康（AstraZeneca）以及英国南非米勒这样的公司都有超过 1/3 的销售额来自美国市场。由于如今美元对欧元相对疲软，这些公司都面临潜在的经济风险。相比之下，通用电气营业收入的 50% 以上是在美国本土实现的，因此它所遇到的风险程度低于前面提到的欧洲公司。即便如此，在公司的年报中，通用电气也承认其同样面临经济风险：

> 当国家或地区面临货币和（或）经济压力时，我们遇到某些风险的可能性通常会增加，但也会伴有新的获利机会。在其他方面，会增加的潜在风险包括：应收账款的拖欠和坏账、与动力和飞机设备相关的销售及订单的延期或取消、当地货币融资成本的提高以及现有金融服务活动的放缓。[38]

应对由货币波动引起的经济风险问题，关键是公司能否把价格作为维持其利润水平的一个战略工具。公司可否根据不同市场上的汇率升降来相应地调整价格，取决于需求的价格弹性。需求的价格敏感度越低，公司对汇率变动做出反应的空间就越大。如 20 世纪 80 年代末，保时捷为应对美元走低，三次提升其在美国的价格。结果，保时捷在美国的销量骤降，从 1986 年的 3 万辆降至 1992 年的 4 500 辆。显然，美国豪华车的购买者表现出对昂贵的德国跑车较大的需求弹性！

2.6.2　管理汇率风险

精确地预测汇率变动是一件困难的事情。多年来，人们努力寻找其他管理现金流或降低汇率风险的办法，进而开发了无数的技术手段和金融策略。例如，人们更愿意在销售产品时用本币计价。当此法不可行时，技术手段可以用来降低交易风险和经营风险。

对汇率风险进行**套期保值**（hedging），需要建立一个对冲的货币头寸，从而使一种货币头寸的损失或盈利可通过另一种货币头寸的相应盈利或损失来抵消。在向不同国家销售产品并维持运营的全球公司中，这种做法很常见。例如，现在的保时捷公司为寻求更高的税前利润，在销售汽车时更依赖对货币的套期保值而不是涨价。所有的保时捷轿车都在欧洲生产，45％的销量却依靠美国市场。因此，保时捷面临的经济风险源于美元对欧元的相对价值。保时捷采取"全面对冲"的策略，即对所有收入建立货币头寸以防其受到汇率波动的影响。[39]

公司如果预测到外币将对本币贬值，就可以对潜在的交易损失进行套期保值。反之，如果预测外币将对本币升值（走强），那么当外币收入换成本币时可能带来的是盈利而非损失。按照这样的预测，此时最好的选择可能是根本不做套期保值（通行的用词是"可能"，很多公司采用套期保值的做法，除非公司管理层笃信外币将要升值）。保时捷已从（正确地）判断美元疲软中获利。

管理交易和交易风险的外部套期保值方法（external hedging methods）要求公司参与外汇市场。专门的套期保值工具包括远期合同（forward contracts）和外币期权（currency options）。内部套期保值方法（Internal hedging methods）包括价格调整条款、公司内部的外币借出或借入。**远期市场**（forward market）是一种将来按预定价格进行交割的货币买卖机制。如果已知在未来某日将收入或支付一定数额的外币，公司可以通过预先买卖消除其面临的兑换损失。通过远期合同，公司可以锁定未来某一天的汇率，从而避免汇率波动带来的损失。公司通过查询诸如《金融时报》《华尔街日报》或 www.ozforex.com 上的信息，就可能确定任何一天的汇率水平。几十种货币除了有即期价格，还有 30 天、60 天和 180 天远期报价。

公司在预知货币风险，即销售合同已经存在的情况下，可以利用远期外汇市场规避风险。然而在某些情况下，公司对未来发生的外币现金流入或流出状况并不确定。试想，一家美国公司在争取某海外项目竞标时，只有在晚些时候才能知道是否中标。如有可能在竞标中胜出，该公司就有必要为潜在的外币现金流入套期保值，以保护合同的美元价值。不过在此案例中，远期合同不是一个恰当的套期保值工具。

外币期权（option）交易是这种情况下的最佳选择。**卖权**（put option）使购买者获得一种权利（而非义务），在期权到期之日前以某一约定的价格卖出一定数量的外币。相反，**买权**（call option）是一种外币购买权利（而非义务）。以上述投标海外项目的美国公司为例，它可以争取一个卖权，以便在将来有权按约定的价格卖出外币换取美元。换言之，美国公司锁定了合同的美元价值。因此，如果公司中标，未来的外币流入就通过卖权而获得了套期保值；如果未能中标，公司可将这一卖权在期权市场上卖掉，而无须执行。请记住，期权是权利而不是义务。公司唯一要承担的损失仅仅是卖出这一期权时的买进所付和卖出所收之间的价差。

全球公司的财务主管也可通过要求买方用某种特定货币支付其海外销售款来完全规避经济风险。如一家总部在美国的公司可以要求国外的买主用美元支付。然而，这种方法并不能消除外汇风险，而只是把风险转移到了顾客身上。通常的做法是，公司在出口时争取用硬通货计算其应收账款，进口时用软通货计算应付账款。然而在当今竞争激烈的世界市场上，这种方法可能会降低公司的竞争力。

本章提要 //////////////////////////

经济环境是全球市场潜量和市场机会的主要决定因素。基于资源配置和资源所有的模式，世界各国的经济体制可分为**市场资本主义**、**中央计划资本主义**、**中央计划社会主义**和**市场社会主义**四种类型。世界经济 20 世纪的最后几年凸显出体制转型的特征，即许多以往由中央计划控制的国家转向了市场资本主义。不过世界各国仍在经济自由度方面存在很大的差异。

国家可按经济发展阶段划分为**低收入**、**中低收入**、**中高收入**和**高收入**等类型。国内生产总值和国民收入总值是两个常用于衡量经济发展的指标。低收入国家中 50 个最贫穷的国家有时被称作**欠发达国家**。具有高增长率的中高收入国家时常被称为**新兴工业化经济体**。有数个经济体因快速的增长为世人所瞩目，比如**金砖五国**，包括巴西、俄罗斯、印度、中国和南非。**七国集团**、**八国集团**、**二十国集团**和**经济合作与发展组织**代表了高收入国家在全球其他国家促进实现民主理想和自由市场政策的努力。我们可以依据收入水平来确定**产品饱和度**，从而评估产品的市场潜量。

一国的**国际收支**是对一国与其他国家之间所有经济交易的记录；该记录显示该国是有**贸易顺差**（出口产品价值大于进口产品价值）还是**贸易逆差**（进口产品价值大于出口产品价值）。贸易额还可进一步分为**商品贸易**和**服务贸易**两个子项目。一国可能在两个子项中都是顺差，都是逆差，或顺差、逆差同时存在。美国 2012 年的商品贸易逆差高达 7 410 亿美元。不过美国每年都享有服务贸易顺差。美国总体上是一个债务国；中国享有贸易顺差，是一个债权国。

外汇提供了一个在不同国家结算的手段。风云变幻的国际金融市场对各国的经济以及公司的经营绩效会有很大的影响。一国央行采取的行动难免会使各种货币出现**升（贬）值**的结果。国际投机商炒汇之举也会导致货币贬值。当一国的经济蓬勃发展或市场对其产品的需求比较旺盛时，该国的货币趋向于升值。每当币值出现波动，公司就会面临各种经济风险。公司可通过**套期保值**来规避汇率风险。

讨论题 //////////////////////////

1. 本章开头介绍的用于描述一个国家经济状况的七条准则可进行不同组合，比如美国的特征可以这样表述：

- 经济类型：先进工业化国家。
- 政府类型：多党派民主体制。
- 贸易和资本流动：不完全自由贸易，是贸易同盟的一分子。
- 经济命脉部门：国有制与私有制混合。
- 通过税收资助的国家服务项目：有养老金和义务教育但没有医疗保险。
- 体制：透明度高，按规则行事，没有腐败，新闻自由且法院强大。
- 市场：彰显企业家活力的高风险高回报的自由市场。

用七条准则对金砖五国之一或者其他任何你感兴趣的国家进行分析。从分析结果中，可以看出该国拥有哪些营销机会？

2. 为什么本章对巴西、俄罗斯、印度、中国和南非（金砖五国）进行了强调？请认识当前金砖五国各自所处的经济发展阶段。

3. 用来评估国家经济政策是否成功的并非只有美国传统基金会的经济自由度指数排行榜。其他例如，世界经济论坛（WEF，www.weforum.org）每年发布《全球竞争力报告》。在2010—2011年的报告中，根据世界经济论坛的标准美国名列第4，而瑞典排在第2。按照经济自由度指数排名，美国和瑞典分别位列第10和第18位。为什么两种排名相差甚远？两种指数分别考虑了哪些标准？

4. 本教材第1版于1996年问世时，世界银行对低收入国家的定义是人均收入少于501美元。2003年，当《全球营销》第3版问世时，低收入国家的定义是人均收入不到785美元。按照表2-3中的数据，现在的低收入门槛是人均收入1 025美元。其他发展阶段也做出了类似的上调。你怎么解释过去收入类型的界定标准不断提升？

5. 一位朋友听说美国2012年的商品贸易逆差高达7 350亿美元，并为此感到十分沮丧。假如你想展示贸易全景并不像听起来那么黯淡，以此振奋他的精神，你该说些什么？

6. 印度并不在巨无霸指数中。为什么？使用以下数据计算挪威、泰国和墨西哥的巨无霸价格，其等价的美元价格应该是多少？是否高于或低于巨无霸的美国价格？克朗、泰铢或比索分别高估或低估了多少？

- 挪威价格：克朗45；汇率：6.25/$1
- 泰国价格：泰铢70；汇率：32.3/$1
- 墨西哥价格：比索32；汇率：12.8/$1

案例 2-1（续）

观点之争的新战线

随着经济危机蔓延至全球各地，政策制定者开始制定战略，防止全球经济衰退。各种经济刺激计划相继出台，其中包括"旧车换现金"（cash for clunkers）计划。此计划旨在鼓励消费者用旧的油耗高的车辆换取新的更省油的汽车。

世界各国的领导人提出了各种批评、观点和建议。一些人在联合国年度大会上谴责其为"美国式资本主义"。法国总统萨科齐呼吁加大对全球金融系统的监督。他说："让我们共同重建一个受监管的资本经济体制，不再让市场经营者的单独评判主宰金融活动。"巴西总统、前工党领袖路易斯·伊纳西奥·卢拉·达席尔瓦（Luiz Inácio Lula da Silva）呼吁全球社会创建一个世界经济体系的新基础，以防止资源滥用，缩小贫富差距。伊朗总统艾哈迈迪·内贾德说："金融危机是美国接近穷途末路的一个迹象。"

一些观察家指出，这些言论为两个相互竞争的经济思想学派之间的长期争论注入了新的活力。辩论的一方是英国经济学家约翰·梅纳德·凯恩斯，他也是《和平的经济后果》（*The Economic Consequences of the Peace*）一书的作者。该书于1919年出版，对第一次世界大战后欧洲经济的通胀和停滞做出了解释。1936年，凯恩斯出版了《就业、利息和货币通论》，主张赋予国家广泛的权力来决定一国的经济。

在竞选总统时，当时的美国参议员奥巴马承诺，他的经济政策将创造250万～350万个新的工作岗位。美国国会通过了《2008年经济稳定紧急法案》，批准了7 870亿美元的经济刺激计划，这是凯恩斯主义原则的教科书式范例，旨在提高总需求。据白宫称，政府每花费 1 美元就可以催生出约 1.5 美元的国民生产总值。在凯恩斯主义经济学中，这被称为消费乘数。然而，当美国总统奥巴马逐渐扩大政府在医疗保健方面的作用时，一些人开始认为他的政策会将国家推向中央计划经济模式。有些人甚至将其称为"社会主义者"。

辩论的另一方是奥地利经济学家弗里德里希·哈耶克（Friedrich Hayek）。他是自由市场的支持者。哈耶克在其 1943 年出版的著作《通往奴役之路》（*The Road to Serfdom*）中指出，政治自由和经济自由是相辅相成的。他警告说，扩大政府在经济中的作用可能减小个人在社会中的作用并产生其他意想不到的后果。此外，哈耶克还认为，集体主义可能导致暴政；苏联就是一个很好的例子。由于美国在政府支出增加和赤字激增的情况下的就业率几乎未受影响，人们开始重新审视哈耶克的理论，而他的理论迎合了保守派的观点也就不足为奇了。例如，保守派的福克斯新闻评论员格林·贝克（Glenn Beck）就在他的脱口秀中为《通往奴役之路》做了一个专题。

新一代经济学家和分析家也参与了"观点之争"的讨论。例如，政治风险顾问伊恩·布雷默（Ian Bremmer）就写了一本书，名为《自由市场的终结：谁赢得了国家与公司之间的战争？》。

布雷默对 2008 年经济危机以来经济环境的变化做了一番解释。他认为，七国集团的特点是它们拥有一个共识，即经济繁荣取决于法治、独立的法院、透明度和媒体自由。在这样的逻辑下，自由市场资本主义是它们的主导意识形态，全球公司是经济的主要力量。这些全球参与者都在寻求利润最大化，从而增加股东财富。布雷默指出，这些共识是推动过去 40 年全球化进程的引擎。

案例讨论题

1. 近期的世界经济危机是否预示着美国自由市场资本主义模式存在根本缺陷？

2. 凯恩斯和哈耶克不一定是家喻户晓的名字，但是经济学家罗塞尔·罗伯茨（Russell Roberts）和电影制作人约翰·帕波拉（John Papola）共同创作的说唱视频《繁荣与萧条恐惧症》（*Fear the Boom and Bust*）确实提升了他们的知名度。你可在 YouTube 上观看该视频，然后回答：你是凯恩斯主义者还是哈耶克的支持者？

3. 世界第三大经济体日本的政策制定者为了长远发展，必须转变国家依靠制造业增长的模式。什么产业部门可能会随着经济发展脱颖而出？

4. 你认为美国、亚洲及其他地区的经济刺激计划是促使世界摆脱经济危机的正确途径吗？

资料来源：Russ Roberts, "Why Friedrich Hayek Is Making a Comeback," *The Wall Street Journal* (June 28, 2010), p. A21; Glenn Beck, "The One Thing: The Road to Serfdom," *Fox News* (June 9, 2009); Jason Dean and Marcus Walker, "Crisis Stirs Critics of Free Markets," *The Wall Street Journal* (September 25, 2008), p. A3; Jay Solomon, "Leaders Seek Global Response to Financial Crisis," *The Wall Street Journal* (September 24, 2008), p. A10; James Hookway, "Commodities Exporters Look to China for Growth as the West Sags," *The Wall Street Journal* (June 5, 2008), p. A12; Marcus Walker, James Hookway, John Lyons, and James T. Areddy, "U. S. Slump Takes Toll Across Globe," *The Wall Street Journal* (April 3, 2008), pp. A1, A13; Peter S. Goodman, "Trading Partners Fear U. S. Consumers Won't Continue Free-Spending Ways," *The New York Times* (January 25, 2008), pp. C1, C4; Keith Bradsher, "Throughout Asia, Exporters Brace for Tremors from a U. S. Pullback," *New York Times* (January 25, 2008), pp. C1, C4.

案例 2-2

开一瓶阿根廷马尔贝克，让世界举杯共饮

自 16 世纪以来，阿根廷一直生产葡萄酒，但是该国的酿酒商直到最近才迈入了全球竞争者的行列。阿根廷在全球市场上突然声名鹊起，很大程度上归功于马尔贝克（Malbec）。这一葡萄品种现在已成为阿根廷的代名词。马尔贝克葡萄源自法国，曾是波尔多地区葡萄酒的重要混合成分。马尔贝克（法语中的意思是"坏鸟喙"）在法国基本上不受欢迎，现在只在卡奥尔和卢瓦尔河地区的葡萄酒中发现其踪迹。

19 世纪上半叶，马尔贝克随着移民来到阿根廷，这种葡萄在当地的种植比欧洲更加成功。阿根廷目前拥有 278 家葡萄酒厂和 1 047 个品牌，绝大多数都在门多萨地区。风土，即气候和土壤，在成功培育马尔贝克方面发挥着重要作用。门多萨位于安第斯山脉东麓，马尔贝克葡萄在其沙地和干旱气候条件下长势极好。从安第斯山脉流淌而下的冰川水为葡萄提供了灌溉水源。门多萨的葡萄园是世界上最高的葡萄园之一，海拔 5 000 英尺，比加利福尼亚州纳帕谷的葡萄园高了约 4 000 英尺。高海拔确保了更多的阳光和更少的热量，葡萄酸度更高，单宁更柔和，而这使得葡萄酒具有清新的味道，而无须陈酿。

阿根廷是世界第五大葡萄酒生产国。2009 年，阿根廷生产了约 14 亿升葡萄酒，其中 4.3 亿升出口到 128 个国家。这是一个引人注目的转变：1990 年，阿根廷还仅为国内市场生产廉价的红葡萄酒、白葡萄酒和桃红葡萄酒。那时，差异化和质量都不是它追求的目标——只看重数量。1970 年，由于政府实施保护主义，阿根廷每年的人均葡萄酒消费量为 92 升，并且该行业几乎不存在市场竞争。即使在今天，阿根廷消费的葡萄酒中，95% 都是国内生产的，但消费量不断下降。

近年来，消费者的口味发生了变化，越来越多的人转向了软饮料和其他饮料。葡萄酒消费量下降了 20%，使该行业意识到了转变重点的必要性。酿酒商不再追求高产和大规模生产，而开始专注于质量、控制和降低产量，并争取向世界各地出口专业的葡萄酒。这次转型是成功的，尽管仍有 70% 的阿根廷葡萄酒仅在国内市场销售，但阿根廷已成为仅次于意大利、澳大利亚和法国的世界第四大葡萄酒出口国。

阿根廷出口葡萄酒的目标市场是美国而不是欧洲。该战略似乎颇具成效：马尔贝克的消费量在美国逐年攀升。2003 年，美国人每消费 11 瓶澳大利亚葡萄酒，就会消费 1 瓶阿根廷葡萄酒。而到了 2008 年，虽然澳大利亚葡萄酒的销量仍高于阿根廷葡萄酒，但是二者比例已降至 3∶1。2009 年，阿根廷向美国出口的葡萄酒总价值从 2006 年的 1.01 亿美元升至 1.5 亿美元（见表 2-8）。

表 2-8　阿根廷十五大葡萄酒出口品牌

品牌	出口额（千美元）	出口量（千箱）
富什（Fuzion，朱卡迪园）	20 433	1 063
风之语（Trivento，风之语酒庄）	14 237	573
卡帝娜（Catena，卡氏家族）	13 158	197
阿拉莫斯（Alamos，卡氏家族）	12 366	374

续表

品牌	出口额（千美元）	出口量（千箱）
翠帝珍藏（Trapiche Reserva，翠鹰庄）	10 758	270
翠帝（Trapiche，翠鹰庄）	10 463	423
诺顿（Norton，诺顿酒庄）	8 104	261
菲卡（Finca Flichman，菲卡酒庄）	7 635	337
纳瓦罗科雷亚私人收藏（Navarro Correas Colec. Privada，纳瓦罗克雷亚酒庄）	7 626	158
银谷（Argento，银谷葡萄酒公司）	7 545	414
帕斯库尔托索（Pascual Toso，帕斯库尔托索酒庄）	6 638	165
阿斯提卡（Astica，翠鹰庄）	6 442	374
安第斯台阶（Terrazas，安第斯台阶酒庄）	6 066	143
詹姆斯（Macus James，菲克维塔酒庄）	5 719	457
潘帕斯德尔苏尔（Pampas del Sur，风之语酒庄）	5 319	343

阿根廷向美国市场供应的葡萄酒中有什么是其他进口葡萄酒所欠缺的呢？答案很简单：价值。门多萨朱卡迪酒庄（Zuccardi Winery）的庄主约瑟·阿尔贝托·朱卡迪（Jose Alberto Zuccardi）说："我们非常乐观，我们认为阿根廷出口销售增长的原因在于，我们向那些希望花更少的钱获得相同甚至更高品质的消费者提供了良好的价值。"根据尼尔森（Nielsen）的调研，马尔贝克是美国市场上销量增长最快的葡萄酒，2009 年它的消费量增加了两倍。马尔贝克葡萄酒的价格分布极广，从 10 美元到 100 美元不等。虽然昂贵的产品可以带来不凡的体验，但大多数消费者还是愿意选择便宜的葡萄酒，它们既提供了极好的性价比，又适合日常饮用。

来自阿根廷的机会吸引了世界各地的外国投资者。相同条件下，只需花费相当于美国生产成本的一小部分，就可以在阿根廷生产出优质的葡萄酒。这给阿根廷带来了巨大的竞争优势。在门多萨，一英亩土地的价格在 30 000 美元左右，远低于加利福尼亚州纳帕谷的土地成本。葡萄酒商还可以自己决定他们想要种植的葡萄品种，而这在欧洲几乎不可能实现。2004 年迁居到阿根廷的美国人迈克尔·埃文斯（Michael Evans）创办了门多萨维纳斯酒庄（Vines of Mendoza）。埃文斯自己并不经营酿酒业务，而是把土地出租给投资者。投资者可以自己选择想要种植的品种并创立自己的品牌，而剩下的都交给埃文斯。

其他知名的酿酒商也在阿根廷分了一杯羹。保罗·霍布斯（Paul Hobbs）的科沃斯酒庄（Viña Cobos）、肯德尔·杰克逊（Kendall-Jackson）的塔皮斯酒庄（Tapiz）和马里波萨酒庄（Mariposa），在门多萨都拥有葡萄园。欧洲葡萄酒酿造商拉菲酒庄（Château Lafite）和保乐力加（Pernod Ricard）也是如此。也许最令人惊讶的投资者莫过于路威酩轩，即 LVMH，它推出了名为安第斯台阶的葡萄酒。

门多萨的 HANA 酒庄可以让我们看到阿根廷机会的另一面，它由一位出生在越南的穆斯林——阿齐兹·阿卜杜勒（Aziz Abdul）创立。阿卜杜勒在印度南部长大，他在巴黎研习数学时学会了品酒。2008 年，在接受了雇主的辞退补偿金后，他拿这笔钱投资酒庄。

他的目标是在阿根廷生产出融合现代法国风格与典型马尔贝克浓郁风格的葡萄酒。HA-NA 酒庄（这个名字是阿卜杜勒和他妻女名字首字母的缩写组合）生产的葡萄酒与其他当地品牌相比更为昂贵。

阿卜杜勒在法国的时候有幸参观了拉菲酒庄、拉图酒庄（Château Latour）和其他世界著名葡萄酒庄园。阿卜杜勒回忆他从法国精英酿酒商那里学到的东西时说：

> 他们告诉我要避免怎样的香气以及如何避免。我了解到，葡萄收获之后，最好尽可能长时间地完好地保存，为它们赋予更多特性……阿根廷有成千上万的葡萄酒——为什么还要再增加一种呢？你必须与众不同。这是"风土"——土地和人的结合。

迄今为止，阿卜杜勒已经花费 50 多万美元购买门多萨的葡萄园，聘请经验丰富的酿酒师，建成了一个年产量超过 10 万瓶并使用最先进技术的生产设施。他已经向布宜诺斯艾利斯的高档酒店餐厅出售了数百箱葡萄酒。2012 年，阿卜杜勒开始出口；他最初的目标市场是美国、中国和巴西。

从这些例子可以看出，门多萨正赶上了好时候，但来自阿根廷内部和外部环境的威胁仍然存在。具有讽刺意味的是，其中一个潜在的风险正是马尔贝克的突然走红。历史经验告诉我们，红极一时的品种迟早要走向没落。市场上往往充斥着成百上千的品牌，相互之间没有差异性且都品质平庸；澳大利亚就是一个很好的例子。

也许最大的威胁就是阿根廷本身。它的经济因每 6～10 年一次的经济危机而臭名昭著。随危机而来的是高通胀率，这大大增加了生产成本。如果价格上升，马尔贝克在市场上的竞争优势——价值——将会下降。目前的通胀率达 25% 左右。

其他地区也开始尝试以马尔贝克为主来酿造葡萄酒。虽然现在马尔贝克是阿根廷的代名词，但这种认同可能不会长久。阿根廷目前正在努力通过其在全球市场的重新定位来建立并维持这种认同。众所周知，最初是尼古拉斯·卡帝那（Nicolas Catena）让阿根廷作为优质葡萄酒的来源国进入人们的视线。2001 年阿根廷经济危机后，他将其美国营销预算增至 200 多万美元。阿根廷葡萄酒公司（Vines of Argentina），作为一家行业营销公司，每年大概需花费 300 万美元用于提高其全球知名度。诺顿酒庄的庄主迈克尔·哈尔施特里克（Michael Halstrick）说道："我们希望人们在开启一瓶葡萄酒时会想到探戈舞，想到足球，想到安第斯山脉。我们不再只是生产商品；我们要让人们身临其境。"

凭借精明的营销和一点好运气，阿根廷的葡萄酒行业得以在全球市场上实现长期持续发展。世界首屈一指的葡萄酒评论家罗伯特·派克（Robert Parker）认为，阿根廷正在走向人气的临界点。他说："未来，用马尔贝克葡萄酿造的阿根廷葡萄酒的伟大之处就将变得稀松平常了。"但是，当阿根廷人等待这一时刻来临时，他们肯定还要啜饮马尔贝克葡萄酒。

案例讨论题

1. 阿根廷葡萄酒产业扩张到本土以外的市场并吸引了世界各地的消费者，用的是怎样的营销策略？

2. 虽然马尔贝克葡萄在阿根廷家喻户晓，但其他国家的消费者对其并不熟悉。你有什么方法可以帮助消费者提高对马尔贝克葡萄酒的了解和认识呢？

3. 供需力量影响着许多行业，葡萄酒行业也不例外。目前，世界各地都出现葡萄酒供给过剩的情况。法国、澳大利亚和其他许多国家的酿酒商都因财务问题而苦苦挣扎。鉴于这种情况，阿根廷葡萄酒生产商要如何维持或增加其市场份额呢？

本案例由研究助理德温·林恩（Devin Linn）在马克·格林（Mark Green）教授的指导下编写。

资料来源：Jude Webber, "A Punt on a New Wine with Roots All Over the World," *Financial Times*（October 28, 2011）, p. 12; James Molesworth, "Argentina's Hit or Miss Year," *Wine Spectator*（December 15, 2010）; Eric Asimov, "Argentina Opens the Tap for Malbec," *The New York Times*（April 28, 2010）; Laura Saieg, "Malbec Consumption Triples," *Wine Sur*（May 12, 2010）; Dan Prescher, "Argentine Malbec Wine Bucks Trend to Shine in Sluggish Wine Market," *International Living*（April 29, 2010）; Ana Tagua, "The 30 Most Exported Argentinean Brands," *Wine Sur*（April 7, 2010）; Helen Coster, "Harvesting Profits in Argentina's Wine Country," *Forbes*（March 1, 2010）; Mike Veseth, "Wine, Recession and Argentina," *The Wine Economist*（April 30, 2009）; Dave McIntyre, "Argentina's Andes Advantage," *The Washington Post*（April 8, 2009）; Candace Piette, "Argentina's Grapes of Success," *BBC News*（March 30, 2009）; Andrew Jefford, "On the Roof of the Wine-Growing World," *Financial Times*（March 14, 2009）; Dorothy J. Gaiter and John Brecher, "Malbec Beckons; Heed the Call; Argentina's Signature Red Deserves Its Wild Popularity, Offering Zing and Boldness for Modest Prices," *The Wall Street Journal*（January 24, 2009）; Lance Cutler, "The California/Argentina Wine Connection," *Wine Business Monthly*（August 15, 2007）; Dorothy J. Gaiter and John Brecher, "South America's Rising Star; Argentina's Malbec Makes a Big Splash; Living with Success," *The Wall Street Journal*（June 22, 2007）; David J. Lynch, "Golden Days for Argentine Wine Could Turn Cloudy," *USA Today*（November 16, 2007）; Jon Bonné, "The Mysteries of Argentinean Malbec," *MSNBC*（June 5, 2006）; Mark Mazzetti, "Argentina on the Cheap," *Slate*（July 11, 2003）.

第3章
全球贸易环境

学习目标

1. 阐述世界贸易组织在促进国家间的全球贸易关系上发挥的作用。
2. 对四种主要的特惠贸易协定进行比较和对比。
3. 阐述《北美自由贸易协定》各签署方之间的动态贸易关系。
4. 了解拉美的四项主要特惠贸易协定及各协定的主要成员。
5. 了解亚洲的主要特惠贸易协定。
6. 了解建立欧盟和欧元区的理由。
7. 描述中东主要区域组织的活动。
8. 对那些希望向非洲扩张的全球营销人员提出你的建议。

案例 3-1

全球贸易伙伴加强东西交流，寻求经济增长

全球贸易谈判最近呈现出了明显的跨洋趋势。美国和几个亚洲国家分别越过太平洋将视线转向了东方和西方。它们正在着手拟定所谓的跨太平洋伙伴关系（Trans-Pacific Partnership，TPP）贸易框架细节。它们拥有一个雄心勃勃的目标：建立一个自由贸易区，以实现长期经济增长。同样，分处大西洋两岸的美国和欧盟也在为建立一个独立的自由贸易区而展开谈判。与 TPP 一样，跨大西洋贸易与投资伙伴关系（Transatlantic Trade and Investment Partnership，TTIP）的目标也是促进成员国之间的经济增长。

世界上最大的贸易关系存在于美国与欧盟之间。2012 年，它们横跨大西洋的阻隔，达成了价值 9 270 亿美元的双边贸易（包括 4 500 亿欧元的商品贸易和 2 500 亿欧元的服务贸易）。然而，由于双方越来越多地向中国和其他亚洲国家购买和销售商品和服务，美欧之间的贸易份额在逐年下降。

现在，双方官员正试图达成一项协议，以扭转贸易下降的局面，将美欧双边贸易额提

升至更高水平。你是不是想知道究竟要怎么做？答案很简单：签订自由贸易协定，提高贸易量，带动大西洋两岸的经济发展。在美国，商界领袖们正在敦促总统奥巴马执行更多的贸易协议。而在欧洲，德国总理默克尔、英国首相卡梅伦和其他领导人也在推动一项新的协议，该协议将为各自国家创造就业机会，实现经济增长。

但是，在协议达成之前，双方都必须解决彼此之间存在的重大分歧。农业就是其中一个关键问题。举例来说，欧盟限制进口大多数转基因作物，而转基因在美国却很常见。降低关税是第二个关键问题。尽管现在贸易伙伴间的关税平均在 2‰~3‰ 之间，但进一步降低关税仍能节省不少资金。第三个问题则涉及阻碍跨境投资和购买行为的各种法规。这些法规有时被称作非关税壁垒。许多观察家认为，非关税壁垒比关税壁垒更难消除。例如，欧盟希望美国政府放宽对购买欧洲商品的限制。但这个问题很复杂，因为其中一些购买决策是由州政府制定的，而一些州已经通过了"购买美国货"的相关法案。

各方完成谈判到底有多难？在本章的最后，你将读到该案例的后续部分。美欧之间是否能够达成协议？美国和亚太各国之间呢？

第二次世界大战以来，各国都对全球经济合作与一体化表现出极大的兴趣。国家间的协议可以是双边协议，即两国通过谈判签订的贸易协议，也可以是区域甚至全球层面上的贸易协定。18 个欧元区国家以及它们所属的由 28 国组成的欧盟，都体现了区域经济一体化的趋势。案例 3-1 中涉及的 TTIP 和 TPP 也是区域性的。

有关全球贸易环境，本章将首先概述世界贸易组织这个全球层次的贸易协定及其前身——关税及贸易总协定。接着，本章将介绍并描述四种主要类型的地区及双边特惠贸易协定，然后介绍全球主要地区市场中的单个国家，并详细论述这些国家参与的特惠贸易协定，在此过程中也会涉及各地区重要的营销问题。第 2 章描述了若干重要的新兴国家，本章将特别关注那些此前未曾论及的个别国家市场。

3.1　世界贸易组织和关税及贸易总协定

2012 年是**关税及贸易总协定**（General Agreement on Tariffs and Trade，GATT）颁布以来的第 65 年，它是各国政府为了（至少在原则上）促进成员之间的贸易活动而签订的协议。GATT 旨在成为一个多边的全球性协议，而且 GATT 确实也在世界商品贸易自由化方面获得了成功。半个多世纪以来，GATT 已经处理了 300 起贸易争端，许多都涉及食品问题。GATT 本身并没有强制执行权（争端中失利的一方有权忽视裁决），而且调解过程有时会拖延数年。因而有些批评家称之为"讨论和再讨论总协定"（General Agreement to Talk and Talk）。

GATT 的后续组织——**世界贸易组织**（World Trade Organization，WTO）成立于 1995 年 1 月 1 日，总部在瑞士日内瓦的 WTO 为其 157 个成员提供了一个进行贸易谈判的论坛。服务于 WTO 的贸易专家是中立的，也充当国际贸易争端的调解人。WTO 有一个争端解决机构（Dispute Settlement Body，DSB），对成员之间的有关不公平贸易壁垒和其他问题的争端进行调解。在为期 60 天的磋商期内，争端双方应当秉持真诚和善意的态度进行谈判，达成和解。如双方达不成和解，申诉方可以请求 DSB 指定一个由 3 人组成的贸易专家小组，举行有关案件的闭门听证。听证之后，该小组会在 9 个月内公布其裁定。[1]DSB 被授予根据专家组的建议采取行动的权力。败诉方可以选择向受理上诉的 7 人小组上诉。经过规定的程序，如果一国的贸易政策被发现违反了 WTO 规定，该国应当改变其贸易政策；如果当事国不做改变，WTO 可以对败诉方实施贸易制裁。表 3-1 列举了近期提交 WTO 的若干贸易争端。

表 3-1　WTO 案件

争端涉及的国家或地区	争端的性质及结果
美国、欧盟、加拿大与中国	2006 年，申诉方要求 DSB 审核中国对汽车零部件征收的进口关税。他们指出，中国要求申诉方汽车生产商购买当地零部件，否则就得支付高额关税，致使申诉方汽车处于竞争劣势。2008 年，WTO 裁定中国违反了贸易规则。
美国与巴西	2003 年，巴西控告美国通过对本国农户提供棉花补贴，压低了棉花价格，并使新兴市场的生产商处于不利地位。2004 年，DSB 首次对农业补贴进行裁决，认为棉花补贴违反了国际贸易规则。
安提瓜和巴布达与美国	2003 年，安提瓜和巴布达控诉美国禁止网络赌博，违反了全球贸易协定。2004 年，WTO 做出了有利于安提瓜和巴布达的裁决。
美国与欧盟	2002 年，美国总统小布什宣布 3 年内对进口钢材征收 30% 的关税，欧盟对此提出抗议。2003 年，WTO 裁定该关税不合法。针对裁决结果，小布什总统被迫取消该关税。

代表 WTO 成员的各贸易部长每年都要举行会谈，以促进全球贸易的发展，但 WTO 能否在涉及其他重大政策时发挥应有的作用还有待观察，这些政策包括诸如外国投资和农产品补贴等棘手的议题。本轮 WTO 谈判开始于 2001 年，但于 2005 年宣布失败，随后曾多次努力恢复谈判，但一直都没有成功。这也是 TAPA 和 TPP 谈判走向台前的原因之一。

3.2　特惠贸易协定

WTO 在全球范围内促进自由贸易。但是，世界各个地区的国家也在寻求各自区域内的贸易自由化。**特惠贸易协定**（preferential trade agreement）是一种给特定的贸易伙伴提供特别贸易待遇的机制。此类协定对特定国家实行优惠待遇，往往会造成对其他国家的歧视。因此，有关国家已经形成惯例，在达成特惠贸易协定时向 WTO 备案。在过去几年内，向 WTO 备案的特惠贸易协定已达 300 多个。从严格意义上讲，几乎没有一个协定完全符合 WTO 的要求，但也没有一个被否定。

3.2.1　自由贸易区

自由贸易区（free trade area）由两个或两个以上同意取消关税和其他贸易壁垒的国家

或地区组成。当贸易伙伴就一个**自由贸易协定**（free trade agreement）谈判成功时，一个自由贸易区就诞生了。自由贸易协定的最终目的是对跨越成员国边境的货物实行零关税。在有些情况下，关税在协定生效的当日取消；其他情况下，关税在一个规定的时间段内逐步取消。属于自由贸易区的国家在制定针对第三国的贸易政策时，可以保持独立。**原产地规则**（rules of origin）主要用于抑制低关税成员国大量进口货物并转移至一个或多个高关税的自由贸易区成员国；海关检查人员负责在各成员国边境检查把关。

例如，智利与加拿大于 1997 年建立了自由贸易区，那么一台加拿大制造的卡特彼勒平地拖拉机出口到智利则无须缴纳关税。相反，如果由美国工厂生产同样的一台设备，智利进口商就得为此缴纳 1.3 万美元的关税。那么，卡特彼勒是否可以将其在美国制造的平地拖拉机转道加拿大，再出口到智利，从而使进口商免交关税呢？答案是不行，因为平地拖拉机上会有一个"美国制造"的原产地标记，使得公司不能免交关税。因此美国政府与智利也展开了双边自由贸易协定的谈判，该协定于 2003 年生效。

商业圆桌会议（Business Roundtable）是由美国主要大公司首席执行官组成的团体。据其统计，迄今为止全球已达成 300 多个自由贸易协定，约有 50% 的国际贸易发生在签订自由贸易协定的国家之间。其他自由贸易协定的例子包括欧洲经济区（European Economic Area，EEA），由欧盟 28 个成员国和挪威、列支敦士登和冰岛组成；三国集团（Group of Three，G3），由哥伦比亚、墨西哥和委内瑞拉组成；以及由中国内地和中国香港达成的《关于建立更紧密经贸关系的安排》（Closer Economic Partnership Agreement，CEPA）。2011 年 10 月，美国终于批准了拖延已久的与韩国、巴拿马和哥伦比亚之间的自由贸易协定。

3.2.2　关税同盟

关税同盟（customs union）是自由贸易区在逻辑上的自然演进。除了消除内部贸易壁垒，关税同盟各成员国之间还达成协议，对非成员国实行统一的外部壁垒，即**共同对外关税**（common external tariffs，CET）。1996 年，欧盟和土耳其为在年均贸易额 200 亿美元的基础上进一步刺激双向贸易而建立了关税同盟，以取消平均 14% 的关税。这一税率一度使土耳其从欧盟国家进口产品的成本每年都多 15 亿美元。本章将讨论的其他关税同盟包括中美洲一体化体系、安第斯共同体、南方共同市场以及加勒比共同体和共同市场。

3.2.3　共同市场

共同市场（common market）是经济一体化的更高阶段。除了取消内部贸易壁垒和确定共同对外关税，它还允许劳动力和资本等生产要素的自由流动。中美洲一体化体系、安第斯共同体、加勒比共同体和共同市场当前都以关税同盟的形式运作，将来可能会发展成真正的共同市场。

3.2.4　经济联盟

建立**经济联盟**（economic union）的基础是取消内部贸易壁垒，确立共同对外关税，保证要素的自由流动。经济联盟在联盟内部寻求经济政策和社会政策的协调一致，以使资本、劳动力及商品和服务在各国之间能够自由流动。它不仅是商品的共同市场，也是服务和资本的共同市场。例如，如果职业人士想在欧盟内的任何国家工作，那么各个国家之间就必须在工作许可（资格认证）方面达成一致，从而保证在一国具有执业资格的医生或律师也可在其他欧盟国家工作。[2]

　　一个经济联盟发展到最高级阶段时，还会出现统一的中央银行、单一的货币，并在农业、社会服务、福利、地区发展、交通、税收、竞争和兼并等方面采取统一的政策。一个真正的经济联盟还要求各成员有广泛的政治一致性，从而使之看起来像一个国家。在高度发达的经济联盟中，成员国的进一步一体化，将会导致形成一个中央政府，该政府会将各个独立的政体纳入一个统一的政治框架中。欧盟即将完成主要的步骤，即成为一个完全的经济联盟。但它遭受了重大挫折：尽管 16 个成员国已正式投票通过了《欧盟宪法条约》，但这一方案在法国和荷兰选民投票反对下无法付诸实施。表 3-2 和图 3-1 对区域经济一体化的不同形式进行了比较。

表 3-2　区域经济一体化的各种形式

一体化阶段	是否取消成员之间的关税和配额	是否存在共同对外关税和配额体系	是否取消对要素流动的限制	是否协调和统一经济的、社会的政策和制度
自由贸易区	是	否	否	否
关税同盟	是	是	否	否
共同市场	是	是	是	否
经济联盟	是	是	是	是

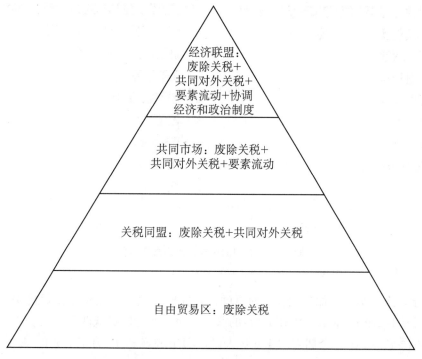

图 3-1　特惠贸易协定的层次

3.3 北美地区

　　北美地区包括加拿大、美国和墨西哥，是一个与众不同的区域性市场。在特定的经济和政治环境中，美国市场人均收入水平高、人口众多、地域辽阔、自然资源丰富，呈现出独特的营销特征。较高的产品所有权水平离不开高收入以及人们对消费品和工业品的创新和创意的高接受度。与世界其他国家相比，美国堪称全球产业领先者的摇篮。例如，美国在计算机、软件、航空、娱乐、医疗器械和喷气发动机等行业均处于世界主导地位。

　　1988 年，美国与加拿大签订了一个自由贸易协定（《美加自由贸易协定》），美加自由贸易区于 1989 年正式成立。正因为如此，美加之间每年的商品和服务贸易总额高达 4 000 亿美元，居单一国家的双边贸易额之首。美国向加拿大的出口占其出口总额的 20％，而加拿大约 85％的出口商品都销往美国。图 3-2 展示了北美经济一体化的程度：加拿大是美国的第一大贸易伙伴，其次是墨西哥，中国位列第三。在美国公司的对外投资中，加拿大占据第一位。包括通用电气、IBM 在内的许多美国制造商都把它们的加拿大工厂作为某些产品线的主要全球供应基地。进入加拿大汽车市场使美国的汽车制造商获得了较大的规模效益。《美加自由贸易协定》自 1998 年 1 月起全面实施，所有关税全部免除，它已经为许多产品创建起一个真正的大陆市场。

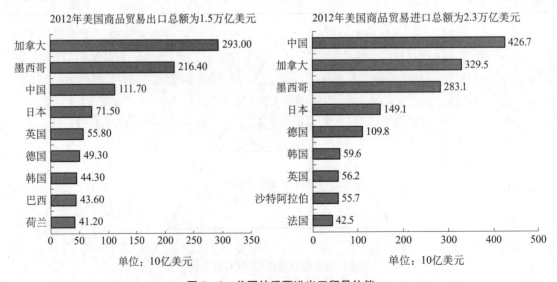

图 3-2　美国的重要进出口贸易伙伴

资料来源：U. S. Bureau of the Census, www.census.gov.

　　1992 年，来自美国、加拿大和墨西哥的代表完成了关于《北美自由贸易协定》（North American Trade Agreement，NAFTA）的谈判。协定经美国参众两院批准于 1994 年 1 月 1 日生效。该协定产生了一个拥有约 4.6 亿人口，GDP 总额达 18 万亿美元的自由贸易区（见图 3-3）。

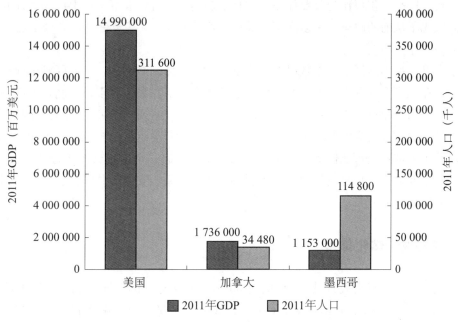

图 3-3　NAFTA 成员国的收入水平和人口状况

　　NAFTA 为什么要创建一个自由贸易区，而非关税同盟或者共同市场呢？这是由于三国政府都希望通过消除关税、扩展贸易和投资来促进经济增长，但目前它们尚未形成共同的对外关税，也未取消对劳动力及其他要素流动的限制。从墨西哥进入美国的非法移民问题一直饱受争议。尽管如此，大陆自由贸易带来的益处仍能使三个国家更好地面对未来几十年的经济挑战。有碍商品、服务及投资自由流动的因素正在逐步消除，同时对知识产权（专利、商标和版权）的保护也在加强。所有这些都将使企业、工人、农民和消费者受益。

　　然而，NAFTA 下仍然存在各种形式的贸易保护主义。例如，加利福尼亚的鳄梨种植者获得了政府保护，而该市场总值达 2.5 亿美元。墨西哥的鳄梨种植者只能在冬季将他们的水果销往美国，而且只限于美国东北部各州。不仅如此，墨西哥鳄梨还受到配额限制，因此每年在美国的销售额只有 3 000 万美元。墨西哥农民里卡多·萨尔加多（Ricardo Salgado）抱怨说："加利福尼亚的种植者想掌控所有的产品供应，这样一来他们就可以获得最好的价格。我们希望提高在美国的销售量，但现在还需等待美国国会的批准。"[3]墨西哥本身也有一些贸易保护政策，如 2003 年该国从美国进口鸡腿时，就对超出 5 万吨的部分征收了 98.8% 的关税。此外，墨西哥还对蛇果和金冠苹果征收 46.6% 的进口关税。

3.4　拉丁美洲：中美洲一体化体系、安第斯共同体、南方共同市场、加勒比共同体和共同市场

　　拉丁美洲包括加勒比地区和中南美洲国家（由于 NAFTA 的签订，墨西哥并入了北美地区）。拉丁美洲市场的吸引力在于它可观的市场规模和丰富的资源基础。在经历了经济停滞、严重通胀、外债攀升、保护主义和机构臃肿的十年之后，拉丁美洲国家开启了经济变革

的进程。政府把平衡预算作为首要任务，并且正在实行私有化改革。自由市场、开放经济和放松管制取代了从前的政策。许多国家的关税曾经达到100％甚至更高，如今都已经降到了10％～20％。

除了古巴，拉美地区的大多数民选政府都属于民主体制。不过，该地区对全面参与全球经济的好处存在诸多怀疑。在委内瑞拉已故总统查韦斯等左派政客掌权期间，人们一直担心该地区的自由市场化进程将逐步失去发展动力。全球化的企业非常关注各地区的经济发展，而吸引此类企业的因素主要包括进口自由化、亚区域性贸易组织的较低关税以及建立更多有效的区域性生产体系的可能性等。许多观察家期望建立起一个覆盖整个半球的自由贸易区。拉丁美洲最重要的四个特惠贸易协定为中美洲一体化体系、安第斯共同体、南方共同市场以及加勒比共同体和共同市场。

3.4.1 中美洲一体化体系

中美洲地区正在努力振兴其于20世纪60年代早期建立的共同市场。中美洲共同市场（Central American Common Market，CACM）的原始成员国包括萨尔瓦多、洪都拉斯、危地马拉、尼加拉瓜和哥斯达黎加。1991年7月，这5个国家决定重建共同市场。给予巴拿马观察国地位的举措大幅推动了该地区的一体化进程。1997年，巴拿马成为该组织的正式成员国，共同市场随之更名为**中美洲一体化体系**（Sistema de la Integración Centroamericana，SICA，见图3-4）。

中美洲一体化体系的秘书处总部设在危地马拉城，负责协调和推进建设真正的中美洲共同市场。中美洲一体化体系成员国采用共同的原产地规则，这使得商品可在成员国之间更加自由地流动。20世纪90年代中期之前，成员国一度对大部分商品征收5％～20％的共同对

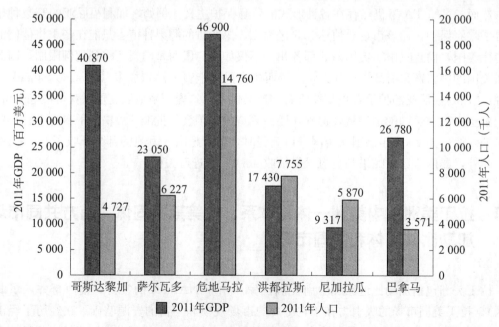

图3-4　中美洲一体化体系成员国的收入水平和人口状况

外关税；很多税率此前超过 100%。自 2000 年起，进口税率将逐步收敛到 0～15% 的范围内。

中美洲与美国之间签署的自由贸易协定——《美国—多米尼加—中美洲自由贸易协定》(US-DR-CAFTA) 产生了一个自由贸易区，其中包括中美洲一体化体系的成员国（萨尔瓦多、洪都拉斯、危地马拉、尼加拉瓜和哥斯达黎加，不包括巴拿马）和多米尼加。该协定的推进比较缓慢，但有些内容已经开始发挥作用了。例如，80% 的美国商品和 50% 以上的美国农产品能够以免关税的条件出口至中美洲地区，中美洲地区的企业也可以简化出口至美国的手续，同时可以采用网上申请的方式。以后该地区将吸引到更多的外国直接投资，因为随着相关规定变得更加清晰，外国企业会发现在该地区的投资风险会逐步降低。此外，相当数量的中美洲企业以"灰色经济"形式运行，很多商业交易都是私下完成的。为了充分利用该协定带来的好处，灰色经济越来越少，政府税收也随之增长。[4]

实现中美洲一体化的努力尽管取得了上述进步，人们仍普遍认为缺乏协调性，效率较低，而且成本非常高。对糖、咖啡和酒类产品的进口仍要征收关税，因为进口国自身也能生产这些产品。危地马拉的一名分析家指出："只有看到萨尔瓦多的啤酒在危地马拉出售，危地马拉的啤酒在萨尔瓦多出售，我才能相信经济自由化和一体化已成现实。"[5]

3.4.2 安第斯共同体

安第斯共同体 (Comunidad Andina de Naciones，CAN，见图 3-5) 成立于 1969 年，目的在于通过经济和社会一体化促进其成员国——玻利维亚、智利、哥伦比亚、厄瓜多尔、秘鲁和委内瑞拉的发展。智利于 1976 年退出了该集团。其余的五个成员国则达成协议，降低集团内各国间的贸易关税，并共同决定各国应该生产的产品种类，尽可能阻止集团外的国家的产品和公司进入该地区市场。一位玻利维亚人如此描述由缺乏竞争而引起的不良后果："我们已经达成协议：你们按高价买我们的产品，我们也按高价买你们的。"[6]

1988 年，该集团成员国决定让共同体有一个全新的开始。1992 年，《安第斯条约》的签约国同意开始建立拉丁美洲的第一个能发挥实际作用的亚地区自由贸易区域。条约规定各国于 1992 年底前取消所有外汇兑换限制、金融和财政刺激方案以及出口补贴。共同对外关税的确立则标志着该集团向真正的关税同盟过渡。但是，总体而言，该区域的农村居民和城市贫民因改革进展缓慢而变得沮丧且缺乏耐心。正如一位安第斯学者所指出的那样，"自由市场政策运行了 10～15 年，天堂并未来临，人们开始怀疑'福音'是否像宣传的那样美好。"[7]

由于良好的地理位置，位于赤道附近的厄瓜多尔可以凭借切花产业获得每年数亿美元的销售额。70% 左右的厄瓜多尔花卉出口到了美国；而在美国销售的玫瑰中约 25% 来自厄瓜多尔。多年来，由于有《安第斯贸易促进和毒品根除法案》(Andean Trade Promotion and Drug Eradication Act)，从厄瓜多尔、哥伦比亚、玻利维亚和秘鲁出口到美国的花卉无须缴纳关税。美国国会通过该法案的初衷是鼓励拉丁美洲农民种植观赏花卉，而不是那些供非法毒品交易的植物品种。但是，该法案已于 2006 年底到期；对秘鲁和哥伦比亚而言，花卉贸易仍遵守双边贸易协定。而对厄瓜多尔而言，虽然其免税地位期限得以延长，但拉斐尔·科

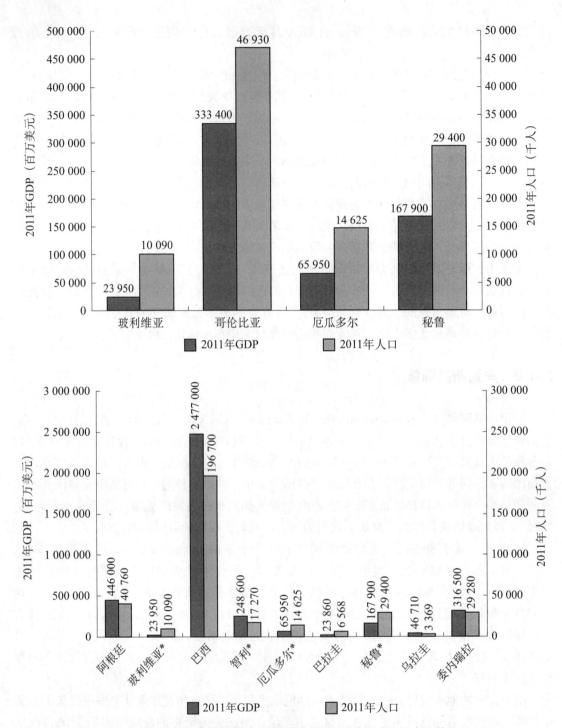

图 3-5　安第斯共同体/南方共同市场成员国的收入水平和人口状况

*指只参加自由贸易区的准成员。

雷亚（Rafael Correa）总统反对与美国进行自由贸易谈判。他的立场引发了广泛担忧，人们担心花卉生产会直线下滑，进而造成数千人失业。

意识形态的分歧有助于解释为什么该区域内的贸易无法产生更多利益；秘鲁和哥伦比亚

正在资本主义的道路上成长，而厄瓜多尔和玻利维亚政府有着社会主义倾向。委内瑞拉于2006 年退出安第斯共同体；在秘鲁和哥伦比亚开始就自由贸易协定与美国展开谈判后，查韦斯总统宣称该共同体"已经死亡"。委内瑞拉目前正在努力成为南方共同市场的正式成员。

3.4.3　南方共同市场

至 2011 年 3 月，《亚松森条约》（Asuución Treaty）签订已满 20 年。该条约的签订表明阿根廷、巴西、巴拉圭和乌拉圭四国政府均已同意建立**南方共同市场**（Mercado Comúm del Sur, Mercosur，见图 3-5）。四个成员国决定于 1995 年 1 月 1 日起逐步推行关税改革，取消内部关税，并规定了最高不超过 20% 的共同对外关税。从理论上讲，商品、服务和生产要素最终将在四国间得以自由流动。但在这一目标实现之前，南方共同市场的运作模式事实上更像一个关税同盟，而非真正意义上的共同市场。如今，该区域内约有 90% 的商品实现了自由贸易。但是，如果迎合各自国家政府的利益，南方共同市场中的单个成员国仍可以自行控制内部关税和对外关税。

南方共同市场的发展在很大程度上取决于该区域的实验性合作能否成功。其最初的发展趋势是积极的：四个正式成员国之间的贸易额在 20 世纪 90 年代实现了快速增长。然而此后，该地区遭遇了一系列金融危机，例如，巴西货币在 1995 年和 1999 年曾两度贬值。

有些国家顺利渡过了经济危机，并逐步发展为更有力的全球竞争者，阿根廷就是一个很好的例子。为了应对 2001—2002 年的金融危机，阿根廷经济部长在全国推行应急措施，包括在出口和资本交易时将货币贬值 29%。此外，阿根廷还打破了共同对外关税的限制，自行提高消费品进口关税。危机中总会存在一线希望：当收入的美元兑换为比索后，阿根廷出口至美国的红酒的贸易收入额在一夜间变成了原来的 4 倍。对外国购买者来说，货币贬值会大幅降低阿根廷葡萄园的地产价格。低廉的土地和劳动力以及适宜马尔贝克葡萄种植的自然条件，使得阿根廷的葡萄酒产业成为国际市场的重要组成部分，正如一名酿酒商指出的那样，"阿根廷的酿酒成本是世界上最低的，葡萄酒的品质却是最高的"。不过，很快一项新的挑战出现了。美元对欧元的疲软意味着酿酒商从法国进口橡木桶时要多支付 25% 的费用。[8]

地区的贸易合作事业持续发展。1996 年，智利成为南方共同市场的准成员国。政策制定者反对吸纳智利为正式成员，原因是智利的对外关税已经低于南方共同市场的其他国家。具有讽刺意味的是，要获得正式成员身份，智利就得提高关税（换言之，智利只参与南方共同市场的自由贸易区部分，而不参加关税同盟）。智利出口导向政策的成功使之成为拉丁美洲其他国家和中东欧国家的一个榜样。

2004 年，南方共同市场与安第斯共同体签署合作协议，接纳玻利维亚、哥伦比亚、厄瓜多尔和秘鲁成为准成员国。欧盟是南方共同市场的第一大贸易伙伴；南方共同市场曾与欧盟谈判，希望建立一个自由贸易区。但德国与法国反对这一协议，理由是廉价农产品的涌入会损害欧洲农民的利益。

委内瑞拉于 2006 年申请加入南方共同市场，并于同年退出了安第斯共同体。随后的几年里，由于原油需求旺盛且价格居高，委内瑞拉从中获得了不少回报；石油收入占其出口总额的75%。已故总统查韦斯自称是一位革命倡导者。1998 年当选后，他宣称将把委内瑞拉打造成

"21 世纪的社会主义"。即便如此，委内瑞拉仍为全球公司提供了重要的市场机会。通用汽车在瓦伦西亚的一家工厂生产汽车；即使每天三班倒，该工厂仍无法满足旺盛的需求。宝洁公司的拉美总部位于加拉加斯。嘉吉（Cargill）、雪佛龙（Chevron）、埃克森美孚（Exxon-Mobil）、福特、家乐氏（Kellogg）、3M 和丰田等全球公司也纷纷在委内瑞拉开展业务。[9]

新兴市场简报

巴西

正如图 3-5 中的数据所示，巴西是南美地区的经济强国，而且是该地区面积最大、人口最多的国家。如今，它已成为世界舞台上一个颇具实力的出口国。随着巴西经济的快速发展，包括总统迪尔玛·罗塞夫（Dilma Rousseff）在内的政策制定者在国际舞台上发挥着越来越重要的作用，在全球贸易谈判中的影响力也随之提升。

巴西在全球经济中发挥着新作用的标志之一是巴西航空工业公司的崛起，这是一家具有国际领先技术的喷气式飞机制造企业。该公司致力于研制载客量为 37~124 位乘客的区域客机，其订单主要来自众多国际航空公司，其中包括加拿大航空（Air Canada）、达美航空（Delta）、捷蓝航空（JetBlue）和沙特阿拉伯航空（Saudi Arabian Airlines）等。巴西航空工业公司的战略基础在于其管理层的政策——从世界各地采购最佳的零部件。这种被称为反向外包的方法在 E-170/175 等新型号的开发过程中被证明是十分有效的。在该计划中，包括通用电气和霍尼韦尔在内的十多家合作企业，为了换取一定比例的飞机销售收入共同承担了研发风险。为了向中国出售更多的区域客机，巴西航空工业公司还与中国航空工业集团合作，投资建立了一家资产额达 5 000 万美元的合资企业。

仅美国，目前就有超过 850 架巴西航空工业公司的喷气式飞机在服役。原因很简单：这是一个巨大的市场。正如巴西航空工业公司商业航空部的高级管理人员保罗·西泽·席尔瓦（Paulo Cesar Silva）所说："对我们而言，北美现在是并将继续是我们在新产品销售方面最具潜力的市场，而北美航空业占全球航空业的 40% 左右。"巴西航空工业公司还通过其轻型战机"超级巨嘴鸟"（Super Tucano）积极推进国防业务的发展。美国军方已对此表示出兴趣，哥伦比亚、印度尼西亚和一些其他国家都订购了该战机。

此外，巴西也是重要的农产品出口国，其牛肉、咖啡、橙汁（看看橙汁纸盒上的标签）和糖的出口量位居世界第一。巴西每年生产咖啡豆的总量为 4 000 万袋，每袋 60 千克，占世界总量的 1/3。巴西的 JBS 公司是全球最大的肉类加工商。而且，如今巴西已经成为糖基乙醇的主要生产国，这种产品可以替代价格昂贵的汽油成为可持续能源。甘蔗加工厂 Grupo Farias 的经理叶尔·赞伯洛（Ermor Zambello）指出："全球化促使我们更多地去考虑海外市场。现在，我们拥有更加全球化的视野，而且非常关注全球化的生产体系。"

随着经济的快速发展，巴西面临一系列其他挑战。巴西货币的稳定升值可能迫使出口商提高价格。巴西航空工业公司面临来自加拿大庞巴迪公司的激烈竞争。巴西的基础设施建设仍然非常落后，高速公路、铁路和港口的建设需要大量投资。商务人士经常会谈到"巴西成本"，而这个术语指官僚作风问题所造成的拖延。

巴西与中国之间的贸易既提供了机遇，也带来了挑战。2009 年，中国超越美国成为巴西最大的贸易伙伴。随着经济的急速发展，中国对大豆、铁矿石和其他巴西出口产品的需求量越来越大。不过，在玩具、眼镜和鞋类等轻工业领域，巴西制造商也面临来自中国低价进口商品的激烈竞争。

资料来源：Ben Mutzabaugh, "Brazil's Embraer Jets Are Sized Just Right," *USA Today* (July 6, 2012), pp. 1B, 2B; Joe Leahy, "In Search of More High-Flyers," *Financial Times* (April 17, 2012), p. 10; Joe Leahy, "The Brazilian Economy: A High-Flyer Now Flags," *Financial Times* (January 11, 2012), p. 7; Antonia Regalado, "Soccer, Samba, and Outsourcing?" *The Wall Street Journal* (January 25, 2007), pp. B1, B8; David J. Lynch, "Brazil Hopes to Build on Its Ethanol Success," *USA Today* (March 29, 2006), pp. 1B, 2B; David J. Lynch, "China's Growing Pull Puts Brazil in a Bind," *USA Today* (March 21, 2006), pp. 1B, 2B; David J. Lynch, "Comeback Kid Embraer Has Hot New Jet, and Fiery CEO to Match," *USA Today* (March 7, 2006), pp. 1B, 2B; David J. Lynch, "Brazil's Agricultural Exports Cast Long Shadow," *USA Today* (March 10, 2006), pp. 1B, 2B.

3.4.4　加勒比共同体和共同市场

加勒比共同体和共同市场（Caribbean Community and Common Market，CARICOM）成立于 1973 年，以顺应加勒比国家团结联合的意愿，取代了 1965 年成立的加勒比自由贸易联盟（Caribbean Free Trade Association，CARIFTA）。成员国包括安提瓜和巴布达、巴哈马、巴巴多斯、伯利兹、多米尼加、格林纳达、圭亚那、海地、牙买加、蒙特塞拉特、圣基茨和尼维斯、圣卢西亚、圣文森特和格林纳丁斯、苏里南，以及特立尼达和多巴哥。15 个成员国的人口总计约 1 500 万人，通过比较多米尼加、格林纳达与海地的人均 GNI，可以看出各国经济发展水平差异很大（见表 3-3）。

表 3-3　加勒比共同体和共同市场成员国的收入水平和人口状况

	2011 年 GDP（百万美元）	2011 年人口（千人）
安提瓜和巴布达	1 118	90
巴哈马	7 788	347
巴巴多斯	3 685	274
伯利兹	1 448	357
多米尼加	484	68
格林纳达	816	105
圭亚那	2 577	756
海地	7 346	10 120
牙买加	14 440	2 709
蒙特塞拉特	无	无
圣基茨和尼维斯	688	53
圣卢西亚	1 259	176
圣文森特和格林纳丁斯	688	109
苏里南	4 351	52
特立尼达和多巴哥	22 400	1 346
总计	69 088*	16 562*

* 不包括蒙特塞拉特。

迄今为止，CARICOM 的主要目标是通过建立加勒比共同市场实现深度的经济一体化。不过，CARICOM 在成立的前 20 年基本上停滞不前。在 1991 年 7 月的年会上，成员国同意加快一体化步伐，建立了采用共同对外关税的关税同盟。在 1998 年的首脑会议上，15 国领导人同意加快建立一个有共同货币的经济联盟。但是，最近关于这一专题的研究表明，由于区域内的交易规模有限，交易成本降低带来的潜在收益并不明显。[10]

安提瓜和巴布达与美国之间的贸易争端引起了一些人的注意。直到最近，安提瓜和巴布达的在线赌博业每年仍有超过 30 亿美元进账。但是，在美国限制互联网扑克网站后，安提瓜和巴布达的收入直线下滑。安提瓜和巴布达认为美国违反了国际法，并将争端提交WTO。WTO 做出了对安提瓜和巴布达有利的裁决，并赋予其出售包括软件和 DVD 在内的各类美国知识产权的权利，而无须向商标所有者或版权所有者进行补偿。[11]

加勒比海东部讲英语的 CARICOM 成员国也担心能否维护其对美贸易的特权地位。这一特权地位最早是由 1984 年签订的《加勒比海盆地振兴方案》（Caribbean Basin Initiatives，CBI）确定的。该方案为包括 CARICOM 成员国在内的 20 个国家提供免税进入美国市场的便利，因此促进了特定产品的出口生产。面对这一情况，CBI 成员国要求扩展 CBI。《加勒比海盆地贸易伙伴法案》（Caribbean Basin Trade Partnership Act）于 2000 年 10 月 1 日生效，取消了加勒比国家出口至美国的纺织品和服装的关税。

3.4.5 当前与贸易有关的议题

西半球最重要的贸易议题之一是美洲自由贸易区（Free Trade Area of the Americas，FTAA）的建立。不过，令许多拉丁美洲国家（尤其是巴西）的领导人感到沮丧的是，美国可能会一意孤行地制定仅对自身有利的贸易条款。例如，两党联合的美国政策制定者都主张在 FTAA 等贸易条约中包含劳工和其他非贸易的相关要求。在美国与约旦和摩洛哥签署的自由贸易协定中，三方规定必须执行劳工法。不过，一些拉丁美洲领导人都反对将劳工标准纳入美洲自由贸易区的体系。

目前，巴西及其在南方共同市场中的伙伴们主张在与美国的谈判中应采取更缓慢的三步骤：第一步将涉及便利商务往来的议题，比如统一海关单据和减少行业管制；第二步将集中解决争端和原产地规则；第三步将集中讨论关税。与此同时，如前所述，中美洲一体化体系、安第斯共同体、南方共同市场、加勒比共同体和共同市场正试图进一步提高区域内部一体化进程并深入发展与欧洲的联盟关系。

3.5 亚太地区：东南亚国家联盟（东盟）

东南亚国家联盟（Association of Southeast Asian Nations，ASEAN）成立于 1967 年，是一个经济、政治、社会和文化合作组织，其 6 个初始成员国为文莱、印度尼西亚、马来西亚、菲律宾、新加坡和泰国。越南于 1995 年 7 月加入东盟，成为该组织的第一个社会主义成员国。在 1997 年 7 月联盟庆祝成立 30 周年之际，柬埔寨和老挝获准加入。缅甸由于国内政治和人权问题，直到 1998 年才得以成为联盟成员（见图 3-6）。6 个初始成员国有时被称为东盟六国（ASEAN-6）。

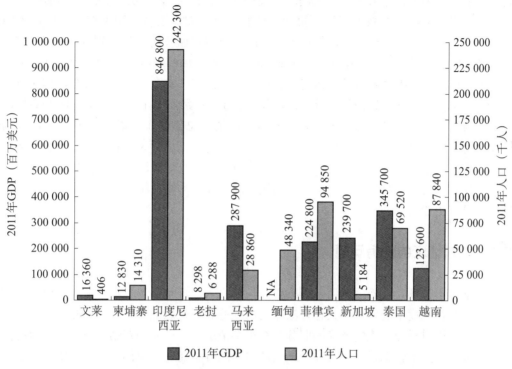

图 3-6 东南亚国家联盟成员国的收入水平和人口状况

无论从个别国家还是从总体的角度看，东盟在地区和全球贸易方面都有积极表现。该组织的主要贸易伙伴包括日本、欧盟、中国和美国。几年前，东盟的官员们意识到宽泛的共同目标不足以使东盟生存下去。尽管各成员国地域相近，但历史上存在很多不同。一个始终存在的问题是，在取得所有成员国同意前不能采取任何形式的合作。由于近期东盟的六个初始成员国在削减区域内的关税方面达成了协议，东盟自由贸易区（ASEAN Free Trade Area，AFTA）终于得以建成。

最近，日本、中国和韩国都成为非正式的东盟成员，有些观察者将这种结构称为"东盟＋3"。当澳大利亚、新西兰和印度加入时，该组织被称为"东盟＋6"。后者正在努力建立一个东亚共同体（East Asian Community），其首要任务是建立东亚自由贸易区（East Asian Free Trade Area）。[12] 尽管有些成员国反对中国的参与，但中国的快速发展和日益增强的地区影响力使东盟各国不得不做出反应。总的来说，东盟成员国必须寻求新的经济增长途径，减少对出口商品和服务至西方的依赖。它们面临的一项主要挑战就是，尽管其国民生产总值占全球的 1/3 左右，但东盟国家所处的发展阶段跨度很大。[13]

2010 年 1 月 1 日，新的中国-东盟自由贸易区正式建立。这一新的自由贸易区涵盖了 19 亿人口，取消了 90％ 的贸易商品的关税。整体来看，该自由贸易区将使整个地区受益。例如，马来西亚的棕榈油和橡胶等商品出口将会有所增加。不过，一些东盟工业部门也可能因大量低成本的中国进口商品涌入而受到影响。泰国领导人就对本国钢铁和纺织行业可能遭受的影响表示关切，他们要求推迟取消关税。[14]

在东盟内部，新加坡是一个特殊的存在。在不到 30 年的时间里，新加坡由一个英国殖民地发展为一个生机勃勃的工业强国。新加坡有极其高效的基础设施，新加坡港是全球第二大集装箱港口（中国香港第一），生活水平在该地区居第二位，仅次于日本。新加坡 500 万公民都对本国的经济发展做出了巨大贡献，他们认为"知识最多的国家将在全球竞争中取胜"。出色的培训项目和 95% 的识字率有助于解释为何新加坡的人均工程师数目高于美国。新加坡经济发展委员会（Singapore's Economic Development Board）也积极吸引外国公司投资新加坡。目前，进入新加坡的制造公司名单看起来仿佛一本全球营销者大全，其中包括惠普、IBM、飞利浦和苹果等著名公司。总计有超过 3 000 家公司在新加坡开展业务或投资。

美国与新加坡的贸易额占美国与所有东盟国家贸易总额的 1/3 以上。2012 年，美国对新加坡的商品出口总额为 307 亿美元，同时从新加坡的进口总额为 206 亿美元。新加坡与邻国之间的贸易关系非常密切，32% 以上的进口将再出口至其他亚洲国家。新加坡构建文明社会的努力为其赢得了较高的声誉。由于长期执政的人民行动党对犯罪活动采取严惩措施，新加坡几乎没有犯罪行为。

3.5.1 亚太地区的营销问题

要占据日本市场，就必须灵活，有雄心并长期投入。日本市场虽不再封闭，但也很难进入。日本既存在态度上的壁垒，又存在法律上的壁垒。任何想进入日本市场参与竞争的企业都必须潜心地提供质量一流的产品和服务。在很多情况下，产品和营销都要根据当地的品味来调整。为了建立信任感，公司必须不厌其烦地访问分销商，和他们沟通。营销者还必须熟知当地紧密协作式的公司联营系统。

> **文化背景**
>
> ### 不丹和国民幸福指数
>
> 在普林斯顿大学，爱因斯坦的办公室里有一句他的名言："能被计算的，不一定重要；重要的，不一定能被计算。"在本章和最后一章中，我们都使用了国民收入数据来衡量世界各经济体的总产出。但有人认为，仅依靠人均 GDP 和 GNI 这样的指标衡量是不够的。那究竟什么才与幸福相关呢？一些经济学家和政策制定者认为，要衡量社会进步、生活质量及可持续性等需要补充一些指标。
>
> 不丹是一个位于喜马拉雅山区的王国，拥有 70 万人口。它为我们提供了极好的案例研究材料。该国人均 GNI 约为 2 130 美元；以这个数字作为衡量标准，它会被归入中低收入国家的行列。但在过去的 40 年里，不丹一直依赖于经济增长之外的另一项指标，即国民幸福（gross national happiness，GNH）指数。
>
> GNH 指数包括了客观和主观方面的指标：心理健康、时间利用、社区活力、文化、卫生、教育、环境多样性、生活水平及治理等。不丹内政部长吉格梅·廷莱（Jigmi Thinley）说："我们必须从更广泛的角度来思考人类的财富。物质财富只是其中的一个组成部分。它既不能确保你与环境和睦相处，也不能确保你与他人和谐相处。"

　　科学家们对如何更好地定义、跟踪和衡量诸如幸福和生活质量等无形事物一直存在分歧。例如，在英国，官员们制定了一个"可持续发展指标"纲要，对交通、污染和犯罪等指标进行衡量。另一种方法是，要求被调查者就他们日常生活中的感受进行报告。这可能涉及一系列活动，从支付账单到体育锻炼。而在法国，前总统尼古拉·萨科齐成立了一个经济绩效与社会进步评估委员会。

　　与此同时，不丹官员开始实行一系列旨在促进该王国幸福的举措。例如，教师在农村和城市之间轮换教学，以确保所有学童都能获得高质量的教育。正如不丹教育部官员泰克·S. 普德耶尔（Thakur S. Powdyel）所说，"生活的目标不应仅限于生产、消费，更多的生产、更多的消费。财富水平和幸福水平之间没有必然联系"。

　　在全球经济危机的背景下，2010 年秋季在马德里召开了首届幸福大会（Happiness Congress）。大会由可口可乐公司赞助，该公司在其全球广告中使用了"开启幸福"（Open Happiness）这一标语。这个全球饮料巨头还在西班牙设立了一家可口可乐幸福研究所（Coca-Cola Institute of Happiness），因为有研究表明，西班牙消费者认为，在所有品牌中可口可乐与幸福的联系最密切。不丹的廷莱部长是大会的主要发言人，他演讲的题目是"困难时期的幸福"。正如廷莱先生告诉与会者的那样，"我们的经济模式存在严重缺陷，这种模式是不可持续的"。

　　资料来源：Richard Easterlin, "When Growth Outpaces Happiness," *The New York Times* (September 28, 2012), p. A31；Tim Harford, "Happiness: A Measure of Cheer," *Financial Times* (December 27, 2010), p. 5；Victor Mallet, "Bhutan and Coke Join Hands for Happiness," *Financial Times* (October 22, 2010)；Andrew C. Revkin, "A New Measure of Well-Being from a Happy Little Kingdom," *The New York Times* (October 4, 2005), p. F1.

　　其他值得关注的现象是，日本市场上的很多消费品（包括当地产品）都印有英语、法语或德语标签，展示了一种国际化的形象和西式风格。不过，西方人可能会质疑：营销沟通的真正意义是什么。例如，城市原味咖啡的标签上写着："放松你的身心。此咖啡精心挑选高质量咖啡豆，根据多年经验烘焙而成。"该广告语试图传递的信息是：饮用我们的咖啡可以使身心放松，并帮你卸下身上的重担。休闲装和运动服也会使用富有号召力的广告语。日本的零售商似乎根本不担心这些广告语会在语法上引起歧义。正如一名零售商所解释的，问题的关键在于英语、法语或德语版本的广告语可以使产品看起来很时髦，而且可以增加产品的销售。"我并不指望人们会真正理解这些广告语的内容。"她说。[15]

3.6　西欧、中欧和东欧

　　西欧国家位居全球最发达国家之列。尽管北部和南部的收入存在较大差距，而且语言和文化方面也有明显差异，但曾经各不相同的西欧社会已经变得十分相似。尽管如此，它们之间的差别足以使观察家将西欧分作三个不同的层次。许多英国人自认为英国与欧洲大陆其他部分是不同的；欧元怀疑主义盛行，英国在很多方面仍然无法与德国和法国等传统竞争对手达成一致。同时，在英吉利海峡的另一头，希腊、意大利、葡萄牙和西班牙一直极力反对被北部邻邦冠以"地中海俱乐部""外围经济体"或其他带有贬义的称谓。事实上，正如本章开头案例（案例 3-1）所述，这些南欧国家正位于主权债务危机的中心。

3.6.1 欧盟

欧盟（European Union，EU）最早可以追溯到 1958 年生效的《罗马条约》。当时被称作欧共体（European community，EC）的 6 个初始成员国为比利时、法国、荷兰、意大利、卢森堡和联邦德国。1973 年，英国、丹麦和爱尔兰获准加入，随后加入的有希腊（1981年）、西班牙和葡萄牙（1986 年）。自 1987 年起，当时的欧共体 12 国决定在商品、服务和资本运作方面建立一个真正的单一市场，或者说是真正的经济联盟。这是一项艰巨的任务，而 1992 年底通过的《单一欧洲法案》（Single European Act）堪称欧共体的一个主要成就。部长理事会通过了两百多条法律法规以建立单一市场。

欧盟各成员国希望协调各国的法律法规，使商品、服务、人员乃至资金在各国之间自由流动。1992 年 12 月 31 日，单一市场的正式启动标志着欧洲新经济时代的到来。芬兰、瑞典和奥地利于 1995 年 1 月 1 日正式加入欧盟（1994 年 11 月，挪威全民公决否决了加入欧盟的提案）。欧盟的性质不只是自由贸易区、关税同盟或共同市场，其成员国的公民如今可以自由出入欧盟内各国的边境。欧盟正在鼓励其成员发展一个共同体内部的劳动力储备库，而且试图通过模仿美国的反托拉斯法建立有关竞争的法规，以削弱欧洲商界的卡特尔心态。同时，公路及铁路网的升级也在协调有序地进行。欧盟的前十大贸易伙伴如图 3-7 所示。

之后的主要问题是如何进一步扩大欧盟。2004 年 5 月 1 日，塞浦路斯、捷克、爱沙尼亚、匈牙利、波兰、拉脱维亚、立陶宛、马耳他、斯洛伐克和斯洛文尼亚成为欧盟的正式成员国。2007 年，保加利亚和罗马尼亚正式加入；克罗地亚于 2013 年 7 月 1 日加入，是欧盟的最新成员国。欧盟现有 28 个成员国，人口总数达到 5 亿，是全球最大的经济体，其 GNI总和为 15 万亿美元。表 3-4 列举了欧盟各成员国。

1992 年签署的《马斯特里赫特条约》（Maastricht Treaty）为建立经济和货币联盟（economic and monetary union，EMU）奠定了基础。EMU 包括一家欧洲中央银行和一种称为欧元（euro）的单一货币。该条约于 1993 年 11 月生效。1998 年 5 月，奥地利、比利时、芬兰、爱尔兰、荷兰、法国、德国、意大利、卢森堡、葡萄牙和西班牙成为**欧元区**（euro zone）最初的 11 个成员国。

单一货币时代于 1999 年 1 月 1 日正式开启，为欧元区内的企业带来了很多利益，例如消除因货币兑换及汇率的不确定性所产生的相关成本等。但是正如本章开头和结尾的案例 3-1所述，欧元区如今正处于危机当中。2002 年 1 月 1 日以前，欧元一直作为记账单位存在；当时发行的欧元硬币和纸币，使得诸如法国法郎这样的国家货币从此退出市场。2001 年，希腊正式加入欧元区；2007 年 1 月 1 日，斯洛文尼亚成为第 13 个成员国；塞浦路斯和马耳他于 2008 年加入；2009 年 1 月 1 日，斯洛文尼亚也开始使用欧元。2011 年 1 月 1 日，爱沙尼亚成为加入欧元区的第 17 个欧盟国家；拉脱维亚则于 2014 年加入。安道尔、科索沃、黑山、摩纳哥、圣马力诺和梵蒂冈虽不属于欧盟，但也使用欧元。

2012年欧盟出口总额1.68万亿欧元

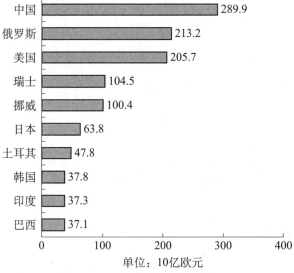

2012年欧盟进口总额1.79万亿欧元

图 3-7　欧盟前十大贸易伙伴

表 3-4　欧盟 28 个成员国的收入水平和人口状况

	2011 年 GDP（百万美元）	2011 年人口（千人）
奥地利	417 700	8 419
比利时	513 700	11 010
保加利亚	53 510	7 476
克罗地亚	56 440	4 267
塞浦路斯	24 690	1 117

续表

	2011 年 GDP（百万美元）	2011 年人口（千人）
捷克	217 000	10 550
丹麦	333 600	5 574
爱沙尼亚	22 150	1 340
芬兰	263 000	5 387
法国	2 773 000	65 400
德国	3 601 000	81 730
希腊	289 600	11 300
匈牙利	128 964	10 022
爱尔兰	217 300	4 487
意大利	2 194 000	60 770
拉脱维亚	28 250	2 220
立陶宛	42 730	3 203
卢森堡	59 200	517
马耳他	8 887	419
荷兰	836 100	16 700
波兰	514 500	38 220
葡萄牙	237 400	10 640
罗马尼亚	179 800	21 390
斯洛伐克	895 990	5 440
斯洛文尼亚	98 540	2 052
西班牙	1 477 000	46 240
瑞典	539 700	9 453
英国	2 445 000	62 640
总计	18 468 751	508 023

3.6.2 欧盟的营销问题

欧盟委员会负责制定指导性政策，并通过立法确定各国执行这些政策的时间期限。自1992 年以来，欧洲的商务环境发生了巨大转变，对营销组合中的各要素产生了显著影响[16]：

● 产品：**协调**（harmonization）意味着各国之间不同的产品标准已经达成一致。其结果是，公司可能有机会通过削减产品种类而获得经济利益。

● 价格：竞争更加激烈；单一货币使人们更容易比较不同国家同一产品的价格，提高了欧元区的**透明度**（transparency）。

● 促销：在电视广播方面制定共同准则；统一电视商业广告标准。

● 渠道：简化过境文件；取消边境口岸的海关手续。

例如，1988 年，农业机械制造商和营销商凯斯欧洲公司（Case Europe）在欧洲推出了

Magnum 拖拉机，当时的款式多达 17 种，原因是各国对于车灯和车闸的位置有不同规定。而今，由于实现了协同化，公司只需推出 Magnum MX 一种款式。不过，由于各国使用的工具和拖车类型不同，MX 配备了多种拖车栓钩。[17]

1999 年 1 月 1 日，欧元的问世带来了更多变化。此后，人们可对欧元区各国的价格进行直接比较，从而迫使企业重新审视其价格策略。营销方面的挑战在于如何制定战略，以利用这个全球最大、最稳定、最富裕市场中的机会。因此，企业必须评估欧元区的整合程度，并考虑如何调整组织政策和结构，以更好地适应和利用统一后的欧洲。

欧盟的扩大将进一步影响市场营销战略。例如，欧盟的食品安全法规与中欧一些国家的食品安全法规是不同的。因此，可口可乐不得不推迟发售 Powerade 运动饮料和其他一些饮品。例如，波兰和欧盟的食品法规要求使用的原材料成分就不同。在法律协调之外，欧盟扩张后的巨大市场也提供了很多机会。例如，宝洁公司高层预测：当某一特定国家缺少某一商品时，宝洁有能力将该产品从一个市场调到另一个市场。拥有 28 个成员国的欧盟也使工厂选址更加灵活。但是，欧盟市场也将面临很多挑战。例如，南非香蕉种植者向新欧盟国家出口香蕉时面临 75% 的关税，而该关税在以前实际上是不存在的。同样，由于糖类的生产在欧盟受到关税和配额的保护，消费者和食品制造商（如卡夫公司）都将面临成本的上升。[18]

因为中欧和东欧市场正处于转型过程中，所以这里涌现出许多有吸引力的机会和挑战。全球公司把该地区看作一个重要的新增长点，而且进入一个国家市场的第一家公司往往成为该行业的领导者。"出口"是进入一个国家市场最常用的方式，但在该地区进行直接投资的方式也越来越受青睐。该地区的工资水平比西班牙、葡萄牙和希腊低很多，因此对低成本的制造产业也有吸引力。对消费品而言，分销是一个关键的市场组合因素，因为可获得性对销售起着关键作用。

最近的一项研究调查了 3M、麦当劳、飞利浦、汉高、南德制糖（Sudzucker AG）和其他几家在中欧开展业务的公司所采用的策略。该地区的消费者和企业都十分欢迎国际知名品牌的进入，而以前只有政府精英和地位显赫的人才能买到这些品牌的产品。研究还发现，高度标准化的营销要素，特别是企业的核心产品与品牌元素在中欧与西欧并无显著区别。消费品公司通常把目标定位在高端细分市场，并注重品牌形象和产品质量，而行业营销者则主要关注与特定国家大型企业做贸易的机会。[19]

3.7 中东地区

中东地区包括 16 个国家：阿富汗、巴林、塞浦路斯、埃及、伊朗、伊拉克、以色列、约旦、科威特、黎巴嫩、阿曼、卡塔尔、沙特阿拉伯、叙利亚、阿拉伯联合酋长国（包括阿布扎比和迪拜）和也门。中东地区大部分是阿拉伯人，波斯人也占较大比例，还有一小部分是犹太人。波斯人和大多数阿拉伯人有共同的宗教信仰和伊斯兰传统，因此中东的总人口中95% 是穆斯林，5% 的人信仰基督教和犹太教。

尽管中东国家具有明显的同质性，但它们之间也存在许多差异。中东国家包含第 2 章所讨论的经济自由度指数的各个类别。在自由度方面巴林排名最高，排在全球第 12 位；其次是阿拉伯联合酋长国，排在第 28 位；科威特排在第 66 位；沙特阿拉伯排在第 82 位。此外，中东并不属于具有典型信仰、行为和传统的单一社会类型。中东各国的首都和大城市都有不同的社会团体，它们在宗教、社会阶层、受教育程度或富裕程度方面各不相同。

石油收入推动着中东地区的发展。巴林、伊朗、伊拉克、科威特、阿曼、卡塔尔和沙特阿拉伯等 7 个国家的石油收入很高，掌握着可观的全球石油储备。石油收入也扩大了中东各国的贫富差距，引发了该地区的政治和社会动荡。沙特阿拉伯一直是该地区最重要的市场，这个君主制国家共有 2 200 万人口和全世界 1/4 的已探明石油储量。

2011 年，中东地区发生了一系列颇具影响力的示威游行和抗议活动，这些活动被称为"阿拉伯觉醒"和"阿拉伯之春"。突尼斯和埃及政府被推翻，利比亚爆发内战，叙利亚政权镇压叛乱分子。该地区其他国家的领导人也不得不做出经济和政治上的让步。在这场运动爆发之前，叙利亚一直是中东国家中墨守成规、进步缓慢的代表。巴沙尔·阿萨德（Bashar al-Assad）总统决定开设私人银行，建立股票市场，叙利亚公民可以合法持有外币。叙利亚与西方的关系也开始改善，美国总统奥巴马取消了部分制裁并向叙利亚派驻了大使。与叙利亚有联系的企业家开始从黎巴嫩和美国返回，这一趋势有助于激发消费者文化。在大马士革，福特经销商、肯德基餐厅和贝纳通时装店都预示着经济的重生。[20] 但是，试图推翻阿萨德总统的反叛组织还是将叙利亚卷入了内战。

3.7.1　海湾阿拉伯国家合作委员会

中东主要的地区组织**海湾阿拉伯国家合作委员会**（Gulf Cooperation Council，GCC，以下简称海合会），成立于 1981 年，由 6 个阿拉伯国家组成：巴林、科威特、阿曼、卡塔尔、沙特阿拉伯和阿拉伯联合酋长国（见图 3-8）。这 6 个国家大约拥有全球探明石油储量的 45%，但石油产量只占全球石油总产出的 18% 左右。具有讽刺意味的是，沙特阿拉伯和其他中东国家的现金账户为赤字，这很大程度上是由其国民所消费的商品和服务大部分需要进口导致的。中东国家的进口严重依赖于石油收入，但它们目前正在努力进行经济多元化改革。例如，沙特阿拉伯在石化、水泥和冶铁工业方面有了新的发展；巴林扩大了金融和保险业务；阿拉伯联合酋长国则集中于信息技术、媒体和电信产业。[21]

海合会为实现经济、社会和文化事务中的协调、合作与一体化创造了条件。海湾各国财政部部长起草了一个覆盖投资、石油、关税减免、银行规则协调、财政货币政策协调等方面的经济合作协议。海合会理事会则负责协调该地区的贸易发展、产业战略和农业政策并统一制定石油政策和价格，其当前目标是建立阿拉伯共同市场并强化与亚洲的贸易关系。

海合会是三个较新的地区性组织之一。1989 年，另外两个组织先后成立：摩洛哥、阿尔及利亚、毛里塔尼亚、突尼斯和利比亚联合组建了阿拉伯马格里布联盟（Arab Maghreb Union，AMU）；埃及、伊拉克、约旦和北也门创建了阿拉伯合作委员会（Arab Cooperation Council，ACC）。很多阿拉伯人把这些新兴的地区组织（GCC，AMU，ACC）看作经济共同体的雏形，它们会促进阿拉伯世界内部贸易及投资的发展。同时，与阿拉伯联盟（Arab League）相比，这些新组织更有可能快速地引领阿拉伯国家朝着经济一体化和改革的方向发展。阿拉伯联盟目前拥有 22 个成员国，根据其宪章规定，相关事务需实行全票通过制度。

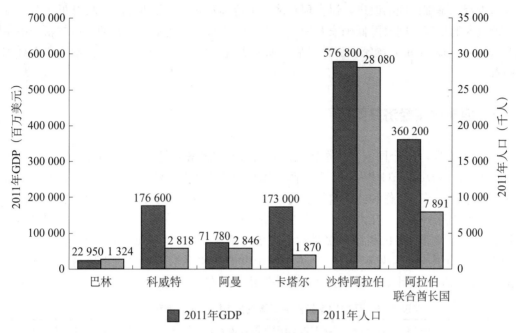

图 3-8 海湾阿拉伯国家合作委员会成员国的收入水平和人口状况

3.7.2 中东地区的营销问题

"关系"（connection）是在中东开展商业活动的一个关键词。那些投入时间来与重要商业人士或政府人士建立关系的企业更有可能避免官方的繁文缛节。讨价还价是中东人的一门艺术，来访的商业人士必须做好进行老式的讨价还价的准备。建立个人关系、相互信赖和相互尊重是建立良好商业关系的关键因素。阿拉伯商人一般不会通过信函或电话做出重要决策。他们通常与个人而非企业做生意。而且，阿拉伯是一个男性占统治地位的社会，许多社会习俗都由此形成。在传统的阿拉伯穆斯林中，女性通常不涉足商业或参加娱乐活动。

3.8 非洲地区

非洲大陆地域辽阔，总面积达 1 170 万平方英里，相当于 3.5 个美国的面积。一般来说，很难将非洲看作单一的经济体。整个非洲大陆共有 54 个国家，可分为三个不同的区域：南非共和国，北非以及位于撒哈拉沙漠以南、赞比西河以北的亚撒哈拉非洲（或称黑色非洲）。非洲属于发展中地区，拥有全球 11.5% 的总人口，财富占世界总量的 1.3%，人均收入不足 600 美元。许多非洲国家曾是欧洲的殖民地，欧盟一直是非洲最重要的贸易伙伴。

北非的阿拉伯人在政治和经济方面都与非洲其他地方存在差异。与撒哈拉以南的国家相比，6 个北部国家更富裕、更发达，其中几个国家受益于丰富的石油资源，尤其是利比亚、阿尔及利亚和埃及。中东和北非有时被看作一个区域性整体，称为 Mena（Middle East and North Africa）。随着石油价格的持续上涨，国际货币基金组织鼓励 Mena 的政策制定者将石油收入投资于基础设施的改进，以实现经济的可持续发展。[22]大部分国家政府正在努力减少对石油收入的依赖，同时降低国家补助金水平。近年来，那些不依赖石油出口的新兴中东和北非（emerging Mena）国家在经济发展方面都表现不俗，比如约旦、黎巴嫩、摩洛哥和突尼斯等。

3.8.1　西非国家经济共同体

1975 年 5 月，16 个国家签署了旨在建立**西非国家经济共同体**（Economic Community of West African States，ECOWAS，简称西共体）的《拉各斯条约》（Lagos Treaty），其目标是促进西非的贸易、合作和经济自给能力。初始成员国包括贝宁、布基纳法索、佛得角、科特迪瓦、冈比亚、加纳、几内亚、几内亚比绍、利比里亚、马里、毛里塔尼亚、尼日尔、尼日利亚、塞内加尔、塞拉利昂和多哥；毛里塔尼亚于 2002 年退出了该组织（见表 3-5）。1980 年，该组织成员国决定建立一个关于原始农产品和手工艺品的自由贸易区。同时，西非国家经济共同体还计划取消工业品关税，但执行时有所延期。

表 3-5　西非国家经济共同体成员国的收入水平和人口状况

	2011 年 GDP（百万美元）	2011 年人口（千人）
贝宁	7 295	9 100
布基纳法索	10 190	16 970
佛得角	1 901	501
科特迪瓦	24 070	20 150
冈比亚	898	1 776
加纳	39 200	24 970
几内亚	5 089	10 220
几内亚比绍	973	1 547
利比里亚	1 545	4 129
马里	10 590	15 840
尼日尔	6 017	16 070
尼日利亚	244 000	162 500
塞内加尔	14 290	12 770
塞拉利昂	2 243	5 997
多哥	3 620	6 155
总计	371 921	308 695

截至 1990 年 1 月，西共体成员国已经取消了 25 种制成品的关税。该组织安装了一套计算机系统来处理关税和贸易数据，并计算由共同体内部贸易自由化引起的关税收入损失。1990 年 6 月，西共体采取了一系列措施，旨在于 1994 年以前建立单一货币区。尽管已取得了这些成绩，但该地区的经济发展却依然不平衡。近年来，在石油、天然气和矿产交易的推动下，加纳取得了令人瞩目的成绩。中国与其签署了价值 150 亿美元的贸易协议。[23]与之相反，利比里亚和塞拉利昂还在经历着政治动荡和经济衰退。

3.8.2 东非共同体

肯尼亚、乌干达、坦桑尼亚、卢旺达和布隆迪 5 个国家组成了全球最年轻的共同市场——东非共同体（成员国情况如图 3 - 9）。该组织的起源可追溯到 40 多年前，但直到 1999 年才在一体化和合作方面取得了实质性进展。今天的东非共同体已经经历了表 3 - 2 中的多个阶段。2005 年，关税同盟成立。2010 年，共同市场的形成使得人员、商品、服务以及资本可以在共同体内部自由流动。各成员国还打算迅速建立起经济联盟，第一步是建立货币联盟。尽管 2013 年年中谈判仍在进行，但目标是在 2015 年引入共同货币。有人甚至在谈论组建一个单一国家。正如一位观察家所说，"现在看来，东非联邦的想法并不是那么遥不可及"。[24]

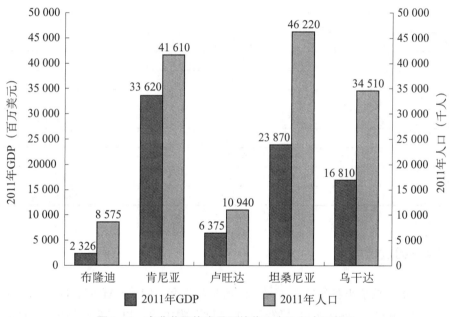

图 3 - 9　东非共同体成员国的收入水平和人口状况

3.8.3 南部非洲发展共同体

1992 年，**南部非洲发展共同体**（Southern African Development Community，SADC）取代了南非发展协调委员会（South African Development Coordination Council）。该机构旨在促进本地区黑人执政的国家之间的贸易、合作和经济一体化。其成员国包括安哥拉、博茨瓦纳、刚果民主共和国（前扎伊尔）、莱索托、马拉维、毛里求斯、莫桑比克、纳米比亚、南非、塞舌尔、斯威士兰、坦桑尼亚、赞比亚和津巴布韦（见表 3 - 6）。南非于 1994 年加入共同体，其收入占地区总收入的 75%，并且其在共同体内部的出口额占区域内出口总额的 86%。南部非洲发展共同体的最终目的是建立一个高度发达的关税同盟。2000 年，一个由 11 国组成的自由贸易区正式成立（安哥拉、刚果民主共和国和塞舌尔未加入）。南非与欧盟于 2000 年签署了《贸易开发合作协定》（Trade, Development, and Cooperation Agreement, TDCA）；此后，双向贸易和外国直接投资都有大幅增长。与此同时，其他南部非洲发展共同体的成员国则担心该协定会使欧洲的跨国公司以此为基础控制非洲大陆。另外，南非、博茨瓦纳、莱索托、纳米比亚和斯威士兰也是南部非洲关税同盟（Southern African Customs Union, SACU）的成员国。

表 3-6　南部非洲发展共同体成员国的收入水平和人口状况

	2011 年 GDP（百万美元）	2011 年人口（千人）
安哥拉	104 300	19 620
博茨瓦纳	17 330	2 031
刚果民主共和国	15 650	67 760
莱索托	2 426	2 194
马拉维	5 621	15 380
毛里求斯	11 260	1 286
莫桑比克	12 800	23 930
纳米比亚	12 300	2 324
塞舌尔	1 007	86
南非	408 200	50 590
斯威士兰	3 978	1 068
坦桑尼亚	23 870	46 220
赞比亚	19 210	13 470
津巴布韦	9 656	12 750
总计	647 608	258 709

3.8.4　非洲的营销问题

2000 年，美国总统小布什签署了《非洲增长和机会法案》（African Growth and Opportunities Act, AGOA）。该法案以"贸易而非援助"为主旨，以支持在经济自由化方面取得显著进步的非洲国家。非洲公司将更容易获得美国进出口银行的资助。该法案也代表着双方向建立美国—非洲自由贸易区迈出了正式的一步。法案中的一项关键条款规定，肯尼亚和毛里求斯的纺织品和服装制造商可以每年零关税向美国出口 35 亿美元的产品。肯尼亚驻美大使本杰明·基普科里（Benjamin Kipkorir）十年前就说过："从 18 世纪的英国开始，每个国家的工业化都从纺织业开始，我们也想这样做。"

根据关税及贸易总协定乌拉圭回合谈判中通过的《纺织品与服装协议》，全球纺织品配额于 2005 年取消。但是，协议中关于 AGOA 的条款备受争议。美国每年的纺织品和服装进口额近 1 000 亿美元，大部分产品（超过 40%）来自中国，余下的则来自亚洲其他各国、拉丁美洲和非洲。在生产纺织品的美国各州，谨慎的立法人士担心一旦该法案成为法律，当地的选民将丧失大量的工作机会。

尽管采取了上述行动，但全球每年仅有 3% 的海外直接投资流向非洲大陆。此外，有些波斯湾国家正在与非洲国家建立密切的合作关系，在基础设施、农业和电信等重要领域进行巨额投资。例如，作为一家国有企业，迪拜世界公司（Dubai World）正在进行关于尼日利亚能源产业的贸易谈判，贸易价值总额可达几十亿美元。而且，迪拜世界公司已在东非的吉布提投资建设了一个集装箱码头。作为撒哈拉以南的非洲最大的码头，该码头将由迪拜世界公司的子公司负责管理。由于在发达国家投资失利，很多欧洲投资商缩减了有关支出，所以阿拉伯国家的此类投资受到非洲国家的普遍欢迎。吉布提总统伊斯梅尔·盖莱（Ismail Guelleh）曾指出："阿拉伯国家对非洲的帮助正是殖民主义者早该做的。"[25]

本章提要 /////////////////

本章主要讨论了世界贸易的环境，聚焦于影响贸易模式的组织和地区合作协定。1995 年成立的**世界贸易组织**是关税及贸易总协定的后继组织，它为解决成员之间的争端提供了一个论坛，并努力制定世界贸易政策。在地区和亚地区基础上由数量更少的国家组成的**特惠贸易协定**构成了全球贸易环境的另一个特征。这些协定可在经济一体化程度不断增强的基础上构想出来。

根据《北美自由贸易协定》等协议创立的**自由贸易区**的经济一体化程度是最低的。**自由贸易协定**的目的是取消关税和配额。**原产地规则**被用以证实货物是从哪个国家装运的。**关税同盟**（如南方共同市场）以共同对外关税的形式实现了更高程度的经济一体化。为进一步提高一体化水平，像中美洲一体化体系和东非共同体这类**共同市场**减少了对劳动力和资本自由流动的限制。而在诸如欧盟这样的**经济联盟**中，通过统一经济政策和制度，可实现最高程度的一体化。**协调**，即不同标准和法规的逐步趋同，是欧盟的一个主要特点。

其他重要的合作协定包括东盟及海湾阿拉伯国家合作委员会。在非洲，两个主要的合作协定是西非国家经济共同体和南部非洲发展共同体。

讨论题 /////////////////

1. 解释世界贸易组织的作用。为什么多哈回合谈判会陷入僵局？
2. 描述自由贸易区、关税同盟、共同市场和经济联盟之间的异同，并分别举例说明。
3. 加入欧元区的标准是什么？
4. 列出以下各地区的区域性经济组织或协定：拉丁美洲、亚太地区、西欧、中欧、中东和非洲。
5. 下面列出了本章提及的几个关键日期，你能否指出它们分别与哪一事件相关？（附答案）

   1994 年 1 月 1 日
   1995 年 1 月 1 日
   1999 年 1 月 1 日
   2002 年 1 月 1 日
   2004 年 5 月 1 日
   2009 年 1 月 1 日
   2011 年 1 月 1 日
   2013 年 7 月 1 日

答案：1994 年 1 月 1 日——NAFTA 开始生效；1995 年 1 月 1 日——WTO 取代 GATT；1999 年 1 月 1 日——欧元成为正式的货币单位；2002 年 1 月 1 日——欧元开始流通；2004 年 5 月 1 日——欧盟发展至 25 个成员国；2009 年 1 月 1 日——斯洛伐克成为欧元区的第 16 个成员国；2011 年 1 月 1 日——爱沙尼亚成为欧元区的第 17 个成员国；2013 年 7 月 1 日——克罗地亚加入欧盟。

案例 3-1（续）

新贸易伙伴关系能否推动东西方增长？

如第 2 章所述，欧洲迫切需要寻找新的增长点。要达到这一目标，最好的方法就是与美国签订自由贸易协定。这正是欧洲领导人孜孜以求的，因此他们与大西洋对岸展开了谈判。虽然商品进出口仅需缴纳平均 3% 的关税，但双向贸易量巨大——仅商品贸易就有约 5 000 亿美元的贸易额。如果完全取消关税，即使贸易量只有小幅增加，也会产生实质性的效益。通用电气的一位高管指出："即使只能带来微不足道的贸易增长，但这仍可能是迄今为止最大、最有价值的自由贸易协定。"

关税只是其中的一部分。各个环节的非关税限制所产生的一系列繁文缛节，对各行各业都会产生影响。比如，欧洲已限制对玉米、大豆等转基因农产品的进口。而另一个问题则涉及产品标签。一些在美国销售乳制品的食品公司在其标签上使用诸如"帕玛森干酪"（Parmesan）之类的术语。但是根据欧盟法律，"帕玛森干酪"这个名称仅适用于在意大利帕尔马/雷焦地区使用传统方法生产的"帕马森雷加诺"（Parmigiano-Reggiano）牛奶奶酪。这种意大利奶酪拥有地理标志保护标识（PGI）和原产地保护标识（PDO）。在真正的帕马森雷加诺干酪中，除了牛奶，其成分只能包含盐和酶。而与之不同的是，卡夫的 100% 帕玛森芝士粉中还含有纤维素粉（增稠剂）、山梨酸钾（防腐剂）和其他成分。由于欧盟法规的规定，卡夫不能在欧洲销售其奶酪。

文化也是一个有争议的问题。在欧洲部分地区，一些人认为美国文化出口，例如好莱坞电影，压制了当地电影制片人的作品。这促使欧洲政策制定者们提出了"例外"（carve-outs）的要求，以免某些行业受到贸易协定的不利影响。例如，在法国，电影业可以享受国家补贴，广播公司必须遵守配额限制，仅能适量播出源自欧洲的节目。数字媒体也将不受贸易协定的约束。所以，一些批评者谴责"例外"的提出就是公然的保护主义。但支持者认为他们在以合法的方式保护文化多样性。

跨太平洋伙伴关系

2005 年，文莱、智利、新西兰和新加坡签署了一项协议，承诺在 2015 年之前取消贸易伙伴间的所有关税。如今，签署了这一被称为跨太平洋伙伴关系（Trans-Pacific Partnership，TPP）的自由贸易协定的国家还包括澳大利亚、加拿大、马来西亚、墨西哥、秘鲁、美国和越南。日本正考虑成为 TPP 的第 12 个成员国。根据国际货币基金组织的数据，已参与 TPP 谈判的 11 国商品出口总额约占世界商品出口总额的 25%。一旦日本加入，这一协定将涵盖世界经济产出的 40%。

小布什总统在任期间，美国已经开始就参与该组织做准备。奥巴马也认为 TPP 有助于增加美国的出口。为了给美国工人创造更多的就业机会，奥巴马面临着不小的压力。但具有讽刺意味的是，TPP 也可能导致失业。比如，新百伦（New Balance）运动鞋公司每年在其缅因州的工厂生产 700 万双运动鞋。它是如今唯一仍在其总部所在地生产运动鞋的大公司。即便如此，该公司还必须从中国、印度尼西亚、英国和越南的工厂采购超过 2 000 万双鞋以满足美国客户的需求。新百伦公共事务负责人马修·勒布雷顿（Matthew LeBretton）这样解释其行为：

如果这纯粹是一个商业决策，那么很明显，你在亚洲制鞋比在美国制鞋会赚更多的利润。但我们不是纯粹主义者，我们这样做是基于财务以外的考量。这是我们必须做的。当我们失去制造能力时，整个国家都将遭受打击。

另一个问题是，中国政府担心 TPP 会成为美国的一种"遏制"战略，即削弱中国在亚太地区日益增强的影响力。随着日本加入该组织的可能性越来越大，这种担忧也越来越强。而美国的态度是，只要符合开放市场的标准，并限制向国有企业提供政府援助的金额，包括中国在内的任何国家都可加入这一组织。同时，为了避免曾经在美欧谈判中出现的各说各话的现象，农业问题将与主协议分开讨论。

案例讨论题

1. 这个案例有哪些值得批判和思考之处？
2. 你是否赞成降低美国鞋类关税，即便这意味着一部分新百伦员工可能因此失业？
3. 你认为美欧之间能否克服长期存在的分歧并达成协议？
4. 日本稻农反对日本加入 TPP，为什么？

资料来源：Brian Spegele and Thomas Catan, "China Suggests Shift on U. S. -Led Trade Pact," *The Wall Street Journal* (June 1-2, 2013), p. A6; James Kanter, "European Parliament Approves Resolution Limiting the Scope of a Free-Trade Pact," *The New York Times* (May 24, 2013), p. B7; David Dreier, "China Belongs in the Pacific Trade Talks," *The Wall Street Journal* (April 12, 2013), p. A11; Yuka Hayashi, " 'Abenomics' Plan for Growth in Japan: Free-Trade Talks," *The Wall Street Journal* (March 15, 2013), p. A8; Hiroko Tabuchi, "Japan to Enter Talks on Pacific Trade," *The New York Times* (March 16, 2013), p. B3; Philip Stephens, "Transatlantic Free Trade Promises a Bigger Prize," *Financial Times* (February 15, 2013), p. 11; Stephen Fidler, "Trans-Atlantic Trading Partners Barter Over Rules," *The Wall Street Journal* (February 14, 2013), p. A11; Sudeep Reddy, "Broad Trade Deal on Table," *The Wall Street Journal* (February 14, 2013), p. A1; Matthew Dalton and Stephen Fidler, "U. S. Considers Opening Ambitious Trade Talks with EU," *The Wall Street Journal* (December 24, 2012), p. A7; Jack Ewing, "Trade Deal Between U. S. and Europe Resurfaces," *The New York Times* (November 26, 2012), p. B2; Larry Olmsted, "Most Parmesan Cheese in America Is Fake, Here's Why," *Forbes* (November 19, 2012); Eric Martin, "New Balance Wants Its Tariffs, Nike Doesn't," *Bloomberg Businessweek* (May 7, 2012), pp. 14-15; Yuka Hayashi and Tom Barkley, "Japan's Bid to Join Asian Trade Pact Faces a Leery U. S. ," *The Wall Street Journal* (February 7, 2012), p. A9; John D. McKinnon, "Bush Pushes Trans-Pacific Free Trade," *The Wall Street Journal* (January 24, 2008), p. A3.

案例 3-2

欧元能绝处逢生吗？欧元区的生死之战

当一个、两个，甚至更多经济体破产时，我们该怎么办？更具体地说，怎样才能让欧元区完好地渡过危机？2012 年夏天，欧洲中央银行（ECB）行长马里奥·德拉吉（Mario Draghi）给出了答案："在我们的职权范围内，ECB 将尽一切努力保留欧元。相信我，这就足够了。"德拉吉表示他不会让欧元区分崩离析。

在经历了 21 世纪最初几年的强劲增长后，一个又一个经济体成为全球经济危机的受害者，欧盟国家的好日子到头了。但问题的核心是，在经济繁荣时期，一些国家的经常账户积累了巨额赤字。因此，政府不得不靠借钱来抵消赤字。

2010 年，雷曼兄弟（Lehman Brothers）倒闭两年后，欧洲经历了自己的银行业危机。房地产价格暴跌，即所谓的资产泡沫破裂，使提供融资服务的银行面临现金紧缩。为防止银行倒闭，政府出面干预却积累了债务。纽约、伦敦和世界各地的全球投资者都担心政府会出现债务违约。

20 世纪，当每个欧洲国家都拥有自己的货币时，政府领导人可以通过货币贬值来操纵汇率。正如你在第 2 章读到的，货币表现得越疲软，出口就越具有竞争力，并会反过来刺激经济发展。但是，十多年前，在欧元区成立后，一切都发生了变化。迄今为止，已有 24 个国家采用了欧元，包括 18 个欧盟成员国和 6 个非欧盟成员国。对它们而言，利用货币贬值来刺激经济不再是一种选择。

尽管都是欧洲单一市场的成员，欧盟各国在贸易模式和经济实力方面仍存在很大差异。在北部，德国是欧洲最大的经济体。作为一个出口大国，德国的年度 GDP 超过 3.3 万亿美元，其年度贸易顺差总额约为 2 000 亿美元。德国公司拥有高生产率，是全球市场中强劲的竞争者。北部劳动力市场相对灵活，员工通常具有很高的职业道德素养。但一般说来，欧洲南部公司的竞争力相对弱，而政府制定的劳动法规使企业在裁员时往往面临诸多阻碍。此外，欧洲国家在税收和支出政策上也大相径庭。德国人享有节俭的美誉，相比之下，希腊和南欧各国则是公认的高消费国。

举例来说，希腊出口很少，其经济规模仅为德国的 1/10。但希腊并不是处于危机中唯一的欧洲国家。爱尔兰、西班牙、意大利和葡萄牙也处于风险之中。正如一位葡萄牙商人所说："如果你带着欧元四处旅行，那会很棒。但是，因为习俗和文化完全不同，让希腊或葡萄牙这样的国家和德国使用同一种货币，实在是一个荒谬的主意。"

世界经济论坛每年都会发布全球 100 多个国家的竞争力排名报告。在其 2012—2013 年度的报告中，希腊、意大利、葡萄牙、西班牙和爱尔兰在基础设施、商业成熟度、宏观经济环境和其他方面的排名都低于其欧盟邻国。因此，也难怪这些国家有时被称作欧盟的"外围经济体"。

面对庞大的预算赤字，欧洲领导人被迫进行全面的经济改革。他们制定了前所未有的紧缩政策来控制不断增长的政府预算。为了使已处于崩溃边缘的经济得到复苏，欧洲领导层制定了一项 7 500 亿欧元的救助计划。

希腊

大量的资金（1 100 亿欧元／1 500 亿美元）被专门用于拯救希腊。希腊在世界经济论坛的全球竞争力指数中排名第 83 位，它根深蒂固的经济问题由来已久，包括逃税、组织机构臃肿和管理低效，以及普遍的腐败。即便如此，2001 年采用欧元之后，消费支出和住房方面的改善也为希腊带来了短期的经济繁荣。

然而，2008 年开始的全球经济危机对希腊造成了尤为严重的打击。由于世界各地的消费者和企业都开始削减开支，希腊航运公司的业务骤减。此后，2009 年夏天，作为希腊主要收入来源的北欧游客数量大幅下降。希腊的预算赤字猛增至 13.6%，远高于欧盟规定的 3% 的上限。因此，总理乔治·帕潘德里欧（George Papandreou）不得不采取增税、降薪、减少退休金以及其他紧缩措施，希腊民众则回以暴力示威，工人开始罢工。

作为接受救助的条件，帕潘德里欧不得不允许欧盟委员会、国际货币基金组织和欧洲中央银行对希腊的经济改革进行监督。为了筹集 500 亿欧元（710 亿美元），希腊政府打算出售包括国家邮局和一家电信公司在内的政府机构和产业。

意大利

意大利在世界经济论坛全球竞争力指数中排名第 48 位。目前看来，其风险紧迫度不如爱尔兰和葡萄牙。对意大利而言，紧缩政策是家常便饭。为符合欧元区的规定，它实行了一项为期 3 年的财政计划，意图削减 400 亿欧元的预算，实现预算平衡，并将意大利的债务与 GDP 比例（目前这一比例仅低于希腊）从 120% 降至 112%。遗憾的是，总理西尔维奥·贝卢斯科尼（Silvio Berlusconi）奢侈的个人生活，包括广为人知的性丑闻，已经破坏了公众对政府的信心。

葡萄牙

按 GNI 计算，葡萄牙是西欧最穷的国家；它在世界经济论坛指数中排名第 46 位。在金融危机最黑暗的日子里，葡萄牙的预算赤字占 GDP 的 9.3%。葡萄牙外交部长指出，国家的债务状况可能导致葡萄牙被驱逐出欧元区。但是，总理若泽·苏格拉底（José Sócrates）采取了果断的行动。他冻结了公务员的工资，减少了军费开支，推迟了基础设施项目。一家葡萄牙顶级银行的负责人费尔南多·乌尔里奇（Fernando Ulrich）在谈到基础设施问题时表示：“我们不能在未来十年内继续把钱投在水泥上，我们必须利用手头的资金增强出口部门的竞争力。”

西班牙

西班牙是欧元区的第四大经济体，在全球竞争力指数中排名第 42 位。其 20% 的失业率是欧盟中最高的。慷慨的失业救济金使人们对工作缺乏兴趣，并导致公共资金流失。过度建设导致房地产泡沫破裂，各种建筑施工项目基本处于停顿状态。在改革的压力下，首相萨帕特罗（Zapatero）提议对严格的西班牙就业法进行修改。同时，西班牙中央银行也采取行动，对那些在房地产市场遭受重大损失的储蓄银行及区域性储蓄所提供支持。

爱尔兰

赶上了 20 世纪 90 年代末的技术热潮，爱尔兰经济一度以每年 9.6% 的速度增长。这个被一些人称为“凯尔特之虎”（Celtic Tiger）的国家已经转型为高科技制造业的聚集地。外国直接投资占 GDP 总量的 2/3，远高于整个欧盟 20% 的平均水平。随着房地产价格飙升，21 世纪的第一个十年是爱尔兰最风光的十年。

尽管爱尔兰目前在全球竞争力排行榜上位列第 29 位，但经济衰退已经对爱尔兰岛上最古老和最具代表性的品牌产生了直接影响。随着全球需求下降和房地产泡沫破裂，吉尼斯（Guinness）取消了投资 6.5 亿欧元（10 亿美元）在其位于圣詹姆士门、拥有 250 年历史的厂址建造超级啤酒厂的计划。沃特福德-韦奇伍德（Waterford Wedgwood）是一家历史悠久、经营水晶及精品瓷器的公司，如今也已进入破产管理，其所有者将出售所有资产。

案例讨论题

1. 为什么欧盟委员会要救助爱尔兰和希腊？为什么不让它们违约？

2. 投资者要求葡萄牙总理苏格拉底和其他领导人大幅缩减开支。然而，苏格拉底和其他社会党领导人都更倾向于通过政府支出来促进经济增长。这是否意味着苏格拉底、萨帕特罗和另外一些志同道合的领导人都是凯恩斯主义者？还是说他们遵循了哈耶克的理论？

3. 当政府实施紧缩政策时，为什么法国、英国和其他一些地方的民众会举行抗议活动？

资料来源：Lionel Barber and Michael Steen, "'Whatever It Takes': The Italian Determined to Save the Euro," *Financial Times* (December 14, 2012), p. 7; Charles Forelle, "Aging Greece Tries National Yard Sale," *The Wall Street Journal* (June 28, 2011), p. A1; Stephen Erlanger, "Euro Zone Is Imperiled by North-South Divide," *The New York Times* (December 3, 2010), p. A1; Victor Mallet and Peter Wise, "Peripheral Nerves," *Financial Times* (November 8, 2010), p. 11; Marcus Walker, "Irish Resist EU's Push to Accept a Rescue," *The Wall Street Journal* (November 15, 2010), p. A1; Bob Davis, "As Global Economy Shifts, Companies Rethink, Retool," *The Wall Street Journal* (November 8, 2010), pp. A1, A18; "French Protests, British Austerity Give U. S. Glimpse of Its Future" (Editorial), *USA Today* (October 25, 2010), p. 10A; Mark Mulligan, "Spain's Reforms Given Urgency by Debt Crisis," *Financial Times* (June 16, 2010), p. 3; Victor Mallet, "Europe Enters Era of Belt-Tightening," *Financial Times* (May 14, 2010).

第4章

社会和文化环境

学习目标

1. 认识文化及文化在影响全球营销战略时的各种表现和形式。
2. 对高语境文化和低语境文化的主要方面进行比较。
3. 认识霍夫斯泰德的社会价值分类体系并简要阐述其主要维度。
4. 了解扩散理论的重要性及其在全球营销中的适用范围。
5. 阐述环境敏感性的概念，并对深度文化类产品和非深度文化类产品分别举例说明。

案例 4-1

旅游业会毁了威尼斯吗？

  威尼斯是世界上独一无二的。它位于意大利北部威尼托地区的亚得里亚海上，包括100多个由运河水系相连的岛屿。从历史上看，这里的潟湖为威尼斯人提供了安全的避风港，使其躲过了日耳曼和匈奴的入侵。事实上，"潟湖"（lagoon）这个词本身便起源于威尼斯当地的方言。威尼斯为英语贡献的词汇还有 "ghetto"（聚居区）、"casino"（赌场）、"marzipan"（杏仁糕）、"quarantine"（检疫）和 "scampi"（海螯虾）。

  几个世纪以来，威尼斯是连接欧洲和远东的桥梁，已经成为重要的国际贸易商业中心。威尼斯人在制造业和商业方面造诣极高、享誉盛名，制造业包括玻璃制造业和造船业。此外，威尼斯在文艺复兴时期也是一个重要的艺术和文化中心。

  如今，威尼斯已经不再受日耳曼部落的威胁了，却无法阻止现代入侵者：威尼斯与巴塞罗那同为地中海游轮的首选目的地。尽管最近经济正处于衰退中，但巨型游轮仍然每周如期抵达。它们沿着朱代卡运河慢慢向下航行，每到一处，船舱中就会涌出一大拨游客，热切地奔向里阿尔托桥、圣马可广场、总督府和大运河等著名地标。当地人抱怨这些游船让运河沿岸的官殿窗户晃动并发出嘎嘎声。1999年，只有大约10万名游客乘船抵达威尼斯。而现在，每年都有超过1 000艘游轮和渡轮停靠在威尼斯主要的客运码头。在高峰期，每天做短期停留的游客就可达 10 万人次。

　　游客还通过乘坐飞机、火车和汽车来此；马可波罗机场距威尼斯不到 20 千米。从国籍上看，美国人是外国游客中数量最多的。总的来说，旅游业已成为威尼斯的主要收入来源，每年约有 1 500 万游客到访。相比之下，威尼斯全年常住人口仅 5.9 万人左右；并且这一数字多年来一直在下降。旅游业的发展得益于威尼斯举办的一系列重要文化活动，比如威尼斯国际电影节和威尼斯国际艺术双年展等。威尼斯还在 2012 年举办了美洲杯帆船赛世界系列赛。

　　当地人越来越担心游轮可能造成的不利影响（特别是空气、水和噪声污染），并认为这可能对那些支撑着威尼斯著名建筑瑰宝的水下地基造成破坏。毫无疑问，这是一个具有争议的问题。一位酒吧老板就说道："从水上出租车到酒吧再到供货方，威尼斯每个人的工作都离不开游轮上的乘客。这些游轮把人带过来，给了我们一个季度的生计。"即便如此，欧洲最近的经济危机还是给意大利造成了尤为严重的影响。即使是从 20 世纪 30 年代开始一直作为威尼斯标志存在的哈利酒吧（Harry's Bar），也陷入了经营困难，面临倒闭。

　　对那些不赞成游轮到来的人来说，游客给威尼斯经济带来的潜在收益无法抵消其对威尼斯带来的不利影响。一位居民就抱怨说："有时一下子来十艘船，这太不安全了。"而且一部分当地人认为，许多游客并不关心威尼斯的文化生活，更关心购买纪念品。这位居民问道："即使他们确实在这消费了数百万美元，但如果以摧毁这座城市为代价，值得吗？"

　　商业和保护孰轻孰重？威尼斯不得不面对这一冲突。这也说明了社会和文化环境差异可能对全球营销机会及其变化产生影响。本章主要探讨社会和文化的作用力是如何塑造和影响市场上的个人、团体和企业行为的。首先讨论文化和社会的基本方面以及 21 世纪出现的全球消费者文化。接着介绍几个有助于理解文化的概念性框架，包括霍尔（Hall）的高语境和低语境概念、马斯洛（Maslow）的需求层次理论、霍夫斯泰德（Hofstede）的文化维度模型、自我参照标准以及扩散理论。本章还引入了文化和社会对于市场中消费者和工业产品的影响的具体案例。

　　威尼斯的文化财富对游客来说显然极具吸引力，但旅游业及其他商业项目的上升趋势是否具有可持续性仍有待观察。你会在案例 4-1（续）中了解到更多信息。另外，案例结尾的讨论题会使你对"前车之鉴"有进一步的思考。

4.1　社会、文化和全球消费者文化

　　差异性和相似性是世界文化的特征，这也意味着全球营销人员担负着双重任务。首先，营销人员必须研究和理解他们未来业务所在国的文化。其次，他们必须将这种理解融入其营销计划的制定过程中。在某些情况下，战略和营销计划必须因地制宜。不过，营销人员也应利用共同的文化特征，避免对营销组合进行不必要的或高成本的修改。

　　对新地理市场的任何系统性的研究都需要将严谨和开放的思想相结合。虽然营销人员应

该捍卫自己的信念和传统，但开放的心态也是不可或缺的，它能使人欣赏其他生活方式和观点的完整性和价值。换言之，由于人类都有民族中心主义偏向，大家必须克服由此自然形成的偏见。虽然"文化冲击"是人们对未知或新事物的自然反应，但成功的全球营销人员总是竭力从当地人的视角来理解人们的经历。文化因素会给全球营销人员带来挑战的一个原因是，大多数文化因素是看不见的。由于文化是代代相传的习得性行为，圈外人往往很难真正理解其内涵。但当圈外人尽力理解文化要素后，也会渐渐变成圈内人，并形成文化认同。生活中人们总会"殊途同归"。全球营销人员理解这一点，并享受生活的多样性。

人类学家和社会学家就文化提出了很多不同的定义。作为起点，**文化**（culture）可被理解为"由人类群体建立的、代代相传的生活方式"。文化在特定的社会组织环境中展现为特定的生活方式。这些组织包括家庭的、教育的、宗教的、政府的以及商业性的，它们反过来又强化文化规范。文化还包含有意识和无意识的价值观、思想、态度和象征，它们形成人类的行为，并代代相传。组织人类学家霍夫斯泰德将文化定义为"使一类人不同于另一类人的集体的头脑编程"。[1]特别的"一类人"可构成一个民族、一个族群、一个性别群、一个组织、一个家庭，或其他单位。

有些人类学家和社会学家把文化因素分成两大类型：物质文化和非物质文化。前者有时被称为物理成分或物理文化，它包括人类创造的实物和器物，如衣物和工具。非物质文化（亦称主观或抽象的文化）包括无形的事物，如宗教、感知、态度、信仰和价值观。对此，普遍的共识是物质和非物质的文化因素是相互关联和互动的。文化人类学家乔治·默多克（George Murdock）研究了物质文化和非物质文化，并发现了几十种"文化普遍习俗"，包括体育、服饰、烹调、求爱、舞蹈、装饰艺术、教育、道德、礼仪、家宴、食品禁忌、语言、婚姻、用餐时间、医药、哀悼、音乐、财产权、宗教仪式、居住规则、地位差异以及贸易等。[2]

基于这种传统定义，全球营销人员应该理解下文所述的 21 世纪初的全球社会文化现象。[3]有人认为，消费已成为后现代社会的特征。随着文化信息和形象通过卫星电视、互联网和类似的沟通渠道自由地跨国界传播，新的全球消费者文化正在出现。认同这些文化的个人，共享着含义丰富的与消费相关的符号。有些这样的文化与具体的产品类型相联系，如营销人员谈及的"咖啡文化""信用卡文化""快餐文化""酒吧文化""足球文化"等。由各种细分市场构成的这种世界主义文化的存在很大程度上仰赖于连线的世界，各种当地文化得以愈加紧密地相互连接。**全球消费者文化定位**（global consumer culture positioning，GCCP）有助于开拓世界主义文化；它将作为一个营销工具在第 7 章得到详细的介绍。特别是，营销人员可以用广告传播一个信念，即世界各地的人们都在消费某个品牌或为人类的普遍习俗所吸引。

4.1.1　态度、信仰和价值观

如果我们接受霍夫斯泰德对文化的定义——使一类人不同于另一类人的集体的头脑编程，那么我们就可以通过对态度、信仰和某一人群共享的价值观进行研究来了解文化。**态度**（attitude）是一种后天习得的习惯，它使人们在遇到一定的事物时做出一致的反应。态度是一套相互关联的信仰。**信仰**（belief）是被个人视为世界真知的有组织的知识形态。态度和信仰又和价值观紧密相连。**价值观**（value）可被界定为持久的信念或情感，它是一种个人或社会偏爱的具体行为模式。[4] 按照霍夫斯泰德等人的看法，价值观代表了文化的最深层次，并存在于特定文化圈的多数成员中。

一些具体的例证使我们能够通过比较和对比态度、信仰和价值观来解释这些定义。譬如，日本人通常会力求合作、共识、自我否定以及和谐。这些都是表达行为模式的情感，它们都属于价值观。日本的单一文化社会反映了很多日本人相信他们的民族是世界上独一无二的。许多日本人，尤其是年轻人，也相信西方是重要时尚趋势的发源地，于是很多日本人都对美国品牌采取赞赏和喜欢的态度。在任何占统治地位的较大文化族群内，可能都会存在**亚文化**（subcultures），即持有自己的态度、信仰和价值观的较小的人群。此外，人们也可对任何包含在宽广文化中的"某类人"开展价值观、态度和信仰的调查。例如，如果你是素食主义者，那么食肉就代表了一种你和其他有共识的人试图避开的行为模式。亚文化经常代表着富有魅力的利基（niche）营销机会。

4.1.2　宗教

宗教是社会信仰、态度和价值观的重要源泉。世界上主要的宗教类别包括佛教、印度教、伊斯兰教、犹太教和基督教；基督教由罗马天主教和无数新教徒教派组成。鉴于宗教教义、惯例、节假日安排和历史会直接影响不同信仰的人，人们对全球营销活动做出反应的方式也各不相同，相关的例证比比皆是。例如，印度教教徒不吃牛肉，这意味着麦当劳不会在印度供应牛肉汉堡包。在伊斯兰国家，百胜餐饮集团已成功地结合宗教惯例，开展了肯德基的推广活动。伊斯兰斋月从伊斯兰历法的第九个月开始。在拥有世界上最多穆斯林人口的国家——印度尼西亚，肯德基打出了以斋月为主题的户外广告，鼓励印度尼西亚人在每天的斋戒结束后到餐馆享用开斋饭。这使得斋月期间，印度尼西亚肯德基 400 个网点的业务增长率达 20%。

当某一特定宗教的信徒认为自己被冒犯时，他们可能采取各种形式的报复。2001 年 9 月，纽约和华盛顿特区遭遇恐怖袭击，加上随后美国在中东地区和阿富汗的军事行动，一些穆斯林便开始出现反美情绪，呼吁抵制美国品牌。生于突尼斯的企业家陶菲克·马特卢蒂（Tawfik Mathlouthi）创立了一个软饮料品牌——麦加可乐（Mecca-Cola），为生活在英国和法国的穆斯林提供可口可乐的替代品。该品牌名称既特意提及了伊斯兰教圣城，又讽刺了可口可乐。马特卢蒂将可口可乐称为"资本主义的麦加"。伦敦的《星期日时报》称麦加可乐为"在政治上比百事可乐和可口可乐更受欢迎的饮料"。[5] 2003 年，朝拜可乐（Qibla Cola）（由阿拉伯语"朝拜"一词而得名）在英国上市。创始人札西达·帕维（Zahida Parveen）希望通过"献给任何有良知的、不分种族和宗教的消费者"的品牌定位，使产品获得比麦加可乐更加广阔的市场。[6]

如今，欧盟已经由 15 国扩大到 27 国，有关新的欧盟宪法是否应提及上帝和基督教等宗教问题也是争议的核心问题。争议的一方是包括爱尔兰、西班牙、意大利和波兰在内的欧洲天主教国家。正如意大利副总理所说的那样，"意大利政府认为（欧洲的）共同宗教遗产应当与犹太教和基督教的传统价值观一样被明确提及"。与之相反，法国和比利时的官方立场则是政教分离。根据这一观点，宗教在扩展后的欧盟基础文件中是没有地位的。此外，在法国和其他一些国家，穆斯林已经形成一股在政治上活跃的少数族裔力量；而在土耳其，穆斯林已占据绝对统治地位。因此，欧洲的穆斯林代表正努力抵制在新的欧洲宪法中提及基督教。[7]

4.1.3　审美

每种文化下，人们对美和不美，何谓有品位和无品位，甚至是否为淫秽等都有一个大体的理解。这些看法属于**审美**（aesthetics）范畴。全球营销人员必须理解产品、标签或包装的色彩或形状中体现的视觉美学的重要性。同样，世界各地的人们感知的审美风格（如各种复杂程度）很不一样。在一国被认为有魅力、吸引人和有品位的审美元素在另一国人的眼里可能产生恰恰相反的感受。

在有些情况下，一种标准的颜色可用在所有的国家。例如，"卡特黄"就是卡特彼勒这个推土设备公司及其得到授权的户外装备的商标。同样，吉百利在其巧克力糖果的包装上使用了标志性的紫色。在有关颜色偏好的调查中，50%的受访者表示蓝色是他们的最爱，这一比例大大超出排行第二的颜色。对蓝色的使用可以追溯到几千年前：在采矿业出现后，人们通过对矿物质的提炼得到了蓝色颜料，古埃及、中国和玛雅文明的工匠们都采用了这一颜色。因为这种颜料来之不易且价格昂贵，所以蓝色通常与尊贵地位和神性联系在一起。[8]如今，"蒂芙尼蓝"已经成为蒂芙尼（Tiffany）这一奢侈品营销人员在其礼品袋和礼品盒上使用的标志性颜色。

由于不同的文化对色彩的感知不同，企业必须做出调整，以适应当地的偏好。企业在做有关产品包装和其他品牌形象方面的决策时，应当考察一下当地的色彩偏好情况。在高度竞争的市场，不合适或者不具有吸引力的包装会使企业或品牌处于不利地位。不断变化的竞争环境也要求企业做出新的颜色搭配方案。

色谱中的任何颜色原本没有好坏之分，所有对颜色的联想和感知都来自文化。红色在世界大部分地区很受欢迎，同时红色也是血色，且在许多国家红色与长达几个世纪的葡萄栽培和葡萄酒酿制传统相联系。研究者在8个国家对有关"感知"进行了调查，他们发现，红色与"积极""热烈""活力"相联系；在多数被研究的国家里，红色也传递诸如"充满情感"和"锋利"等含义。[9]由此可见，红色在许多社会里都有正面的含义。然而，红色在一些非洲国家却不受欢迎。由于蓝色是与天空和水相关的颜色，自然就带有可靠、持久以及永恒的内涵。白色在西方意味着纯洁和干净，但在亚洲某些地区却与死亡相关。在中东，会让人想到死亡的是紫色。另一个研究团队总结道，灰色在中国和日本具有"廉价"的含义，在美国却意味着"高质量和高成本"。研究人员也发现中国人把棕色与软饮料这个标签相联系，甚至由此联想到好的口感。韩国和日本的消费者则把黄色和软饮料、美味相联系。而这些含义在美国人那里都是由红色来代表的。[10]

在世间的所有文化中，音乐作为审美的一部分都被认作一种艺术表达方式和娱乐之源。音乐在某种意义上代表了与任何民族都无特定关联的"跨文化"（transculture）特征。例如，节奏就是音乐的一个普遍特征。然而，音乐也因区域或国家的具体特征而风格各异。例如，巴萨诺瓦舞、桑巴舞、莎莎舞、瑞格舞和梅伦格舞的节奏分别使人联想到阿根廷、巴西、古巴、牙买加和多米尼加，而布鲁斯音乐、强劲摇滚乐、嘻哈乐和说唱乐的节拍则会让人联想到美国。社会学家发现，音乐的民族特征，部分源于当地的土著音乐或流行音乐，一种独特的音乐风格能够"代表文化实体和团体的独特性"。[11]

事实上，音乐为本书的"思维全球化，行动当地化"主题提供了一个有趣的例证。不同国家的音乐家在创作诸如波兰瑞格舞曲、意大利嘻哈乐等混合风格的乐曲时，汲取、吸收、改编并整合了跨文化音乐的影响和各国本土的风格。莫蒂·雷格佛（Motti Regev）描述了这一悖论：

> 这种音乐的作者和听众在同一时间里感到自己既是当代全球通行表达形式的参与者，也是本土、民族、种族和其他特征的创新者。现在所使用的文化形式，既离不开美国文化，又与国际音乐产业强大的商业利益相关，而它的目的在于构建地方特色和真实感。[12]

由于音乐在广告中占有相当重要的地位，营销人员必须了解什么音乐风格适合特定的国家市场。尽管可在广播和电视广告中有效地使用背景音乐，但适用于世界某些地区的广告音乐可能在另一些地区不被接受或效果不好。

4.1.4　饮食偏好

文化对食物烹饪、消费模式和习惯的影响也是很明显的。想要证据？请看以下实例：

● 世界最大的比萨外卖公司达美乐比萨从意大利撤出，因为意大利人认为其产品"过于美国化"，特别是其番茄酱味道太浓，芝士也太多。而它在印度的运气则好得多。在那里，达美乐的菜单上增加了一些风味产品，包括洋葱肉末比萨、胡椒咖喱乳酪比萨和五辛比萨等。[13]

● 为使赛百味连锁店在印度成功开张，营销人员很有必要向印度消费者宣传赛百味三明治的好处。为什么？因为印度人通常不吃面包。[14]

这些例子强调了一个事实：对想要开展食品或饮料全球营销的公司来说，深入了解与食物相关的文化偏好是十分重要的。孟买一家市场调研公司的董事长蒂图·阿鲁瓦利亚（Titoo Ahluwalia）指出，当地的公司也能利用其对文化的深入了解与外国大公司开展有效的竞争。他说："印度公司在利用传统时就表现出一种优势。当涉及食品、饮料和药品时，你得有文化敏感性。"[15]缺乏这种意识的公司必定会犯营销错误。当赛百味向印度扩张时，该公司选择了两位在美国受过教育的印度兄弟来帮助开设门店并负责监督经营。

虽然人们对食物的一些偏好深嵌于文化中，但是大量例证表明，全球的饮食偏好正在趋同。比如，快餐已被世界各地越来越多的人接受。有很多事实可用以解释这一点。很多国家的家庭都深感时间紧，不愿意在家做饭。年轻人总是在品尝或试吃不同的食物，全球旅游风潮让游客有机会尝到比萨、意大利通心粉和其他民族特色美食。午餐时间缩短，预算紧缩，迫使工人们去寻找能快速吃一顿便宜饭的地方，再很快地回到工作岗位。[16]由于文化差异越来越不重要，只要可支配收入足够高，任何国家的消费者都会选购这种便利食品。

正如大家所见，这一过程可能会激起某种民族主义的强烈反对。为对抗巨无霸和其他美式快餐食品给年轻公民传递的信息，法国国家烹调艺术委员会（French National Council of Culinary Arts）为小学生设计了一套有关法国菜系和"好味道"的课程。该委员会理事长亚历山大·拉扎雷夫（Alexandre Lazareff）出版了《法国烹饪术异议》（*The French Culinary Exception*）一书。拉扎雷夫警告说，法国高级烹饪的传统正在受到品味全球化的冲击。从更加普遍的意义上看，拉扎雷夫的发言是在反击他所感知的对法国特色烹饪技术及法国生活方式的挑战。他的关切的确事出有因：麦当劳在法国不断地开新店（如今已超过 1 100 家），而传统的小酒馆和咖啡店的数量近年来却持续减少。虽然麦当劳取得了成功，但法国人也创造了"食感"这一新的流行语，以表达该民族对餐饮的激情已经超越烹饪技术本身的概念：

> 在法国带着情感吃饭就意味着，在就餐时不仅要用味觉，还要用鼻、眼睛和耳朵，动脑和动情。"食感"追求的是 21 世纪餐饮的现代性和新现实性……只要胆识、敏感性和感觉交织起来，一切皆可称为"食感"。[17]

文化背景

法国料理会再次风靡全球吗？

几个世纪以来，法国一直是烹饪艺术的典范。高级烹饪（haute cuisine）、经典菜肴（cuisine classique）、新式菜肴（nouvelle cuisine）等法语词汇一直用来描述法国料理的各种风格和各种阶段。法国菜成为 20 世纪的主流菜系，其中包括极具代表性的法式咸派、法国蜗牛和罗西尼牛排。使用奢侈食材并在极具权威的米其林指南中广受追捧的法国餐馆，长期以来一直是全球美食爱好者追捧的餐饮目的地。热门电影《朱莉和朱莉娅》（*Julie and Julia*）和《美食总动员》（*Ratatouille*）更是增强了普通民众对法国美食的认识。

然而，在这块"高级烹饪"的土地上，一切都不再尽如人意。最近，许多作家、记者和食品评论家都发现了一个令人不安的趋势：法国作为超级烹饪大国的地位在下降。包括传奇糕点师加斯通·莱诺特（Gaston Lenotre）在内的多位著名 20 世纪法国大厨都已去世。与此同时，伦敦、日本、西班牙的大厨们在烹饪技术和食品化学方面都另有建树。包括英国布雷肥鸭餐厅的赫斯顿·布卢门撒尔（Heston Blumenthal）和西班牙斗牛犬餐厅的费伦·阿德里亚（Ferran Adria）在内的新一代大厨都因"分子美食"（molecular gastronomy）和其他创新而享誉全球。另一位英国人戈登·拉姆齐（Gordon Ramsay）则因参加了《地狱厨房》（*Hell's Kitchen*）真人秀节目而成为公认的厨神。简言之，在多数人眼中，法国已不再处于烹饪的最前沿。

以下这些数据可以让我们窥得一隅：麦当劳已成为法国私营领域最大的雇主，咖啡馆的数量已经从半个世纪前的 20 万家缩减至 4 万家。虽然在亚洲强劲需求的带动下，法国葡萄酒中处于最高价位的藏品销量仍在上升，但适于日常饮用的法国葡萄酒销量却在世界各地都呈现普遍下降的趋势。

何去何从？事实证明仍有许多工作可做。"杂食者"（*Omnivore*）是由美食作家卢克·杜班切特（Luc Dubanchet）创办的杂志，同时也是一个组织名，其目标是推广"年轻的美食"。这种料理比传统的法国料理更为随意。杂食者的赞助商包括达能集团的饮品部门，该部门还负责"依云"（Evian）和"波多"（Badoit）品牌的营销业务。另一个组织"食感"（Le Fooding）也出版了一份杂志并为美食节提供赞助，在这些美食节上我们都可以看到法国顶级大厨制备的特色美食。食感的赞助商包括凯歌香槟（Veuve Clicquot Champagne）。这些赞助商通常希望在大厨和餐厅顾客中提高知名度和销量。

此外，一家名为波尔多葡萄酒行业协会（Interprofessional Council of Bordeaux Wine，CIVB）的法国组织正在推行一项新计划，意图在全球市场推广波尔多葡萄酒。这一计划被称为"明日波尔多"（Bordeaux Tomorrow），希望在伦敦、香港、纽约和其他主要城市开设"波尔多酒廊"（Bordeaux Bar），并印制广告强调波尔多地区的葡萄酒不仅是为富庶的鉴赏家和收藏家准备的，时常饮用还可以带来乐趣。CIVB 公关总监克里斯托夫·查托（Christophe Chateau）说道："我们需要向人们证明，只需花费 3～10 欧元就可以在波尔多买到一瓶物超所值的葡萄酒。在餐馆里，人们通常会避开波尔多，因为他们认为那里的酒太贵了。"

《法国文化之死》的作者唐·莫里森（Donald Morisson）曾提出一个建议。他认为，法国大厨们应该忘记过去的辉煌；相反，他们应该花更多的时间出国深造，在国外可能接触到一些新的想法。最近在英国大米尔顿举行的一次聚会就是很好的例证。来自美国、法国和英国的顶级厨师们参加了为期一周、名为"美国食品革命"（The American Food Revolution）的会议。与会者热拉尔·帕斯达（Gérard Passédat）——来自位于马赛的米其林星级酒店贝迪尼斯，在对这次会议进行总结时说道："遗憾的是，我们（法国人）太固执了。食物对法国人的生活方式而言极为重要。但是，这世上有不同的文化、不同的客户、不同的智力和心理屏障。这样的会议有助于我们突破这些屏障。"

资料来源：Adam Sage, "Bordeaux Rescue Plan Goes Down-Market to Boost Sales," *The Australian*（January 10, 2011）；Michael Steinberger, Au Revoir to *All That*：*Food*，*Wine*，*and the End of France*（New York：Bloomsbury, 2009）；Katy McLaughlin, "French Food Fights Back," *The New York Times*（July 14, 2010）；Donald Morrison, "Cordon Blues," *Financial Times*（June 6/7, 2009），p.16；R. W. Apple, Jr., "Europe Borrows a Cup of Inspiration," *The New York Times*（April 21, 2004），pp.C1, C8.

4.1.5　语言和沟通

世界各地文化的多样性也会反映在语言上。人们不出家门，就可以通过学习某国的语言和文学获取有关该国文化的很多知识，尽管这种学习不如身临其境地生活在那个国家有效。语言学家把对口语或语言的研究分为四个主要领域：句法（句子构成的规则）、语义学（含义体系）、音韵学（发音模式体系）以及词法学（词语的构成规律）。非口语或非语言沟通包括手势、触摸和其他用以补足口语表达的肢体语言形式。（非语言沟通有时也被称为"无声语言"。）口语和非口语语言都包含在符号语言学这一更加广阔的语言学领域中，即对符号及其含义的研究。

在全球营销中，语言是营销人员与客户、供应商、渠道中间商等其他人交流的关键工具。营销学文献中有很多代价高昂的轶事，都是因产品名称和广告文案错误或翻译欠妥造成的。如图 4-1 所示，特定汉字的微妙发音可改变礼物的原本善意。比如，将伞作为礼物送给商业伙伴就会隐含恶意，因为这相当于希望他的生意失败。当英国零售开发商 BAA McArthurGlen 在奥地利建立美式工厂直销商城时，当地政府就想知道工厂在哪里，为使项目顺利获批，该公司不得不将其开发的项目称作"设计师专卖中心"（designer outlet center）。[18]安海斯-布希和英国南非米勒酿酒在英国市场上都遭到了失败，问题就在于它们都用了"淡啤酒"这个词，被人们理解为"酒精含量较低"而非"热量较低"的啤酒。现如今米勒淡啤（Miller Lite）品牌在欧洲市场上已更名为米勒比尔森（Miller Pilsner）。[19]

图 4 - 1

说明：在中国，将书、伞或是钟表作为送人的礼物代表送坏运气。为什么？"书"的汉语发音是"shu"，听起来像"我希望你输（遭坏运）"；"伞"（san）听起来像"破碎或分开"；而"钟"（zhong）听起来像"死亡"或"终结"。

哈斯特公司（Hearst）在日本出版《时尚好管家》（*Good Housekeeping*）杂志前，经理们就该名称的日语翻译做过实验。与此最相关的日语词汇是 kaji，含义是"家务"。但这个词也可理解为仆人所做的家务活。结果这本美国杂志的名称被保留下来的同时，印在封面上的"好"字（Good）比"管家"（Housekeeping）一词大得多。在一些内页中该词也被改写，以吸引日本妇女；著名的"批准"印章也被删除，因为这个概念曾引起读者的误解。主编埃伦·莱文（Ellen Levine）说："我们不想将我们的杂志原封不动地出口，那会导致文化自杀。"[20]

在中国，戴尔也必须为"direct sales"找到一个贴切的词语，因为这是反映戴尔强大的商业模式的词语。如果直译的话，可以译作"直销"，然而在中文中这却含有"非法的金字塔式的营销结构"的意思。为了避免负面效应，戴尔的销售代表用"直接订购"来代替，这个词译成英文则是"direct orders"。[21]

音韵学和词法学也会发挥作用。高露洁公司发现，"高露洁"在西班牙语里是一个动词，意思是"去上吊"。在欧洲，惠而浦在广告上投入巨资做品牌广告，却发现意大利、法国和德国的消费者都觉得公司名称发音困难。[22]相反，伦佐·罗索（Renzo Rosso）特意选择"迪赛"（Diesel）作为新牛仔裤品牌的名称，是因为（他曾经提到）"它是少有的几个在所有语言里发音都一样的词语"。罗索将迪赛打造成了一个全球知名的年轻人品牌，也是意大利最成功的时尚品牌之一；该品牌每年的销售收入超过 12 亿美元。[23]

技术为营销实践中的语言学研究提供了有趣的机会。比如，全球的年轻人都在用手机发短信，结果导致在某种语言里，特定的数字组合代表特定的意义。比如，在韩国，数字语音组合"8282"意思是"快点快点"，"7179"听起来像"亲密的朋友"。同样，在韩国，很多对数字悟性较高的年轻人认为 45683968 可诠释为"我爱你"。[24]韩国的营销人员也将这些数字以及其他一些数字串用到广告中。

全球化对文化的一个影响是英语传遍全球。如今，将英语作为第二语言的人多于英语是母语的人。欧盟区有近 85%的青少年在学习英语。尽管索尼公司的总部在日本，但该公司

对世界各地的求职人都有言在先：公司不把英语当"外语"看待。松下公司最近出台了一项
政策：公司考虑给经理人员升职的前提之一是，他必须通过一个英语能力测试。松下公司的
最高管理层总结说，由清一色日本员工组成的沉闷的公司文化已经侵蚀了公司在全球市场的
竞争力。对员工英语语言的要求象征着日本公司正在全球化。[25]

　　非语言沟通导致的挑战或许更为艰巨。比如，在中东做生意的西方人必须小心，他们不
能对东道主露出自己的鞋底，或是用左手呈递文件。在日本，鞠躬是一种重要的非语言沟通
形式，其中还有许多细微不同。在西方长大的人倾向于用语言表达，亚洲人在人际交流中则
更加注重非语言沟通。东方人更希望人们能理解非语言暗示，并在不被告知的情况下做出直
观的理解。[26]因此，西方人在这种文化背景下做生意时，不仅要注意听到了什么，还要关注
看到了什么。

　　对文化（基于语言）的深入理解是全球公司竞争优势的重要来源。西班牙电信公司
（Spain's Telefónica）在拉丁美洲的迅速扩张历程就是一个恰当的例证。正如西班牙电信前
任总裁胡安·比利亚隆加（Juan Villalonga）所说的那样，"这并不仅仅是使用共同的语言，
而是以同样的方式共享一种文化、理解友谊"。[27]

　　在此我们要介绍一些重要的有关交流的问题。一是先后顺序问题，讨论的是从 A 议题
进行到 B 议题，还是一开始便分开。二是分阶段问题，涉及的是应该立即讨论某些重要的
议题，还是应该等谈判各方花时间建立友善关系之后再进行。根据两位国际谈判专家的看
法，谈判中常出现几种独特的美国式战术。这些战术对其他美国人有效，但在与其他文化背
景的人谈判时，这些战术恐怕需要修改。在任何沟通场合，发言人可通过发出暗示来帮助机
敏的观察员理解发言人的意图。以下是一些实例[28]：

- 美国人通常喜欢"单枪匹马"，结果就是他们可能在谈判人数上处于劣势。
- 许多美国人喜欢一上来就"摊牌"，但在一些文化背景下，相比于立即"切入正题"，
建立融洽的关系可能更为重要。
- 美国人总喜欢侃侃而谈，且在应该倾听和观察时仍不知收敛，但在一些文化中，长时
间的沉默是十分宝贵的。非语言交流所提供的线索不亚于语言本身。

4.1.6　营销对文化的影响

　　对全球营销人员来说，文化环境中的共性意味着营销方案的某些因素或全部因素存在被
标准化的机会。机敏的营销人员经常发现，世界各地明显的文化多样性可表现为实现同样目
标的不同做事方式。对方便食品、一次性产品、流行音乐和电影有偏好的人已经遍及北美、
欧洲、拉美和亚洲。这一情况说明，很多消费品都有广泛甚至是全球共通的吸引力。游客日
益增多，通信方式日益发达，人们对很多产品品类的品味和偏好逐渐趋同。那些在世界各地
抓紧机会寻找顾客的公司在努力地利用文化交流和文化全球化带来的机遇，并加快了这些变
化的进程。但正如我们在本章开头指出的那样，有关营销和（更泛泛地说）全球资本主义对
文化的影响恐怕是众说纷纭。社会学家乔治·里泽（George Ritzer）等人感叹，当全球公司
用自己的产品拓展新市场时，它们就打破了文化壁垒，所谓的"文化的麦当劳化"也随之产
生。里泽指出：

　　　　吃饭占据多数文化的中心地位，很多时间、注意力和金钱都滥用在了吃饭中。"麦

当劳化"在试图改变人们吃饭方式的同时,对很多社会的整个文化体系构成了威胁,影响深远。[29]

法比·瓦基(Fabien Ouaki)可以证明,学术界和政府以外的人们也加入了反麦当劳化的战斗。瓦基是总部在法国的塔蒂折扣零售公司的常务董事。如今他正准备在一些国家开设新店,其中就包括美国。瓦基宣称进入美国市场的一个动机是"个人复仇"。他最近还说:"作为法国人,看到孩子们哭喊着要看《泰坦尼克号》,吃麦当劳,喝可口可乐,我就感到恶心。我想看到的是纽约人渴望获得一套塔蒂牌婚纱。"[30]同样,国际慢食运动组织自称已在几十个国家拥有 7 万名成员。这一运动源自 1986 年针对麦当劳在罗马某热闹的广场开设新店的抗议活动;该组织每两年在意大利举办一次展示传统食物烹饪法的菜肴展。正如某发言人所说的那样,"慢食运动要表达的是,各地食品的味道不应该都是一样的"。[31]2008 年,美国慢食运动将 6 万人吸引到在旧金山举行的一次活动中。该活动由一家农民市场以及一个名为"引人深思的问题"的演讲系列组成。

4.2 高语境文化和低语境文化

爱德华·T. 霍尔(Edward T. Hall)建议将高语境、低语境作为理解不同文化取向的方法。[32]在**低语境文化**(low-context culture)中,信息是明确且具体的;语言承载了沟通中的大部分信息。而在**高语境文化**(high-context culture)中,语言表达包含的实际信息较少,更多的信息则存在于沟通情境中,其中包括背景、联想以及沟通各方的基本价值观。一般而言,法律文件在低语境文化中被认为是必需的,而在高语境文化中起实际作用的法律文件却少得多。日本、沙特阿拉伯及其他高语境文化地区高度重视人的价值观或人的社会地位。在此类文化中,影响商务信贷发放决策的依据更多的是借贷人的身份和背景,而不是对财务报表等形式文件的正式分析。

在美国、瑞士或德国这类低语境文化中,交易时不需要掌握那么多有关当事人个人性格、背景和价值观的信息。信任多源自信贷申请表上所填的文字和数字。与此相反,像索尼这样的日本公司一直对新雇员的大学背景非常关注,即它们通常偏爱东京大学的毕业生,而新雇员简历中的细节就不那么重要了。

在高语境文化中,一个人说出的话就是契约。由于此类文化强调责任和信誉是重要的社会准则,因而不太需要预测意外事件和提供外部的法律制裁。在这类文化中,共同的责任感和信誉取代了非人格化的法律制裁。这有助于我们理解那些漫长拖拉却"始终不及要害"的谈判的重要性。对高语境文化的人来说,谈判的部分目的是熟识潜在的合作伙伴。

例如,坚持采用竞标方式在低语境文化中可能会使事情复杂化。在高语境文化中,工作往往会派给做得最好的人,即你能信任和控制的人。在低语境文化中,人们通常将规格定得非常精确,迫使建筑商之类的合同方在法律制裁的胁迫下努力做好工作。霍尔曾指出,日本的建筑商可能会说:"那张纸和工作情况有什么关系?假如离开这张纸我们相互之间就不再充分信任对方,为什么还要费力去做这件事呢?"

尽管国家可按其高低语境文化的总体趋势进行分类,但这种一般趋势也有例外。这些例外情况通常出现在亚文化中。美国属于低语境文化,同时带有一些按照高语境文化模式运行的亚文化。例如，中央银行家的世界就是一个"绅士"的世界，即高语境文化。甚至在外汇市场交易最火爆的日子里，仅凭中央银行家的一句话就足以借到数百万美元。高语境文化中有信任、公平游戏意识以及广为接受和实行的游戏规则。表4-1总结了高语境文化和低语境文化的一些不同之处。

表4-1 高语境文化与低语境文化比较

要素/范畴	高语境文化	低语境文化
律师	不太重要	非常重要
个人的口头承诺	就是信誉的保证	不足以信赖；应有书面的承诺
个人对组织所犯错误的责任	取其最高水平	尽量降至最低水平
空间	人与人相距很近	争取个人享有私密的空间，厌恶受到侵扰
时间	多元时间观——生命中的任何事情都有其时间规律，应顺其自然	单一时间观——时间就是金钱 线性的——一时一事
谈判	冗长——其主要目的是让各方相互了解	迅速推进
竞标	不常有	常有
国家/地区范例	日本、中东	美国、北欧

4.3 霍夫斯泰德的文化分类

本章在讨论霍夫斯泰德被广为引用的文化定义时介绍了这位组织人类学家。使霍夫斯泰德闻名遐迩的另一项成果是他对社会价值观的研究。其研究结果建议，可按五个维度对不同民族的文化进行比较。[33]霍夫斯泰德指出，前三个维度是指可预见的社会行为，第四个维度关系到"人对真理的求索"，第五个维度反映时间的重要性（见表4-2）。（访问 www.geert-hofstede.com，可获取更多的信息。）

第一个维度是**权力距离**（power distance），即权力较小的社会成员接受（甚至期望）权力被不平等分配的程度。根据乔治·奥威尔（George Orwell）的理论，所有的社会都是不平等的，只是有些社会比其他社会更不平等而已。中国和法国都表现出权力距离较大的特征；而德国、奥地利、荷兰和斯堪的纳维亚国家则表现出了权力距离较小的特征。

第二个维度反映了社会成员融入群体的程度。在**个人主义文化**（individualist cultures）中，每一个社会成员主要关心自己的利益及近亲的利益。在**集体主义文化**（collectivist cultures）中，所有的社会成员都被凝聚为胶着的内部集团。美国和欧洲文化的基本层面表现了强势的个人主义，而日本和其他亚洲文化中个人主义相对弱。

第三个维度中，**成就型社会**（achievement）指的是：那里的人们期望男人果敢武断，竞争力强，并关心物质上的成功，同时期望女人承担保育员的角色，关心孩子、福利等问题。相反，**教养型社会**（nurturing）则描述了另一种特征，在这个社会里，男人和女人的社会角色重叠交错，任何一种性别都不显得雄心勃勃或争强好胜。在阳刚特质的社会特征方面，日本和奥地利高居榜首，而西班牙、荷兰以及斯堪的纳维亚则排在末位。

表 4 - 2　霍夫斯泰德划分民族文化的五个维度

1. 权力距离大——接受较大的权力差距；尊重权威人士
   权力距离小——减少不平等；员工不害怕也不敬畏老板

权力距离大		权力距离小
墨西哥、新加坡、法国	←───── 意大利、日本 ─────→	美国、瑞典

2. 个人主义——人们关心自己和家人的利益
   集体主义——人们期望团体成员间相互照顾和相互保护

个人主义		集体主义
美国、加拿大、澳大利亚	←───── 日本 ─────→	墨西哥、泰国

3. 成就型——行事果断、获取金钱和商品、参与竞争等价值观占上风
   教养型——建立关系、关心他人等价值观占上风

成就型		教养型
美国、日本、墨西哥	←───── 加拿大、希腊 ─────→	法国、瑞典

4. 高度规避不确定性——对模棱两可的情境感到不安，高度焦虑
   轻度规避不确定性——容易接受风险；可容忍不同的行为和意见

高度规避不确定性		轻度规避不确定性
意大利、墨西哥、法国	←───── 英国 ─────→	加拿大、美国、新加坡

5. 长期取向——人们展望未来，认为节俭和坚持是优良品质
   短期取向——人们重视传统和过去

短期取向		长期取向
德国、澳大利亚、美国、加拿大	←───── ─────→	中国、日本

资料来源：Stephen P. Robbins and Mary Coulter，*Management*，12e（Upper Saddle River，NJ：Pearson Education，2014）p. 87.

不确定性规避（uncertainty avoidance）是指社会成员对含混不清或无结构的情境感到不舒畅的程度。在高度规避不确定性的文化中，成员通过挑衅、激愤和不容忍的行为表达对不确定性的强烈的规避心理；他们的特征是相信绝对真理。在轻度规避不确定性的文化（如丹麦、瑞典、爱尔兰和美国）中，成员比较能容忍与自己观点相左的人。

希腊和葡萄牙在不确定性规避方面得到了高分；其他地中海国家和拉丁美洲的多数国家也在这一栏中排位较前。一般而言，人们接受不确定性的态度本身就表明了其惯于深思，信奉相对论，容忍力强。这些价值观可见于东南亚和印度。

霍夫斯泰德的研究认为，尽管以上这四个维度都得到了有趣和有用的阐释，但它们并不足以让人看到任何可能使经济获得增长的文化基础。此研究中所做的调查是由西方社会科学家设计的，霍夫斯泰德也为此感到不安。由于许多经济学家未能预见日本和"亚洲四小龙"（韩国、中国台湾、中国香港和新加坡）爆发的经济增长势头，霍夫斯泰德推测说，西方的学者难以把握亚洲文化的某些方面。中国香港和中国台湾的社会学家所做的中国价值调查（Chinese Value Survey，CVS）使这个方法论的缺陷得到补救。

CVS 数据支持文化的前三个"社会行为"维度，即权力距离、个人主义/集体主义以及成就型特质/教养型特质，但不确定性规避维度并未在 CVS 中显现。CVS 反倒揭示了西方研究人员尚未研究的一个维度，即**短期取向**（short-term orientation）和**长期取向**（long-term orientation，LTO）。[34]霍夫斯泰德解释说这个维度关系到"社会对道德的追求"，而不是对真理的追求。它所评价的是文化内部的直接意识，即人们可能做出即时的或延迟的价值观判断。

　　长期取向价值观包括以下几个方面：其一，坚持（perseverance），即被界定为在追求某一目标时所需的坚韧不拔的精神。其二，反映社会等级存在的地位排序，遵从这种排序意味着接受互补关系。其三，节俭，这往往表现在高储蓄率上。其四，差耻感，这通常导致社会联系具有敏感性。霍夫斯泰德指出，这些价值观在中国和日本等高绩效亚洲地区被广泛认同，但这些价值观的存在本身并不足以引起经济的增长。另外两个条件也必不可少：市场和对经济给予支持的政治背景。由此，尽管霍夫斯泰德认为印度在长期取向维度上排序相当靠前，但直到最近，市场限制和政治力量还是拖累了其经济的增长。

　　通过研究霍夫斯泰德的著作，营销人员了解了一些能在许多活动中起指导作用的知识，这些活动包括产品开发、与合作伙伴互动以及主持销售会议等。例如，了解相对于其他文化的本土文化的时间取向至关重要（见表 4-1）。在日本、巴西和印度，与潜在商务伙伴做生意之前就得建立关系。如果一个商人有注重短期取向的文化背景，则他必须让自己适应某些国家慢节奏的商业习俗。如前所述，语言能为文化差异提供线索。如"在纽约的一分钟"（in a New York minute）这一短语旨在提请世人注意美国都市生活的快节奏。

　　相反，日语中的"坚持"（gaman）展示的是日本公司致力于研发项目的意愿，而这些项目在短期内即取得成功的概率较低。当索尼公司在 20 世纪 50 年代中期从贝尔实验室获得新发明晶体管的技术许可时，该装置产生的有限高频率（声音输出）使美国工程师以为，它至多只能应用于助听器。然而"坚持"却使奋力提升晶体管效用的索尼工程师并没有因进程缓慢而止步。索尼公司创始人之一井深大（Masaru Ibuka）回忆道："挑战晶体管效用对我们来说十分有趣。那时没人意识到它的重要性。"当索尼的工程师最终突破了原有的效用，导致袖珍型晶体管收音机这一全球畅销产品诞生时，公司的坚持获得了实实在在的回报。[35]

　　只有了解不确定性规避这一维度，全球营销人员才能较好地评估顾客在面临多大的风险时还能安然购物。在日本及其他对不确定性容忍度较低的亚洲文化里，购买者会有清醒的品牌名称意识，并会展现出对品牌的高度忠诚。在不确定性规避水平较高的国家，广告文案应该通过强调产品保障、退款保证及其他降低风险的特点让顾客放心。有趣的是，中国香港的不确定性容忍度竟然高于美国，而日本的不确定性规避水平和法国和西班牙一样高。

　　权力距离这一维度反映了社会成员相互之间的信任程度。权力距离指标越高，信任度越低。从组织上看，高权力距离往往反映在等级繁多的组织设计中，即偏向于中央集权，并设置较多的监管人员。权力距离维度也会让人看到上下级之间出现的动态变化。在比较尊重等级的文化里，下级要找领导可能得设法通过好几层助理。如果是这样，领导很可能单独在某个紧闭的办公室里。在这样的文化里，低层雇员很容易受到上级的胁迫。研究表明，评估进入全球市场的各种方式时，高权力距离文化背景下的公司偏向于建立独资子公司，因为这样能使其获得较多的控制。相反，低权力距离文化背景下的公司则倾向于采用合资的方式。[36]法国的权力距离很高。其他在权力距离上得分较高的还有墨西哥和印度。

　　成就/教养维度通常体现在二者的对比上，即人们更看重成就和占有（阳刚价值观），还是更强调乐于助人和社会支持等精神（阴柔价值观）。总体而言，有闯劲、追求成就的销售员与奥地利、日本或墨西哥的文化更契合，而与丹麦的文化则没有那么融洽。（诚然，这样的销售员也得记住，日本和墨西哥在长期取向指标中都排位靠前，该维度与以交易为导向的进取性是相矛盾的。）同样，被派去给日本公司做演讲的西方女士无疑会发现她的听众都是男士。日本经理可能会对女士做出消极反应，尤其当她比他们更年轻时。

集体主义/个人主义取向问题值得特别加以评论，因为人们普遍认为这是文化的一个重要组成部分。哪些文化重视集体、哪些文化重视个人的信息，在各方面都会对营销人员有所帮助。如在日本，团队取向与和谐愿望意味着，当着众人挑选和表扬突出的个人会让当事人难堪。再则，语言对这些文化维度做出了重要提示，如日本有谚语说"枪打出头鸟"。在亚洲大部分地区，集体主义取向占统治地位。然而在高度强调个人主义的美国文化里，个人成就获得公认则会令人感到欣喜。[37]

几个研究团队曾试图确定跨国的集体主义/个人主义间的差异是否会反映在平面广告和电视广告中。从理论上讲，全球公司应该根据特定国家的导向调整营销沟通活动。例如，在强调个人主义的国度里，广告内容通常会突出个人；而在个人主义不被看重的国家，广告内容则会突出群体。虽然有一个研究团队[38]曾声称找到了一种明显的相关关系，但这并没有得到此后其他研究结果的验证。[39]但鲍勃·卡特勒（Bob Cutler）认为平面广告从本质上就是向个体传递信息的。这意味着个人主义/集体主义特征可能是平面广告有待解决的问题。

然而在高度强调集体主义的文化里，在有影响力的消费群中享有口碑的产品或服务有可能迅速取得显赫的市场地位，进而普及到其他国家。20世纪90年代后期的拓麻歌子（Tamagotchi）购买风潮是一个绝好的案例。这个虚拟宠物先是在少女们常去的东京市中心商业闹市区试销。这一信息在女学生中间迅速口耳相传，以至于玩具制造商万代（Bandai）被迫加紧生产以满足需求。到纽约玩具零售店FAO Schwartz开始发售拓麻歌子时，产品发布前的"传闻"（buzz）使首批1万件产品上市后即刻售罄。尽管日本青少年也关注平面和电视广告，但营销人员显然还能通过赠送样品给一些青少年的方式来进入这一子市场。[40]

文化背景

把霍夫斯泰德的文化分类应用于丹麦

丹麦究竟是什么样的？以下借助霍夫斯泰德的社会价值观分类体系作一简介。

未来导向：社会鼓励和奖励未来导向行为（例如做计划、未来投资和延迟满足等）的程度。丹麦得分高。

在丹麦的商业环境中，编制并讨论今后五年的预算和商业计划然后每年加以调整的情况很常见。此外，丹麦民众都意识到为退休生活进行储蓄的重要性。丹麦的经济内政大臣希望在丹麦建立世界级的创新中心。该中心将把丹麦提升至消费者驱动型创新国家的顶尖行列。

性别差异：社会性别角色差异最大化的程度。丹麦得分低。

在丹麦，性别角色的差异不显著。丹麦女人很强势，她们相信自己能做男人能做的任何事。丹麦女性无论是在家庭和工作中都非常注重平等问题。男主人通常要分担一半的清洁工作和家务活。

不确定性规避：社会成员接受含混不清的情况或适应陌生情形的程度。丹麦得分低；换言之，这是一个接受不确定性的社会。

丹麦人一般并不害怕冒险；未经细想或计划就采取行动时，他们并不感到难受。丹麦不仅有"弹性保障"政策，还有自由的劳动力市场（工人可被解雇）和可调节的福利，包括财政支持和为失业者提供的免费就业培训。丹麦的社会制度提供了一套严密的安全保障系统，公民意识到即使失败亦不可怕。尽管社会为信赖和支持该系统付出了很高的成本，但这也提供了一种持续的安全感。

权力距离：社会成员期望权力不平等分配的程度。丹麦得分低。这导致该国流行非常扁平的非正式组织结构，各种矩阵模型也被广泛使用。

詹代法则（Janteloven），或"詹代法"，深深地影响着斯堪的纳维亚人的行为和预期行为。这个词起源于作家阿克塞尔·桑内莫塞（Aksel Sandemose）写的一本关于詹代的小说。詹代是一个村子，那里的人是不可以认为自己比谁更好或更聪明的。谦卑十分重要，而这限制了权力距离。

个人主义/集体主义：社会机构鼓励个人融入组织和社会团体的程度。丹麦的个人主义得分高。

圈内集体主义和机构集体主义：社会成员为各自的小团体感到自豪的程度，如他们的家庭、亲密的朋友圈和他们受雇的组织。丹麦在机构集体主义上得分高，而在圈内集体主义上得分低。

资料来源：Justin Fox，"Why Denmark Loves Globalization," www. time. com（accessed June 1，2008）. Leila Abboud，"Power Play：How Denmark Paved Way to Energy Independence," *The Wall Street Journal*（April 16，2007），p. A1；Jeffrey Stinson，"Denmark's 'Flexicurity' Blends Welfare State，Economic Growth," *USA Today*（March 7，2007），pp. 1B，2B.

4.4　自我参照标准与感知

众所周知，人们是在文化经验的框架内感知其市场需要的。詹姆斯·李（James Lee）提出了系统性地降低感知障碍和扭曲程度的理论框架，并于1966年在《哈佛商业评论》上发表。李将无意识地参照本国文化价值观的行为称作**自我参照标准**（self-reference criterion，SRC）。为解决这一问题，并消除或减少文化短视，他提出了一个系统性的四步框架：

1. 以母国文化特征、习惯和道德标准来界定问题或目标。
2. 以东道国文化特征、习惯和道德标准来界定问题或目标。不做价值判断。
3. 剔除其他因素，仔细检验 SRC 的影响是如何使问题复杂化的。
4. 剔除 SRC 的影响，重新界定并解决东道国市场情境中出现的问题。[41]

迪士尼在法国建设主题公园的决策为理解 SRC 提供了一个极佳的载体。假如迪士尼高管在策划进入法国市场时采用了 SRC 的步骤，那他们的工作会有何不同呢？

第1步：迪士尼的高管认为世界各地对美国文化存在几乎是无限的需求，包括麦当劳、可口可乐、好莱坞电影和美国摇滚音乐在内的成功便是证据。迪士尼在出口其美国管理系统和商务风格方面有显著的历史成绩。东京迪士尼乐园实际上是加利福尼亚州阿纳希姆乐园的翻版，并且获得了绝对的成功。迪士尼有关政策禁止人们在其主题乐园内销售或消费酒精饮料。

第 2 步：欧洲人，尤其是法国人，普遍对美国的文化帝国主义比较敏感。午餐时饮酒是多年的习俗。欧洲人有他们自己真正的城堡，许多流行的迪士尼人物也都来自欧洲的民间故事。

第 3 步：通过比较第 1 步和第 2 步，发现了重要的差异，这些差异明确表明，作为美国和日本迪士尼乐园的基础的那种市场需求在法国并不存在。要想在欧洲获得成功，就需要对这个设计进行修改。

第 4 步：这将要求乐园的设计与法国和欧洲文化规范保持一致。允许法国人将他们的身份印刻在乐园中。

SRC 的启示是，全球营销人员的一个重要的关键技巧是不带偏见的感知，即其认识特定文化的能力。尽管这个技巧在国内外都很宝贵，但由于母国中心主义和自我参照标准的流行趋势，它对全球营销人员更是至关重要。SRC 在全球商务中可能会成为强大的负面作用力，如果忘记检查其存在，就有可能导致误解和失败。在策划欧洲迪士尼乐园的同时，前任迪士尼董事长迈克尔·艾斯纳（Michael Eisner）和公司的其他高层被自己早先的成功和母国中心主义蒙蔽了双眼。想要预防 SRC，就要停止基于以往的经验和成功做出假设的做法，并准备获取有关人类行为和动机的新知识。

4.5 扩散理论[42]

如今已有成百上千项研究描述了个人采用新创意的过程。社会学家埃弗雷特·罗杰斯（Everett Rogers）对这些研究项目进行了回顾，并发现这些研究结果因明显相似而呈现为一种模式。随后，在其专著《创新的扩散》（*Diffusion of Innovations*）中，罗杰斯将研究浓缩成对全球营销人员极为有用的三个概念：采用过程、新发明的特征，以及采用者类型。这些概念综合之后，就形成了罗杰斯的**创新扩散**（diffusion of innovation）理论框架。

新发明就是新的事物。当应用于某一产品时，"新"的意思可以不同。在绝对的意义上，一旦产品被引进世界上的任何地方，它对世界就不再是新的，也不再是新发明。但是相对而言，已经进入某一市场的产品可能在其他地方是新发明，因为对那里的目标市场来说它是与众不同的新产品。全球营销工作经常要进行这样的产品导入。经理们可能会发现自己在某些市场中营销的新产品却在其他市场已经是成熟乃至衰退的产品。

4.5.1 采用过程

在罗杰斯扩散理论的基本要素中，有一个称为**采用过程**（adoption process）的概念，即个人从初知新产品到采用或购买它所经过的几个思考阶段。罗杰斯认为，个人从初知某产品到最终采用或购买的过程可分为五个不同的阶段：知晓、兴趣、评估、试用和采用。

1. 知晓。在第一阶段，顾客初次知晓产品或新发明。一些研究结果显示，在此阶段，大众传媒广告等非个人信息来源最为重要。全球营销中的一个重要的早期沟通目标，是通过使受众普遍接触广告信息来创造新产品的知晓度。

2. 兴趣。在此阶段，顾客有足够的兴趣去获知更多的信息。顾客将注意力集中在与产品相关的沟通活动上，并会开展调研活动，寻求更多的信息。

3. 评估。在此阶段，个人思考和评判与当前及可预见的未来需要相关的产品利益，并基于这一判断决定是否试用该产品。

4. 试用。大多数顾客不经"亲手"体验，即营销人员所称的"试用"，是不会购买昂贵产品的。汽车试驾这个例子能有效地说明不涉及购买的产品试用。对保健品和其他并不昂贵的包装消费品而言，试用经常产生实际的购买。营销人员经常通过发放免费样品诱导消费者试用。对于并不昂贵的产品而言，单个产品的首次购买被界定为试用。

5. 采用。此时，顾客或者是首次购买（如较昂贵的产品），或者是继续购买（采用或表现对品牌的忠诚）不很昂贵的产品。研究表明，随着顾客从评估，经试用进入采用阶段，个人的信息来源比非个人的信息来源更加重要。也正是在这个阶段，销售代表和口碑成为影响购买决策的主要作用力。

4.5.2 新发明的特征

除了对产品采用过程进行描述，罗杰斯还发现了**新发明的特征**（characteristics of innovations），它们是影响新产品采用速度的五个主要因素：相对优势、兼容性、复杂性、可分性和可传播性。

1. 相对优势：在顾客眼里将新产品与现有产品或方法进行比较的结果。一个新产品相对于现有产品的感知优势是影响采用速度的主要因素。如果某产品在竞争中确实有优势，那么它就可能被迅速接受。当激光唱机于 20 世纪 80 年代初首次进入市场时，行业观察家预测只有音响发烧友才会对数码音响给予足够的关注（且有钱），才会去购买。然而激光唱片相对于黑胶唱片在播放时具有音质上的优势，这对大众市场是显而易见的。随着激光唱机价格的快速回落，12 英寸的黑胶唱片在不到 10 年的时间里近乎消失。

2. 兼容性：产品与使用者现有的价值观和过去的经验相一致的程度。在此方面失败的案例在国际营销的产品创新史上比比皆是，即由新产品在目标市场上缺乏兼容性所致的失败。例如，首款消费型录像机——索尼的 Betamax 因为只能录像 1 小时而最终败北，而大多数购买者想要录下电影和体育赛事，所以，他们不会去购买 Betamax，而是转向可录制 4 小时节目的 VHS 制式录像机。

3. 复杂性：新发明或新产品难以理解和使用的程度。产品的复杂性是一个可能降低采用速度的因素，在识字率较低的发展中国家市场尤其明显。20 世纪 90 年代有几十家全球公司开发新型交互式多媒体消费电子产品。复杂性便成为关键的设计问题。一个广为人知的笑话是，在很多人的家里，录像机的电子时钟始终为"12:00"，原因是用户不知道如何设置。要取得广泛的成功，新产品必须简单易用，就像把录像带插入录像机那样容易。

4. 可分性：在花费不大的情况下，如何试用或有限地使用产品。全球各地收入水平的巨大差异使得人们在对产品质量、包装尺寸及产品分量的偏好方面表现出很大的差别。CPC 国际赫尔曼公司（CPC International's Hellmann）的蛋黄酱是以美国尺寸罐装的，在拉美国家根本就卖不动。在公司用塑料小包重装蛋黄酱后，销量出现了飞跃。首先这种塑料包的分量没有超出当地消费者的食品支出水平，另外一个优点是它不需要冷藏保鲜。

5. 可传播性：新品带来的利益或价值信息可被传播到潜在市场的程度。飞利浦的一款新式数码盒式磁带录音机能用新的盒式磁带技术播放旧的模拟磁带，还能产生光盘的录音效果。然而该产品上市后却败下阵来，部分原因是广告未能清晰地宣传产品的这一优点。

4.5.3 采用者类型

采用者类型（adopter categories）是基于不同类型的创新精神对市场中的个人进行的一种分类。有关新产品扩散问题的诸多研究结果表明，至少在西方世界里，"采用"是一个以正态分布曲线为特征的社会现象（见图 4-2）。

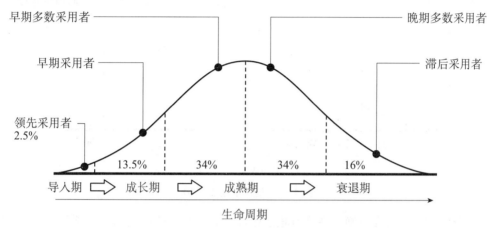

图 4-2 采用者类型

这一正态分布中的每一部分都被划分为一个不同的类型，这样我们就得到了 5 个类型。第一个 2.5% 的产品购买者被界定为领先采用者，下一个 13.5% 是早期采用者，再下一个 34% 为早期多数采用者，再下一个 34% 为晚期多数采用者，最后 16% 为滞后采用者。研究表明，领先采用者大多具有冒险精神，其社会关系更加国际化，且比其他采用者富裕。早期采用者是在社会团体中最有影响力的人，其影响甚至大于领先采用者。因此早期采用者在采用过程中是一群关键人物，他们对早期多数采用者和晚期多数采用者有很大的影响，而这两个群体构成了所有产品采用者的主体。早期采用者有几个突出的特点：他们大多比较年轻，有较高的社会地位，与之后的采用者相比，他们处于较有利的经济地位。他们对大众媒体的信息来源必须能及时做出反应，必须了解来自那些信息源的新产品情况，因为他们并不能简单地效仿一些领先采用者的消费行为。

采用者类型呈正态分布的一个重要原因是互动效应，即新产品采用者影响他人的过程。采用新的创意或产品是人类在某个社会系统中交互影响的结果。如果某项新发明或新产品的首位采用者与两个人讨论这样东西，接着这两个人又分别将新思想传播给另外两个人，如此不断传播开来，以致最终的分布被绘制成这种正态分布的钟形。[43]

4.5.4 太平洋沿岸国家的新产品扩散情况

最近一项涉及美国、日本、韩国和中国台湾的跨地区比较中，塔卡德（Takada）和贾恩（Jain）提供了有关证据，以论证不同地区的特征（特别是文化和沟通模式）对家用空调、洗衣机和计算器的扩散过程具有影响。根据塔卡德和贾恩的观察，日本、韩国和中国台湾属于高语境文化，人口具有同质性，而美国属于低语境文化，人口具有异质性。他们由此推测，产品在亚洲的扩散速度可能要快于在美国的扩散速度（见图 4 - 3）。该项研究支持的第二个假设是，引进新产品较晚的市场采用该产品的速度较快。滞后的时间可能会给消费者更多的机会评估产品的相对优势、兼容性和其他属性。塔卡德和贾恩的研究具有重要的营销启示。他们指出："假如营销经理计划将某款已在本国市场取得成功的产品打入新兴工业化地区或其他亚洲市场，产品的扩散过程可能会比在本国市场快得多。"[44]

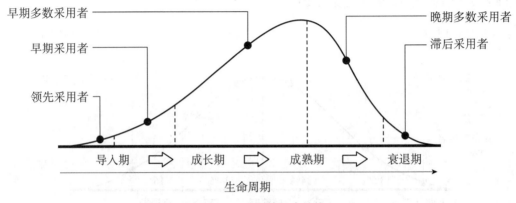

图 4 - 3 亚洲的层次结构

此前我们曾指出，在不确定性规避程度较高的日本和其他亚洲国家，领先采用者可能相对少一些。但拓麻歌子的故事说明，一旦消费者意识到别人已经试用了那个产品，他们就会很快跟进，以免自己落后。

4.6 社会和文化环境带给营销的启示

前述各种文化因素可能对消费品和工业品的全球营销都有重要的影响。在制定全球营销计划时必须承认这些影响。**环境敏感性**（environmental sensitivity）反映了产品必须按照不同国家市场的特定文化需要而因地制宜的程度。一个有用的方法是将产品置于环境敏感性连续轴上。处在连续轴一端的是对不同环境因素不敏感的产品，它们无须按照世界各地市场的环境进行大幅修改。处在连续轴另一端的是对不同环境因素高度敏感的产品。如果公司经营的产品对环境不敏感，则公司在确定当地市场的具体而特有的情况时只需花费较少的时间，因为产品基本上是通用的。产品的环境敏感性越强，就越需要经理设法应对特定国家的经济、法规、技术、社会和文化环境中出现的状况。

如图 4 - 4 所示，产品敏感性可表现在二维坐标上。横轴表示环境的敏感性，纵轴表示产品的适应性。环境敏感性较低的产品（如集成电路）在图 4 - 4 的左下方。英特尔公司已售出 1 亿多件微处理器，因为芯片在世界任何地方仍是芯片。越往横轴的右边，环境敏感性越高，产品的适应性也相应增高。计算机的环境敏感性适中；各国电压的差异可能要采取一定的稳压措施。此外，计算机软件的文字说明应该使用当地语言。

图 4 - 4 的右上方是环境敏感性高的产品。食品有时属于这一类，因为它们对气候和文

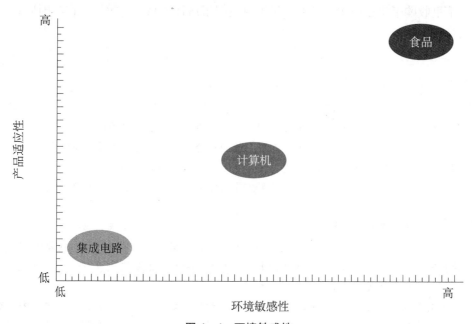

图 4 - 4　环境敏感性

化相当敏感。如麦当劳按照当地口味修改菜单，在美国以外的地区获得巨大成功。通用电气的涡轮设备可能也会出现在连续轴高敏感度的一端；在很多国家，当地的设备制造商在为本国项目投标时通常会获得优先待遇。

　　一些研究表明，除了社会阶层和收入因素，文化对消费行为和耐用品的所有权也具有重要影响。[45]与工业品相比，消费品可能对文化差异更为敏感。饥饿是马斯洛的需求层次理论中一种基本的生理需求；每个人都要吃饭，但是具体想吃什么可能受到文化因素的强烈影响。来自营销活动前线的证据表明，食品可能是消费品中最敏感的类别。CPC 国际赫尔曼公司的家乐牌（Knorr）脱水汤料没能赢得美国人的青睐。美国汤品市场被金宝汤公司（Campbell Soup Company）统治，家庭消费汤品的 90% 都是罐装的。家乐是 CPC 国际赫尔曼公司并购的一家瑞士公司，占欧洲预制食品市场的主要份额，肉汤和脱水汤料占欧洲汤品销售额的 80%。尽管 CPC 国际赫尔曼公司未能改变美国人的喝汤习惯，但作为一家全球营销公司（现更名为最佳食品公司——Bestfoods，属联合利华旗下），它已取得了很大的成就：在 60 多个国家开展业务，产品销往 110 个国家。

　　口渴也能表明需求和欲望之间的差异。摄入水分是普遍的生理需要。然而如同食物和烹饪一样，人们想喝的饮料品种也受到文化的较大影响。咖啡是一种很能说明问题的饮料种类。在欧洲大陆，人们消费咖啡的历史已有几个世纪。而英国素来是一个喝茶的民族，下午茶在英国文化中已是一个根深蒂固的概念。20 世纪 70 年代，英国茶品的销售大大高于咖啡的销售，两者的销售比为 4∶1。英国人倾向于购买速溶咖啡，因为速溶咖啡的冲泡方式类似于茶。然而，20 世纪 90 年代，英国经济繁荣，夜总会和餐馆的数量激增。时髦的伦敦人在寻觅酒馆以外的"第三空间"时，发现了西雅图咖啡公司（Seattle Coffee Company），而它的咖啡馆正中下怀。1995 年，喜欢咖啡的美国人开设了第一家咖啡店后，西雅图咖啡公司很快取得了成功，到 1998 年，它在伦敦地区已有 65 家分店。后来星巴克以 8 400 万美元从创始人手里收购了这家公司。如今，星巴克克服了房地产高价的挑战，在英国拥有 700 多家咖啡馆分店。[46]

本章提要 ///////////////////////////

文化（一个社会的"头脑编程"）对国家市场环境有深远和不断变化的影响。全球营销人员必须认识到文化的影响，并准备对其做出反应或改变它。人类行为是个人的独特个性和个人与其所在特定社会文化的集体力量交互作用的函数。特别是**态度**、**信仰**和**价值观**可能因国家不同而有很大不同。而且，与宗教、**审美**、饮食偏好以及语言和沟通有关的差异可能会影响当地人对以下事物的反应：公司的品牌、产品，以及公司员工在不同文化中有效开展工作的能力。一些概念和理论框架有助于人们洞察各种文化问题。

文化可按**高语境**和**低语境**进行分类；沟通和谈判风格因国家而异。霍夫斯泰德的社会价值观分类体系有助于营销人员按以下类别理解文化：**权力距离**、**个人主义**相对于**集体主义**、**成就型**相对于**教养型**、**不确定性规避**，以及**长期取向**相对于**短期取向**。通过对**自我参照标准**的深切理解，全球营销人员能够克服人们在无意识情况下发生的感知障碍和扭曲。

罗杰斯的有关**创新扩散**的经典研究成果有助于解释产品是如何在一段时期内被不同**采用者类型**采用的。消费者经历的采用过程可划分为多个阶段的效果等级。罗杰斯有关**新发明的特征**的发现也可帮助营销人员在全球市场中成功地投放新产品。研究还表明亚洲的采用者类型与西方的采用者类型不同。对**环境敏感性**的认识可以帮助营销人员决定是否必须修改消费品和工业品，以适应不同市场的需要。

讨论题 ///////////////////////////

1. 文化的组成部分有哪些？这些部分在你所在的文化中是如何表现的？
2. 低语境文化和高语境文化的差异是什么？以国家为例分别说明这两种文化，并给出相关例证。
3. 霍夫斯泰德的理论是如何帮助西方营销经理更好地理解亚洲文化的？
4. 简要解释罗杰斯就创新扩散、新发明的特征及采用者类型所做的社会研究。亚洲的采用过程与传统的西方模式有何不同？

案例 4-1（续）

旅游业是威尼斯的救星还是祸害？

游轮并不是唯一在威尼斯引发公众争论的与营销相关的问题。威尼斯独特的环境导致了严重的季节性洪水；到了冬季，一种被称为"涨水"（acqua alta）的涌潮会对建筑物造成严重的结构性破坏，行人很难在城市狭窄的街道上穿行。因水造成的损害是该城市的几个地标建筑需要维修的原因之一。意大利文化部每年拨款约 4 700 万美元对全国的历史建筑进行修整，但是，整个威尼托地区只有约 180 万美元，而威尼斯本身拿到的修缮款则不足 20 万美元。毋庸置疑，这个数目远远少于保养和修理所需的金额。

意大利其他地方都不会出现因洪水造成的水害，即便如此，许多古建筑都已摇摇欲坠。面对公共预算短缺，意大利几个最著名的时尚品牌掌门人纷纷决定自掏腰包为历史建筑的修缮买单。例如，托德斯（Tod's）的首席执行官迭戈·德拉·瓦莱（Della Valle）

就为罗马斗兽场的修缮捐出了约 3 400 万美元。德拉·瓦莱在 2011 年的一次新闻发布会上宣布了此次捐赠计划。他说："我们必须修复一个象征着意大利的历史遗迹，而作为一个象征着'意大利制造'的公司，我们也必须站出来说，'如果你需要我们，我们就在这里'。"无独有偶，"山羊绒之王"布内罗·古奇拉利（Brunello Cucinelli）也在为奥古斯都拱门的修缮支付费用。奥古斯都拱门是一座可以追溯到公元前 3 世纪伊特鲁里亚时期的建筑，位于翁布利亚地区的首府佩鲁贾。

为了弥补预算短缺，政府允许可口可乐和宝格丽等企业赞助商在旅游景点附近搭建大型广告牌，用这些广告收入为修缮提供资金。例如，最近可口可乐就在圣马可广场附近放置了广告牌。负责修缮的文化部官员雷纳塔·科德罗（Renata Cordello）解释道："我们不能对金钱说'不'，至少不能出于审美方面的原因。当总督府的砖瓦一片片掉落时，我们怎能拒绝一个（可乐）瓶子的形象。"

如前所述，威尼斯的旅游业一直是争论的焦点。其中人们普遍关注的问题有：威尼斯是否会因过度的旅游业而走向衰亡？旅游业应该受到限制吗？是否应该采取一些措施来吸引"不同类型的游客"、形成"不同类型的旅游"，而不再是典型的"一日游"旅行团？或者，威尼斯是否真的需要赚取每一份潜在的美元（或者，欧元、人民币或卢布）？

那些正在翻新的热门旅游地标上已经纷纷竖立起了广告牌，而这些广告牌似乎成了名副其实的时代的标志。维森佐·卡萨利（Vicenzo Casali）是威尼斯人，也是一名专门从事城市设计项目的建筑师。他挖苦道，最近立在圣马可广场的一个广告牌推荐人们去一个位于城外的设计师品牌购物中心；具有讽刺意味的是，广告牌上写着，来到威尼斯的人们应该扭头离开，去购物！卡萨利想知道，这些广告商是否真的对修缮本身没有兴趣，而只想利用威尼斯达到其他目的——纯粹的商业目的？

居住在意大利的营销顾问纳萨莉·萨拉斯（Nathalie Salas）认为，"被动旅游"对威尼斯旅游业的可持续性构成了威胁。但是，萨拉斯并未把责任归咎于游客，而是认为这个问题部分源于威尼斯的定位。萨拉斯说道，威尼斯存在一个悖论，虽然它是世界上最独特的城市，但它与其他城市也在渐渐趋同。与其他城市一样，威尼斯的休闲娱乐项目中，有很多广为人知的品牌，比如"硬石餐厅"（Hard Rock Café）（拥有"令人垂涎的美国经典食品"）和全球连锁酒店。其后果是什么呢？萨拉斯认为，这会带来标准化的游客和标准化的产品。

萨拉斯建议，威尼斯应该从一种注重有形资源（例如里阿尔托桥和圣马可广场等地标式建筑）的旅游风格转变成一种强调无形资源（如生活方式和形象等）的旅游风格。她还建议，应该将老一套的观光旅游替换成能够让游客体验威尼斯日常生活的行程，"不走寻常路"，从而在增强可持续性的同时让游客与城市互动。她还认为，旅游活动应该更少面向首次来访的游客，而更多地面向老顾客。简而言之，萨拉斯认为，强调质量而不是数量是解决威尼斯旅游问题的一种方式。

简·达莫斯托（Jane da Mosto）长期居住在威尼斯，她是英国非政府组织拯救威尼斯基金会（Venice in Peril Fund）的顾问。关于旅游业究竟是在扼杀还是在拯救威尼斯，她提出了以下问题：什么是"真正的"威尼斯？我们希望它是怎样的？它是一个从 1 500 年前就由城市和潟湖结合而成的统一体，还是一个简单地由市中心的历史建筑和地标构成的集合体？对于那些抱怨威尼斯被游客淹没的人，达莫斯托提醒他们，这种情况也可能会形成一个良性循环：威尼斯的文化财富为社会经济发展提供了吸引创造性人才的能量和资源；反过来，这些人才也有助于促进社会经济发展和经济繁荣，从而振兴现有文化。

多米尼克·斯坦迪什（Dominic Standish）在他的新书中对威尼斯文化保护和经济发展问题进行了探讨。总体而言，斯坦迪什认为，威尼斯旅游业带来的机遇大于威胁。虽然他承认旅游业确实带来了一些问题，但他认为问题的根源在于城市管理和公共政策。在他的书中，他倡导现代化和发展，并简要提出了一个多点计划，旨在满足这些领域的各种迫切需求。

例如，他认为，威尼斯需要为居民提供现代化的住宿，并开发新设施以满足学生和游客的需求。在谈到当地人反对在主地块建新酒店时，斯坦迪什指出，这反而会增加全球连锁酒店购买威尼斯历史悠久的官殿并将其改造为酒店的可能性。斯坦迪什反对这种将官殿改造为酒店的做法。他明确支持开发新的海上客运服务设施，让游轮停靠在离居民区较远的地方。泰塞拉城是马可波罗机场附近新开发的综合项目，它应该可以缓解威尼斯的部分旅游压力。斯坦迪什支持开发连接机场和威尼斯的地铁系统。他指出，尽管估算的成本可能达到 2.5 亿欧元，但威尼斯的污水处理系统仍亟须升级。

与此同时，一项名为"摩西计划"（Moses Project）的庞大工程正在展开，该工程旨在防止洪水泛滥。取这个名字是富含深意的，它源于圣经中摩西将红海分开的故事。潟湖安装了水下防洪堤，由巨大的钢板构成，可以升起堤坝防止洪水，然后在不需要时降回海床。环保主义者担心这些堤坝会对潟湖脆弱的生态系统造成影响。

威尼斯正在商业利益与自然保护和文物保护之间努力寻找平衡，但它不是唯一面临该处境的城市。南卡罗来纳州的查尔斯顿正计划耗资 3 500 万美元开发一个新的游轮码头，却遭到当地人的强烈反对。反对者担心新设施会对港口所在的历史街区造成影响。但查尔斯顿市长认为这些批评者的想法是错误的。他指出，每年约有 1 700 艘船只使用该港口，但其中只有 85 艘（5%）是游船。"这不是一个主题公园，"他说，"真正的查尔斯顿也是一个国际港口。"

案例讨论题

1. 这个案例有哪些值得批判和思考之处？

2. 案例中对威尼斯旅游业提出了各种观点，你同意谁的观点（如有）？

3. 是否应该允许那些在历史修缮项目中做出贡献的公司在建筑物上刊登广告？

4. 威尼斯政府官员批准了对入住该城市的游客征税的政策。你认为这能够帮助政府公平有效地创收并限制游客数量吗？

5. 你认为威尼斯旅游部门的官员是否应该使用营销手段，提供相关信息将游客引导到"旅游味较少"的区域？

资料来源：Dominic Standish, *Venice in Environmental Peril? Myth and Reality* (Lanham, MD: University Press of America, 2012); "Saving Venice with Fellini Flicks," *The Wall Street Journal* (March 20, 2013), p. A21; Kim Severson, "This Charleston Harbor Battle Is Over the Impact of Cruise Ships," *The New York Times* (February 20, 2013), pp. A1, A17; Giovanni Legorano and Deborah Ball, "The Trouble with Harry's: Venice Bar Fights Last Call," *The Wall Street Journal* (December 17, 2012); "Tod's Founder to Restore Roman Colosseum," *Associated* Press (January 21, 2011); Elisabetta Povoledo, "Venice Tourist Ships Rattle Windows and Nerves," *The New York Times* (May 15, 2011), p. A16; Elisabetta Povoledo, "Behind Venice's Ads, the Restoration of Its Heritage," *The New York Times* (September 19, 2010), p. A20.

案例 4-2

足球和时尚

足球被誉为"世界的运动"和"美丽的比赛"。正如约翰·奎尔奇和凯瑟琳·乔克斯（Katherine Jocz）在他们的新书中指出的那样，像皇家马德里这样的职业足球队已经欣然接受了全球营销的力量。他们招募不同国籍的球员，并使用网站等社交媒体与粉丝互动。

这些事实有助于解释为什么四年一次的世界杯热会席卷全球。2010 年的南非世界杯在 214 个国家和地区的 376 个电视频道播出，吸引了累计 260 亿人次的观众；大概 10 亿人观看了西班牙和荷兰之间的冠军赛。迪士尼旗下的 ESPN 和 ABC 共花费了 1 亿美元用于购买 2010 年和 2014 年的世界杯转播权。而全球营销人员为了利用这样庞大的电视观众群体，不惜花费数千万美元成为这一赛事节目的合作伙伴、赞助商和广告商。

总部设在苏黎世的国际足联（Fédération Internationale de Football Association, FIFA）是足球比赛的管理机构。正如其网站 www.fifa.com 上所说，该组织的使命远不止世界杯，它力图"扩大足球对各行各业的吸引力"。除此之外，国际足联还负责监管向阿迪达斯和艺电（Electronic Arts）等公司授权徽标及球队吉祥物等工作。2006 年，世界杯决赛在德国举行。球迷们花费 20 亿美元购买足球纪念品，而国际足联从中获利颇丰。2010 年南非世界杯，仅商业交易一项就产生了总计超过 30 亿美元的营业收入。

可问题是，决赛之后，比赛销售以及国际足联的收入就开始减少了。为应对这一趋势，国际足联正在推出一个新的全球时尚品牌，其目的是在两届世界杯之间建立并保持人们对足球的认知度和兴趣。对国际足联而言，美国是一个重要的市场。美国足协负责对专业组织进行管理，包括美国职业足球大联盟（MLS）以及一些青少年比赛和校际比赛。

营销人员已经意识到足球和时尚之间的联系可以带来巨大利润。足球明星具有名人效应。他们的名字在世界许多地方都家喻户晓，并享有看似无穷大的号召力。球迷们总爱穿着标有球队名字或带有球队颜色的衣服。因此，奢侈品营销商路威酩轩最近以足坛传奇人物齐内丁·齐达内（Zinedine Zindane，法国）、贝利（Pelé，巴西）和迭戈·马拉多纳（Diego Maradona，阿根廷）为专题开展平面广告宣传也就不足为奇了。

尽管美国队踢进了南非世界杯淘汰赛，但这项赛事在世界其他地方反而更受欢迎。用一位评论员的话来说，美国是"这个世界上仍对足球秉持着冷漠态度的最后一块根据地"。MLS 专员唐·加伯（Don Garber）认为，引导美国人以新的方式参与这项运动十分重要。

在美国，2010 年世界杯的相关商品，如 T 恤衫、连帽衫和官方比赛用球，都可以在沃尔玛、体育权威（Sports Authority）和 sports.com 买到。国际足联选择了 Total Apparel Group（TAG）来提高足球在美国的知名度和受欢迎程度。TAG 首席执行官雅农·科斯特利（Janon Costly）指出，他们的任务是建立足球在美国主流文化中的地位。他说："现在，体育、时尚和娱乐是可以互换的。你在制定战略时必须考虑到这一点。服饰可以直接把体育摆在那些对其视而不见的人的面前。"

2010 年秋季，FIFA 在美国和其他 11 个国家相继推出了服装系列。该服装系列又分为五个独立的产品线，都有男装和女装：1904、Editions、Code、Essentials 和 Trophy。1904 是国际足联在巴黎成立的那一年。根据伊夫·圣罗兰（Yves Saint Laurent）和其他设计师设定的趋势，当时的巴黎地址"圣奥诺雷街"（Rue St Honoré）被压印在衬衫上。其2010年秋冬系列还包括限量版复古风格的"FIFA经典T恤"，衣服上印有原创的赛事标志和吉祥物。这些设计中包含了1970年墨西哥世界杯的吉祥物"胡安尼特"（Juanito）元素，它是为了专门吸引墨西哥裔美国人而入选的。

其他体育组织也试图在美国推出品牌服装系列，并取得了不同程度的成功。以性能为导向的锐步（Reebok）对NFL装备系列就曾做过尝试，但以失败告终。相比之下，沃尔玛就成功地推出了针对大众市场的NBA品牌服装。美国职业高尔夫锦标赛服装系列每年的批发营业额可达5 000万美元左右；但它花了将近十年时间才达到这一销量。多年来负责美国职业高尔夫锦标赛营销和许可的里奥（Leo）解释说："将一个体育联盟或管理机构变成一个在别处运作的品牌真的异常艰难。你必须有正确的价格定位和合适的零售商，还要让管理机构明白这一品牌的真正价值。这绝不轻松。"

国际足联不是唯一通过提高足球在美国的普及程度来寻求收入增长的全球营销商。例如，足球巨星大卫·贝克汉姆（David Beckham）就在阿迪达斯引人注目的宣传活动中起着核心作用。贝克汉姆十多年来一直是阿迪达斯的全球代言人。2007年，贝克汉姆签署了一份为期五年的2.5亿美元的合同，高调地从皇家马德里转会至洛杉矶银河队。他一直是各大媒体的焦点，包括"公告牌"（billboard）和黄金时段的电视广告。阿迪达斯的高管们希望贝克汉姆的加盟能够带动品牌销售额的增加。阿迪达斯品牌营销副总裁史蒂芬·皮尔波因特（Stephen Pierpoint）说："美国市场是一个真正拥有成长机会的市场。足球一直是阿迪达斯的核心运动。我们希望大卫能成为增长的催化剂。"

案例讨论题

1. 国际足联的"服装战略"是否会影响美国人对足球的看法？
2. 你认为足球是否有可能转变成美国的主流运动？为什么？

资料来源：Matthew Futterman, "Is America Becoming a 'Football' Paradise?" *The Wall Street Journal* (December 1 - 2, 2012), p. A16; Brian Aguilar, "To Show Their Support, Soccer Fans in the U.S. Need to Master 'Tifo,'" *The Wall Street Journal* (September 14, 2012), pp. A1, A6; Simon Kuper, "Why We Follow Football," *Financial Times：Life & Arts* (April 28/29, 2012), p. 2; Joseph D'Hippolito, "Beckham Returns; Fans Turn," *The New York Times* (March 22, 2011), pp. B10, B13; Vanessa Friedman, "A Sartorial Strategy for Growth," *Financial Times* (June 10, 2010), p. 12; Terry Lefton, "Apparel Firm Tries to Help FIFA Get Foot in Door as Lifestyle Brand," *Sports Business Journal* (May 3 - 9, 2010), p. 9; Matthew Futterman and Nick Wingfield, "Are Americans Becoming Soccer Fans?" *The Wall Street Journal* (July 29, 2009), p. D8; Michael MacCambridge, "The Goal Is Popularity," *The Wall Street Journal* (July 15, 2009), p. A13; "Global Brands Kicks Off FIFA Fashion," *License! Global* 12, no. 4 (May 2009), p. 18; Jon Weinbach, "U.S. Soccer League Finally Hopes to Score," *The Wall Street Journal* (March 23, 2007), pp. B1, B2.

第5章
政治环境、法律环境和监管环境

学习目标

1. 了解可能影响全球营销活动的国家政治环境要素。
2. 认识国际法，描述世界不同地区的法律体系的几种主要类型。
3. 了解最有可能使全球营销人员遭遇法律难题的几种业务情形。
4. 描述在本国以外开展业务时解决冲突和争端的可行方案。
5. 概述欧盟的监管环境。

案例 5-1

总统先生——释放暴动小猫！

俄罗斯正处于经济变革之中。举个例子，在莫斯科，富人们可以在出售范思哲、博柏利、宝格丽（Bvlgari）以及其他专卖品牌的精品店购物。尽管俄罗斯的人均国民总收入（GNI）仅为 10 731 美元，俄罗斯购物者每年却要花费数十亿美元用于购买奢侈品。2006年，石油出口使其美元收入大幅增长。俄罗斯政府取消了所有货币管制，卢布可以在世界市场上自由兑换。

2006 年，俄罗斯总统普京在圣彼得堡主持了八国集团首脑会议。这一刻标志着俄罗斯登上了世界舞台。普京利用这个机会以积极的态度向世界展示了他的国家。其公关工作包括一次两小时的电视转播，普京在此期间回答了世界各地通过互联网提交的问题。普京也成为《时代》杂志 2007 年的"年度人物"。

然而，尽管有着积极的宣传，但有关民主和国家资本主义的这类短语仍被用来描述俄罗斯任意行使国家权力的行为。克里姆林宫计划限制外国在石油等战略性行业中的投资；"重新国有化"这一术语也反映了国有企业收购竞争对手的过程。2008 年，梅德韦杰夫当选总统，普京被任命为总理。这一领导班子的统治直到 2012 年 5 月普京再次当选总统才告一段落。

2012 年底，普京政府又一次成为全球的焦点，但这次文化层面的事件引发的关注相对小。女权主义朋克乐队"暴动小猫"（Pussy Riot）的成员在莫斯科基督救世主大教堂进行短暂的表演后被捕，并引发了争议。这个乐队以其反普京的立场和挑衅的歌词而闻名；乐队的其中一首歌名是"圣母玛利亚，请把普京带走"。乐队的三位成员——玛利亚·阿列希娜（Maria Alyokhina）、叶卡捷琳娜·萨姆采维奇（Yekaterina Samutsevich）和娜杰日达·托罗克尼科娃（Nadezhda Tolokonnikova）——被指控犯有"宗教仇恨流氓罪"。经过漫长的法庭审判，阿列希娜和托罗克尼科娃被判处在西伯利亚的偏远地区服刑两年，萨姆采维奇则被释放。

普京领导下的俄罗斯告诉我们，政治、法律、监管环境会对国际贸易和全球营销活动产生影响。世界各国的政府都会对本国与他国的贸易和商业活动进行管制，试图控制外国企业获取本国资源的途径。每个国家都自有一套独特的法律和监管制度，这些制度影响着全球企业的业务活动，包括全球营销公司抓住市场机会和应对威胁的能力。法律法规束缚了产品、服务、人员、资金和专门知识的跨境流动。全球营销人员必须努力遵守每个国家（有时甚至是区域）的法规限制。而法律法规却时常意味不明且不断变化，阻碍营销人员获得成功。

在本章中，我们将思考全球营销所处的政治、法律和监管环境的基本因素，讨论一部分当前最紧迫的问题并提出应对此类问题的建议。一些具体专题，如进出口工业品和消费品的规章条令、健康安全标准，以及关于包装、标签、广告和促销的法规，将会在此后有关营销组合各要素的章节中涉及。

5.1 政治环境

全球营销活动发生在由政府机构、政党和组织构成的**政治环境**（political environment）中，人民和统治者通过这一体制行使他们的权力。正如我们在第 4 章中所见的那样，每个国家都有反映其社会情况的独特文化，同时每个国家也有其政治文化，它反映了政府和法律体系的相对重要性。在此背景下，个人和公司得以理解自己与政治体制之间的关系。任何在本国以外地区开展业务的公司都应该悉心研究对象国的政治文化，分析政治环境中的突出问题。这些问题包括执政党对待主权、政治风险、税收和股权稀释威胁以及资产征用等的态度。

5.1.1 国家和主权

主权（sovereignty）可定义为最高和独立的政治权威。一个世纪以前，美国最高法院首席大法官梅尔维尔·富勒（Melville Fuller）说："每个主权国家都必须尊重其他任何主权国家的独立，一国的法院不能审理和判决另一国政府在其领地内的所作所为。"最近，斯坦利基金（Stanley Foundation）总裁理查德·斯坦利（Richard Stanley）又对此进行了如下描述：

> 主权国家被认为是自由和独立的。它管制贸易，管理出入国境的人流，并对本土内所有人员和财产行使不可分割的司法权。它有权力、权威和能力处理自己的内政事务而不受外国的干预，并自行使用其国际权力，发挥其影响力。[1]

政府以主权名义采取的行动都是在以下两个背景下进行的：该国特定的发展阶段和该国特定的政治及经济体制。

正如第 2 章所勾画的那样，单个国家的经济可被分为工业化国家、新兴经济体、发展中国家等。许多发展中国家的政府通过实施保护主义的法律和法规对本国经济发展进行控制。它们的目标是通过保护其新兴或战略产业来鼓励经济发展。政府官员也能建立裙带关系，为家人或亲朋好友提供特殊优惠。例如，印度尼西亚前总统苏哈托设立了一个国家汽车项目，借此为他的小儿子在韩国创建的公司提供免税或其他关税特权。美国、欧盟和日本对此做出的反应是，把这件事情提交到了世界贸易组织。

相反，当许多国家达到经济发展的先进阶段时，它们的政府会（至少在理论上）宣布任何限制自由贸易的做法或政策都是非法的。反垄断（即反托拉斯）法律和法规的建立就是为了促进公平竞争。先进国家的法律经常被用于界定和维护国家的社会秩序；法律可能延伸到政治、文化乃至智力活动和社会行为方面。如在法国，法律禁止在官方文件中使用诸如"le weekend"（周末）或"le marketing"（市场营销）等外来语。此外，法国 1996 年通过的一项法律要求热门广播电台播放的歌曲中至少要有 40% 的法语歌。公司也可能受到立法法案正面或负面影响，它们通常在广告中表达其对相关问题的立场。

第 2 章还提到，世界上的大部分经济体融合了市场体系与非市场体系的要素。非市场经济占绝对统治地位的国家的政府的权力往往会延伸到该国经济生活的深处。与此相反，在资本主义的、市场驱动的民主国家，这种权力会受到很大的限制。眼下同时出现在非市场结构和市场结构中的一个全球现象就是私有化的趋势，这一趋势减少了政府以产品和服务供应商身份对经济的直接介入。从实质上看，私有化进程的每一步都推动了国家经济朝自由市场的方向发展。

这种趋势可以追溯到 20 世纪 80 年代玛格丽特·撒切尔担任英国首相期间的经济政策。在"撒切尔经济学"的影响下，英国航空（British Airways）、英国石油（British Petroleum）、英国钢铁（British Steel）、劳斯莱斯（Rolls-Royce）等公司都实现了私有化。该政策极具争议性：有些人嘲笑说首相是在将英国带向苦难；有些人则称赞她采取大胆的措施刺激经济的做法。最近，欧盟经济危机促使意大利政府考虑出售其在意大利国家电力公司（Enel）和埃尼集团（Eni）的股权。前者是该国最大的电力公司，后者是一家石油和天然气公司。意大利的债务总额超过 2 万亿美元，政府正在想尽办法筹集数百万欧元。

一些观察家认为，全球市场一体化正在侵蚀各国的经济主权。经济顾问索斯（Soss）指出："政府的最终资源是权力，然而已经屡见不鲜的是，在市场持续不断的进攻下，政府的意志可以被摧毁。"[2]这个趋势令人担忧吗？如果这个问题以营销的术语来表达，那么交换的概念便呈现在眼前：为换来有价值的东西，许多国家可能愿意放弃主权。如果可以提高世界贸易的份额和增加国民收入，它们可能愿意交出主权。在欧洲，欧盟国家就已经放弃了单个国家拥有本国货币的权力以及制定本国产品标准的权力，并做出了其他牺牲，以换取更多的市场准入机会。

5.1.2 政治风险

政治风险（political risk）是政治环境和政府政策变化引起的风险，这种风险会对公司开展有效经营的能力和获利能力造成负面影响。欧洲工商管理学院（INSEAD）的伊桑·卡普斯坦（Ethan Kapstein）教授说：

> 也许对全球公司而言，运营活动的最大威胁以及最难管理和控制的部分，就源自它们开展业务时所处的政治环境。可能在一天前这个外国公司还是当地社区受欢迎的新成员，第二天，机会主义政客们就开始诋毁它了。[3]

政治风险可能阻止一家公司向国外投资；换言之，当一个国家的政治环境呈现高度不确定的特点时，该国将很难吸引到外资。然而，正如卡普斯坦教授指出的那样，公司高管经常难以识别政治风险，因为他们并未学习过政治科学。也正因如此，他们没有接触到那些政治系学生可能关注的有关全球公司的问题（通识教育的有力论据！）。时事必须成为信息议程的组成部分。举例来说，商务人士必能及时获悉政党的组建和演化情况。有价值的信息来源有《经济学人》（*The Economist*）、《金融时报》及其他商务类期刊。经济学人智库（Economist Intelligence Unit，EIU，www.eiu.com）、总部位于日内瓦的商业环境风险评估公司（Business Environment Risk Intelligence，BERI，www.beri.com），以及 PRS 集团（PRS Group，www.prsgroup.com）会发布最新的单个国家市场的政治风险报告。请注意，这些商业信息来源关于政治风险的判定标准不尽相同。比如，BERI 侧重于社会和制度方面的属性，而 PRS 集团则更直接地侧重于政府行为和经济职能方面（见表 5-1）。

表 5-1 政治风险分类

经济学人智库	商业环境风险评估公司	PRS 集团
战争	政治派别分化	政治动乱的可能性
社会动乱	由语言、伦理和/或宗教团体形成的分化	股权限制
有序的政治转换	维持政权所需的限制性/胁迫性措施	对在当地开展业务的限制
怀有政治动机的暴力	心态（仇外、民族主义、腐败、裙带关系）	歧视性税收
国际纷争	社会条件（包括人口密度和财富分布状况）	对资金汇回（国）的限制
政府更迭/亲商导向	激进型政府势力的组织和实力	交换控制
制度效力	对主要敌对势力的仰赖或该势力的重要性	关税壁垒
官僚作风	地区政治势力产生的负面影响	其他壁垒
透明/公平程度	涉及示威、罢工和街巷暴力的社会冲突	支付延误
贪腐	暗杀和游击战所反映的不稳定性	财政/货币扩张
犯罪		劳动力成本
		外债

资料来源：Adapted from Llewellyn D. Howell, *The Handbook of Country and Political Risk Analysis*, 2nd ed. (East Syracuse, NY: The PRS Group, Inc., 1998). Reprinted by permission.

如本章开头案例所述，俄罗斯政府的政治操纵行为形成了很高的政治风险。在担任总统的两个任期内，普京实施了一系列改革，为俄罗斯加入 WTO 和吸引外资铺平了道路。2008年，当梅德韦杰夫当选总统时，普京成了总理。人们普遍认为，普京才是这个"执政联盟"中更为强大的一方。俄罗斯政府有很多相关的待决议案，一旦通过，知识产权和合同法的效力将得到增强。但与此同时，其政治风险水平仍然很高；而更为遗憾的是，俄罗斯经济受到全球经济危机的严重影响。正如 Baker and McKenzie 律师事务所的合伙人保罗·梅林（Paul Melling）所说，"许多跨国公司对其在俄罗斯的公司规模大小都难以抉择——因为公司越大，风险越大"。[4]

与此同时，目前在中欧和东欧的其他地区，政治环境的特点仍然表现为不同程度的不确定性。匈牙利、阿尔巴尼亚和拉脱维亚代表了三个不同级别的风险。匈牙利和拉脱维亚已达到中上等收入水平。如今，拉脱维亚已加入欧元区，预计其较低的利率将会促进经济进一步增长。阿尔巴尼亚正处于向市场经济过渡的过程中，也吸引了不少海外投资者。此外，标有"阿尔巴尼亚制造"的产品也逐渐在全球市场上获得认可。东尼安娜（DoniAnna）是阿尔巴尼亚企业家东尼卡·米奇（Donika Mici）创立的一家制鞋公司，它的成功就是一个很好的例证。[5] 为确定风险是否已经降低到管理可接受的水平，我们应该持续关注对整个地区的风险评估。

公司可以通过购买保险来抵消可能来自政治环境的政治风险。在日本、德国、法国、英国、美国和其他工业化国家，有各种从事海外业务的公司提供投资保险的代理商。美国海外私人投资公司（www.opic.gov）为美国公司提供各种类型的政治风险保险。在加拿大，出口发展公司（Export Development Corporation）具有同样的功能。1997 年，克林顿政府提议为海外私人投资公司以及进出口银行重新授权时，海外私人投资公司经历了严密的审查。一些立法官员希望撤销这两家机构，以减少政府的商业参与。他们批评这些中介机构为大公司提供不必要的补贴。[6]

5.1.3 税收

政府依靠税收收入来获得用于社会服务、军事，以及其他必要支出的资金。遗憾的是，政府有关产品和服务销售的税收政策经常会使公司和个人通过不交税获利。世界上走私活动仍很猖獗，有时海关文件被伪造，以少报入境的货品。具有讽刺意味的是，全球公司还能从走私活动中获利。当消费者到国外寻购高价值产品时，高额的消费税和增值税也能刺激合法的跨境购物。例如，英国葡萄酒与烈性酒协会（Wine and Spirit Association）估计，从法国开回英国的小汽车上，每辆平均载有 80 瓶葡萄酒。

另一个问题是公司税负。俄罗斯如今的政治风险明显较高，这部分归因于政府对企业经营征收了过高的税费。高额税负导致许多企业用现金或易货方式进行交易，这些做法违反了规则，也避开了税务部门的视线。但这样做反过来也会造成现金短缺，致使公司不能按期支付员工工资。毋庸置疑，拿不到工资的员工牢骚满腹，则可能增加政局的不稳定性。同时，俄罗斯政府正在推行一项新的严厉的税收政策，以期削减俄罗斯的预算赤字，从而迎合国际货币基金组织的贷款条件。然而，这样的政策对外国投资是无效的。美国商会莫斯科分会会长布鲁斯·宾（Bruce Bean）对相关情况做了如下总结：

改变国家名称，改换国旗，改划国界。是的，这些事情一夜就做完了。但是建设市场经济，引入含义丰富的税收体系，创建新的会计制度，接受竞争落败的公司面临倒闭、工人面临失业的体制概念，这些都需要时间。[7]

同时，在混乱中，全球公司时而因税务问题而遭受法律制裁。1998 年 6 月，税务人员扣压了几十辆强生（Johnson & Johnson）俄罗斯分部的汽车，并冻结了其资产。税务当局指控强生公司欠税 1 900 万美元。

全球公司在世界各地进行各种活动时也要特别关注税法。许多公司通过转移收入地点使自己的税负最小化。例如，据估算，在美国经营的外国公司因逃税每年给美国政府造成的收入损失达几十亿美元。一种称为"收入剥离"的方法是，外国公司通过给其在美国的关联机构贷款而非直接投资的方式，资助后者在美国的商务活动，从而减少收入来源。而美国子公司在缴税时就可以扣除上述贷款的利息，从而减少其税负。

文化背景

欧洲对转基因说"不"

在 2008 年全球金融危机爆发之前，激增的世界需求导致石油价格呈现螺旋式上涨；现金拮据的消费者每每停留在加油站时都会感到经济上的痛苦。消费者除了遭受油价之苦，也要面对杂货店销售的各种主食不断上涨的价格，而这部分归因于运输费用的上升，以及中国和其他新兴市场国家的粮食需求增长。同时，人们为寻找可替代的燃料来源，开始关注乙醇和其他生物能源，从而导致对玉米需求的增加，造成农产品价格达到创纪录的新高。

随着价格暴涨，世界各地的政治家也在寻找解决方案。一些国家禁止食物出口以保证本国的供给。在亚洲，政府相关部门下力抗击由涨价引起的粮食囤积。除了这些，还能做什么呢？拜耳、杜邦、先正达（Syngenta）、孟山都和其他销售种子和农产品的公司官员相信，解决这一问题的途径之一在于植物生物技术，包括基因工程。经过基因改造的植物被称为转基因生物（GMO）。第一代转基因作物（主要是玉米、棉花、大豆和菜籽）已显示出其抗虫害和抗杂草的性能。目前正在研制的新一代转基因作物则可以提供其他好处，如抗旱或抗涝。

但这里有一个问题，即世界上越来越多的消费者对那些非自然食物的安全性深感担忧。因此，很多人对转基因生物以及食品中含转基因工程处理过的原料是否有益表示怀疑。一位法国公民指出："我们这个社会不愿意承担任何风险，因为大家已经受到食品恐慌的严重创伤了。"

在欧洲，包括绿色和平组织（Green Peace）和地球之友（Friends of the Earth，Foe）在内的一些维权组织已经展开了反击转基因生物的斗争。他们宣称，转基因生物对人类和环境都造成了威胁；像弗兰肯食品（Frankenfoods）等一些术语则被用来表达这种威胁。由于公众经历过政府之前对疯牛病恐慌的不当处理，他们已经变得难以相信政府，并且很容易接受这些说法。

孟山都公司和其他生物技术公司开始与政府监管机构进行更加密切的合作。这些公司将它们的研究成果呈交给监管机构；目前公司正在向美国食品和药品监督管理局（Food and Drug Administration，FDA）提议对转基因生物的规定做一些修改。同时农业综合企业也希望 FDA 能够让消费者对转基因作物放心，进而在美国不必按照欧洲模式贴上强制性标签。欧洲各国政府都已介入了公开销售新食品的审查，但美国公司对欧洲冗长的监管程序也颇感沮丧。欧盟委员会内部就有五个独立的理事会参与了生物技术问题，其中两个（消费者保护总署（DG Sanco）和环境总署（DG Environment））负责评估食物供应安全。

资料来源：Clive Cookson, "A Time to Sow?" *Financial Times* (July 11, 2008), p. 5; John W. Miller, "Stalk-Raving Mad," *The Wall Street Journal* (October 12, 2006), pp. B1, B5; John Mason and David Firn, "Monsanto Sees Seeds of Food Revolution in Europe," *Financial Times* (March 19, 2004), p. 6; Alison Maitland, "An Ethical Answer to Consumers' Fears," *Financial Times* (December 4, 2003), p. 11; Tony Smith, "Brazil to Lift Ban on Crops with Genetic Modification," *The New York Times* (September 25, 2003), p. W1; Norman E. Borlaug, "Science vs. Hysteria," *The Wall Street Journal* (January 22, 2003), p. A14; Elizabeth Becker, "U. S. Threatens to Act Against Europeans Over Modified Foods," *The New York Times* (January 10, 2003), p. A4.

5.1.4 资产收用

一国政府可能对公司造成的最大威胁就是收用该公司的资产。**征用**（expropriation）是指政府剥夺公司或投资者财产的行动。外国投资者一般会因此得到赔偿，尽管实际的赔偿通常不像国际惯例要求的那样"立即、有效和足量"。如果没有赔偿，那么这种行为称为**没收**（confiscation）。[8] 按照人们的一般理解，国际法禁止政府没收外国资产而不予赔偿。**国有化**（nationalization）的范围通常比没收更宽泛；它发生在政府控制了特定行业的部分或全部公司时。只要国有化的行为是为了"公共目的"，并且有"足够的补偿"（比如，支付的对价能反映该财产的市场公允价值），国际法就承认国有化是政府权力的合法行使。

1959 年，刚刚获取政权的卡斯特罗政府就将属于美国制糖商的资产国有化，以报复美国新设定的糖类进口配额。而古巴拥有的生产原料基地却并没有被国有化。卡斯特罗以提供古巴政府债券的方式对美国制糖商进行补偿，根据古巴法律，这种补偿是足额的。但是，美国国务院认为古巴政府此次的国有化行动是具有歧视性的，也没有给予足够的补偿。[9] 不久前，已故委内瑞拉总统查韦斯也将加拉加斯电力公司（Electricidad de Caracas）和一家电信运营商 CANTV 收归国有。委内瑞拉政府向爱依斯电力公司（AES Corporation）支付了 7.393 亿美元用于收购加拉加斯电力公司；并向威瑞森公司支付了 5.72 亿美元用于购买其所持有的 CANTV 的股权。[10]

在未见公然征用或没收的情况下，**缓慢征用**（creeping expropriation）一词常被用于表达外国公司在一些特定国家的经济活动所受的限制。这些限制包括对各种收益的汇出限制，如利润、红利、版税，或因进行当地投资而获取的技术协助费和技术安排费。其他问题包含增加产品中当地成分比例的要求、雇用当地员工的定额、价格控制，以及其他影响投资回报率（ROI）的限制。全球公司遭受的限制还包括：歧视性关税和限制某些工业品、消费品进入市场的非关税壁垒，以及有关专利和商标的歧视性法律。对知识产权的限制实际上已经消除或大大削弱了对药品的保护。

20 世纪 70 年代中期，强生公司和在印度的其他投资商为保持在所建公司中的控股地位，只得顺从印度的一整套法规。这些法规中的许多条款后来被马来西亚、印度尼西亚、菲律宾、尼日利亚和巴西全部或部分照搬。到了 80 年代后期，在经过以债务危机和低国民生产总值增长为特征的拉丁美洲"迷茫的 10 年"后，法律制定者修改了许多限制性和歧视性法律，目的是重新吸引外国直接投资和他们急需的西方技术。冷战的结束和新组成的政治联盟很大程度上促进了这些变化。

当政府征用外国财产时，企业要求归还财产的行动存在诸多障碍。例如，根据美国的《国际关系准则法案》，如遇外国政府介入一个特定行动，美国法庭将不介入纠纷。但是，被征用公司的代表可以通过世界银行投资争议解决中心（World Bank Investment Dispute Settlement）的仲裁争取支持，也可以从私营保险公司或从海外私人投资公司购买征用保险。20 世纪 70 年代早期，智利对铜业公司的征用表明，公司有左右自己命运的能力。那些极力抵制将智利人引入公司管理层的公司被断然征用；而那些真心遵从智利政府既定政策的公司在智美合作管理的体制下得以保留。

5.2 国际法

国际法（international law）可以定义为国家认为可约束它们自己的规则和原则。国际法涉及财产、贸易、移民和其他领域，这些领域依照传统一直属于单个国家的管辖范围。只有当许多国家愿意在这些领域里既享受所有的权利又承担全部义务时，国际法才适用。现代国际法的根源可追溯到 17 世纪的《威斯特伐利亚和约》（Peace of Westphalia）。早期的国际法涉及发动战争、建立和平以及对新建国体和政府的外交承认等其他政治问题。虽然详尽的国际法规则在逐步出台（比如，中立国地位问题等），但单个国家也于 19 世纪纷纷开始制定管辖商务活动的法律。国际法仍然具有维持秩序的作用，尽管其所涉及的范围远大于战争所引起的问题。起初，国际法基本上是由条约、契约、法典及协定组成的。随着国家间贸易增长，商务秩序变得愈加重要。国际法原本只处理国家间的问题，但是越来越多的法律机构摒弃了只有国家才受国际法管辖的思想。

伴随着 20 世纪和 21 世纪国际判例法机构的扩张，新生的国际司法组织不断为创建成熟的国际法规则添砖加瓦。这些组织包括常设国际法院（Permanent Court of International Justice，1920—1945 年）；成立于 1946 年、作为联合国司法机构的国际法院（International Court of Justice，ICJ，www. icj-cij. org）；由美国建于 1947 年的国际法委员会（International Law Commission）。出现在国家间的争议属于国际公法（public international law）问题，可请求位于海牙的国际法院审理。在《联合国宪章》的补充文件中，《国际法院规约》附件第 38 条就国际法有如下陈述：

国际法院的职能是对提交的争议按照国际法进行判决，其适用法律为：

（1）国际公约，无论是通用的还是专门的，建立参与国公开承认的法则；

（2）国际惯例，被作为法律接受的一般做法的依据；

（3）被文明国家承认的一般法律原则；

（4）根据第 59 条的规定，作为确定法律规则辅助手段的司法决定和各国最权威新闻机构的宣传教义。

现代国际法的其他来源包括条约、国际惯例、各国法庭的判例和学术著作。假如某国允许起诉它的案子提交国际法院审判，却又拒绝接受对它不利的判决，会出现什么情况？原告国可以通过联合国安理会争取援助，安理会可在其全部权力范围内强制执行生效的判决。

5.2.1　普通法与民法

国际私法（private international law）是当不同国家的公司间因商业交易引发争议时所适用的一套法系。值得注意的是，管理商业的法律是逐渐产生的，这些法律的形成导致了各国法律体系的重大分裂。[11]西方世界的法律可追溯至两个渊源：欧洲大陆民法典传统源自罗马，美国法律体系则源于英国的普通法。

民法国家（civil-law country）的法律体系反映了 6 世纪罗马帝国的结构性概念和原则。

> 由于复杂的历史原因，在跨度很大的不同时期和在欧洲各个地区，人们接受罗马法的态度不尽相同。到 19 世纪，每个欧洲国家都开始重新采用本国的那套私法法典，1804 年生效的《拿破仑法典》成为这些法典的原型。但新的国家法典在很大程度上汲取了罗马法的概念结构和大量的内容。在民法国家里，融入私法的法典由宽泛的普通词语构成，且被认为是真正包罗万象的，即被视为判决每个有争议的案子都必须查阅的、无所不包的权威参考资料来源。[12]

在**普通法国家**（common-law country）里，许多争议依照以往的司法判决（案件）判定。判例法法律体系是建立在先例或称遵循先例（stare decisis）的基础之上的。先例就是一个概念，即有关过去某一问题的司法判决对后来发生的同类问题的判决具有法律规范效力。这一描述有点含糊不清，因为观察先例的实际操作比给它下定义更容易。尽管如此，先例和遵循先例还是代表了普通法判定案件的最基本原则。尽管英美的很多当代法律都源于法律条文，但是依据以往司法判决得出的推断与写入法典中的法律条文同等重要。普通法国家经常仰赖某些领域的法典汇编（例如《美国统一商法典》），但这些法典与民法国家那种无所不包的系统性陈述有所不同。

《美国统一商法典》被美国 49 个州完全采用，它汇集了一套专门针对商业行为的规则。（路易斯安那州采取了《美国统一商法典》的某些部分，但其法律受《法国民法典》的影响仍很大。）东道国的法律体系（属于普通法还是民法）直接影响合法商业实体存在的形式。在普通法国家，公司是通过国家当局给予合法地位而建立的。而在民法国家，公司依照两方或多方的契约建立，这些有关方对公司行动负有完全的责任。

美国、加拿大 10 个省中的 9 个，以及其他有盎格鲁-撒克逊历史的殖民地都按普通法建立了它们的法律体制。历史上，欧洲大陆先后受到罗马法和《拿破仑法典》的影响。亚洲的法系则不尽相同：印度、巴基斯坦、马来西亚和新加坡属于普通法管辖区；日本、韩国、泰国、印度尼西亚和中国属于民法管辖区。斯堪的纳维亚国家的法律体系属混合型，同时具有普通法和民法的特征。如今，大多数国家的法律体系是以民法传统为基础的。

当东欧、中欧各国竭力争取在改制时代建立法律体系时，爆发了法系之争，代表普通法国家和民法国家的顾问都在试图影响这一进程。在包括波兰、匈牙利和捷克在内的多数中欧国家，德国民法传统占上风。其结果是，银行不仅开展存款和借贷业务，而且从事证券买卖活动。在东欧（尤其是俄罗斯），美国的影响较大。德国谴责美国推广其法系的做法，认为这套法系过于复杂，以致社会需要大批律师的存在。美国则回应说，德国的法制过于陈旧。[13]无论如何，俄罗斯政府不断颁布的法律和法令创建了一个难以预测但逐步完善的法律环境。如《俄罗斯及独联体商业法律报告》（*The Russian and Commonwealth Business Law Report*）这样的专业刊物对在俄罗斯等地经商的人们来说是重要的信息资源。

5.2.2 伊斯兰法

许多中东国家的法律体系等同于**伊斯兰法**（Islamic law），它与"唯一的神，万能的真主"[14]相关联。在伊斯兰法中，伊斯兰教教法（Sharia）是管束穆斯林在生活各方面行为，包括商业行为的综合性法典。该法典的渊源有两个。一是《古兰经》，是一本用阿拉伯语写成的圣书，它记录着安拉给先知穆罕默德的启示。二是圣训（Hadith），其编撰基础是穆罕默德的生活、言语及作为。圣训还特别详述了属于禁忌（haram）的产品和做事方法。人们发现《古兰经》的指示和教义类同于民法；而圣训的准则与普通法对应。任何在马来西亚或中东地区经商的人都应该至少能基本了解伊斯兰法及其对商业活动的启示。例如，啤酒制造商应避免在路牌和当地语言的报纸上做广告。

5.3 规避法律问题：重要的商务专题

全球法律环境显然是动态和复杂的，因此可循的佳径是寻求法律专家的帮助。不过，精明强干、有前瞻眼光的营销人员在预防冲突方面大有可为，尤其表现在以下方面：公司建立、司法管辖权、专利与商标、反托拉斯、许可经营和商业机密、贿赂，以及广告和其他促销工具。

第13章和第14章将讨论具体促销活动的相关法规。

5.3.1 司法管辖权

在国外工作的公司员工必须了解他们受制于东道国法院管辖的程度。在全球营销背景下，**司法管辖权**（jurisdiction）指的是法庭对国（境）外发生的特定种类争端做出判决的权力，或对不同国家的个人和实体行使权力的职权。在美国工作的外国公司雇员必须了解美国法院管辖的范围，公司可能需要证明其确实在某法院所在州做生意。法院可能会检查该外国公司是否设有办事处、开展业务、拥有银行账户或其他财产，或在有关的州有代理商或其他雇员为其服务。例如，在最近的一起案件中，露华浓公司（Revlon）向在纽约州南部地区的美国地区法院起诉联合海外公司（United Overseas Ltd.，UOL）。露华浓状告那家英国公司违反合同，说它没有按合同约定购买特制的洗发水。而联合海外公司声称地方法院缺乏司法管辖权，要求它不受理这一指控。露华浓反驳道，事实上该法院对联合海外公司有管辖权。露华浓列举的事实是，一家纽约公司因联合海外公司拥有其50%的股权，而在其驻地大门口挂有联合海外公司的标识。法院否决了联合海外公司对管辖权的异议。[15]

司法管辖权在另外两起与贸易相关的争端中也起了重要的作用。其中一起使得大众汽车与通用汽车针锋相对。1992 年，大众汽车雇用了通用汽车原全球采购负责人阿里奥托瓦，而阿里奥托瓦的前雇主控告他泄露商业机密。尽管公司的律师要求底特律联邦地方法院将此案转到德国，大众汽车在争端过程中还是接受了美国法庭的司法管辖。在另一起贸易争端中，柯达与富士之间的贸易纠纷也涉及了司法管辖权问题。柯达指控日本政府在日本通过妨碍柯达胶卷的分销渠道帮助富士公司。美国政府把该案呈交到世界贸易组织，尽管许多专家都认为世界贸易组织在处理有关贸易和竞争政策的申诉中缺乏司法管辖权。

5.3.2　知识产权：专利、商标和版权

在一国受到保护的专利和商标在另一国未必会受到保护，因而全球营销人员必须确保专利和商标在公司开展商务活动的每一个国家都已注册。**专利**（patent）是一份正式的法律文件，它赋予发明者在特定时期内制作、使用和销售其发明的独有权。通常，发明代表了新奇的、非显而易见的"创造性飞跃"。**商标**（trademark）定义为制造商贴附于特定的产品或包装上的特别标志、口号、设计或徽章，以区别于其他制造商制造的产品或包装。**版权**（copyright）确立了书写、录制、表演或拍摄的各种原创作品的所有权。

现实生活中有各种侵犯知识产权的方式。**假冒**（counterfeiting）是未经允许对产品进行复制和生产。**摹仿**（associative counterfeit）或**模仿**（imitation）是使用与某著名品牌仅有细微差异但非常近似的品牌名称，以至于消费者会将其误认为其是那个真正的品牌产品。第三种假冒是**盗版**（piracy），即在未经允许的情况下对有版权的出版物进行复制或发行的行为。假冒和盗版在电影、录制的音乐、电脑软件和教材出版等行业中尤为严重。这些行业的公司生产的产品容易被拷贝并广泛分销。全球知识产权保护与美国的既得利益尤为相关，因为它是上述行业中许多公司的总部所在地。

在美国，专利、商标和版权是在联邦专利局（Federal Patent Office）注册的，即使产品不被生产和销售，专利持有人也始终拥有对专利的所有权利。商标问题包含在 1946 年生效的《商标法》，亦称《拉纳姆法案》（Lanham Act）之内。里根总统签署的《商标法修正法案》于 1988 年 11 月生效，该法案使公司能比较容易地注册到新商标。在美国，专利和商标得到了很好的保护，而且美国的法律以先前法院的判例为指南。

在欧洲注册专利，公司可选择以国家为单位一个一个地进行注册，或向驻慕尼黑的欧洲专利局（European Patent Office）申请，获得在特定多个国家的专利注册。很快就会有第三个选择：《共同体专利公约》（Community Patent Convention）将可能使发明者仅通过一次申请就获得同时在 27 个国家生效的专利。目前，在欧洲申请专利非常昂贵，部分是因为将技术文件翻译成欧盟所有国家语言的费用很高，翻译问题一直没有得到解决。[16] 1997 年 7 月，为应对投诉，欧洲专利局将在 8 个国家的专利申请费平均降低了 19%。美国最近加入了世界知识产权组织（World Intellectual Property Organization，WIPO），该组织是根据 1891 年达成的《马德里协定》（Madrid Agreement）和 1996 年达成的更为灵活的《马德里议定书》（Madrid Protocol）运行的，它允许商标拥有者在多达 74 个国家里仅凭借一份申请而获得保护。

公司有时会设法利用个别国家在专利法和商标法上的漏洞及机会。有时，在实际的公司法人申请商标保护前，一些个人也会在当地注册商标。比如，星巴克 1997 年就在俄罗斯申请了商标保护，但并没在那里开咖啡馆。一名莫斯科律师谢尔盖·朱可夫（Sergei Zuykov）2002 年向法院提交了取消星巴克对该品牌名称所有权的请愿书，理由是星巴克公司并没在商业中使用该品牌名。从技术上讲，朱可夫只是利用了俄罗斯的民法条款，尽管其被斥责为"商标擅用者"（trademark squatter），但他并没有违反法律。后来朱可夫又要价 60 万美元，想把此品牌名卖回给总部设在西雅图的星巴克公司![17]

这里还有个歌手/作曲家汤姆·韦兹（Tom Waits）的案例。他与众不同的声乐风格（沙哑的嗓叫），以及关于失败者和梦想者的歌曲都深受歌迷喜爱。在音乐界，还有另一个原因使韦兹与众不同：与越来越多的音乐家不同的是，他拒绝把他的歌曲授权给用于商业广告的经销商。此外，他积极起诉那些在广告中使用"冒名顶替者"（和他有相似声音）的商家。20 年前，韦兹起诉了菲多利（Frito-Lay），因为后者在多力多滋（Doritos）的广告中使用了类似的声音，韦兹由此获赔 250 万美元。最近，韦兹又起诉了一些开展全球营销的公司。例如，他因一则在西班牙播出的电视广告起诉了大众奥迪事业部；韦兹称，该广告中所用的音乐剽窃了他的歌曲《梦想中的你天真无邪》（*Innocent When You Dream*），同时该歌手还模仿了他的演唱风格。巴塞罗那上诉法院裁定，韦兹因版权被侵犯获赔 4.3 万美元，因"艺术家道德权利"被侵犯获赔 3.6 万美元。

韦兹表示，如果其他的歌手只是模仿他的艺术表现形式，他不会介意。他解释道："我把人分成两种，一种是把声音当作创作性项目，另一种则是用其销售香烟和内衣。他们有很大的差异。我们都知道这个差异。那是一种剽窃。他们靠站在我身边捞了很多，而我却得支付高额的法律诉讼费。"[18]

知识产权问题在 19 世纪就引起了国际关注，其结果是形成了两个重要的协议。第一个是《保护工业产权国际公约》（International Convention for the Protection of Industrial Property），亦称巴黎联盟（Paris Union）或巴黎公约（Paris Convention）。这个公约始于 1883 年，如今已有近百个国家加入。该公约方便人们在多国注册专利，方法是确保一家公司在签约国申请时，会在其他国家获得自申请日起一年的"优先权"。期望获得外国专利权的美国公司必须在美国申请专利后的一年内向巴黎联盟提出申请，否则将遭受永久丧失国外专利权的风险。[19]

1886 年，保护文学和艺术财产的国际联盟（International Union for the Protection of Literary and Artistic Property）成立。这个联盟又称为《伯尔尼公约》（Berne Convention），这是版权保护中的里程碑式的协议。对该公约的引用会突然出现在一些意想不到的地方。例如，在《莱特曼深夜秀》（*The Late Show with David Letterman*）节目末尾处滚动出现的演职员名里，常出现如下信息：

> 为使《伯尔尼公约》和所有的法律能够有效施行，特此声明环球制裤公司（World-wide Pants Incorporated）是本片的创作者。未经授权的复制、分销、展出或使用，都可能导致民事责任和/或刑事诉讼。

另外两个条约也值得一提。《专利合作条约》（Patent Cooperation Treaty，PCT）有超过 100 个签约国，其中包括澳大利亚、巴西、法国、德国、日本、朝鲜、韩国、荷兰、瑞士、俄罗斯等，以及美国。成员国结成一个联盟，向所有成员国的提出、检索和审查申请过程提供特定的技术服务与合作。欧洲专利局为《欧洲专利公约》（European Patent Convention）管理申请事宜，该公约在欧盟和瑞士生效。一份申请书可用于申请在所有签约国内的专利保护权；其优点是这份申请书只需经过一个批准程序。在此制度下，各国的专利法仍然有效，同时被批准的专利自申请日起在所有成员国生效，有效期为 20 年。

近年来，美国政府用了很多外交手段来改善知识产权保护的全球环境。例如，中国于1992 年同意加入《伯尔尼公约》组织；1994 年 1 月 1 日，中国成为《专利合作公约》的正式签约国。经过多年的讨论，美国和日本同意对它们各自的专利制度作一些改变；日本承诺加快专利审查工作，不再对专利申请书提出过于苛刻的要求，并允许专利申请书用英语书写。

根据关税及贸易总协定，新的美国专利获准后有效期为自申请之日起 20 年，此规定自1995 年 6 月 7 日起生效。此前，专利自批准后有效期为 17 年。这一修改使美国的专利法与欧盟和日本的一致。不过即使经过这一修改，日本专利法的授权范围仍比美国狭窄。其结果是，像卡特彼勒这样的公司就未能在日本保护其关键的发明，因为与美国公司制造的产品很相似的产品仍然可以申请专利，不必担心侵权的问题。[20]

另外一个关键问题是软件的全球专利保护。虽然版权法保护计算机代码，但它不适用于体现在软件中的创意。自 1981 年起，美国专利和商标局（U. S. Patent and Trademark Office）已将专利保护延伸到了软件；微软公司迄今已有 500 多项专利。在欧洲，软件的专利并不受《慕尼黑公约》（Munich Convention）的保护，但在 1997 年 6 月，欧盟表示它已经准备修改专利法，从而覆盖对软件的保护。[21]

表 5-2 对 2009 年获得美国专利最多的 10 家公司进行了排名。IBM 公司自 1993 年以来每年都高居榜首，该公司以许可专利和其他知识产权形式获得了超过 10 亿美元的收入。杜邦公司最近已获得第 700 万项专利。

表 5-2 2009 年获得美国专利最多的公司

公司	专利数
IBM	4 887
三星电子	3 592
微软	2 901
佳能	2 200
松下	1 641
东芝	1 561
索尼	1 549
精工爱普生	1 328
英特尔	1 271
惠普	1 269

资料来源：U. S. Patent and Trademark Office.

5.3.3 反托拉斯

美国和其他国家的反托拉斯法旨在反击限制性商务行为，以鼓励竞争。美国联邦贸易委员会（U. S. Federal Trade Commission）、日本公平贸易委员会（Fair Trade Commission）和欧盟委员会（European Commission）这样的组织负责强制施行这些法律。一些法律专家认为，在全球竞争的压力下，价格联盟和公司勾结的事件越来越多。时任美国联邦贸易委员会主席的罗伯特·皮托夫斯基（Robert Pitofsky）曾说："多年来，关税和贸易壁垒妨碍了全球贸易的发展。如今，这些障碍正在减少，但我们不得不面对仍然时常出现的公司反竞争行为。"[22]

最近，美国仓促采取的一系列针对外国公司的反托拉斯行动引起了很多关注，人们批评美国违反了国际法，侵犯了其他国家的主权。美国的反托拉斯法是 19 世纪"打碎托拉斯"时代的遗产，其目的是通过限制经济大户的集中来维护自由竞争。1890 年通过的《谢尔曼法案》（Sherman Act）禁止某些限制性商业手段，包括限定价格、限定生产、瓜分市场，以及任何其他旨在限制和回避竞争的计划。该法也适用于在美国从商的外国公司，以及境外美国公司的活动。在先前的判例中，日本造纸工业公司（Nippon Paper Industries）因和日本的其他公司共谋提高传真纸在美国的价格，被美国法庭判为有罪。日本政府谴责美国在 1995 年 12 月对日本造纸工业公司的指控违反了国际法并侵犯了日本的国家主权。价格策略的讨论会是在美国境外举行的；一名美国联邦法官驳回了这项指控，判定《谢尔曼法案》不适用于外国人的境外行为。然而波士顿联邦上诉法庭之后又推翻了这一判决，美国联邦巡回法官布鲁斯·塞尔亚（Bruce Selya）在阐述他的观点时写道："我们生活在一个国际商务时代，在世界某个角落的一个决定会引起全球各地的反响。"[23]

在过去的 40 年里，欧盟委员会保护竞争的机构的职权包括禁止那些意图避免、限制及扭曲竞争的协议和做法。该机构对总部在欧洲的公司，以及像微软这样在欧洲创造可观收入的非欧洲公司都具有司法管辖权。例如，其可能阻止相关方提出的兼并或合资项目，或仅做微小改动后就予以批准，或要求做出很大的让步后再批准。它首先会对拟议的交易方案做前期研究，如果存在严重的问题，就要开展长达数月的深度调研。

新兴市场简报

黑莓在中东

黑莓公司（Research in Motion，RIM）是一家加拿大公司，也是黑莓手机（BlackBerry）这一极其成功品牌的背后营销商。黑莓公司在超过 175 个国家销售黑莓设备，拥有超过 4 000 万的用户。黑莓 BBM（BlackBerry Messenger）软件在政客和商人中十分受欢迎，原因很简单：黑莓企业服务器（BlackBerry Enterprise Server）提供了高级加密，使数据的安全性更有保障。但是，在一些国家，这种优势其实是一种劣势，至少对当地的官员而言是这样。

例如，在中东，出于安全原因，政府通常对互联网进行严格的控制。2009 年，阿联酋电信公司（Etisalat）敦促黑莓用户下载一个软件升级包，而事实上该升级包中含有间谍软件。2010 年，阿联酋电信管理局（Telecommunications Regulatory Authority，TRA）的官员威胁要暂停向该国 50 万黑莓用户提供部分服务，理由是：黑莓技术可以在不通过国家电信设施的情况下将加密数据发送到国外。根据政府官员的说法，这使得许多不受欢迎的群体（如犯罪组织成员和毒品走私者）更容易在阿联酋开展"业务"。据称，黑莓的服务"对社会、司法和国家安全造成了严重的影响"。但最终，TRA 的态度缓和了，并没有中断服务。然而，我们却缺乏详细节来解释这种态度上的突然转变。

　　沙特阿拉伯的通讯与信息技术委员会（Communication and Information Technology Commission, CITC）也准备限制黑莓的服务，理由是国家安全问题。这一问题与黑莓公司服务器的位置有关：这些服务器都位于加拿大。在阿联酋，许多黑莓用户都是外籍商人和银行家；而在沙特阿拉伯不同，它的 70 万订阅用户中有许多是该王国的公民。一些观察家认为，这些限制措施旨在让政府保持对该国社会结构的控制。一位沙特阿拉伯人说："我认为这主要是一个社会问题。拥有黑莓手机突然变成了一件时髦的事……它现在是我们这里年轻人最流行的聊天工具。"

　　资料来源：Joe Leahy, "India Faces Games Chaos if It Curbs BlackBerry," *Financial Times*（August 21/22, 2010), p. 2; Abdullah Al-Shihri, "Saudi Arabia to Continue BlackBerry Service," *USA Today*（August 8, 2010); Misha Glenny, "BlackBerry Is But a Skirmish in the Battle for the Web," *Financial Times*（August 7/8, 2010), p. 7; Paul Taylor, "BlackBerry Faces Wrath of Mideast Spy Masters," *Financial Times*（August 7/8, 2010), p. 2; Andrew England, "Concern Over Crime Behind BlackBerry Plan," *Financial Times*（August 3, 2010), p. 4.

　　自 20 世纪 90 年代中期以来，欧盟委员会采取了越来越积极的态度。时任反托拉斯部部长的马里奥·蒙蒂（Mario Monti）是有经济学背景的意大利人，欧洲报纸给他起了个"超级马里奥"（Super Mario）的外号，因为他阻止了 2000 年世通（WorldCom）与斯普林特（Sprint）提出的合并方案。在允许美国在线（America Online）收购时代华纳（Time Warner）之前，他也要求它们做出重大让步。[24] 许多人要求欧盟改变处理反托拉斯问题的方式，减少干涉案例的数量。任何有关改革的建议都会将现代主义者与传统主义者对立起来。曾有一位欧洲律师抱怨说："实际上，欧盟委员会把资源都用于规制那些并没有限制竞争的案件了，这意味着那些需要调查的案件却没有得到高效的解决。"[25] 表 5-3 总结了一些近期被置于大西洋两岸反托拉斯当局审查之中的合资、合并和其他全球公司的交易案例。

表 5-3　反托拉斯案裁定结果

涉及的公司	在全球受审的反托拉斯案	在美国受审的反托拉斯案
2008 年，英博啤酒集团（比利时/巴西）以 520 亿美元收购安海斯-布希公司（美国）。	在中国获得批准，但该公司被禁止收购华润集团的雪花啤酒或北京燕京啤酒公司。	获得批准，但英博集团必须售出拉巴特啤酒美国公司（Labatt USA）。
2004 年，索尼音乐（日本）与 BMG（德国）合并。	已得到欧盟的批准。	已得到批准。
2001 年，通用电气（美国）以 400 亿美元收购霍尼韦尔（美国）。	由于合并后的公司将在航空设备业强于竞争对手，此交易被否决。	已进入审批程序，结果可能受各种情况影响。
2000 年，百代公司（英国）与时代华纳公司（美国）共同出资 200 亿美元，成立合资音乐公司。	欧盟监管官员表示担忧，因为新的百代华纳（EMI-Time Warner）恐怕会在蓬勃增长的数字音乐分销市场中占据统治地位。	2000 年 10 月在监管审查开始前双方取消交易。

资料来源：Compiled by the authors.

《罗马条约》（Treaty of Rome）有关国际贸易的条款适用于与第三国开展的贸易，因此一个公司必须清楚其分支机构的行为。为鼓励一些重要产业的成长，欧盟委员会也允许一些卡特尔组织免受该条约第 85 条和第 86 条的约束。其用意是允许欧洲公司与日本和美国的公司平等竞争。在有些情况下，欧洲个别国家的法律适用于特定的营销组合要素。例如有些国家准许公司进行选择性分销或独家分销。不过，欧盟法律也可以参照先前的判例。

在某案中，一家名为康斯坦（Consten）的法国公司拥有从德国格隆底希公司（Grundig）独家进口和分销消费电子产品的权利。康斯坦起诉另一家法国公司，指控它在法国进行非法的平行进口，即康斯坦指责这个竞争对手在康斯坦不知情的情况下从各家外国供应商那里采购格隆底希公司的产品，并在法国销售。尽管康斯坦的指控得到法国两个法院的支持，但在欧盟委员会对格隆底希-康斯坦的协议是否违反《罗马条约》第 85 条、第 86 条作出裁决之前，巴黎上诉法院做出了暂缓判决的决定。结果欧盟委员会以"地域保护被证明特别有害于共同市场的建立"为由作出了不利于康斯坦的裁决。[26]

在某些情况下，公司或整个行业都能够不受反托拉斯法的管制。如在空运业，荷兰皇家航空公司（KLM）和美国西北航空公司（Northwestern）赢得了美国政府的豁免，如今它们共享计算机代码，并联合定价。同样，欧盟委员会允许派拉蒙（Paramount）、环球（Universal）和米高美/联美（MGM/UA）的合资公司——联合国际影像公司（United International Pictures，UIP）通过在欧洲联手分销影片降低成本。但是，1998 年，欧盟委员会推翻了上述决定，通知三家制片公司必须在欧洲独立分销它们各自的影片。[27] **卡特尔**（cartel）是指一些共同制定价格、控制产出或采取其他措施以使利润最大化的单个公司的联盟。例如，产油国联盟欧佩克（OPEC，石油输出国组织的简称）就是一个卡特尔。

在美国，多数卡特尔是非法的。但有一个引人注目的特例，对全球营销有直接的影响：一些世界上主要的海运公司，包括总部分别在美国和丹麦的海陆联合服务公司（Sea-Land Service）和 A. P. 穆勒-马士基集团（A. P. Moller/Maersk line），自 1916 年《海运法案》（Shipping Act）通过以来一直免受反托拉斯的限制。该法案本来是为确保可靠性而制定的，但如今，据估计由卡特尔制定的海运价格比各海运公司单独定价高出 18%。近年来虽有一些修改该法案的尝试，但都没有成功。[28]

5.3.4　许可经营和商业机密

许可是一种契约。按照这种契约，许可商允许受许商使用其专利、商标、商业机密、技术及其他无形资产，并获取许可费或其他形式的补偿。美国法律不像欧盟、澳大利亚、日本和许多发展中国家的技术转让法律那样管制许可过程本身。许可协定的持续时间和有关公司所能收到的许可费数额被认为是许可方和受许方谈判的结果，政府对向国外汇出许可费之事不设限制。有关许可经营值得斟酌的重要问题包括：对公司可用以许可的资产的分析，如何为这些资产定价，以及是只准许对方"制造"产品，还是也许可对方"使用"和"销售"产品等。是否允许"转许可"是另一个重要的问题。如同分销协议，许可经营合同也需界定有关独家或非独家的权限安排以及受许商领地范围。

为防止受许商利用已许可的技术与许可商直接竞争，后者可设法限制受许商只在其本国销售。许可商也可争取通过合同的方式约束受许商，要求其在合同期满后停止使用有关技术。而在实践中，东道国政府，乃至美国的反托拉斯法都使这样的协定很难达成。因此，许可经营是一种潜在的危险行动：它可能是培养竞争对手的工具。所以，许可商应该谨慎行事，确保自己始终处于领先的竞争地位。为此许可商需要不断创新。

显然，许可协定可能受到反托拉斯（机构）的严格审查。在最近的一个案例中，德国拜耳公司将有关新型家用杀虫剂的一项专利许可给了庄臣公司（S. C. Johnson & Sons）。德国公司做出这一许可决定的部分原因是，美国环境保护局（EPA）做出批准所需的时间太长（现已延长到3年）。拜耳公司决定让美国公司对付监管机构，作为回报，它只要求得到销售额5%的许可费，并认为这样做会使双方都有利可图。然而，这两家公司却受到共同起诉，起诉方宣称这项许可交易将允许庄臣公司垄断4.5亿美元的家用杀虫剂市场。

于是美国司法部（U. S. Justice Department）介入此案，称该项许可协议为反竞争性交易。时任司法部反托拉斯司司长的安妮·宾格曼（Anne Bingaman）在一次发言中说："拜耳公司和庄臣公司希望维持的这种默契安排是一个高度集中的市场所不能接受的。"拜耳公司同意以较原来与庄臣公司达成许可更优惠的条件向任何有兴趣的公司许可其相关专利。庄臣公司同意向美国政府报告所有可能在将来达成的家用杀虫剂独家许可的协定。另外，拜耳公司同意，如果此后参与任何此类协定，司法部都有权否决。不出所料，法律界对此的反应是消极的。一位长于知识产权法的华盛顿律师指出，此案"真正打击了传统的许可惯例"。许可经理学会（Licensing Executives Society）会长梅尔文·杰格（Melvin Jager）也说道："独家许可是提升知识产权并将其推向市场的重要手段。"[29]

假如受许商得知了许可商的商业机密，会出现什么结果？商业机密（trade secrets）属于私密的信息或知识。这些信息或知识具有商业价值，不属于公用范畴，所以应采取措施做好保密工作。商业机密包括制造过程、产品配方、设计及顾客名单等。为预防机密的泄露，应和每一位有机会接触受保护信息的雇员签订保密合同，并将无专利的商业机密许可与该合同连接起来。在美国，商业机密受到各州法律而不是联邦法律的保护；大多数州都采用了《统一商业机密法案》（Uniform Trade Secrets Act，UTSA）。美国的法律规定了第三者通过中介获取私密信息应负的责任。补救措施包括损失赔偿或其他形式的救济办法。

20世纪90年代，有关商业机密的法律得到普遍完善。数个国家都是首次采用商业机密法规。墨西哥的第一套保护商业机密的法规于1991年6月28日生效；中国的《反不正当竞争法》于1993年12月1日生效。在这两个国家，新的法律都是对知识产权法律所做的更广泛修改的一部分。日本和韩国也已经修订了它们的知识产权法，以覆盖商业机密。中欧、东欧地区的许多国家也纷纷制定和颁布保护商业机密的法律。当《北美自由贸易协定》于1994年1月1日生效时，它因第一个含有保护商业机密条款的国际贸易协定而令世人瞩目。紧随这一里程碑之后的成果是《与贸易有关的知识产权协议》（Agreement on Trade-Related Aspects of Intellectual Property Rights，TRIP，即关税及贸易总协定乌拉圭回合谈判的结果）。TRIP要求签约国保护商业机密不被企业窃取、泄露和偷用，"这些做法往往有悖诚信的商业行为"。[30]尽管这些官方法律不断完善，但在实际生活中，法律的执行仍是一个关键问题。越境转让商业机密的公司不仅应留意法律保护是否存在，还应注意因执法松懈而引起的风险。

5.3.5 贿赂和腐败：法律和道德问题

历史并未记载由以下事件激起的国际愤怒情绪：20世纪初，贝瑟勒赫姆钢铁公司

（Bethlehem Steel）总经理查尔斯·M. 施瓦布（Charles M. Schwab）向俄国沙皇亚历山大三世侄儿的情妇馈赠价值 20 万美元的钻石和珍珠项链。[31] 作为对此关怀的回报，贝瑟勒赫姆钢铁公司赢得了为修建跨西伯利亚铁路供应钢轨的合同。如今在后苏联时代，西方公司又被中欧和东欧的新机会所吸引。如同在中东和世界其他地区一样，它们发现贿赂（bribery）在这里也已司空见惯，腐败已遍地蔓延。贿赂是在商讨跨境交易时，要求或提供某种报酬（典型的是现金偿付）的腐败商业惯例。在如何对待这一问题上，美国公司的雇员受后水门事件时代政府政策的特别约束。国际透明组织（Transparency International，www. transparency. org）每年都会编制腐败感知指数（Corruption Perceptions Index，CPI）的国家排行榜。"最清廉国家"的得分是 10 分。表 5 - 4 显示了 2010 年得分最高和最低的 10 个国家的排名和得分。

表 5 - 4　2010 年部分国家腐败感知指数排名

排名/国家	2010 年得分	排名/国家	2010 年得分
1. 丹麦	9.3	168. 赤道几内亚	1.9
1. 新西兰	9.3	170. 布隆迪	1.8
1. 新加坡	9.3	171. 乍得	1.7
4. 芬兰	9.2	172. 苏丹	1.6
4. 瑞典	9.2	172. 土库曼斯坦	1.6
6. 加拿大	8.9	172. 乌兹别克斯坦	1.6
7. 荷兰	8.8	175. 伊拉克	1.5
8. 澳大利亚	8.7	176. 阿富汗	1.4
8. 瑞士	8.7	176. 缅甸	1.4
10. 挪威	8.6	178. 索马里	1.1

　　说明：国际透明组织的腐败感知指数衡量了某个国家公共部门腐败的被感知水平。分数设置为高度腐败计 0 分；高度清廉计 10 分。

　　资料来源：Reprinted from 2010 Corruption Rankings. Copyright 2010 Transparency International；the global coalition against corruption. Used with permission. For more information，visit www. transparency. org.

　　在美国，《反海外腐败法案》（Foreign Corrupt Practices Act，FCPA）是尼克松任总统期间水门丑闻的历史遗产。水门事件特别检察官在调查过程中发现，有 300 多家美国公司曾向外国官员支付了秘而不宣的款项，总计达数亿美元。《反海外腐败法案》获得国会一致通过，并于 1977 年 12 月 17 日经卡特总统签署成为法律。美国司法部、美国证券交易委员会（Securities and Exchange Commission）负责执行该法，它含有明示和禁律两部分。FCPA 的明示部分要求公开上市的公司记录下所有交易的内部财务控制。禁律部分将美国公司贿赂外国政府官员或政党以争取和维持业务的行为认定为犯罪。当公司有理由相信部分或者全部款项可能被转送给外国官员时，它们也应停止给第三方支付资金。

　　美国商界立即开始游说，要求修改该法案。他们抱怨该法案的条例过于模糊和宽泛，以至于它可能会严重地限制美国公司在国外的商业活动。1988 年，修改后的条例作为《综合贸易和竞争力法案》（Omnibus Trade and Competitiveness Act）的一部分，经里根总统签署成为法律。修改之处包括不再将有些行为算作贿赂，如"打点"低层官员以缩短程序和加快"政府常规行动"，这些"行动"包括货物通关，取得许可证，或离境前在机场的护照查验等。

　　一旦罪名成立，相关人员和公司将受到监禁和巨额罚款的处罚。近年来受到处罚的包括强生、泰森食品（Tyson Foods）、雪佛龙、西门子和戴姆勒等公司。该法中的措辞相当宽泛，有很多灰色地带。即便如此，2009—2010 年期间，美国司法部根据该法做出的罚款和处罚总额也高达 20 亿美元。[32]个人犯下该罪的，公司不能代为支付或清偿"混蛋"员工所造成的罚款。司法部网站上写道：

> 违反 FCPA 反贿赂条款可能会受到以下刑事处罚：公司和其他商业实体将被处以最高 200 万美元的罚款；高管、董事、股东、员工和代理人将被处以最高 10 万美元的罚款和最多 5 年的监禁。此外，根据《选择性罚款法》（Alternative Fines Act），这些罚款的实际金额可能相当高——实际罚款金额可能是被告意图通过腐败行为取得的利益金额的两倍。您还应该知道，对个人的罚款可能无法由其雇主或委托人代为缴交。[33]

还有一点得说明的是，该法禁止直接做的事，也不可间接地做（即通过某代理、合资伙伴或其他第三者）。

有些批评家指责 FCPA 令人遗憾地展现了道德帝国主义。这是一个美国法律的治外法权问题。按照这些批评家的观点，将美国的法律、标准、价值观和道德观强加于驻在全球各地的公司和公民的做法是错误的。然而正如一位法律专家所指出的那样，这种批评内含一个基本的谬误：没有一个国家有容忍政府官员受贿的法律文本。因而，由 FCPA 建立的标准至少在原则上可与其他国家共享。[34]

对 FCPA 的第二个批评是，它使美国公司处于一个相对于外国竞争对手（尤其是日本和欧洲的公司）困难的境地。好几项舆论调查和对商界的调查揭示了一种普遍的认知，即该法律对海外的美国公司造成了负面影响。与此相反，一些学术研究人员得出的结论是，FCPA 并没有对美国产业的出口表现造成负面影响。不过，在美国情报部门的协助下，美国商务部的报告显示，仅 1994 年一年，在价值 450 亿美元的 100 桩生意中，非美国公司的行贿行为都对最终交易的达成起到了一定作用。而外国公司在其中 80% 的生意中占据上风。[35]虽然很难得到精确的统计数据，但表 5-4 展示了世界上贿赂仍在肆意蔓延的某些地区。

行贿受贿行为在世界各地的市场都司空见惯，这一现实不会因为美国国会的谴责而改变。在许多欧洲国家，贿赂款项事实上被当做一种可抵扣的商业支出。据估计，仅德国公司每年的非法支出就超过 50 亿美元。尽管如此，越来越多的全球公司正着手采纳一系列的行为准则，旨在减少非法活动。而且，1997 年 5 月，OECD 通过了草拟的一份约束性国际公约，采纳了反贿赂的正式标准，规定公司在合同竞标过程中贿赂外国官员的，构成犯罪。OECD 的反贿赂公约——《国际商务交易活动反对行贿外国公职人员公约》（Convention on Combating Bribery of Foreign Public Officials in International Business Transactions）于 1999 年开始生效。OECD 也正在小范围内打造一些被称为"诚信岛域"的试验区。其目标是所有参与者都保证不搞贿赂，使每一笔交易都有透明度。[36]

调查记者们经常会报道一些关于受贿或其他不正当行为的故事。在新兴市场国家，记者如果批评了有钱有势的人，那么他们自己可能会成为靶子（见案例 5-1）。公司在外国开展业务，就没有了母国法律的约束，它们会面临有关公司伦理的各种各样的选择。一个极端是，它们可以在世界各地维持母国的道德标准，绝对不随当地的做法而改变或调整自己的行为。另一个极端是，它们不再努力维持公司原有的道德标准，而是按公司经理们对每一个环境的感觉，完全迎合当地情况为人处世。在两个极端之间，公司可以根据母国道德水准在浮动范围内变通。或者，在对当地习俗和惯例的各种迎合程度中做一个选择。

如果竞争对手想要主动行贿，美国公司应该怎么做？可行的做法有两种，一是不予理会，只当贿赂不存在；另一种是承认贿赂的存在，把它当做营销组合的一个要素，并评估其对顾客采购决策的影响。公司向顾客提供的产品服务的总体价值必须等于或高于竞争对手的（包括贿赂在内）。公司可以通过提供较低的价格、较好的产品、较便利的分销或较新奇的广告以抵消贿赂带来的附加价值。自卫的最佳方法是拥有一种比对手优势明显的产品。在此情况下，行贿不能改变顾客的购买决策。另外，如果你拥有更好的服务或在当地有更好的口碑，也会让天平向你这边倾斜。

5.4 冲突化解、争议调停和诉讼

欧盟组织内的法律合作及和谐程度是独特的，这个特征部分来自具有共同约束力的民法的存在。其他地区性组织在和谐方面的进步远远落后于欧盟。各国在化解冲突方面各有其法。美国是全世界拥有从业律师最多的国家，有证据表明它也是世界上最爱打官司的国家。这部分反映了美国文化的低语境特质，以及针锋相对的竞争精神。其他因素也会造成对诉讼的不同态度。例如，许多欧洲国家不允许集体诉讼。此外，欧洲的律师不允许以胜诉酬金（contingency fee）的方式承接案子。但随着欧洲正在经历脱离福利国家的政治改革，你能感觉到变化正在发生。[37]

冲突将不可避免地出现在任何地方的商务活动中，特别是当不同文化背景的人都来到全球市场购买、销售、建立合资企业、竞争与合作时。对于美国公司而言，与外国商人的争议经常出现在母国的司法管辖中。出现问题时，可以在美国提起诉讼，这样公司及其律师都可以享受"主场"优势。在很大程度上，在外国法庭进行诉讼就要复杂得多，部分原因是语言、法系、货币以及传统的商务习俗和模式的差异。

此外，问题还产生于取证程序上的差别。简而言之，取证是一个获取证据以验证申诉，并决定哪些证据、在哪些国家、在哪些情况下可以受理的程序。更复杂的情况是，别国法庭所做的判决可能在母国执行不了。以上原因使很多公司在靠诉讼解决问题之前，会优先选择申请仲裁。

5.4.1 替代诉讼的争议解决途径[38]

1995 年，古巴政府突然撤销了与西班牙公用事业公司安第莎（Endesa）的合同。安第莎并没有求助古巴法院以挽回合同，而是诉诸巴黎的国际仲裁院（International Arbitration Tribunal），要求赔偿 1 200 万美元。安第莎的行动说明了其他争端处理方式是如何使当事各方不用诉诸法院系统就能解决国际商业争端的。正式的仲裁是一个庭外解决商务争端的手段。**仲裁**（arbitration）是双方通过事先约定并承诺采用的方式进行谈判的过程。由于它是当事各方自己创造的方式，从这个意义上说，它是一个公平的程序。一般来说，仲裁包含一个三人仲裁专家组听取当事方申诉的过程。每一方选择专家组中的一位仲裁员，被选择的两位仲裁员接着选择第三个仲裁员。双方都事先同意将遵守仲裁专家组所做的判决。

有关国际仲裁最重要的条约是 1958 年的《联合国关于承认及执行外国仲裁裁决公约》（United Nations Convention on the Recognition and Enforcement of Foreign Arbitral Awards）。该公约亦称《纽约公约》，签约国达 107 个。作为新兴市场的巴西因不属于签约国而受到关注。以下几个原因使得《纽约公约》构建的框架尤为重要。首先，在当事各方达成国际仲裁协议时，签约国可要求当事方兑现使用仲裁的保证。其次，仲裁完成后，仲裁员做出裁决，签约国应承认并执行这个裁决。最后，签约国同意，仲裁结果的效力几乎不受质疑。一般的法院上诉理由不可作为挑战仲裁结果的理由。

一些缺乏国际商务仲裁经验的公司和律师仅把合同中的仲裁条款当作合同的"又一常用条款"。但事实上，每份合同的条款都有所不同，所以任意两个仲裁条款都应该是不一样的。譬如，想象一下有一份美国公司和日本公司签订的合同，如果当事双方同意仲裁，该在哪里仲裁？美方不太愿意去日本仲裁，日方也不想去美国仲裁。那么只有"中立"的地点可以考虑（如新加坡或伦敦），并写入仲裁条款。仲裁过程中应使用哪种语言文字呢？如果仲裁条款中没有明确语言种类，仲裁员将会自行选择。

除了地点和语言，还有其他问题需要解决。例如，达成专利许可协议的双方同意在仲裁条款上写上专利的有效性是无可争辩的，这样的条款可能在某些国家无法执行。用哪个国家的法律作为检测无效性的标准？以国家为单位深究这样的问题会耗费太多的时间，而且还有一个必须承认的问题：根据法律，美国的法院必须承认有关专利纠纷的仲裁决定，但其他国家却没有关于承认的一般规则。

为缩短这类问题拖延的时间，有专家建议要在起草仲裁条款时包含尽可能多的细则。如在可能的情况下，应该涉及各国的专利政策。专利条款也可以包含如下条款：所有外国专利纠纷将按照其母国法律规定的标准进行判决。另外一个条款可以禁止当事方在其他国家采取单独的法律行动，其目的是帮助仲裁院专注于当事方明确表达的意向。[39]

几十年来，总部位于巴黎的国际商会（International Chamber of Commerce, ICC, www.iccwbo.org）通过国际仲裁院将商业仲裁推广到了世界各地。国际商会最近更新了一些旧规则，但因为它是个世人皆知的组织，所以也积压了很多来不及处理的案件。与其他组织相比，国际商会给人的总体印象是：运作缓慢，费用更高，手续繁杂。第二次世界大战后，随着美国在全球的商务活动急剧增加，美国仲裁协会（American Arbitration Association, AAA）也被公认为一个有效解决争端的机构。1992 年，AAA 与中国的北京调解中心（China's Beijing Conciliation Center）签署了合作协议。

还有一家解决争议的代理机构是瑞典的斯德哥尔摩商会仲裁院（Swedish Arbitration Institute of the Stockholm Chamber of Commerce）。这一代理机构经常处理西欧和东欧国家间的争端，并因审判水平较高赢得了信誉。然而获得有利的仲裁院裁决是一回事，执行却是另外一回事。例如，加拿大的 IMP 集团与其在俄罗斯的酒店开发合作伙伴发生纠纷，它将争端呈交给斯德哥尔摩商会仲裁院仲裁，裁决结果为俄罗斯方要支付 940 万美元的赔偿款。但该款项的履行似乎遥遥无期，IMP 集团代表只好自行处理这件事：他们在加拿大扣押了俄罗斯民用航空总局的一架喷汽式飞机，直到俄方付清赔款后才放行。[40]

其他类似的仲裁机构数近年来猛增。除已提及的，其他积极活动着的仲裁中心还分布在温哥华、香港、开罗、吉隆坡、新加坡、布宜诺斯艾利斯、波哥大和墨西哥城。世界仲裁协会（World Arbitration Institute）已在纽约成立；英国的劝解调解和仲裁服务所（Advisory，Conciliation and Arbitration Service，ACAS）在处理行业争议方面成绩卓著。国际商务仲裁理事会（International Council for Commercial Arbitration，ICCA）成立，旨在协调仲裁组织间的广泛活动。ICCA 每 4 年在不同的地点召开一次会议。

联合国国际贸易法会议（United Nations Conference on International Trade Law，UNCITRAL，www. un. or. at/uncitral）也是仲裁领域的一支重要队伍。由于前述各家组织纷纷采取 UNCITRAL 规则，这些规则略加修改后几乎已成为标准。许多发展中国家长期对 ICC、AAA 等发达国家的组织抱有成见。发展中国家的代表认为这样的组织一般偏向多国公司。因此，发展中国家坚持要求在本国法院解决争议，而多国公司又不肯接受。此种情况在拉丁美洲国家尤为突出，那里的卡尔沃主义（Calvo Doctrine）要求与外国投资者发生的争端按该国法律在该国法庭解决。ICCA 和 UNCITRAL 规则愈益扩大的影响，伴随着地区仲裁中心的猛增，已经对改变发展中国家的态度产生了作用，其结果是世界各地越来越多地采用仲裁方式解决商务争端。

5.5 监管环境

全球营销的**监管环境**（regulatory environment）由各种政府和非政府机构组成，这些机构执行法律或制定商务行为指南。这些监管机构处理的问题涵盖面相当广，包括价格控制、进口和出口产品的评估、贸易惯例、标签、食品和医药法规、雇用条件、集体议价、广告内容以及竞争手法等。《华尔街日报》曾经指出：

> 每一个国家的监管都反映和强化了资本主义的烙印（美国的掠夺、德国的家长式统治和日本的自我保护）及其社会价值观。在美国比在德国更容易新建公司，因为德国更看重社会舆论，而不是冒险，但是美国人雇人更难，因为美国人更害怕因歧视雇员而遭起诉。在美国进口童装比在日本容易，因为日本的官僚体系保护着日本杂乱无章的进口限制。但是很难在全美建立银行的分行，因为美国竭力保护各州的特权。[41]

在多数国家，监管机构的影响广泛，理解它们的运作方式对保护公司利益、促使新项目成功很有必要。许多全球公司的高管意识到需要雇用说客为他们的利益游说，影响监管程序的导向。如 20 世纪 90 年代初，麦当劳、耐克、丰田在布鲁塞尔没有一个代表，如今每家公司在欧盟委员会都有自己的代表。美国的律师事务所和咨询公司在布鲁塞尔也迅速增派了各自的代表，以期洞察欧盟的政治，接近政策制定者，有些甚至雇用了欧盟官员。总之，如今已有将近 1.5 万名代表全球约 1 400 家公司和非营利组织的游说者常驻布鲁塞尔。[42]

5.5.1 区域性经济组织：以欧盟为例

诸如世界贸易组织和欧盟这类地区组织的总体重要性在第 3 章中已经讨论过。法律相关的各层面虽然很重要，但我们在此仅作简单提及。欧盟的前身是根据《罗马条约》建立的欧洲共同体。该条约创建了一个制度性框架。在此框架中的委员会（部长理事会）是一个主要的决策机构，每个成员国在其中都有直接代表。欧盟的其他三个主要机构是：执行机构欧盟委员会、立法机构欧盟议会以及欧洲法院。

《1987年单一欧洲法》（1987 Single European Act）修正了《罗马条约》，强劲推动了单一市场于1993年1月1日建立。尽管在技术层面还没有完全达到目标，但约85%的较新的立法建议都在目标期限内融入了大部分成员国的国家法律，结果达到了实质上的和谐。欧洲理事会（European Council，EC）是一个比较新的机构（不同于部长理事会），该理事会凭借《1987年单一欧洲法》的第二条条款，正式融入欧洲共同体的组织机构中。欧洲理事会由成员国领导人和欧盟委员会主席组成，其职责是界定欧盟的总体政治指导方针，提出诸如货币联盟这种一体化问题的发展方向。[43]而希望加入欧盟的中东欧国家政府正在着手让它们的法律与欧盟的法律保持一致。

《罗马条约》包含数百条条款，其中的不少条款都适用于全球公司和全球营销人员。第33～36条建立的一般政策被称作成员国之间的"货物、人员、资本和技术的自由流动"。第85～86条包含的竞争规则已由20国组成的欧盟委员会通过各项法令进行了修正补充。欧盟委员会是欧盟的管理机构，它在位于布鲁塞尔的总部起草各种法律和政策，监视欧盟法律的执行，管理和实施欧盟的立法活动，在国际组织中充当欧盟的代表。[44]委员会成员代表欧盟，而不是代表他们各自的国家。

由欧盟委员会起草的法律、法规、法令和政策都必须提交到欧洲议会，吸收意见后呈交欧洲理事会做最后的表决。一旦欧洲理事会批准了被审议的法律，该法律即成为欧盟的法律。这与美国联邦法律在一定程度上相类似。法规也自动成为欧盟通用的法律；而法令则要求各成员国在一定时间范围内通过立法来实施。例如，1994年，欧盟委员会发布了有关在比较式广告中商标使用的相关法令，欧盟各成员国需实施这个法令。如在英国，《1994年商标法》（1994 Trade Marks Act）赋予公司把商标用于保护气味、声音和形象的权利，还为公司提供了新的保护以防止商标被假冒。

随着单一市场的兴起，许多行业都面临着新的监管环境。欧洲法院是欧盟的最高法律权力机构，负责确保法律和条约在整个欧盟辖区内得到支持。欧洲法院总部在卢森堡，由两个独立的法庭组成，高层机构称为高等法庭；初审法庭是另外一个机构，审理的案件包括贸易和竞争案（见表5-5）。

表5-5 欧洲法院高等法庭/初审法庭近期的案件

国家或地区/涉及的原告	专题
瑞士莲（瑞士）/奥斯维斯公司（Franz Hauswirth GmbH）（奥地利）	瑞士莲销售用金箔包装的巧克力的复活节兔子（Goldhase），并对其拥有商标。在奥地利公司开始销售自己的铝箔包装兔子后，瑞士莲对其提了商标侵权诉讼。奥地利最高法院要求欧洲法院对商标案件中的"恶意"进行裁决。[45]
欧莱雅（法国）/Bellure（法国）	香水营销商欧莱雅起诉竞争对手Bellure销售仿冒香水。后者模仿欧莱雅品牌的瓶子、包装和香味。欧洲法院的裁决支持了欧莱雅的诉讼请求，理由是Bellure产品与欧莱雅产品的相似之处构成了不公平的优势。上诉法院后来维持了欧洲法院的决定。[46]
意大利/孟山都、先正达、先锋良种国际公司	2000年，唯恐包含4个品种的转基因玉米食品会威胁人类健康，意大利禁止了此类食品。听取原告上诉后，意大利法院请求欧洲法院干预。2003年欧洲法院裁决此禁令理由不充分。该案被转回意大利做终审判决。意大利法院裁定政府无权实施禁令。

尽管欧洲法院的功能与美国最高法庭相似，但也有重要的差别。欧洲法院不能决定审理哪些案件，它也不发布不同的意见。该法院对一系列包括贸易、个人权利和环境法方面的民事案件行使司法权。例如，法院可以评估某些没有在截止日期前实施法令的国家所造成的损失。法院也审理 28 个欧盟成员国之间由诸如公司合并、垄断、贸易壁垒和监管，以及出口等贸易问题引发的纠纷。法院也被赋予权力解决各国家法和欧盟法之间的冲突，在多数情况下，后者会取代单个欧盟国家的国家法。

然而，营销人员必须清楚地意识到还应始终不断地咨询有关各国国家法的问题。因为国家法律可能比欧盟法律更为严厉，尤其是在竞争和反垄断领域。在可能的范围内，欧盟法律的意图是协调各国法律以促进第 30～36 条中定义的目标实现。它的目标是让那些法律宽松的成员国达到欧盟制定的最低法律标准。然而在一些国家的法律中仍存在较为严苛的立场。

例如，意大利最近出台了"雷古佐尼-范思哲法"（Reguzzoni-Versace Law），旨在规范纺织品、皮革和鞋类的贸易。该法指出，在生产的四个阶段中，如果有两个阶段在意大利完成，服装上才可以贴上"意大利制造"的标签。此外，必须确定其余生产阶段所在的国家或地区。雷古佐尼-范思哲法原本应于 2010 年 10 月 1 日起生效。然而，欧洲法院表示反对，称其与欧盟法第 34 条相违背，该条款禁止国家采取限制欧盟贸易的举措。欧盟监管机构认为雷古佐尼-范思哲法是"保护主义者"的法案，且比欧盟法律更为严格。欧盟法律只要求一个主要生产阶段在欧洲完成即可。[47]

本章提要 ///////////////

全球营销的政治环境是由代表世界各国民众心声的政府机构、政党和组织构成的。任何从事全球营销的个人尤其应从总体上理解**主权**对各国政府的重要性。各国的政治环境有差异，对**政治风险**评估至关重要。同样重要的是了解特定政府在税收及资产收用方面采取的行动。资产收用的方式历来包括**征用**、**没收**和**国有化**三种。

法律环境由法律、法院、律师、法律习俗和惯例等因素构成。**国际法**是由各国认为对自己有约束力的规则和原则构成的。世界各国可宽泛地按照**普通法**系或**民法**系进行划分。美国和加拿大以及许多前英国殖民地属普通法系国家；大多数其他国家采用民法。**伊斯兰法**是第三种法系，在中东地区占统治地位。一些重要的法律问题涉及**司法管辖权**、反托拉斯和许可经营。此外，**贿赂**问题已经充斥世界上的很多地区；《**反海外腐败法案**》适用于在海外经营的美国公司。知识产权保护是另一个关键的问题。**假冒**是全球营销中的一个重要问题；它经常涉及对公司**版权**、**专利**或**商标**所有权的侵犯。当出现法律冲突时，公司可以争取通过法院诉讼或仲裁解决问题。

监管环境是由政府和非政府机构形成的，它们执行法律或制定商务行为指南。全球营销活动会受到一些国际或地区经济组织的影响，如在欧洲，欧盟制定法律以管理其成员国。世界贸易组织将在今后几年里对全球营销活动产生广泛的影响。虽然这三种环境都是复杂的，但敏锐的营销人员通常会未雨绸缪，以避免可能导致冲突、误解或公然违反国家法律的情况发生。

讨论题 ///////////////

1. 描述政治风险的某些来源，具体说明政治风险可以什么形式出现。

2. 全球营销人员首先可通过了解法律冲突产生的原因来避免冲突。认识并描述与全球商务相关的几个法律问题。

3. 假设你是一位正在中东地区出差的美国人。当你正要离开 X 国时，机场的护照控制官员通知你，因护照"检验程序"的缘故，你得滞留 12 小时。你解释说你的班机将在 30 分钟后起飞。那位官员建议说，支付 50 美元有助于加快工作进程。如果听从这一建议，你会违反美国法律吗？请解释。

4. "咱们法庭见"是出现法律问题时人们所做的一种反应。涉及全球营销时，这样处理会不会适得其反？

案例 5-1（续）

总统先生——释放暴动小猫！

虽然暴动小猫通常与俄罗斯反对派运动联系在一起，但这支乐队的成员们很快指出，她们认为自己是艺术家而不是政治活动家。毫无疑问，她们的事件引起了很多关注。在莫斯科举行的一场音乐会上，流行歌星麦当娜在她的后背上写上了"暴动小猫"字样。2013 年在得克萨斯州奥斯汀举办的"西南偏南"互动式媒体、电影及音乐大会上放映了一部关于该审判的纪录片《暴动小猫：朋克祈祷》（*Pussy Riot：A Punk Prayer*）。

其他证据也表明俄罗斯的政治环境很不稳定。《俄罗斯新报》（*Novaya Gazeta*）记者安娜·波利特科夫斯卡娅（Anna Politkovskaya）经常发表一些批评总统普京的报道。2006 年 10 月 7 日，安娜在一次购物返程途中被袭击者枪杀。自 2000 年以来，已有十多名记者在俄罗斯被谋杀。

俄罗斯燃料和能源部门的收入转化成了政府支出，这一项就占到了国内生产总值的 40%。与此相关的一个问题是，俄罗斯能源产业由少数几个大型联合企业主导。这些公司的经营者被称为"大亨"（oligarch）；尤科斯石油公司（Yukos Oil）的米哈伊尔·霍多尔科夫斯基（Mikhail Khodorkovsky）、西伯利亚石油公司（Sibneft）的罗曼·阿布拉莫维奇（Roman Abramovich）以及他们的同行一度是俄罗斯的超级富豪。然而，俄罗斯公民普遍反对这些大亨控制其各自公司的方式。2003 年，普京政府逮捕了米哈伊尔和其他几个大亨，给他们敲响了警钟。2010 年，米哈伊尔在经历了 7 年的牢狱生涯后，莫斯科法院又发现其还犯有洗钱罪和贪污罪，另外判了他 13.5 年的监禁。

许多观察家认为，这一判决证明了俄罗斯政府希望继续将经济的命脉掌握在自己手中。不过，该国还存在其他问题。俄罗斯根深蒂固的官僚体系是提升经济自由度的障碍。此外，银行系统仍然很脆弱，亟须改革。前经济部部长叶夫根尼·亚辛（Yevgeny Yasin）也是一位自由主义改革的倡导者。他最近指出："俄罗斯经济受到官僚主义枷锁的束缚。如果要实现经济增长，就必须砍断这些枷锁。如果我们能够克服这种滥用权力的封建制度，就能刺激经济出现强劲的可持续增长，并提高人们的生活水平。"

尽管存在政治风险，许多全球公司仍想在俄罗斯碰碰运气，从其改善的经济环境中获取利益。例如，全球家具零售商宜家在俄罗斯开设了数十家新店。但据说在俄罗斯官员索要贿赂被拒后，宜家不得不租赁柴油发电机以确保供电稳定。2010 年，宜家宣布停止正在建设的 10 亿美元的购物中心，而将注意力放在现有的商店上。法国的欧尚（Auchan）以及德国的雷弗（Rewe）和麦德龙（Metro）都在瞄准俄罗斯的食杂市场。与此相反的是，家乐福和总部在英国的乐购都因察觉俄罗斯的风险而尚未在那开展业务。沃尔玛最近关闭了其莫斯科办事处。

随着全球经济衰退加剧、银根紧缩，俄罗斯银行的信贷额度也逐渐下降。如今，俄罗斯大部分出口收入都依赖于单一的商品，这已成了一种负担。尽管有人谈到要在莫斯科郊区开发一个硅谷式项目，但一些观察家已经在考虑是否应该把"R"（Russia，俄罗斯）从"BRICS"（金砖五国）中拿掉。哪个新兴市场可以取而代之呢？印度尼西亚是首选。新的首字母缩略词可能是"BIIC"或"BICI"。正如投资顾问理查德·肖（Richard Shaw）所说，BICIS（"BEE-chees"）"很吸引人，有点像意大利钱包"。

与此同时，华盛顿与莫斯科的关系越来越紧张。2012 年 12 月，美国总统奥巴马签署了《解除对俄罗斯与摩尔多瓦关于〈杰克逊-瓦尼克修正案〉之适用及谢尔盖·马格尼茨基法治与责任法案》（Russia and Moldova Jackson-Vanik Repeal and Sergei Magnitsky Rule of Law Accountability Act）。该法案的第一部分通过废除《杰克逊-瓦尼克修正案》来规范美国与俄罗斯和摩尔多瓦的贸易关系。《杰克逊-瓦尼克修正案》是 20 世纪 70 年代中期的一部法律，当时苏联是一个非市场经济体，限制了公民移居国外的权利；《杰克逊-瓦尼克修正案》拒绝向任何妨碍移民权利的国家给予最惠国贸易地位。然而，1991 年苏联解体后，俄罗斯已经转向了市场经济，如今它的公民可以自由出国旅游并移民。此外，俄罗斯已于 2012 年加入了世界贸易组织。出于这些原因，《杰克逊-瓦尼克修正案》已不再适用。

该法案的第二部分则涉及目前俄罗斯的公民权利问题。谢尔盖·马格尼茨基是一名俄罗斯律师，他发现了俄罗斯政府官员盗取赫密塔吉资本管理公司 2.3 亿美元税款的证据。当马格尼茨基于 2008 年公开指控时，他被捕了。2009 年 11 月，他在狱中死亡，疑点颇多。该法案要求美国政府确认与马格尼茨基死亡相关的俄罗斯官员名字，拒绝这些人入境并冻结他们在美国的所有资产。

案例讨论题

1. 讨论为什么普京政府决定对暴动小猫的成员提起诉讼。
2. 上述法案第二部分对俄罗斯的政治和法律环境有何影响？
3. 作为一家全球公司的首席营销官，你会建议在俄罗斯开展业务吗？
4. 你认为俄罗斯政府会对上述法案第二部分做出什么回应？

资料来源：Courtney Weaver, "Freedom Fighter," *Financial Times Life & Arts* (December 15/16, 2012), p. 23; Melena Ryzik, "Carefully Calibrated for Protest," *The New York Times* (August 26, 2012), p. AR1; John Thornhill and Geoff Dyer, "Death of a Lawyer," *Financial Times* Life & Arts (July 28/29, 2012), pp. 2-3; Anatol Lieven, "How the Rule of Law May Come Eventually to Russia," *Financial Times* (December 6, 2010), p. 11; Roben Farzad, "The BRIC Debate: Drop Russia, Add Indonesia?" *BusinessWeek* (November 18, 2010); Neil Buckley, "From Shock Therapy to Retail Therapy: Russia's Middle Class Starts Spending," *Financial Times* (October 31, 2006), p. 13; David Lynch, "Russia Brings Revitalized Economy to the Table," *USA Today* (July 13, 2006), pp. 1B, 2B; Guy Chazan, "Kremlin Capitalism: Russian Car Maker Comes Under Sway of Old Pal of Putin," *The Wall Street Journal* (May 19, 2006), pp. A1, A7; Greg Hitt and Gregory L. White, "Hurdles Grow as Russia, U.S. Near Trade Deal," *The Wall Street Journal* (April 12, 2006), p. A4.

案例 5-2

赌博借道互联网遍及全球

人类赌博活动已有数个世纪。考古学家已挖掘出一枚可追溯到公元前 3000 年的六面色子。古埃及人玩一种类似于十五子棋的游戏。在 3 500 多年前的印度次大陆上，就有公共和私人赌场、色子游戏以及有关动物打斗的结果的赌局。在远东，亚洲文化也有丰富和悠久的赌博传统。纸牌作为一种文化产物，其远古的起源地就是亚洲。

当欧洲人抵达北美时，他们发现当地人已经用各种方式赌了好几个世纪。当然，这些欧洲定居者和殖民者对赌博并不陌生。他们对多种形式的赌博都相当痴迷，包括打牌、玩色子和彩票。即使是清教徒移民也在玩牌。

美国独立战争的大部分资金都源于彩票收益。同样，这个年轻国家的一些新建大学，如哥伦比亚大学、耶鲁大学和普林斯顿大学的建设资金中很大一部分也都来自彩票收益的资金支持。美国同赌博的联系贯穿其内战和两次世界大战，而内华达州崛起的标志就是"拉斯维加斯式"的赌博。

如今，赌博已走向全球。这不足为奇，因为顺着时间隧道赌博已在全球流行。网络时代为赌徒们创造了新的机会，同时也为希望限制赌博和制止赌博蔓延的人们带来了挑战。人们已没有必要亲临赌场或赛马场为 21 点、体育赛事和赛马下注了。"虚拟"赌场为赌徒们提供了种类丰富的在线赌博机会。

20 世纪 90 年代，在线赌场激增是因为互联网创业者试图满足全球的在线赌博需求。战略学教授兼《海盗组织》（*The Pirate Organization*）的作者鲁道夫·杜兰德（Rodol-phe Durand）指出，在欧洲，这些组织最初是在"海盗空间"开展离岸活动，因为"在岸"赌博是非法的。后来才有了相关的法律法规，使在线赌博作为合法产业在英国、法国和欧洲其他国家得以蓬勃发展。事实上，如今由于不知赌博活动是否违反州法律和联邦法律，这些在线赌博公司都设在美国境外。也有一些此类公司，包括开在直布罗陀的派对赌博公共有限公司（Party Digital Entertainment Plc）和 888 控股有限公司（888 Holdings Plc）都是上市公司。

美国虽有悠久的赌博历史，但对该行业也进行了严格的管制。互联网赌博的激增使有关部门开始禁止此类活动，并对所谓的离岸在线赌场业主提起公诉。这种管制行动激怒了各国政府，尤其是作为在线赌场注册地的一些小国家。其中一个国家——安提瓜和巴布达于 2004 年向世界贸易组织提出申诉，认为美国有关网络赌博的法律和政策违反了《服务业贸易总协定》（General Agreement on Trade in Services，GAT）的公平贸易协议。

安提瓜和巴布达声称，美国歧视外国提供"娱乐服务"的供应商，包括互联网游戏供应商。这基于以下论据：美国维持着几部禁止离岸在线赌博的联邦法律，同样这些法律却允许在赛马场场外进行在线下注。根据这一诉讼，此种情形在打击离岸赌场的同时便于国内赌场获利。

世界贸易组织执行专家组于 2005 年裁定，美国实际上是对本国和外国的赌博服务供应商实行差别对待。但是专家组仍给了美国一次机会来证明其禁止离岸赌博对保护"公共秩序和公共道德"来说是一个必要的手段。2007 年 3 月，世界贸易组织裁定，美国仍继续豁免赛马在线投注业务构成了对外国赌场的歧视。裁定声明，美国可以限制在线赌博，但要求其法律同样适用于美国经营者和外国经营者。

世界贸易组织的裁定允许安提瓜和巴布达对美国进行贸易制裁。尽管安提瓜和巴布达可能没有足够的经济实力对美国实施有效的贸易制裁，但包括英国在内的其他受美国禁令影响的国家可以请求世界贸易组织予以支持。

2006年，美国当局逮捕了在英国出生的戴维·卡拉瑟斯（David Caruthers），他是设在哥斯达黎加的BetonSports公司的首席执行官。特工们截住卡拉瑟斯时，他正在达拉斯/沃斯堡机场候机，将从伦敦飞往哥斯达黎加。在长达26页的起诉书中，美国司法部指控卡拉瑟斯和其他人犯有敲诈勒索、共谋和欺诈等多项罪名。卡拉瑟斯后来被定罪并判处33个月监禁。

美国政府已经采取了多项措施，试图使互联网赌博非法化，或者至少使人们参与互联网赌博变得更加困难。比如，2006年秋，美国总统乔治·W.布什签署了《安全港口法案》（SAFE Port Act），使之成为法律。该法案包括《非法互联网赌博执行法案》（Unlawful Internet Gaming Enforcement Act，UIGEA）。这项措施禁止美国的银行、信用卡公司和其他金融中介机构输送或接收离岸赌场的资金。因此，该法案让赌徒们难以向其离岸账户中融取资金。

2010年夏，美国国会议员巴尼·弗兰克（Barney Frank）提出了一项法案，意在使在线扑克合法化。弗兰克指出："一些成年人会大手大脚地花钱，但联邦政府并不是要阻止他们合法地做这件事。"该法案中提到了对在线扑克赢家征税的规定；据估计，这可能在今后10年里产生400亿美元的税收收入，会大大缓解政府的财政紧张。另一个取消禁令的理由是：在线扑克的支持者们一直强调扑克是一项技能，不是赌博。

该法案得到了众议院金融服务委员会的支持，但随后因中期选举迫在眉睫而搁浅了。尽管对在线扑克征税可以大大缓解财政紧张，但"国会山"对此似乎不感兴趣。扑克牌玩家联盟（Poker Players Alliance，PPA）是一个倡导在线扑克合法化的游说团体，其执行董事约翰·帕帕斯（John Pappas）说道："这不是共和党议会的优先考虑事项，也不是民主党议会要优先考虑的。"

还有一个事实使在线扑克的合法地位更加复杂：在美国50个州中，有49个州认为在线扑克并不违法。具体而言，联邦法律允许各州对其实际辖区内的在线扑克玩家和虚拟赌场实行合法化的规范管制。华盛顿州是个例外。2006年，该州立法机构通过了一项法律，规定该州居民玩在线扑克属于重罪。

因立法操纵、灰色地带以及繁杂的合法手续的存在，一些在线网站不得不放弃美国市场。有些网站，如全速扑克（Full Tilt Poker）和扑克之星（PokerStars）则留了下来。于是，美国每年约有180万专业的和业余的扑克玩家在网上玩。通常每晚有10万玩家登录全速扑克，另有20万玩家活跃在扑克之星上。

此外，大量的扑克粉丝在观看电视节目，如ESPN的世界扑克锦标赛（World Series of Poker）和NBC的深夜扑克（Poker After Dark）。这些节目的巨额广告收入都来自在线扑克公司。此外，在线运营商还支付了一些节目的制作成本，在广播业，这种安排被称做"档期"（time buys）。

广告商通常经营两种类型的网站。一种是互联网后缀为".net"的"教程"或"教育"类扑克网站，其商业广告敦促观众登录网站并"免费玩游戏"。另外，网站还会向节目中的玩家支付酬金，让他们穿上带有".net"标识的帽子、衬衫及其他服饰。与此相反，".com"的扑克网站不会在商业广告中出现。举个例子，在线游戏运营商扑克之星每年花费2 000万～3 000万美元在ESPN上打广告。但广告只针对PokerStars.net——一个教育网站，而不是实际的在线游戏网站 PokerStars.com。这种策略可使广告公司绕开联邦法律的禁令，这些法律不允许对卖淫等非法活动进行推广。

2011 年 4 月 15 日，美国司法部再次出手。该机构对三大在线扑克公司的创始人提起了诉讼。起诉书中指控被告从事银行欺诈、洗钱和其他违反 UIGEA 的犯罪活动。司法部还查封了全速扑克和其他一些网站，并阻止访问。

这一天被该行业称为"黑色星期五"，而其带来的影响仍继续发酵。2011 年 7 月 26 日，博狗（Bodog）宣布将于 2011 年底离开美国市场。博狗一直是一个领先的互联网扑克网站，而其退出美国意味着已经很少有公司愿意继续冒险为美国居民提供在线扑克业务了。

在此背景下，各州仍在不断努力使州内互联网赌博合法化。新泽西州立法机构批准了一项法案，使该州成为第一个允许州内互联网赌博的州，但州长克里斯·克里斯蒂（Chris Christie）否决了该法案。包括艾奥瓦州和内华达州在内的其他各州也在考虑如何使居民进行合法的互联网赌博。例如，在艾奥瓦州，大约有 15 万居民玩在线扑克。如果在该州 17 家受监管的赌场进行合法赌博，预计每年将产生 3 000 万～3 500 万美元的税收收入。美国数字游戏（U. S. Digital Gaming）是一家加利福尼亚州的公司，其管理层表示有兴趣经营艾奥瓦州的在线扑克网络。负责政府事务的公司副总裁柯克·尤勒（Kirk Uhler）说："促成这一行动的是，你已经意识到你正在一个不受监管的环境中开展现有活动，而且其收入全部流向了海外。"

案例讨论题

1. 你认为《非法互联网赌博执行法案》有没有对离岸赌博公司构成歧视？

2. 依靠立法阻止那些想赌博的人去赌博，成功的可能性有多大？

3. 当美国政府竭力获得财政收入时，政策制定者对互联网赌博颁发许可证、管制以及收税的举措有道理吗？近期的经济危机是否为开拓该收入来源创造了条件？或者，是否应该让社会价值观会受到侵蚀的担忧主宰有关互联网赌博的讨论呢？

资料来源：This case was prepared by Keith Miller, Ellis and Nelle Levitt Distinguished Professor of Law, Drake University Law School. *Additional sources*：Anthony N. Cabot and Keith C. Miller, *The Law of Gambling and Regulated Gaming* (Durham, NC: Carolina Academic Press Case Law Series, 2011); David Streitfeld, "Tech Industry Sets Its Sights on Gambling," *The New York Times* (February 18, 2013), pp. A1, A11; Sam Schechner and Alexandra Berzon, "Inside the TV Poker Machine," *The Wall Street Journal* (July 26, 2011), p. B1; Alexandra Berzon, "Online Poker Players Face Big Life Changes," *The Wall Street Journal* (April 18, 2011), p. B1; Ross Tieman, "Rock and Roll and Research," *Financial Times* (March 7, 2011), p. 11; Jennifer Jacobs, "Proposal Would Regulate, Legalize Online Poker," *The Des Moines Register* (February 25, 2011), p. 1; Michael Kaplan, "Gambling in the Gray," *Cigar Aficionado* (February 2011), pp. 112 - 114; Sewell Chan, "Congress Rethinks Its Ban on Internet Gambling," *The New York Times* (July 29, 2010), p. A1; Roger Blitz, "PartyGaming Eyes Place at the U. S. Online Table," *Financial Times* (April 8, 2009), p. 20; Blitz, "A Better Hand," *Financial Times* (February 4, 2009), p. 7; Blitz, "The Unlucky Gambler," *Financial Times* (July 23/23, 2006), p. 7; Blitz and Tom Braithwaite, "Online Operators Weigh Up the Odds," *Financial Times* (July 19, 2006), p. 21; Scott Miller and Christina Binkley, "Trade Body Rules Against U. S. Ban on Web Gambling," *The Wall Street Journal* (March 25, 2004), p. A2.

第Ⅲ篇

进军全球市场

Approaching Global Markets

第6章
全球信息系统与市场调研

学习目标

1. 讨论信息技术在全球公司决策过程中的作用。
2. 了解直接感知在全球营销调研过程中的重要性。
3. 解释全球营销人员是如何在传统的市场调研中对个别步骤进行调整的。
4. 比较多国公司组织营销调研工作的方式与全球公司或跨国公司的组织方式有何不同。
5. 解释信息是如何作为战略资产来影响全球公司的结构的。

案例 6-1

依靠市场调研，蔻驰常驻时尚前沿

多年来，蔻驰以供应结实、耐用的皮革商品而闻名全球。尽管很多职业女性非常喜欢保守风格的标志性蔻驰手提包，但她们并不认为蔻驰品牌的配饰是必须拥有的时尚物品。而如今，蔻驰已被看作前沿的时尚品牌，它在日本等重要奢侈品市场上的份额激增。该公司特别擅长制造和销售为不同场合准备的最新款式手提包。在手提包行业中，普拉达、古驰、香奈儿以及其他奢侈品牌占据着主导地位，这些品牌的手提包售价一般为数百上千美元，而蔻驰首创了"唾手可得的奢侈品"（accessible luxury）概念。蔻驰公司首席执行官卢·弗兰克福特（Lew Frankfort）是如何实现这一转型的？该公司在十几个国家设有各种不同的销售渠道和生产网络，这意味着其生产成本要比其他竞争对手平均低40%。

但是，价格只是其中的一部分原因。营销信息系统和广泛的消费者调研同样非常重要。蔻驰管理层依赖于各百货公司、独立精品店、蔻驰的网站和工厂直销店的日常反馈。此外，在对新设计的产品进行市场测试时，公司高度关注"数量"。公司手提包和配饰产品的首席设计师瑞德·克拉考夫（Reed Krakoff）解释道："如果某些产品卖不动，我从不会说'嗯，那是因为人们不理解它'。如果人们不懂这款产品，那它就不该进店。"要想深入了解蔻驰是如何利用市场调研稳居时尚前沿的，请查看本章结尾的案例 6 - 1（续）。

蔻驰在竞争激烈的时尚行业中东山再起，表明有关消费者行为和总体商业环境的信息对提高管理决策效率是至关重要的。在进行市场调研时，营销人员必须充分了解信息的来源、需要调查的领域、需要获知的信息、获得信息的不同方式以及可能产生重要洞察或见解的各种分析类型。如果能够在互联网上获得丰富多样的市场信息，营销人员将是非常幸运的。敲击几个按键就能搜索出数百篇文章、研究成果和能够提供大量关于特定市场信息的网站。尽管如此，营销人员还是希望能充分利用现代信息技术，因而他们还需要多做功课。首先，他们需要理解信息技术和营销信息系统的重要性，它们是重要的战略资产。其次，他们应该了解正式的市场调研流程。最后，他们应该知道如何管理营销信息收集系统和营销调研工作。这些主题都是本章关注的重点。

6.1 全球营销的信息技术和商业情报

信息技术（information technology，IT）是指一个组织创造、存储、交换、使用和管理信息的过程。例如，**管理信息系统**（management information system，MIS）为管理者和其他决策者提供关于公司运营的持续信息流。MIS 是一个通用术语，可以指代公司用来管理信息的硬件和软件系统（还可以用来描述 IT 部门，此时它指代人、硬件和软件）。MIS 应当提供收集、分析、分类、存储、检索和报告有关信息的手段。它也应涵盖公司外部环境的一些重要因素，如顾客和竞争对手。

企业 MIS 的重要组成部分之一是商业情报（business intelligence，BI）网络，这种网络可以帮助管理者制定决策，其主要目标是：

……确保用交互的方式获得信息，使这些信息能被控制和处理，并使经理和分析人员开展适当的分析。通过分析历史和当前的数据、形势和绩效表现等信息，决策制定者能获得有价值的洞察，由此制定更为准确和可靠的决策。[1]

随着全球化竞争的不断强化，企业迫切需要高效且在内部使用便利的 MIS 和商业情报网络。雷诺公司首席信息官让-皮埃尔·科尔尼乌（Jean-Pierre Corniou）指出：

我们的愿景是设计、生产、销售和维修汽车。我所有的工作都与此相关，即迫切需要提高周转率、利润和品牌形象。IT 领域的每笔单项投资和支出都必须受到汽车业务愿景的驱动。[2]

近年来，卡特彼勒、通用电气、波音、联邦快递、帝亚吉欧、福特、丰田和其他在全球开展业务的公司都在 IT 方面进行了大量投资。这些投资大多用来为公司的计算机硬件和软件进行升级。微软、太阳微系统、SAP、甲骨文和 IBM 等公司都是这种趋势的受益者。这些公司都是全球企业，它们的很多客户也是全球企业。高端软件系统的供应商发现它们很难达到 100％ 的客户满意度。希柏软件系统（Siebel System）的创始人托马斯·西伯尔（Thomas Siebel）解释了自己的公司是如何应对这种挑战的：

希柏公司是一家全球公司，而不是多国公司。我认为世界各地还有很多多国公司，但多国公司的概念（其分部可以自由选择采用自己特有的经营准则）已经被淘汰了。无论我们在世界上哪个国家做生意，我们的客户，像 IBM、苏黎世金融服务集团（Zurich Financial Services）和花旗银行等全球公司，都希望得到同等高水平的服务和品质，以及同样的许可政策。我们的人力资源和法律部门帮助我们制定尊重当地文化和符合当地要求的政策，同时维持最高的服务水平。在这个星球上任何一个地方的经营活动中，我们只有一个品牌、一种企业形象、一套企业标准色和一套信息标准。[3]

与公共互联网不同，**内联网**（intranet）是允许授权的公司员工和外部人士安全地共享电子信息的一种私人网络，它可以避免产生堆积如山的纸质文件。内联网使公司的信息系统成为一个 24 小时全天候的神经中枢，亚马逊和戴尔等公司因此能够以实时企业（real-time enterprise，RTE）的方式运作。随着无线互联网接入日益方便，预计这种企业模式会逐渐普及。

电子数据交换（electronic data interchange，EDI）系统使得公司业务部门可以与其他部门或其他公司以电子方式提交订单、开具发票并进行交易。EDI 的一个关键特征在于它有统一的交易格式。这允许不同公司的计算机系统使用同一语言。沃尔玛就因其先进的 EDI 而闻名。多年来，供应商用与第三方传输网络连接的拨号调制解调器从电脑上接收沃尔玛的订单。2002 年，沃尔玛通知供应商其系统正在转换为基于互联网的 EDI。这一转换将能同时节约时间和资金，而基于调制解调器的系统有可能出现传输中断，其成本是每千字符 10～20 美分。任何希望将来与沃尔玛做生意的供应商都必须购买并安装必需的计算机软件。[4]

经营业绩不佳往往是因为缺乏足够的有关公司内外部环境的数据和信息。例如，德国运动鞋制造公司阿迪达斯在其美国分部建立了一个新的管理团队，而该团队发现系统里竟然没有关于正常库存周转率的数据。一套新的报告系统显示，阿迪达斯当时的竞争对手锐步和耐克的库存周转率为一年 5 次，而它仅一年 2 次。这个信息促使公司做出决定，将营销集中于那些最畅销的阿迪达斯产品。在日本，7-11 公司也通过分销系统的计算机化使其在便利店市场中获得竞争优势。7-11 便利店之间相互连接，每家店还都与分销中心连接。一位零售分析家指出：

有了这个系统，顾客无论何时去商店，货架永远不会是空的。如果有顾客在凌晨 4 点到来但没有找到想要的产品，那将对商店的形象造成严重的影响。[5]

乐购会员卡

作为英国排名第一的连锁超市，乐购是"无可匹敌"的。面对快速成长的竞争对手，乐购的管理团队必须在持续的挑战中保持领先。其主要竞争对手包括本地连锁店塞恩斯伯里（Sainsbury）和零售巨头沃尔玛旗下的阿斯达（Asda）。

乐购成功的关键之一就是与会员卡相关的忠诚度计划。注册会员很简单：购物者只需在实体店或网上填写一份申请，这包括一些有关家庭人口及饮食偏好的问题。乐购80%

的客户来自拥有会员卡的 1 500 万户家庭。购物者只需在结账时出示会员卡，每消费 1 英镑就可获得 2 个积分。

每积累 100 个积分，购物者就可以用它来兑换 1 英镑的优惠券以便在将来购买食杂商品或用于航空公司的常客优待计划。乐购还与玛尚诺比萨（Pizza Express）等其他零售商展开了合作。在这些零售商的店里，乐购优惠券的价值可以是面值的 4 倍。毫无疑问，会员卡在大学生中也很受欢迎！另外，乐购还针对不同的群体提供不同的激励措施。例如，高消费人群在兑换某些类别的商品时，其优惠券所代表的积分是原来的 3 倍。

但会员卡计划不仅仅是让乐购给其顾客提供奖励，它还为乐购的 IT 团队提供了清晰的市场图景——哪种产品热销，哪种产品卖不动以及产品类别间的差距在哪里。该会员卡计划由位于伦敦附近的独立咨询公司邓韩贝（Dunnhumby）进行管理。数据库中的每个产品都按其价格维度和其他几十个维度进行评分。为说明会员卡计划的价值，邓韩贝的联合创始人克莱夫·赫比（Clive Humby）举了一个葡萄酒销售的例子：

> 就葡萄酒来说，我们会发现人们想要购买的一些商品在乐购是没有的。圣诞节时，人们想买"豪华"一点的葡萄酒，那些通常买 2.99 英镑廉价葡萄酒的人会去买 5.99 英镑一瓶的葡萄酒，但那些想从 5.99 英镑升级到 7.99 英镑的人去哪了？他们在特色葡萄酒店奥德宾斯（Oddbins），因为乐购售卖的葡萄酒范围太小了。

邓韩贝根据购物车内容的相似性将乐购的顾客分为不同的群体。例如，有一个被分析家们称为"精致食品"（Finer Food）的群体，它由一群富裕而没时间的消费者构成，他们对高档产品情有独钟。当数据表明这些购物者没有在乐购购买优质葡萄酒或奶酪时，公司就对产品进行了升级并推出带"乐购最优"（Tesco's Finest）标签的自有品牌。相比之下，传统购物者则是"制造者"（Maker），他们购买食材来准备家常饭菜。因而他们倾向于购买乐购产品中价格较低的"乐购超值"（Tesco Value）商品，包括啤酒、焗豆、番茄罐头和面条等。

通过将家庭信息与每周购买行为的数据结合起来，乐购可以根据具体的顾客群体展开定向促销。这是某个购物者第一次购买尿布吗？那么乐购就会给他寄去婴儿湿巾和啤酒的家庭优惠券。为什么是啤酒？因为要与婴儿待在家里的新手爸爸不能像往常一样经常光顾当地的酒吧，所以他们需要囤积啤酒在家消费。

会员卡还为乐购提供了战术优势，这使其能够超越沃尔玛的阿斯达。沃尔玛的价值主张非常明确：价格低廉。为了防止那些最具有价值意识的购物者背离，乐购深度挖掘了其数据库，找出会员卡用户中购买最低价商品的那些顾客。管理人员对这些"价值猎人"定期购买的数百件商品进行了标注，进一步降低其价格。其结果就是：乐购留住了这些购物者，没让他们转向阿斯达。目前，乐购与阿斯达在英国食杂品销售中的份额比例是 2∶1，乐购领先。

资料来源：Elizabeth Rigby, "Fresh Horizons Uneasily Scanned," *Financial Times* (September 19, 2010); Andrea Felsted, "Tesco Takes Clubcard Route to Buoyant Sales," *Financial Times* (January 12, 2010); Andrea Felsted, "Tesco Experiments with Clubcard," *Financial Times* (September 8, 2010); Cecilie Rohwedder, "Stores of Knowledge: No. 1 Retailer in Britain Uses 'Clubcard' to Thwart Wal-Mart," *The Wall Street Journal* (June 6, 2006), pp. A1, A16.

　　全球化对公司造成的压力越来越大，因此必须尽最大可能节约成本。信息技术提供了一系列有用的工具。如上所述，EDI 与供货商连接，从而可使零售商提高库存管理水平，以低成本及时地购进热销产品。除了 EDI，零售商还越来越多地使用一种称为**高效消费者反应**（efficient consumer response，ECR）的技术，目的在于在补货方面与供应商更紧密地合作。ECR 可定义为为了使顾客受益，供应链中各成员为改进和优化供应链各环节做出的共同努力。ECR 系统利用收银台扫描仪收集**电子销售点**（electronic point of sale，EPOS）数据，帮助零售商了解产品销售状况和不同地区消费偏好的差异。虽然 ECR 当前在美国最为流行，但它在欧洲的影响也不断扩大。家乐福、麦德龙、可口可乐和汉高等公司都已经采用了 ECR。供应链方面的各种创新，如无线射频识别标签（radio frequency identification tag，RFID），很可能为 ECR 的使用提供更多的动力。

　　EPOS、ECR 以及其他信息技术工具还可以增进企业发现目标顾客并提高其忠诚度的能力。零售业的发展趋势是制定以顾客为中心、提供个性化和差异化服务的策略。在销售点（POS）扫描数据之外，电子智能卡这种忠诚度项目可以为零售商带来有关购买习惯的重要信息。另外一种帮助公司收集、存储和分析顾客资料的商业工具称为**客户关系管理**（customer relationship management，CRM）。尽管行业专家对 CRM 的描述和定义不尽相同，但他们普遍认为这是一种注重公司和客户之间双向沟通的理念。公司与消费者或者商业客户发生的每一个接触点（在 CRM 术语中称为"接触点"）都是收集数据的机会。接触方式多种多样，比如网站、保修卡或彩票抽奖、信用卡支付或呼叫中心查询。CRM 工具使美国运通、戴尔、汇丰银行、夏普和索尼等公司得以确定最有价值客户的名单，然后用与其需求密切吻合的定制产品和服务做出及时反应。如果实施得当，CRM 能够提高雇员的生产效率和公司的盈利能力，同时通过增值产品和服务使顾客受益。

　　公司采用 CRM 的方式多种多样。有的对消费者而言是可见的，有的则是不可见的；有的广泛使用最先进的信息技术，有的则不使用。例如在酒店业，CRM 的形式可以使前台人员追踪到老客户的需求状况，并对此做出反应和预测。顾客登录亚马逊网站，购买 U2 乐队的最新版 CD，当他收到"购买这张 CD 的顾客同时购买了布鲁斯·斯普林斯丁（Bruce Springsteen）的《为梦而作》（*Working on a Dream*）专辑"的信息时，这名顾客就遇到了 CRM。CRM 也可能基于网页访客的鼠标点击路径。可是在这种情况下，互联网用户可能并不会意识到某公司正在追踪他的行为和兴趣。

　　使用 CRM 的挑战在于将数据整合为关于顾客本身、顾客与公司以及顾客与公司产品或服务之间关系的完整画面，这样的画面有时被称为"顾客 360 度视图"。对全球营销人员而言，挑战更为艰巨。世界各地的分公司所采用的客户资料格式可能不同，而商业化的 CRM 产品可能不支持各地的语言。鉴于这种情况，行业专家建议分阶段执行全球 CRM 计划。第一阶段可以集中于诸如销售队伍自动化（sales force automation，SFA）这样的具体任务。SFA 这个术语是指一套软件系统，可以自动安排好前期任务分配、合同跟进以及机会报告等销售和营销的常规工作。SFA 还可以分析销售成本和营销活动的有效性。有些 SFA 软件可以协助进行报价准备并管理销售活动中的其他部分，比如邮件群发和对会议参会者的后续追踪。

　　例如，在执行 CRM 时，重要的第一步可以是采用来自甲骨文公司或 Onyx 软件公司的 SFA 软件。该阶段的目标是使分布在全国各地的销售代表接入网络门户站点，以了解整个公司的销售活动。为了简化执行过程，公司可以要求所有的销售活动都用英文做记录。如此一来，营销、顾客服务及其他职能部门就可以加入系统当中。[6]

隐私问题的严重性在各个国家存在差别。例如在欧盟，《数据收集保护指令》（Directive on Data Collection）于 1998 年开始生效。若想在欧盟 27 个成员中的任何一个国家使用 CRM 收集个别顾客的资料，公司都需要满足该法规的要求。此外还有关于跨境使用这些信息的限制。2000 年，美国商务部和欧盟达成了一项《安全港条约》（Safe Harbor Agreement），该条约确定了那些希望将数据从欧洲转移到美国的公司所必须执行的隐私保护规则。这些规则在 www. export. gov/safeharbor 网站中有详细描述，主要包括：

- 收集、使用信息的目的以及个人可以何种方式直接向公司查询；
- 提供"决定不参加"选项，以防止个人信息向第三方泄露；
- 规定信息只能转至符合安全港原则的第三方；
- 个人必须拥有获取有关他们自己信息的路径，并能够修正或者删除不准确的信息。

名为**数据仓库**（data warehouse）的数据库通常是公司 CRM 系统的一个内在组成部分。数据仓库还有其他用途。例如，它们可以帮助有多个店铺的零售商精细调整其商品组合。公司员工，包括那些非计算机专家，可以通过标准 Web 浏览器进入数据仓库。然而在熟悉的界面背后是专业化软件，它能够通过线性规划和回归这样复杂的技术进行多维分析。管理人员因此能够调整营销组合要素，对变化的商务环境做出更好的反应。英国的微战略信息服务公司（MicroStrategy）是几家为客户创建数据仓库的公司之一。正如其前副总裁斯图尔特·霍尔尼斯（Stewart Holness）所解释的那样，"许多公司花巨资积累了大量信息，却没能发布，而网络是一个完美的传递工具"。[7]

正如霍尔尼斯的评论所表明的那样，互联网带来了公司信息处理过程的革命（见第 15 章）。那些未能及时意识到这场革命的公司可能被竞争者甩在后面。例如，德国的 Mittlestand 是一种广泛存在的中小企业集团，包括 300 万家长期专注自己的领域且在全球市场上非常成功的中小制造企业。Mittlestand 经常被引为例证，用以说明小公司是如何促进经济增长并保持繁荣的。德国最大的软件公司的总裁迪特曼·霍普（Dietmar Hopp）在 20 世纪 90 年代中期指出：

> 伴随着全球化进程的发展，中小企业和大公司之间的区别逐渐消失，它们的业务流程具有可比性。外国竞争者会利用互联网强化其在德国的地位，这只是一个时间问题。
> 德国公司应当向它们学习，通过电子化的营销和商务在美国和亚洲开展业务。[8]

很明显，中小企业都知道了这一信息。根据 IBM（德国）和一家针对德国企业的杂志《脉动》（*Impulse*）的一项调查，大部分中小企业如今已经建立了它们的网站。大约 1/3 的公司利用网站进行电子交易，比如订货和与供应商的交叉链接等。[9]

这些例子只说明了信息技术影响全球营销的若干途径。然而，EDI，ECR，EPOS，SFA，CRM 和信息技术的其他方面并不只是营销技术，它们也不可避免地涉及组织问题。为了取得商业情报和收集信息，公司还需要设计、组织和实施信息系统。这些任务必须协调一致，服务于一个组织的总体战略导向。现代信息技术工具为公司的营销信息系统和调研部门提供了必要手段，使其能够及时地以节约成本和可行的方式提供相关信息。

总体来看，全球化的组织具有以下需求：

- 高效的系统，可以搜索并分析公司总部所在国及公司业务涉及的相关国家公开发行的信息资料和技术类刊物。

● 每天搜索、翻译、分析、提炼各种信息，并将电子信息输入市场情报系统。今天，随着信息技术的发展，网上可以获得 PDF 格式的各种来源的全文版本。纸质版的文件可以轻松地扫描并转化为电子版本，随后输入公司的信息系统。

● 将信息覆盖面扩展至世界其他地区。

6.2　市场信息来源

尽管搜索是一个重要的信息来源，但调查表明，全球公司总部的管理者所需信息的 2/3来自个人。大量的外部信息通过公司驻在海外的子公司、附属公司和分部的管理人员获得。这些管理者可能与分销商、消费者、顾客、供应商及政府官员进行了沟通。确实，全球公司的海外高管在获得和传播关于世界环境的信息方面扮演着重要角色，这是全球公司的一个突出特点，也是其竞争优势的主要来源。公司总部的管理者通常都会承认海外高管最清楚他们所在地区的情况。

信息问题暴露出国内公司的一个主要弱点。即使外部存在其他富有吸引力的市场机会，这个机会也很可能被忽略掉，因为国内公司的信息搜索一般不会跨越国界。同样，公司如果只在有限的地域范围内经营，也会面临失去市场机会的风险，因为公司海外子公司的内部信息来源也只限于搜索有关它们自己国家或地区的信息。

直接感知为来自人和文件的信息提供了一个至关重要的背景。直接感知涉及全部感官，指的是通过视觉、触觉、听觉、嗅觉和味觉来了解某个国家正在发生的情况，而不是道听途说地获得有关某个问题的二手资料。有些信息很容易通过其他渠道获得，但需要感知经验来加深认识。通常，在观察形势时获得的背景信息有助于正确地认识自身和大环境的关系。例如，沃尔玛在中国开设的首批商店堆积了许多不适合当地消费者的产品，比如延伸式铝梯和超大瓶装酱油。为此，沃尔玛亚洲区总经理乔·哈特菲尔德（Joe Hatfield）开始在深圳大街上边逛边想点子。他的观察富有成效。当公司 2000 年 4 月在大连的大型商店开张时，第一周就有 100 万人光顾。他们抢购各种产品，从午餐盒到玉米或菠萝口味的比萨饼。[10]当吉姆·斯登戈尔（Jim Stengel）担任宝洁公司首席营销官时，他引导下属经理人员从对调研数据的偏见转向以直接感知为基础的、更为广阔的视角。斯登戈尔指出：

> 我们经常发现消费者无法明确地表达他们的意愿，这就是为什么我们需要一种可以理解消费者的文化。这里不允许超脱。你不能脱离消费者和品牌，期待通过数据、文献或交流来获取洞察。你必须有体验。一些最好的创意通常来自深入一线去体验和聆听的人。[11]

当公司的国内市场被全球竞争者控制时，直接感知也会十分重要。微软就曾遇到这种情况：当它推出 Xbox 视频游戏系统时，市场已处于索尼公司的统治之下。微软集团负责全美消费者推广和赞助的经理辛迪·斯波代克-迪奇（Cindy Spodek-Dickey）与诸如排球职业运动员协会（Association of Volleyball Professionals，AVP）等各家推广合作商一起，带着Xbox 巡回推广。在不同城市举行的 AVP 锦标赛上，观众（也是潜在客户）有机会参观

Xbox 的接待帐篷，试用这种新系统。在一次锦标赛上，斯波代克-迪奇解释了非正式市场调研的重要性：

> 其他赞助商都在做什么？人群在追逐什么？他们穿着什么品牌的衣服？他们是怎样与我们的产品互动的？当他们走出接待室时，我会拦住他们问："你觉得怎么样？你喜欢 Xbox 的哪些方面？你觉得你的 PlayStation 怎么样？"这是一种亲朋式的调研。我当然不会仅根据这些就投入 1 000 万美元做广告，但我认为这样做可以帮你保持信息的可靠性和真实性。若你开始听到同样的回馈，三次，四次，五次……你最好去关注……我认为，优秀的营销人员的一部分工作就是密切联系他们的观众和产品。任何方式都不能替代面对面、眼对眼和手与手的沟通。[12]

6.3　正式的市场调研

信息是成功制定和实施营销战略的关键要素之一。如前所述，营销信息系统应当产生持续的信息流。与此相反，**市场调研**（market research）是针对专门项目开展的系统的数据收集活动。美国市场营销协会（American Marketing Association，AMA）将市场调研定义为"使营销人员通过信息与消费者、顾客和公众相联系的活动"。[13] 在**全球市场调研**（global market research）中，调研活动在全球范围内开展。全球市场调研的挑战是承认国家间的巨大差异会影响到信息的获取方式，并对此作出回应。这些差异包括文化、语言、经济、政治、宗教、历史和市场等各个方面。

迈克尔·钦科陶（Michael Czinkota）和伊卡·龙凯宁（Illka Ronkainen）认为，国际市场调研和国内市场调研的目的相同。但是，他们指出了导致国际市场调研与国内市场调研不同的四个特定环境因素。第一，调研人员必须对商务活动中新的限定条件做好准备。不仅要求不同，而且实施规则的方法也不同。第二，当公司全体人员面对不同文化背景下对商业行为的一整套新认识时，会产生"文化大冲击"（cultural megashock）。第三，进入多个新地理市场的公司会面临一组新生的互相关联的因素，调研有助于防止有关人员出现过重的心理负担。第四，在国际市场上，公司的调研人员可能不得不扩展对竞争者的定义，使之包含国内市场不存在的竞争压力。[14]

进行市场调研有两种不同的方法。一是由公司内部人员设计并执行一项研究；二是聘用外部的专业市场调研公司。在国际营销中，通常建议将内部和外部两种方法结合起来。许多外部公司有丰富的国际经验，有些在特定的产业部门尤为专业。根据《营销新闻》（*Marketing News*）提供的数字，25 家顶级调研公司在 2008 年的全球市场调研收入总额达到 224 亿美元。[15] 尼尔森公司（Nielsen）是世界上规模最大的市场调研组织，美国著名的尼尔森电视收视率就是它的调研。尼尔森媒体研究公司国际部（Nielsen Media Reasearch International）在 40 多个全球市场提供媒介测评服务。其他专门的调研机构还包括凯度集团（Kantar Group）（品牌知名度和媒体分析）、艾美仕（IMS Health）（药品和医疗保健行业），以及德国的捷孚凯（GfK SE）（定制研究和消费者追踪）。

收集资料并将其转化为有用的信息这个过程在图 6-1 中有详细的描述。以下集中阐述

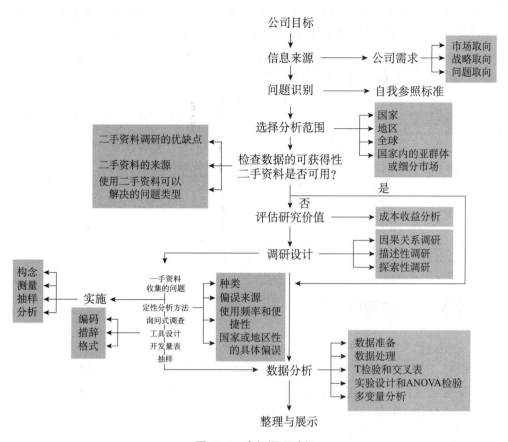

图 6 - 1　市场调研过程

资料来源：Kumar, V., *International Marketing Research*, 1st Edition, © 2000. Reprinted by permission of Pearson Education, Inc., Upper Saddle River, NJ

8 个基本步骤：识别信息需求、确定调研问题、选择分析单位、检查资料可获得性、评估调研价值、制定调研计划、分析资料和提交调研报告。

6.3.1　步骤 1：识别信息需求

已故的托马斯·贝塔（Thomas Bata）自称是一名"鞋商"，他把贝塔鞋业公司（Bata Shoe Organization）发展成为全球性的大企业，总部目前设在瑞士。贝塔出生于捷克，在瑞士接受教育。他曾经解雇了一名销售员，因为这名销售员在从非洲回来后说，在非洲所有的人都赤脚走路，根本没有销售鞋的机会。后来，贝塔聘用了另一名销售员，因为这名销售员认为非洲是销售鞋子的巨大潜在市场。这个故事强调的事实是，直接感知必须与无偏见的认知和见解联系起来。不过，尽管很多营销人员都承认这一点，却很难改变根深蒂固的消费者行为模式。

正式的调研通常是在确认问题或机会之后才开始进行的。企业可能需要补充直接感知的信息和其他信息之后，才能确定某个国家或地区市场是否具有良好的发展潜力。潜在顾客转化为实际顾客的可能性有多大？竞争者是否正在开拓某个或多个重要的世界市场？

是否需要调查当地人的口味偏好以决定是否需要将某种食品当地化？市场调研的一个不证自明之理是："问题如果能界定清楚，那就相当于解决了一半。"因此，不管是在何种情形下开始调研，营销人员都应该首先提出两个问题：我需要什么信息，我为什么需要这些信息。表6-1列出了可能需要调研的各种主题。

表6-1　全球营销信息系统的主题类别

类别	范围
1. 市场需求潜力	需求预测，消费者行为，产品评估，销售渠道，传播媒介
2. 竞争者信息	公司战略、业务战略和职能战略，资源与意向，能力
3. 外汇	国际收支，利率，国家货币的吸引力，分析家的预测
4. 规定性信息	法律，法规，税法，收益，所在国和本国的股息
5. 资源信息	人员、资金、物资和信息来源的可得性
6. 一般条件	社会与文化、政治和技术环境的总体评估

6.3.2　步骤2：确定调研问题

如第4章所述，当个人的价值观和信仰影响到对外国文化或国家的评价时，这说明自我参照标准在起作用。自我参照标准强调了理解全球市场中文化环境的重要性，详见下面两个例子：

● 当美泰公司在日本市场上首次推出芭比娃娃时，管理层认为日本女孩会像美国女孩一样喜欢这款洋娃娃。但是，日本女孩并不喜欢。

● 当迪士尼公司在巴黎开办迪士尼乐园后，其员工需要遵守一系列关于个人仪表的书面规定。这样做的目的是确保客人能得到与迪士尼名称相关的一种经历。不过，法国人认为这种规定是对法国文化、个人主义和隐私的侮辱。

从以上例子可见，在全球化的经营过程中，公司基于本国成功经验的假设往往是错误的。营销人员可能会认为，在某个国家市场获得成功的营销计划也会适用于该地区其他国家的市场。回看迪士尼主题乐园的经营案例。尽管日本的迪士尼乐园自开业之日起一直非常成功，但投资32亿美元的中国香港迪士尼乐园在2005年开业后却并没有很成功。部分原因是中国内地不熟悉传统的迪士尼"面孔"，例如白雪公主等。正如迪士尼乐园及度假区总裁杰伊·拉苏洛（Jay Rasulo）所指出的那样，"来自中国内地的游客并不像其他乐园的游客那样关注那些深入人心的'迪士尼软件'"。[16]

在开拓全球市场时，最好"睁大眼睛"。换言之，营销人员必须认识到自我参照标准和其他跨文化因素可能产生的影响。这样做会带来多个正面效果。第一，它可以提高管理者实地开展市场调研的主动性；第二，对自我参照标准的认识有助于确保所设计的调研工作具有最小的本国偏见或第二国偏见；第三，能够提高管理者对调研结果的接受程度，即使结果有悖于那些已在其他市场上试验并取得成功的营销经验。

6.3.3　步骤3：选择分析单位

下一步需要识别出公司应当在世界哪个（些）地区开展业务，并最大限度地了解这个

（些）地区的商务环境。这些问题反映在表 6－1 列出的主题类别中。分析单位可能是一个国家，也可能是像欧洲或南美洲这样的地区。在某些情况下，营销人员会对某个全球性的细分市场感兴趣。并非所有关于市场进入的决策都需要全国范围的资料。相反，一个特定的城市、州或省份都可以是相关的分析单位。例如，一个考虑进入中国市场的公司可能最初将注意力放在上海。毗邻江苏，上海是中国最大的城市之一和主要海港。由于上海是一个制造业中心，有发展齐备的基础设施，而且人均收入相对高，因此理所当然地成为市场调研活动的重点所在。

6.3.4　步骤 4：检查资料可获得性

这个阶段的首要任务是回答几个关于资料可获得性的问题：需要收集什么资料？所需资料是否可从公司文档、图书馆、行业杂志或贸易杂志，抑或网络中获得？是否可以采用**二手资料**（secondary data）？管理者何时需要此信息以对市场进入作出决策？营销人员在进入调研的下一步之前必须考虑这些问题。采用已有的可用信息可以节约资金和时间。而一项正式的市场研究可能耗资数万美元、花费数月才能完成。

低成本的市场调研和资料收集方式从案头调研开始。换言之，"低成本的调研外国市场的一种方法是爬上那些之前已经去过的人的肩膀"。[17] 假设某营销人员希望评估某一特定产品的基本市场潜力。为了达到这个目标，查询二手资料是一个很好的出发点。有的资料来源获取需要花费的时间和精力很少，剪报服务、公司或公共图书馆、在线数据库、政府普查记录、贸易协会就是其中几种。通过这些来源获得的资料已经存在，被称为二手资料，即并不是专门为手头上某个项目而收集的。《美国统计摘要》（*Statistical Abstract of the United States*）是美国政府发布的包含大量国际市场资料的年度出版物之一。

美国政府最全面的全球贸易资料来源是国家贸易数据库（National Trade Data Base, NTDB），是由美国商务部发布的在线资源。美国经济分析局（www. bea. gov）和美国人口普查局（www. census. gov）拥有外贸、经济指标，以及其他的当前和历史数据等优秀在线资源。欧盟的贸易数据可从欧洲统计局（epp. eurostat. ec. europa. eu）获得。大部分国家都将估测的国民生产总值、国内生产总值、消费、投资、政府支出和价格这些指标编撰成册。关于人口规模、各年龄段的人口分布和人口增长率等人口统计资料也较容易获得。市场信息也存在于商务部基于装运商出口申报而编写的出口检查资料中（出口申报又称 SED，任何价值达到 1 500 美元或以上的出口都必须填写申报单）。市场信息的另一个重要来源是美国对外商务服务局（Foreign Commercial Service）。

许多国家都建立网站以帮助小企业在全球市场上寻找机会。例如，虚拟贸易专员（Virtual Trade Commissioner，www. infoexport. gc. ca）是加拿大对外事务和国际贸易部（Department of Foreign Affairs and International Trade，DFAIT）提供的一项服务。该网站是一个大型数据库，包含所有从事出口贸易的加拿大公司名单。

但是，能够获取的信息不止以上这些类型。单单一本《联合国统计年鉴》（*Statistical Yearbook of the United Nations*）就包括农业、矿业、制造业、建筑业、能源生产和消费、内外贸易、铁路和机场、工资和物价、健康、住房、教育、电信基础设施、大众传播媒体等方面的全球资料。美国中央情报局（U. S. Central Intelligence Agency，CIA）还会发布逐年修正的《世界事实》（*World Factbook*）。其他重要的资料来源还有世界银行、国际货币基金组织和日本经济产业省。《经济学人》和《金融时报》定期编撰并发表有关国家和地区市场的全面的调研报告。这些渠道的资料通常既有印刷品，也有电子版。

如何使用上述资料？以工业增长模式为例，资料中往往会揭示出消费模式，如此根据生产状况就能够估计市场机会。另外，制造业生产的趋势显示出那些供应制造业所需投入品的企业的潜在市场。在一个国家处于初级增长阶段时，人均收入偏低，生产制造集中于必需品，如食品、饮料、纺织品和其他轻工业产品。随着收入的不断提高，这些行业的相对重要性将降低，重工业随之开始发展。

这里必须注意，信息来源多种多样，有些是不可靠的。即使来源本身没什么问题，不同来源提供的同一资料也可能有差异。用户必须明白资料在确切地描述什么。例如，研究收入资料需要明白数字代表的是国民生产总值还是国内生产总值。同样，将互联网作为重要信息来源的用户都必须衡量网站的可信度。此外，正如钦科陶和龙凯宁指出的那样[18]，二手资料可为寻求在母国以外的市场提供决策帮助，但不太可能对专门问题提供启示，例如，我们生产的家具在印度尼西亚的市场潜力有多大？一般的尼日利亚消费者在软饮料上的花费是多少？如果为了符合德国的《绿点法令》（Green Dot Ordinance）而改变包装，是否会影响以及如何影响消费者的购买行为？

文化背景

摩托车驾驶者高兴得发疯

2013 年，哈雷-戴维森公司庆祝成立 110 周年。在过去的 100 多年里，公司实现了飞速发展。进入 21 世纪的第二个十年，哈雷-戴维森公司的营业收入达到 41 亿美元。运用高效的出口营销战略，哈雷-戴维森公司重型摩托车的全球销售额急剧增长。从澳大利亚、德国到墨西哥，哈雷-戴维森的车迷需要支付 2.5 万美元才能拥有一辆美国制造的经典车型。由于需求量过高，很多国家的经销商将潜在购买者列入一个需要等 6 个月的待购名单中。

在忽视海外市场多年之后，哈雷-戴维森公司才在国际市场上获得成功。当来自日本企业的竞争威胁越来越大时，哈雷-戴维森公司的反应速度仍未加快。早期，公司采用的出口销售策略主要是利用其不完善的经销商网络。直到 20 世纪 80 年代末，在重要的日本和欧洲市场上聘用了经销商之后，公司管理层才发现了一个基本的全球营销原则。"正如俗语所说，我们需要思维全球化，行动当地化。"当时主管全球营销的副总裁杰里·G. 威尔克（Jerry G. Wilke）说。管理层开始调整公司的国际营销战略，以提高在当地市场的应对效率。

例如，在日本，由于持久耐用、质量可靠，哈雷-戴维森公司的产品成为销售量最高的进口摩托车。了解到东京的驾驶者非常看重服装和定制摩托，哈雷-戴维森公司开办了专门销售服装和摩托车配件的商店。最近，哈雷-戴维森公司开始迎合日本女性驾驶爱好者对摩托车的需求。如今，公司摩托车、零件、配件和其他商品的收入中有 5.6% 来自日本。

哈雷-戴维森公司发现，欧洲人对"晚间的外出活动"的理解完全不同于美国。公司在法国赞助了一次拉力赛，啤酒供应和现场摇滚乐一直持续到半夜 12 点。威尔克回忆道："人们纷纷问我们，为什么刚刚天黑拉力赛就结束了呢？因此，我不得不说服乐队继续演出，同时要求酒吧开业到凌晨三四点。"

如今，公司对欧洲的客户非常了解；正如欧洲事务部主任克劳斯·斯托贝尔（Klaus Stobel）所解释的那样，"在欧洲购买哈雷-戴维森产品的顾客跟在美国购买宝马的顾客类似，主要是牙科医生和律师"。哈雷-戴维森在欧洲重型机车部门的整体市场份额中排名第二。其 2010 年的欧洲市场收入占全球市场收入的 16.7%。

全球经济危机使世界范围内的销售额都大幅缩水。原因很简单：信贷紧缩。对许多人来说，摩托车是一种自愿购买的产品，而不是必需品。2010 年，公司卖出了 210 494 辆摩托车，远低于 2006 年的 35 万辆。尽管需求下滑，但多年来摩托车一直供不应求，这对公司管理层来说是满意的。正如哈雷-戴维森的前总裁詹姆斯·H. 彼得森（James H. Paterson）所说的那样，"足够的摩托车意味着供应量过大"。

资料来源：Harley-Davidson Annual Report, 2010; Stephen Wisnefski and Susan Carey, "Credit Squeeze Threatens 'Hog' Sales," *The Wall Street Journal* (October 17, 2010), p. A1; Jeremy Grand and Harold Ehren, "Harley-Davidson Eyes Europe," *Financial Times* (July 28, 2003), p. 17; Kevin Kelly and Karen Lowry Miller, "The Rumble Heard Round the World; Harleys," *BusinessWeek* (May 24, 1993), pp. 58, 60; Robert L. Rose, "Vrooming Back: After Nearly Stalling, Harley-Davidson Finds New Crowd of Riders," *The Wall Street Journal* (August 31, 1990), pp. A1, A6.

私人调研公司出版的辛迪加研究是二手资料和信息的另一来源。"辛迪加"一词来自报业，是指向多个不同组织出售文章、（报刊上的）政治性漫画或客户名单的商业行为。例如，MarketResearch 公司（www. marketresearch. com）出售关于全球许多产业部门的调查报告，该公司与 350 家调研公司合作，提供一系列综合性的报告。表 6-2 所列是可从该公司购买到的报告（部分）。尽管购买一份报告可能要花费高达数千美元，不过公司可以就此获得所需的市场信息，而且不必付出调研一手资料所需要的巨额成本。

表 6-2　**MarketResearch. com 网站的全球市场调研报告**

研究题目	价格（美元）	出版商
中国化妆品市场	4 000	亚洲市场信息与发展公司（Asia Market Information & Development Company）
在线音乐	3 950	全球行业分析家（Global Industry Analysis）
英国威士忌市场	3 000	明特尔国际集团有限公司（Mintel International Group Ltd.）
全球奢侈品零售市场	2 990	明特尔国际集团有限公司
巴西、俄罗斯、印度和中国的医药市场	2 500	Kalorama Information
对经济危机的反应：2008—2012 年的美国电信业	2 000	国际调查和研究公司（IDC）
汽车行业	1 450	全球行业分析家
2009—2014 年笔记本电脑的发展前景	795	Icon Group International

资料来源：MarketResearch. com, accessed March 9, 2009. Used by permission.

6.3.5　步骤 5：评估调研价值

如果在公开出版物或研究报告中找不到所需资料，管理者可能就想对单个国家市场、地区或者全球子市场开展进一步的研究。然而，收集信息的成本很高。因此，市场调研计划应该详细说明信息收集的成本和该信息的价值如何（用美元、欧元、日元或其他货币计算）。得不到能够转化为有用信息的资料将引起多大损失？调研要求资金和管理时间两方面的投入，因此必须在进行下一步调研前进行成本效益分析。在某些情况下，不管通过调研要揭示什么事实，公司总得采取相同的行动步骤。虽然作出高质量决策还需要更多的信息，但只要对开展正式调研的成本做一次现实的估算，就会发现成本实在太高。

全球范围内的小型市场给调研人员带来了一个特殊问题。小型市场的利润潜力相对低，营销支出就应当有限。因此全球调研人员必须设计一些与市场利润潜力相适应的技术和方法。在小型市场上，调研人员感到这样一种压力，即他们必须发现当地人口统计与经济的关系以便用最少的信息估计出该市场的需求状况。同时，在小型市场的预算约束下，他们有可能不得不使用一些廉价的调研手段，从而舍弃调研的精确性和统计上的严谨性。

6.3.6　步骤 6：制定调研计划

如图 6-1 所示，如果二手资料可用，调研人员可以直接进入资料分析阶段。但是，假如在出版的统计资料和研究报告中找不到所需的资料，并且假设前面步骤所进行的成本效益分析使管理者决定开展调研活动，那么就需要进行一手资料的收集。**一手资料**（primary data）需要针对步骤 1 所确定的特定问题，通过专门的调研活动来收集。它要求设计一个调研方案。

全球营销学权威戴维·阿诺德（David Arnold）就资料收集提出了下列指导意见[19]：

● 采用多种指标而非单一度量，这将降低决策者的不确定程度。俗话说，"任何故事都有三个侧面，你的、我的和事实真相"。土地测量员能在已知两个物体位置的条件下确定第三个物体的位置。这种称为三角测量（triangulation）的技术在全球营销调研中同样有用。

● 公司可以针对特定的行业、产品市场或商业模式建立量身定做的指标。这些指标应该使公司在全球市场中的过往经验得到充分利用。例如，在有些发展中国家，玫琳凯公司（Mary Kay）以女秘书的平均工资为基础来估计其美容顾问的潜在收入。

● 一定要在多个市场进行具有可比性的评估，而不要孤立地衡量一个特定市场。可比性评估能使管理者获得一种组合式的办法，并借此找到可替代的市场特征和情境。比如，为了从总体上更好地了解捷克消费者，公司可能在附近的波兰和匈牙利开展调研。相反，如果一个酿酒公司希望对捷克的啤酒消费状况有更多了解，它可能还必须在爱尔兰和德国进行调研，因为这些国家的人均啤酒消费量很高。

● 相对于购买意向或价格敏感性的报告或观点，对购买模式及其他行为的观察更为重要。尤其对正在发展中的市场来说，很难精确地调查到消费者的观点。

牢记这些指导意见后，营销人员必须回答关于一手资料收集的一系列新问题。调研应当转向定量的数字化数据以便进行统计分析，还是应当采用定性的技术？在全球市场调研中，建议同时采用定量技术和定性技术。就消费品来说，定性技术尤其适用于完成以下任务[20]：

- 帮助消费者理解产品，或者"接近"消费者。
- 描述消费者行为的社会和文化背景，包括影响决策的各种文化、宗教和政治因素。
- 识别核心的品牌资产并了解品牌的深层内容。
- 贴近消费者，明白他们的真正所想。

资料收集中的有关问题

调研有时要更聚焦于营销问题，比如需要使产品和其他组合要素适合当地口味，以及评估市场潜量和盈利潜力。反过来，需求和利润潜量也部分取决于所研究的市场是否可分为现有市场和潜在市场。现有市场（existing market）是顾客需求已被一家或几家公司满足的市场。在许多国家，关于现有市场规模（以美元计的销售额及销售量）的资料很容易获得。但是，在某些地方，正式的市场调研相对而言还是一个新现象，资料奇缺。麦肯锡（McKinsey Company）、Gartner 集团亚洲分部（Gartner Group Asia）、葛瑞中国广告公司（Grey China Advertising）在中国很活跃。例如，利用焦点小组座谈等技术，葛瑞中国广告公司收集到关于态度和购买模式的大量信息，发表在《葛瑞中国数据库消费者年度研究》（*Grey China Base Annual Consumer Study*）中。它最新的研究成果表明：消费者对未来的忧虑加剧，食杂用品采购西方化，市场饱和度加大，消费者鉴别力提高，消费者尝试新产品的意愿加强。但是，不同来源收集到的信息可能不一致。中国软饮料的消费水平如何？欧睿信息咨询有限公司（Euromonitor）的估计为 230 亿升，而可口可乐公司内部调研小组公布的数字为 390 亿升。类似地，中国广视索福瑞媒介研究公司估计每年的电视广告市场为 28 亿美元。但根据尼尔森媒体研究公司的调查，这一数字接近 75 亿美元。[21]

在信息不一致以及市场所在国缺乏类似资料时，调研人员必须首先估计市场规模、需求水平以及产品购买或消费的比率。现有市场的第二个调研目的可能是估计公司在产品吸引力、价格、渠道以及促销的覆盖率与效率方面的总体竞争力。调研人员有可能发现竞争者的产品中的某个弱点，或者识别出一个尚未满足的子市场。比如，汽车业中的小型客车和运动型汽车子市场显示了现有市场中可能存在的机会。多年来，克莱斯勒公司一直主导着美国的小型客车市场，其年销售量一度达到 120 万辆。大多数全球营销人员在这一子市场展开竞争，尽管很多车型由于销售量下降而停产。例如，丰田于 1991 年在美国推出了日本产的普瑞维亚（Previa），批评家嘲笑它的泪珠式设计并指责其动力不足。在 1998 年的新款中，丰田用美国产的赛纳（Sienna）代替了普瑞维亚。为了保证赛纳符合美国人的口味，丰田公司的设计人员和工程师研究了克莱斯勒的小型客车，并复制了若干关键特征，如多个茶托和司机一侧可滑动的后门。

在某些情况下，没有现成的市场可供研究，此时市场的类别为潜在市场（potential markets）。潜在市场可以进一步分为潜伏市场和初始市场。**潜伏市场**（latent market）在本质上是一种尚未被发现的子市场。如果在这个市场上有适当的产品出现，那么需求就会变为现实，而在该产品出现之前需求等于零。当面对如以上描述的小型客车这样的现有市场时，调研的主要任务是理解竞争者全面满足顾客需要的程度。正如丰田汽车美国销售公司的一位管理者戴维斯·伊林沃思（J. Davis Illingworth）所言，"我认为美国公众会将赛纳视为与他们需求相吻合的美国产品"。[22]面对潜伏市场时，公司的初始成功不以竞争力为基础，而取决于先动优势，即发现机会并推出能够触发隐性需求的营销方案。克莱斯勒正是通过单独开发小型客车市场获得了在该子市场的成功。

传统的营销调研有时并不是识别潜伏市场的一种有效方式。彼得·德鲁克（Peter Drucker）指出，美国之所以没有成功地在市场上推出传真机（一项美国的发明），原因可追溯到市场调研，因为当时调研发现不存在对此类产品的需求。在德鲁克看来，该问题是在针对隐性需求产品进行调研时的典型问题。假使某调研人员这么询问："你会购买这样一个电话机附件吗？它价格为 1 500 美元，你可以用它来发信，每页 1 美元，而邮局发这样一封信 25 美分。"单纯根据经济学的原理，就可以推断出回答很可能是"不买"。

德鲁克解释道，日本人之所以成为当今传真机销售的领先者，原因在于他们对市场的理解不是基于市场调研的。相反，通过回顾大型计算机、复印机、手机以及其他信息类和通信类产品的早期发展情况，他们意识到如果仅仅依靠购买和使用这些新产品的初期情况来判断，可以预测到市场接受将非常缓慢。但是在人们使用之后每种产品都获得了巨大成功。这一发现促使日本人寻求传真机带来的利益市场而非传真机本身的市场。看到联邦快递等邮递服务公司的成功，日本人认为，对传真机的市场需求实际上早已存在。[23]

红牛的案例也可以说明德鲁克的观点。迪特里希·马特希茨（Dietrich Mateschitz）聘用了一家市场调研公司来评估红牛产品的潜在市场。测试结果显示，顾客不喜欢红牛产品的口味、标识和品牌名称。但马特希茨对此项调研并不理会。今天红牛的品牌价值已达 20 亿美元。马特希茨说道："刚开始的时候，我们认为当时没有红牛产品的现有市场，但是红牛品牌将创造自己的市场。我们最终做到了这一点。"[24]

初始市场（incipient market）指的是在某一特定经济、人口、政治和社会文化趋势持续发展的情况下会迅速成长的市场。如果公司在某初始市场趋势尚未确定之前提供产品，那么它不大可能成功。一旦趋势显现出来，初始市场会发展为潜伏市场，然后发展为现有市场。初始市场的一种表现形式是收入提高对汽车及其他高价耐用消费品需求的影响。随着一国人均收入水平的提高，人们对汽车的需求会相应增加。因此，如果公司能够预测一国未来的收入增长速度，它也就可以预测该国汽车市场的增长速度。

例如，为了充分抓住中国经济快速发展所提供的市场机会，包括大众、标致、克莱斯勒在内的西方汽车制造商纷纷进入中国并建立生产基地。中国甚至还存在对有异国情调的进口小汽车的初始需求。1994 年初，法拉利（Ferrari）在北京开设了第一家展示厅。由于进口关税高达 150%，中国的首批购买者是因西式营销和日益提高的开放程度而赚钱的企业家。到 20 世纪 90 年代末，对豪华车的需求的增长速度超过了预期。[25]拥有 14 亿人口的中国对于汽车厂商而言是一个非常有吸引力的市场。

然而，有些公司得出结论，认为中国当时的市场潜力有限。例如，1998 年，总部在英国的零售商玛莎百货（Marks & Spencer）关闭了在上海的办事处，并搁置了在中国开一家商店的计划。在接受媒体采访并就此作出评论时，一名公司代表直接谈到了中国能否代表初始市场这个问题：

> 经过三年的调研，我们得出结论：现在不是最佳时机。我们的客户大多来自中等收入人群。可是，在我们感兴趣的上海市，尽管中等收入人群的规模在扩大，但尚未达到能够支持在那里开一家店的程度。[26]

调研方法

询问式调查、访谈、消费者固定小组、观察和焦点小组座谈等工具可以用来收集一手资料。只进行国内营销活动的营销人员也使用同样的工具，但必须在国际营销活动中进行调整并考虑其他特定因素。

询问式调查（survey research）使用设计好的问卷来获取定量资料（你将购买多少）、定性资料（你为什么会购买）或是两种资料。调查往往通过电话、邮寄或人员来发放问卷，从顾客或其他指定群体那里获得资料。许多好的营销调研教材在问卷设计和操作方面都有详细说明。

在全球市场调研中，可能会产生许多关于调查设计和操作方面的问题。当使用电话作为调查工具时，由于基础设施差异、文化障碍和其他原因，必须记住一个国家的习惯可能不适合其他国家。例如，在有的国家可能很难找到电话目录或名单；此外，城市和农村的居民之间可能有巨大差异。

从更深层次看，文化将影响受访者的态度和价值观，进而直接影响他们是否愿意回答调研人员所提出的问题。开放式问题可以帮助调研人员确定受访者的参照标准。在某些文化背景下，受访者可能不愿意回答特定问题，或者有意提供不正确的答案。

在全球市场调研的步骤 2 中，要求营销人员认识到导致自我参照标准偏差的可能原因。这个问题在调查中尤其重要，因为偏差可能源于问卷设计者的文化背景。例如，即使问卷是认真翻译过的，在美国设计和实施的一项调查在非西方文化背景下也可能不适用，尤其在问卷设计者没有意识到自我参照标准时更是这样。一项被称为回译（back translation）的技术可以提高对问卷的理解和问卷的有效性，它要求当问卷这一调查工具被翻译为某一"目标语言"后，再由别人重新翻译为原始语言。为了获得更高的精确性，可以使用平行翻译（parallel translation），即由两名译者翻译出两个版本，再据此进行回译。同样的技术可用来保证广告文案被准确地翻译为另一种语言。

个人访谈（personal interview）使得调研人员可以询问"为什么"，并可以面对面地探究受访者的答案。

消费者固定小组（consumer panel）是代表受访者的一个样本，他们的行为被长期追踪。例如，包括总部在荷兰的 VNU 集团下的尼尔森媒体研究、AGB、GfK 和 TNS 在内的许多公司都通过研究家庭小组的收视习惯来进行电视观众调查（television audience measurement，TAM）。广播公司利用收视率资料来确定广告收费；宝洁、联合利华和可口可乐等广告主利用该资料选择插播广告的时间。在美国，半个世纪以来尼尔森享有收视调查方面实质性的垄断地位。但是，多年来，四家主要的美国电视网络公司抱怨尼尔森的资料收集方法低估了收视水平，从而影响了它们的广告收入。尼尔森对此的回应是改善调查方法：公司目前使用一种称为**个人收视记录仪**（peoplemeter）的电子设备来收集全国电视观众的收视数据。该系统目前在全球多个国家（包括中国）得到采用，尼尔森也在纽约这样的重要城市安装该设备以收集当地观众收视方面的资料。

当用**观察法**（observation）收集资料时，一名或更多的观察者（或一台机器，如摄像机）观察并记录当前或潜在购买者的行为。调查结果将用于指导营销经理制定相关决策。例如，在美国的销售额大幅下滑之后，大众汽车推出了"太空城"计划，这个历时 18 个月的计划用以帮助工程师、营销人员和设计专家更有效地了解美国消费者。尽管大众公司在加利福尼亚州建立了设计中心，但德国沃尔夫斯堡总部的决策者通常不理会来自美国客户的回馈。大众公司产品战略部主管斯蒂芬·里斯克（Stefan Liske）指出："我们需要一种完全不同的策略。我们会问自己，'我们是否全面了解这个市场？'""太空城"团队造访了位于明尼阿波利斯市的美国购物中心和位于克利夫兰市的摇滚名人堂。此外，他们还在佛罗里达州度春假，借机观察大学生的消费习惯。

这次经历令人大开眼界。一名设计师解释道："在德国，一切只与驾驶有关。但是在美国，人们关心的却是除驾驶之外的所有方面。人们希望把自己的时间花在别的方面，例如用手机聊天等。"团队的另一名成员（工程师）跟踪了一名单身母亲，观察她带孩子去学校并顺便购物的过程。这名工程师注意到，美国司机需要一个放纸巾的地方，还需要一个地方放置从"免下车"餐厅购买的快餐。"我开始思考她的汽车需要具备哪些特点。我们应该设身处地考虑这些问题。"他说。[27]

早餐谷物制品的营销人员可能会派调研人员在早晨 6 点到达事先选好的家庭中，观察家庭成员的早间常规活动。公司还可以指派一名调研人员陪同家庭成员去杂货店购物，以观察他们在真实购买条件下的行为。公司可能希望了解他们对与广告宣传相关的店内促销活动有何反应。调研人员可以用录音机记录下他们的言论，或者不时地用小型照相机拍照。当然，公司如果使用观察法进行调研，必须对公众的隐私问题保持敏感。观察法的另一个问题是反应度（reactivity），是指当调查对象知道自己在被调查时，表现出与以往行为不同的倾向。其他例子包括：

● 为了确定改进产品和包装设计的策略，宝洁公司选派多名录像摄制人员到英国、意大利、德国和中国的 80 户家庭中。宝洁公司的最终目的是建立一个内部的录像资料图书馆，用关键词搜索就可以直接进入。信息技术经理斯坦·约斯滕（Stan Joosten）指出："如果你用'零食'一词搜索，就能找到全世界与此相关的所有影像片段。它可以迅速地为你提供有关特定主题的一个全球视角。"[28]

● 米歇尔·阿尔诺（Michelle Arnau）是雀巢公司"活力四射"（PowerBar）品牌的营销经理，她参加了 2004 年的纽约马拉松比赛，目的是观察参赛者如何使用单条包装的能量棒（PowerGel），这是一款浓缩的、可快速提高人体机能的胶状产品。阿尔诺注意到，参赛者通常用牙齿撕开外包装，然后在不影响自身跑步速度的情况下尽量一口吞掉整条能量棒。她失望地看到外包装由于中间封口处较长，有时会妨碍参赛者快速吸出能量棒。随后，雀巢公司的设计人员对包装做了改进，顶部采用倒三角形的设计，其宽度可以有效控制能量棒自动流出，同时也非常适合运动员用嘴吸出。[29]

在**焦点小组座谈**（focus group）调查中，包含 6～10 人的小组在经过培训的组织者的协助下，就产品概念、品牌形象和个性、广告、社会趋势等问题展开讨论。全球营销人员可以利用焦点小组座谈技术获得重要认知。例如：

● 20 世纪 90 年代中期，惠而浦公司在欧洲发起了一场突出奇幻人物的广告活动，如烘干机迪娃、洗衣机女神等。该活动的成功促使公司在美国和拉丁美洲推出了同样的广告。公司首先进行了焦点小组座谈以确定消费者对广告的反应。尼克·莫特（Nick Mote）是法国阳狮广告公司（Publicis）的惠而浦全球客户主管，他说："我们已经获得了一些不可思议的调研结果，就像是在黑暗中有人开了灯。"[30]

巴西市场调研

新兴市场对市场调研人员提出了不少挑战。首先，技术基础设施可能尚不完善。其次，存在地理问题，例如在金砖国家，许多省区都地处偏僻、人迹罕至。再次，调研人员可能必须调整他们的数据收集方法以适应有关国家的环境。最后，隐私问题也可能带来挑战。

巴西就是一个很好的例子。在这里，能够用于收集市场数据的技术基础设施很少。政府的人口普查报告不能提供清晰的人口数据。其结果就是，营销人员可能难以获得具有代表性的样本，而设计一个全国性的概率抽样方法需要付出极为高昂的代价。电话普及率低，使得问题更加复杂。此外，还有地理问题，鉴于巴西有广阔的领土，这并不奇怪。营销人员通常会发现，在主要大城市之外的地区，几乎无法获得EPOS数据。很难追踪什么是热销产品、价格几何，以及卖给了谁等。这使得收集数据的工作必须依靠现场团队。

法国化妆品公司欧莱雅在巴西和其他新兴市场进行调研时使用了观察法。帕特里夏·皮诺（Patricia Pineau）是欧莱雅消费者洞察团队的负责人。她解释说："一切都始于观察。想了解女性究竟想要什么以及是什么吸引了她们，观察是必不可少的。有时她们的举止会反映出她们真正想要获得的东西。"根据在巴西的观察，欧莱雅发现：女性每天都要根据自己的服装搭配不同的指甲油。她们涂指甲油时，不是小心翼翼地生怕涂到指甲以外的地方，而是大方地在手指上刷上指甲油，然后用棉签擦去涂到指甲外的部分。

在设计面对面访谈时，会遇到第三个问题。如果调研设计要求对广泛的社会经济群体进行访谈，那么调研人员和受访者的人口统计数据应当相匹配。在街头或商城进行拦截不失为一个好办法。调研人员可以提供小礼物而不是现金作为对受访者的奖励。最后，隐私问题非常重要，特别是对富裕的巴西人而言。富裕的受访者不太可能回答有关个人财务的问题。为保证保密性，金融服务公司可以从发达市场引入调研人员。而为了取得信任，调研人员可以要求受访者推荐其他潜在的受访者。

资料来源：Louise Luca, "Up Close and Personal Brands," *Financial Times* (October 14, 2010), p. 13; Arundhati Parmar, "Tailor Techniques to Each Audience in Latin Market," *Marketing News* (February 3, 2003), pp. 4–6. See also Harold L. Sirkin, James W. Hemerling, and Arindam K. Bhattacharya, *Globality: Competing with Everyone from Everywhere for Everything* (New York: Boston Consulting Group, 2008), pp. 117–118.

● 在新加坡，可口可乐公司用十几岁青少年组成的焦点小组为其广告项目提供指导。公司的新加坡营销总裁王凯伦（Karen Wong）解释说："我们对所有的事进行测试，从最激动人心的到最无聊的：全身穿孔的邋遢孩子，坐在车上一路摇头晃脑地听着震耳欲聋的摇滚音乐。这里的年轻人做的事与美国年轻人一样。"一些参加者认为广告的人物形象过于叛逆（如一群光着上身的男孩时而出现在摇滚音乐会上，时而坐在购物车上穿梭于商店的货架之间）。一名新加坡青年提出："他们仿佛是吸毒者。如果他们吸毒，如何能在学校里有好的表现？"利用焦点小组座谈的调查结果，可口可乐的管理者设计了在新加坡的广告活动，使其处于社会可接受的范围之内。[31]

● 当百视达公司计划进入日本这个全球第二大音像制品租赁市场时，公司组织了焦点小组座谈，以更好地了解日本人的偏好和他们对现有音像租赁店的感受。20 世纪 90 年代中期，日本的大部分音像店都是展示空间有限的小商店。音像带从地上一直堆到天花板，找到并取出需要的音像带很困难。公司根据焦点小组座谈结果提供的信息采取了行动，其日本商店的设计占地相当广，展示架也更便于寻找所需的音像带。[32]

典型的焦点小组座谈在装有录音设备的地方举行，还有一面双面镜供客户公司的代表在后面观察整个过程。组织者可以采用多种办法来激发参与者的反应和回答，包括投射技术、形象化和角色扮演等。采用投射技术（projective technique）时，调研人员提出开放式问题或就某一话题进行模糊的刺激。按照假定，当调查对象回答一个问题时，他将"投射"即暴露自己下意识的态度和偏好。通过分析这些回答，调研人员能够更好地了解消费者对特定产品、品牌或公司的认知。

例如，在一个估计二十多岁的年轻人的购车偏好的焦点小组座谈中，调研人员可能会请参与者描绘一个不同汽车品牌使用者的聚会。日产汽车使用者的穿着和饮食如何？开本田车的人穿什么样的运动鞋？他们的个性如何？谁比较羞涩？谁比较张扬？谁带着女伴（或男伴）？小组成员之间的互动可以产生协同效应，形成重要的定性认识，这些认识很可能不同于使用更直接提问的方式收集资料所形成的认识。虽然焦点小组座谈调研技术正在日益普及，但是一些行业观察家提醒到，该技术应用得太多了，以至于参加者尤其是那些经常参加的人，已经对调研程序过于熟悉了。

焦点小组座谈调研所产生的定性资料无法用于统计分析，这些资料被更多地用来提出假设而不是证实假设。同时，定性资料一般用来提供方向而不是直接做出结论。在一个项目的探索性调研阶段，这类资料极其重要。它们通常与采用观察等其他方法所获资料结合使用。

开发量表

市场调研要求以某种形式对受访者的回答进行测量、排序，并在排序中设定合适的级差。以一个简单的测量为例，名义量表用来确定一个调查因素的身份。例如，男性回答者可以标为"1"，女性回答者可以标为"2"。也可以将答案对应于某种形式的连续轴，常见的例子是李克特量表（Likert scale），它要求每个回答者对某个陈述标以"完全同意"或"完全不同意"，或者位于两者之间的某个地方的态度。在多国调查项目中，度量对等性（scalar equivalence）非常重要，它指的是不同国家的两名回答者如果对于一个既定变量有相同的评价，他们应当在同一调查题目上获得相同的分值。

即使有标准的数据收集技术，某种特定技术的具体应用也可能会因国家而异。总部在新泽西的全方位研究公司（Total Research）副总裁马修·德雷珀（Matthew Draper）认为"量表偏差"是一个大问题，"人们使用量表的方式显著不同，因此基于量表形成的资料往往存在大量偏差掩盖真实的情况，如用 1～10 之间的一个数字来评价某产品可用性就是一例"。典型的美国量表把 10 这样的大数字对等于"最多/最好"，把 1 对等于"最少"。相反，德国人偏爱的量表是将 1 作为"最多/最好"。再者，在调查有关支出的问题时，美国调查项目提供的是数字区间，而德国人喜欢用一个确切数字表达他们的态度。[33]

抽样

在收集资料时，调研人员一般不可能对指定群体中的每个人都进行调查。样本是从总体中选出并能代表总体的一个子集。两类最著名的样本是随机样本和非随机样本。一个随机样本是根据以下统计规则产生的：它能保证在抽样时总体中的每一个成员被抽中的可能性或概率相同。随机样本的结果以一定的统计可靠性（反映抽样误差、置信度和标准差）映射至总体。

非随机样本的结果不能以统计可靠性映射至总体。方便样本是其中的一种形式，正如其字面含义，调研人员选择那些最容易接触到的个体作为调查对象。例如，在一项对美国、约旦、新加坡和土耳其消费者的购买态度的对比调查中，后三个国家的资料是通过调研人员的一名熟人提供的方便样本获得的。尽管用这种方法得到的资料不能进行统计推断，但它们可能足够用于解决步骤 1 中确定的问题。比如，在这个调查中，调研人员能够看出跨越现代工业化国家、新兴工业国和发展中国家界限的购买态度和习惯上的文化趋同的明显倾向。[34]

为了获得配额样本（quota sample），调研人员将总体分类，并从每一个类别中抽取样本。"配额"指的是需要确保从每一类别中抽取到足够多的个体能反映出总体的一般构成。例如，假设一个国家的人口可以根据月收入分为以下 6 类：

人口比例（%）	10	15	25	25	15	10
每月收入（单位）	0～9	10～19	20～39	40～59	60～69	70～100

如果从调研出发，假定收入是一个足以区分总体的特征，那么配额样本应包含不同收入水平的被调查人群，他们在样本中所占的比例应等同于各类人群在总体中所占的比例，也就是说月收入在 10～19 单位之间的个体应占 15%，其他亦如此。

6.3.7　步骤 7：分析资料[35]

到此步骤为止，所收集到的信息必须经过分析才对决策者有用。本书对此不详细讨论，仅做一个简单的概述。首先，资料必须经过处理（也称"清洗"）才能做进一步分析。资料必须链接并存储到一个中心地点或数据库。如果调研在世界上多个地区展开，那么集拢数据可能有一定的困难。不同样本之间的数据是否可比，从而能够进行多国分析？这需要一定程度的编辑，例如，有些回答可能是缺失的或者难以解释的。另外，必须对问卷进行编码。简而言之，编码涉及识别回答者和变量。最后，可能需要进行一些数据修正工作。

接下来，资料分析进入制表阶段，即用表格形式对数据进行整理。调研人员可能希望明确若干值：平均数、中位数和众数；范围和标准差；分布状况（例如正态分布等）。对如"男性"和"女性"这样的名义变量，可以制作一个简单的透视表。比如，假设尼尔森媒体调查公司对玩视频游戏的人进行调研，以了解他们对植入游戏中的某种产品（比如软饮料）或广告（比如为某款手机所做的户外广告牌）的看法。此时，对获得的数据就可以采用透视表来分别研究男性和女性受访者的答案，从而明白他们之间是否存在显著差别。如果女性与男性相比在回答时表现了相同甚至更多的积极评价，视频游戏公司就可以利用这一信息来说服消费品公司购买一些产品，这些产品把女性作为目标市场并使女性形象成为游戏的一个组成部分。调研人员也可以使用各种相对简单的统计技术，比如假设检验（hypothesis testing）和卡方检验（chi-square testing），或者更为复杂的技术，比如方差分析、相关分析以及线性回归等。

如果调研人员对变量之间的关系感兴趣，就可以使用相依技术（interdependence tech-
nique），如因子分析法、聚类分析法和多维量表法等。**因子分析法**（factor analysis）可用以
将大量数据转变为可管理的单位；专门的计算机软件能够从众多调查答案中"提炼"出反映
态度和认知的若干有意义的因子，从而缩减数据。因子分析能够用于心理细分研究，也能用
来制作感知图。在此类分析中，变量不分自变量和因变量。调查对象被要求按"五级分制"
标示特定的产品利益。表6-3所列是一个假设的量表，某手机公司可能用它来评估顾客对
新款智能手机的看法。尽管表中列出了10种特性/利益，但因子分析将生成因子载荷量，使
调研人员能够确定2～3个影响这些利益的因子。这就是为什么因子分析能导致数据缩减。
就这款智能手机而言，调研人员可能将因子取名为"使用便利"和"设计时尚"。计算机还
会算出每个受访者的"因子得分"，回答者1在"使用便利"因子上的得分为0.35，回答者
2的得分为0.42，依此类推。当算出所有受访者的因子得分均值后，就可以确定该智能手机
在感知图中的定位，如图6-2所示。其他智能手机品牌也可以用同样的方法来定位。

表6-3　了解消费者对某智能手机看法的假设量表

说明：请根据以下产品特性或利益对产品进行评级。

变量（产品特性/利益）	分值				
	低				高
	1	2	3	4	5
1. 电池寿命长					
2. 有许多可选的应用程序					
3. 可接入4G网络					
4. 超薄机身					
5. 直观的界面					
6. 具有音乐存储功能					
7. 超大屏幕					
8. 手感舒适					
9. 在全球各地都可用					
10. 有多种颜色供选择					

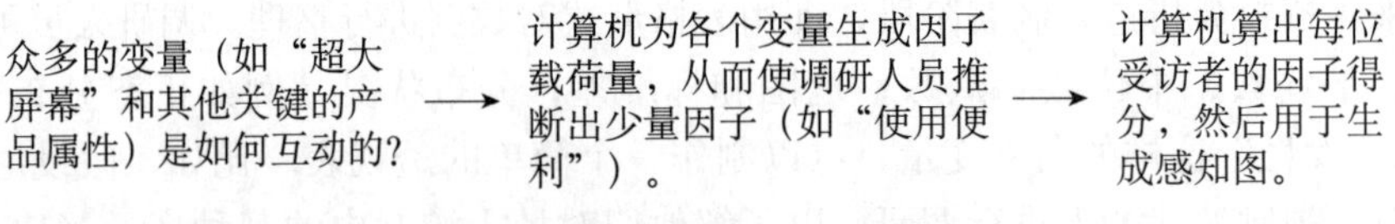

众多的变量（如"超大屏幕"和其他关键的产品属性）是如何互动的？ → 计算机为各个变量生成因子载荷量，从而使调研人员推断出少量因子（如"使用便利"）。 → 计算机算出每位受访者的因子得分，然后用于生成感知图。

图6-2　因子分析法的运行机理

聚类分析法（cluster analysis）使调研人员能够将变量集合为簇，使不同变量群之间差
异性最大，同一变量群内部相似性最大。聚类分析的有些特点与因子分析相同：不区分自变
量和因变量，可用于心理细分。聚类分析非常适合于全球市场调研，因为它可以在全球范围
内识别出地区市场、国家市场、区域市场之间的相似性和差异性。聚类分析还可以用于利益
细分和识别新产品的市场机会。

多维量表法（multidimensional scaling，MDS）是另一种用来描绘感知图的技术。如果

使用多维量表法，受访者需要对产品或品牌进行逐对比较，判断它们的相似程度。之后，调研人员将推导出支持这些判断的维度。当有许多产品品牌可供选择时，如饮料、牙刷或汽车品牌等，或者消费者用语言表达其看法可能存在困难时，这种技术尤为重要。为创建一个定义明确的感知图，至少需要使用 8 种产品或品牌。

例如，假设蔻驰这样的奢侈品营销商就消费者对全球奢侈品牌的看法开展了一项调研。有许多可供选择的奢侈品牌。一些品牌有专门供应折扣商品的直销店（包括蔻驰），而另一些则提供"限时特卖"服务，即在限定的时间内提供一些精品款式。包括迈克高仕（Michael Kors）和拉夫劳伦（Ralph Lauren）在内的一些品牌除了提供高端产品外，还提供一些价格低廉但利润丰厚的副线（diffusion）产品。包括路威酩轩在内的一些奢侈品公司只通过公司直营的零售店分销商品，而对博柏利和其他品牌而言，它们的渠道策略包括了批发业务。

消费者可通过各种方式区分设计师品牌：购买每个品牌的难易度、每个品牌的曝光率、该品牌是否有副线产品等。对调研人员来说，这可能代表了一个从"普遍"到"稀缺"的潜在感知维度。表 6-4 是七个设计师品牌的"五级分制"相似度判断量表。图 6-3 则展示了某个假设的受访者对这七个品牌在"普遍性"维度上的定位。该图显示，博柏利和蔻驰被认为是最相似的，而蔻驰和迪奥则被认为是最不相似的。

表 6-4　多维量表录入数据：奢侈品牌相似性判断配对量表

	很相似				很不同
	1	2	3	4	5
博柏利/古驰					
博柏利/蔻驰					
博柏利/迈克高仕					
博柏利/托德斯					
博柏利/迪奥					
博柏利/葆蝶家					
古驰/蔻驰					
古驰/迈克高仕					
古驰/托德斯					
古驰/迪奥					
古驰/葆蝶家					

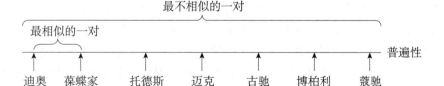

图 6-3　假设的单维度奢侈品牌相似性判断示意图

　　受访者可以帮助营销人员了解某一特定产品类别（上例中是奢侈品牌）中的哪些品牌是直接竞争者，而哪些品牌并不构成直接竞争关系。答案被输入计算机运行多维量表，输出的就是如图6-4所示的感知图。营销人员随后根据不同品牌的位置推导出维度。本例中的两个维度是"普遍性/稀缺性"和"专营权/可及度"。蔻驰在"可及度"方面排名靠前，可以部分归因于其定价策略，其中包括价格低廉的入门级手提包。而蔻驰在"普遍性"维度上的位置则取决于其品牌下公司所拥有的零售店和直销店，以及在百货商场中的广泛分布和Poppy这一副线品牌。

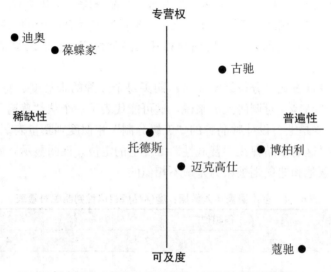

图6-4　假设的基于多维量表法的奢侈品牌感知图

　　这种类型的研究可以帮助蔻驰和其他奢侈品营销人员应对新的行业现实，其中包括人们对什么算作奢侈品这一看法的转变以及消费者偏好的日益分散等。其中一些变化是由中国和其他新兴市场的机会增加所造成的。[36]这样的感知图还对某些希望推出新系列的新晋时装设计师有帮助。也许设计师可以在普遍性/可及度中找到最佳平衡，填补博柏利、蔻驰之间的市场空缺。

　　非相依技术（dependence techniques）衡量两个或两个以上的因变量与一个或者更多自变量之间的相互影响。联合分析法是非相依技术的一个例子，它在单一市场和全球市场的调研中都发挥了不小的作用。让我们以汽车行业的SUV车型为例来说明这一点。假设起亚的新产品小组已经使用多维量表法进行了调研并创建了一个类似于图6-4所示的感知图。下一步是选择一个理想的位置，然后识别能够表达这一定位的特定产品特征。调研人员希望确定产品的显性特征在消费者决策中的作用，即消费者对产品的质量或者特性赋予的相关性和重要性水平。如果目标定位是"平稳的，像乘坐小汽车一样，同时具有运动感"，那么小组成员必须确定有关的产品物理特征，比如6缸发动机、6挡变速器。此外，他们还必须确定其他消费者最偏好的产品特性（例如价格、行驶里程、保修条款等）。每种产品特性都应提供几种不同水平的服务，例如保修5年或10年。

　　联合分析法（conjoint analysis）使调研人员得以发现对消费者最具吸引力的产品特性组合，该工具假设产品特性对消费者的认知和偏好都会产生影响。表6-5列出了消费者可能喜欢的一些特性，总计有 36 种不同的组合。如果采用全轮廓法（full-profile approach），将每种组合（比如 6 缸发动机，6 挡自动变速箱，5 年保修，价格 27 500 美元）都打印在一个索引卡上，请消费者按照偏好程度进行排序。然后用联合分析法，确定产品特性不同层次的价值或效用，并以图形中的点表示。由于组合的数目太大，消费者会感到吃力和疲惫，有时最好使用每次只考虑两种特性的配对比较法（pair-wise approach）。

表 6 - 5　用于联合分析法的 SUV 产品特征交叉组合

	发动机大小	变速箱	保修	价格（美元）
水平 1	4 缸	4 挡自动	3 年/5 万英里	22 500
水平 2	6 缸	6 挡自动	5 年/7.5 万英里	27 500
水平 3	8 缸	8 挡自动	10 年/10 万英里	32 500

比较分析和市场类推估计

全球营销分析的一个特点是能够在同一时点对不同国家或地区市场的市场潜力和营销表现进行对比。比较分析的一种常见形式是公司内部的跨国比较分析。例如，两个或多个国家的总体市场条件（用收入、工业化阶段或其他一些指标来衡量）相似，但两国间在对某一特定产品的人均消费上却存在显著差别，此时营销人员就有理由对这种差别进行调研并考虑应当采取什么行动。请见以下实例：

● 金宝汤公司是全球最大的汤品生产商，占据美国将近 80% 的罐头汤品市场份额。但是，该公司的产品仅占全世界汤品市场的 6%。俄罗斯人每年消费 320 亿份汤品，中国人每年消费 3 000 亿份，而美国人每年的消费量仅为 150 亿份。金宝汤公司首席执行官道格拉斯·科南特（Douglas Conant）在看到巨大的机遇后，特意派营销团队赴俄罗斯和中国调查消费者的饮食习惯。[37]

● 英国糖果公司吉百利估计，印度巧克力市场年均 4.65 亿美元左右。相比之下，英国每年的巧克力销售额为 48.9 亿美元，而英国人口只有印度的 1/10。吉百利的高管认为，印度的糖果和巧克力市场年增长率将超过 12%。[38]

● 在印度，只有约 10% 的男士在刮胡子时使用吉列（Gillette）剃须刀。而在全世界范围内，有 50% 的男性使用吉列产品。为了进一步渗透印度市场，吉列推出了一个价格低于 15 卢比（约 34 美分）的廉价品牌——吉列 Guard®。其手柄更轻，生产成本也更低。它没有吉列其他高价剃须刀中的润滑条，并且更换刀片只需要 5 卢比（11 美分）。[39]

上述事例中的资料大多是可获取的。但是，全球营销人员可能发现，在某个特定国家市场中很难获得所需要的某些资料，尤其是在发展中国家。在此情况下，有时可以通过类推来估计市场规模和潜在需求。类推（analogy）只是简单地陈述部分相似性。例如，德国和意大利都有自己的旗舰汽车制造商，分别是大众和菲亚特。另外一家不太知名的旗舰汽车制造商是俄罗斯的伏尔加（AvtoVAZ）。因此，我们可以说："伏尔加之于俄罗斯就是大众之于德国、菲亚特之于意大利。"这样的陈述就是类推。通过强调两个事物之间的共同点，类推可以帮人们加强对未知事物的认知。[40]

戴维·阿诺德指出，通过类推进行预测的方式共有以下四种[41]：

● 在同一国家可获得同类产品的资料；

- 在同类国家可获得同一产品的资料；
- 从相邻国家的独立分销商处可获得同一产品的资料；
- 在同一国家可获得同类公司的资料。

时间序列位移（time series displacement）是建立在市场在不同时期具有相似性这一假设基础上的一种类推技术。如果有关于两个不同发展层次的市场的资料，那么时间序列位移就是一种有效的市场分析形式。时间序列位移法要求营销人员估计两个市场何时能达到同样的发展阶段。例如，对宝丽来而言，现在的俄罗斯拍立得相机市场可以与 20 世纪 60 年代中期的美国市场相比。如果获得 1964 年的美国和如今的俄罗斯对拍立得相机需求的影响因素的相关资料，并知道美国 1964 年的实际需求，那么就可估计出目前俄罗斯市场的潜在需求。

6.3.8　步骤 8：提交调研报告

在市场调研基础上形成的报告必须有助于管理者进行决策。不管报告是以书面形式、口头形式还是以录像等电子形式提交，它都必须与步骤 1 确定的问题或机会密切相关。一般来说，建议将主要的调研结果简单概括为一个备忘录，用来说明步骤 1 所提问题的一个或多个答案。许多管理者都不了解调研术语和复杂的定量分析。因此，调研结果需陈述清楚并成为采取管理行动的基础，否则它们的结局只能是堆在档案架上落满尘土，让人们回想起时，想到它们曾浪费了那么多的时间和金钱。由于公司信息系统和市场调研可以提供越来越多的基于全球视角的资料，因此有可能跨越国境来分析营销支出的效益。经理们也可以决定他们的营销支出在何处获得了最大边际效益并相应调整营销支出。

6.4　总部对市场调研的控制

全球公司的一个重要问题是在何处对组织的调研活动实施控制。多国公司（即多国中心导向公司）和全球公司（即全球中心导向公司）在这一问题上有很大不同。在多国公司，调研任务会委派给各个运营子公司；而全球公司虽然也将调研活动委派给子公司，但是仍将调研的总体责任和控制作为总部的一项职能予以保留。单一国家的市场调研和全球调研的一个重要差异是可比性的重要程度。实际上，这意味着全球公司（如百事）要保证调研的设计和执行能产生出具有可比性的资料。

简而言之，可比性（comparability）指的是在调研所覆盖国家获得的调研结果可以进行互相比较。[42]为此，公司必须在全球范围内对营销调研进行一定程度的控制和检查。当全球营销调研主管寻找能够在全球实施的一个调研方案时，他必须考虑到各地的具体条件。尤其是他应当注意获取的资料是基于**主位分析**（emic analysis，局内人取向）还是**客位分析**（etic analysis，局外人取向）的结果。这些术语来自人类学，指的是在对另一种文化进行研究时采取的角度。主位分析试图通过文化自身的意义和价值体系从内部研究一种文化，从这一点来看，它相当于人种学。客位分析是"从外部"着手，换言之，这是另一种视角，常用于比较分析和跨国研究。在某一特定的调研项目中，客位量表意味着在所有国家使用同样的调查问题，因此所得结果具有可比性，但同时丧失了一定的精确性。相反，主位研究适用于一个特定的国家，如果研究人员以此为基础进行跨文化外推，这一行为只能是主观的。一种好的调和办法是使用同时包含这两种分析的调查工具。最可能的情况是，营销主管最终将相似的国家归纳为国家群，分别为它们有针对性地制定若干营销方案。一个协调的全球调研方案可能如表 6-6 所示。

表 6-6　全球范围的营销调研计划

调研目标	国家群 A	国家群 B	国家群 C
发现市场潜力			✓
评估竞争对手动向		✓	✓
评价产品吸引力	✓	✓	✓
研究市场对价格的反应	✓		
评估分销渠道	✓	✓	✓

　　全球调研总监的职责不应仅限于指导各国调研经理的工作，而是要保证公司从调研资源的总体配置中获得最大效益。为实现这一点，在各国负责调研的人员都应当知道公司在世界其他国家正在进行什么调研，他们对本国的调研甚至对全球总体调研方案都要起一定的作用。最后，全球调研总监必须负责全球的调研设计和规划。他的任务就是从全世界获取资料，制定一套协调的调研战略，以帮助公司获取实现全球销售和利润目标所必需的信息。

6.5　作为战略资产的营销信息系统

　　跨国公司的出现意味着企业与外部世界的界限正在消失。营销历来负责管理多种跨边界的关系。营销与其他职能部门之间的界限也在消失，这意味着营销不再像传统中的那样是公司内部一个独立的职能部门，而是出现了新的模式。营销决策过程也在改变，这主要是因为信息的角色发生了改变。它不再是一个支持性工具，而是能够创造财富的一项战略资产。

　　一些公司正在试验"更加扁平的"的组织结构，即等级较少、集中程度较小的决策结构。这种组织形式便于信息在原本难以相互沟通的部门之间进行交换和流动。公司的信息越密集，营销部门就越需要涉足传统上属于其他职能领域的活动。在这类企业中，信息可以进行"平行"处理。

　　公司内的信息密集度会影响企业的市场吸引力、竞争地位和组织结构。密集的信息会引起传统的产品/市场的界限迁移。从本质上看，公司将越来越多地面对新的竞争对手，尤其是那些信息密集型公司，这些竞争对手来自原本与本公司没有竞争关系的产业。处于不同产业的公司发现它们正在直接竞争。随着传统的产品线和营销活动的自然延伸和重新界定，它们提供的产品在实质上是相同的。今天，当公司谈到"附加价值"时，很少指独特的产品特性，反而更强调作为顾客交易一部分的信息交换，其中不少贯穿在传统的产品线中。

本章提要 ///////////////

　　信息是构成一个成功的营销战略的基本要素之一。公司的**管理信息系统**和**内联网**为决策者提供了一个持续的信息流。**信息技术**使管理者能够获得并处理信息以辅助他们做出决策，从而深刻地影响着全球营销活动。**电子数据交换**、**电子销售点**数据、**高效消费者反应**、**客户关系管理**和**数据仓库**是众多可用新工具中的几种。全球营销人员必须在全球范围内浏览关于机会和威胁的信息，并通过管理信息系统使信息成为可用的资源。

营销人员在制定重要决策之前往往需要进行正式的**营销调研**，即按特定项目的方式，系统地收集信息。通过在全球范围内收集信息，**全球市场调研**可以把客户和营销人员联系起来。营销人员确定问题并设定目标之后，调研过程就开始了。这一步意味着需要对特定市场是否属于**潜伏市场**或**初始市场**进行判断。调研计划通常把调研人员所要的定性和定量信息的相对数量具体化。他们通过一手资料或**二手资料**来源收集信息。在当今的网络世界里，互联网作为二手资料的一个重要来源取得了与传统渠道相同的地位。在有些情况下，收集一手资料的成本可能超过潜在收益。有的市场太小，不值得花费太多的时间和资金做调研，此时二手信息的来源对这类市场特别有用。

如果成本效益分析的结果使我们有理由开展一手资料的收集，那么调研可以通过多种方式进行，比如**询问式调查**、**个人访谈**、**消费者固定小组**、**观察法**和**焦点小组座谈**。在收集资料之前，调研人员必须明确是否需要一个随机样本。在全球营销过程中，必须密切注意消除文化偏见，准确翻译所需调查的资料，保证不同市场的数据具备可比性等问题。分析资料有若干技术手段，包括**因子分析法**、**聚类分析法**、**多维量表法**和**联合分析法**。调研成果和建议的陈述必须很清晰。最后一个问题是总部在多大程度上对调研本身、对组织的信息系统的总体管理进行控制。为了确保信息的可比性，调研人员应该同时利用**主位**和**客位**两种研究方法。

讨论题

1. 信息技术是如何为全球营销人员提供强有力的工具的？

2. 假定你所在组织的总裁要求你设计一个系统地查找信息的方法。他不希望对重要市场或竞争局势的变化感到意外。你有什么思路？

3. 请列出市场调研程序的基本步骤。

4. 描述全球营销人员使用的几种分析技术。各种技术在何时适用？

5. 蔻驰品牌曾被称为"实现品牌复兴的教科书式范例"（见案例 6-1）。第 1 章中讨论的英国时装企业博柏利也是如此。搜寻关于博柏利的相关报道，仔细分析管理层所开展的市场调研及振兴该品牌的方案。博柏利和蔻驰所采用的战略是否有相似点？它们是竞争对手吗？

6. 以下表格类似于表 6-4，包含了 8 种运动型轿车型号。你可以通过相似性排序对其进行多维量化的基本分析。对不同的型号进行调研并分别找出最相似和最不同的两个型号。使用这 8 个品牌创建一个粗略的感知图。你会用哪些维度来标示坐标轴呢？

多维量表录入数据：运动型轿车相似性判断配对量表

	很相似				很不同
	1	2	3	4	5
宝马 328i/沃尔沃 S60					
宝马 328i/讴歌 TL					
宝马 328i/凯迪拉克 ATS					
宝马 328i/奥迪 A4					
宝马 328i/奔驰 C250					
宝马 328i/雷克萨斯 IS					

续表

	很相似				很不同
	1	2	3	4	5
宝马 328i/英菲尼迪 G37					
沃尔沃 S60/讴歌 TL					
沃尔沃 S60/凯迪拉克 ATS					
沃尔沃 S60/奥迪 A4					
沃尔沃 S60/奔驰 C250					
沃尔沃 S60/雷克萨斯 IS					
沃尔沃 S60/英菲尼迪 G37					

案例 6-1（续）

依靠市场调研，蔻驰常驻时尚前沿

蔻驰公司每年用于调研的费用达到 500 万美元，会对 1 万多名消费者进行个人访谈。此外，该公司还采用其他各种技术，包括焦点小组座谈、电子邮件和在线调查等。调查的问题，从蔻驰的品牌形象到女包的肩带长度等不一而足。蔻驰公司所收集的信息涉及正在销售的时装系列和处于设计阶段的相关物品。蔻驰公司负责全球业务发展的总裁彼得·爱默森（Peter Emmerson）解释道，当蔻驰进入日本市场时，调研帮助管理层了解到，日本女性顾客希望在手提包外侧设计一个可以放火车票的地方。同样，为日本市场设计的手提包"在规格上应该更小一些，日本消费者通常喜欢小款的、可爱的物品，而美国人更喜欢规格大、分层多的物品"。

当发现化妆包的销售额大幅上涨之后，蔻驰公司的管理层充分认识到调研的重要性。调研发现，女性顾客喜欢把化妆包放在较大的蔻驰包中，这样就能方便地找到手机或其他重要物品。管理层明白，化妆包的意外成功代表着一种创新的机遇。负责零售业务的副总裁戴维·杜普兰蒂斯（David Duplantis）指出："我们发现了一个为配饰提供配饰的机会。"设计团队设计出一款长 6 英寸、宽 4 英寸的拉链包，并配有腕带和按扣。这款新包被称为"手腕袋"，是手镯和手提包的混合体。

2003 年，蔻驰公司在伦敦武士桥地区的哈维尼克斯时尚百货卖场内开了一家小型时装精品店。爱默森希望，在英国打开市场之后，随着来自法国、德国和意大利的游客购买蔻驰包后返回本国，蔻驰品牌的知名度将大大提高。爱默森说："英国市场的销售情况将帮我们了解整个欧洲市场的机遇和规模。"

蔻驰公司首席执行官弗兰克福特正在努力开拓中国市场。为了提高市场控制能力，弗兰克福特收购了俊思集团（Imaginex Group），该集团是蔻驰在中国的第三方分销商。目前，蔻驰在中国共有 30 家店，弗兰克福特的计划是再开设 50 家新店。根据公司调研的结果，蔻驰在中国的市场份额为 3%，品牌知名度为 4%。与此形成鲜明对比的是，路威酩轩在中国的市场份额超过了 30%。蔻驰在中国的主要目标客户是接受过大学教育的、年收入不断增长的新兴中产阶层女性。这些客户也会是等离子电视机和手提电脑的购买者。

弗兰克福特预测："对蔻驰而言，中国将会超过日本成为更大的销售市场。如果我们能够复制在日本的经营策略，中国的销售额在未来四五年内将增长一倍。"

同时，弗兰克福特的管理团队面临的困难决策是如何应对全球经济萧条。蔻驰的首席财务官杰瑞·施特里茨克（Jerry Stritzke）认为，蔻驰产品的售价过高。公司决定调整产品的分类和定价，以便将50％的蔻驰包定价在300美元以内。为了证明自己的观点有道理，施特里茨克希望让弗兰克福特相信，公司产品的销售额大幅上涨，足以抵消价格降低所带来的损失。

该团队决定采取下面的策略：他们将开发新的产品系列，以此让该品牌产生"年轻的活力"。尽管有些行业观察者认为公司误入歧途了才会为处于经济萧条压力下的消费者提供一些"乐趣"，克拉考夫却不这么认为。他说："人们想购买的不是安全，这样想是不对的。人们希望得到鼓励，这正是时尚的主题，也是购物的实质所在。"

克拉考夫的员工开始设计新款的织物和皮革包，这些新产品将比公司的常规产品更薄、更软、更轻便。为了降低成本，蔻驰与皮革处理商和其他供应商密切合作。2009年春，在曼哈顿的蔻驰陈列室中，一小群女性顾客对6款Poppy系列的手提包进行了售前评价。受到她们积极回应的鼓励，团队在几个蔻驰专卖店和百货商店推出了这个新系列。在此次试销中，两款定价为198美元的包（Groovy和Glam）的受欢迎程度超出了管理层的预期。

随着零售启动日（6月26日）的临近，蔻驰网站的访问者可以点击Poppy系列的链接，弹出的网页将邀请他们注册购买最流行的款式，并有可能获得总价值达1 000美元的Poppy奖品。此外，访问者被引到"邀请你的朋友参加"在肖特山、芝加哥或旧金山举行的Poppy聚会。营销团队还利用社交媒体的力量进行推介：公司的脸书主页包括题为"新款Poppy系列产品特色"的照片集、Poppy聚会的邀请函答复链接、对新款包非常感兴趣的购买者的评论。蔻驰的注册脸书用户已经达到20.9万，而且这个数字仍在增长，这些用户有机会在网上的独家"预售"活动中购买Poppy系列的手提包。

案例讨论题

1. 蔻驰的品牌定位可以描述为"唾手可得的奢侈品"。你怎样理解这种说法？
2. 评价弗兰克福特批准Poppy系列的决策。
3. 讨论蔻驰以网络作为营销工具来推介Poppy系列的策略。

资料来源：Susan Berfield, "Coach's New Bag," *BusinessWeek*（June 29, 2009）, pp. 41 - 43; Vanessa O'Connell, "Coach Targets China—and Queens," *The Wall Street Journal*（May 29, 2008）, pp. B1, B2; Deborah L. Vence, "Product Enhancement," *Marketing News*（May 1, 2005）, p. 19; Ginny Parker, "A Yen for Coach," *The Wall Street Journal*（March 11, 2005）, pp. B1, B4; Ellen Byron, "Case by Case: How Coach Won a Rich Purse by Inventing New Uses for Bags," *The Wall Street Journal*（November 17, 2004）, pp. A1, A13; Lauren Foster, "How Coach Pulled into Luxury's Fast Lane," *Financial Times*（June 30, 2004）, p. 8; Vanessa Friedman, "Handbag Invasion," *Financial Times*（August 2/3, 2003）, p. W9.

第7章
市场细分、确定目标市场与市场定位

学习目标

1. 指出全球营销人员可以利用哪些变量来划分全球市场，并举例说明。
2. 解释全球营销人员选择特定市场作为目标市场时所采用的标准。
3. 了解全球营销人员是如何利用产品市场网络来确定目标市场的。
4. 对三个主要的目标市场策略进行比较。
5. 描述全球营销人员可选的市场定位方式。

案例 7-1

全球公司瞄准低收入消费者（一）

通用电气、宝洁、西门子和联合利华的营销人员开始用"节俭工程"、"印度革新"和"逆向创新"等术语来描述他们为进一步深入新兴市场所做的努力。随着成熟市场的增长放缓，许多全球公司的高管和经理都意识到，在接下来的十年里，谁能满足世界上最贫困的消费者的需求，谁就能取得重要的竞争优势。宝洁公司首席执行官罗伯特·麦克唐纳（Robert McDonald）已经制定了一个战略目标，在 2015 年之前为公司品牌引入 8 亿新的消费者。这需要他们更好地了解非洲、拉丁美洲和亚洲等地数十万乡村的日常生活情况。

试着考虑一下，全球 2/3 的人口——超过 40 亿人，每天的生活费不到 2 美元。这一细分市场有时被称为"金字塔底部"，其中包括约 15 亿人的生活几乎"与世隔绝"，他们生活的地方没法用电来提供照明或给手机充电。通常情况下，村民们必须步行很远才能乘坐出租车前往最近的通电的城市。这样的行程既费时又费钱。

这种情况为公司提供了机遇，可以利用可再生能源来进行创新。解决这些问题的方案包括一种中国制造的小型太阳能发电系统——可以安装在屋顶，并且只需花费 80 美元，以及一种利用牛粪发电的地下沼气池和一种按比例缩小的水电大坝，可以利用当地的小溪或河流为整个村庄供电。

全球公司为新兴市场的低收入消费者所做的努力，强调了巧妙地进行全球市场细分和确定目标市场的重要性。**市场细分**（market segmentation）是指根据共同特征对消费者和国家进行识别和分类。**确定目标市场**（targeting）是评估子市场，将营销力量集中于存在相当大市场潜力的某个国家、地区或人群的过程。这种确定目标市场的做法反映了一个现实情况，即公司应该找出能够最有效、最迅速地接触，并能产生最大效益的那些消费者。最后，还需要有适当的**市场定位**（positioning），使目标顾客对产品或品牌的差异特征了然于心。宝洁和其他公司按收入和人口对全球市场进行细分，并且通过创新产品和适当的市场定位策略瞄准数亿贫困消费者，但它们仍会面临一系列问题和挑战，本章末尾案例 7-1（续）将对此进行探讨。

全球市场的细分可以根据买主类别（如消费者、企业或政府），性别，年龄，收入和许多其他标准来划分。市场细分和确定目标市场是两种既相互分离又密切相关的活动。这些活动发挥了纽带作用，一边是市场的需求，另一边是公司经理为迎合一个或几个子市场的特定需要而开发的营销项目、价值主张等具体的策略决定。市场细分、确定目标市场和市场定位都将在本章予以探讨。

7.1 全球市场细分

全球市场细分（global market segmentation）被定义为：识别可能对公司的营销组合作出相似反应的同质性潜在消费者群体（不论它们是国家群体还是个体消费者群体）的过程。[1]几十年来，营销界从业人员和学者都对全球市场细分怀有兴趣。20 世纪 60 年代后期，一位观察家提出，仅从消费者对同一种广告创意的接受程度来看，欧洲市场可粗略地分为三大类——在国际方面成熟的、半成熟的和偏狭的。[2]另一位作家指出，一些主题（例如对美丽的渴望、对健康和免受痛苦的渴望、母亲和孩子之间的爱等）具有普遍性，因而可用于全球的广告中。[3]

请看几个案例：

● 个人电脑市场可分为家庭用户、团体（也称企业）用户和教育用户。戴尔的目标市场原本是团体用户；即使在今天，其家用产品的销售额也只占总收入的 20%。起初戴尔仅专注于个人电脑市场，后来才涉足其他类型的计算机产品，如服务器和存储硬件。

● 希克-威尔金森·索德（Schick-Wilkinson Sword）曾在全球召开员工会议，研究女性在刮毛方面的喜好，后来他推出了一款带有可更换刀片匣的女用刮毛器。这种被称作舒芙（Intuition）的刮毛套装包含一种固态护肤剂，可让女士在刮腿毛的同时涂抹护肤剂。舒芙是一款高端产品，直接针对吉列的三刀片式女用刮毛器——维纳斯（Venus）的用户。[4]

● 多芬 (Dove) 隶属于联合利华。其护肤品一贯以女性为目标。最近,该公司推出了一个新品牌"男士＋护理"(Men＋Care)。这一举措使其竞争对手欧仕派 (Old Spice) 推出了一个明显是针对多芬的幽默广告,取笑那些使用"女士香氛沐浴露"的男士。

莱维特教授在 40 年前发表了这样的论点:不同国家的消费者越来越寻求多样化,而同一种新的消费者群体可能在许多国家的市场中出现。于是民族的或是地区的食品,像寿司、油炸鹰嘴豆饼或比萨饼可能会在全世界任何地方产生需求。莱维特认为,这种在不同情况下分别被称为消费多元化 (pluralization of consumption) 和子市场同步 (segment simultaneity) 的趋势,为营销人员提供了占据一个或几个全球规模子市场的良机。

亚洲音乐电视网 (MTV Networks Asia) 总裁弗兰克·布朗 (Frank Brown) 谈到他们在亚洲商业活动呈下降趋势的情况下仍然取得成功时,确认了这一趋势。他说:"当营销预算紧张时,广告商就要设法更有效地使用资金,而我们要能够向他们提供真正跨越地区范围的合适受众。"[5]

作家约翰·米克尔思韦特 (John Micklethwait) 和阿德里安·伍尔德里奇 (Adrian Wooldridge) 对这一情况概述如下:

> 在任何一个国家,迈克尔·蒂皮特 (Michael Tippett) 的交响乐新版录音的听众和关于火烈鸟交配习惯的纪录片观众可能都为数寥寥,但若将全世界的蒂皮特和火烈鸟痴迷者加在一起,就会出现诱人的商机。互联网提供的低廉分销手段,将使这一利基市场在经济上更具吸引力。[6]

全球市场细分的前提是公司要试图在不同的国家找出具有相同需要和愿望的消费者。然而,在不同国家找到了数量可观的比萨饼爱好者,并不等于他们吃的东西完全相同。例如,在法国,达美乐的比萨饼使用羊奶酪和肥猪肉片;而巴西人点的比萨饼可能用香蕉泥和肉桂做配料。达美乐国际部执行副总裁帕特里克·多伊尔 (Patrick Doyle) 说:"只需更换比萨饼上面的配料,就能够完美地适应世界各地消费者的需要。"[7]

科斯坎·萨姆里 (A. Coskun Samli) 对全球市场细分提出了一种有用的看法,将"传统"和"非传统"智慧加以对比。[8]例如,传统智慧可能认为:欧洲和拉丁美洲的消费者对世界杯足球赛感兴趣,而美国消费者则没有兴趣。但非传统智慧却可能注意到:在许多国家,包括美国,都有一个"全球体育爱好者"子市场。[9]

同样,传统智慧可能认为:所有印度人都是低收入者,因为印度的人均收入只有约 1 420 美元。非传统智慧则可能注意到其有一个高收入中产阶层。诚如印度拉奥银行的食品行业分析师萨普纳·纳亚克 (Sapna Nayak) 所指出的那样,"麦当劳或赛百味在印度的潜在顾客基础大于整个发达国家"。[10]中国也一样,中国的人均年收入还有很大的增长空间,大于许多的单一国家市场。[11]

7.1.1 与全球细分相对应的看法

我们在本书中多次指出,全球营销人员必须明确,究竟是标准化的还是适应性的营销方式能够最好地服务于消费者的需求和欲望。通过进行市场细分,营销人员能够对如何制定最有效的方案形成深刻的理解。全球市场细分的过程始于对一个或几个变量的选择,这是对顾客进行分类的基础。常见的变量包括人口统计数据（包括国民收入和人口总数），消费心态（价值观、态度和生活方式），行为特征和利益取向。同样也可按环境条件（如以某一行业存在或缺少相关政府法规为条件）分别组合不同国家的市场，以建立不同的群组。

7.1.2 人口统计细分

人口统计细分（demographic segmentation）是基于可测量的人口特征，如收入、人口数量、年龄分布、性别、受教育程度和职业等开展的细分。不少人口领域的趋势，如结婚人数减少、家庭规模缩小、妇女角色变化、收入和生活水平更高，表明各种全球性的子市场已经出现。以下是全球性的人口统计方面的主要情况与趋势：

- 亚洲是 5 亿 16 岁及以下消费者的家园。
- 人口统计数据显示，印度人口是世界大国中最年轻的：25 岁及以下人口超过半数；14 岁及以下的年轻人口多于美国的总人口。
- 在欧盟，16 岁及以下的消费者的人数正迅速接近 60 岁及以上的消费者的人数。
- 到 2025 年，日本的半数人口将达到或超过 50 岁。
- 到 2030 年，美国达到或超过 65 岁的人口将占 20%（即 7 000 万人），而现在是 13%（即 3 600 万人）。
- 美国的三大少数族群（非洲裔美国人、西班牙裔美国人和亚洲裔美国人）的年购买力总和达 2.5 万亿美元。[12]
- 美国有 2 840 万在外国出生的居民，其总收入为 2 330 亿美元。

这类统计数据有助于正在全球寻觅商机的营销人员增强洞察力。迪士尼看到了印度的大量年轻人（及其父母们）不断增长的收入，希望能从中获利。营销策略必须依据人口的老龄化和其他人口统计方面的趋势予以调整，全球公司的经理必须密切关注这种可能性。例如，经营消费品的公司在召集焦点小组座谈时，应选择那些 50 多岁接近退休的人群。这些公司还必须瞄准巴西、墨西哥、越南和其他发展中国家市场，以便在今后实现扩展的目标。

人口统计方面的变化能够为营销创新提供机会。例如，早在山姆·沃尔顿（Sam Walton）创建沃尔玛连锁店之前若干年，法国两位企业家就开始改写零售业的规则。马塞尔·福尼尔（Marcel Fournier）和路易斯·德弗雷（Louis Defforey）在 1963 年就开办了第一家家乐福（意为"十字路口"）超市。当时，法国只有残缺不全的商店系统，由占地仅 5 000 平方英尺的小型专营店（如面包房和猪肉铺）组成。商店系统是法国传统的组成部分，顾客与店主的个人关系也是该系统的一部分。然而，随着时光的流逝，双职工家庭变得没那么多时间为日常采购而跑多家商店。其他国家也出现了相同的趋势。到 1993 年，家乐福已经成为全球性的连锁超市，销售额达 210 亿美元，资产总市值为 100 亿美元。2010 年，销售额达到 1 210 亿美元。今天，家乐福在全球 32 个国家经营着超过 9 630 家门店。阿德里安·斯赖沃茨基（Adrian Slywotzky）指出，是人口统计数据的变化为马塞尔·福尼尔和路易斯·德弗雷提供了机会，使他们能够创造一种新颖的、适应顾客所需的高效益商业模式。[13]

按收入和人口细分全球市场

公司制定全球市场扩展计划时，往往会发现收入是一个宝贵的细分变量。市场毕竟是由有购买意愿和能力的人组成的。就香烟、软饮料、糖果和其他单价较低的商品而言，人口是比收入更有价值的细分变量。然而，对当今全球市场上多数类别的工业品和消费品来说，收入是估量市场潜力的一个有价值的重要的宏观指标。约2/3的国民收入总值产生于日本、西欧和美国，然而这些国家的人口却仅占世界总人口的12％。

大量的财富集中于少数工业化国家，这对从事全球营销的人员有重大意义。按照"收入"这一单一的人口统计变量对市场进行细分后，只需瞄准不到20个国家——半数欧盟国家、北美和日本，便可涉足最富裕的市场。但是，营销经理这样做并不能触及其余90％的世界人口！在此不妨提醒一句，关于收入（和人口）的资料唾手可得，价格低廉，这是优点，但经理人员有可能无意中对其作"过度解读"。换言之，尽管这种宏观层面的人口统计数据能够提供估量市场潜力的某种尺度，但也不宜作为存在（或没有）市场机会的唯一标志。在调查新兴国家或地区市场时尤其如此。

理想的情况是，将转换成美元的国民收入总值和国民收入的其他计量参数，按购买力平价（即该货币在当事国的购买力）加以计算，或直接比较某一产品的实际价格。这样可以对世界各国生活水平作实际比较。表7-1的左列为2011年人均收入前10名的国家，右列是按购买力平价调整后的数字。按人均收入美国虽排名第六，但按其货币在国内的购买力计算，美国的生活水平仅次于挪威、卢森堡和瑞士。[14]根据大多数衡量标准，美国市场是庞大的：15万亿美元的国民收入总值，以及从2006年起就已越过3亿大关的人口数量。无怪乎有众多的非美国公司瞄准美国消费者和集团买主，为他们服务！

表7-1 2011年部分国家人均收入 单位：美元

	2011年人均收入	2011年按购买力平价调整后的收入
1. 挪威	88 870	61 450
2. 卢森堡	77 390	64 110
3. 瑞士	76 350	52 530
4. 丹麦	60 160	41 920
5. 瑞典	53 170	42 210
6. 荷兰	49 660	43 150
6. 美国	48 620	48 820
7. 德国	44 230	40 190
8. 法国	42 410	35 910
9. 爱尔兰	39 150	33 520
10. 英国	37 780	35 950

三菱汽车公司就是这方面的例证。它原本已开始对其蒙特罗SUV进行改型设计，目标是打造一款无须多做改动即可畅销世界各地的"全球车"。现在，该设计方案已经改弦更张，新的目标是增大内部空间和加大马力，以使其更加"美国化"。三菱北美公司的一位高管矢

岛宏（Hiroshi Yajima）说，导致这一改动的起因是美国汽车市场的活力和规模。他说："即使这种车在美国以外卖不动，我们也不在乎。"[15]蒙特罗直到 2004 年被 Endeavor 取代之前，一直在美国销售。Endeavor 是三菱"美国项目"的一款车型，由伊利诺伊州制造，它的生产只针对美国市场，并不关心出口市场的司机偏好。该项目颇具成效：三菱目前的 SUV 产品——欧蓝德（Outlander），在极具影响力的《消费者报告》杂志中获得了"推荐"的评级。

其他有些工业化国家尽管其人均年收入相当可观，但年收入总额却很小（见表 7-2）。例如瑞典的人均国民收入为 53 170 美元，但其人口较少（940 万），这就意味着其市场是相对有限的。这有助于说明为什么爱立信、宜家、萨博（Saab）和其他瑞典公司要向境外寻找更大的扩展机会。

表 7-2　按 2011 年国内生产总值排列的前 10 个国家

国家	国内生产总值（百万美元）
1. 美国	14 900 000
2. 中国	7 318 000
3. 摩纳哥	6 075 000
4. 日本	5 867 000
5. 列支敦士登	4 826 000
6. 德国	3 601 000
7. 法国	2 773 000
8. 巴西	2 477 000
9. 英国	2 445 000
10. 意大利	2 194 000

表 7-1 列出的是世界上最富有的国家的简单收入数据和生活水平之间的差异，这些差异在欠发达国家更加突出。在坦桑尼亚的土房子里可以看到许多能够用金钱买到的东西，如铁床架、瓦楞铁屋顶、啤酒和软饮料、自行车、鞋、照片、收音机乃至电视机。但坦桑尼亚 540 美元的人均收入所不能反映的是：人们无须支付公共设施费用，因为坦桑尼亚当地有水井和阳光。传统和风俗确保老人由家庭负责照顾，而不是护理院。村民可以利用巫医和土药治病，而不是昂贵的医生和医院。

在工业化国家，构成国民收入相当一部分的货物和服务的价值，在贫穷国家是不收费的。因而，许多低收入和较低收入国家的生活水平往往高于收入数据反映的水平。换言之，其当地货币的实际购买力可能比兑换价值所显示的高得多。按购买力计算，坦桑尼亚的人均收入约为 1 500 美元。事实上，到首都达累斯萨拉姆就会发现商店里有电视机和 CD 播放机出售，也可看到生意人用手机谈判交易。[16]

2011 年世界上人口最多的 10 个国家的收入占世界收入的 50% 以上，其中前 5 名就占 39%（见表 7-3）。虽然人口的集中程度不如收入的集中程度，但就国家大小而言确实存在一个相当集中的模式。今天世界上人口最多的 10 个国家约占世界总人口的 60%。收入集中在高收入和多人口的国家就意味着：一个公司只要瞄准 10 个甚至更少国家的买主就可成为一个全球公司。全世界的人口现在为 70 多亿，按照目前的增长率，到 21 世纪中叶将达到 120 亿。简而言之，许多使用这本教材的学生将会在有生之年看到世界人口翻一番。

表 7 - 3 2011 年 10 个人口最多的国家

全球收入和人口	2011 年人口（百万人）	占世界人口百分比（%）	2011 年国内生产总值（10 亿美元）	2011 年人均国民收入总值	占世界国内生产总值的百分比（%）
世界总数	6 974	100.00	70 000	9 514	100.0
1. 中国	1 334	19	7 318	4 940	10.0
2. 印度	1 241	18	1 873	1 420	2.0
3. 美国	312	4	14 990	48 620	21.0
4. 印度尼西亚	242	3.4	846	2 940	1.0
5. 巴西	197	2.8	2 477	10 720	3.0
6. 巴基斯坦	177	2.5	210	1 120	0.3
7. 尼日利亚	162	2.3	244	1 280	0.3
8. 孟加拉国	150	2.1	112	780	0.2
9. 俄罗斯	143	2	1 858	10 650	2.6
10. 日本	128	1.8	5 867	44 900	8.4

如前所述，产品的价格低到一定程度，人口就会成为一个比收入更重要的判断市场潜力的变量。柯达的前首席执行官乔治·费希尔曾说："半数世界人口尚未拍过自己的照片。机会是巨大的，这并非奇想。我们只需要出售小黄盒胶卷就行。"[17] 由此，总人口都在 10 亿以上的中国和印度便成为极具吸引力的市场。在像中国这样的国家里，一种市场细分方法被用以满足现有的广大低价消费品市场。花王、强生、宝洁、联合利华和其他快速消费品公司正瞄准并大力开拓中国市场，部分诱因就是可能有多达数亿的中国消费者想要买并且买得起几美分一小袋的一次性洗发水和其他个人护理用品。

麦当劳在全球的扩张表明收入和人口两者在市场活动方面的重要性。80％的麦当劳餐馆开在 9 个国家市场（澳大利亚、巴西、加拿大、中国、法国、德国、日本、英国和美国）。75％的公司总收入来自这 9 个国家，其中 7 个国家出现在表 7 - 2 所列国内生产总值前 10 名的名单上，然而只有 4 个国家出现在表 7 - 3 按人口排序的名单上。目前该公司在大约 100 个非主要国家市场所开的餐馆，只创造了不到 20％的经营收入。麦当劳希望扩大在中国和其他多人口国家市场的经营，以实现公司的增长。

在快速增长的经济体中，利用收入、人口和其他宏观数据对市场进行细分时，营销人员必须小心谨慎。例如，营销人员必须牢记，所引用的诸如中国和印度的国民收入数字都是平均数。而只依靠平均数有可能低估市场的潜力；这两个国家都有快速成长的高收入子市场。哈罗德·L. 谢尔金（Harold L. Sirkin）在与他人合著的《全球性》（*Globality*）一书中说，在中国和印度，收入的差异反映在它们巨大人口的多样性之中。在中国，这种多样性还表现在若干方言及小语种上。他们写道：

> 在中国北方的主要城市，占主导地位的语言是普通话，但在南方，特别是香港，则是粤语。而每一种语言都有其独特的地域历史、文化和经济背景，它们的共同作用造成了品味、活动和追求方面的巨大差别。
>
> 这些差别成为各公司进入市场开展基本活动时的主要挑战：细分人口，了解其动机、期望和追求（并估计每一个子市场有多大的支付能力）。这使得"大众市场"一词几乎毫无意义。不错，在快速发展的经济体中的确有一大群消费者，但公司却难以笼统地对待他们，至少不能对他们使用同一套产品方案或开展同一项口头/文字宣传活动。[18]

印度也一样，超过10%的人口可划为中上阶层。确定一个基于人口统计的子市场可能还需要更多的信息。有人估计，印度的中产阶层约有3亿人。但是，如果将中产阶层更狭义地定义为"拥有汽车、计算机和洗衣机的家庭"，这个数字就会小得多。有一位印度专家认为，印度人口还可以细分出一个包括2 500万家庭的"双轮车"子市场，这些家庭有电话和摩托车。但是，印度的多数人口构成了一个"牛车"子市场，这些家庭缺少多数使人舒适的生活设施，但基本上都拥有一部电视机。[19]这其中的教训是明确的，即正如科斯坎·萨姆里所说，要避免被平均数误导，切莫一概而论。

年龄细分

年龄是全球营销中另一个有用的人口统计变量。**全球青少年**（global teens）就是一个用人口统计细分的全球子市场，即由12～19岁的年轻人组成的市场。由于他们都对时尚、音乐和年轻化的生活方式感兴趣，这些身处各国的青少年所表现的消费行为具有显著的一致性。迪赛品牌的创始人，也是意大利H-Farm创新孵化项目的投资人——伦佐·罗索曾说："一群从世界各地任意选出的年轻人却有着很多共同的兴趣。"[20]年轻的消费者可能尚未适应文化准则，实际上，他们可能正在反叛这些文化。这一事实与共有的需求、欲望和幻想（如对名牌、新奇事物、娱乐、时尚和形象突出的产品的向往），使公司能够以统一的营销方案应对全球青少年子市场。

这个子市场无论是在人口规模（约13亿人）还是在其数十亿美元的购买力方面都十分诱人。总部位于伦敦的趋势咨询公司LS:NGlobal表示，美国青少年市场的年购买力约为2 000亿美元；英国750万青少年每年的花费超过100亿美元。[21]可口可乐、贝纳通、斯沃琪、索尼是致力于全球青少年子市场的公司中的几家。全球通信革命是促使这个子市场出现的一个关键的驱动力。类似音乐电视网（MTV）、脸书和推特这样的全球性媒体是接触这个子市场的最佳媒介。同时，卫星正把西方的节目和广告传播给中国、印度和其他新兴市场的上百万观众。

另一个全球性子市场是称为**全球精英**（global elite）的一群人：他们是富裕的消费者，游历甚广，有钱购买那些具有独特形象的高声望商品。虽然这个子市场往往是指在漫长的生涯中积累了财富的较年长者，但也包括电影明星、音乐家、顶尖运动员、企业家和其他相对年轻但在经济上已取得巨大成就的人。这个子市场的需求和欲望覆盖各种商品类别：耐用消费品（诸如劳斯莱斯或奔驰之类的豪华轿车）、非耐用消费品（如水晶（Cristal）香槟酒或灰雁（Grey Goose）伏特加等高档饮品）和金融服务（美国运通金卡和铂金卡）。

性别细分

出于显而易见的原因，许多公司按性别细分市场是一种明智的选择。但是不那么明显的是，公司需要确保不会错过任何能更清晰地瞄准某一种性别需求或欲望的机会。虽然有些公司——时装设计公司和化妆品公司等的销售对象主要是或完全是女性，但也有些公司向男女顾客提供不同系列的产品。

例如，耐克 2000 年在全球女鞋及服装市场的销售额为 14 亿美元，占其总销售额的16%。耐克公司高管认定，其全球女性业务有望实现大幅增长。为实现这一目标，耐克在大百货商店开设概念店，同时也开设独立门店，专售女用商品。[22] 在欧洲，李维斯也采取了类似的做法。该公司于 2003 年在巴黎开设了第一家针对年轻女性的时装精品店——李维斯女孩（Levi's for girls）。其负责欧洲、中东和非洲业务的助理品牌经理苏珊娜·加拉赫（Suzanne Gallacher）说道："在欧洲，牛仔服是女孩穿的。"[23] 这是李维斯为应对美国的 CK 公司与盖璞公司以及欧洲的迪赛公司所带来的激烈竞争而采取的扩大业绩的战略行动之一。加拉赫预计，如果李维斯女孩在法国能取得成功，公司在其他欧洲国家就会开设类似商店。

7.1.3　心理细分

心理细分（psychographic segmentation）涉及按态度、价值观和生活方式将人们分群。数据来自一些问卷，这些问卷要求被调查者对一系列语句表明自己在多大程度上同意或不同意。消费心态的研究主要与斯坦福国际研究院（SRI International）这一市场调研组织相连，该院因其原创的有关消费者价值观和生活方式的分析（VALS）以及更新版 VALS 2 为大众所熟知。

德国运动型汽车制造商保时捷公司发现其全球销售量从 1986 年的 5 万辆下降到 1993 年的 1.4 万辆后，便开始从心理学角度寻求答案。其美国子公司——北美保时捷轿车公司对自己的典型顾客已经有一个清晰的人口统计情况轮廓：40 多岁，年薪超过 20 万美元，大学毕业的男性。一项消费心态的研究表明，除人口统计数据，保时捷的买主还可分成几个明显的类型。比如，一方面，"精英人物"购买保时捷车是希望引起他人注意，另一方面，对"骄傲的主顾"和"幻想者"来说，这种消费的炫耀性是没有意义的。保时捷利用这种数据针对每一种类型分别制定广告策略。保时捷销售和营销副总裁理查德·福特（Richard Ford）指出："我们要向特征截然相反的人销售，你不会跟一个成功人士说他在车里显得多棒或是他能开得多快。"其结果令人惊叹：在新一轮广告活动后，保时捷在美国的销售增长了近 50%。[24]

本田公司在欧洲的经验证明了利用心理细分来补充相对传统的变量（如人口）的价值。20 世纪 90 年代后期，本田公司高管拟开发一种沟通战略，以支持其在欧洲推出的新款 HR-V。为此，公司从英国、德国、法国和意大利邀请了一个专家组，开展一场泛欧广告运动，目标正是相对年轻的群体。这些研究人员一致认为，无论国籍如何，欧洲青年所展现出的共性大于差异。他们听同样的音乐，喜欢同样的电影，并且参加同样的娱乐活动。最后形成了以"游乐机"（Joy Machine）为别名的广告运动，目标是 25～35 岁的人群。然而，HR-V 被证明在欧洲受到所有年龄段的欢迎，事实上每 6 个买主中就有 1 个是祖父母年纪的人。本田（欧洲）汽车公司的广告主管克里斯·布朗（Chris Brown）在回忆这段转折经历时说："广告内容的决策应该是关于态度而非年龄。最近有人提醒我说约翰·梅杰（John Major）（英国前首相）与滚石乐手米克·贾格尔（Mick Jagger）同龄。"[25]

布朗的话是要强调一个深刻的见解：年龄相同不一定态度相同，正如一个年龄段的人有时与另一年龄段的人持相同态度一样。以心态而不是以年龄段为营销对象，有时效果会更好。在此情况下，心理研究能够帮助营销人员对消费者行为获得更深刻的了解，而传统的细分变量如人口统计等则不太可能做到这一点。

然而，获得这种了解是要付出代价的。对市场进行心理剖析的资料来源很多，公司使用这些研究成果可能需支付数千美元。斯坦福国际研究院对日本市场的消费心态进行过分析；另有几家全球性广告公司则进行了范围更广的研究。例如，达美高广告公司（D'Arcy Massius Benton & Bowles，DMBB）的一支研究队伍专注于欧洲消费者心态，完成了一项涉及15个国家的研究报告——《欧洲消费者：营销神话还是文化必然?》。[26]研究人员发现了四种生活方式的人群：成功的理想主义者、富有的物质享乐主义者、安逸的从属者和不满的幸存者。前两种代表精英，后两种代表欧洲消费者的主流。

● 成功的理想主义者。占人口的5%～20%，这个子市场的组成人员是那些在事业和物质利益方面均有成就的人，但仍然致力于抽象的或是社会责任的理想。

● 富有的物质享乐主义者。这些社会地位意识较强的"后起之秀"（其中很多是商务人士），以炫耀性消费来向他人显示他们的成功。

● 安逸的从属者。占一国人口的1/4～1/2，与适应性人群和传统性人群一样，这个人群思想保守，对熟悉的东西最感安适。从属者对房屋、家庭、朋友和社区的舒适感到满意。

● 不满的幸存者。没有权力，也不富裕，这个子市场对升迁几乎不抱希望，常常不满或者逆来顺受。这个子市场集中在高犯罪率的内城居民区。尽管不满的人社会地位较低，他们的态度却会对社会其他成员产生影响。

公司细分市场和确定目标市场的办法可能因国家而异。在欧洲，李维斯倚重性别细分。相反，首席执行官菲尔·马里诺（Phil Marineau）却认为，在牛仔裤的故土，心理细分才是重振这个牛仔裤元老品牌的关键。他的团队明确了几个不同的子市场，包括时尚主义者、时髦青少年、中年男士和经济型购物者。他们的目标就是要为这些不同的子市场设计出不同式样和不同价位的牛仔裤，而且在从沃尔玛到尼曼·马库斯（Nieman Marcus）的不同商店都能买到。[27]同样，美国索尼公司的一个分部——索尼电子最近对其营销职能进行了重组。索尼在传统上是从产品类别的角度进行营销的。如今它改变了理念，由一个新机构——消费者细分营销部负责与美国的消费者加强联系（见表7-4）。[28]那么索尼是依据什么变量做这种分类的呢？

表7-4 索尼的美国消费者细分市场

子市场	描述
富裕	高收入消费者
消费电子产品的先驱	率先使用高科技消费电子产品，年龄不限
过客	年龄超过55岁
SOHO一族	小型办公室/家庭办公室
家庭	35～54岁
年轻专业人士/丁克一族	双收入，无子女，25～34岁
Y世代	25岁以下（包括双胞胎、青少年和大学生）

7.1.4　行为细分

行为细分（behavior segmentation）专注于人们是否购买和使用某产品，以及使用的频率和数量。消费者可以按照**使用率**（usage rate）分类，例如大量用户、中量用户、少量用户和非用户。还可以按**使用者现状**（user status）把消费者划分为潜在用户、非用户、过去的用户、常用户、初始用户和竞争品牌用户。营销人员在估计使用率时常运用 **80/20 法则**（80/20 rule）。根据此法则（也称不匀称法则（law of disproportionality）或帕累托法则（Pareto's law）），80％的公司总收入或利润来自20％的产品或顾客。如前所述，麦当劳公司总收入的约80％来自9个国家市场。这种局面为麦当劳的经理人员提供了战略选择的余地：公司应该在已有知名度并受到欢迎的极少数国家继续扩展，还是着力在迄今总收入和利润上贡献甚少的数十个国家开拓增长的机会？

7.1.5　利益细分

全球的**利益细分**（benefit segmentation）专注于 $V=B/P$ 这一价值等式中的分子，即指代利益的 B。这种着眼点的基础是：营销人员对产品所解决的问题、提供的利益和处理的问题了如指掌，不考虑发生在何地。如果食品经销商能创造出一种产品，使父母能用尽量少的时间做出有营养的家庭餐，它就会取得成功。金宝汤公司在5亿美元的日本汤料市场占据了相当大的份额，因为时间短缺的家庭主妇们以方便为重。保健和美容用品的经销商也采取利益细分的做法。许多品牌的牙膏实际上就是针对龋齿的，也因而拥有了很大的市场。然而，随着消费者日益关心增白、牙神经受损、牙龈疾病和其他口腔护理问题，经销商也在针对已察觉到的需要，开发新品牌的牙膏。

欧洲的宠物食品市场有300亿美元的年销售额。雀巢公司发现世界各地养猫的人对喂养宠物持相同态度，于是开展了推广喜跃干猫粮（Friskies Dry Cat Food）的泛欧广告运动。其诉求点是，干猫粮更加适合它们。同样，许多欧洲人关注如何使爱猫健康，延长它们的寿命，宝洁公司就相应地推出爱慕斯（Iams）牌优等猫粮，作为使宠物健康的一种手段。[29]

新兴市场简报

俄罗斯的市场细分

20世纪90年代初，苏联解体后，达美高对俄罗斯市场的消费心态进行了剖析。研究根据外表、行为和对西方商品的开放程度将俄罗斯人分成五类：库布奇（Kuptsy）、哥萨克、学生、商务经理和"俄罗斯灵魂"。最大的人群库布奇（这个称号源自俄文"商人"）的成员理论上偏爱俄罗斯产品，但也看不上质量低劣的廉价品。这份研究报告的主笔奈杰尔·克拉克（Nigel Clark）指出，尽管俄罗斯这个巨大的消费者市场尚处于稚嫩时期，但市场细分和目标营销同样适用。"如果你正进入的是俄罗斯这样的一个与众不同的市场，即便打算'广撒网'，也最好先想想，'哪一人群最可能选择我的品牌？哪些地方会自然地成为我的吸引力中心？'"

20世纪90年代后期，这份研究报告在市场营销中的意义变得更加突出。许多西方品牌的市场占有份额的增长速度放慢，1998年经济危机后这一发展趋势加快。正如俄罗斯一家销售果汁的公司的董事谢尔盖·普拉蒂宁（Sergei Platinin）所言，"以前人们只想买看起来像是外国的东西，现在他们要俄罗斯的"。在时装界，出自设计师瓦伦丁·尤达希金（Valentin Yudashkin）之手的昂贵蓝色牛仔裤正取代阿玛尼的产品成为正宗包臀牛仔裤。在商品价格表的另一端，当地的雀巢分公司也使若干种俄罗斯品牌的巧克力获得了重生。新版调查结果显示，将近2/3的高收入俄罗斯人喜欢购买国内的巧克力，虽然他们买得起进口品牌。

在行为细分方面，帝亚吉欧、V&S酒业（V&S Vin & Spirit AB）、施格兰（Seagram）和其他蒸馏酒经销商都知道俄罗斯是伏特加消费大户；事实上，伏特加被认为是"俄罗斯人生活的支柱"。俄罗斯人每年消费的酒精是美国消费水平的2倍，远远高于世界卫生组织认为会造成健康威胁的水平。酒精中毒是人口减少并导致人口危机的原因之一。成年男性的预期寿命仅为60岁。据估计，每年有50万俄罗斯人死于与酒精相关的原因。在公共场所酗酒闹事会被罚100卢布（约3.50美元）。

克里姆林宫对伏特加广告进行了限制，并规定伏特加只能在特定的时间和地点销售。即便如此，一种被称为萨莫贡（samogon）的自制伏特加酒，以及未经许可的酿酒商非法酿造的伏特加，仍然带来了巨大问题。由于非法酿酒商制造的伏特加占俄罗斯消费量的一半左右，俄罗斯政府因此每年损失数十亿美元的税收。一些观察家呼吁提高伏特加的价格，包括提高税率，以抑制消费。

由于高关税以及高定位，像皇冠伏特加（Smirnoff）和绝对伏特加（Absolut）这类进口品牌的定价比当地品牌高出很多。20世纪90年代后期，经济不确定性很严重，工人们可能一连数月都领不到工资。在此情况下，价格便成为影响较大的因素。一位名叫弗拉基米尔·多夫干（Vladimir Dovgan）的企业家推出了好几种售价5～10美元的伏特加，并因此发了财。同时，帝亚吉欧公司开始在圣彼得堡生产皇冠伏特加。具有讽刺意味的是，虽然几十年来皇冠伏特加只在西方生产，但这个品牌实为俄罗斯的真传。一位公司高管说："应该使皇冠更像俄罗斯的。我们需要让俄罗斯人认识到皇冠到俄罗斯来是为俄罗斯人生产的。"

当蒸馏酒销售商调整战略时，市场的取向也发生了变化；俄罗斯的年轻人正转向啤酒。2002年，用于啤酒的开支首次超过伏特加。由于进口品牌的价格被弱势的卢布抬高，普通消费者望尘莫及，因此当地品牌便成为宠儿。有些观察家将这种变化归因于更健康的西方生活方式的影响。此外，在20世纪90年代俄罗斯向市场经济过渡的动荡时期，人们将伏特加与酗酒联想在一起。尽管如此，伏特加在俄罗斯仍有110亿美元的市场。

资料来源：Clifford J. Levy, "Russia Tries, Once Again, to Rein in Vodka Habit," *The New York Times*（November 3, 2009）, p. A4; Andrew Osborn, "Vodkas Reflect Allure of Power," *The Wall Street Journal*（March 10, 2009）, p. B4; Nick Paton Walsh, "Russia Lite: Nyet to Vodka, Da to Beer," *The Observer*（October 20, 2002）; Ernest Beck, "Absolut Frustration: Why Foreign Distillers Find It So Hard to Sell Vodka to the Russians," *The Wall Street Journal*（January 15, 1998）, pp. A1, A9; Betsy McKay, "Vladimir Dovgan Is a Constant Presence in Capitalist Russia," *The Wall Street Journal*（March 20, 1998）, pp. A1, A8; Stuart Elliot, "Figuring Out the Russian Consumer," *The New York Times*（April 1, 1992）, pp. C1, C19; Betsy McKay, "In Russia, West No Longer Means Best; Consumers Shift to Home-Grown Goods," *The Wall Street Journal*（December 9, 1996）, p. A9.

食品巨头正瞄准"营养"市场

为应对全球日益关注的肥胖、糖尿病和其他与食品有关的健康问题，世界上最大的一些食品和饮料公司已经开始加大力度开发新产品和新产品类别。随着美国、日本以及其他发达市场的人口老龄化加剧，这一趋势带来了巨大的商机。根据欧睿国际（Euromonitor International）的调研结果，全球保健食品市场的年销售额已达到 6 000 亿美元。

在那些不断增加健康食品类别的公司当中，雀巢一直走在前列。这家瑞士食品巨头最近成立了两家新的子公司——雀巢健康科学公司（Nestlé Health Science SA）和雀巢健康科学研究院（Nestlé Institute of Health Sciences），专注于研发"医疗食品""功能性食品""营养保健品"等产品，目标是创造出针对各类疾病的新食品。雀巢最近收购了一家总部位于英国的创业公司 CM&D Pharma，该公司开发了一种可以缓解肾病的口香糖。另外，雀巢还入股了 Accera 公司，该公司主要生产一种名为 Axona® 的处方医疗食品，用于轻度至中度阿尔茨海默病的临床饮食管理。

达能集团（Groupe Danone SA）也在寻找类似的机会。纽迪希亚（Nutricia）公司开发了一种名为"Souvenaid"的饮料，达能称这种饮料能通过维持大脑突触的数量和活力来帮助延缓阿尔茨海默病的发作。如今达能旗下最赚钱的两个品牌分别是"Activia"（一种助消化的健康酸奶）和"Actimel"（一种可以增强身体免疫系统的酸奶饮料）。

由于成分的性质及广告和产品标签上的说明，许多功能性食品未被政府监管机构归类为药品。即便如此，欧洲食品安全局等监管机构也不断地向营销人员施压，要求他们就此类食品的保健功能给出相应证据。虽然功能性食品看似有着巨大的商业潜力，但一些观察家警告商家切勿夸大其词。究竟是食品公司会在这个新市场占据上风，还是制药公司会成为领导者？来自牛津和剑桥的 MBA 学生在最近的"战争游戏"商业战略竞赛中给出了答案。这些学生分别为四家公司——雀巢健康科学、达能、雅培营养和 GSK 消费保健制定了战略。结果怎样呢？请上 YouTube 观看"2012 福尔德战争游戏：欧洲食品设计之争"（Fuld War Game 2012：The European Battle for Designer Foods）！

资料来源：Shirley S. Wang, "'Medical Foods' and Supplements for Brain Health Advance," *The Wall Street Journal* (July 24, 2012), p. D2; John Revill, "Nestlé Buys U. S. Maker of 'Brain Health' Shake," *The Wall Street Journal* (July 20, 2012), p. B3; Paul Sonne, "Nestlé Buys 'Medical Food' Start-Up," *The Wall Street Journal* (February 2, 2011), p. B8; Laurie Burkitt, "Selling Health Food in China," *The Wall Street Journal* (December 13, 2010), p. A1; Clive Cookson, "Big Food Eyes Profits in Smaller Waistlines," *Financial Times* (October 1, 2010), p. 9; Goran Mijuk, "Nestlé Renews Push into Health Products," *The Wall Street Journal* (September 27, 2010).

7.1.6　种族细分

许多国家的人口中都包含相当一部分的各类族群。例如，美国有三个主要族群：非洲裔美国人、亚洲裔美国人和西班牙裔美国人。而每一个子市场都表现出极大的多样性，因而可以进行再次细分。例如，亚洲裔美国人包括泰裔美国人、越南裔美国人和华裔美国人，各有不同的语言。

虽然美国的西班牙裔人口有共同的语言，但也可以根据来源地进行细分，来源地包括多米尼加共和国、古巴、中美洲、南美洲、波多黎各，当然还有墨西哥。西班牙裔美国人有近 5 000 万人口，占美国总人口的 16％左右，年购买力为 9 780 亿美元。西班牙裔美国人作为一个族群是勤劳的，并有强烈的家庭和宗教倾向。然而，不同的细分市场也是十分多样化的，营销人员应避免落入"所有西班牙裔都是一样的"这种思维陷阱。有人将这个新机遇称为"1 万亿美元的拉丁裔女子"。事实上，有 2 400 万西班牙裔女性生活在美国；42％是单身，35％以户主身份报税，54％在就业中。

从营销的角度看，各种西班牙裔美国人的子市场具有巨大的机会。各种行业领域（包括食品和饮料、耐用消费品、休闲和金融服务）的公司正在意识到，在为美国制定营销规划时需要把这些子市场包括在内。例如，以墨西哥为基地的公司正把注意力集中到北部的机会上。Famso、Giant 集团和 Chedraui 商业集团等三家零售商已在美国开设了商店。Famso 的总裁在加利福尼亚州圣费尔南多一家商店的开张仪式上说："我们到美国来不是要迎战电路城或百思买之类的大公司。我们的目光放在西班牙裔市场上。"[30]

1999—2000 年间，西班牙裔美国人的新车牌照登记增加了 20％，是全国增长率的 2 倍。多年来，本田、丰田和其他日本汽车制造商一直盯着西班牙裔美国人，并已建立起很高的品牌忠诚度。福特和通用汽车正扮演追逐者的角色，结果却不尽相同；尽管通用汽车大幅增加了针对西班牙裔美国人的广告，其市场份额却在下滑。[31]科罗娜特级啤酒在美国的销售量急剧上升，其中部分原因是针对西班牙裔子市场的营销工作起了作用。在低收入的社区，进口的优质啤酒品牌相当于"买得起的豪华"。虽然 6 罐装的科罗娜在当地饮料店里的正常售价至少比百威贵 1 美元，却通常低于喜力。不过，营销人员必须明白，许多西班牙裔美国人是生活在两个世界里的：虽然他们对美国有强烈的认同感，但对于同自己的传统有关的品牌，他们也有自豪感。[32]

上述讨论粗略地概括了全球公司（以及那些为它们服务的调研公司和广告公司）在世界范围内利用市场细分来发现、界定、了解并回应顾客需求的方法。除前面提及的市场细分变量，为顺应当今瞬息万变的商业环境，一些新的市场细分办法正随之出现。例如，互联网和其他新科技得到了广泛采用，因而全球的消费者形成了极大的共性。这些消费者亚文化由下述人群体现：他们相似的世界观和追求造就了共有的、超越语言和民族差别的思想倾向。消费品巨头宝洁公司是一个紧跟时代变化的公司。公司的全球保健与女性护理用品分部总裁梅拉尼·希利（Melanie Healey）指出："我们看到的是在全世界形成的各个全球部落，而科技又使它们的联系日益紧密。"[33]

7.2 评估市场潜力与选择目标市场或细分市场[34]

按照刚刚讨论过的一个或多个标准对市场进行细分后，下一步就是对已认定的子市场的吸引力进行评估。在将新兴国家市场作为潜在目标进行估量时，这一过程尤为重要。正是在这个阶段，全球营销人员应当提防市场细分过程中若干意想不到的潜在危险。首先，存在一种过分渲染个别国家市场规模和短期吸引力的倾向，特别是当主要依据收入和人口等人口统计数据作出预判时。例如，中国、印度、巴西和其他新兴市场从长远来讲无疑具有潜力，但管理层必须认识到短期利润和总收入增长的目标可能难以实现。20 世纪 90 年代，宝洁公司和其他包装类消费品公司在拉丁美洲得到了这一教训。相反，俄罗斯麦当劳在同一时期的成功则是坚持从长计议并获得回报的实例。

全球营销人员可能为自己设置的第二个陷阱是，他们选定某一国家为目标市场是因为股东或竞争对手向管理层施加压力，要他们莫"错过"战略良机，这类言论可能造成一种印象，即管理层必须"立即行动"，抓住这个有限的机会窗口。

第三，有这样一种危险，即管理层的关系网将成为确定目标市场的主要准则。结果，市场进入的决策基础可能是出于便利而不是扎实的市场分析。举例而言，公司可能与一个非本国雇员达成分销协议，该雇员希望回国后成为公司代表。关于选择适当的外国分销商问题将在第 12 章作详细阐述。

营销人员应牢记这些隐蔽的危险，在确定全球目标市场时，可以运用三项基本准则来评估潜在的机会：子市场当前的规模和预期增长潜力，竞争态势，与公司总体目标的兼容性以及成功触及指定目标市场的可行性。

7.2.1　子市场当前规模和预期增长潜力

子市场目前是否已足够大，能否给公司提供盈利的机会？如果今天的回答是"不"，那么它是否具有可观的增长潜力，从公司的长期发展战略来看具有吸引力？请看下述关于印度的事实：

● 印度是世界手机市场中发展最快的国家。整个行业正以每年 50% 的增长率迅速扩展，每月增加五六百万新用户。2008 年中期，印度有 2.61 亿手机用户；而到 2011 年底，这一数字达到了 9 亿。尽管如此，来自政治和监管环境的障碍依然制约着私营部门的发展。[35]

● 印度每年的汽车销量约 130 万辆；从绝对意义上讲，这个数字还较小。然而，行业观察家预测，印度在 10 年之内将成长为每年 300 万辆的汽车市场。2008 年，印度超越中国，成为世界上增长最快的汽车市场。[36]

● 印度约有 70% 的人口年龄在 35 岁以下。这部分人的收入在不断增长。如今，有品牌意识的年轻人开始购买售价 100 美元的汤米·希尔费格（Tommy Hilfiger）牌牛仔裤和售价 690 美元的 LV 手提包。穆罕·穆尔加尼（Mohan Murjani）得到了汤米·希尔费格品牌在印度的授权；在谈到印度近 10 年的经济繁荣情况时，他说："发生了令人瞩目的变化。就消费者的资产、收入和利用信贷手段的购买力而言，我们看到的都是大幅的增长。"[37]

如前所述，从全球角度挑选目标市场的优点之一是：单个国家的某个子市场可能显小，而如果几个国家都存在同样的子市场，那么即便这个子市场本身很狭小，也可以为公司创造盈利。对许多消费品公司来说，全球青少年子市场的庞大规模和购买力就极具魅力。对印度、中国这样的庞大国家市场而言，可用不同的方式评估子市场的规模和增长潜力。

例如，从包装类消费品公司的角度来看，虽然印度有 75% 的人口住在农村，但低收入和缺乏分销基础设施使得这一事实无足轻重。正确的决策可能是仅将目标市场放在城区，尽管住在城区的只有 25% 的人口。而维萨（Visa）在中国的战略依据的是人口统计数据，恰好说明了这个准则：维萨的目标是月薪相当于 300 美元以上的人群。

在将与生活方式有关的需求和有利的人口统计数据相结合后，对外国汽车制造商而言，美国是个极具吸引力的市场。例如，20世纪90年代，美国人对SUV的需求暴涨。1990—2000年，SUV的销售量增加了2倍——从1990年的近100万辆，到1996年的200万辆，再到2000年的逾300万辆。这些车为何如此受欢迎？主要得益于四轮驱动的安全性以及能够在不良驾驶条件下提供额外牵引力的高底盘。此外，SUV通常具有更大的载货空间。

　　看到吉普切诺基、福特探险者和雪佛兰开拓者销售火爆，美国以外的制造商推出了不同价位的同类车（见表7-5）。由于丰田、马自达、本田、起亚、日产、路虎、宝马、奔驰、大众和其他全球汽车制造商都瞄准了美国的买主，现在市场上有多达数十种SUV车型。许多汽车制造商还供应不同类型的SUV，包括全尺寸、中型、紧凑型和跨界SUV。即使在美国市场的销量增长放慢，这种车在其他许多国家也日益受到欢迎。例如在中国，SUV在进口车中占到40%，是汽车工业的一个快速增长部门。2008年，通用汽车公司开始向中国出口其畅销车型凯雷德，标价约15万美元。

表7-5　全球汽车制造商以SUV瞄准美国市场

汽车制造商	精选SUV车型	组装或制造国别	上市年份
保时捷	卡宴	德国	2003
大众	途锐	斯洛文尼亚	2004
本田	CR-V	日本	1995
丰田	RAV-4	日本	1994
起亚	索兰托	韩国	2003
宝马	X5	美国	2000
奔驰	ML 350	美国	2003

7.2.2　潜在竞争对手

　　我们还应避开竞争激烈的子市场或国家市场。然而，如果价格或质量是竞争对手的软肋，那么新进入者就有可能赢得市场突破。例如在过去几十年里，尽管美国当地一直存在地位稳固的市场领导者，但各行各业的日本公司仍瞄准了该市场。事实证明有些新来者非常善于细分市场和选定目标，进而取得了很大进展。例如在摩托车工业领域，本田开创了小排量野外摩托车的市场，然后升级到较大型的摩托车。较大型的目标顾客是休闲骑手，他们的心理细分特征完全不同于铁杆哈雷-戴维森骑手。在文档影印业务上，佳能瞄准了部门经理和秘书，推出紧凑型桌面复印机，从而大胜施乐。类似案例也出现在土方设备（卡特彼勒对小松制作所）、摄影（富士对柯达）以及众多其他行业。

　　相反，也有许多公司努力在富有吸引力的国家市场开拓地盘却以失败告终。例如，德国DHL试图在2003年进入美国行李托运市场。为实现规模化经营，DHL收购了航空快车公司（Airborne Express）。但是，管理层低估了美国老牌快递公司——联邦快递（FedEx）和UPS对市场的主导作用。最终，在损失了约100亿美元后，DHL不得不于2008年退出美国市场。同样，沃尔玛也因未能找到合适的定位和产品组合，遗憾地退出了韩国和德国市场。

　　20世纪90年代中期，维珍集团首席执行官理查德·布兰森（Richard Branson）在其直接针对可口可乐的核心市场推出维珍可乐（Virgin Cola）后，得到了深刻的教训。在他的书《商界裸奔：一切生意的绝对秘密》（*Business Stripped Bare：Adventures of a Global Entrepreneur*）中，布兰森回忆道：

> 与可口可乐展开一场软饮料战争是疯狂的。这是我们最引人注目的商业错误之一，尽管它也提升了"维珍"在美国的知名度。1994 年，我们推出了维珍可乐。我们很开心，并陶醉于自我吹嘘。我们很高兴潜伏在这一猛兽身后，伺机咬上一口……在与可口可乐的较量中，我们学到了两件事：如何制作一种口味不同的可乐，以及如何激怒一个在 2007 年带来 280 亿美元营业额和 50 亿美元利润的全球企业……是的，不知何故，我们设法完全忽视一个全球品牌的力量和影响力，而这个品牌体现了美国资本主义的实力和威慑力。[38]

7.2.3　可行性和兼容性

如果一个子市场的规模足够大，而且尚无强有力的竞争者或是竞争者的状况不佳，那么最终要考虑的问题就是公司是否能够和应该以此为目标市场。将某一特定子市场选为目标市场是否可行，可能受多种因素的负面影响。例如，可能存在许多限制市场准入的监管障碍。也可能出现有关营销的其他具体问题，例如在印度，对许多消费品来说，需要 3～5 年时间才能建立有效的分销系统。有些外国公司本来可能被印度人口众多的明显潜力所吸引，但仅上述问题就足以使它们却步。[39]

经理们必须决定，公司的产品和企业模式在多大程度上适合拟议中的国家市场，或者说假如此刻无法提供合适的产品，公司能否开发出一款这样的产品呢？营销人员如欲做此决定，就必须考虑若干准则：

● 是否需要修改产品？如需修改，按预测的销售量评估，经济上是否合理？

● 是否会遇到进口限制、高关税或原产地的货币走强从而使产品的目标市场货币价格上升，并使需求受到实际的抑制？

● 是否可以在当地采购？开发一个子市场往往需要在分销和人员流动方面大量支出。在一国采购产品并出口到该区域的其他地方是否可行？

最后，还有一个重要的问题，即瞄准一个特定子市场的做法是否符合公司的总体目标、品牌形象，或是否与竞争优势的既定来源相符。例如，宝马是全球优质的汽车品牌之一。它是否应在产品系列中增加面包车？显然目前管理层把重心放在了其他竞争机会和威胁上。2013 年，宝马推出了 i 系列电动轿车，为意图购买特斯拉 S 型电动汽车的司机们提供了一个新选择。而意大利的玛莎拉蒂正在针对宝马 5 系推出 6.5 万美元的"入门级"型号。管理层希望意大利时尚搭配上法拉利引擎可以对豪华车买主具有不可抗拒的吸引力。[40]

7.2.4　确定目标市场的框架

从现在的讨论中可以推断出，在评估新兴国家市场时，如果手头有正式的工具或原则框架，定会大有裨益。表 7-6 展示了一个市场选择原则的框架，包含刚讨论过的一些要素。

假设一家美国公司要将中国、俄罗斯和墨西哥确认为潜在的目标国家市场。该表将这些国家按市场规模由大到小依次排列。乍一看，仅从规模判断，中国似乎拥有最大的潜力。然而，这家假想的公司在中国的竞争优势仅为 0.07，而在俄罗斯为 0.10，在墨西哥却是 0.20。在将市场规模与竞争优势指数相乘之后，得出中国的市场潜力是 7，俄罗斯是 5，墨西哥是 4。

表 7-6 市场选择原则的框架

市场（人口）	市场规模	竞争优势		市场潜力	准入条件指数	市场潜力
中国（14 亿）	100	0.07	=	7	0.50	3.5
俄罗斯（1.41 亿）	50	0.10	=	5	0.60	3.0
墨西哥（1.08 亿）	20	0.20	=	4	0.90	3.6

这项分析的下一步要求对市场准入的各种因素加以评估。在表 7-6 中，所有这些因素或条件都简化为准入条件指数：中国是 0.50，俄罗斯是 0.60，墨西哥是 0.90。换言之，可能由于《北美自由贸易协定》的缘故，墨西哥的市场准入因素比俄罗斯好。将市场潜力与准入条件指数相乘后，可以看到墨西哥拥有比中国和俄罗斯都大的出口潜力，尽管它的规模较小。

虽然表 7-6 可用做跨国比较的初步筛选工具，却不足以用来评估实际的市场潜力。全球营销专家戴维·阿诺德提出了一套原则，超越了人口统计数据的范围，包含其他对市场规模和增长潜力所做的营销导向型估量。他提出的原则不是"自上而下"的细分分析（如从某一特定国家的收入或人口的数据开始），而是基于"自下而上"的细分分析，即从产品-市场层面开始。

如图 7-1 所示，阿诺德的原则包括两个核心概念：营销模式驱动因素和实现条件。**营销模式驱动因素**（marketing model drivers）是企业在特定的国家市场环境中扎根并成长所需的关键要素或因素。根据公司的服务对象是消费者抑或工业产业市场，驱动因素可能有所不同。成功是否取决于建立或利用品牌？例如在越南，宝洁公司在促销活动中将"汰渍"品牌洗涤剂称为"全美第一"（Number 1 in America）。或者，分销或技术精通的销售人员是不是关键因素？寻找机会的营销高管对真正影响其产品市场成功的驱动因素必须有深刻的洞察。

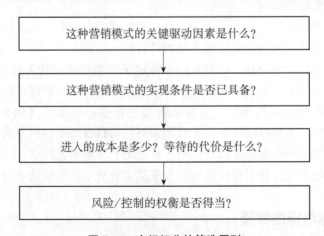

图 7-1 市场细分的筛选原则

资料来源：David Arnold，"The Mirage of Global Markets：How Globalizing Companies Can Succeed As Markets Localize，" © 2004 Reprinted by Permission of Pearson Education，Inc. Upper Saddle River，NJ.

　　实现条件（enabling conditions）是结构性市场特征，这种条件存在与否决定营销模式能否成功。例如在印度，并不是所有商店或市场的食品店都配有冰箱。这对雀巢和吉百利带来了挑战，因为它们看到印度对巧克力糖果的胃口日增，并意欲充分利用。虽然雀巢的奇巧脆心巧克力（KitKat）和吉百利的牛奶巧克力块（Dairy Milk bars）都已改变了配方，以增强抗热性，但冷藏条件的缺乏或不成熟，使公司无法保证产品维持可销售状态。

　　确定了营销模式驱动因素和实现条件之后，第三步由管理层对于进入和服务于一个具有潜在的短期和长期收入流量的市场所涉及的相关成本予以权衡。现在进入这个子市场或国家市场是否值得？或者，等到具备实现条件后再进入是否更好些？时机问题往往是从追求**先行者优势**（first-mover advantage）的角度判断的。按照传统的智慧，首先进入市场的公司最有机会成为市场领头羊。

　　在全球营销史上，支持这一信念的似乎就包括在第二次世界大战期间就在全球站稳脚跟的可口可乐公司。然而也存在先行者劣势（first-mover disadvantage）。首先进入市场的公司往往要投巨资营销，结果都是有些果实会被后来的竞争者攫取。有充足的证据表明，全球市场的后来者也能取得成功。它们成功的方法之一就是：对已确立地位的公司，先照猫画虎，再胜它一筹，先在当地，后向全球。以菲律宾为基地、经营模式受到麦当劳影响的快餐连锁店快乐蜂（Jollibee）就是一个实例。

　　后来者也可以通过开发创新的商业模式取得成功。澳大利亚酿酒商哈迪（BRL Hardy）的首席执行官斯蒂芬·米勒（Stephen Miller）就采用了这种办法。米勒注意到酒类还没有全球品牌，换言之，还没有酒业的可口可乐。20 世纪 90 年代，米勒将哈迪塑造成了全球品牌。他通过在几方面的齐头并进来实现这一目标。首先，他控制了销售部门。其次，他确保哈迪牌产品能适应更广泛的人群，而不是迎合那些偏好法国和意大利瓶装酒的"酒类挑剔者"。最后，他在哈迪牌澳大利亚酒类系列之外，有选择地增加了其他国家的品牌。2002 年，哈迪在全世界售出 2 000 万箱酒。如今，哈迪已是世界 10 大酒类公司之一。[41]

　　判断营销模式驱动因素和实现条件的方法之一就是创建一个产品-市场概况表，其中应回答几个或所有下列基本问题：

1. 谁购买我们的产品或品牌？
2. 谁不买我们的产品或品牌？
3. 我们的产品满足什么需要或功用？我们的产品或品牌是否符合这种需要？
4. 是否存在我们现在出售的产品或品牌未能满足的市场需要？
5. 我们的产品解决什么问题？
6. 顾客目前购买何物来满足我们的产品试图满足的需要或试图解决的问题？
7. 顾客目前购买的这种产品是什么价格？
8. 顾客什么时候购买我们的产品？
9. 顾客在哪里购买我们的产品？

7.3　产品-市场的决策

　　评估子市场的下一个步骤是审核现有或潜在的待售产品在多大程度上适用于该国市场或

子市场。评估办法可以是创建一个产品-市场矩阵，矩阵横轴为市场，纵轴为产品。每个单元格代表产品与子市场可能的相交点。在前面谈到的糖果公司的情形中，雀巢和吉百利都认定，液体巧克力是应对印度炎热天气的一种办法。它们同时还在设法向商家提供降温设备，以改善出售传统美味巧克力的条件。

表 7-7 是雷克萨斯的产品-市场矩阵。丰田于 1989 年创立雷克萨斯品牌，推出两种型号的轿车。按照市场的细分，雷克萨斯希望吸引的豪华车买主属于收入的上层人群。1996年雷克萨斯首次推出 SUV。进入 SUV 产品-市场的决定，表明了管理层将产品打入上层收入消费者市场的愿望，他们的生活需要豪华轿车以外的东西。2012 年雷克萨斯在美国售卖的车型共有 11 种，包括产品系列顶端的 LX470 豪华多用途车、LS430 豪华轿车和入门级的 IS 系列。雷克萨斯车在 60 多个国家有售，而美国是第一大市场。具有讽刺意味的是，在日本这些车多年来都在丰田名下销售，2005 年这个系列改用雷克萨斯品牌重新推出。[42]

表 7-7 2012 年雷克萨斯产品-市场矩阵（精选市场）

国家细分	雷克萨斯品牌										
	IS	RX	CT	LS	GS	IS C	IS F	LX	ES	LFA	HS
亚洲											
中国	✓	✓	✓	✓	✓	✓		✓	✓	✓	
印度											
北美											
加拿大	✓	✓	✓	✓	✓	✓	✓		✓		✓
美国	✓	✓	✓	✓	✓	✓	✓	✓	✓	✓	✓
拉美											
巴西	✓			✓					✓		
欧洲											
奥地利	✓	✓	✓	✓	✓	✓	✓				
比利时	✓	✓	✓	✓	✓	✓					
丹麦	✓	✓	✓	✓	✓	✓					
芬兰	✓	✓	✓	✓	✓	✓	✓				
法国	✓	✓	✓	✓	✓	✓	✓			✓	
德国	✓	✓	✓	✓	✓	✓	✓			✓	
英国	✓	✓	✓	✓	✓	✓	✓			✓	
希腊	✓	✓	✓	✓	✓	✓					
爱尔兰	✓	✓	✓	✓			✓				
荷兰	✓	✓	✓	✓	✓	✓	✓				
葡萄牙				✓	✓		✓				
俄罗斯	✓	✓	✓	✓	✓			✓	✓		
瑞典	✓	✓	✓	✓	✓						
瑞士	✓		✓	✓	✓		✓				
中东											
以色列	✓	✓	✓	✓	✓	✓					
阿拉伯联合酋长国	✓	✓	✓	✓	✓	✓				✓	
科威特	✓	✓	✓	✓	✓	✓	✓	✓	✓		
沙特阿拉伯	✓	✓	✓	✓	✓		✓	✓	✓		

资料来源：Used by permission of Toyota Motor Corporation.

　　公司管理层有意将雷克萨斯塑造成全球豪华车品牌，2012 年全球销量为 47.7 万辆。他们不得不将德国列为目标市场，因为德国是欧洲最大的市场，售出的每 10 辆车中就有 4 辆是豪华型。欧洲每年的汽车销量约为 1 500 万辆，其中德国约占 1/4。2013 年初，德国注册的雷克萨斯约有 25 000 辆；相比之下，奔驰和宝马两家之和已超过 680 万辆。雷克萨斯能在世界最大的两家豪华汽车制造商的本土取得成功吗？它充分认识到：在德国高端汽车子市场，当地品牌占有率超过 90%，因此它对汽车进行了相当大的适应性调整。例如，德国人希望能买到安装柴油发动机的车型，雷克萨斯便开发了新的柴油动力车型以及油电混合动力的 RX 系列车型。注意，雷克萨斯在欧洲只将其高端产品 LX470 SUV 投放到一个国家：俄罗斯。你能解释这一决定吗？它在金砖五国投放的型号有何不同？

7.4　确定目标市场及其战略选择

　　在用前述三个标准对认定的子市场进行评估之后，要决定是否继续抓住某一具体机会。在全球营销中，决定进入某个国家或地区市场，毫无疑问是十分重要的。例如，美国糖果公司好时（Hershey）最近就将目标锁定在英国、欧洲和中东，而在那里，玛氏（Mars）和卡夫（Kraft）一直占据主导地位。此前，好时的业务主要集中在北美、南美和亚洲。以下案例也可以为如何确定目标市场提供一些参考：

- 全球家居用品市场可按性别细分。女性占宜家顾客的 70% 左右。
- 印度购车者可以细分为踏板车与摩托车驾驶员以及买得起四轮车辆的司机。塔塔汽车的纳努微型车就是针对那些愿意并有能力升级为四轮车的两轮车司机。
- 美国购车者可按年龄细分。丰田的赛恩（Scion）针对的是 20 出头的首次购车者，他们一般被称为 Y 世代（Generation Y）。

　　如果决定继续进行，就必须制定一套恰当的目标市场营销战略。目标市场营销战略有三个基本类别：标准化营销、集中营销和差异化营销。

7.4.1　标准化全球营销

　　标准化全球营销（standardized global marketing）近似于在单个国家内进行的大众营销，针对一个具有潜在购买者的广阔大众市场，策划和实施相同的营销组合。标准化全球营销又称**非差异化子市场营销**（undifferentiated target marketing），其前提是要有一个世界范围的大市场。此外，这个大市场是用标准化营销组合运作的。对产品的调整减到最少，分销得到强化，以确保产品能达到尽量多的零售点。标准化全球营销的吸引力显而易见：生产成本较低。标准化的全球沟通也是如此。

7.4.2　集中全球营销

　　第二种全球目标确定战略——**集中全球营销**（concentrated global marketing）——要求设法使营销组合到达**利基市场**（niche）。利基市场是全球市场上的一个子市场。在化妆品行业，雅诗兰黛、香奈儿和其他化妆品销售商就成功地运用这种方法瞄准了高档次、高声望的子市场。莱纳德·兰黛（Leonard Lauder）指出："我的父母作为品牌创始人只有两个非常简单的想法：产品质量，以及面向高端零售商的有限分销渠道。我们从未想过要大众化。"[43]

集中确定目标也是那些隐姓埋名的全球营销高手采用的战略：那些不为多数人所知的公司为许多国家的利基市场提供服务，取得了成功。这些公司把它们的市场定得很狭小，更看重全球的深度，而不是国家的广度。例如德国的温特豪德（Winterhalter）就是洗碗机市场不知名的冠军，它从未向消费者、医院或学校出售过一台洗碗机，只向酒店和餐馆供应洗碗机和饮水处理机。尤根·温特豪德（Jürgen Winterhalter）说："将市场定位缩小是我们最重要的战略决策。它是我们过去 10 年成功的基础。"[44]

7.4.3　差异化全球营销

第三种确定目标的战略——**差异化全球营销**（differentiated global marketing）比集中全球营销显得更加雄心勃勃。差异化全球营销又称确定**多重目标市场**（multi-segment targeting），把两个或多个不同的子市场作为目标市场，并设置多重营销组合。这种战略可以使公司扩大市场的覆盖面。例如，法国食品公司达能集团以发达国家为目标市场，向消费者提供优质品牌，如依云和波多矿泉水，以及 Dannon 和 Activia 酸奶品牌等。但是，达能的首席执行官弗兰克·里布（Franck Riboud）也十分关注发展中国家的市场。在孟加拉国，当地妇女销售一种称为 Shoktidoi（意为能量酸奶）的廉价酸奶。在塞内加尔，达能出售的产品包括 50 克装的 Dolima 可饮用酸奶，售价为 50 美分。[45]我们将在下一节讨论的"市场定位"是成功实施该战略的关键。达能首席执行官里布说：

> 我们的品牌在同一市场中的定位不同。以瓶装水为例，依云代表着健康和美丽——通过饮水来维持年轻的外表，而富维克（Volvic）则在传达同样信息的同时代表了能量，即在运动中给身体补充水分。它们不会相互竞争，因为它们在营销过程中体现了不同的品质。[46]

在化妆品行业，联合利华公司采用的就是差异化全球营销战略，它把目标同时对准了高档和低档的香水市场。联合利华用 CK 和"伊丽莎白·泰勒激情"（Elizabeth Taylor's Passion）吸引高消费市场，而"风之歌"（Wind Song）和"布拉特"（Brut）则是其在大众市场上的品牌。以"欧仕派"和"匿名"（Incognito）等品牌闻名的大众营销公司宝洁，在1991 年收购露华浓欧洲公司（Revlon's EuroCos）的时候也使用了这种战略，露华浓欧洲公司经销名为雨果·博思（Hugo Boss）的男用香水和名为罗娜（Laura Biagiotti's Roma）的香水。20 世纪 90 年代中期，宝洁在美国和几个欧洲国家推出了一种名为威尼斯（Venezia）的名贵香水。目前宝洁还作为意大利时尚品牌的特许代理，销售嫉妒（Envy）、狂爱（Rush）和其他古驰牌香水。

7.5　市场定位

"市场定位"一词出自营销界权威人士艾尔·里斯（Al Ries）和杰克·特劳特（Jack

Trout），他们在 1969 年发表于《工业品营销》（*Industrial Marketing*）杂志的一篇文章中首次提出了这一概念。在本章开始处已经提到，市场定位指使消费者根据产品提供和未提供的属性和利益，在心目中区分某一品牌及其竞争者的做法。换言之，市场定位是在目标顾客心目中制定"圈定地盘"或"填补空隙"战略的过程。[47]

市场定位常与前面提到的市场细分和确定目标市场战略并用。例如，联合利华和其他消费品公司经常进行差异化的目标市场营销，在特定的产品类别中提供全系列的品牌。联合利华有各种品牌的洗涤剂，包括 All、Wisk、Surf 和 Persil 等，每种品牌的市场定位都略有不同。在某些情况下，一种成功的品牌也可以按不同的市场定位予以延伸。高露洁全效（Colgate Total）系列牙膏的品牌定位是全面应对口腔卫生问题，包括牙龈疾病。在世界大部分地区可以买到多种配方的全效系列牙膏，包括全效深度洁净、全效清新口气和全效亮白。有效的市场定位使产品的各种变形都有所区别。

几十年前，里斯和特劳特首先注意到市场定位这一概念的重要性；迄今，营销人员运用了多种市场定位方法，包括根据属性或利益、根据质量与价格、根据使用方法或使用者，以及根据竞争态势来定位。[48]最近的研究还发现另外三种市场定位方法在全球营销中特别有用：全球消费者文化定位、外国消费者文化定位和当地消费者文化定位。

7.5.1 属性或利益

一种常用的定位战略是利用特定产品的属性、利益或特征定位。经济性、可靠性和耐用性是经常使用的属性或利益定位战略。沃尔沃汽车由于结构牢固和可在碰撞中为乘客提供安全保护而闻名。相对而言，宝马的定位是"终极驾驶机器"，这一提法象征着性能。在持续的信用卡大战中，维萨的广告主题"维萨卡无处不在"（Everywhere You Want to Be）提醒人们注意世界各地的商家都接受该卡的优点。在全球营销方面，传达某一品牌是舶来品的信息，也许是重要的。这叫作外国消费者文化定位。

7.5.2 质量与价格

这种战略可理解为，从很时髦/高质量和高价格到合理价位上的高价值（而非"低质量"）的一个连续轴。比利时斯泰拉·阿托斯（Stella Artois）啤酒的一个平面广告活动运用了各种表现手法，将品牌定位于市场的高端。其中之一是把一个从斯泰拉酒瓶上撬下的瓶盖同一架施坦威（Steinway）钢琴组合到一起。仅有的文字是一条警句：确实昂贵的啤酒（reassuring expensive）。读者仔细审视广告上的施坦威钢琴，就会发现其中一个琴键因用来开启酒瓶而损坏。英博是斯泰拉·阿托斯啤酒的营销商，也是世界上产量最高的酿造商。虽然斯泰拉·阿托斯啤酒在比利时本土是日常用酒，但英博公司的营销团队将其重新定位为全球高端品牌。[49]

在蒸馏酒行业的高端，雪树（Belvedere）和灰雁等进口伏特加的营销商已经成功地将品牌定位为超优质产品，售价比优质（就是一般的）伏特加高一倍。多种出口型伏特加的广告强调其原产国，表明外国消费者文化定位有助于抬高质量与价格定位。有些广告旨在设法改变购买或使用产品的经验（即改变产品带来的利益），以说明该产品应享有的高价格/品质的定位，营销人员有时使用"转换广告"这个词来形容这类广告。相比购买或饮用波波夫这类"酒吧品牌"（谁知道在哪里制造的），购买或饮用（法国的）灰雁伏特加、（波兰的）雪树伏特加或（荷兰的）柯太尔1号对消费者来说大概是更有满足感的消费经历。

7.5.3　使用方法或使用者

还有一种市场定位战略体现在如何使用产品或将某品牌与何种使用者或使用阶层相联系上。例如，吉列公司的金霸王电池，为了利用《指环王》三部曲在全世界获得的成功与高知名度，在平面和电视广告中宣称，《指环王》的导演彼得·杰克逊（Peter Jackson）和摄制组在新西兰边远的拍摄现场只使用金霸王电池。同样，蜜丝佛陀（Max Factor）化妆品则被定位成"艺术化妆师使用的化妆品"。琶莎（Pulsar）手表品牌的广告则与一位帅哥相关，他"沉迷于电视真人秀"，还爱读陀思妥耶夫斯基的小说。

7.5.4　竞争态势

隐晦或公开提及竞争者可为有效的定位战略提供基础。例如，安妮塔·罗迪克（Anita Roddick）在 20 世纪 70 年代创建美体小铺（The Body Shop）时，强调主流保健和美容品牌所遵循的原则与其公司追求的原则的不同。美体小铺品牌代表着自然成分、未经动物实验以及可循环使用的容器。此外，公司还通过与世界各地的供应商直接接洽来采购关键原料。可持续的采购和向供应商支付公平的贸易价格成为该品牌本质中不可或缺的一部分。不仅如此，罗迪克还摒弃了允诺会出现奇迹的行业常规手法，而是要女士们对保健和美容品的效力有现实的期待。

后来，多芬发起"真美运动"（Campaign for Real Beauty）另辟蹊径，用美的新概念定位其品牌。这场运动的依据是多芬的全球品牌主任西尔瓦·兰纳多（Silvia Lagnado）的调研结果，调研显示，全球范围内只有2%的女性认为自己漂亮。掌握了这个深入的见解，坐落于杜赛尔多夫的奥美环球广告公司办事处便提出了作为"真美运动"基础的新概念。为加强"真美运动"与多芬产品的联系，多芬公司在 2008 年建立了一个新的网络社区。登录该网站的用户可以观看曾在 MTV 播放的《新镜头》（*Fresh Takes*）系列短片，还可进行有关皮肤护理的医疗咨询。[50]

7.5.5　全球、外国和当地的消费者文化定位[51]

全球消费者文化定位——第 4 章已经提及，本章也简单讨论过——是一种战略，可以用来选定与新兴全球消费者文化有关的各种目标子市场。**全球消费者文化定位**（global consumer culture positioning，GCCP）被定义为一种将品牌视为全球文化或子市场象征的战略。它已经成为与各种群体沟通的有效战略，这些群体如全球青少年、都市精英、自视为"跨国商业文化"成员并奔波于世界各地的膝上（电脑）勇士以及其他群体。例如，索尼将其色彩鲜艳的"我的第一台索尼"（My First Sony）系列定位为具有眼光的父母为全球青少年挑选的电子用品品牌。飞利浦目前的全球公司形象的宣传主题是"精于心，简于形"（Sense and

Simplicity)。贝纳通则使用"全色彩的贝纳通"（United Colours of Benetton），将自己定位为关心人类团结的品牌。喜力拥有全球的强势品牌资产，在相当大程度上是由于采用了全球消费者文化定位战略，从而增强了消费者的都市自我形象。

某些种类的产品更适于全球消费者文化定位。高科技和高情感的产品都需要消费者的高度参与，而且用户之间有共同"语言"。[52] 高科技产品是尖端的，技术复杂，而且/或者难以解释或理解。消费者购买这种产品往往出于专门的需要或兴趣以及理性的购买动机。高科技品牌和产品通常是按照既定客观标准对其性能进行评估的。手机、个人电脑、家庭影院音/视频组合件、豪华汽车和金融服务设备都是高科技类别的产品，许多公司也因此确立了强势的全球定位。购买者一般已经拥有（或希望得到）相当多的技术信息。例如，世界各地的计算机购买者一般对奔腾微处理器、500G 硬盘、软件所需的内存以及高分辨率平板显示器都有相同的知识储备。高科技全球消费者定位对于休闲娱乐类的特殊兴趣产品也很有效。富士自行车、阿迪达斯运动装备和佳能照相机都是特殊兴趣产品的全球成功范例。大多数购买和使用高科技产品的人"有一种共同的语言"并具有同样的思维方式，因此营销方面的沟通应该更侧重传达信息，并强调与性能有关的属性和特色，以期确立预想的全球消费者文化定位。

相反，消费者购买高情感产品一般出于情感的而非理性的购买动机。消费者可能觉得与高情感产品有一种感情上或精神上的联系，对其性能的评估是从主观的、审美的角度，而非客观的、技术的角度作出的。购买高情感产品可能意味着个人的放纵，反映出使用者实际的或理想的自我形象，或增强了使用者和家庭成员或朋友间的人际关系。高情感产品的诉求点是感觉而非理智。如果产品附有详细的使用说明，很可能是高科技式的；相反，消费高情感产品的感受很可能并不涉及查阅使用说明。名贵香水、定制时装和优质香槟酒都是适合全球消费者文化定位的高情感产品的例证。有些高情感产品是与"生活细微时刻"才有的快乐和愉悦相连的。有的广告展示的是朋友们在咖啡厅或某人的厨房里喝咖啡聊天，而产品则放在日常生活的中心位置。正如雀巢令人信服地用雀巢咖啡品牌所展示的那样，这种高情感的诉求在全世界都能获得理解。

通过仔细选择被纳入广告和其他沟通活动中的主题、语言或视觉组件，可以增强品牌的全球消费者文化定位。对于试图建立高情感全球消费者文化定位的营销人员来说，休闲、浪漫和物质享乐主义是三个可以跨越国界的主题。而对于全球金融服务之类的高科技产品来说，专业精湛与经验丰富才是行之有效的广告主题。例如，大通曼哈顿银行（Chase Manhattan Bank）多年前发起的一场耗资 7 500 万美元的全球广告活动，主题就是"得益于经验"（Profit from experience）。银行副总裁兼公司营销总监奥布里·霍斯（Aubrey Hawes）说，大通的业务"跨越全球"，私人银行客户"遍布世界"，"他们只知道一个大通，我们为什么要迷惑他们呢？"[53] 看来大通的目标对象都相当老练，足以领会广告执笔者的匠心——"profit"一词可以理解为名词"利润"，也可以理解为动词"得益于"。

在有些情况下，产品的全球定位可能表现为"双极"模式，也就是说既是高技术又是高情感。如果产品既满足了购买者的理性标准，同时又能激起情感上的反应，那么就可采用这种办法。例如，丹麦 B&O 公司（Bang & Olufsen）的视听组合件因其性能和优雅款式被认为既是高技术（先进的工艺和优良的声效）又是高情感的产品（优美、现代的设计）。公司的前首席执行官托尔本·鲍里加德·索伦森（Torben Ballegaard Sorensen）解释说："我们的产品关乎你在家里的舒适感受，或者即使不在家里——在车里或是在酒店——也令你感觉像在家一样。当日常生活混乱繁杂，你回到家里打开我们的音响系统，绝佳的效果让你身心宁静，周身被音乐包围。"[54]苹果产品的定位既是根据性能（160G 存储量，可容纳 4 万首歌），又是根据设计（一位评论家在《金融时报》上称赞 iPod 是"空前的设计经典"）。

英语是国际商务、大众媒体和互联网的基本语言，人们因此可以认定英语象征着现代主义和世界化的视角。因此，在世界范围的广告和标签上使用英语也就成了全球消费者文化定位的另一种方法。贝纳通的警句"全色彩的贝纳通"的英语语句出现在公司所有的广告上。其含义是，无论在世界任何地方，有时尚观念的消费者都在贝纳通购物。在日本，英语常用作营销的工具。虽然以英语为母语的人会觉得语句混乱，但重要的是使用英语带来的象征意义，而不是那些字词可能（或可能没有）传达的具体意思。加强全球消费者文化定位的第三种方法是使用不会被说成与某一具体国家文化有关的品牌标志。具体实例有雀巢的带有成年鸟喂养幼雏的"小鸟巢"徽标、耐克的飞升标记和奔驰的星标。

第二种选择是**外国消费者文化定位**（foreign consumer culture positioning，FCCP），它使人将某品牌的使用者、使用的场合或原产地与某个国家或某种外国文化联系在一起。福斯特酿酒集团（Foster's Brewing Group）就长期在美国开展的广告活动中骄傲地宣扬品牌的原产国，其平面广告的标语是"福斯特，啤酒还是澳大利亚的"（Foster's. Australian for beer），而电视和广播的插播广告主题则是"怎么说澳大利亚语"。不消说，这些广告并不用于澳大利亚本国。人们一般把莫德洛集团（Grupo Modelo）的科罗娜特级啤酒品牌与拉丁美洲联系在一起。李维斯牛仔裤、万宝路香烟、美国服饰（American Apparel）的服装和哈雷-戴维森摩托车等因它们有时含蓄、有时并不含蓄地传达的"美国性"而赢得全球各地世界主义者更多的青睐，并获得以外国消费者文化定位的机会。

家居用品零售商宜家的总部设在瑞典，它实际上就是将自己置身于瑞典国旗的环抱之中。店内外都用瑞典国旗色——蓝和黄装饰。为增强该连锁店的斯堪的纳维亚传承特色——也为了吸引顾客在店内逗留——许多门店设有供应瑞典肉丸及其他食品的咖啡厅！有时即使某品牌是当地的原创，也会被设计成外国消费者文化定位。例如哈根达斯冰淇淋，虽然该冰淇淋是由一家美国公司推出的，但取此名的用意在于强调它的斯堪的纳维亚起源。相反，不凡帝公司（Perfetti）在意大利广为销售的一种口香糖，却取名"布鲁克林"（Brooklyn）。

营销商还可以使用**当地消费者文化定位**（local consumer culture positioning，LCCP），它将品牌与当地的文化含义相联系，反映当地的文化准则，使品牌具有当地人按本国文化消费的品牌形象，或表明该品牌是在当地为当地消费者生产的。在百威的美国广告里就可看到当地消费者文化定位的做法，广告中有一匹克莱德种的马，这就把品牌与美国小镇文化联系起来了。对 7 个国家的电视广告研究后发现，在食品、个人非耐用消费品和家庭非耐用消费品的广告中，当地消费者文化定位占主导地位。

本章提要 ////////////////////

公司在准备进入一个新的地区市场之前，必须对全球环境进行分析。通过**全球市场细分**，公司能识别消费者或国家，并根据共同的需要与愿望对其进行分组。**人口统计细分**可以基于国家的收入和人口、年龄、种族或其他变量。**心理细分**根据态度、兴趣、意见和生活方式对人们进行分组。**行为细分**以使用者现状和使用频率作为细分变量。**利益细分**以购买者寻求的利益作为细分的基础。**全球青少年**和**全球精英**是全球市场细分的两个例子。

营销人员识别了各个子市场后，下一步就是确定目标市场。对已认定的各个子群体予以评估和比较，从中选出一个或几个潜力最大的子市场。对各群的评估基于若干要素，包括子市场规模和增长潜力、竞争态势、兼容性和可行性。对子市场评估时要对涉及的**产品-市场**有透彻的了解，并决定所研究国家的**营销模式驱动因素**和**实现条件**。决定进入市场的时机时应该考虑是否能得到**先行者优势**。在对已认定的子市场进行评估后，营销人员必须确定适当的目标市场营销战略。三种基本战略是：**标准化全球营销、集中全球营销和差异化全球营销**。

可以用不同方法定位一种产品或品牌，使其能在目标顾客心目中得到分辨，如以**属性或利益定位**、以**质量与价格定位**、以**使用方法或使用者定位**，以及以**竞争态势定位**。在全球营销中，**全球消费者文化定位、外国消费者文化定位和当地消费者文化定位**可用做附加的战略选择。

讨论题 ///////////////

1. 宝洁的一位品牌经理在接受采访时说："我们历来专注于在一个国家发现共同的希望与梦想，但现在我们看到，真正的共同点存在于跨越地理界限的同代人之中。"在市场细分和确定目标市场方面，这句话有何含义？

2. 指出五种基本的细分策略，并列举运用各种策略的公司实例。

3. 解释市场细分与确定目标市场的区别。

4. 何谓定位？试辨明本章所述各种定位战略，并以公司或产品为例说明。

5. 何谓全球消费者文化定位？全球营销经理还可选用哪些战略定位？

案例 7-1（续）

全球公司瞄准低收入消费者（一）

在"金字塔底部"市场中，最基本的问题之一就是如何获得基础设施。根据以往经验，在印度等新兴市场，常规做法是利用政府拥有的发电设施，包括大型太阳能项目和风电场等。但是，将电网扩展到农村地区往往不具有成本效益。事实上，根据国际能源署的统计，发展中国家的农村居民中只有不到2/3的住户能实现通电，而新的可再生能源系统并未形成规模。农村市场分散，分销渠道不健全。其结果就是，许多投资者认为在农村实施可再生能源计划风险太大。

非洲的情况可能正在发生变化。那里有近6亿人被归入"缺电市场"，也就是说，他们无法获得可靠的电力供应。多年来，像太阳能姐妹（Solar Sisters）这样的小型组织一直在个人层面帮助当地人提供可再生能源。而现在，飞利浦电子、杜邦和西门子等大型全球公司正在以村为单位测试太阳能供电系统。这些公司希望当地的政府官员能够购买这些系统并为农村地区带来电力。该系统包括给电池充电的太阳能板，以及使用节能LED的家用顶部照明器械。飞利浦在其南非的试点项目中发现，村民放弃购买煤油所省下的钱，可以用在面包等必需品上。如果该试点项目取得成功，并获得政府资助，那么村民们将获得充足的电力供应，进而可以为家庭添置电冰箱和收音机。

在将市场扩展到贫困地区时，还有两个相关的问题：缺乏规模效益和资金短缺。对消费品而言，罗斯商学院（Ross School of Business）的安尼尔·卡纳尼（Aneel Karnani）教授还发现了通向市场成功之路的另外一个绊脚石。他说："最大的问题是价格过高。公司会高估市场规模，从而最终将产品卖给中产阶层，而不是穷人。"但有一个潜在的好处：即使成熟市场的购物者削减了可自由支配的支出，消费者对食品和肥皂等基本商品的支出也会保持稳定，并且相对来说不受更广泛的全球经济趋势的影响。然而，当公司以合适的价格创造出合适的产品后，另一个潜在的问题就出现了：公司必须传达出产品的利益并说服低收入消费者改变长期形成的行为模式，为新产品买单，并将其融入他们的生活中。简而言之，仅仅推出低成本的产品是不够的，还必须创造出该产品的市场。

在新兴市场，雀巢用一次煞费苦心的经历换得了积极的成果。印度尼西亚就是一个很好的例证。如表 7-3 中的数据所示，印度尼西亚是世界上人口第四多的国家。尽管当地的人均收入仅为每年 3 420 美元，但雀巢在印度尼西亚仍取得了每年 10 亿美元的收入。美禄（Milo）是雀巢针对儿童推出的一款巧克力运动饮料，其销售额连年增长。它既有冷饮也有热饮，每份售价约 10 美分。雀巢脆米朱古力（Crunch）是另一种新巧克力产品。这种可当作零食的威化饼也就一口大小，售价也是每包 10 美分。雀巢的食品工程师利用公司谷物早餐产品的现有生产工艺，成功地降低了成本。脆米朱古力的包装是充气的，里面的威化饼既不会融化也不会碎裂。

雀巢还成功地瞄准了拉丁美洲的低收入消费者。巴西拥有近 2 亿人口，国内生产总值达 2.25 万亿美元，在拉美地区占主导地位。人均收入 11 630 美元的巴西处于中高收入国家的行列。但是，其平均值可能具有欺骗性。约有 3 000 万巴西人是属于"金字塔底部"的消费者，而且，据估计，有 1 600 万巴西人每年的生活费不到 600 美元。20世纪第一个十年中期，雀巢巴西公司总裁伊万·祖里塔（Ivan Zurita）发起了一项区域化计划。他说："我们认为这个国家是一个大陆，每个地区都有不同的品牌和不同的历史。任何试图在巴西以单一消费者形象运作的公司，都不会有太多机会。"

例如，巴西东北部是该国最贫穷的地区。在那里，雀巢推出了"加强奶粉"（Leche Ideal）——一种富含维生素和铁元素的奶粉，以每袋 200 克的包装出售，便于储存。2007年，雀巢在巴西巴伊亚州开设了一家新工厂，每年可生产 5 万吨食品。重要的是，其产品比较适合当地口味，比如口感更顺滑的咖啡等。巴西区域化计划的成功促使雀巢高管们开始了整个地区的扩张。祖里塔说道："我几乎在拉丁美洲的任何一个地方都工作过，我们在巴西所做的事情可以推广到拉美的任何地方。智利就是一个例子。如果你离开圣地亚哥，你会发现放眼望去全是贫困，这就到施展我们计划的时候了。"

其他知名的全球营销商也在利用这种机会为低收入消费者提供服务。例如，卡夫最近在巴西东北部开设了它的第一家工厂。阿迪达斯开发了一款价格仅为 1 欧元的运动鞋，并希望能在孟加拉国销售。联合利华的 Cubito 调味料每份仅售 2 美分。达能也为新兴市场开发了多款产品，包括 Dolima 可饮用酸奶、Dany Xprime 果冻以及 Milky Start 牛奶粥。

并非每家公司都成功地瞄准了低收入群体。宝洁花了数年时间开发出一种售价仅 10 美分的净水粉 PUR。尽管市场调研表明村民们想要清洁的水，但 PUR 并没有成功地吸引到消费者。最后，宝洁只能选择向救援组织免费提供 PUR，并与其他团体合作，向村民们宣传 PUR 的好处。

即使宝洁公司继续将金字塔底部的消费者视为目标市场，但其主要瞄准的仍是中产阶层的消费者：住在高层公寓楼的职业经理人，有足够的可自由支配收入，能够每月外出就餐几次。

　　我们的创新战略不仅仅是将顶级产品降级提供给低端消费者。你必须在经济曲线上为每位消费者进行离散创新。如果你不这样做，你就会失败。

　　　　　　　　　　　　——宝洁公司首席执行官兼董事会主席麦克唐纳（Robert McDonald）

　　宝洁公司也意识到了当地研发项目的价值。而这是印度和其他新兴市场的国内公司早就知道的。事实上，正如创新大师维杰伊·戈文达拉扬（Vijay Govindarajan）所说，"美国跨国公司面临的最大威胁不是现有的竞争对手，而是新兴市场的竞争对手"。如在印度，创业公司正在创造各种低成本的产品，以合理的价格满足消费者的需要并融入他们的生活。

　　这些产品包括一种改进后只售 23 美元的烧柴炉，它出自一家名为 First Energy 的初创公司。印度妇女每天要花费很多时间做饭，而且明显需要一种能燃烧更少木材并产生更少烟雾的炉子。这其中的关键是要调整燃烧装置所使用的技术。印度科学研究所的工程师们发明了一个高效多孔并配有小风扇的燃烧炉。他们还发现了一种将农副产品转化为宝贵资源的创新方法：新炉子可以燃烧玉米秸和花生壳制成的颗粒。

　　印度斯坦联合利华公司（Hindustan Unilever）花 4 年时间开发出了一种售价 43 美元的便携式净水系统——净水宝（Pureit）。联合利华并未依赖传统的分销渠道，而是让 45 000 名销售代表在自己的家中展示这一设备，从而形成了一个销售网络。随后，这些妇女又通过挨家挨户地提供这些产品来进行展示。如今，已经有超过 300 万印度家庭拥有净水宝。

　　戈德瑞·博伊斯制造公司（Godrej & Boyce Manufacturing）出售的 Little Cool 是一款售价 70 美元的便携式冰箱，耗电量极低。由于只有 20% 的印度家庭拥有冰箱，为了评估这一商机，戈德瑞派出调研人员深入印度农村的农民家庭。最终的产品就像一个带手柄的冷却器，很便于运输。这些装置没有耗电量极高的压缩机，而是配备了冷却芯片和风扇。由于停电在印度很常见，因此 Little Cool 可以通过电池供电，而且其隔热性能很好，可以使里面的物品在数小时内保持凉爽。

案例讨论题

　　1. 为什么西门子、通用电气、雀巢和宝洁等公司都瞄准了"金字塔底部"？

　　2. 回顾第 4 章关于创新扩散理论的讨论。对创新特征的理解是如何帮助营销人员在新兴市场取得成功的？

　　3. 在新兴市场推出创新产品（如宝洁公司的 PUR）时，可能需要哪些类型的营销手段？成功地推出 PUR 等产品需要在消费者态度和行为方面做出哪些改变？

　　4. 第 1 章中讨论的哪些关键概念适用于雀巢在拉丁美洲的经历？

　　资料来源：Tio Kermeliotis, "'Solar Sisters' Spreading Light in Africa," *Marketplace Africa*, www.cnn.com, January 2, 2013；Eric Bellman, "Multinationals Market to the Poor," *The Wall Street Journal*（July 24, 2012），p. B8；Patrick McGroarty, "Power to More People," *The Wall Street Journal* Report：Innovations（June 18, 2012），p. R4；"Catching Up in a Hurry," *The Economist*（May 19, 2011）；Jennifer Reinhold, "Can P&G Make Money in Places Where People Earn $2 a Day?" Fortune（January 17, 2011），pp. 58-63；Christina Passariello, "Danone Expands Its Pantry to Woo the World's Poor," *The Wall Street Journal*（June 25, 2010），pp. A1, A16；James Lamont, "The Age of 'Indovation' Dawns," *Financial Times*（June 15, 2010）；Elisabeth Rosenthal, "African Huts Far from the Grid Glow with Renewable Power," *The New York Times*（December 25, 2010），p. A1；Erik Simanis, "At the Base of the Pyramid," *The Wall Street Journal*（October 26, 2009），p. R6；Eric Bellman, "Indian Firms Shift Focus to the Poor," *The Wall Street Journal*（October 21, 2009），p. A1；Carlos Adese, "In Good Taste：Nestlé Tweaks Products for Different Parts of Brazil—and Latin America—to Boost Sales," *Latin Trade*（July 1, 2007）.

全球化妆品巨头划分全球化妆品市场

世界最著名的化妆品公司正将目光投向有利可图的新子市场：巴西、俄罗斯、印度和中国等国家的新兴中产阶层。雅诗兰黛公司总裁兼首席执行官威廉·兰黛（William Lauder）将中国称作"千亿美元的商机"。

化妆品公司的营销人员知道不存在"放之四海而皆准"的审美标准，他们自诩具有对当地文化偏好的敏感性。欧莱雅首席执行官让-保罗·阿贡（Jean-Paul Agon）说："我们有不同的顾客。每一位顾客都可以有自己的追求。我们的意图就是尽可能地对每一位顾客的愿望作出回应。有些顾客喜欢华丽，有些顾客喜欢自然，我们必须拿出最好的质量和最好的产品，满足她们的期望与梦想。"例如，许多亚洲女性喜欢用增白乳霜来美白和提亮肤色；在中国，肤色白与富有相关联。因此欧莱雅便应运推出雪颜美白系列；资生堂则推出欧珀莱美白系列。

> 你不能只是进口化妆品。公司必须了解中国女性认为什么是美以及她们所寻求的东西，并相应地对产品供应和宣传进行调整。这比仅仅出售洗发水或护肤品要难得多。
>
> ——精信环球集团宝洁客户区域总监黛西·程（Daisy Ching）

要了解世界不同地区女性的偏好，市场调研相当关键。欧莱雅东京研究中心主任埃里克·伯恩（Eric Bone）说："日本女性更喜欢使用粉饼粉底，而不是粉底液。这里湿度大，因而要注重持久性。"欧莱雅有了这条信息，便将更多的研发时间投入粉饼型产品而不是粉底液。研究人员还了解到，日本女性一般每天要做两次洁面。

在中国，欧莱雅和竞争对手都有机会对女性进行化妆品方面的教育，这在 1982 年之前是无法实现的。欧莱雅每年对 6 000 名中国女性的上妆与卸妆进行观察与拍摄。欧莱雅在上海的皮肤护理研发经理阿里斯·罗朗（Alice Laurent）说："在中国，早晚两次使用的产品数量是 2.2 种。"欧莱雅还在其上海创新中心研究如何将传统中药融入其产品系列。

欧莱雅在中国出售的产品种类范围极广，既有大众品牌，也有高端品牌。公司奉行本地化产品战略，其 80% 以上的亚洲产品是专为该地区开发的。兰蔻是欧莱雅的奢侈品牌，通常在拥有上品商店和豪华商场的高档购物区出售。欧莱雅也利用这个机会瞄准了新的顾客群体：中国男士。中国男性护肤品市场的增长速度远快于女性护肤品市场。许多产品都是在夫妇一起外出时由女性购买的。越来越多的中国男士认为外表是成功的关键因素之一，因此护肤品在男性拾掇自己时起到了重要作用。

虽然大众化妆品品牌的增长速度缓慢，奢侈化妆品的需求却在快速增长，在中国主要城市的中心区以外的地区更是如此。北京和上海等一线城市的消费者收入最高，但这些城市仅占中国人口的 9% 左右。随着这些市场饱和，欧莱雅和其他化妆品营销商开始瞄准南京等二线省会城市。镇江等三线城市通常是地级市的中心，中国有很多这样的城市，人口总数超过 2 亿。另有 3 亿人居住在四线和五线城市。欧莱雅中国区总经理斯铂涵（Stéphane Rinderknech）指出："中国 3/4 的人口居住在一线和二线城市之外，而他们占到了零售额的 2/3。"

雅诗兰黛则专攻名贵品牌，如雅诗兰黛、倩碧和魅可（MAC），而且是在高档百货公司出售。与竞争对手一样，雅诗兰黛也通过瞄准新城市来实现在中国的增长。正如公司发言人所解释的那样，"随着一线城市步入成熟，我们预计雅诗兰黛的增长会越来越多地来自二三线城市的扩张和意识觉醒"。

一位分析人士告诫说，雅诗兰黛在中国的目标市场确定与市场定位可能过于狭窄。亚洲通路公司（Access Asia）认为，雅诗兰黛"有陷入仅囿于市场顶端的危险，可能必须重新定位，更多地进入大众市场，才能在中国市场争得更大的份额"。

雅诗兰黛的沈祥梅（Carol Shen）不同意这种看法。她认为她的公司品牌是令人向往的。她说："中国消费者对价格是敏感的，但同时他们也愿意购买（根据他们的收入水平）相对昂贵的产品，因为他们对未来怀有信心。"沈祥梅的观点得到了其他行业领军人物的赞同。公司的首席执行官威廉·兰黛说："雅诗兰黛品牌目前在中国正爆炸式发展，因为它代表着令人向往的奢华和比路威酩轩更能为人接受的价格。"欧莱雅奢侈产品总裁尼古拉·希罗尼莫斯（Nicolas Hieronimus）也附和说："我们并未身处超豪华的奢侈品世界。我们不是在销售 1 万欧元的手表，我们最多就销售 300 欧元的面霜而已。"

在印度，欧莱雅最近从低价大众市场战略转向高价高档战略。而它的竞争对手印度斯坦利华锁定每天生活费约合 2 美元的数亿人口群体，取得了年销售额接近 10 亿美元的业绩。这意味着润肤露和香水的单价要分别降到每瓶 0.7 美元、每瓶 0.9 美元。欧莱雅在 1991 年初进入印度时也采用了类似的战略，然而其低价的卡尼尔超级双功能（Garnier Ultra Doux）洗发水未能受到消费者的青睐。它缺乏相对于当地品牌的优势，用欧莱雅非洲、东方和太平洋地区经理阿兰·埃弗拉德（Alain Evrard）的话说，是"彻底的失败"。一些店主被滞销的积压库存套住了。

20 世纪 90 年代中期，埃弗拉德决心要更好地了解印度市场。他注意到若干不同的趋势：上班女性的人数急剧增加，消费者的态度也在变化。由于有线电视的出现，美国有线电视新闻网（CNN）和 MTV 都拥有大量观众。为更多地了解女性的偏好，埃弗拉德同广告经理和时装杂志编辑以及欧莱雅的当地雇员交谈，敏锐地发现：20 多岁的女性开始关注白头发的出现，并且对现有的自行染发产品都不满意。因此，埃弗拉德就在印度推出欧莱雅特效发乳。这款新奇但昂贵的产品曾在欧洲广受欢迎，于是他也以 9 美元的奢侈品价格为其定位。为赢得商家的支持，欧莱雅的一位当地员工迪奈施·达耶尔（Dinesh Dayal）掀起一场宣讲活动，逐一向当地商家推销该产品。如今，特效发乳在印度各地有售。在历经十几年亏损之后，欧莱雅在印度的业务开始盈利。

巴西是全球化妆品巨头的另一个重要市场。按人均计算，巴西女性在美容产品上的花费高于其他地方的女性。总体而言，巴西是仅次于美国和日本的全球第三大化妆品市场。雅芳和巴西的大自然化妆用品公司（Natura Cosméticos）是所占市场份额最大的两家公司。巴西人习惯于从挨家挨户上门推销的销售代表处购买商品。这为欧莱雅和其他通过百货商店、药店等渠道分销产品的公司带来了挑战。

虽然欧莱雅已经在巴西经营了数十年，但其重点仍在护发产品上。全球范围内，化妆品和护肤品约占欧莱雅全部销售额的 50%；相比之下，在巴西，这些类别的产品仅占销售额的 15% 左右。为了在化妆品和护肤品上一展抱负，欧莱雅聘请了个人美容顾问，为购物者提供有关美宝莲和其他品牌的店内咨询服务。欧莱雅首席执行官让-保罗·阿贡指出："我们的最大赌注是从零开始建立零售化妆品业务。市场越发达，就越不需要用到直接销售的办法。"

与此同时，随着西方化妆品行业的营销人员日益深入新兴市场，日本资生堂的总裁兼首席执行官前田新造（Shinzo Maeda）也不甘寂寞。资生堂是日本的第二大化妆品公司，而在国内的预期年销售额增长率仅为 2% 左右。前田新造说："我们推行全球化的必要性日益凸显。"整个地区，消费者都认为资生堂品牌代表着一个了解亚洲妇女特有皮肤问题的公司。该公司令人称道之处还有对抗衰老产品等关键领域的研究与开发。资生堂在中国采用了一种在日本卓有成效的销售策略。受过高级培训的美容顾问为顾客提供色彩协调、湿度水平及相关专题的咨询。一位美容顾问说："看到我的顾客高兴，真令人欣慰。"

案例讨论题

1. 不同国家的女性对化妆品和美容的偏好有什么不同？

2. 试评估雅诗兰黛针对中国的战略。是专营高档品牌的做法有道理，还是应该推出大众市场的品牌？

3. 资生堂在亚洲拓展业务的最佳定位战略是什么？高情感，高科技，还是两者并举？

4. 你认为欧莱雅可以成功改变巴西女性的购买习惯吗？

资料来源：Scheherazade Daneshkhu, "Cosmetics Groups Move Deeper into China," *Financial Times* (April 23, 2013), p.15；Christina Passariello, "To L'Oréal, Brazil's Women Need Fresh Style of Shopping," *The Wall Street Journal* (January 21, 2011), p. B1；Patti Waldemeir, "L'Oréal Changes the Face of Men in China," *Financial Times* (May 29, 2010), p. 17；Miki Tanikawa, "A Personal Touch Counts in Cosmetics," *The New York Times* (February 17, 2009), p. B4；Passariello, "L'Oréal Net Gets New-Market Lift," *The Wall Street Journal* (February 14, 2008), p. C7；Ellen Byron, "Beauty, Prestige, and Worry Lines," *The Wall Street Journal* (August 20, 2007), p. B3；Passariello, "Beauty Fix: Behind L'Oréal's Makeover in India: Going Upscale," *The Wall Street Journal* (July 13, 2007), pp. A1, A14；Beatrice Adams, "Big Brands Are Watching You," *Financial Times* (November 4/5, 2006), p. W18；Adam Jones, "How to Make Up Demand," *Financial Times* (October 3, 2006), p. 8；Lauren Foster and Andrew Yeh, "Estée Lauder Puts on a New Face," *Financial Times* (March 23, 2006), p. 7；Laurel Wentz, "P&G Launches Cover Girl in China," *Advertising Age* (October 31, 2005), p. 22；Rebecca Rose, "Global Diversity Gets All Cosmetic," *Financial Times* (April 11/12, 2004), p. W11.

第8章
进口、出口和货源战略

学习目标

1. 了解出口销售和出口营销之间的差异。
2. 认识公司在成为出口商的过程中需要经历的阶段以及可能遇到的问题。
3. 描述各国与进出口有关的政策。
4. 解释协调关税制度的结构。
5. 描述各种对出口过程提供支持和便利的组织。
6. 对母国和市场国出口组织的考虑因素进行对比。
7. 讨论贸易融资中经常使用的各种支付方式。
8. 认识全球营销人员在做出采购决策时应该考虑的因素。

案例 8-1

中国和越南面向欧洲的出口

欧洲是手提包和皮鞋等高级皮革制品的主要出口地。每年，欧洲的消费者大约购买25亿双鞋子，其中来自中国的鞋子占整个市场的1/3。自中国加入世界贸易组织以来，欧洲市场来自中国的商品进口额增长了10倍左右。同一时期，来自越南的进口额翻了一番。来自中国和越南的进口鞋已经为欧洲零售商和注重性价比的消费者带来了很多实惠。

不过，面对经营过程中的这种威胁，意大利、西班牙和法国的生产商纷纷寻求保护。为了抑制海外产品的进口狂潮，欧盟委员会征收了两年的关税，针对中国产品的平均关税为10%，其中鞋类产品达到16.5%。该关税将影响欧洲市场上鞋类产品总销量的11%。在是否征收关税方面，两方面欧盟成员国代表的票数比非常接近：13∶12。这个投票结果表明，欧洲国家在对待低成本的亚洲商品方面存在分歧。英国、爱尔兰和瑞典等支持自由贸易的国家都反对征税关税。

中国和越南出口商的成功及欧盟随后征收关税等情况表明，出口和进口对国家经济和地区经济有重大影响。通过本章后面的案例8—1（续），你将更深入地了解到关于欧洲鞋类产品关税的争论，并可以提出自己的建议或观点。

本章介绍了进口与出口的一些基本概念，从解释出口销售和出口营销的区别开始，介绍了对组织出口业务的调查结果，并分析了支持出口和/或遏制进口的国家政策。在讨论了关税体系之后，介绍了重要的出口导向型国家。之后的部分概述了企业从事出口业务时的组织设计问题。

随后一部分的主题是出口融资和支付方式，对国际商务和国际营销专业的本科生来说，这部分内容非常重要。对很多学生来说，最重要的第一份工作可能就是在进出口部门工作。熟知跟单信用证和支付术语将帮助你在面试中留下良好印象，并有可能帮你找到一份进出口协调员的工作（见案例8-2）。本章最后讨论了业务外包问题，随着世界上很多企业开始将体力及脑力工作转移到低薪酬的国家，以大幅降低经营成本，这个主题越来越重要。

8.1 出口销售和出口营销对比

为了更深入地理解进口和出口，我们首先需要区分**出口销售**（export selling）和**出口营销**（export marketing）。首先，出口销售并不对产品、价格和促销资料做调整以满足全球市场的需求，唯一不同的营销组合要素是"渠道"（place），即产品的销售渠道是营销组合中唯一发生变化的要素。这种出口销售理念可能对某些产品和服务有效，例如那些全球竞争不激烈或根本没有竞争的独特产品。同样，刚刚开始从事出口的公司也可以靠出口销售取得成功。即使在今天，许多公司经理仍然很重视出口销售。但是，随着公司在全球市场上不断成熟或新竞争对手出现，开展出口营销变得十分必要。

出口营销在整体市场环境中确定自己的目标顾客。出口营销人员不是仅仅将国内产品"原封不动"地销售给国际顾客。对他们来说，为国内市场提供产品只是一个起点，产品要进行调整才能满足国际目标市场的需求偏好。如中国制造商在进入美国家具市场时就实行了这一策略。同样，出口营销人员为了适应营销战略而改变价格，而不是简单地将母国价格延伸到目标市场。发生在出口准备、运输和财务方面的费用必须在定价时予以考虑。最后，出口营销人员还需根据市场需要来调整沟通和促销的策略和计划。换言之，要实现针对不同出口市场顾客关于产品特性和用法的有效沟通，就要制作不同文案、图片和艺术效果的宣传手册。正如某制造公司的销售和营销副总裁所言，"我们必须通过营销而非销售来进入国际市场"。

出口营销是面向国际市场顾客的产品和服务的整合营销，它要求：

1. 对目标市场环境的理解；
2. 进行营销调研，确定市场潜量；
3. 进行营销组合决策，包括产品设计、定价、分销、渠道、广告和沟通。

当调研瞄准潜在市场之后，必须亲自到当地访问以获取市场状况的第一手资料，并开始制定实际的出口营销计划，没有其他办法可以替代。访问当地市场时要做几件事情。首先，证实（或否定）关于市场潜量的判断。其次，进一步收集资料，针对出口营销计划做出是否进入该市场的最终决定。有一些信息无法简单地通过二手资料获得。例如，通过美国商务部，某出口经理或国际营销经理可能已经有了潜在分销商的名单，跟他们有过联系，并对他们是否满足公司的国际标准形成了一些推测性的看法。但是，要想进行谈判并签订协议，双方就必须面对面地会谈，对彼此的特点和实力做出评价。最后，对出口市场进行实地访问的第三个目的是，公司能与当地的代理商或分销商合作制定一个营销计划。它们需要在必要的产品修改、定价、广告和促销费用以及分销计划等方面达成协议。如果该计划需要投资，在费用分配上也需达成统一意见。

访问潜在市场的方法之一是参加**贸易展销会**（trade show）或参加由联邦、州政府发起成立的**贸易代表团**（trade mission）。每年在主要市场，围绕一类产品或一个产业都会举行成百上千次的展销会。通过参加这些活动，公司代表可以进行市场评估、市场开发或市场扩展，寻找分销商、代理商或当地潜在的最终用户。可能最重要的是，参加展销会可使公司有机会很好地了解竞争者的技术、定价和市场渗透深度。例如，在展览大厅可以收集关于产品的说明，其中经常会包含具有重要战略意义的技术信息。总而言之，在努力销售本公司产品的同时，公司经理或销售人员可以形成对市场竞争者的总体印象。

8.2　有组织的出口活动

当世界各地的公司都更加努力地为本国之外的市场提供产品和服务时，出口日益重要。[1]研究表明，出口基本上是一个发展的过程，它包括以下不同的阶段：

1. 公司不愿意出口，甚至不愿接受一个送上门的出口订单。原因可能是公司管理者自认为时间不够（太忙而无法接受），或是他们漠然或无知。

2. 公司接受送上门的出口订单但不主动寻求订单，这是一个出口销售公司。

3. 公司探讨出口的可行性（这一阶段可能跨过阶段 2）。

4. 公司向一个或多个市场进行试验性出口。

5. 公司成为针对一个或多个市场的富有经验的出口商。

6. 在之前成功的基础上，公司追求在某个国家或地区的集中营销，基于某种特定标准，如所有讲英语的国家或者所有无须进行水路运输的国家等。

7. 公司在评价全球市场潜量之后，搜寻可以纳入营销战略计划的"最佳"目标市场。"所有"的国内和国际市场都具有同等的考虑价值。

公司是否有可能由前一阶段进入下一阶段取决于不同因素。如由阶段 2 进入阶段 3 就取决于管理层对出口吸引力的态度以及对本公司国际竞争力的信心。然而，决心是一个公司国际导向最重要的方面。公司在到达阶段 4 之前，必然会接受送上门的订单并做出反应。管理的质量和活力是获得这些订单的重要因素。阶段 4 的成功使公司走向阶段 5 和阶段 6。到达阶段 7 的公司是一个成熟的、以全球为中心的企业，它根据全球机会来安排全球资源。要到达这一阶段，管理层必须富有远见和决心。

最近的一项调研发现，精通出口程序和拥有充足的公司资源是出口成功的必要条件。一个有趣的发现是，即使是经验丰富的出口商也对运输安排、支付程序和法律法规等方面的了解表现出缺乏信心的态度。研究还表明，虽然出口的主要目的是谋求利润，但也会带来其他好处。比如，出口有助于提高公司应对本国市场销售波动的灵活性和反应能力。规模越大的公司从事出口业务的获利能力越高，尽管这一说法在总体上得到一些研究结果的支持，但出口强度（出口额占销售总额的比例）与公司规模的正相关关系并不明晰。表 8-1 列出的是公司面临的与出口相关的一些常见问题。[2]

表 8-1　潜在的出口问题

物流与后勤	为出口提供服务
运输安排	提供零部件
决定运输费率	提供维修服务
文件处理	提供技术建议
获得财务信息	提供仓储
分销协调	**促销**
包装	广告
取得保险	人员销售
法律程序	营销信息
政府的官僚程序	**外国市场信息**
产品责任	确定市场位置
许可	贸易限制规定
海关/关税	海外竞争态势
合同	
代理商/分销商协议	

8.3　管理进出口业务的国家政策

进出口对世界各国国民经济的发展至关重要。1997 年，美国的商品和服务进口总额首次超过了 1 万亿美元，2011 年进出口总额达到 2.7 万亿美元。欧盟的进口额（包括欧盟内部贸易以及与非欧盟成员国之间的贸易）总计超过 3 万亿美元。进出口业务的发展趋势反映了中国在亚太地区的经济发展速度。中国的出口贸易保持了较高的发展速度。而如今随着中国加入世界贸易组织，其发展速度进一步加快。从表 8-2 中可以看出，中国在服装出口方面大幅超过其他国家。以往，中国通过征收两位数的进口关税来保护本国生产者。而按照世界贸易组织的规定，中国已降低了关税。

显然，许多国家的服装、鞋类、家具和纺织品行业的代表担心，不断增加的对华贸易将对自身所在行业产生不利影响。这一事例说明，国家的进出口政策可以被归纳为一个词：自相矛盾。几个世纪以来，各国政府对商品的跨国界流动同时采取两种相反的态度：一方面，国家直接鼓励出口；另一方面，却通常对进口加以限制。

表 8-2　2011 年 10 大服装出口国单位　　　　　　　　　　　　单位：10 亿美元

1. 中国	153.8
2. 意大利	23.3
3. 孟加拉国	19.9
4. 德国	19.6
5. 印度	14.4
6. 土耳其	13.9
7. 越南	13.2
8. 法国	11.0
9. 西班牙	9.2
10. 比利时	9.1

资料来源：The World Trade Organization.

8.3.1　政府支持出口的计划

受政府鼓励的出口战略能带来经济的快速发展，例如日本、新加坡、韩国以及中国。由于采取了通产省制定的出口战略，日本从第二次世界大战的重创中全面复苏，并逐步发展成为超级经济大国。亚洲四小龙吸取了日本经验，也发展了以出口为基础的经济。尽管由于增长失控，1997 年，亚洲经济泡沫破裂，但日本和亚洲四小龙还是以更为稳健的步伐迈入了21 世纪。中国这一自给自足的经济体已经吸引了包括戴姆勒、通用汽车和惠普在内的许多外国公司投资建厂，产品不仅用于满足当地市场的需要，而且出口到世界其他市场。

任何政府如果关注贸易逆差问题或致力于经济发展，就应当注重向各公司宣传出口的潜在利益。政策制定者应该减少那些阻碍公司出口的官僚主义做法，国家、地区和地方各级政府都应当如此。例如，印度泰米尔纳德的领导者允许韩国现代公司的工厂夜以继日地运营，使现代公司成为全世界第一家可以 24 小时运营的工厂。[3]政府通常采取四种措施支持国内公司的出口业务，分别是税收激励、补贴、出口援助和自由贸易区。

首先，税收激励是指用低税率或出口退税政策给出口企业以更优惠的待遇。支持出口的政府提供的税收优惠包括：对出口收入各种幅度的免税、延缓征税，对生产出口产品的相关资产实行加速折旧，对海外市场开发活动实行大幅税收优惠等。

1985—2000 年间，美国税法中的主要税收激励是有关**海外销售公司**（foreign sales corporation，FSC）的规定，即出口商国际销售收入的 15％可以免税。大型出口商从中获益最多，比如波音公司每年可以节约 1 亿美元。但是，世界贸易组织于 2000 年规定任何出口减税都等同于非法补贴。因此，美国国会开始着手改革 FSC 制度，若非如此，欧盟可以强制征收高达 40 亿美元的报复性关税。那些可能因 FSC 法律变更而获益或受损的公司则开始了激烈游说。提议中的一部新法律将使得通用汽车、宝洁、沃尔玛等在海外有大量工厂和销售点的美国公司受益。相反，波音公司将无法继续得到好处。正如波音公司一位负责政府事务的执行官鲁迪·德·莱昂（Rudy de Leon）所言，"我们认为该法案将使美国商用飞机的出口价格大幅上涨"。[4]

政府还通过无条件的**补贴**（subsidies）来促进出口，表现为各种直接或间接的对生产者有利的资金支持。出口补贴会严重扭曲贸易模式，因为在世界市场上缺乏竞争力但享有补贴的厂商将取代那些富有竞争力的厂商。OECD 成员每年的农产品补贴将近 4 000 亿美元。当前，欧盟每年的农产品补贴总额估计为 1 000 亿美元。美国每年的补贴大约为 400 亿美元，为单个国家中补贴数额之最。农业补贴特别容易引起争议，因为它以牺牲发展中地区（比如非洲和印度）农业生产者的利益为代价来保护发达国家农业生产者的利益。欧盟已经对其**共同农业政策**（Common Agriculture Policy，CAP）进行了全面修订。批评家曾称之为"最令人吃惊的保护政策"和"全球独一无二的最有害保护主义条款"。[5] 2002 年 5 月，小布什总统签署了一项价值达 1 180 亿美元、为期 6 年的农业法案，切实提高了对美国农业生产者的补贴。此举令欧洲各国颇为不快。小布什政府的态度是，虽然美国的农业补贴有所提高，但总体上仍然低于欧洲和日本的水平。后来，美国国会通过投票决定将该农业法案的有效期限延长 5 年。

第三种支持手段是对出口商的政府援助。公司可以利用大量有关市场分布和信用风险的政府信息。政府援助还可能包括出口促销。各级政府机构通常带头举办展销会或组织贸易代表团，向外国顾客进行销售。

进出口过程中也会遭遇因繁文缛节和官僚主义造成的拖延，在印度等新兴市场尤其如此。为了推动出口业务的发展，各国正在划定**自由贸易区**（free trade zones，FTZ）或**经济特区**（special economic zones，SEZ）等特定区域。这些区域性的实体可以为生产商提供简化的清关流程、灵活的操作和宽松的政策环境。

8.3.2 限制进口和阻碍市场准入的政府决议

关税、进口控制和大量的非关税壁垒等措施的目的就是限制外国商品进入本国市场。**关税**（tariffs）可以被看作全球商业中的三个"R"：规则（rules）、税率（rate schedules）和单个国家的法规（regulations of individual countries）。税率表显示了针对个别商品或服务的关税（见表 8-3）。一位全球贸易专家将关税定义为"个人因违背政府意愿选择商品而受罚所缴的税"。[6]

表 8-3 贸易壁垒的例子

国家或地区	关税壁垒	非关税壁垒
欧盟	对来自中国的鞋类征收 16.5% 的反倾销关税，对来自越南的鞋类征收 10% 的关税	对中国的纺织品限定配额
中国	对进口汽车配件征收 6% 的关税	获得医药进口许可的程序费钱、耗时

正如在前面章节所讲述的那样，在乌拉圭回合谈判中美国的一个主要目标是促进其主要贸易伙伴放宽对美国公司的市场准入条件。乌拉圭回合谈判于 1993 年 12 月结束，这次谈判降低或取消了美国出口到欧盟、日本、5 个 EFTA 国家（奥地利、瑞士、瑞典、芬兰和挪威）、新西兰、韩国和新加坡的 11 类产品的关税。涉及的产品大类包括建筑、农业、医药和科学领域的设备，还有钢铁、啤酒、暗色蒸馏酒、药剂、纸张、纸浆和印刷品、家具和玩具。其余的关税计划在 5 年内取消。多哈回合谈判的一个关键目标是降低农产品关税，目前该关税水平为：美国平均 12%，欧盟平均 31%，日本平均 51%。

受海关合作理事会（Customs Cooperation Council），即现在的世界海关组织（World Customs Organization）赞助而建立的**协调关税制度**（Harmonized Tariff System，HTS）于 1989 年 1 月生效，并被大多数的贸易国家采用。根据协调关税制度，进口商和出口商需要确定跨边境流动的某一既定商品或服务的正确分类号码。在协调关税税率表 B（Harmonized Tariff Schedule B）中，任何出口商品的出口分类号码都与进口分类号码相同。出口商还必须在出口文件上标明协调关税税率表 B 规定的商品号码以便于报关。在海关官员眼中，精确性尤为重要。美国统计局（U. S. Census Bureau）根据 HTS 进行贸易统计。不过，HTS 中任何价值低于 2 500 美元的出口不被统计在内。相反，所有的进口，不管金额多少，全部统计在内。

尽管在简化关税手续方面已取得了若干进步，但关税仍然是一个复杂的问题。从事进出口的人员必须熟悉各种不同分类并能够准确运用。即使是包含几千种商品的关税目录，也不可能清楚地描述全球交易中的所有产品。此外，推出新产品以及在制作过程中采用新材料，都会带来新的问题。通常，确定某一特定产品的税率需要评估产品的使用方式及其主要材料。工作人员可能不得不考虑两种或两种以上的可选分类方法。产品的分类方法将影响其适用的税率。例如，一个中国制造的 X 战警动作造型是玩偶还是玩具？很多年来，美国对进口玩偶征收 12% 的关税，对玩具则只征收 6.8%。代表非人类生物的动作造型（比如怪兽或机器人）被归类为玩具，因此其适用税率低于被海关划分为玩偶的人物造型。现在这两种关税都已取消。但漫威公司（Marvel）的比兹玩具分部（Toy Biz）花了将近 6 年时间向美国国际贸易法庭证明其 X 战警动作造型不代表人类。尽管这一说法使那些变异"超级英雄"迷们感到惊骇，但比兹玩具分部希望就以往所交关税的超额部分得到赔偿，因为美国海关曾经将进口的金刚狼及其他动作造型划归为玩偶。[7]

非关税壁垒（nontariff barrier，NTB）指的是拖延或阻碍商品在国外市场上销售的任何非关税的措施，有时也称隐蔽的贸易壁垒，它包括配额、歧视性采购政策、限制性海关程序、专制性货币政策和限制性规定等五种类型。

配额（quota）是指政府对某一特定产品或产品大类的进口实行数量或总金额的限制。一般来说，设定配额的初衷是保护本国的生产商。例如，意大利及欧洲其他国家的纺织品生产商曾对来自中国的 10 种纺织品设定进口配额。该配额后来取消，其目的是帮助欧洲生产商做好参与更激烈竞争的准备。[8]

文化背景

美国糖业补贴和配额带来的高昂代价

在国际市场上，围绕"糖"这种最常见的农产品的地盘战已经打响。一方面是世界上最贫穷地区的小规模农民，为了提高自己的收入和生活水平，希望出口更多的甘蔗；另一方面是世界上最富裕国家的农场主，有意保留配额和补贴制度，支持自己的甘蔗和甜菜生产。处于中间的是食品和饮料加工企业，它们将糖用于生产烘焙食品、冰淇淋、软饮料以及一系列其他食品。这对消费者也产生了影响：糖业补贴和配额提高了大众食品和饮料的价格。近年来，由于糖和其他农产品的价格极不稳定，这个问题尤为突出。

农业政策上的分歧是此次争论的核心。世界各国的农业补贴达到每年数千亿美元。补贴问题是当前全球贸易谈判的重点，而且早在世界可持续发展高峰会议上就已经讨论过。巴西、澳大利亚和泰国分别是全球第一、第三和第四大糖出口国；欧盟的出口量居世界第二位。

欧盟的产糖量远高于使用量。数十年来，每年都有约 400 万吨的欧洲糖销往世界各地。这使得澳大利亚和泰国决意支持巴西，共同就欧盟的糖出口政策向世界贸易组织提出质疑。2004 年，世界贸易组织做出了不利于欧盟的裁决。2005 年，世界贸易组织的上诉机构维持了该裁决，并责令欧盟在 15 个月内将糖出口纳入全球贸易规则。欧盟的改革于 2006 年 7 月 1 日生效。

在欧洲，对农业的保护是为了解决发生于第二次世界大战期间的食品短缺和定量配给问题。在实施共同农业政策之后，欧洲的农民有能力满足当地消费者对食品的消费需求。20 世纪 60 年代，在关于成立共同市场（欧盟的前身）的谈判中，农产品生产商也获得了很多利益。

欧洲的农业政策促使瑞典和芬兰等自然条件欠佳的国家也开始种植甜菜，此外还有法国。糖业管理体制的影响非常明显：欧洲的农民在配额安排下进行生产，这种体制明确规定了他们的产量限额，而且政府保证他们的农产品价格将比世界市场价格高出约 3 倍。2006 年的改革旨在减少生产，为此欧盟采取激励措施，使那些缺乏竞争力的糖农离开制糖业。

在美国，当前的糖业管理体制可以追溯到 1934 年的《糖税法案》。该法案的初衷是稳定价格并保护糖类作物种植者。2010 年，美国原糖价格约为每磅 0.35 美元，而世界市场上的价格还不到每磅 0.2 美元。美国审计总署（General Accounting Office）估计，由于糖价年年上涨，美国糖业计划使得美国人每年要多支付 20 亿美元。此外，该计划每维持一份本国制糖业的工作，美国消费者就需支出约 82.6 万美元。与欧洲不同的是，美国每年的糖产量为 800 万吨左右，而每年的出口量却仅占很小的部分。关于进口配额的现行规定是 1990 年实施的。批评者指出，该配额是基于 20 世纪 70 年代的贸易统计数据做出的。2010 年，由于配额限制，糖进口量约为 130 万吨。

美国政府每年大约支出 500 亿美元用于资助农业；2002 年 5 月，小布什总统签署了新的农业法案，进一步加强了对农民的扶持力度。意料之中，欧洲人以此为证据控诉美国在贸易问题上的虚伪性。美国甘蔗和甜菜生产商对政治竞选的贡献最大，超过了烟草生产商和奶制品生产商。佛罗里达州是重要的产糖地，也是对总统大选至关重要的摇摆州。不过，甜菜的种植地还分布在北达科他州和美国北部平原的其他州。

美国糖业协会（Sugar Association）负责领导相关的游说工作。不过，该行业也以其他方式发挥自己的政治力量。例如，世界卫生组织（WHO）和联合国粮农组织已确认糖是造成肥胖的主要因素。一则题为《膳食、营养与慢性病预防》的报告建议，"添加糖"所提供的能量不应超过每人所需卡路里的 10%。美国糖业协会指责这篇报告极具"可疑性"，并暗示国会对 WHO 超过 4 亿美元的资助并未得到有效利用。协会主席安德鲁·布里斯科（Andrew Briscoe）说："我们并不反对抗击肥胖这一全球性战略。包括糖业人士在内的任何人都不希望人们肥胖，而且我们希望能为此做出贡献。但是，我们希望找到具有科学依据的解决办法。"

小布什政府积极地促成双边及区域性的贸易协定，这也是引起糖业相关人士不满的原因。例如，作为刚开始谈判的《中美洲自由贸易协定》的重要组成部分，美国同意从危地马拉及其邻国进口 10 万吨糖，这个数量占到美国市场总量的 1% 左右。制糖业对此做出快速反应。总部设在佛罗里达州的美国糖业公司（U. S. Sugar Corporation）副总裁罗伯特·科克尔（Robert Coker）指出："如果美国在区域性贸易协商中同意开放本国的糖业市场，包括我们公司在内的所有美国产糖商都将被迫宣布解散。"美国甜菜种植者协会（American Sugarbeet Growers Association）主席对此做出了更为简明的总结："如果实行自由贸易，巴西将大获全胜，而其他国家的公司都将倒闭。"

资料来源：Carolyn Cui，"Price Gap Puts Spice in Sugar-Quota Fight," *The Wall Street Journal* (March 15, 2010), pp. A1, A20; Tobia Buck, "EU to Consider Sugar Subsidy Reform," *Financial Times* (June 24, 2004), p. 7; Robert B. Zoellick, "Don't Get Bitter About Sugar," *The Wall Street Journal* (February 25, 2004), p. A14; Edward Alden and Neil Buckley, "Sweet Deals: 'Big Sugar' Fights Threats from Free Trade and a Global Drive to Limit Consumption," *Financial Times* (February 27, 2004), p. 11; Mary Anastasia O'Grady, "Clinton's Sugar Daddy Games Now Threaten NAFTA's Future," *The Wall Street Journal* (December 20, 2002), p. A15; Roger Thurow and Geoff Winestock, "Bittersweet: How an Addiction to Sugar Subsidies Hurts Development," *The Wall Street Journal* (September 16, 2002), pp. A1, A10.

歧视性采购政策（discriminatory procurement policies）可能以政府规章、法律和行政条例的形式出现，它要求从本国公司处购买商品或服务。例如，1933 年的《购买美国货法案》（Buy American Act）规定美国联邦机构及政府项目必须购买美国生产的产品，除非没有本国产品或本国产品成本太高，或者购买美国货有悖于公众利益。同样，《飞行美国法案》（Fly American Act）规定，只要有可能，美国的政府职员就必须乘坐本国航班。美国总统奥巴马曾审批通过了一套经济刺激方案，涉及金额达 8 850 亿美元；该方案引起的最大争议在于，它在提案中要求使用该项资金购买的所有产品必须都是"美国制造"的。反对者声称提案所使用的语言违反了美国的贸易协定；该条款同时引起了美国主要贸易伙伴的强烈抗议，其中有些国家宣称将采取报复行动，实施本国的保护主义措施。美国国会最终缓和了这种贸易保护主义论调，以避免可能发生的贸易战。[9]

如果在执行时采用的方式既复杂又昂贵，海关程序（customs procedures）就会被认为是具有限制性的。例如，某产品被美国商务部按照分类编号，而加拿大海关可能不同意，因此美国出口商就可能得与加拿大海关官员出席听证会以达成协议。此类拖延对进口商和出口商来说都既费时又费钱。

歧视性汇率政策（discriminatory exchange rate policies）与选择性进口关税和出口补贴一样都会造成贸易扭曲。如前所述，一些西方政策制定者认为，中国有意让人民币保持疲软与其政策走向有关。该政策可使中国商品在世界市场上拥有充满竞争力的价格优势。

最后，**限制性管理和技术规定**（restrictive administrative and technical regulations）会导致贸易壁垒。具体形式包括反倾销规定、产品规模规定、安全和健康规定。某些规定的目的在于抵制外国商品，一些则旨在保证进口达到国内的一些合法目标。例如，美国正在制定的汽车安全和污染规定几乎完全出于对高速公路安全和污染问题的合理关注。然而，这些规定带来的实际后果是满足美国安全要求的代价太大，因此一些汽车制造商不得不将某些型号的汽车撤出市场。如几年前大众公司就为此不再向美国销售柴油车。

如前面章节所述，地区范围内的所有限制性贸易壁垒都有被取消的趋势。欧盟始于 1993 年 1 月 1 日的建立共同市场的努力堪称这方面的最大动作。其意图是在整个欧洲就汽车安全、药品检验和认证、食品和产品质量控制等方面达成统一，并推行欧元这一单一货币，以促进贸易和商业的发展。

孟加拉国服装厂的悲剧

如表 8-2 所示，孟加拉国是世界第三大服装出口国。由于中国工资上涨导致其制造成本增加，孟加拉国得到了不少好处。如第 2 章所述，孟加拉国约有 80% 的出口收入来自其 5 000 多家服装制造厂形成的服装运营网络。但是，工人们却经常处于危险的工作条件下，这造成了服装行业的一系列悲剧，也使该行业饱受困扰。

2010 年，两家为 H&M、杰西潘尼（JCPenney）和盖璞等西方客户制造服装的工厂发生了火灾，数十名工人在事故中丧生。2012 年 11 月，孟加拉国达卡的一家服装制造厂——塔兹雷恩制衣厂（Tazreen Fashions）发生火灾，造成 112 名制衣工人死亡。塔兹雷恩的客户包括沃尔玛和其他全球知名零售品牌。这场悲剧使人们开始关注《孟加拉国消防和建筑安全协议》（Bangladesh Fire and Building Safety Agreement），越来越多的工人、工会和营销人员签署了该协议。

2013 年 4 月，悲剧又发生在达卡的另一家工厂。超过 500 人（其中大多数是女性）在事故中丧生。这一次不是火灾，而是一栋八层建筑——位于达卡的拉纳大厦倒塌了。楼内有服装厂，以及约 5 000 名制衣工人。这些服装厂的主要客户有加拿大零售商罗布劳（Loblaw）旗下的 Joe Fresh 品牌，以及意大利的贝纳通。

悲剧发生后，据透露，该建筑所有者是一名当地政客，他未曾从达卡建筑安全机构取得必要的许可证。此前，拉纳大厦里的一些工厂已通过了"倡议商界遵守社会责任组织"（Business Social Compliance Initiative，BSCI）的审核认证。该倡议由外贸协会发起，代表了数百家欧洲零售商。然而，事实证明，BSCI 的审核员不是工程师，他们没能对建筑物的安全性和稳定性提出建议。

西方零售商的回应非常迅速。例如，尽管沃尔玛禁止其承包商与塔兹雷恩制衣厂合作，但在 2012 年的火灾现场仍然发现了部分沃尔玛服装。此后，沃尔玛采取了"零容忍政策"，其承包商再也不得与那些未经授权的工厂合作。沃尔玛还捐赠了 160 万美元，为孟加拉国制衣工人提供消防培训。

尽管做出了诸多努力，工人权利协会（Workers Rights Consortium）、国际劳工组织（International Labor Organization）、泛宗教企业责任中心（Interfaith Center for Corporate Responsibility）以及其他监督劳工问题的团体仍在对参与全球服装供应链的公司施压。活动人士经常指责西方零售商对工厂安全问题的担忧只是嘴上说说。批评者指出，现实中，零售商只会继续关注低价而不是工人的福利。正如柬埔寨服装制造商协会负责人对英国《金融时报》所说，"买家和消费者必须愿意支付更多的钱"。

资料来源：Syed Zain Al-Mahmood, Christina Passariello, and Preetika Rana, "The Global Garment Trail：From Bangladesh to a Mall Near You," *The Wall Street Journal*（May 4-5, 2013）, pp. A1, A11; Syed Zain Al-Mahmood and Tom Wright, "Collapsed Factory Was Built Without Permit," *The Wall Street Journal*（April 26, 2013）, p. A9; Syed Zain Al-Mahmood and Shelly Banjo, "Deadly Collapse," *The Wall Street Journal*（April 25, 2013）, pp. A1, A10; Shelly Banjo and Syed Zain Al-Mahmood, "Bangladesh Fire Spurs Rights Campaign," *The Wall Street Journal*（April 8, 2013）, p. B3; Barney Jopson and Amy Kazmin, "Bangladeshis Pay Price of Cheap Goods," *Financial Times*（December 18, 2012）; Rahul Jacob, "Lip Service to Workers Isn't Worth the Price," *Financial Times*（December 6, 2012）, p. 10; Jonathan Birchall, "Western Brands in Bangladesh Face Safety Push," *Financial Times*（December 19, 2010）.

8.4　关税体系

关税体系（tariff system）或者是对产品实行单一税率，适用于所有国家；或者是实行两种或两种以上的税率，适用于不同国家或国家集团。关税通常分为两类。

单式税则（single-column tariff）是最简单的关税形式，包含一个税率表，对从所有国家进口的产品实行同样的计税基础。按照**复式税则**（two-column tariff，见表 8－4），第一栏包括普通关税和特惠关税，后者表示通过与别国的关税谈判而达成的关税减让。按照公约达成的关税协定，可以适用于在世界贸易组织框架内具备**正常贸易关系**（normal trade relations，NTR）的所有国家，即从前享有最惠国（most-favored nation，MFN）待遇的所有国家。除了例外情况，根据世界贸易组织的规定，各成员国同意对所有世界贸易组织签约方实行最优惠的或最低的税率。第二栏表示对不具备 NTR 资格的国家所适用的关税。

表 8－4　美国进口关税税率示例

第一栏		第二栏
普通关税税率	特惠关税税率	不具备正常贸易资格
1.5%	免税（A，E，IL，J，MX）	30%
	0.4%（CA）	

A：一般优惠制度
E：加勒比海盆地经济振兴计划特惠关税
IL：以色列自由贸易协定特惠关税
J：安第斯协定特惠关税
MX：北美自由贸易区加拿大特惠关税
CA：北美自由贸易区墨西哥特惠关税

表 8－5 展示了协调关税制度第 89 章的详细项目，涉及的产品为"轮船舶、小船和漂浮构造物"（为了解释方便，每栏用一个字母标记）。A 栏包含头项数字，用以标识每种商品。例如，头项数字为"8903"的产品为"用于娱乐或体育活动的游艇或其他船只；划桨船和独木船"。次项数字 8903.10 表示"可充气船"，8903.91 指"带有或不带有附设发动机的航船"。签约参加协调关税制度的 100 多个国家全部采用这些 6 位数。项目编号可以扩展到 10 位数之多，后面 4 位供单个国家使用，目的是标明其个别关税以及用来收集资料。栏目 E 和 F 合并起来相当于表 8－4 中的第一栏，而 G 则相当于第二栏。

美国给全世界约 180 个国家以正常贸易关系待遇，只有朝鲜、伊朗、古巴和利比亚被排除在外，这一点说明正常贸易关系更确切地说是一个政治工具而非经济工具。过去，中国被威胁可能失去正常贸易关系的地位。如果中国失去该待遇，其产品的落地价格（货物运至港口并卸货通关的费用）将大幅上升，意味着中国产品将因此失去美国市场。然而，美国国会给予了中国永久正常贸易关系的地位，这是针对后者加入世界贸易组织的先行动作。表 8－6 展示了失去正常贸易关系地位对中国意味着什么。

表 8-5　协调关税制度第 89 章

A	B	C	D	E	F	G
8903		用于娱乐或体育活动的游艇或其他船只；划桨船和独木舟				
8903.10.00		可充气船		2.4%	免税（A，E，IL，J，MX）0.4%（CA）	
		价值超过 500 美元				
	15	附有硬质船身	无			
	45	其他	无			
	60	其他	无			
8903.91.00		其他：带有或不带有附设发动机的航船		1.5%	免税（A，E，IL，J，MX）0.3%（CA）	

A：一般优惠制度
E：加勒比海盆地经济振兴计划特惠关税
IL：以色列自由贸易协定特惠关税
J：安第斯协定特惠关税
MX：北美自由贸易区加拿大特惠关税
CA：北美自由贸易区墨西哥特惠关税

表 8-6　正常贸易关系和非正常贸易关系下美国对中国的关税税率

	正常贸易关系（%）	非正常贸易关系（%）
金首饰，如镀金项链	6.5	80
螺丝钉、洗锁机、钢/铁件	5.8	35
钢铁制品	0～5	66
橡胶鞋	0	66
女士外衣	19	35

资料来源：U. S. Customs Service.

　　特惠关税（preferential tariff）是对来自某些特定国家的进口商品实行的税率减让。除去以下三种例外情况，关税及贸易总协定禁止使用特惠关税。第一，国家之间存在历史性的优惠安排。例如，英联邦国家间的优惠安排以及类似的在关税及贸易总协定之前就存在的优惠安排。第二，特惠关税是正式的经济一体化合约的组成部分，如自由贸易区或共同市场。第三，允许工业化国家对总部设在欠发达国家的公司给予优惠的市场准入。

　　美国现在是关税及贸易总协定关税估价准则（Customs Valuation Code）的签约国。美国于 1980 年修正了《完税价格法案》以便与关税及贸易总协定的估价标准相吻合。按照关税估价准则，确定产品报关价值的主要基础是"交易价值"。顾名思义，交易价值指的是在实际发生的个别交易中，买方为购买该被估价产品而支付给卖方的价格。在买卖双方互相关联（如本田在美国的子公司向其日本总部购买部件）时，海关当局有权审查其转移价格以确认该价格真正反映了产品的市场价值。如果产品没有确定的交易价值，那么就采用其他替代办法来计算报关价值，这样做有时会使价值升高从而提高关税。20 世纪 80 年代末，美国财政部就日本汽车制造商向其美国子公司收取的转移价格展开了大规模调查。有人认为，日本人实际上在美国没有缴纳任何所得税，因为每年进口到美国的数百万辆汽车给他们带来的是所谓的"亏损"。

在乌拉圭回合谈判期间，美国试图对关税估价准则做出一些修改，其努力获得了成功。最重要的是，美国希望搞清楚在涉嫌作弊时进出口国的权利与义务。两大类产品通常会成为调查对象。第一类包括纺织品、化妆品和耐用消费品；第二类包括录像带、录音带和光盘等娱乐软件。准则的修正将提高美国出口商在被控诈骗时保护自身利益的能力。修正案同时鼓励非签约国（尤其是发展中国家）成为该估价准则的成员。

8.4.1　海关关税

关税税率分为两大类：一是按照商品价值的百分比（**从价税**（ad valorem duty））来计算，二是每个单位收取一个专门数额（从量税（specific duty））；或者是上述两种方法的结合。第二次世界大战以前，从量税使用广泛，许多国家的关税体系非常复杂，欧洲和拉丁美洲国家尤其如此。在过去的半个世纪里，许多国家逐渐转向使用从价税。

如上所述，从价税是商品价值的一个百分比。商品报关价值的确定因国家而异，因此，出口商最好对其产品出口目的国的估价方法有充分了解。原因很简单，即获得一个与当地竞争对手相比富有竞争力的价格。对那些执行关税及贸易总协定关税估价准则的国家而言，商品价值是到港的落地成本、保险加运费（CIF 成本价）。该成本价应当反映商品在缴纳关税时点上的市场价格。

从量税表示对每单位重量、体积、长度或者其他度量单位征收一定数额的税款，如"每磅 50 美分""每双 1 美元""每平方英尺 25 美分"等。从量税通常用进口国货币表示。但也有例外，尤其是当进口国遭遇持续的通货膨胀时。

在有些情况下，某种产品的关税分别按照从价税和从量税两种方法计算，通常采用计算结果数额较大的税率作为该产品的适用税率，但有些情况下则相反。复合税或者混合税指对同一种产品同时征收从价税和从量税。

8.4.2　其他关税和进口费用

倾销（dumping）是指以不公正的价格在出口市场上销售商品，这在第 11 章有详细论述。为了抵消倾销的影响并惩罚当事公司，大多数国家都会制定法规，在本国生产者利益受到损害时对进口品强制征收**反倾销税**（antidumping duties）。这种税等同于倾销边际收益的一笔进口附加费。反倾销税几乎总是应用于那些本国也在生产或种植的产品。在美国，当商务部发现外国公司有倾销嫌疑，并经国际贸易委员会裁定倾销产品损害了美国公司的利益时，就可以征收反倾销税。

反补贴税（countervailing duties，CVD）是为了抵消出口国提供的补贴而征收的附加关税。在美国，反补贴税的法规和程序与反倾销税非常相似。根据 1984 年《贸易和关税法案》的有关条款，商务部和国际贸易委员会联合执行了反补贴税和反倾销税的有关法律。关于补贴和反补贴的措施在乌拉圭回合谈判中引起了广泛关注。2001 年，国际贸易委员会和商务部对加拿大木材生产者同时征收反补贴税和反倾销税。加拿大对在政府所属森林进行砍伐的锯木厂只征收很少的费用，这构成了某种形式的补贴。而且因美国厂商抱怨加拿大以低于成本的价格出口木材，美国还针对进口软木、地板和外壁板征收了反倾销税。

针对某几类进口农产品，包括瑞典及其他几个欧盟成员国在内的一些国家执行**可变进口征费**（variable import levies）制度。当进口品的价格低于本国产品时，这些费用能够将进口品的价格提高到本国产品的价格水平。为了对本国工业提供额外保护，尤其是当国际收支出现逆差时，英美等国家会不时地征收**临时附加费**（temporary surcharge）。

8.5 主要出口参与者

任何出口负责人都应当有若干熟人或者熟悉的机构来协助完成各种任务。他们之中有些不承担客户委托责任，比如采购代理、出口经纪人和出口商人；另一些却有客户责任，比如出口管理公司、制造商的出口代理、出口分销商和货运代理商。

外国采购代理（foreign purchasing agents）被冠以"出口货买主""出口代理行""出口确认行"等不同名称。它们代表着被称为"委托人"（principal）的海外顾客，并由后者支付报酬。它们通常寻找那些在价格和质量方面能满足其海外委托人需要的制造商。外国采购代理经常代理一些国外的大宗材料用户，如政府、公用事业单位和铁路公司。除非与制造商或出口商订立长期供货合同，外国采购代理的需求量并不稳定。这种采购可能类似于国内的交易，采购代理处理一切出口包装和运输的细节问题，或者依靠制造商处理装运事宜。

出口经纪人（export broker）通过为卖方和海外的买方牵线而获得报酬。报酬通常由卖方支付，但有时也由买方支付。经纪人不拥有商品的任何权利，因此没有资金责任。他们往往专营一种农产品，如谷物或棉花，而很少涉及制造品的出口。

出口商人（export merchant）有时被称为"小宗货物的批发商"，这些营销中间商在某个国家或地区寻找市场机会，然后在其他国家购买商品来满足这些需求。出口商人通常向生产商或制造商购买没有商标的产品，随后为这些产品制作商标并完成其他所有的营销活动，包括分销等。例如，出口商人在中国发现了优质女鞋的货源，大批量采购后在欧洲和美国市场上销售。

出口管理公司（export management companies，EMC）是指独立的营销中间商，其运作模式类似于两家或更多家相互之间不存在竞争的制造商（委托人）的出口部门。在出口市场上，EMC 通常以委托人的名义开展交易，但有时也以自己的名义经营。它可以作为独立的分销商，以既定的价格或利润率购买和转售商品。此外，EMC 还可以作为受托代表，在交易中不享有任何商品权利，也不承担任何资金风险。近期对美国 EMC 的一项调研发现，为了在出口市场上获得成功，这类公司最重要的业务包括收集营销信息、开展营销沟通、设定价格和确保商品的可得性。此项调研按照困难程度对出口活动进行排名；其中分析政治风险、管理销售团队、设定价格和获得财务信息是最难完成的四项工作。调研的结论之一是，美国政府应该更多地帮助 EMC 及其客户分析与海外市场相关的政治风险。[10]

另一种类型的中间商是**制造商的出口代理**（manufacturer's export agent，MEA）。与 EMC 类似，MEA 可以充当出口分销商或出口受托代表。但 MEA 不履行出口部门的职责，其营销活动往往局限于少数几个国家。**出口分销商**（export distributor）承担相关的资金风险，它们通常会代表几家制造商，因此有时候被称为综合出口经理商（combination export manager）。此类企业通常在原产国之外的全部或某些市场上拥有某制造商产品的独家销售权。出口分销商需支付货款并承担与海外销售相关的所有资金风险，同时负责处理所有的运输事宜。MEA 一般按制造商的海外标价销售产品，酬金通常按标价的商定比例收取。出口分销商以自己的名义或制造商的名义开展业务。

出口佣金代表（export commission representative）不承担资金风险。制造商分配给佣金代表一个或几个国外市场。尽管通常由佣金代表来检查买主信用和安排融资，但仍由制造商负担全部经济责任。与出口分销商一样，出口佣金代表可以为若干制造商服务，因此是一个综合的出口管理公司。

合作出口商（cooperative exporter）有时被称为鸡妈妈（mother hen）、附带出口商（piggyback exporter）或出口商贩（export vendor），指的是某制造商的一个出口组织，该组织被其他独立的制造商借用，以在国外市场上销售它们的产品。合作出口商通常作为其他制造商的出口分销商开展工作，但在特殊情况下，它们也以出口佣金代表的身份工作。它们被看作某种形式的出口管理公司。

货运代理商（freight forwarder）是指取得许可并在交通运营、清关以及运费和运输安排方面从事专门业务的公司。简而言之，可将它们看作货物运输代理。总部位于明尼苏达州的罗宾逊全球物流公司（C. H. Robinson Worldwide）就是这样一家公司。它寻找货物运输的最佳路线和最低价格，帮助出口商确定并支付运费和保险费，在必要时也负责出口包装。通常它们负责将货物从出口港运到海外的进口港，也可能涉及内陆运输，即从工厂运到出口港，并通过海外联营机构将货物从进口港运抵顾客手中。这些货运代理商也提供陆运、空运和海运的联运服务。由于承包了船舶或飞机上的大量舱位，它们还可以将这些舱位转售给各个托运人，这比单个托运人直接与出口承运人交涉拿到的价格要低得多。

取得许可的货运代理商可以根据预定的舱位从航运公司获得经纪佣金或回扣。虽然有些公司和制造商自己从事货运代理或其中的部分业务，但根据法律它们可能无法从航运公司获取佣金。

8.6 制造商所在国的出口组织

关于出口，母国方面的问题涉及如下决定：公司是将出口任务交给公司内的部门，还是与一个精通某一产品或某一地区的外部组织协作。大部分公司在组织内部执行出口业务。根据公司的规模大小，出口任务可能包含在雇员的国内工作职责范围内，或者是由公司一个单独的部门或组织机构负责。

出口业务的安排有以下几种形式：

1. 作为国内雇员的一项附带工作；

2. 通过与国内营销机构联营的出口合作伙伴，合作伙伴在货物离开本国前有货物的所有权；

3. 通过独立于国内营销机构的出口部门；

4. 通过国际分部中的出口部门；

5. 对实行多分部组织结构的公司来说，可采用上述形式中的任意一种。

公司如果给予出口业务一个足够高的优先等级，就会建立一个内部出口组织。它所面临的问题是如何有效地进行组织。这取决于两点：公司对出口营销市场机会的评估及其关于全球市场的资源配置战略。公司可能将出口视为国内雇员工作的附带部分。这种组织方式的优点显而易见：成本低，无须新增员工。然而，这种方法仅在两个条件下适用：第一，负责出口的国内雇员在产品和顾客知识方面具有胜任能力；第二，上述能力必须适应目标国际市场。第二个条件隐含的关键问题是，目标出口市场与国内市场的差异程度如何。如果顾客环境和特点是相似的，那么对专门的地区知识的要求就会降低。

如果公司决定不由内部组织从事出口营销和促销业务，那就有无数的出口服务商可供选择，其中包括出口管理公司、出口商人、出口经纪人、出口分销商、制造商的出口代理或佣金代表。可是，因为这些术语和名称在使用中可能出现不一致，我们建议读者对特定的独立出口组织提供的服务进行查询和核实。

8.7 目标市场国家的出口组织

公司不仅需要决定在母国采用内部组织还是专业的外部出口组织来完成出口，而且需要安排在目标市场国家分销产品。每个出口组织都面临的一个基本决策是：在多大程度上依赖直接市场代表而非独立的中间商代表？

在市场上采用直接代表有两个好处：控制和沟通。直接代表能够使与项目发展、资源配置或价格调整有关的决策得到很好的执行。另外，如果产品在市场上立足未稳，就需要特别的努力才能实现销售。直接代表的好处正在于这些特别的努力可以通过营销人员的投资来保证。如果采用间接或独立代表，那么此种努力和投资就不是现成的。在很多情况下，独立代表没有足够的动力为所代理的产品投入大量的时间和金钱。采用直接代表的另一大好处是公司获得反馈和市场信息的可能性更大。这些信息可以极大地促进有关产品、价格、沟通和分销的出口决策。

请注意，使用直接代表并不意味着出口商直接向消费者或顾客销售产品。在大多数情况下，直接代表意味着销售给批发商或零售商。例如，德国和日本的主要汽车出口商在美国市场就以分销代理机构的形式使用直接代表，该分销代理机构由制造公司拥有并控制。然后，再由分销代理机构将汽车售卖给特许经销商。

在规模较小的市场上，由于销售有限，设立直接代表通常在成本上不具有可行性。即使在较大的市场上，小制造商也往往因销量不足而难以弥补设立直接代表的成本。只要销售规模小，采用独立分销商就不失为一种有效的方法。此时寻找好的分销商就成为出口成功的关键所在。

8.8 贸易融资和支付方式

为某一国际交易选择恰当的支付方式是一项基本的信用决策。必须考虑买方所在国的货币供应、买方的信用度以及买卖双方的关系等一系列因素。从未有过出口业务的公司的财务经理通常对货款支付表示忧虑。但许多有国际经验的首席财务官都知道，若比较国际应收款与国内应收款，在正确使用金融工具的前提下国际销售中的问题比国内更少。原因很简单，信用证可以保证货款的支付。

但是，全球金融危机影响了各种规模的企业获得贸易融资的能力。危机发生之前，花旗和汇丰等大型银行的业务非常繁忙，它们设定信用额度并将额度分配给小型银行。不过，由于金融危机，这些小型银行越来越倾向于规避风险，降低对贸易融资的放贷额度。造成该问题进一步恶化的原因是，贸易融资在重要的新兴市场上已逐渐消失，而这些新兴市场曾经是推动全球贸易的重要力量。例如，在巴西，即使像巴西航空工业公司等大型企业也发现以美元标价的融资成本在快速提高。为了应对这种形势，巴西的发展银行和中央银行都在为贸易融资提供资金。[11]

考虑到近期经济环境的限制，我们将分析贸易融资的基础。当出口商（即卖方）和进口商（即买方）同意进行交易时，出口销售就开始了。交易条件以形式发票、合同、传真或其他文件确定之后，交易协定就具备了书面形式。其中，**形式发票**（pro forma invoice）集中反映了出口商希望的付款形式和金额。

8.8.1　跟单信用证

跟单信用证（documentary credit），也称为**信用证**（letters of credit），是在国际交易中广泛使用的一种支付方式。信用证本质上就是银行将自己的信用作为进口商信用替代物的一封"信"。它对出口商提供了仅次于资金预付的最佳付款保证，因为事实上支付义务是由买方的银行而非买方自己承担的。有关信用证的解释在国际商会第 500 号出版物《跟单信用证统一惯例》（ICC Publication No. 500 of the Uniform Customs and Practice for Documentary Credits，UCP 500）中可以找到。

进口商银行是开证行，进口商作为申请人，实质上是请求银行授予其信用。银行可能要求进口商存入一笔资金或以其他形式获得一定程度的信用保证。一旦同意授予信用，开证银行就要求出口商银行通知和/或保兑信用证（银行通过在文件上加上其名称来保兑信用证）。出口商银行就变成了通知和/或保兑银行。无论是得到通知还是保兑后，信用证就成为针对出口商的付款保证，前提是出口商即交易中的受益者遵守信用证中确定的条款。

当出口商将货物装运并提交信用证必需的文件时，实际的支付程序就开始了。这些文件可能包括海运提单（可能代表产品所有权）、商业发票、货物清单、产地证明或保险证明。在世界上的大多数地区，商业发票和海运提单是报关所需的最起码的文件。如果形式发票指明已经保兑的信用证为付款方式，那么出口商就可以在向保兑行出示正确的装运文件之时获得支付款。

然后保兑行向开证行要求付款。如果涉及不可撤销信用证，通知行首先处理文件，根据信用证确定的条件向开证行提出付款请求，然后才会付款给出口商。托运人将文件送至通知行之后，通知行将成为议付行，对这些文件进行议付。特别值得注意的是，通知行会对每份装运文件与信用证进行仔细比较，只有在二者完全一致的情况下，议付行或保兑行才会对出口商进行转账支付。

　　不可撤销信用证的费用低于保兑信用证，比如，"信用价值 1％ 的 1/8，最低 80 美元"。保兑信用证带来的高额银行费用可能抬高交易的最终成本。当交易涉及一个风险程度偏高的国家时，银行费用也会提高。出口商与通知行或保兑行之间就费用进行良好的沟通非常重要，标在形式发票上的销售价格应当反映这些费用以及其他出口的成本。图 8-1 和图 8-2 展示了上述付款程序。

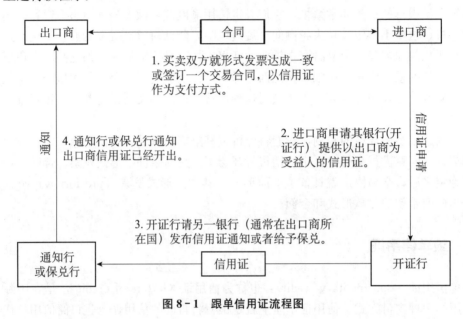

图 8-1　跟单信用证流程图

8.8.2　跟单托收（即期或延期汇票）

　　当出口商和进口商建立起良好的合作关系，财务经理的信任度得到提高，支付就可能转向跟单托收或者赊销。跟单托收（documentary collections）是一种使用交易票据，亦称汇票（draft）的支付手段。**交易票据**（bill of exchange）是容易在各方之间转移的可议付的一种工具。最简单的形式是一方（开票人）出具书面指令，要求第二方（付款人）见票向第三方（收款人）支付。**汇票**（draft）与信用证截然不同，它是将不付款的风险全部转移到出口商的一种支付工具。银行仅作为中间人介入，不承担金融风险。但是，由于汇票是可议付的，银行可能愿意以折扣价从出口商手里购买汇票，从而卷入风险。另外，由于汇票的银行费用低于信用证，它在出口交易的货币价值相对低时经常使用。

　　与汇票一起，出口商将诸如海运提单、商业发票、产地证明和保险证明等文件提交给出口商所在国的一家银行。托运人或者银行准备托收委托书并寄往进口商所在国的外国代理行。汇票被出示给进口商，后者按照汇票中的条款进行支付。在即期汇票（sight draft）的情况下（也称为付款交单或 D/P），进口商原则上被要求在出示汇票和装运文件时支付货款，即使其尚未收到货物。延期汇票（time draft）可有两种形式：到货汇票（arrival draft）正如其字面含义所示，指明进口的买方应当在收到货物时付款；远期汇票（date draft）则要求在某一特定日期付款，不考虑进口的买方收到货物与否。

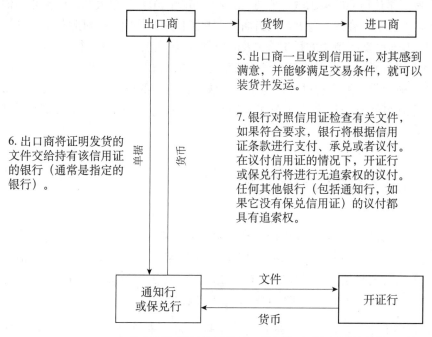

图 8-2　跟单信用证单据流程图

8.8.3　现金预付

有很多情况会促使出口商在货物装运前要求进口商预付全部或部分现金。例如，国外的信用风险很高，或者目的国的外汇限制可能造成对资金回流的不合理耽搁，再或者出口商由于其他原因不愿意接受赊购。由于竞争压力以及许多国家对现金支付的限制，以现金预付方式结算的交易量并不大。但是，如果公司的产品具有唯一性，市场上没有替代品，那么它就有可能使用现金预付这种方式。例如，位于美国中西部地区的压缩机控制公司（Compressor Control Company）生产用于石油工业的一种特殊设备，因为不存在任何竞争产品，它就可以要求现金预付。

8.8.4　赊销

赊销指的是交货后才付款。公司内部对其他部门的销售和出口商对海外分部的销售经常采取赊销方式。如果出口商所在地区的外汇控制力度很小，而且它与附近或确定市场上的信誉良好的买方建立了长期关系，那么赊销就会成为主要的结算形式。例如，吉米・范德（Jimmy

Fand）位于佛罗里达坦帕的泰尔联系公司（Tile Connection），从意大利、西班牙、葡萄牙、哥伦比亚和巴西等国进口瓷砖。范德与出口商建立起了良好的信用，他对此非常自豪。出口商不再要求其以信用证付款，范德的哲学是"及时付款"，保证在应付当日电汇付款。

反对赊销的主要理由是它缺乏有形的约束力。通常情况下，如果一张签发的远期汇票在被承兑之后又被拒付，那么它可以作为日后采取法律行动的证据；而若是赊销，那么需要经过的法律程序就可能复杂得多。从 1995 年开始，美国进出口银行为了降低出口商的风险，扩大了对赊销的保险范围。

8.9　进出口业务中的其他问题

在"9·11"恐怖袭击后的美国商务环境中，对国家安全问题的重视使美国对进口产品的审查更加严格。为了确保国际货物不被恐怖主义利用，美国政府采取了很多措施，其中包括实施《美国海关贸易伙伴反恐方案》（C-TPAT）。在美国海关和边境保护署（U. S. Customs and Border Protection，CBP）的网站上可以看到：

> C-TPAT 中提出，只有与进口商、运输公司、集运商、报关行和生产商等国际供应链的最终所有者保持密切合作，CBP 才能确保最高水平的货物安全。通过这些措施，CBP 要求企业整合自身的安全措施，并沟通和核实其供应链中所有合作商的安全准则。

CBP 主要负责审查进口货物交易；C-TPAT 的目标是确保供应链参与者之间能自主合作，以减少审查造成的延误。经过 C-TPAT 认证的组织可以在 CBP 审查时获得优先权。

另一个问题是退税，即对进口后经过处理或被加工为其他产品后再出口的进口产品进行退税。在美国，退税政策一直用于鼓励本国企业出口。不过，在《北美自由贸易协定》谈判时，美国贸易代表同意将退税政策限用于对加拿大和墨西哥的出口。当美国政府就新的贸易协定谈判时，有些工业群体会对相关官员进行游说，希望继续推行退税政策。[12] 退税在受保护的经济中也很常见，这种政策工具可以通过降低进口生产原料的价格的方式向出口商提供帮助。作为加入世界贸易组织的条件之一，中国必须取消所有退税政策。随着世界各国关税税率的普遍下降，退税问题将变得不再重要。

8.10　货源获取

在全球营销中，顾客价值问题与**货源获取决策**（sourcing decision）紧密相连，即公司是自己制造还是从外部采购其营销的产品，在哪里制造或采购。**外包**（outsourcing）意味着公司为了降低成本，将生产任务或工作安排移交给另一家公司。当外包任务涉及另一个国家时，可能会用到"全球外包"或"离岸"等词汇。如今市场竞争激烈，公司在降低成本方面面临巨大压力，办法之一就是将生产制造等活动安排在中国、印度和其他工资水平较低的国家。为什么不呢？许多消费者都不知道他们所买产品（如运动鞋）的生产地点。同样，第 1 章案例 1-1 表明，人们事实上无法将公司和品牌名称与特定国家联系起来。

从理论上讲，这一情形赋予公司很大的灵活性。但是，在美国，外包问题被高度政治化。选举期间，数名候选人利用了美国人对"无工作"经济复兴的恐惧和忧虑。抵制生产外包的第一个浪潮首先会影响到**呼叫中心**（call center），这是一个复杂的电话系统，在世界各地的顾客都可以通过向美国打电话获得顾客支持等服务。此外，呼叫中心还经营类似电子营销的对外服务。不仅如此，如今外包正在扩展至高科技部门的白领工作，由低工资水平国家的工作者来完成各种任务，比如退税、处理保险索赔、为金融公司调研、查看医学造影和 X 光片、绘制建筑蓝图等。那些将工作转移到海外的美国公司发现自己正成为公众瞩目的对象。表 8-7 是高德纳公司（Gartner Group）提供的全球外包目的地国家 30 强。

表 8-7　外包目的地国家 30 强

地区	国家
美洲	阿根廷、巴西、智利、哥伦比亚、哥斯达黎加、墨西哥、巴拿马、秘鲁
亚太	孟加拉国、中国、印度、印度尼西亚、马来西亚、菲律宾、斯里兰卡、泰国、越南
欧洲、中东和非洲	保加利亚、捷克、埃及、匈牙利、毛里求斯、摩洛哥、波兰、罗马尼亚、俄罗斯、斯洛伐克、南非、土耳其、乌克兰

以上讨论表明，在哪里开展关键业务活动不仅取决于成本，也受其他因素的影响，所以不存在指导货源获取决策的简单规则。因此，此类决策是全球公司面临的最复杂和最重要的决策之一，可以考虑以下若干因素：管理视角、要素成本和条件、顾客需求、舆论、物流、国家基础设施、政治环境和汇率。

8.10.1　管理视角

有些企业的执行官决心在母国保留部分甚至全部的生产制造过程。斯沃琪集团已故总裁尼古拉·海耶克（Nicolas Hayek）便是如此。任职期间，他是瑞士钟表业复兴的领军人物。斯沃琪集团的品牌组合包括宝珀（Blancpain）、欧米茄（Omega）、宝玑（Breguet）和雷达（Rado），当然还有价格不高的斯沃琪品牌本身。海耶克证明了童年及青年时代的独创和联想可以转变为一项突破，使得在高工资水平国家大众化产品可以与手工打造的奢侈品同时生产。斯沃琪品牌是机械制造的胜利，更是想象力的胜利。

同样，佳能公司高层管理者的战略选择也以高附加值产品为核心，而非关注其制造地点。公司希望将其 60% 生产制造产能保留在日本国内。公司提供全线办公设备，包括打印机和复印机这样的大众产品。公司也是数码相机的主要生产者之一。它从组装线转向了所谓的单元生产，而非提高其日本工厂的自动化水平。[13]

8.10.2　要素成本和条件

要素成本包括土地、劳动力和资金成本（正如《经济学 101》（*Economics 101*）这本书里所说的）。劳动力成本包含各个层次——生产制造、专业技术以及管理的人工成本。如今，基础制造业的直接人工成本在新兴国家普遍为 1 美元/小时，在发达国家一般为 6~12 美元/

小时。在美国的一些特定工业部门，直接人工成本达到 20 美元/小时（不计津贴）。德国制造工人每小时的报酬是美国工人的 160％，而墨西哥制造工人的报酬却只有美国工人的一小部分。

大众公司面对的商业环境包括以下几点：墨西哥和德国之间显著的工资差异，欧元的强势以及全球对紧凑型和超小型车辆不断增长的需求。综合考虑这些因素，大众公司决定在墨西哥建立一家制造工厂，专门生产美国、中国、欧洲以及其他主要市场所需的车型。墨西哥工人在装配流水线上的工资约为每天 40 美元；相比之下，德国汽车工人的平均工资和津贴为每小时 60 美元。大众公司在墨西哥城一家庞大的工厂已投资 10 亿美元用以设计并生产新一代的捷达。而下一步，它还将建造一个 13 亿美元的工厂，生产广受喜爱的车型奥迪 Q5 SUV。由于墨西哥与北美、欧洲、日本和南美洲大部分国家签订了共 45 个自由贸易协定，大众、本田、日产以及其他全球汽车制造商都可以从中受益。这些自由贸易协定降低了进口零部件以及出口成品车辆的成本。此外，墨西哥的汽车工业现已有了长足的发展，那里的劳动力技术水平高，生产效率也高。[14]

低工资成本是否要求企业必须 100％地将制造过程转移至低工资水平的国家呢？不一定。在费迪南德·皮埃希（Ferdinand Piech）担任大众公司总裁期间，他通过说服工会接受更灵活的工作时间安排，提高了公司的竞争力。例如，在高峰期，工人每周工作 6 天；当需求下降时，工厂每周只有 3 天用于生产汽车。在非制造业部门，世界上有些地区的人工成本也出奇地低于其他地区。例如，印度的一名软件工程师的年薪可能为 1.2 万美元，而有同样教育背景和工作经验的一名美国人可以每年赚 8 万美元。

其他生产成本包括土地、材料和资本。这些要素的成本取决于可获取性以及相对稀缺性。通常情况下，这些要素成本之间的差异会相互抵消，若全盘考虑，所有公司都处于竞争的同一起跑线上。比如，有些国家土地资源丰富，而日本资本充足。这些优势部分地相互抵消了。在这种情况下，管理、职业化和工人队伍的效率就成为关键要素。

在许多行业，先进的电脑控制和其他新制造技术的应用使得人工相对于资本的比重下降。因此，公司管理者和执行官在设计货源策略时，应当考虑到直接制造成本在产品总成本中的比例下降这一事实。毫无疑问，高工资国家的许多公司在选择生产地点时都会首先考虑是否有低廉的人工成本，这是中国之所以成为世界工厂的原因。然而，直接人工成本可能只占产品总成本的较小比重，这也是事实。因此，可能并不值得去投入成本而将生产冒险地安排在一个很远的地点。

8.10.3　顾客需求

尽管外包有助于降低成本，但有时顾客并不追求最低的可能价格。比如，几年前，戴尔公司将一些呼叫中心重新设在美国，因为有重要客户抱怨印度的技术支持人员仅按照准备的答题稿回答客户提问，难以解决一些复杂问题。在此情形下，在母国开展支持业务可以更好地满足顾客的需求，由此带来的成本也变得合理。

8.10.4　物流

一般而言，产品货源和目标市场之间距离越远，则供货时间越长，运输费用越高。然而，创新和运输方面的新技术正在缩减时间和货币成本。为了方便全球供货，包括 CSX 公司在内的运输公司正在结成联盟，成为产业价值系统中的一个重要组成部分。制造商可以利用多模式联运服务，集装箱可以在火车、船只、飞机和卡车之间传送。在欧洲、拉丁美洲以及其他任何地方，地区经济一体化的趋势意味着边境控制减少，从而大大地加快了运输并降低了成本。

尽管存在上述总体趋势，但仍有一些关于物流的专门问题会对货源决策产生影响。例如，在 2001 年恐怖袭击之后，进口商被要求在装运前向美国政府提供电子货单，目的是帮助美国海关识别可能与全球恐怖网络相关的高风险货物。2002 年秋，西海岸一场为期 10 天的罢工使 29 个船埠关闭，对美国造成的经济损失估计达 200 亿美元。类似事件可能使货物运输耽误数星期甚至数月之久。

8.10.5 国家基础设施

为了给制造业提供有吸引力的环境，国家的基础设施建设应该达到一定水平，以支持制造和分销。对基础设施的要求因公司或行业而异，但是最起码应包括电力、运输和公路、通信、服务和部件供应、劳动力储备、民事裁定和高效政府。此外，公司还必须能够可靠地获得外汇，以便从国外购买必需的原料和部件。其他要求还包括安全的环境，以保证正常地开展工作并将产品运抵顾客手中。

一国可能拥有廉价劳动力，但它是否有必要的配套服务和基础设施来支持大量的商务活动呢？许多地区都提供了这些条件，不过，在很多工资水平较低的地方，基础设施的建设非常落后。在中国，基础设施中的一个突出弱项是"冷链"，即食品工业中的温控卡车和温控仓库。据估计，改进中国的冷链大约需要 1 000 亿美元的投资。[15]同时，中国政府已投资几亿美元用于修建高速公路，这些高速公路将把中国各省区全部连接起来。

基础设施改进也是其他新兴市场中的重要问题。例如，在印度，通过卡车将货物从加尔各答运到孟买要花费 8 天时间，历经 1 340 英里的路程！[16]若在新的俄罗斯市场开展业务，公司面临的挑战之一是基础设施不足，无法应对越来越多的装运事宜。

8.10.6 政治因素

正如第 5 章讨论的那样，高政治风险可能成为货源投资的阻碍因素。反之，政治风险程度越低，投资者越乐意到该国市场去投资。评价一国的政治风险，其难度与一国的经济发展阶段成反比。在所有因素相同的情况下，国家发展程度越低，就越难预测其政治风险。中欧、东欧的巨大变化和苏联的解体清楚地表明，政治动荡可能同时带来风险和机会。

其他政治因素也可能影响货源获取决策。例如，随着保护主义抬头，美国参议院最近通过了一项修正案，禁止美国财政部和运输部接受雇用海外工人的私有公司的投标。在一次公开举动中，新泽西州州政府改变了呼叫中心合同，不再继续将工作转移到海外。10 多份工作重新安置在了州内，成本大约是 90 万美元。

市场准入是另一种类型的政治风险。如果一个国家或地区由于国产化法、收支平衡问题等原因限制市场准入，那么公司就可能必须在该国建立生产工厂。日本汽车公司就因为市场准入方面的考虑而在美国建厂。通过在美国生产汽车，它们拥有了不受关税和进口配额威胁的供应货源。市场准入同样对波音公司的决策起了关键作用，它决定在中国生产飞机部件。中国向波音订购了 100 架飞机，价值达 45 亿美元。作为回报，波音在中国投资并转移机械和制造技术。[17]

8.10.7　汇率

当管理者决定在哪里购买产品或者建一个制造工厂时，必须考虑到世界各地的外汇行情。今天，外汇波动十分剧烈，许多公司将全球货源战略作为降低汇率风险的途径之一。在任何时刻，富有吸引力的某个生产地点都可能因汇率波动而大大降低其吸引力。例如，2010年，日元升至 15 年来的最高点，1 美元兑 85 日元。日元相对于美元每升值 1 日元，佳能公司的营业收入就下降 60 亿日元！如前所述，公司的管理者正集中于研发投资，以保证其产品可以带来超额毛利，抵消强势的日元所带来的影响。不仅如此，由于新兴市场的需求增加，佳能和其他日本公司对美国市场的依赖程度逐渐降低。

如今，商品和货币价格水平的剧烈波动成为全球经济的一个主要特点。这要求货源战略能够提供可选择的供货国家。如此一来，如果美元、日元过度升值，在其他地区有工厂的那些公司就可以通过在不同地点转移生产获得竞争优势。

本章提要

公司在母国之外的最初业务往往采取进口或出口的形式。这些公司应当认识到**出口营销**和**出口销售**的区别。通过参加**贸易展销会**和**贸易代表团**，公司人员可对新市场有很多了解。

政府采用多种措施来支持出口，包括税收激励、补贴和出口援助。政府也采用**关税**和**非关税壁垒**的组合来限制进口。**配额**是非关税壁垒的典型例子。与出口相关的政策问题包括美国的**海外销售公司**地位、欧洲的**共同农业政策**和补贴等。政府通过建立**自由贸易区**和**经济特区**来鼓励投资。

积极参与进出口贸易的大多数国家都会采用**协调关税制度**。**单式税则**是最简单的关税形式。**复式税则**包括针对享有**正常贸易关系**地位国家的专门税率等。政府也可能征收其他特殊形式的关税，包括针对经政府官员认定的价格过低产品征收的**反倾销税**和抵消政府补贴的**反补贴税**。

进出口过程中的关键参与者包括**外国采购代理**、**出口经纪人**、**出口商人**、**出口管理公司**、制造商的**出口代理**、**出口分销商**、**出口佣金代表**、**合作出口商**以及**货运代理商**。

进出口支付可通过多种方式进行。交易始于**形式发票**或其他正式文件的签订。**信用证**是一种基本的支付工具，是进口商银行的付款保证。其他交易形式包括**交易票据（汇票）**、现金预付、赊销或寄售。

进出口与公司的**货源获取决策**直接相关。发达国家开始担心，将技术性或非技术性工作**外包**给工资较低的国家将导致本国工作机会的大量减少。许多因素决定了公司是制造还是采购产品，以及在何处制造或采购。

讨论题

1. 出口营销和出口销售的区别是什么？

2. 描述公司在积累出口经验的过程中经历的典型阶段。

3. 政府通常会制定促进出口并限制进口的政策，请举出一些例子。

4. 出口营销人员需要了解哪些不同类型的关税？

5. 近期的经济危机将如何影响全球的贸易融资？

6. 信用证和其他进出口支付方式的区别是什么？在国际贸易中，为什么出口商通常会要求进口商提供信用证？

案例 8-1（续）

亚洲至欧洲的鞋子出口：作业

众所周知，欧盟对中国和越南的进口鞋所征收的关税为反倾销税。通常来说，在以下情况中会征收该类关税：产品在出口市场的售价往往低于在本国的售价。换言之，正如本章所解释的那样，此类产品属于倾销产品。为了证明存在倾销现象，调研人员必须将进口鞋的价格与由供需关系决定价格的真正市场经济中的定价进行比较。通过这样的比较发现，中国和越南似乎具有明显的价格优势。

《金融时报》注意到，关税反映了少数欧盟生产商以牺牲该地区4.5亿消费者的利益为代价而获得的胜利。正如《金融时报》的一名编辑注意到的那样，反倾销税通常用于大规模的、资本集约型的行业，例如钢铁业。这名编辑指出："制鞋业并不是具有较大规模经济效益和较高准入障碍的战略性工业，其掠夺性的出口价格也不能为企业创造可利用的竞争优势。制鞋业面对的是开放式的全球市场，激烈的竞争将很快降低其高额利润率。"他继续指出："如果得到补贴的鞋运经大半个地球，却以非常低的价格出售，那它们的制造商将是愚蠢的。如果北京和河内希望补贴欧洲的消费者，以此建立它们的竞争优势的话，那就随它们去吧。"

制鞋业并不是欧洲受到反倾销税保护的唯一行业。2005年，受到欧洲自行车制造商协会（European Bicycle Manufacturers Association）抱怨的推动，欧盟委员会将其对中国自行车征收的关税由30.6%上调至48.5%，并对从越南进口的自行车征收34.5%的关税。有些观察者认为，将越南和中国的进口自行车置于同一项贸易诉讼中是不公平的。他们指出，中国自行车在超市和百货市场中出售，而越南自行车在小商店里出售，希望借此找到两个国家之间的区别。基于上述论据，两个国家的自行车在出口市场上并不存在竞争，因此不应该放在同一个反倾销诉讼中进行调查。不过，欧盟委员会认为，越南和中国生产同一款式的自行车，并通过类似的渠道销售。

2009年，关税大大降低了来自中国和越南的进口量。不过，来自印度尼西亚、泰国和其他新兴市场的鞋子进口量激增。丹麦的制鞋公司爱步（Ecco）是反对关税的企业联盟成员。爱步是一家真正的跨国企业，从中国、印度尼西亚、泰国、斯洛伐克等国家选购各种不同风格的鞋子，同时也在世界各地销售鞋子，其中包括亚洲各个国家。正如一家公司的副总裁所说，"欧洲的关税障碍提高了中国关闭其市场的可能性"。

同时，意大利的鞋子出口量持续下降。不出所料，很多意大利制鞋商对关税表示支持，因为关税可以帮助国内生产商重建该行业。意大利制鞋商游说团的领导者解释说："人们对意大利有这样的刻板印象：在托斯卡纳，一个老人坐在公园的长凳上饮酒。这只是整个画面的一部分。现在很多意大利小型企业开始投资于新技术。"

案例讨论题

1. 欧洲对从中国和越南进口的鞋征收关税，谁将是受益者？谁将受到损失？

2. 欧洲的政策制定者反对有些亚洲制鞋商得到政府补贴。但是，正如《金融时报》的编辑所提出的那样："如果北京和河内希望补贴欧洲的消费者，以此建立它们的竞争优势的话，那就随它们去吧。"你是否同意这种说法？

3. 反倾销关税可被视为保护主义的一种形式。由于全球经济危机在2008年和2009年进一步恶化，很多国家开始执行保护主义政策。这种发展趋势是积极的吗？此类政策会不会继续延长经济的不景气？

资料来源：John W. Miller, "European Countries Split on Shoe-Tariff Extension," *The Wall Street Journal* (October 9, 2009), p. A12；Miller, "EU Levies Tariffs on China, Vietnam," *The Wall Street Journal* (October 5, 2006), p. A8；Miller, "EU Proposes Duties on Chinese, Vietnamese Shoes," *The Wall Street Journal* (August 31, 2006), p. A4；Juliane von Reppert-Bismarck, "EU Shoe Duty Trips Up Retailers," *The Wall Street Journal* (April 24, 2006), p. A6；"Soft Shoe Shuffle," *Financial Times* (February 27, 2006), p. 12；Raphael Minder, "Mandelson to Defy Shoe Import Furore," *Financial Times* (February 23, 2006), p. 3；Joseph Erlich, "Vietnam's Trade-War Wounds," *The Wall Street Journal* (August 26, 2005), p. A10.

案例 8 - 2

一名出口协调员的一天

米凯尔·雅各布森（Mikkel Jakobsen）是顺科国际货运代理公司（Shipco Transport）的一名出口协调员，该公司隶属于欧洲领先的运输集团 Scan-Shipping Group。顺科公司在世界各地都设有办事处，其中在北美地区就设有12家分公司，其独立代理商的网络遍及全球大部分地区。顺科的核心业务是拼箱货物的海洋运输，同时它也提供整箱货物的海洋运输服务，以及空运服务。米凯尔与其他4名同事负责芝加哥分公司的整箱货物出口业务。

作为一家无船承运公司（Non-Vessel Operating Common Carrier），顺科公司的运营模式类似于运输企业，例如马士基、地中海航运公司等。唯一的区别在于，顺科没有自己的船只，而是依靠与40多家承运商的有利合约，按较低的价格将货物运送到世界各地。顺科公司的大多数客户是运输代理公司，它也直接与出口企业接洽，偶尔也会与私人做生意。由于地处美国的中西部地区，它每天都有大量集装箱运抵芝加哥，然后通过铁路运送到各个港口。

2006年，米凯尔从美国中西部地区的一所小型文科大学毕业，获得国际企业管理与经济学专业学士学位。他是丹麦人，目前持J-1工作护照在美国工作，该护照是由顺科公司协助办理的。毕业之后，他是如何找到第一份工作的？米凯尔解释道："2006年春天，我联系了15家与丹麦有业务往来的美国企业，随后就被招聘到顺科的芝加哥分公司了。"

米凯尔每天早上8点半开始工作，通常5点半下班，这主要取决于当天的工作量。大多数客户位于中西部地区，但是他会在夜里收到海外的电子邮件，在第二天早上处理。米凯尔说："一般来说，我的工作包括为客户核算运输成本、预约轮船公司、准备出口文件、处理集装箱在从托运人运输至收货人的途中可能遇到的各种问题等。"

"客户会向我咨询某些航线的价格，"米凯尔继续说道，"他可能需要将规格为 20 英尺、装有汽车零部件的集装箱从印第安诺拉运送到中国宁波市。根据我们的运输合同，我要为他报价，其中包括从艾奥瓦州的印第安诺拉运送到相关的铁路枢纽，然后再用火车运送到港口，最后通过轮船从美国港口运送到宁波的费用。在此过程中必须考虑几个因素，包括该路线中最便宜的承运商、运输时间的差异、货物是否在合同中列明以及恰当的利润水平等。如果客户接受这个报价，我将开始预订轮船公司，并向选中的火车运输公司发送快信。有些情况需要特别关注。如果货物属于危险品，其申报必须得到轮船公司的批准。此外，汽车等商品在出境之前必须报关，以免美国海关要求退回集装箱并进行查验，那样的话相关费用将由出错的一方承担。"

"尽管报价和预订将占用我很多的工作时间，但我的大部分时间还是用在解决各种出现的问题上。常见的问题包括运输公司在仓库的设备不够用、装货时间超过预期、铁路运输时间的延误等，我们必须定期解决这些问题。更严重的问题包括火车出轨、支付问题和集装箱遗漏等。例如，在美国处理废料的成本非常高，为了解决这个问题，曾经有人将废料作为由对方付款的货物装入集装箱并发往印度等国家，但收货人并不存在。由滞期（存货费用）、卸货和处理问题等带来的成本非常高。

"在海洋运输中，我们采用预计开航时间（ETD）和预计到达时间（ETA），因为船只在穿越海洋时通常会偏离预计的时间。尽管这是一个事实，但客户有时很难理解这个问题。在运输业中，船只晚点、早到甚至准时到达都可能造成问题。如果这样的话，客户就会联系我，他们会要求我做出解释或者采取相关措施。作为中间人，我将联系特定的承运商，并提出同样的要求。大多数情况下，问题在于集装箱不能在预计的到达时间抵达目的地。

"有趣的是，有时候托运人希望晚点到达，或者希望集装箱的运输时间更长一些。这可能是因为他们需要更多的时间来安排付款，或者希望避开目的地国家的节假日。"

米凯尔的本科学习是如何帮助他胜任这项工作的？"国际贸易术语解释通则、信用证、出口申报单和提单是日常工作中需要使用的行业术语。与客户打交道时，必须熟知这些术语。出口运输的相关文件非常重要，各种细节需要关注。作为一家无船承运公司，顺科将同时出具货运提单和航运公司提单，上面标有托运人和收货人的相关信息，此外还包括货品的信息。大多数集装箱采用尽快移交的形式运送，但有些需要使用原始提单。在这种情况下，移交集装箱之前必须出示原始提单。尽管我不直接参与信用证出货的复杂事项，但我必须特别关注提单信息的准确性，因为一个小错误就可能会造成大麻烦。在从事国际业务时，必须意识到各国交易方式的差异。我们在南美洲地区和俄罗斯的交易主要依靠当地的办事处和代理商，因为他们对当地客户和相关规则非常熟悉。"

最后，米凯尔做出如下总结："我乐于每天从事国际性的业务，通过自己的工作可以减少美国当前的贸易逆差。我的工作属于运输行业，有时候出口到世界各国的花样繁多的货品数量令我感到吃惊。尽管出口运输的过程充满挑战，但在顺科等运输专家的帮助下，任何企业都可以把整个世界看作潜在市场。"

案例讨论题

1. 作为一名出口协调员，哪些知识和技能将帮助你获得成功？

2. 在米凯尔的工作中，你认为哪一部分最有趣？哪一部分最无聊？

3. 如果你从事米凯尔的工作，你的下一步职业规划是什么？

第9章

全球市场进入战略：许可经营、投资和战略联盟

学习目标

1. 解释以许可经营作为市场进入战略的优缺点。
2. 对公司海外投资可采用的不同形式进行比较。
3. 讨论有助于成功达成全球战略伙伴关系的因素。
4. 描述亚洲合作战略的特殊形式。
5. 解释虚拟公司的演变。
6. 使用市场拓展战略矩阵来解释世界上最大的几家全球公司所采用的战略。

案例 9-1

星巴克向海外扩张

40 年前在西雅图的派克街市场悄然开张的星巴克公司，而今已成为全球营销的奇迹。今天的星巴克是世界顶尖的特色咖啡店，2012 年的营业额达 133 亿美元。星巴克的创始人兼董事长霍华德·舒尔茨和他的管理团队使用了各种各样的市场准入办法——直接投资（direct ownership）、许可经营和特许经营，营造了一个在 62 个国家开设超过 1.8 万家咖啡店的庞大事业。此外，舒尔茨还将星巴克品牌的经营许可授予非咖啡产品（如冰淇淋）的经销商。星巴克公司还在向电影和音乐制品领域进军。

不过，咖啡依然是星巴克公司的核心业务。仅 2012 年一年，星巴克就从 29 个国家购入了 545 磅未经烘焙的阿拉比卡咖啡豆。为实现在全世界开设 4 万家咖啡店的宏大目标，星巴克正极力在关键国家扩张。例如，2012 年底，星巴克在 20 多个德国城市拥有 157 家咖啡店。星巴克在德国原来还有更高的增长指标，但在它与零售商 Karstadt-Quelle 的合

资企业解散之后，不得不对计划加以修改。现在，星巴克打算单独推行扩张计划。尽管面临来自爱因斯坦咖啡馆（Café Einstein）等当地连锁店的竞争，但星巴克德国业务的负责人科尼利厄斯·伊弗尔克（Cornelius Everke）说："我们发现在德国还有开设数百家咖啡店的余地。"

　　星巴克公司不断追求新的市场机会的行为，表明多数公司都会面临广泛的战略选择。我们在前一章讲到，出口和进口是探索全球市场机会的方法。然而，对于星巴克公司以及那些商业模式中包含服务和体验的其他公司来说，（传统意义上的）出口并非"走向全球"的最佳途径。在本章，我们将越过出口问题，谈谈组成连续统一体的其他几个可供选择的市场进入模式。如图 9-1 所示，公司沿着市场进入战略向前发展（例如从许可经营到合资企业，以及最终到各种形式的投资），其介入程度、风险和经济回报也会随之增加。

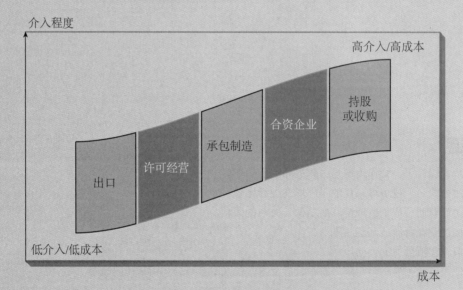

图 9-1　市场进入战略的投资成本

　　全球公司如欲进入发展中国家市场，还面临另一个战略问题：是否可以不做重大修改地照搬在发达国家市场被证明行之有效的战略。你们可以从本章结尾的案例 9-1（续）中得知更多有关霍华德·舒尔茨面临的战略选择。这就是星巴克公司面临的问题。如果进入市场的目的在于深入，那么全球公司的管理者最好还是抱有一种占领大众市场的心态。这可能要求其采取一种适应策略。[1] 制定**市场进入战略**（market entry strategy）意味着，在母国以外寻找机会时，管理层必须从诸多可用选项中做出抉择。选择什么市场进入战略取决于他们的眼光、对待风险的态度、可利用的投资资本以及希望得到多大的控制权。

9.1　许可经营

　　许可经营（licensing）是一种合同安排，一家公司（许可方）据此向另一家公司（受许方）提供一种受法律保护的资产，交换条件是专利使用费、许可费或者其他形式的报酬。[2]
被许可的资产可能是品牌名称、公司名称、专利、商业秘密或产品配方。许可经营在时装业
广为应用。例如，与比尔·布拉斯（Bill Blas）、雨果·博思以及其他全球设计偶像同名的
公司通过受许经营牛仔裤、香水和手表获得的收入通常高于它们自己的高价服装系列。不同
类型的组织如迪士尼、卡特彼勒、NBA 和可口可乐也广泛运用许可经营。它们都不是服装
制造商，然而许可经营协议使它们得以充分利用各自的品牌名称，并使自身财源滚滚。这些
实例说明，许可经营作为一种进入或拓展全球市场的策略有巨大的吸引力。只要合同包含必
要的履约条款，许可经营在协议有效期内就能提供诱人的投资回报。其成本仅仅是签署合同
并监督其履行。

　　许可经营作为市场进入的一种模式有两个关键的优点。首先，受许方通常是当地企业，
商品的生产和销售都在当地，因此许可经营可以使公司绕过关税、限额或类似第 8 章提到的
出口壁垒。其次，受许方在适当的情况下可被授予相当大的自主权，对受许的产品作出修改
以适应当地的喜好。迪士尼在许可经营方面的成功就是例证。迪士尼允许服装、玩具和手表
生产商使用迪士尼标志性的卡通人物、商标名称和徽标，在世界各地销售。许可经营使迪士
尼可以从主题公园、电影和电视等方面获得协同效应。迪士尼给予受许方相当大的余地，允
许后者根据当地的喜好修改色彩、材料或其他设计元素。

　　在中国，受许生产的产品以前几乎不为人所知，而到 2001 年，所有受许生产产品的总
销售额达 6 亿美元。行业观察家预计该数字将在随后的几年里实现每年 10% 以上的增长。
同样，由于消费者认为带有黑色和黄色卡特彼勒标识的皮靴、牛仔裤和手提包代表了时尚，
卡特彼勒的许可经营商品在全世界的销售额也达到了近 10 亿美元的水平。斯蒂芬·帕尔默
（Stephen Palmer）是伦敦陆上公司（Overland Ltd.）的老板，该公司取得了卡特彼勒服装
在世界范围内的许可。帕尔默说："这里的人即使不知道这个品牌，也有一种好像他们知道
的感觉。因为他们早年就见过卡特彼勒拖拉机。这是潜意识在起作用。"[3]

　　许可经营也有若干不利之处和机会成本。首先，许可经营协议的市场控制能力有限。通
常许可方不介入受许方的营销计划，因此可能丧失潜在的营销利润。其次，如果受许方开发
出了自己的专有知识并开始在受许的产品或技术领域实现创新，那么许可经营协议则可能是
短暂的。对许可方来说，最坏的情况是受许方（特别是从事加工技术的）可能发展成为其在
当地市场的强劲竞争对手，甚至最终成为行业领先者。这是因为许可经营的性质可以使一家
公司能够从另一家公司"借"到（利用和攫取）资源。皮尔金顿（Pilkington）就是这方面
的一个实例。随着格拉弗贝尔（Glaverbel）、圣戈班（Saint-Gobain）、PPG 和其他竞争对手
实现了更高的生产效率和更低的成本，皮尔金顿在玻璃行业的领导地位逐渐下降。[4]

　　关于许可经营的机会成本，最著名的案例可能要回到 20 世纪 50 年代中期，当时索尼的
联合创始人井深大（Masaru Ibuka）从 AT&T 的贝尔实验室取得了晶体管许可协议。井深
大希望使用晶体管制造小型、电池供电的收音机。但是，与他交谈的贝尔工程师坚持认为制
造能够用于收音机的高频晶体管是不可能的。他们建议他尝试制作助听器。井深大并没有被
吓倒，他将这一挑战留给了他的日本工程师们。日本工程师利用几个月的时间改进了晶体管
的高频输出。索尼不是第一家推出晶体管收音机的公司。美国制造的"Regency"就使用了
得州仪器（Texas Instruments）的晶体管以及彩色的塑料外壳。但是，索尼的高品质、独
特造型和精明营销最终成就了其在全球市场上的成功。

公司可能发现，通过许可经营轻易赚得的前期款项其实是代价非常高的。为防止许可方或竞争者单方受益，许可经营协议应该规定有关各方之间需交叉（相互）转让技术。如果一个公司还想继续留在行业内，就必须至少确保其许可经营协议内有全面相互许可的条款（即受许方的开发成果将与许可方共享）。总体而言，实施许可战略前必须确保持续的竞争优势。例如，许可经营协议可以创造出口市场机会，并打开通往低风险制造关系的大门，还可能加速新产品或技术的传播。

9.1.1　特殊许可安排

利用**合同生产**（contract manufacturing）的公司向分包商或当地企业提供技术规格，然后由分包商监督生产。这种安排有许多优点。许可方可以专门从事生产设计和营销，而将所有与制造设施所有权相关的责任移交给承包商或分包商。其他优点还包括：财力和管理资源占用有限；能迅速进入目标国家，特别是在目标市场太小、不值得大量投资时。[5]前面已经提到，这样也会带来一个不利之处，即公司可能成为众矢之的，而且如果承包工厂工人的待遇低下或在不人道的条件下工作，还会受到批评。蒂姆伯兰德（Timberland）和其他从低工资国家寻求货源的公司利用其广告形象，向人们传达了公司践行可持续商业运作的政策。

特许经营（franchising）是许可经营的另一种形式。特许经营是母公司——特许方同受许方之间的合同，受许方依据合同经营特许方开办的事业，条件是必须付费并遵守许可范围内的政策与惯例。咔贝乐（Pollo Campero）是一家总部位于中美洲的连锁餐厅，它正在利用特许经营来扩大其在美国的业务。

特许经营对于渴望学习并应用西方营销技巧的当地企业家有极大的吸引力。特许经营顾问威廉·勒桑特（William Le Sante）建议特许方在向海外拓展之前先提出下列问题：

- 当地的消费者是否会购买你的产品？
- 当地的竞争有多激烈？
- 当地政府是否尊重商标和特许方的权利？
- 你的利润能否便利地汇出？
- 能否在当地买到你所需的所有原材料？
- 是否可找到商务活动场所，租金是否适合？
- 你在当地的合作伙伴的财力是否充足，他们是否懂得特许经营的基本知识？[6]

特许方可以通过询问这些问题对全球商机有更现实的了解。例如，中国的相关条例规定，受许方接手之前，外国特许方必须直接拥有两家或多家门店至少一年。

特制品零售业喜欢采用特许经营作为市场进入的模式。例如美体小铺在全世界 60 个国家和地区有 2 500 多家商店，其中的 90％由受许方经营。特许经营也是快餐业在全球实现拓展的奠基石。麦当劳依靠特许经营在全球拓展便是例证。这个快餐巨人具有知名的全球品牌和一个在各种国家市场都能轻易复制的商业体系。其关键是麦当劳总部学会了利用当地市场知识的智慧，具体办法就是给受许方留出相当大的余地，允许他们调整店内设计和菜单，以适应具体国家的偏好与口味。但是，一般而言，特许经营作为一种市场进入战略，其本土化的程度通常低于许可经营。

公司如果确实决定采用许可经营的方式，那么其签订的协议就应预见到未来更广泛地参与市场的可能性。在可能的范围内，公司应该确保自己能有参与市场的其他选择方式和途径。其中许多都需要进行投资，而且相较于许可经营，进行投资的公司能够取得更多的控制权。

9.2　投资

公司通过出口和许可经营在母国以外取得经验后，高管人员往往会希望能以更加广泛的形式参与市场。具体地说，是希望在母国以外部分或完全地拥有某些运营机构，而这种欲望会驱使他们进行投资。**海外直接投资**（foreign direct investment，FDI）的数据表明，当公司收购或投资于工厂、设备或其他资产时，资金会从母国流往国外。海外直接投资可使公司在关键市场就地进行生产、销售和竞争。有关海外直接投资的案例众多：本田公司在印第安纳州的格林斯堡建造了一座耗资 5.5 亿美元的总装厂；现代汽车公司在亚拉巴马州的蒙哥马利工厂投资了 10 亿美元；宜家斥资近 20 亿美元在俄罗斯开店；韩国的 LG 电子公司收购了巅峰电子公司（Zenith Electronics）58％的股份。以上这些都是海外直接投资的实例。

20 世纪末是跨国合并与收购的高峰期。2000 年底，美国公司的海外投资累计达到 1.2 万亿美元。美国投资的目标国家前三名是英国、加拿大和荷兰。外国公司在美国的投资也达到 1.2 万亿美元，投资国的前三名是英国、日本和荷兰。[7] 20 世纪 90 年代，对发展中国家的投资增长迅速。例如前几章提到，对金砖五国（巴西、俄罗斯、印度、中国和南非）的投资兴趣在增加，特别是在汽车工业和国家经济发展的其他关键部门。

海外投资也可在合资企业占少数或多数股权，或在另一企业持有少数或多数股权，或彻底收购。公司也可以选择使用下列市场进入策略的各种组合：收购一家公司，购进另一公司的股权以及和第三家公司共同经营合资企业。例如，UPS 最近几年在欧洲采取了无数次收购行动，扩充了运输枢纽。

9.2.1　合资企业

与出口或许可经营相比，有当地合伙人参与的合资企业是一种更为广泛的进入外国市场的方式。严格地讲，**合资企业**（joint venture）是一种进入单一目标国家市场的模式，即由合伙人共享新建的企业实体的所有权。[8]这种策略之所以诱人有几个原因。第一，最主要的是分担风险。采用合资企业形式的进入策略，公司可以减少金融风险以及政治不确定性的影响。第二，公司可以利用合资企业的经验熟悉新的市场环境。如果能够成功地进入圈内，则以后还可提高介入程度，增加亮相机会。第三，合资企业使合伙人有可能将不同价值链的实力结合起来形成合力。某公司可能对当地市场有深入的了解，有广阔的分销体系，或者拥有获得低成本劳动力或原材料的途径。这样一家公司可以与一家拥有知名品牌或前沿技术、拥有制造专长或先进工艺的外国公司合伙。缺少足够资金来源的公司可能要寻找一个合伙人共同对某一项目进行投资。第四，如果政府项目的招标惯例是向当地公司倾斜，或进口关税较高，抑或法律不允许外国人对企业控股但准许建立合资企业，那么合资或许就是进入一个国家或地区市场的唯一途径。

许多公司在试图进入日本市场时遇到了困难。安海斯-布希在日本的经历一方面说明了我们迄今讲到的各种进入模式的相互作用，另一方面说明了走合资企业道路的利与弊。在日本市场取得成功的关键在于建立分销渠道。安海斯-布希最初与日本四大酿酒企业中最小的三得利（Suntory）达成许可经营协议，得以首次进入日本。在不到 10 年的时间里，其拥有的百威已经成为日本最畅销的进口啤酒，但在 20 世纪 90 年代初期它的市场份额仍不到 2％。安海斯-布希随后同市场领袖麒麟酿造（Kirin Brewery）组建了合资企业，并占有 90％的股份，因此有权通过麒麟的渠道营销和分销其在洛杉矶生产的啤酒。安海斯-布希还可选择使用麒麟的部分产能在当地酿造百威啤酒。而就麒麟而言，它完全有条件从这个世界最大的酿酒商那里了解全球啤酒市场的情况。但是，10 年下来，百威的市场份额并未增加，合资企业也在亏损。安海斯-布希遂于 2000 年 1 月 1 日解散了合资企业，并撤销了与日本企业有关的大部分岗位。它后来同麒麟签订了许可经营协议。对于考虑进入日本市场的消费品营销者来说，这个教训是很清楚的。通过许可经营协议把控制权交给一个当地伙伴，而不是进行大量投资，这样也许更好些。[9]

利用合资企业会有重大的不利之处，合资各方既要分享利润也要共担风险。合资企业的主要弱点是，为处理与合伙人共事时产生的控制和协调问题，公司会增加相当大的开支（不过在某些情况下，一些国家对外国资本份额的比例进行了限制）。

第二个不利之处是伙伴之间发生冲突的潜在可能。这些冲突时常是由文化差异所致，康宁玻璃器皿公司（Corning Glass）和墨西哥最大的工业制造商威托罗（Vitro）之间 1.3 亿美元的合资企业最终失败，就属于这种情况。合资企业的墨西哥经理有时认为美国人太直截了当、太好斗；美国人则认为他们的伙伴在做重要决定时耗时过长。[10]如果合资企业内有若干合伙方，这种冲突也会相应增加。合资企业伙伴在第三国市场有时会相互将对方视为实际的或潜在的竞争对手，因此可能导致它们"离异"。为避免这种情况，很有必要制定一个进入第三国市场的计划，并将其作为合资协议的组成部分。

第三个问题在许可经营部分也已提及，一个充满活力的合资伙伴可能会演变成一个更加强有力的竞争对手。有些发展中国家在这方面也直言不讳。中国的一位官员对《华尔街日报》说："任何合资企业甚至独资投资项目的目的都是使中国公司能够向外国公司学习。我们希望它们把技术带到中国的土地上。"[11]通用汽车公司和韩国的大宇集团在 1978 年组成合资企业，为韩国市场生产汽车。到 20 世纪 90 年代中期，通用汽车公司帮助大宇提高了作为汽车生产商的竞争力，但大宇集团董事长金宇中（Kim Woo-Choong）终止了这个合资企业项目，因为企业条款规定，不允许带有大宇名称的汽车出口。[12]

正如一位全球营销专家曾告诫的那样，"在一个联盟中，你必须学习合作伙伴的技巧，而不应将联盟仅看作无须大量投资就能得到产品以供出售的途径"。但是，与美国和欧洲的公司相比，日本和韩国的公司似乎对合资企业带来的新知识的运用更出色。例如，丰田公司从它与通用汽车公司的合作中学到了许多新的东西（美国的供货和运输方式以及对美国员工的管理），随后运用到在肯塔基州生产凯美瑞汽车的工厂中。但是一些参与合资企业管理的美方人员却抱怨从中学到的生产技术没有在通用汽车公司得到广泛应用。

俄罗斯汽车合资企业

对多数行业而言，俄罗斯是一个巨大且几乎未被利用的市场，合资企业在这里蓬勃发展。1997 年，通用汽车成为第一家在俄罗斯组装车辆的西方汽车制造商。为避免高额关税将进口的开拓者（Blazer）的实际零售价格推高至 65 000 美元以上，通用汽车与俄罗斯鞑靼斯坦共和国以 25∶75 的比例投资组建了一家合资企业。直到 2000 年底，该合资公司 Elaz-GM 的主要业务仍是将进口零部件组装成开拓者 SUV。根据预计，只要价格低于 30 000 美元，年轻一代的俄罗斯专业人士就会抢购该车型。但是，在售出约 1.5 万辆汽车后，市场需求就消失了。2001 年底，通用汽车终止了该合资企业项目。

通用汽车在与俄罗斯最大的汽车制造商伏尔加共同建立的合资企业中取得了更好的业绩。伏尔加于 1966 年在伏尔加河畔的陶里亚蒂市成立，是俄罗斯顶级技术设计中心的所在地，这里还可以取得俄罗斯低成本的钛原料和其他材料。众所周知，该公司效率低下，其最为著名的产品莫过于已经过时的、四四方方的拉达汽车（Lada），该车的起源可以追溯到苏联时代。通用汽车原本打算对欧宝（Opel）车型进行精简并重新设计，在此基础上组装新车。然而，市场调研显示，"俄罗斯制造"的汽车只有在标价极低的情况下才会被接受。该调研同时指出，通用汽车可以抓住机会，将雪佛兰品牌置于重新设计的俄罗斯车型上。

通用汽车投资 1 亿美元开发的雪佛兰"尼瓦"（Niva）车型于 2002 年秋季上市。然而，由于当时的总统普京亲自批准伏尔加公司建立一个新的管理团队，该合资企业在随后几年内一直处于困境当中。俄罗斯政府拥有伏尔加公司 25% 的股权。2008 年，雷诺（Renault）也出资 10 亿美元收购了其 25% 的股权。雷诺的出资包括技术转让（特别是"B-Zero"汽车平台技术）和生产设备。同年，俄罗斯人创纪录地购买了 256 万辆汽车。但是，随着全球经济危机的加深，俄罗斯汽车销量再次跌入谷底，伏尔加公司濒临破产。超过 4 万名工人被解雇，而政府不得不向该公司注资 9 亿美元。

2009 年，美国人贾弗里·格洛弗（Jeffrey Glover）被通用汽车从德国的亚当欧宝（Adam Opel）部门派到了俄罗斯的合资企业。2011 年，当伏尔加公司庆祝其成立 45 周年时，俄罗斯的汽车销量已出现反弹。2012 年，销量达 300 万辆，与危机前持平。那么，尼瓦的情况怎样？自 2002 年以来，该车型的销量已超过了 50 万辆。通用汽车俄罗斯公司的总裁吉姆·博芬兹（Jim Bovenzi）说："十年前，这对通用汽车来说是个很艰难的决定。这是该公司 100 年来第一次生产完全由本地设计制造的产品。但我们现在回头再看，会发现这是正确的决定。"

雷诺的 Logan 车型已在俄罗斯热卖。通过生产雷诺品牌的汽车，高管们从其对伏尔加公司的投资中获利颇丰。雷诺计划到 2014 年中期将其所持有的股权增加至 50.1%。而日产作为雷诺的合作伙伴，也将收购该合资企业 17% 的股权。其他汽车制造商也希望利用俄罗斯不断增长的市场机会。例如，菲亚特在俄罗斯物色了一个生产吉普车的工厂。2012 年，全球吉普销量总计达 70 万辆。表 9-1 列出了其他的一些近期成立的合资企业。

表 9-1 合资企业的市场进入与扩张

公司	合资目的
通用汽车（美国）、丰田（日本）	新联合汽车制造公司（NUMMI），位于加利福尼亚州弗里蒙特的联合工厂（该合资企业于 2009 年终止）。
通用汽车（美国）、上汽集团（中国）	50/50 合资企业，兴建组装厂，自 1997 年开始为中国市场生产 10 万辆中型轿车（总投资 10 亿美元）。
通用汽车（美国）、印度斯坦汽车公司（印度）	合资企业年产量将达到 2 万辆欧宝雅特（Astras）汽车（通用汽车投资 1 亿美元）。
通用汽车（美国）、俄罗斯鞑靼斯坦政府	25/75 合资企业，用进口散件组装雪佛兰开拓者，1998 年前建成具有 4.5 万辆产能的总装线（总投资 2.5 亿美元）。
福特（美国）、马自达（日本）	50/50 合资企业，成立 AutoAlliance 国际公司，并在密歇根州弗莱特罗克建成一家合营工厂。
福特（美国）、马恒达集团（印度）	50/50 合资企业，在印度泰米尔纳德邦建造福特嘉年华（总投资 8 亿美元）。
克莱斯勒（美国）、宝马（德国）	50/50 合资企业，在南美建厂生产小排量四缸发动机（总投资 5 亿美元）。

资料来源：Compiled by authors.

随着能够负担起奢侈品的家庭数量急剧上升，俄罗斯的进口高档汽车市场也呈现了爆炸式增长。保时捷（大众汽车旗下的一个部门）和宝马都在扩大其经销商的数量。劳斯莱斯（由宝马公司所有）现在莫斯科有两家经销商。而全世界另一个拥有两家劳斯莱斯经销商的城市是纽约。此外，日产也开始在圣彼得堡组装英菲尼迪 FX SUV。

资料来源：Anatoly Temkin, "The Land of the Lada Eyes Upscale Rides," *Bloomberg Businessweek*（September 17，2012），pp. 28-30；Luca I. Alpert, "Russia's Auto Market Shines," *The Wall Street Journal*（August 30，2012），p. B3；John Reed, "AvtoVAZ Takes Stock of 45 Years of Ladas," *Financial Times*（July 22，2011），p. 17；David Pearson and Sebastian Moffett, "Renault to Assist AvtoVAZ," *The Wall Street Journal*（November 28，2009），p. A5；Guy Chazan, "Kremlin Capitalism: Russian Car Maker Comes Under Sway of Old Pal of Putin," *The Wall Street Journal*（May 19，2006），p. A1；Keith Naughton, "How GM Got the Inside Track in China," *BusinessWeek*（November 6，1995），pp. 56-57；Gregory L. White, "Off Road: How the Chevy Name Landed on SUV Using Russian Technology," *The Wall Street Journal*（February 20，2001），pp. A1, A8.

9.2.2 以独资或控股方式进行投资

参与全球市场最广泛的方式是投资，其实现方式包括持股和完全所有权。**持股**（equity stake）仅是一种投资；如果持股不足 50% 则为少数股权，超过 50% 则为多数股权。**完全所有权**（full ownership），顾名思义，即投资者拥有 100% 的控制权。具体方式可以是通过新建企业，我们称之为**绿地投资**（greenfield investment），也可以是通过兼并（merge）或收购（acquisition）现有的企业。例如，2008 年制药业的最大并购事件是罗氏（Roche）以 430 亿美元收购基因技术公司（Genentech）。在全球金融危机爆发之前，媒体和电信行业发生并购的频繁程度在全球范围内名列前茅。独资企业需要最高程度的资金及管理力量的投入，但也提供了最大限度参与市场的手段。

有些公司可能由许可经营或合资企业变为独资企业，以便在市场中得到更快的扩张、更多的控制和/或更高的利润。比如 1991 年，拉尔斯顿·普林纳公司（Ralston Purina）终止了与日本公司长达 20 年的合资企业项目，开办了自己的宠物食品子公司。孟山都公司和德国的制药公司拜耳都更倾向于在日本建立自己的独资子公司，因而分别解散了各自在日本的合资企业。家得宝用收购的办法在中国扩张；2006 年，这家从事家居装饰装修业务的大企业收购了家世界连锁店。不过，中国顾客似乎并不接受这种"大卖场"式的自己动手（DIY）模式。2012 年底，家得宝关闭了它在中国的最后一家大卖场，仅剩的两家中国零售店分别是涂料和地板专卖店以及室内设计商店。

如果政府禁止外国公司持有 100% 股权，那么投资公司就只得将就着持有多数股权或少数股权。例如在中国，政府通常将合资企业的外国公司所有权限制在 49% 的范围内。但是，持有少数股权可能也符合某些公司的利益，三星就觉得购进 AST 计算机制造公司 40% 的股权足矣。三星的经理迈克尔·杨（Michael Yang）说："我们觉得 100% 太冒险，因为不论所有权何时发生更迭，都会在员工中造成很大的不确定感。"[13]

在其他情况下，投资公司也可以从少数股权开始，逐渐增加股份。1991 年，大众首次在捷克汽车工业投资就是购买斯柯达 31% 的股份。到 1995 年，大众的股份已经增加到 70%（其余股份为捷克政府所有）。2000 年，大众收购了所有股权。2011 年，在大众进入整整 20 年后，斯柯达这家捷克汽车制造商已经由一家地区性公司演变为全球公司，产品远销 100 个国家，年销量超过 75 万辆。[14] 同样，在 21 世纪头 10 年的经济衰退期间，当美国汽车制造商克莱斯勒处于破产程序中时，意大利的菲亚特收购了其 20% 的股份。菲亚特首席执行官塞尔吉奥·马尔奇奥尼带领克莱斯勒重新实现盈利，并增加公司股权至 53.5%，而后又增至 58.5%。最后，2013 年，菲亚特收购了剩余的 41.5% 股权，实现了完全收购克莱斯勒。[15]

通过建立新的设施进行大规模直接扩张可能代价高昂，而且需要在管理上投入大量的时间和精力。然而有时这个途径是由政治因素或其他环境因素决定的。例如，美国政府裁决日本的富士公司有倾销行为（即出售相纸的价格大大低于日本国内的价格），之后富士公司便在美国投资数亿美元。作为对新设施进行新建投资的替代办法，收购是一条更便捷而且有时更便宜的市场进入或拓展途径。独资企业能避免合资企业或合作生产可能出现的沟通或利益冲突等问题，因而显示出格外的优势。但是，收购也提出了一项要求颇高的挑战性任务，即必须把所收购的公司纳入全球组织体系并协调其经营活动。

表 9-2、表 9-3 和表 9-4 介绍了汽车制造行业的公司如何运用前面讲到的各种市场进入的选项，包括持股、投资建立新企业和收购。如表 9-2 所示，通用汽车在非美国的汽车制造业中倾向于持有少数股权；1998—2000 年间，公司在这方面支出了 47 亿美元。而福特用掉了 2 倍的钱进行收购。尽管通用汽车在这些交易中的损失都已销账，但它的策略反映出通用汽车不相信大企业间的并购能起到实际作用。正如通用汽车公司的前董事长兼首席执行官里克·瓦格纳（Rick Wagoner）所言，"我们本来可以对别人实行 100% 的收购，但那样恐怕不能把资金用在最好的地方"。与此同时，公司投资于少数股权的做法终收到成效：公司在采购方面成比例地节省了资金。了解到柴油机的技术后，萨博公司在斯巴鲁公司的帮助下创纪录地在短时间内生产出了一款新车。[16] 通用汽车在 2009 年提出破产申请后，从若干非核心业务和品牌（包括萨博）中抽回了资金。

表 9-2　持股

投资公司（母国）	投资（股份、金额、日期）
菲亚特（意大利）	克莱斯勒（美国，初始 20％股份，2009 年；菲亚特使克莱斯勒免于破产）。
通用汽车（美国）	富士重工（日本，20％股份，14 亿美元，1999 年）。 萨博（瑞典，50％股份，5 亿美元，1990 年；其余 50％，2000 年；2009 年申请破产后将萨博卖给了瑞典财团）。
大众（德国）	斯柯达（捷克，31％股份，60 亿美元，1991 年；1994 年增至 50.5％；目前拥有 70％的股份）。
福特（美国）	马自达（日本，25％股份，1979 年；1996 年增至 33.4％，4.08 亿美元；2008 年降至 13％；2010 年降至 3.5％）。
雷诺（法国）	伏尔加（俄罗斯，25％股份，13 亿美元，2008 年）。 日产（日本，35％股份，50 亿美元，2000 年）。

表 9-3　投资建立新企业

投资公司（母国）	投资（地点、日期）
本田（日本）	5.5 亿美元的汽车组装厂（美国印第安纳州，2006 年）。
现代（韩国）	11 亿美元的汽车组装与制造设施，生产索纳塔、圣达菲（美国佐治亚州，2005 年）。
宝马（德国）	4 亿美元的汽车组装厂（美国南卡罗来纳州，1995 年）。
奔驰（德国）	3 亿美元的汽车组装厂（美国亚拉巴马州，1993 年）。
丰田（日本）	34 亿美元的汽车制造厂，生产凯美瑞、亚洲龙和面包车（美国肯塔基州）；4 亿美元的发动机厂（美国西弗吉尼亚州）。

表 9-4　以收购方式进入和扩张市场

收购方	目标（国家、金额、日期）
塔塔汽车公司（印度）	捷豹、路虎（英国，23 亿美元，2008 年）。
大众（德国）	西亚特（西班牙，6 亿美元，1990 年完成收购）。
吉利（中国）	沃尔沃汽车部门（瑞典，13 亿美元，2010 年）。
Paccar（美国）	DAF 卡车公司（荷兰，5.43 亿美元，1996 年）。

　　什么力量驱动了这么多的并购活动呢？是全球化趋势。嘉宝公司的管理层意识到全球化的路程不能独行。海伦·冠蒂工业公司（Helene Curtis Industries）的管理层也有类似的认识，并同意被联合利华收购。公司总裁兼首席执行官罗纳德·吉德威茨（Ronald Gidwitz）说："很明显，海伦·冠蒂没有在全世界新兴市场投射自己形象的能量。市场变大，迫使较小的参与者采取行动。"[17] 不过，管理层到国外投资的决定有时会与投资者的短期盈利目标相冲突，或与目标组织成员的意愿相违背。

　　合资企业的一些优越性同样适用于独资企业，包括市场准入，回避关税与配额壁垒。像合资企业一样，独资企业也允许转让重要技术经验，并能够向公司提供掌握新生产工艺的途径。比如，总部设在康涅狄格州新不列颠的工具制造企业斯坦利公司（Stanley Works）先后收购了十余家公司，其中包括一家中国台湾的套筒扳手生产企业。这家企业开发出一种

"冷成形"工艺，可以提高产量，减少浪费。斯坦利公司现在将这种技术用于其他工具的生产，其前董事长理查德·H. 艾尔斯（Richard H. Ayers）主持了这些收购行动，并希望将这种全球互动模式和"交融技术"作为全球化的关键收益。[18]1998 年，通用电气的前高管约翰·特伦尼（John Trani）接替艾尔斯出任首席执行官；特伦尼在国际收购方面相当有经验。因而对此普遍的看法是，他的接任证明斯坦利公司有意在全球进一步扩大销售。

这里讨论的几种可供选择的办法——许可经营、合资企业、持有少数股权或多数股权、独资企业——实际上是在进入并拓展国际市场时可以采用的一系列渐进策略的不同阶段。一个公司设计进入国际市场的总体战略时可能要求将出口-进口、许可经营、合资和独资结合起来运用。雅芳使用了收购和合资企业两种办法进入发展中市场。随着时间的推移，公司的策略选择也可能发生改变。例如，博登公司（Borden）终止了在日本的品牌食品许可经营和合资企业项目，建立起自己的乳制品生产、分销和营销网络。同时，在非食品领域，博登仍然同日本的伙伴保持合资的关系，生产弹性包装及铸造材料。

某行业内的竞争者也可能采取不同的策略。例如康明斯发动机公司（Cummins Engine）和卡特彼勒公司在开发适合新用途的新型柴油发动机方面都面临高达 3 亿～4 亿美元的开发费用问题。然而，两个公司在对世界发动机市场方面采取的策略却各不相同。康明斯公司的管理层看好合作，而且公司 60 亿美元相对微薄的年收入使它受到财力的限制。因此它宁可选择合资企业。美国公司和俄罗斯公司之间的最大合资企业将康明斯发动机公司与设在鞑靼斯坦共和国的卡马斯卡车公司（KamAZ）联系在了一起。这个合资企业使俄罗斯能够应用新的制造技术，同时使康明斯公司进入俄罗斯市场。康明斯公司在日本、芬兰和意大利都有合资企业。相反，卡特彼勒公司的管理层则宁愿拥有完全所有权所带来的高度控制权。公司用 20 多亿美元购买了德国的马克（MaK）、英国的珀金斯发动机制造商（Perkins）和其他企业。管理层认为，买进现成的企业通常比独立开发新的项目省钱。此外，卡特彼勒公司还担心专有知识的保护问题，对它的核心建筑设备制造来说，这是根本。[19]

9.3　全球战略伙伴关系

在第 8 章和本章前半部分，我们探讨了公司进入市场惯用的各种方式（出口、许可经营、合资和独资）。这些公司希望进入全球市场或在现有基础上拓展业务。但是全球公司所处的政治、经济、社会文化和技术环境近来发生了变化，在这些变化的共同作用下，这些策略的相对重要性也发生了变化，如贸易壁垒的消除、市场的全球化、消费者需求和欲望的趋同、产品生命周期的缩短以及新的通信技术的出现等。这些发展提供了空前的市场机会，对全球经营的企业来说具有很强的战略性含义，对全球营销者来说也是新的挑战。这样的战略无疑将包罗各种形式的合作（甚至可能是在这些合作基础上建立的）。以往人们心中的跨国联盟只是这样一种合资企业：统治地位较强的一方获得大部分合作收益（或承担大部分损失）。而今跨国联盟的组织形式是全新的，联盟对象也更让人意想不到。

今日竞争环境的特征以空前的动荡、活力和难以预料性为特征。因此，全球公司必须迅速做出反应并不断适应。企业要在全球市场取得胜利，就不能仅仅继续依赖过去曾使它们获得成功的技术优势或核心能力。在 21 世纪，公司必须寻求新的策略，以增强对环境的应变能力。具体来讲，它们必须在全球化过程中不断发扬创业精神。为此，它们必须增加组织机构的弹性，不断创新，并据此修改其全球战略。[20]本章的下半部分将集中讨论全球战略伙伴关系。此外，我们将研究日本的联营企业和今天的全球企业所采用的其他各类合作战略。

9.3.1 全球战略伙伴关系的性质

用来描述合作战略新形式的术语五花八门。**战略联盟**（strategic alliance）、**国际战略联盟**（strategic international alliances）和**全球战略伙伴关系**（global strategic partnerships，GSP）等术语经常用以表示不同国家的公司携手追求共同目标所建立的关系。这类术语可以涵盖范围很宽的公司间协议，包括合资企业。然而，此处探讨的战略联盟具有以下三个特征（见图9-2）。[21]

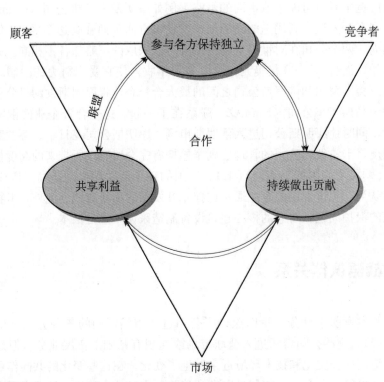

图9-2 战略联盟的三个特征

1. 结成联盟后，参与各方仍保持独立。
2. 参与各方共同享有联盟的利益，并对执行指定任务的过程共享控制权。
3. 参与各方在技术、产品和其他关键的战略领域做出持续的贡献。

据估计，自20世纪80年代中期以来，战略联盟的数量以20%～30%的比例增长。全球战略伙伴关系的增加趋势部分地是以牺牲传统的跨国兼并和并购为代价的。90年代中期以来，推动伙伴关系建立的一个关键因素是各方意识到全球化和互联网提出的要求——建立新的跨公司结构。表9-5列出的是全球战略伙伴关系的实例。

表 9 - 5　全球战略伙伴关系实例

联盟名称或产品	主要参与者	联盟目的
菲亚特/克莱斯勒	菲亚特（意大利）、克莱斯勒（美国）	克莱斯勒可以使用省油的小型车平台（如道奇 Dart）；从菲亚特 500 开始，菲亚特可以将其品牌重新引入美国市场
S-LCD	索尼、三星电子	生产高清平板电视机用显示屏
全球饮料伙伴	可口可乐和雀巢	提供新型咖啡、茶和提神类型的植物饮料产品
星空联盟	亚德里亚航空、爱琴海航空、加拿大航空、中国国际航空、新西兰航空、全日空、亚洲航空、奥地利航空集团、哥伦比亚航空、布鲁塞尔航空、巴拿马航空、克罗地亚航空、埃及航空、埃塞俄比亚航空、波兰航空、德国汉莎航空、北欧航空、深圳航空、新加坡航空、南非航空、西班牙航空、瑞士航空、巴西天马航空、TAP 葡萄牙航空、泰国航空、土耳其航空、联合航空、美国航空	创建一个连接多家航空公司的全球旅行网络，为国际旅客提供更好的服务

　　像传统的合资企业一样，全球战略伙伴关系也有不足之处。伙伴们共享被分派的任务的控制权，这种局面造成了管理上的挑战。此外，使另一个国家的竞争对手更加强大，也带来了诸多风险。

　　首先，在资源短缺时，高昂的产品开发成本可能促使公司寻找伙伴，这是索尼与三星共同生产平板电视的部分缘由。其次，许多当代产品对技术的要求意味着单个公司可能因为缺少技术、资金或诀窍而不能独立完成。[22]再次，伙伴关系或许是确保进入一个国家或地区市场的最好途径。最后，伙伴关系提供了重要的学习良机，事实上，一位专家把全球战略伙伴关系称为"学习的竞赛"。伦敦商学院教授加里·哈默尔（Gary Hamel）曾说，伙伴关系中学得最快的一方最终将会在这种关系中起主导作用。

　　如前所述，全球战略伙伴关系与本章的前半部分所讨论的市场进入模式存在重大差异。许可经营协议并不要求在伙伴之间不断地转让技术或技能，因此这种协议不能算作战略联盟。[23]传统意义上的合资企业基本上是针对某一国市场或是针对某一具体问题而构建的联盟。前面谈到的通用汽车和上汽集团在中国的合资企业就是这种类型，其基本目的就是为中国市场生产汽车。真正的全球战略伙伴关系则不同，其特征表现为以下五种属性。[24]S-LCD，即索尼与三星的战略联盟很好地诠释了各个属性。[25]

　　1. 在两个或两个以上公司之间制定一个长期的联合战略，以期通过追求成本领先、差异化或是二者兼顾，取得全球领先地位。三星和索尼一直在相互较劲，都想争当全球电视机市场的领袖。要在平板电视机市场盈利，关键之一在于能否在平板显示屏的生产方面成为降低成本的领先者。S-LCD 是一个拥有 20 亿美元资产的合资企业，月产显示板 6 万片。

　　2. 这种关系是互惠的。各方都拥有可以与另一方共享的特定优势，学习必须是相互的。三星在平板电视机的制造技术方面领先。索尼擅长将先进的技术融入世界水平的消费产品之中，它的工程师在优化电视图像质量方面拥有专长。三星的业务主管张仁植（Jang Insik）说："向索尼学习，将有助于我们提高技术。"[26]

3. 各方的视野和努力是真正全球性的，能超越本国及本地区的界限，延伸至世界其他地区。索尼和三星都是在世界各地销售全球品牌的全球公司。

4. 这种关系是沿水平线而不是沿垂直线组织起来的，并要求各方不断进行资源的横向转移，其准则是技术共享和资源统一调配。张仁植和索尼的村山浩良（Hiroshi Murayama）每天都通电话，每月还要见面讨论显示器制造问题。

5. 当参与各方在伙伴关系之外的市场上竞争时，它们仍可保持各自的民族特点和意识形态。三星销售一系列使用数字光源处理（DLP）技术的高清电视机。索尼不生产 DLP 电视机。如要生产与电视机配套的 DVD 播放机和家庭影院音频播放系统，则三星团队会在电视机设计师康云时（Kang Yunje）的率领下与视听部门紧密合作。在三星，负责消费电子产品和计算机产品的经理向数字媒体总管崔志成（Choi Gee-sung）汇报。所有设计人员都在大通间并肩工作。最近的一份公司介绍说："业务部门之间的隔墙实际并不存在。"[27]相反，索尼各个部门基本上都是各自单独运作的，为在各部门之间取得一致意见，他们在沟通方面耗费了大量时间，这些年来索尼已为此深感不堪重负。

9.3.2 成功要素

假如有一个联盟符合这五个前提，则有必要考虑以下六个被视为对全球战略伙伴关系的成功具有重要影响的基本因素：使命、战略、控制、文化、组织和管理。[28]

1. 使命。成功的全球战略伙伴关系会形成一种双赢的局面，各方追求的目标是建立在相互的需要和优势之上的。

2. 战略。一个公司可以与不同的伙伴分别建立全球战略伙伴关系，有关战略一定要预先考虑好以避免冲突。

3. 控制。经讨论达成一致的处事方法必须成为联盟的准则，伙伴各方必须一律平等。

4. 文化。联盟需要顺利地培育一套各方共享的价值观，个人之间的气息相通也很重要。通用电气英国公司和西门子之间的伙伴关系的破裂，部分原因在于前者是由财务导向的经理主管，后者是由工程师主管。

5. 组织。需要有革新性的结构和设计，以抵消多国管理的复杂性。

6. 管理。全球战略伙伴关系总会遇到不同类型的决策方式。必须事先看到可能导致分歧的潜在因素，并建立能使各方服从、明确而统一的权威。

正在建立全球战略伙伴关系的公司必须牢记这些因素。不仅如此，成功的合作者还需要遵循以下四条原则：第一，尽管合作各方在某些领域内追求共同的目标，各方仍需记住它们在其他领域仍然是竞争对手。第二，融洽并不是衡量成功最重要的尺度，出现某种冲突应属预料之中。第三，所有雇员、工程师和管理者都应该了解合作关系到哪里为止，竞争性的妥协从何开始。第四，如前所述，向伙伴学习是至关重要的。[29]

学习问题值得特别关注。某研究小组指出：

> 合作伙伴通过充分共享技艺、创造超越联盟外公司的优势，但同时还要避免把核心技艺全盘送给合作方。这样做并不容易，其难度如同走钢丝。公司必须慎重地选择到底

把哪些技艺和技术传给对方，还须建立对于无意的、非正式的信息转让的防范措施，目的在于限制其经营过程的透明度。[30]

9.3.3　与亚洲竞争者的联盟

西方公司可能会发现，它们在与亚洲竞争者结成的全球战略伙伴关系中处于劣势，特别是当后者具有诱人的制造工艺时。对西方的公司来说，遗憾的是，精湛的制造技术代表着一种由多因素构成的能力，不易转让。非亚洲的经理和工程师也必须更加留心并虚心接受新事物；他们必须克服"非本地发明"综合征，并开始视自己为学生，而不是老师。与此同时，他们还必须学会克制自己总想炫耀专有实验室和工程成就的欲望。为限制透明度，一些处于全球战略伙伴关系内的公司专门设立了合作部。这个部门很像公司的一个沟通部门，其职能类似门卫，找公司的任何人或信息，都必须通过它。为防范非有意的信息转让，这种"门卫"起着重要的控制作用。

麦肯锡公司 1991 年的报告进一步揭示了西方公司与日本公司结成的联盟中的一些具体问题。[31]通常，发生在伙伴间的问题多与互相感到失望或是错过良机有关，而非客观的业绩水平。研究发现，不成功的战略联盟通常在四个方面存在问题。第一个问题是，各自有"不同的梦想"。日方合作伙伴将自己视为联盟的行业领袖，或认为自己正在进入新的领域并在为未来打下新的基础。但是西方合作伙伴却在寻求相对快捷且无风险的财务收益。一位日本经理说："我们的伙伴是来寻求回报的，他们得到了，现在他们却抱怨未能做出一番事业，但那本来就不是他们当初的打算。"

第二个相关的问题是伙伴之间的平衡。各方都要为联盟做出贡献，而各方也都在一定程度上依赖对方，这种依赖正反映了参与联盟的必要性。从短期来说，最有吸引力的合作伙伴可能是在该行业已成气候并显示实力却又需要掌握一些新技艺的公司。而最好的长期合作伙伴似乎应该是那种能力并不那么强的企业，甚至是行业外的企业。

第三个会造成的问题是管理理念、期望值和处理方式不同而导致的"摩擦性损失"。联盟内部的所有职能部门都可能受到影响，其结果是经营业绩受损。一位西方商人在谈论他的日本伙伴时说："我们的伙伴只顾往前冲，决定投资时不考虑是否能有回报。"而日方却声称："外国伙伴在决定一件本来已十分清楚的事情时花了太多的时间，结果使我们总慢半拍。"这些差异经常令人感到沮丧，引起旷日持久的争论，并阻碍了决策的进行。

第四个问题，麦肯锡公司的研究发现，短期目标会导致外方限制派驻合资企业的人数，合资企业中人员的任期可能只有两三年。这会导致"公司遗忘症"，也就是说，公司几乎或根本没有建立如何在日本参与竞争的记录。每一批新的管理人员都有自己的目标，结果使合资企业的初始目标荡然无存。纵观这四个问题，几乎可以确定，从长远来讲日方伙伴将成为联盟中唯一的成员。

9.3.4　商用风扇发动机国际公司、通用电气公司和斯奈克玛：成功的范例

商用风扇发动机国际公司（Commercial Fan Moteur，CFM）是由通用电气公司喷气发动机分部和一家法国国有的宇航制造商斯奈克玛（Snecma）合作的企业，是人们时常提及

的全球战略伙伴关系的成功典范。通用电气此举的部分动机在于进入欧洲市场，以便向空中客车公司出售其发动机；同时还有 8 亿美元的开发成本是它无力单独承担的风险。当通用电气集中精力于系统设计和高科技工作时，法国方面则解决了风扇、助推器和其他部件问题。2004 年，法国政府出售了斯奈克玛 35％的股份，2005 年一家电子制造商萨让（Sagem）收购了斯奈克玛。新企业名为萨法（Safran），其 2012 年的收入超过了 130 亿欧元（180 亿美元），而其中一半以上来源于航空推进装置。

这个联盟的两位最高执行官，通用电气的格哈德·纽曼（Gerhard Neumann）和已故的斯奈克玛的勒内·瓦沃（René Ravaud）将军之间的个人关系融洽，使联盟得以开门大吉。尽管各方在控制、管理和组织等方面的看法不同，伙伴关系仍然在蓬勃发展。通用电气公司发动机团队的高级副总裁布赖恩·罗（Brian Rowe）曾说，法国人喜欢从行业外部引入高级管理人员，通用电气则喜欢从组织内部选拔有经验的人。此外，法国人解决问题时常依据大量的数据资料，而美国人则更可能凭直觉行事。但是，双方派到合作企业中的高级管理人员都被委以重任。

9.3.5 波音和日本：有争议的案例

全球战略伙伴关系曾是某些人的批评对象。批评家警告说，在一个依赖外部企业提供关键部件的企业里，雇员的专长将会丧失，其工艺将会退化。这种批评经常指向那些涉及美国和日本公司的全球战略伙伴关系。比如，波音公司和日本某集团计划建立一个联盟，以制造一种新的节能型客机——7J7。此事引起了极大的争议。这个计划的预算为 40 亿美元，波音公司难以独自承担。日本公司拟出资 10 亿～20 亿美元，其条件是，它应有机会向波音公司学习制造和营销技术。虽然 7J7 项目在 1988 年被搁置，但一种新的宽体客机——777 开发成功，其中 20％的工作被分包给三菱、富士和川崎公司。[32]

批评家预料会出现这样一种情形：将来日本人会用他们学来的东西制造自己的飞机直接与波音竞争——这可是一种令人不安的念头，因为波音是世界上最大的出口商。某研究小组已经勾勒出一个轮廓，包含一个公司在越来越依赖于伙伴关系时可能经历的几个阶段。[33]

第一阶段：向外部寻求从事装配工作的廉价劳动力；

第二阶段：向外部寻求低价部件以降低产品价格；

第三阶段：提高增值部件移向国外的程度；

第四阶段：将与生产工艺、设计和功能相关的技术移向国外；

第五阶段：将与质量、精密制造、检测和未来产品衍生途径相关的培训移向国外；

第六阶段：将围绕部件、小型化和复杂系统整合的核心技能移向国外；

第七阶段：竞争者学到与内在核心能力相关的整套技能。

吉野（Yoshino）和兰根（Rangan）从跨市场的依赖性（cross-market dependencies）方面描述了各种市场进入战略的相互作用与演变。[34]如第 8 章所述，许多商家在开始时采取基于出口的做法。例如，日本汽车和消费电子产品工业的成功都可追溯到它们的出口热潮。日产、丰田和本田最初都专注于在日本生产，从而实现了规模经济。

最终，出口导向策略让位于基于联营的策略。各种类型的投资策略——持股、绿地投资、收购和建立合资企业，在企业内部形成了经营上的相互依存。公司在不同的市场运作，就有机会根据汇率波动、资源成本或其他考虑，将生产从一处转到另一处。虽然在有些公司，海外联营机构的运作如同自治领地（多国中心导向的多国公司原型），但其他公司看到了经营上的灵活性可能带来的益处。

当管理层认识到，实现全面的整合和形成不同国家市场的知识共享网络可大幅提高公司的整体竞争地位，这时便出现了全球策略演变的第三个也是最复杂的阶段。公司人员所选策略的复杂性不断提高，他们就必须同时掌握新的依存关系和以前的依存关系。这里所说的各个阶段，均反映在案例 1-2 介绍的韩国三星集团的演变之中。

9.4　发展中国家的国际伙伴关系

中欧、东欧、亚洲、墨西哥存在巨大的和尚未开发的市场，这给那些正在寻求进入这种市场的公司提供了令人振奋的机会。显然，进入这些市场的一个可选策略是战略联盟，像以前的美日合资企业一样，潜在的伙伴将用市场准入换取技术诀窍。其他的进入策略也是可行的，例如 1996 年，克莱斯勒和宝马同意在拉丁美洲投资 5 亿美元建立年产 40 万台小型发动机的合资企业。时任克莱斯勒董事长的罗伯特·伊顿（Robert Eaton）虽然对战略伙伴关系持怀疑态度，但他认为在某些情况下有限形式的合作如合资企业还是有道理的。他说："在美国以外，世界上销售的大多数汽车都是发动机排量在 2.0 升以下的。我们在这个领域根本无法竞争，因为我们没有排量小一点的发动机。毫无疑问，在世界市场的许多与此类似的领域，规模经济表明，我们确实应该拥有一个合作伙伴。"[35]

如果风险能够减到最小、问题能够得到解决，在中欧、东欧等过渡经济地区的合资企业能比过去与亚洲伙伴建立的合资企业发展得更快。许多因素的综合作用使俄罗斯成为一个设立战略联盟的极佳地点。俄罗斯有受过良好教育的劳动力，那里的消费者也十分注重质量。但是，在俄罗斯的合资企业也经常需要面对几个相关问题，包括有组织犯罪、供应短缺、过时的监管和不断变化的法律体系。尽管有这些风险，俄罗斯的合资企业数量仍在增加，特别是在服务和制造部门。在后苏联时代初期，大多数合资制造商的工作仅限于组装，但现在已在进行有较高附加值的零部件制造。

匈牙利是中欧一个具有诱人潜力的市场。匈牙利已经建成这一地区最为自由的金融和商业体制，而且为西方人投资制定了不少优惠政策，特别是在高科技产业。同俄罗斯一样，这个经济体也有它自己的问题。数字设备公司（Digital）最近与匈牙利物理研究所和受国家监督的计算机系统设计公司扎莫克（Szamalk）之间达成的合资企业协议就是一个例证。合资企业的建立虽然是为了数字设备公司能在匈牙利出售产品并提供相关服务，但这个企业更深层的重要意义却在于阻止中欧企业仿制数字设备公司的计算机。

9.5　亚洲合作战略

正如我们在前面章节中看到的，亚洲文化表现出了集体主义的社会价值观。个人生活和商业世界中都极为重视合作与和谐。因此，许多亚洲最大的公司（包括三菱、现代和 LG）

都在寻求合作战略也就不足为奇了。

9.5.1 日本的合作战略：联营公司

日本的联营公司是合作战略的一种特殊类型。一个**联营公司**（keiretsu）就是一个业务交叉的联盟或是一个企业集团，用一位观察家的话说，"好像一个战斗部落，在其中，各个企业家族联合起来争夺市场份额"。[36]联营公司的出现，是 20 世纪 50 年代初对 1945 年前一直统治着日本经济的四家大型集团企业（财团）进行重组的结果；四大集团企业之所以解散，是因为第二次世界大战后美国占领军提出将反托拉斯作为国家重建的一部分。

如今，日本的公平贸易委员会似乎倾向于支持和睦相处，并不去追究反竞争性行为。因此，美国联邦贸易委员会就价格垄断、价格歧视以及独家供应安排进行了多项调查。日立、佳能和其他日本公司也被指控在美国市场上限制高科技产品的供应。美国司法部已有如下考虑，即如果日本公司的母公司在日本市场上有不公平贸易的违法行为，它们将对其在美国的子公司提起诉讼。[37]

联营公司广泛存在于各种类型的市场，包括资本市场、初级产品市场和零部件市场。[38]银行拥有大量股票，公司、买主和非资金供应商三者股权交叉，这些常使联营公司的内部关系更加牢固。而且，联营公司的管理者可以合法地参加对方的董事会，共享信息并在"总裁理事会"的内部会议上协调价格。因而，联营公司实质上就是得到政府保护的卡特尔。虽然建立联营公司本身并不是一种市场进入战略，但在日本公司寻找国际新市场时发挥了重要作用。

文化观察

啤酒饮用者会为英国南非米勒酿酒公司的全球战略举杯吗？

南非酿酒公司（South African Breweries PLC，SAB）遇到了问题。公司在 24 个国家拥有 100 多家酿酒厂。它在南非占据了 98％的啤酒市场，营业额相当于公司年收入的14％。然而，公司的大多数品牌如卡瑟尔窖藏啤酒（Castle Lager）、比尔森厄奎尔（Pilsner Urquell）和卡林黑标（Carling Black Label）都是在当地或本地区销售的，没有一个品牌可与喜力、阿姆斯特尔（Amstel）或吉尼斯等品牌的全球地位比肩。在关键的美国市场，它也没有为人熟知的品牌，而美国生育高峰期出生的 7 500 万人口的子女（即所谓"生育回潮"代）正陆续达到饮酒的年龄。

2002 年出现了一个转机，南非酿酒公司获得从菲利普·莫里斯手中收购米勒酿酒公司的机会。这笔 36 亿美元的交易形成了一个新的英国南非米勒酿酒公司（SABMiller），产量居世界第二位（安海斯-布希排在首位）。米勒在美国有 9 家酿酒厂，多年来其旗舰品牌米勒清爽的市场份额不断下降。英国南非米勒酿酒公司面临的挑战是在美国使米勒清爽重获生机，在欧洲将米勒作为优质品牌推出。

英国南非米勒酿酒公司及其竞争对手都在向年销售额 60 亿美元的世界最大的啤酒市场——中国做战略投资。《欧洲箴言》的分析师西尔维娅·穆·尹（Sylvia Mu Yin）指出："当地的酿造厂都积极探讨与大型跨国公司实行战略联盟。而外国公司则渴望向十几亿中国人口出售产品，但缺乏对当地的了解。"

与此同时，英国南非米勒酿酒公司将它的某些当地品牌引进美国。公司希望在美国将捷克第一品牌皮尔森之源树立为国家品牌。如果此举成功，就有希望将皮尔森之源打造成可与喜力抗衡的全球优质品牌。自1842年起，皮尔森之源作为一种拉格淡啤酒就一直在位于皮尔森市（Pilsen）的皮尔森酒厂（Prazdroj brewery）生产。由于美国消费者越来越偏爱能够产生更多啤酒花的产品，这种啤酒也因此受益。英国南非米勒酿酒公司的营销计划还包括培训调酒师，教他们如何在倒酒时产生厚厚的酒花。

同时，英国南非米勒酿酒公司及其竞争者们还将目光投向了非洲等主要新兴市场的低收入消费者。根据行业预测，非洲啤酒行业的年增长率将达到5%。相比之下，欧洲和北美的消费量却在萎缩。酿酒商通过与当地政府进行谈判，以期减少啤酒销售税，从而削减成本。酿酒商从两方面说服了当地官员。首先，低成本的啤酒可以使用高粱等当地作物酿造，从而为当地创造就业机会。其次，来自知名公司的合法品牌啤酒比非法酿造的家庭啤酒更安全。

资料来源：Paul Sonne, "With West Flat, Big Brewers Peddle Cheap Beer in Africa," *The Wall Street Journal* (March 20, 2013), p. A1; Sean Carney, "Posh Beer Flows in U. S.," *The Wall Street Journal* (October 19, 2010), p. B10; Chris Buckley, "Battle Shaping Up for Chinese Brewery," *The New York Times* (May 6, 2004), pp. W1, W7; Maggie Urry and Adam Jones, "SABMiller Chief Preaches the Lite Fantastic," *Financial Times* (November 21, 2003), p. 22; Dan Bilefsky and Christopher Lawton, "SABMiller Has U. S. Hangover," *The Wall Street Journal* (November 20, 2003), p. B5; Lawton and Bilefsky, "Miller Lite Now: Haste Great, Less Selling," *The Wall Street Journal* (October 4, 2002), pp. B1, B6; Nicol Deglil Innocenti, "Fearless Embracer of Challenge," *Financial Times Special Report—Investing in South Africa* (October 2, 2003), p. 6; David Pringle, "Miller Deal Brings Stability to SAB," *The Wall Street Journal* (May 31, 2002), p. B6; John Willman, "Time for Another Round," *Financial Times* (June 21, 1999), p. 15.

有人指责联营公司会对日本市场的竞争关系产生影响，但一些观察家持不同看法，他们声称这些集团主要发挥的是一种社会职能。另一些人承认与联营公司相关联的特惠贸易方式在过去意义重大，但断言现在联营公司的这种影响已经被大大削弱。详述这些内容超出了本章的范围，但是毫无疑问，对那些与日本公司竞争的企业或希望进入日本市场的企业来说，对联营公司有一个总体的理解至关重要。假设在美国，一家汽车制造商（比如通用汽车）、一家电气制造商（通用电气）、一家钢铁企业（USX）和一家计算机公司（IBM）彼此关联而非相互分离，试想那将意味着什么。在联营公司时代，全球竞争意味着竞争不仅存在于产品之间，而且存在于不同的公司管理系统之间和产业组织之间。[39]

就像我们刚才假设的美国例子一样，日本的一些最大、最知名的企业就是联营公司的核心。比如，处于三井集团和三菱集团中心位置的是几家与银行有着共同联系的大型公司。这两大集团又与住友、扶洋、三和和DKB商社一起组成了六大联营公司。这六大商社都力争在日本经济的每一个部门中获得强势地位，商社的内部关系常常涉及共同持股和贸易关系，因而有时被称作横向联营公司。[40] 每个商社的年营业收入都以千亿美元计。以绝对数而论，联营公司包罗的公司在日本公司总数中所占百分比很小，但这些联盟能有效地阻止国外供应商进入市场，结果是消费者承受了高物价。同时，随之而来的还有企业的稳定、风险共担和长期雇佣等现象。

除六大联营公司外，还有其他结构与上述基本形态不同的联营公司。纵向（供应和分销）联营公司是制造商与零售商的分级联盟。比如，松下公司在日本控制着一系列的连锁店，通过这些店出售其 Panasonic，Technics 和 Quasar 等品牌的商品。松下在本国的销售额半数来自这些连锁店，这些店的库存中有 50%～80% 是松下的品牌。包括东芝和日立在内的其他日本主要的家用电器生产商也都有类似的联盟（相比之下，索尼的连锁店小得多，也弱得多）。它们都是日本市场上强劲的竞争者。[41]

还有另外一种制造型联营公司。这些联营公司是由汽车制造商、供应商和零部件制造商组成的垂直型联盟。其集团内部的运营及系统均紧密地结为整体，供应商能得到长期的合同。比如，丰田有一个由 175 个一级供应商和 4 000 个二级供应商组成的网络。其中一个供应商是小系制作所（Koito），丰田拥有其大约 1/5 的股份，并购买它一半的产品。这种安排的最终结果就是丰田创造的价值只占其汽车销售价值的 25%，而通用汽车公司占 50%。制造型联营公司反映的是理论上供应者与购买者力量处于最佳平衡时可能得到的收益。丰田从几家供货商（有联营公司内部的，也有外部的）购买某一种零部件，并通过网络对下施行管束。此外，因为丰田的供应商并不是只为丰田提供生产，在受到外部刺激时，它们也会比较灵活并具有较强的适应能力。[42]

对于以高质量闻名的日本汽车工业来说，联营公司体系保证了高质量的关键因素：按时交付高质量的部件。然而随着美国和欧洲汽车制造商将质量差距缩小，较大的西方零部件制造商建成了规模经济，以使它们的运营成本低于规模较小的日本零部件制造商。此外，丰田、日产和其他公司在其供应网络中持股，占用了它们本可用于产品开发和其他目的的资金。

例如，在雷诺取得日产的控股权后，从法国新来的管理团队开始从公司的 1 300 项联营企业投资中撤回资金。日产开始公开招标，以选择零部件供应商，其中甚至包括一些日本以外的供应商。[43] 最终，本田和丰田也采用了类似做法，它们开始搜寻联营公司以外的零部件供应商。这反而促成了汽车零部件制造商之间相互勾结，哄抬价格。近期美国司法部提起的反托拉斯诉讼造成了总额约 10 亿美元的罚款。一些日本的汽车零部件供应商承认它们有所勾结，而美国司法部声称美国汽车购买者为此支付了更高的车价。即便如此，日本的变化仍很缓慢。丰田研发副总裁加藤光久（Mitsuhisa Kato）说："我们有责任保护我们的联营公司。我们也正在努力吸纳更多的外部供应商。但我们不会放弃我们在日本开展业务的方式。"[44]

联营公司如何影响美国企业：两个实例

克莱德·普雷斯托维茨（Clyde Prestowitz）用以下实例证明联营公司关系是如何影响美国企业的。20 世纪 80 年代初，日产公司在市场上寻找可用于设计汽车的超级计算机。公司考虑的两个候选供应商是当时超级计算机领域的全球领先者克雷公司（Cray）和日立公司，但日立当时尚无实用的产品。当日产看起来即将购买克雷计算机时，日立的管理者呼吁要团结一致（因为日立和日产同属于六大联营公司中的扶洋商社）。日立要求日产偏向自己，这一情形使美国贸易官员耿耿于怀。同时，日产公司内部一致要求购买克雷的计算机，最终由于美国向日产公司和日本政府施加压力，克雷拿到了这笔生意。

普雷斯托维茨描述了日本人对类似商业行为的态度[45]：

> 这种行为通过缓解冲击的做法提醒双方顾全彼此间的责任。今天日产可能购买日立的计算机，明天它就可能要求日立公司接收它裁减的一些工人。日立的计算机可能性能

略差，但是买方可从其他方面得到弥补。此外，购买日立产品的决定是照顾性的，因而可以使日立与自己联系得更为紧密，保证其会提供尽心的服务，还可以建立未来日立对日产公司产品的忠诚度……这种把双方绑在一起的态度便是日本人所谓的长远观念的含义。这使得他们有能力承受打击，得以长期生存。[46]

美国公司同样有理由关注日本市场以外的联营公司，因为联营公司关系正在跨越太平洋，并直接影响美国市场。根据德韦尔营销咨询公司（Dowdwell Marketing Consultants）整理的数据，仅在加利福尼亚一个州，就有半数以上隶属于日本公司的制造厂为联营公司所拥有。而联营公司的影响并不局限于西海岸。设在伊利诺伊州的坦尼科汽车公司（Tenneco Automotive）是一家生产汽车减震器和排气系统的企业，它和丰田联营公司做了许多全球生意。但 1990 年，马自达不再将坦尼科公司作为其肯塔基工厂的供应商。一部分生意转给了同属马自达联营公司的一家日本公司——东京机器制造公司（Tokico Manufacturing），还有一家非联营公司的日本公司 KYB 工业公司，也获得了部分生意。一位日本汽车公司经理解释了这一变化的缘由："首选是联营公司内的某家公司，第二选择是一家日本供应商，第三选择才是一家当地公司。"[47]

9.5.2 韩国的合作战略：财阀

韩国有自己的公司联盟，名曰**财阀**（chaebol）。同日本的联营公司一样，财阀由几十家公司围绕一家中心银行或控股公司组成，并由一个创始家族控制。然而财阀是时间上更近的产物，20 世纪 60 年代早期，韩国的军事独裁政府向汽车、造船、钢铁和电子领域的几个优选公司集团提供了政府补贴和出口信贷。例如，20 世纪 50 年代，三星以其毛纺厂闻名，到了 20 世纪 80 年代，三星已经成为廉价消费电子产品的领先生产者。如今，三星电子公司搭载安卓系统的 Galaxy S 已成为全球最畅销的智能手机之一。

韩国 1960 年的国民生产总值是 19 亿美元，1990 年达到 2 380 亿美元，而财阀就是韩国经济奇迹背后的驱动力。但在 1997—1998 年的经济危机后，韩国前总统金大中向财阀领导人施压，要他们开始变革。财阀在经济危机之前已经变得臃肿且负债累累。如今，通过改善公司治理、改变企业文化和减少债务负担，财阀正在转型。例如，三星开始进军制药和绿色能源领域，从而实现多元化。而 LG 电子开始关注废水处理领域。三星、LG、现代和其他财阀都在开发高附加值的品牌产品，配以高端广告，从而打造自己的品牌。[48]

9.6 21 世纪的合作战略

美国半导体制造技术战略联盟（Sematech）是美国的一个技术性联盟，其独特之处在于它是美国政府工业政策的直接产物。美国政府担心国内的主要半导体企业难以与日本竞争，因而同意从 1987 年起资助 14 家技术公司组成一个联合企业。Sematech 原来有雇员 700 人，其中有些是固定人员，还有些是从 IBM、AT&T、超微半导体（Advanced Micro Devices）、英特尔和其他公司借来的。联合企业面临的任务是挽救美国芯片制造设备产业，因为面对日本的激烈竞争，美国在这一产业中的市场份额快速下降。由于各公司态度和文化的差异，

Sematech 开始曾饱受困扰，但最终还是成功地帮助芯片制造商采用新的方式与设备供应商合作。到 1991 年，伴随日本经济衰退等原因，Sematech 已经初步扭转了半导体设备行业市场份额下滑的局面。

Sematech 开创了技术公司合作的新时代。公司已向国际化发展，其成员名单也随之扩充，包括超微半导体、惠普、IBM、英飞凌（Infineon）、英特尔、松下、高通（Qualcomm）、三星和 ST 微电子（STMicroelectronics）。现在各行各业的公司都在寻求此类联盟。

据说关系企业（relationship enterprise）可能是战略联盟发展的下一个阶段。在关系企业中，共同的目标把来自不同行业和不同国家的公司组成的群体融合到一起，并鼓励它们在行动上做到几乎如同一个公司。布兹、艾伦和汉密尔顿咨询公司（Booze，Allen & Hamilton）的前副董事长赛勒斯·弗雷德汉姆（Cyrus Freidheim）提出了一种他认为可以代表早期关系企业的联盟。他认为，在今后的几十年内，波音、英国航空公司、西门子、TNT 和斯奈克玛可能在中国联合兴建一些新机场。作为整个交易的一部分，英航和 TNT 可能获得优先航线和停机位。中国政府可能与波音或斯奈克玛签订购买全部所需飞机的合同，而西门子将为所有这些机场提供空中交通管制系统。[49]

关系企业比我们如今所知的简单战略联盟更进一步，它将是全球巨头间的超级联盟，其营业收入将接近 1 万亿美元。它们将能够运用大量的现金资源，绕过反垄断的壁垒，并在所有主要市场都设立总部，几乎在所到之处都能享受作为当地公司的政治优势。这种联盟的组建并非仅仅是技术发展驱动所致，而是出于建立多重总部的政治需要。

有关合作性战略发展前景的另一种观点是将出现"虚拟公司"。正如《商业周刊》一篇封面文章所说，虚拟公司"看起来是一个具有巨大能量的单一实体，实际上是在需要时才汇集起来的诸多合作活动的产物"。[50]在全球层面上，虚拟公司能够把成本效益和灵敏反应两种能力结合起来，从而更容易贯彻"思维全球化，行动当地化"的理念。这反映了朝"大规模定制"方向发展的趋势。上面提到的推动数字化联营公司形成的力量（如高速通信网络）也同样体现在虚拟公司中。正如威廉·达维多（William Davidow）和迈克尔·马隆（Michael Malone）在他们所著的《虚拟公司》（*The Virtual Corporation*）一书中所指出的，"虚拟公司的成功有赖于它是否有能力通过其所有组织成员收集和汇合大量的信息流并据此采取明智行动"。[51]

20 世纪 90 年代初，虚拟公司何以突然从天而降？以前，公司没有便于进行这种数据管理的技术；如今，数据库、网络和开放式系统遍布各地，使虚拟公司所需的数据流成为可能，尤其是这些数据流使得公司可以更好地进行供应链管理。福特公司提供了一个有趣的实例，说明技术如何使一家公司改善其相距遥远的运作部门之间的信息流通。福特公司投资 60 亿美元的"世界汽车"项目（在美国是水星奥秘（Mercury Mystique）和福特轮廓（Ford Contour），在欧洲是蒙迪欧），就使用了国际通信网络，将远在三大洲的设计者和工程师的工作站连接起来。[52]

9.7 市场拓展战略

公司必须就拓展市场的方式做出决策，究竟是在已进入的国家中寻找新的市场，还是到新的国家市场去寻找已经发现并已开拓的子市场。[53]如表9-6所示，这两方面的组合产生了4种可选择的**市场拓展战略**（market expansion strategy）。战略1是**国家与市场集中型**（country and market concentration），瞄准少数国家的少数子市场。这对许多公司来说是典型的起点。这种战略使公司的资源与市场投资所需条件相匹配。除非公司很大且拥有丰富的资源，否则这种战略恐怕是唯一现实的起步办法。

表9-6 市场拓展战略

		市场	
		集中	多样化
国家	集中	1. 高度聚焦	2. 国家集中
	多样化	3. 国家多样	4. 全球多样

战略2是**国家集中市场多样型**（country concentration and market diversification），一个公司在少数几个国家服务于多个子市场。许多仍在欧洲并通过拓展新市场寻求发展的欧洲公司实施的就是这种战略。有些试图在美国市场上实现多样化的美国公司也采用这一方式，而不是用现有产品寻求国际市场或开发出一种新的全球化产品。美国商务部称，多数美国出口公司将销售范围限制在5个或5个以下的市场中，这说明大多数美国公司仍遵循战略1或战略2。

战略3是**国家多样市场集中型**（country diversification and market concentration），这是一种比较经典的国际化战略。按照这一战略，公司为一种产品寻找国际市场。这种战略的吸引力在于，通过为世界范围内的顾客服务，公司能以低于所有竞争对手的成本获得较大的累计销量，形成坚不可摧的竞争优势。这是管理良好的企业经常采取的战略，这类企业满足一种明确的需要和顾客群。

战略4是**国家与市场多样型**（country and market diversification），这是类似于松下这样的全球性、跨行业公司常采用的战略。总的来说，松下公司的业务范围是跨国界的，其各种业务单位和团队服务于多个子市场。这样，在公司战略的层面，可以说松下实行的是战略4。但是在业务运作层面，单个业务单位的主管人员还必须重点迎合特定全球市场上的顾客需求。在表9-6中，这属于战略3——国家多样市场集中型。在世界各地，越来越多的企业开始认识到市场占有率的重要性，这种重要性不仅表现在国内市场上，也表现在世界市场上。公司在海外市场上的成功可以促使其销售量大增，并降低成本水平。

本章提要 ////////////////////

希望超越出口和进口阶段的公司有范围广泛的**市场进入战略**可供选择。这些可供选择的办法各有其明显的优势与劣势，按渐进的顺序可排列成一个连续轴，反映出投资、投入和风险等水平的提高。**许可经营**是几乎无须投资即可带来滚滚财源的好办法，对于具有先进技术、稳固的品牌形象或宝贵的知识产权的公司来说，不失为良策。**合同生产**和**特许经营**是全球营销中广为使用的两种特殊形式的许可经营。

在更高水平上介入母国以外的市场将涉及**海外直接投资**，其形式可以有多种。**合资企业**给两个或多个企业提供分担风险和组合价值链优势的良机。考虑使用合资公司方式的企业必须小心策划，并与合作伙伴积极沟通以避免"离异"。海外直接投资也可通过**绿地投资**、收购外国公司的少数或多数股权、通过兼并或彻底收购现有的商业实体实现**完全所有权**，达到在母国以外建立公司事业的目的。

名为**战略联盟**、**国际战略联盟**和**全球战略伙伴关系**的合作联盟是21世纪重要的市场进入战略。全球战略伙伴关系可能涉及不同国家市场的商业伙伴，它是一种雄心勃勃、相互对等和超越国界的合作联盟。全球战略伙伴关系特别适合中东欧、亚洲和拉丁美洲的新兴市场。西方的商业人士还应该知道亚洲出现的两种特殊的合作形式，即日本的**联营公司**和韩国的**财阀**。

为便于管理者对可供选择的市场拓展战略进行考虑，可将它们排列成矩阵形式：**国家与市场集中型、国家集中市场多样型、国家多样市场集中型和国家与市场多样型**。公司选择的拓展战略反映了公司自身的发展阶段（即国际公司、多国公司、全球公司或跨国公司）。第五阶段，将前三个阶段的长处结合起来，形成一个统一的网络，以利于从全球各地学习。

讨论题 ////////////////

1. 将许可经营作为市场进入的工具有何有利和不利之处？不同国家的公司将许可经营作为市场进入工具的实例有哪些？

2. 纽约布法罗的 XYZ 制造公司总裁拿着一份大阪某公司的许可请求书来找你。作为分享专利和技术诀窍的回报，日本公司表示，凡在此许可协议下销售的全部产品，均愿按其出厂价的 5% 支付许可费。这位总裁征求你的意见，你会对他说什么？

3. 何谓海外直接投资？它可能采取哪些形式？

4. 什么是联营公司？这种产业结构对于与日本企业竞争或是正试图进入日本市场的公司有何影响？

案例 9-1（续）

星巴克的全球扩张

星巴克公司在其他欧洲国家也获得了成功，包括英国和爱尔兰，尽管在此过程中遇到来自当地对手的竞争，如爱尔兰的失眠咖啡公司（Insomnia Coffee Company）和布雷（Bewley's），而且这两个国家的烘焙咖啡人均消费量是全欧洲最低的。

2004 年 1 月，星巴克在巴黎的第一家门店开张。首席执行官霍华德·舒尔茨承认将法国定为目标市场的决定是一个大胆的举动；毕竟，咖啡文化早已成为（巴黎）这个城市的传统和象征的固有部分。法国人喜欢深色的蒸馏咖啡（espresso），而且传统的看法是，美国人根本不知道什么是好咖啡。一位法国男士说："美国咖啡不过是水而已。我们说那是'袜子里拧出来的水'。"

不足为奇，中国已成为星巴克公司的另一个战略性增长市场。从 1999 年在北京的国际贸易中心开设第一家门店开始，星巴克在中国已拥有 400 余家门店，且另有 700 个许可经营点分布在中国各地。星巴克在这里曾遇到各种不同类型的挑战。首先，政府条令要求它与当地商家合作。在条令放宽后，它便加快了扩张的步伐，并集中于一线大都市（如北京和上海）。

另一个挑战是传统的中国茶馆。的确，其中一个竞争对手（仙踪林）的目标就是要成为"茶业星巴克"。与此有关的另一个挑战是中国人的观念与喜好，因为中国人平时并不喝咖啡，曾经尝试过咖啡的人也只熟悉速溶的品种。摆在面前的问题是全球营销中最基本的问题之一：是提供适应当地口味的产品，还是试图改变当地人的口味？星巴克希望让中国人了解咖啡。

中国人的消费行为模式与星巴克在其他地方遇到的不同。在中国，大多数人在咖啡馆消费；而在美国则相反，大多数顾客买饮品是为带走。（在美国，星巴克正开设数百家配备汽车通道窗口的新门店。）此外，中国的进店客流量下午最大。这种行为与星巴克的调研结果相吻合，即中国人去咖啡馆的首要原因是去聚会。

与此同时，由于全球经济下滑，现金短缺的消费者也在减少非必要性采购。"4 美元拿铁"的概念似乎与时代不合拍，而且有人认为星巴克的高档品牌形象是个不利因素。在经济出现下滑之前，舒尔茨就在高级管理人员之间传阅了一份备忘录，题为"星巴克经验的商品化"。舒尔茨在备忘录中告诫道，锋芒过盛的市场扩张有损于公司的品牌经验。

该备忘录在某种程度上是对非官方网站和博客（starbucksgossip. com）的回应。在 starbucksgossip. com 上有顾客和员工的抱怨，也有公司的信息。星巴克为加强同顾客的联系，建立了一个名为"我的星巴克点子"（MSI：http：//mystarbucksidea. force. com）的社交网站。该网站于 2008 年建立，之后几个月便收到了近 7.5 万个帖子。福雷斯特研究所（Forrester Research）将"包容"类别的 Grandswell 奖授给星巴克社交媒体网站作为奖励，以肯定其社交媒体作用。如今，星巴克在脸书上已经得到了 5 000 多万个"喜欢"。

星巴克也通过传统媒体加强与公众的沟通。星巴克同 BBDO 广告公司合作，在对食品部门进行重大调整之际，开展了一场公司品牌宣传活动，在《纽约时报》和《今日美国》刊登整版广告，广告结语是"不仅是咖啡，还是星巴克"。

麦当劳的管理者察觉到这个机会之窗，着手推出一个新的品牌咖啡概念"麦咖啡"，特点是其卡布其诺和其他咖啡饮品的价格都比星巴克低得多。例如，在巴黎的一家星巴克门店，一杯卡布其诺售价 4 欧元（6 美元）；而一杯类似的饮品在麦咖啡门店只要 2 欧元或 2.5 欧元。麦咖啡门店还有先进的煮咖啡设备和特别混制的咖啡。

在欧洲，星巴克公司目前有超过 1 200 家分店，这包括公司在奥地利、法国、德国、荷兰、瑞士和英国经营的门店，也包括在希腊、俄罗斯、西班牙和英国的许可销售点（见图 9 - 3）。斯堪的纳维亚半岛拥有一个重要的机遇。例如，芬兰的年人均咖啡消费量近 27 磅，领先于所有其他国家。它的北欧邻国挪威和瑞典也位居前五。迄今为止，星巴克在这一地区的扩张仍较为缓慢。但是，随着星巴克与挪威的 Umoe 餐饮集团展开合作，这种情况正在发生变化。负责星巴克欧洲部门的管理人员米歇尔·加斯（Michelle Gass）决心让星巴克成为该地区家喻户晓的名字。

星巴克首席执行官舒尔茨对欧洲的期望也很高：一种非常规的咖啡产品让他得以在意大利开设分店。"这是我尚未完成的梦想。"舒尔茨说。有些人则会说，这位首席执行官的梦想可能会变成一场噩梦。毕竟，意大利咖啡馆的传统可以追溯到 400 多年前，而且如今依然有超过 11 万家咖啡馆分布在亚平宁半岛的每一个角落。星巴克的欧洲竞争者之一对其竞争行为不以为然，它的发言人说道："意大利咖啡馆是一种文化，美国人对其进行了重新包装。他们更注重自己的形象，而不是咖啡。"

案例讨论题

1. 在美国，星巴克门店中约 2/3 归公司所有，另外 1/3 则是由受许商经营。在美国之外，这个比例正好颠倒过来，约 2/3 是受许经营或是由星巴克持股的合伙企业进行经营。为何会采取这两种不同的市场扩张战略？

2. 为应对经济下滑的形势，星巴克最近推出了一种新的速溶咖啡系列，名为 VIA

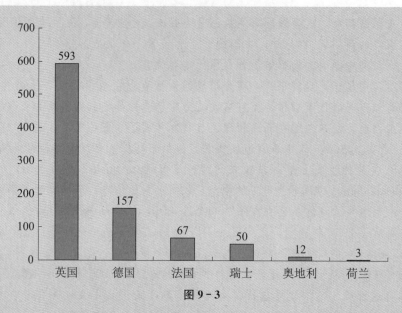

图 9-3

Ready Brew。公司还开发出一种超值早餐，价格不到 4 美元。你是否同意这些决定？

3. 星巴克是否应该进入意大利市场？为什么？

4. 从长远看，哪家公司更可能赢得全球"咖啡战"，是星巴克还是麦当劳？

资料来源：Bruce Horovitz, "Starbucks CEO Reinvents the Spiel," *USA Today* (April 25, 2013), p. 3B; John D. Stoll, "Starbucks Aims to Invade Nordic Region," *The Wall Street Journal* (September 27, 2012), p. B8; Jennifer Askin, "Starbucks Set to Rock Italy's Café Culture," www. abcnews. go. com (accessed March 1, 2011); Bruce Horovitz, "Starbucks Hits 40 Feeling Perky," *USA Today* (March 7, 2011), pp. 1B, 3B; Andrew Ward, "Why Schultz Has Caused a Stir at Starbucks," *Financial Times* (February 26, 2007), p. 21; Janet Adamy, "Different Brew: Eyeing a Billion Tea Drinkers, Starbucks Pours It on in China," *The Wall Street Journal* (November 29, 2006), pp. A1, A12; Gerhard Hegmann and Birgit Dengel, "Starbucks Looks to Step Up Openings in Germany," *Financial Times* (September 5, 2006), p. 23; Steven Gray, " 'Fill' Er Up—With Latte, '" *The Wall Street Journal* (January 6, 2006), pp. A9, A10; John Murray Brown and Jenny Wiggins, "Coffee Empire Expands Reach by Pressing Its Luck in Ireland," *Financial Times* (December 15, 2005), p. 21; Gray and Ethan Smith, "New Grind: At Starbucks, a Blend of Coffee and Music Creates a Potent Mix," *The Wall Street Journal* (July 19, 2005), pp. A1, A11; Noelle Knox, "Paris Starbucks Hopes to Prove U. S. Coffee Isn't 'Sock Juice, '" *USA Today* (January 16, 2004), p. 3B.

案例 9-2

捷豹的印度之旅

2008 年，塔塔公司通过向福特公司支付 23 亿美元，买下了总部设在英国的汽车制造公司路虎和捷豹。这笔生意成交之时，底特律的汽车制造业已陷入几十年不遇的恶劣处境。三大汽车公司的亏损都达数十亿美元；2008 年，全球经济衰退和信用紧缩使需求急剧下降，通用汽车公司和克莱斯勒都向华盛顿吁请紧急救助。与此同时，行业观察家建议福特甩掉某些豪华品牌。

1989 年买下捷豹时，福特作为一家美国公司缺少高档豪华的车型，管理人员确信他们可以推出稍便宜的捷豹新系列，并卖给更多的人，从而利用起这个独特的品牌。其中的困难在于：如何在不损害捷豹声誉的情况下实现这一目标。卡迪夫大学教授、汽车工业专家丹尼尔·琼斯（Daniel Jones）指出，问题出在福特的品牌名称平淡无奇上。与此同时，福特的日本竞争对手本田、日产和丰田等公司却采取了不同的策略：它们推出新的品牌，改善其经销组织。地位和质量意识强的汽车买主都更青睐雷克萨斯、英菲尼迪，以及其他性能卓越、经销商服务精良的新型豪华轿车。

虽然捷豹有古典的形象和杰出的跑车传统，但这种车的可靠性差也是出了名的。变速箱有时无法换挡，前灯不亮，刹车有时会着火。部分问题可归结到制造上。为改变这种状况，福特投入巨额资金用以改善和更新工厂设备，并提高生产率。福特的制造专家知道，德国的汽车制造商用 80 小时制造一辆豪华轿车，而日本人只用 20 小时。如果捷豹想在世界上占据一席之地，其每辆车 110 小时的组装时间必须大幅缩短。

在 20 世纪 90 年代结束之际，捷豹推出了几款新车型。1997 年，业界估计福特的累计投资已经达到 60 亿美元；就在这时，捷豹推出了售价 6.49 万美元的 XK8 型双门溜背跑车和双座敞篷车。其造型风格明确展示着它是带有传奇色彩的捷豹 XK-E 或 E 型车的换代车型。1999 年春，S 型轿车在一片赞誉声中问世。一位观察家称其为一辆"漂亮车，一眼就看出它是捷豹，而又完全属于现代派"。2001 年，期待已久的"捷豹宝宝"——售价 3 万美元的 X 型紧凑轿跑车面市。公司高管希望能借此吸引新一代驾车人，并在（由宝马 3 系和奔驰 C 级车统治的）入门级豪华车市场夺得相当大的份额。X 型车与福特轮廓系同平台产品。

初期的迹象是积极的。X 型车投产第一年（2002 年）的销量将捷豹品牌在全球的总销量推向创纪录的 13 万辆，增幅 29%。遗憾的是，公司未能保持住这个势头。强烈的负面反应逐渐出现。例如，批评者嘲笑 X 型车是"回锅的福特"。批评者对福特也有所挑剔，说它未能使捷豹的造型更加时尚。一位捷豹的老车主说："他们迷失了方向，不知道公众想要什么。捷豹本应是利基市场的产品，他们却想走大规模生产路线。"2005 年，迫于将这个尊贵品牌重返市场高端的压力，捷豹最低价的车型，2.5 升排量的 X 型车，宣告停产。2008 年，捷豹在美国所有者旗下的 20 年历史就此结束。

塔塔汽车公司，作为捷豹和路虎的新主人，也面临自己的挑战。全球经济危机导致印度对汽车的需求低迷。事实上，塔塔汽车公司在其拿下捷豹和路虎的第一年，就在这两个品牌上损失了 5 亿美元。而后，随着全球经济反弹，豪华车的销量也开始回暖。捷豹 XF 和 XJ 轿车获得了汽车评论家的好评。在福特旗下的 20 年重组，如今终于得到了回报。公司预测，未来几年，捷豹和路虎的总销量会从今天的 25 万辆增至 30 万辆。路虎品牌总监约翰·爱德华兹（John Edwards）说道："福特为我们奠定了良好的基础，但我认为我们更加机敏。"而福特管理层就其本身而言并不会重新考量出售捷豹和路虎的决定正确与否。福特首席财务官刘易斯·布思（Lewis Booth）解释说："我们没有足够的资金来照顾它们。但我们找到了一个拥有资源的所有者，它可以继续我们的工作。"

案例讨论题

1. 你认为捷豹和路虎在塔塔汽车公司旗下可以焕发生机吗？
2. 未来几年内，捷豹和路虎面临的最大挑战是什么？
3. 塔塔汽车公司最近推出世界最低价的汽车纳努。该车适合塔塔公司为印度市场制造低成本汽车的战略目标。塔塔公司能成功地将汽车市场的低端和高端同时选定为目标市场吗？

资料来源：Vikas Bajaj，"Burnishing British Brands," *The New York Times* （August 31，2012），pp. B1，B4；Vanessa Fuhrmans，"Cast-Off Car Brands Find a Road Back," *The Wall Street Journal* （April 6，2011），pp. B1，B5；Bill Neill，"Jaguar XJ：The Hottest Cat on the Road," *The Wall Street Journal* （April 30，2010），p. B8；Sharon Silke Carty，"Ford Plans to Park Jaguar，Land Rover with Tata Motors," *USA Today* （March 26，2008），pp. 1B，2B；Gordon Fairclough，"Bill Ford Jr.：For Auto Makers，China Is the New Frontier," *The Wall Street Journal* （October 27，2006），p. B5；James Mackintosh，"Ford's Luxury Unit Hits Problems," *Financial Times* （October 24，2006），p. 23；Silke Carty，"Will Ford Make the Big Leap?" *USA Today* （August 31，2006），pp. 1B，2B；Mackintosh，"Jaguar Still Aiming to Claw Back Market Share," *Financial Times* （July 20，2006），p. 14；"Reinventing a '60s Classic," *The Wall Street Journal* （May 5，2006），p. W9；James R. Healy，"Cheapest Jags Get Kicked to the Curb," *USA Today* （March 29，2005），p. 1B；Danny Hakim，"Restoring the Heart of Ford," *The New York Times* （November 14，2001），pp. C1，C6.

第 IV 篇

全球营销组合

The Global Marketing Mix

第10章
全球营销中的品牌和产品决策

学习目标

1. 回顾成功的全球营销产品策略中产品的基本概念。
2. 比较当地产品和品牌、国际产品和品牌以及全球产品和品牌的异同。
3. 解释马斯洛需求层次理论如何帮助全球营销人员了解世界各地买家寻求的利益。
4. 概述"原产国"作为品牌元素的重要性。
5. 列出营销人员在全球产品规划过程中可以使用的五种策略选择。
6. 什么是新产品连续性创新？请对不同类型的创新进行比较。

案例 10−1

苏司兰能源公司

　　世界范围内兴起了一场以消费者为导向的运动——寻求再生能源解决方案。它为创业公司提供了全球的市场机会。1995年，由于家族在印度浦那的纺织厂电费不断增加，图尔西·坦蒂（Tulsi Tanti）决定建造两台风力涡轮机为工厂提供电力。不久，他意识到自己无意中撞上发迹的机会。他说："我当时很清楚地看到，如果印度人像美国人那样用电，世界的资源将会耗尽。要么阻止印度发展，要么另觅替代办法。"没过几年，坦蒂将纺织厂转产，改为制造风力涡轮发电机、齿轮箱、塔柱、叶片和风力涡轮机。坦蒂的公司——现在称作苏司兰能源公司（Suzlon Energy Limited），此刻已经赢得了先机，尽享替代能源需求不断增长之利。

　　身处蒸蒸日上的行业，苏司兰公司进入美国市场后，依然前程似锦。然而，经济形势动荡和管制方面的限制，以及产品质量和负面宣传等无数其他问题，使苏司兰和其他绿色能源公司的处境堪忧。关于苏司兰公司所面临的挑战与机遇，请参阅本章末尾的案例10−1（续）。

　　坦蒂开办苏司兰公司的案例说明：产品（以及与之关联的公司和品牌）是公司营销计

划中的最关键的因素，是公司价值主张中不可分割的组成部分。在公司走向全球市场时，有几个问题（我们在第Ⅲ篇已进行探讨）会直接影响其产品策略。来自公司的商业情报网络和市场调研的信息，对产品开发起指导作用。必须进行细分市场、选定一个或多个目标市场，并确立强有力的定位。全球营销人员还必须就出口和货源问题做出决定，也可考虑其他的市场进入战略，如许可经营和战略联盟。

在第Ⅳ篇，我们将会看到，企业营销计划的各个方面（包括定价、渠道和沟通策略）都必须与产品相适应。本章审视的是全球产品和品牌决策的主要方面：首先是产品和品牌的基本概念，然后是当地的、国际的和全球的产品和品牌；还要确立产品设计准则和对待外国产品的态度。接下来概述可供全球营销人员选用的替代策略。最后是全球营销中的新产品问题。

10.1　产品的基本概念

营销组合中代表产品的这个 P，是当今全球公司所面临挑战的核心。管理层必须制定出相应的产品和品牌政策与策略，使其能够灵活应对全球范围的市场需求、竞争以及公司的目标与资源问题。有效的全球营销要能在以下两个因素之间找到平衡点：一是按照当地市场的偏好大幅修改产品与品牌所获得的回报；二是公司集中资源于相对标准化的全球产品与品牌所带来的收益。

所谓**产品**（product），就是货物、服务或构想，其所具备的有形和无形的属性共同为购买者或使用者创造价值。产品的有形属性可用物理术语予以评估，如重量、体积或所用材料。例如一台有 42 英寸液晶屏幕的平板电视机，重 22 磅，厚 3 英寸，有 4 个高清晰度多媒体接口（HDMI），内置可接收高清晰度电视开放信号的调谐器，还有 1 080p 全高清屏显解像度和 120Hz 屏幕刷新率。这些有形的物理特征和属性带来的好处是增加了收看高清晰度电视节目和 DVD 影片的乐趣。墙壁挂架和落地支架等附件使你能够更加随意地将电视机用于起居室或家庭影院，从而提升了它的价值。无形的产品属性也同样重要，诸如与拥有产品相关联的地位象征、制造商的服务承诺和品牌本身的信誉或神秘感。例如，在选购新电视机时，许多人要买"最好的"；他们不仅要求功能齐全（有形的产品要素），而且希望"帅气"，能够显示地位（无形的产品要素）。

10.1.1　产品类别

常用的分类原则是按消费品和工业品加以区分。例如，三星公司同时向全世界的消费者和商家提供产品与服务。而消费品和工业品又可按其他标准（如买主取向）做进一步划分。买主取向是一种复合衡量手段，如顾客投入的精力、购买涉及的风险程度和顾客介入情况等。购买者取向原则的种类包括便利、偏好、选购和特色商品。电子产品往往是顾客高介入类产品，许多顾客在决定购买之前会对多种品牌进行比较。产品也可按照寿命长短（如耐用、非耐用和一次性）进行分类。三星和其他电子产品公司经营的都是可以使用多年的物品，换言之，是耐用品。上述电子产业的例子显示，传统的产品分类原则也完全适用于全球营销。

10.1.2　产品担保

担保可以成为产品价值主张的重要因素。**明示担保**（express warranty）是一种书面担保，保证购买者可以得到所购买的物品，或在万一产品不能实现预期性能时拥有追索权。在全球营销中，担保可作为竞争手段，为公司的定位发挥积极作用。例如 20 世纪 90 年代后期，现代汽车（美国）公司的首席执行官芬巴·奥尼尔（Finbarr O'Neill）意识到，许多美国的购车者把韩国汽车视为"廉价品"，对现代品牌的可靠性持怀疑态度。公司在汽车的质量和可靠性上已经取得了显著的改进，但消费者对这个品牌的看法并未因此改变。为此，奥尼尔提出了一项 10 年/10 万英里的担保计划，这可是汽车行业里最全面的担保。与此同时，现代还推出了若干新车型，并增加了广告开支。其结果令人惊叹——现代汽车在美国的销量从 1998 年的约 9 万辆，增长到 2011 年的 50 多万辆。现代汽车也取代丰田，成为欧洲最畅销的亚洲汽车品牌。

10.1.3　包装

在许多情况下，包装是产品决策的一个组成部分。如果产品要运往世界偏远角落的市场，那就尤其要重点考虑包装问题。不仅如此，快速消费品被称为"包装消费品"，适用于品种繁多的产品，这些产品的包装是（在运输途中、零售点以及在使用或消费地点）用来保护和盛放产品的。"环保包装"（eco-packaging）是当前的关键问题，包装设计者必须考虑到回收、生物降解以及可持续林业等环境问题。

包装还具有重要的沟通作用。包装（和附着于包装物上的标签）包含沟通的线索，为消费者作出购买决定提供参考。现在许多行业专家都认为，包装必须引起感官的反应和情感的联系，并增强消费者对品牌的感受。哥伦比亚大学全球品牌领导力中心主任伯恩德·施米特（Bernd Schmitt）认为，"对消费者来说，包装不应只限于具有展示和保护物品的功能性用途，还应使消费者从中得到感受"。[1]有些品牌的价值观念中包括"感受性包装"（experiential packaging），绝对伏特加、Altoids 薄荷糖和高迪瓦巧克力等便是其中几例。

酿造商、软饮料营销商、制酒厂和其他饮料制造商在包装上通常颇费心机，以确保其能向消费者传递特定的信息并提供某些好处，而不仅限于盛放饮品。例如，科罗娜特级啤酒在出口市场获得成功的一个关键因素在于管理层决定保留传统的包装设计：刻有"墨西哥制造"字样的透明高玻璃瓶。当时，酿造业的正统观念是使用绿色或棕色的矮瓶和粘贴上去的纸标签。也就是说，酒瓶应该像喜力的瓶子！而事实上，科罗娜特级啤酒的酒瓶可使消费者看清里面的啤酒，从而让酒显得更加清澈自然。如今在美国、澳大利亚、比利时、捷克和其他许多国家，科罗娜都是最畅销的进口啤酒。[2]

可口可乐独具特色（且已注册为商标的）手握形玻璃瓶和塑料瓶有助于消费者找到"真货"。这种瓶子的设计可以追溯到 1916 年，旨在将可口可乐和其他软饮料区分开来。这种设计非常独特，消费者甚至可以仅凭借触感就能在黑暗中识别出瓶子！可口可乐的案例还说明包装策略可因不同国家或地区而异。在北美洲，许多家庭都有大冰箱，可口可乐包装的创新之一就是"冰箱装"，一种窄形长盒，容量相当于 12 罐饮料。它可正好放进冰箱的底层，还有一个便于流出饮料的开关。而在拉丁美洲，可口可乐的管理层试图用不同大小的瓶子可乐来提高盈利。例如在阿根廷，直到最近，75％的可口可乐销售额依然来自售价 45 美分的 2 升装可乐。可口可乐也推出了冷藏的单次用瓶装可乐，售价为 33 美分，放在商店中间靠前的位置；在商店后部的货架上还有非冷藏的 1.25 升可回收玻璃瓶装可乐，售价为 28 美分。[3]其他创新还有：

● 世界上最畅销的超级优质伏特加品牌灰雁是已故的悉尼·弗兰克（Sidney Frank）的构想。弗兰克拥有一家位于纽约州新罗谢尔的进口公司，他首先提出了酒瓶设计和品牌名称的概念。这时他才就实际酿造伏特加的事同法国的科尼亚克（Cognac）蒸馏酒厂商接触。[4]

● 雀巢公司在全世界都有负责包装的队伍，要求他们按季度提出改进包装的建议。已经实施的改变有：给冰淇淋盒子装上新的塑料盖，便于开启；在巴西，将糖块包装袋封口处的一侧再缩短些，更便于撕开；在中国，将雀巢咖啡单份分装袋的切口加深等。雀巢还请供货商设法为 Smarties 巧克力糖块的圆桶形包装寻找一种封口用胶，消费者在打开包装时能发出更响亮的声音。[5]

● 当葛兰素史克在欧洲推出 Aquafresh 终极牙膏时，其营销和设计团队希望将该品牌与行业领导者"高露洁全效"牙膏区分开来。多数牙膏都以纸盒包装横放在商店的货架上销售。而该团队将 Aquafresh 终极牙膏设计为直立式，可以直接将牙膏管立在商店货架的置物托盘上。无纸盒包装每年能省下数百吨纸。[6]

10.1.4 标签

许多产品都使用多语种进行标示，这是现代全球市场的标志之一。在今天的自选式零售市场环境里，产品标签可以用来吸引人们的注意、强调产品的定位和促使消费者购买。标签也可向消费者提供各种各样的信息。当然，我们应当注意到，有关成分、使用和保养的一切说明都应予以恰当的翻译。产品标签的内容也可能取决于具体国家或地区的规定。世界各地关于标签内容的强制性规定各有不同，例如欧盟现在对某些含有转基因成分的食品标签有强制性要求。

澳大利亚、新西兰、日本、俄罗斯和其他一些国家的法规制定者也提出了类似的立法议案。20 世纪 90 年代初生效的美国《营养标签与教育法案》（Nutrition Education and Labelling Act）旨在使食品标签的内容更加丰富易懂。如今几乎所有在美国销售的食品都必须按照标准格式提供关于营养（如卡路里和脂肪成分）和食用量的内容。有些词语的使用也受到限制，如"清淡"和"天然"等。在全球营销中有关标签的案例还有：

● 多数国家强制要求烟草制品注明有关健康的警示。

● 《美国汽车标签法案》要求每辆在美国出售的汽车、卡车和面包车都必须明示原产国、组装地和外国部件的主要供货源各自所占的百分比（自 1994 年 10 月 1 日起生效）。

● 2006 年，麦当劳迫于消费者群体的压力，开始在全世界关键市场的约 2 万家餐厅的所有食品包装上注明相关的营养成分。经理人员表示，此事涉及语言和营养成分检测等问题，因此在其他较小国家市场的 1 万家餐厅中，标签工作将延后展开。[7]

● 雀巢公司在美国市场推出了在拉丁美洲颇受欢迎的婴儿配方奶粉——能恩。由于目标对象是西班牙裔母亲，雀巢公司在能恩品牌听装产品正面使用西班牙语说明。其他品牌则是外面使用英语标签，背面印有西班牙语说明。[8]

● 2008 年，美国颁布了《原产国标签条例》（Country-of-Origin Labelling，COOL），要求超市和食品零售商店明示肉、禽和其他食品的国别来源。[9]

10.1.5　审美

第 4 章讨论审美问题时，曾提到世界各地对颜色的不同理解。全球营销人员必须了解各种产品、标签或包装的形状或颜色所体现的视觉审美（visual aesthetics）的重要性。同样，世界各地对审美风格（aesthetic styles），如标签的复杂程度也有不同的认识。例如有人说，如果能使标签简化，德国酒在出口市场上将会更具吸引力。在本国认为妥当、诱人和有吸引力的美学元素，在别的地方可能会产生不同的看法。

在有些情况下，标准化的颜色可适用于所有国家，如卡特彼勒的掘土设备和室外装备上使用的独特黄色、万宝路的红色 V 形图案，以及约翰迪尔（John Deere）的标志性绿色。而在另一些情况下，则应根据当地的看法选择颜色。第 4 章已经提到，在有些亚洲国家，白色与死亡和厄运相联系。当通用汽车的高管们在中国谈判，希望能在那里制造汽车时，他们给当地人带的礼物来自高档珠宝商蒂芙尼，并且用蒂芙尼标志性的蓝盒子包装。但精明的美国人将蒂芙尼的白色丝带换成了红色，因为红色在中国被认为是幸运色，而白色则具有负面含义（见本章的新兴市场简报）。

包装美学对日本人格外重要，一家美国小公司的主管就领教到了这一点。这家公司制造用以控制腐蚀的电子器件。这位主管在日本花了很长时间才得到这种产品的订单。在初期获得火爆成功之后，日本的订货量随即下降，这位主管听说包装太素是一个原因。他说：“这是个用在汽车引擎盖下面或公用事业公司锅炉房里的器件，我们不懂为何它还需要五彩的标签和定制的盒子。”一天，他在日本等候新干线列车时，他的当地分销商在车站购买了一块廉价手表，并配以精美包装。分销商请他根据包装来猜测这块手表的价值。这位美国人之前的所闻与所读都是关于日本人如何看重质量，这时才懂得日本其实是个“以外表论好坏”的国家。于是公司更新了包装，而且不放过任何细节，连包装盒封口带的长度都剪裁得完全一致。[10]

10.2　品牌的基本概念

品牌（brand）是消费者心目中的印象与其个人经历的复合物。品牌具有两大作用。首先，品牌代表一家特定公司对一个特定产品的承诺，也可算是一种质量证明。其次，品牌可以帮助顾客寻找并发现特定的产品，从而更有效地梳理自己的购物经验。因此，品牌的重要作用之一就是使某一特定公司提供的产品或服务有别于众多其他的公司。

顾客会将他们观察、使用或消费某一产品的全部经历，同他们听到和读到的关于该产品的所有信息加以整合。关于产品和品牌的信息有各种来源和线索，包括广告、宣传、口碑、推销人员和包装。售后服务、价格和分销等方面的情况也都会被考虑在内。这些印象的总和构成了**品牌形象**（brand image），被界定为由品牌联想反映的、留在消费者记忆中的关于品牌的感知。[11]

品牌形象是同行业的竞争对手用以显示自己有别于他人的方法之一。以苹果和诺基亚为例，两者都经营智能手机。苹果的首席执行官史蒂夫·乔布斯经常在媒体出镜，是煽情高手；iPhone、iPad 和其他苹果产品都得到了明星级的评论，人们盛赞它纤细的外形、强大的功能和对用户友好的界面。苹果的零售商店也强化了品牌时尚性和帅气的形象。与之相反，诺基亚的品牌形象更偏重于科技，很少有诺基亚用户可以说出该公司首席执行官的姓名。[12]

另一个重要的品牌概念是**品牌资产**（brand equity），它反映了公司在营销品牌方面的前期投资所积累的附加值。正像一位房屋所有人在逐年还清抵押贷款时，他的资产同时也在增长一样，品牌资产也是随着公司给品牌的投资而增加的。品牌资产也可视为一种价值资产，它是由品牌与其顾客长期形成的关系所创造的。关系越牢固，资产就越丰富。例如，据估计像可口可乐和万宝路这类全球超级品牌的价值为数百亿美元。[13] 品牌专家凯文·凯勒（Kevin Keller）概括了强势品牌资产拥有的好处：

- 忠诚度更高；
- 不易受到对手营销行动的伤害；
- 不易受到营销危机的影响；
- 能获得更多的利润；
- 消费者对价格上涨的反应（弹性）较小；
- 消费者对价格下跌的反应（弹性）较大；
- 营销沟通的效果更好。[14]

伯克希尔-哈撒韦公司（Berkshire Hathaway）的老板美国传奇投资人沃伦·巴菲特（Warren Buffett）声称，像可口可乐和吉列这类品牌的全球实力足以使拥有这些品牌的公司在其经济堡垒周围筑起一道护城河。他说："相反，普通公司则需每天在没有这道防护线的情况下奋战。"[15] 这道防护线经常会产生额外利润，因为强势品牌的所有者通常可以开出比小品牌所有者更高的价码。换言之，强势的全球品牌拥有巨大的品牌资产。

公司设计出各自的徽标（logo）、独特包装和其他沟通手段，作为自己品牌的直观代表。徽标可以采取不同的形式，首先是使用自己的品牌名称。例如，可口可乐部分地采用由独具特色的白色书写体"Coke"和"Coca-Cola"字样组成的文字标记，而在罐装和瓶装可乐的红色标签中的"波浪形"条纹则是非文字标记徽标（有时称作品牌标志）。耐克的钩、奔驰的三叉形星标和麦当劳的金色拱门等非文字徽标具有超越语言的优势，对全球营销人员来说分外有价值。为了保护创建和维护品牌所投入的大量时间与金钱，公司将自己的品牌名称、徽标和其他品牌要素注册为商标或服务标记（service marks）。正如第5章所述，保护商标和其他形式的知识产权是全球营销的一个关键问题。

10.2.1 当地产品与品牌

当地产品（local product）或**当地品牌**（local brand）是指在单一国家市场取得成功的

产品或品牌。有时，全球公司推出当地产品或品牌是为了迎合一个特定国家市场的需要或偏好。例如，可口可乐专为日本市场开发了几种饮料，包括一种无碳酸盐的人参味饮料、一种名为 Sokenbicha 的混合茶饮料，以及 Lactia 牌发酵乳饮料。在印度，可口可乐销售 Kinely 品牌的瓶装水。烈性酒产业常使用品牌延伸的办法，利用知名品牌，省去大笔营销开支。例如帝亚吉欧公司在英国销售 Gordon's Edge——一种以杜松子酒为主的调配饮料；联合多米克在巴西销售 TG——一种融合了教师苏格兰威士忌（Teacher's Scotch）和瓜拉纳（Guaraná）两种酒味的品牌。[16]

当地产品和品牌也是国内公司的命脉。根基牢固的当地产品与品牌可能是全球公司进入新国家市场的重大竞争障碍。例如在中国，由奥运金牌得主李宁开办的公司在中国卖出的运动鞋多于全球巨头耐克。日益增强的民族自豪感可能产生社会自发的抵制行为，从而使当地产品和品牌受益。例如，生产白色家电的海尔集团曾成功地击退了外国竞争者，现在占据中国冰箱销售额的 40%。此外，海尔还占有 30% 的洗衣机和空调市场。办公室墙壁上的标语勾画出了公司总裁张瑞敏的愿望："海尔——明日的全球品牌"和"永不对市场说'不'"。[17]2002 年，海尔集团宣布与中国台湾声宝集团（Sampo）组成战略联盟。这项价值 3 亿美元的交易要求各方都制造对方的冰箱与通信产品，并在全球和当地销售。

10.2.2　国际产品与品牌

国际产品（international product）和国际品牌（international brand）是为某一地区的数个国家市场而提供的。例如很多欧洲产品和欧洲品牌（诸如戴姆勒公司的双座 Smart 汽车）是专供欧洲市场的，后来 Smart 汽车又在美国上市（见案例 10-2）。通用汽车公司 20 世纪 90 年代初关于可赛（Corsa）汽车的经验也是值得研究的案例，即国际产品或品牌是如何走向全球的。欧宝的可赛原本是在欧洲推出的一款新车，后来通用汽车公司决定在中国、墨西哥和巴西制造不同的版本。亚当欧宝公司（Adam Opel AG）的董事长戴维·赫尔曼（David Herman）说道："原来的情况并不是我们计划把这款车从火地岛一直卖到外西伯利亚。但我们看到了它的无限可能性。"通用汽车公司称可赛为"意外的世界车"。[18]本田的飞度也有类似的经历。飞度是本田公司在其全球小型汽车平台建造的五门掀背车，2001 年在日本成功推出后，公司又将其推向欧洲（在那被称作"爵士"）。几年之后，又相继推往澳大利亚、南美洲、南非和中国。2006 年，飞度在北美面市。

10.2.3　全球产品与品牌

全球化迫使各公司开发全球产品，并在世界范围内运用品牌资产。**全球产品**（global product）满足的是全球市场的需求与欲望。真正的全球产品要面向世界上所有地区和处于各个发展阶段的国家。**全球品牌**（global brand）则在世界各地都使用同样的名称，在某些情况下具有相同的形象和定位。有些公司的全球品牌地位已牢固确立。例如雀巢的"味道好极了"，这种对质量的承诺在全球被了解与认知。其他全球公司的情况也一样，如吉列（男人的选择），宝马（终极驾驶机器），通用电气（梦想启动未来），哈雷-戴维森（美国式传奇），维萨国际（生活需要维萨）等。

吉列公司的前首席执行官阿尔弗雷德·采恩（Alfred Zeien）对该公司的做法有如下描述：

> 多国公司在不同国家经营，而全球公司把世界视作一个国家。我们知道阿根廷与法国不同，但我们仍对它们做同样对待。我们向它们销售同样的产品，我们使用同样的生产方法，我们实行同样的公司政策。我们甚至使用同样的广告，当然，是用不同语言。[19]

采恩这段话表明，吉列营销全球产品，并利用全球品牌，创造了竞争优势。吉列通过在全世界范围内使用相同的广告活动、相同的品牌策略取得规模效益。而雀巢前首席执行官包必达（Peter Brabeck-Letmathe）却对此有不同的观点：

> 我们坚信，没有所谓的全球消费者，至少在食品和饮料方面如此。人们因其独特的文化和传统而形成了各自的口味——受巴西人喜爱的糖果棒到了中国可能就不那么受待见了。因此，组织内的决策必须深入基层、紧贴市场。否则，怎么可能做出好的品牌决策？品牌绑定了一系列的功能和情感特征。我们不可能在位于沃韦的办公室与越南消费者建立起情感联系。[20]

无论全球公司总部更偏向于哪种观点，它们都在设法使自己的品牌更加显眼，特别是在美国和中国这样的关键市场。例如飞利浦的"精于心，简于形"的全球形象宣传和西门子的"西门子来作答"（Siemens Answers）活动。

21世纪，全球品牌的重要性日益增加。诚如一个研究团队指出的：

> 不同国家的人——而且往往是持有对立观点的人，参与共同的谈话，并找到共同的象征。这种对话的关键象征之一就是全球品牌。同娱乐明星和体育名人一样，全球品牌已成为全世界消费者的交际语言。人们或者喜爱或者痛恨跨国公司，但都无法忽略它们。[21]

研究人员说，在世界各地销售的各个品牌不仅展示了它们自身的优秀，同时也代表着一系列的义务。在全球范围内，消费者、集团买主、政府、活动人士以及其他群体，都将全球品牌与三个特征相关联；消费者在做购物决定时，将这些特征视作指南。

● 质量指针。全球品牌之间竞争激烈，争相提供世界水平的质量。全球品牌仅凭借其名称就可以实现产品差异化，允许营销人员收取溢价。

● 全球奇闻。全球品牌是文化理念的象征。第7章已经谈到，营销人员可以利用全球消费者文化定位传达品牌的全球身份，并将其与世界上所有地方的愿望相联系。

● 社会责任。消费者对公司和品牌进行评价的依据，是看它们对待社会问题的态度和在生意方面的行为。

注意，全球品牌与全球产品还不是一回事。例如，个人立体声音响是全球产品中的一个种类；而索尼是一个全球品牌。包括索尼在内的许多公司都制造个人立体声音响。然而，是索尼于30年前在日本推出随身听时，创造了这个产品种类。索尼随身听是**复合（梯次）品牌**（combination or tiered branding）策略的绝好例证，公司名称"索尼"与产品品名"随身听"（Walkman）完美结合。通过复合品牌，营销人员可以运用公司的声望，开发具有明显品牌特征的产品系列。复合品牌策略可以成为推出新产品的有力工具。索尼虽然也经营一些当地产品，但作为全球公司品牌、全球产品的制造者和全球品牌的营销商，它也有显著的业绩。例如，以随身听的品名为出发点，索尼推出了便携式 CD 播放机 Discman 和便携式电视机 Watchman。索尼最近的全球产品/品牌包括 Bravia 高清电视机、CyberShot 数码相机、PlayStation 家族的视频游戏机和便携机，以及 Xperia Z 智能手机。

联合品牌（co-branding）是复合品牌的变异，即两个或多个不同的公司或产品品牌同时出现在产品的包装或广告上。联合品牌如果运用得当，有助于提升顾客对品牌的忠诚度，并使公司获得双重优势。然而，联合品牌也会使顾客感到迷惑，进而冲淡品牌的价值。联合品牌策略在相关产品互为补充的情况下最为有效。信用卡公司是这方面的先驱，如今使用信用卡积攒飞行里程和享受购车折扣已成为可能。另一个熟知的联合品牌实例是与不同品牌的个人电脑广告相结合的"内置英特尔"（Intel Inside）活动，它既是英特尔公司本身又是其奔腾处理器的促销行动。

全球公司也可创造**品牌延伸**（brand extension），以充分利用强势品牌。这种做法要求在进入一个新的行业或开发新类型的产品系列时，以一个老的品牌名称作为保护伞。英国企业家理查德·布兰森（Richard Branson）在这方面是公认的高手：他曾将维珍（Virgin）品牌广泛用于不同的业务和产品（www. virgin. com）。维珍是一个全球品牌，公司的业务包括航空公司、铁路专营权、零售商店、电影院、金融和健身俱乐部。这些业务中，既有全球性的，也有地方性的。例如，在世界的许多地方都有维珍大型商场（Virgin Megastores），而维珍铁路集团（Virgin Rail Group）和维珍媒体（Virgin Media）则仅在英国经营。维珍品牌的建立完全仰仗布兰森的精明，他既能发现竞争对手在顾客服务技巧上的弱点，又极具自我推销的天分。根据布兰森的经营理念，品牌的建立要靠声誉、质量、创新和价格，而不是形象。虽然布兰森有意在新的千年里将维珍树立为英国的标志性品牌，但有些行业观察家却在质疑这个品牌把摊子铺得过大。布兰森最近还投资创建了维珍美国航空公司（Virgin America Airlines）和维珍银河系（Virgin Galactic）。

索尼随身听的历史经验说明，全球品牌需由有眼光的营销人员来创造。起初，索尼随身听准备用三个品名进行营销。在《突破！》（*Breakthroughs!*）一书中，作者兰加纳特·纳亚克（Ranganath Nayak）和约翰·凯特林安（John Ketteringham）描述了在知名的索尼董事长盛田昭夫意识到全球消费者比他的营销人员超前一步时，这个全球品牌是怎样形成的：

> 在东京的一次国际推销会上，盛田向索尼在美国、欧洲和澳大利亚的代表们介绍了随身听。不到两个月，随身听就以"Soundabout"的品名在美国推出；两个月之后，又以"Stowaway"的品名在英国出售。日本索尼公司同意对品名进行改动，是因为英语营销组的人员说"Walkman"一词在英语里听起来很好笑。不过，旅行者从日本带回随身听，使得这一品名的传播速度快过了所有广告，因此多数到商店购买随身听的人都说要"Walkman"。就这样，索尼的管理者发现他们的销售遭受损失，因为他们给同一种商品用了三个品名。盛田遂于 1980 年 5 月在美国索尼销售大会上宣布，不管是否好笑，大家都必须使用"Walkman"这一品名，从而解决了这个问题。[22]

表 10 - 1 用矩阵形式展示了当地和全球的产品和品牌的四种结合方式。每一种方式代表

一种策略；公司可以选择一种或多种适宜的策略。有些全球公司采用第一种策略，为个别国家或地区开发当地产品和品牌。可口可乐广泛采用这种策略，在日本推出的乔治亚（Georgia）牌罐装咖啡就是一例。可口可乐的旗舰产品可乐品牌则是第四种策略的范例。在南非，可口可乐销售瓦普儿（Valpre）品牌瓶装水（策略 2）。全球化妆品行业广泛使用策略 3；香奈儿、纪梵希、娇韵诗、娇兰和其他主要化妆品品牌的营销人员都为世界的不同地区打造不同的配方，然而可能在各处都使用统一的品牌名称和包装。

表 10 - 1　全球营销的产品/品牌矩阵

		产品	
		当地	全球
品牌	当地	1. 当地产品/当地品牌	2. 全球产品/当地品牌
	全球	3. 当地产品/全球品牌	4. 全球产品/全球品牌

10.2.4　全球品牌的开发

表 10 - 2 展示的是全球品牌的排序，这是国际品牌咨询公司（Interbrand）和花旗集团的分析师根据不同全球品牌的经济价值做出的。列入排序名单的品牌必须有大约 1/3 的销售额来自本国之外，像玛氏这类私人公司的品牌未计在内。毫无疑问，可口可乐名列第一。然而，从这份排序名单中可以看出：从快速消费品到电子产品再到汽车，各行各业的公司都在实行强有力的品牌管理。即便是顶级品牌，其经历也跌宕起伏。2012 年的排名中，诺基亚已经跌出了前十。诺基亚新任首席执行官史蒂芬·埃洛普（Stephen Elop）开始与微软合作开发新一代智能手机。诺基亚也力图利用新兴市场来推动其增长。

表 10 - 2　世界最有价值品牌

排名	价值（百万美元）	排名	价值（百万美元）
1. 可口可乐	77 839	14. 思科	27 197
2. 苹果	76 568	15. 惠普	26 087
3. IBM	75 532	16. 吉列	24 898
4. 谷歌	69 726	17. 路威酩轩	23 577
5. 微软	57 853	18. 甲骨文	22 126
6. 通用电气	43 682	19. 诺基亚	21 009
7. 麦当劳	40 062	20. 亚马逊	18 625
8. 英特尔	39 385	21. 本田	17 280
9. 三星	32 893	22. 百事	16 594
10. 丰田	30 280	23. H&M	16 571
11. 梅赛德斯-奔驰	30 097	24. 美国运通	15 702
12. 宝马	29 052	25. SAP	15 641
13. 迪士尼	27 438		

资料来源：Adapted from "Best Global Brands：2012 Rankings," www.interbrand.com/en/best-global-brands/Best-Global-Brands-2012-Brand-View.aspx (accessed April 29，2013).

开发全球品牌未见得总是一个妥当的目标。诚如戴维·阿克尔（David Aacker）和埃里希·约阿希姆斯塔勒（Erich Joachimsthaler）在《哈佛商业评论》中所说，寻求建立全球品牌的经理必须首先考虑这样做是否适合他们的公司或市场。第一，经理必须现实地评估其预想的规模经济能否实现。第二，他们必须认识到建立一支成功的全球品牌队伍的困难。第三，经理还必须提防这种情况——单一品牌并不能成功地应用于所有市场。阿克尔和约阿希姆斯塔勒向各公司建议，应优先建立**全球品牌领导地位**（global brand leadership），从而在所有市场上创建强势品牌：

> 全球品牌领导地位意味着要利用组织结构、程序和文化，在全球范围调集建立品牌所需的资源，借以形成合力优势，并开发出可以协调并利用国别品牌策略的全球品牌策略。[23]

玛氏公司在不同国家使用不同品牌销售其外裹巧克力的焦糖棒，如在美国使用士力架（Snickers），在英国使用马拉松（Marathon），因而面临着品牌全球化的问题。管理层决定将这种已是全球产品的巧克力棒变成一个全球品牌。这个决定会带来一定的风险，例如英国的消费者可能会将 Snickers 与本国指代妇女内衣的俚语 Knickers 联想到一起。玛氏也将其在欧洲非常成功的巧克力饼干 Raider 改为在美国使用的特趣（Twix）。在这两个例子中，单一的品牌名称使玛氏获得跨越国境开展同一产品宣传的杠杆效应。现在经理们被迫从全球的角度考虑士力架和特趣的定位，这是当这些糖果产品以不同的当地品牌营销时所不需要做的。面对这一难题，营销班子开始迎接挑战。萨奇勋爵（Lord Saatchi）说：

> 玛氏认为，只要掌握人类的一项需求——满足食欲，就可以获得丰硕的商业奖赏。从香港到利马，人们都知道"一块能顶一顿饭"的士力架。虽然掌握了这种情感还不能100％地拥有全球糖果市场，但会拥有足够的市场。它的吸引力足以使士力架成为世界第一糖果品牌，而现在正是如此。[24]

新兴市场简报

中国让别克重现生机

公司的品牌策略必须适应文化现实和不断变化的市场需求。通用汽车在国内外的经历就提供了很好的例证。例如，从20世纪90年代起，通用汽车开始积极争夺在中国制造轿车的权利。公司高管将蒂芙尼珠宝装在其标志性的蓝色盒子里作为礼物送给中国商务代表。但这群美国人把蒂芙尼的白丝带换成了红色，因为红色在中国被认为是幸运色，而白色则具有负面含义。通用汽车最终得到了政府的批准，得以生产别克牌公务和商务用车。在通用汽车的若干品牌中，为何选中别克？通用汽车公司前首席执行官里克·瓦格纳在《财富》杂志的访谈中，讲述了以下经过：

> 中国人的谈判方式直截了当，他们会很快地明确表达自己的兴趣所在。当我们准备进入中国市场时，他们说："好，我们将选择通用汽车。我们要你们使用别克品牌。"我们说："这并非我们的全球品牌。我们多半会选用其他品牌。"他们说："我们希望你们用别克品牌。"我们说："那我们就用别克。"结果一切如意。

回到母国市场，别克的品牌形象在过去几十年里只降不升。别克买家的平均年龄是61岁。这与沃尔沃形成了鲜明对比，沃尔沃买家的平均年龄只有50岁。别克也曾是美国司机梦寐以求的品牌。它的一条广告中写道："你真的不想拥有一辆别克吗？"这条广告意在激励福特车主选择别克LeSabre或Riviera，从而使他们的社会地位看起来更高。另一条广告语则是："想给'大'家庭买个'大'家伙吗？"

遗憾的是，20世纪80年代中期，别克成了企业整合和削减成本的牺牲品。由此导致的车辆设计和工程技术的重叠，使得购车者难以区分通用汽车旗下不同部门的不同车型。一个典型的例子就是，Riviera与奥兹莫比尔的托罗纳多（Oldsmobile Toronado）、凯迪拉克的埃尔多拉多（Cadillac Eldorado）都十分相似。即使1995年Riviera有了突破性的新设计，也未能为这一品牌注入新的活力。尽管好评如潮（《汽车周刊》称这款新设计"必将在豪华轿跑车领域掀起波澜"），Riviera车型还是于1999年退出了市场。

2009年，别克在中国的销量达到45万辆，是美国的4倍多。而且，一般中国别克车主的年龄只有35岁。这些事实有助于解释为何别克品牌仍未停产。当美国政府接管通用汽车时，它向通用汽车首席执行官韩德胜（Fritz Henderson）施压，要求他停止运营别克品牌。但该品牌在中国的知名度缓解了这一压力。与此同时，通用汽车已经在逐渐淘汰奥兹莫比尔、庞蒂克（Pontiac）和土星（Saturn）。

一位汽车分析师在总结情况时指出："在中国，通用汽车使用了本地策略。他们让当地人自己经营别克品牌，而这一品牌在那里取得了极大的成功。"现在，美国营销经理面临的任务是，如何在母国市场重振别克品牌。他们所做的努力包括推出君威（Regal）和威朗（Verano）这样的新款中型紧凑型轿车。君威属德国制造，一些平面广告也强调了其欧洲血统。比如，一则广告中暗示："仔细聆听，你可能会发现德国口音。"广告和促销总监克雷格·比尔利（Craig Bierley）告诉《金融时报》："我们的目标是扩大该品牌的受众。德国血统则会天然地给人以'运动轿车'的形象。"有证据表明别克正在步入正轨：2012年，该品牌实现了在美国有史以来的最高销量。

资料来源：James R. Healey, "Buick Tries to Buff Away Its Image as Inefficient Carmaker," *USA Today* (June 22, 2012), pp. 1B, 2B; Sharon Terlep, "GM Seeks Sway in China," *The Wall Street Journal* (April 19, 2012), pp. B1, B2; Bernard Simon, "Out with the Old," *Financial Times* (October 18, 2010); Jens Meiners, "Chinese Take-out," Car and Driver (October 2010), pp. 31-32; John D. Stoll, "East Meets West," *The Wall Street Journal* (June 23, 2008), p. R5; Alex Taylor III, "China Would Rather Have Buicks," *Fortune* (October 4, 2004), p. 98; Matt DeLorenzo, "Cruising in Style," Autoweek (December 6, 1993), pp. 13-14.

以下六项指导原则会对致力于建立全球品牌领导地位的营销经理有所帮助[25]：

1. 从本国市场开始，每进入一个新市场，就要为顾客创建一套令人信服的价值主张。全球品牌也始于这种价值基础。

2. 在把品牌带出国界之前，必须先全面考虑品牌识别（brand identity）的方方面面，选定具有全球化潜力的品牌名称、标志和徽标。要特别考虑到日本、西欧、美国和金砖五国。

3. 建立全公司的沟通系统，共享和利用与各国营销计划和顾客有关的知识和信息。

4. 制定横跨各个市场与产品的一致的计划流程，并使所有市场的所有经理都能使用该流程模板。

5. 明确管理品牌问题的具体责任，以确保当地品牌经理能接收到全球范围内的最佳做法。形式多种多样：可以由业务管理团队或（由高级管理人员领导的）品牌监督机构负责，也可由全球品牌经理或（由中层管理人员领衔的）品牌管理队伍负责。

6. 利用全球优势并对相关地域的差异做出反应，打造品牌策略。

可口可乐无可争议地是全球产品和全球品牌中的经典。可口可乐在所有国家都采用类似的定位和营销，它展示了一种开心、美好时光和享乐的全球形象。但是其产品本身却为了迎合当地口味而做出了诸多调整，如可口可乐在中东地区增加了饮料的甜度，因为当地的消费者喜爱较甜的饮料。同时，可以适当调整价格来适应竞争状况。销售渠道也可以有所不同。2009 年，可口可乐推出全球性的广告主题"打开快乐"（Open Happiness）。此前的广告语"生活中的可乐一面"（The Coke Side of Life）也是全球性的，但是需要适应类似俄罗斯和中国这样的新兴市场的要求。[26]然而，指导品牌管理的基本策略原则在全球各地都一样。问题不完全在于是否一致，而在于是否提供基本相同的产品和品牌承诺。正如我们将会在后几章探讨的那样，营销组合的其他要素，如价格、沟通诉求和媒体策略以及分销渠道等，都可以因地制宜。

10.3　以需求为基础的产品计划

可口可乐、麦当劳、新加坡航空、奔驰和索尼，这些只是将当地产品与品牌转化为全球产品与品牌的公司中的几个。营销的精髓在于发现需求并予以满足。**马斯洛需求层次理论**（Maslow's needs hierarchy）是社会学和心理学课程的重要内容，它也提供了一个框架，有助于人们了解当地产品和品牌的延伸何以能够跨越国界。马斯洛假定，人们的欲望可以分为五个层次的需求。[27]每一个层次的需求得到满足后，便迈向更高的层次（见图 10 - 1）。在人类生存的最基层，生理和安全需求必须得到满足。人们有衣、食、住的需求，能够满足这些基本需求的产品就具备全球化的潜力。

然而，满足人们的基本饮食需求是一回事，想要或偏好巨无霸或可口可乐是另一回事。在征服世界之前，麦当劳和可口可乐公司都已在美国建立了各自的品牌和经营体系。它们之所以能够建立超越地理界限的全球品牌专营事业，是因为它们的产品满足了人们的基本需求，也因为它们都是营销高手。同时，麦当劳和可口可乐都从经验中认识到：有些饮食方面的偏好（比如中国的）有其深远的文化渊源。[28]对这种区别做出回应，意味着要为具体的国别市场创建当地的产品和品牌。索尼生意兴隆的原因也是如此。视听娱乐产品发挥着重要的社会作用。在整个历史中，索尼公司的眼光要求它开发适合娱乐需求的新产品，如晶体管收音机、立体声随身听等。

中间层次的需求有自尊、自重和受人尊重。这些社会需求可能在人们内心形成一种强烈的动机，促使人们追求有地位象征的产品，因而存在于国家发展的不同阶段。吉列公司的阿尔弗雷德·采恩了解这一点。吉列公司派克笔分部的营销人员坚信，购买高档礼品的马来西亚和新加坡的消费者与在尼曼·马库斯购物的美国人一样，都会购买同样的派克笔。采恩说过："我们不会特意为马来西亚另做一种产品。"[29]当今的亚洲年轻女性把吸烟当作一种地位的象征，而且偏好万宝路之类的西方品牌。不过，吸烟者的需求与欲望可能受到经济环境的

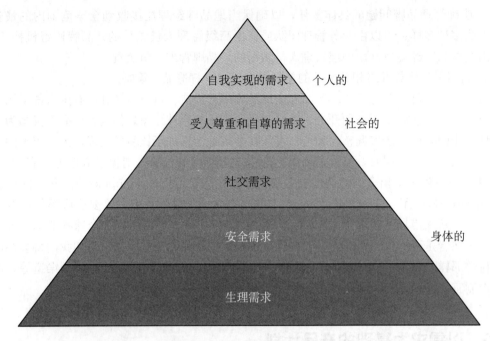

图 10 - 1　马斯洛需求层次理论

资料来源：A. H. Maslow，"A Theory of Human Motivation," in *Readings in Managerial Psychology*，Harold J. Levitt and Louis R. Pondy, ads. (Chicago：University of Chicago Press，1964)，pp. 6—24. Original—*Psychological Review* 50（1943）.

影响。英美烟草公司（BAT）等制造商对此有所认识，推出了当地品牌，以便人们以付得起的价格满足吸烟的欲望。

奢侈品营销商特别善于迎合全球范围都存在的尊重的需求。劳力士、路威酩轩和唐培里侬香槟王（Dom Perignon）便是消费者为满足尊重的需求而购买的全球品牌中的几个。有些消费者为了摆阔而购买引人注目的昂贵产品或品牌，这种行为被称作炫富或炫耀性消费。如果一个公司的高价产品或品牌能够因满足尊重的需求而在当地市场胜出，那么就应考虑将其推向全球。

同样的产品在不同国家可以满足不同的需求。以高收入的工业化国家使用的冰箱为例。在这些国家，冰箱的首要用途是满足基本需求，包括较长时间地储存冷冻食品，在向超市配送货物的途中保持易腐食品（如奶、肉等）的新鲜，还有就是制冰。相反，在低收入国家，冷冻食品并不普遍。主妇们每日都采购食品，而不是一周一次。人们不愿意为不必要的功能（如制冰）花钱。这些需要较高的收入才用得起的功能都属于奢侈性功能。在较低收入的国家，冰箱的功能不过是储存一天用量的食品和较长时间地存放剩饭菜。冰箱在这些国家所满足的需求有限，一个小冰箱足矣。在有些发展中国家，相对于较高阶层的需求而言，冰箱还有一个重要的第二用途——满足体面的需求。在这些国家，冰箱要最大的，并且摆放在起居室的显眼位置，而不是藏在厨房里。

赫尔穆特·舒特（Hellmut Schütte）提出了一个经过修改的需求层次图，用以说明亚洲消费者的需求与欲望（见图 10 - 2）。[30]两个较低的需求与传统的需求层次图相同，而三个较高层次则突出了社会需求。当个人为群体所接受时，就满足了亚洲的归属的需求（affilia-

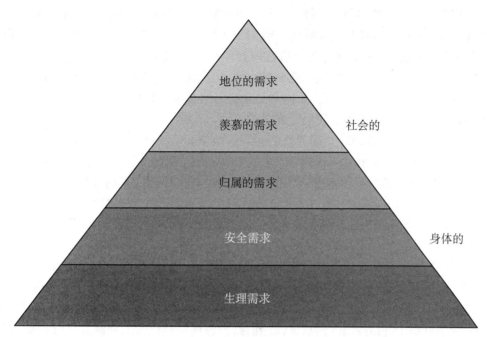

图 10 - 2　马斯洛的需求层次理论亚洲版

tion needs）。与群体的准则保持一致便成为消费行为的驱动力量。例如，当一款酷炫的新手机受到市场追捧时，每一个希望顺应潮流的青少年都想去买一部。日本公司的经理了解了该情况，便开发出专门用于吸引青少年的当地产品。下一个更高层次的需求是羡慕（admiration），满足这种需求则要能在群体中引起尊重。亚洲版需求层次图中的最高层需求是地位（status），即得到全社会的尊敬。希望获得高地位的部分原因是受性格的驱使。不过，追逐地位也会导致炫富。舒特声称地位是亚洲的最高级需求层次。将全球 2 000 多亿美元的奢侈品市场按地区加以分解，便可得到这种说法的根据：在这个领域的销售额中，有 20% 来自日本，另有 22% 来自其余的亚太地区。意大利古驰集团的销售总收入中将近半数来自亚洲。

10.4　品牌的"原产地"要素

全球营销中的一个基本事实是：对某些国家的看法和态度往往会延伸到来自这些国家的产品和品牌。这些看法与**原产地效应**（country-of-origin effect）概念的形成不无关系，而且成为品牌形象的一部分，对品牌资产也会产生影响。在汽车、电子、时装、啤酒、音乐录音制品和某些其他类型产品领域尤其如此。

对产品原产地的看法可以是积极的或消极的。从积极的方面来说，正如 20 世纪 90 年代中期一位营销专家指出的那样，"'德国的'是优质工程的同义词，'意大利的'是时尚的同义词，而'法国的'则是高雅的同义词"。[31]

一个特定国家的制造声誉可能随着时间改变。20 世纪 70—80 年代的研究表明，"美国制造"的形象败在"日本制造"之下。然而今天，美国品牌在全球正重新得到认可。例如，切诺基吉普，Lands' End 和美国服饰公司的衣饰，以及百威啤酒，都以鲜明的"美国"主题成功地打开了市场。美国服饰正以"洛杉矶市区制造"（Made in Downtown LA）为定位，打造全球品牌。它的时尚单品销往欧盟、瑞士、日本以及最近开发的中国市场。该公司的T恤和其他无徽标的基本款服饰会吸引追逐时尚的中国年轻人吗？首席执行官多夫·查尼（Dov Charney）承认这将是个挑战。他最近表示，美国服饰出售的是低调的"精心设计的基本款式"，而奢侈品则是"有点资产阶级和暴发户"的意味。但他补充道："年轻人更喜欢奥迪，而不是宾利。所以，说不定我们能成功。"

20世纪90年代中期以来，"墨西哥制造"的地位显著提高，因为当地公司和全球制造商都在墨西哥建立了供应全球的达到世界水准的制造厂。例如，福特、通用汽车、日产、大众和其他全球汽车制造商已在墨西哥建立了年产近200万辆汽车的设施，其中3/4供出口。[32]同样，20世纪70年代中期以来，消费者对"日本制造"的态度也经历了漫长的发展过程。那么，"印度制造"呢？印度对其制造能力颇感自豪，但总的来说，消费者的看法仍落后于现实。因此，印度面临的问题是：如何改变自己的形象？[33]

就某些产品种类而言，外国产品相对于国内同类产品具有明显的优势，仅仅因为它们是"外国的"。全球营销商有机会利用这一情况开出高价。啤酒行业的进口子市场就是例证。在一项关于美国人对啤酒态度的研究中，首先让被调查者品尝无标签的啤酒，结果表明他们对本国啤酒的偏好高于进口啤酒。然后又让他们品尝各种贴有标签的啤酒并评定偏爱的等级，在这次测试中，被调查者则偏好进口啤酒。结论：被调查者知道自己喝的是进口啤酒，这一认知影响了他们的看法。1997年，莫德洛集团的科罗娜特级啤酒凭借出色的营销活动，超越了喜力，成为美国的最畅销进口啤酒。科罗娜已分销到150个国家，成为把一个当地品牌打造成一个全球性强势品牌的教科书式范例。

苏格兰拥有强大的品牌资产，却有些遭人误解，因此它成为研究这类国家的有趣案例。有一项名为"丰盛计划"（Project Galore）的研究课题，目的是了解苏格兰资产的哪些方面可能用来获取商业利益。研究人员发现了诸多可以称作苏格兰核心产业的高质量产品与服务，其中包括威士忌、羊毛、鲑鱼和高尔夫球场。事实上，苏格兰出口的高端类别是信息技术！研究人员编制了一幅想象图，确定苏格兰的四大关键价值观：正直、坚韧、创新和锐气。[34]为更好地对苏格兰定位，使其有别于爱尔兰和其他相邻的国家，苏格兰国际开发部最近开展了一场广告活动，其中采纳了这项研究的一些成果。

10.5 延伸、调整、创新：全球营销的策略选择

公司经理如想充分利用国外的机会，就必须提出并实施适当的营销计划。根据组织目标和市场需要，具体的计划可以包含延伸策略、调整策略，或将二者合并。已经开发出成功的当地产品或品牌的公司可以实行**延伸策略**（extension strategy），这种策略只要求将产品几乎原封不动地提供给（即"延伸"至）本国之外的市场。第二种选择是**调整策略**（adaptation strategy），这种策略可能要求根据特定的国家市场的需求与情况，对设计元素、功能元素或包装元素加以改变。这些产品策略可以和沟通策略的延伸或调整结合使用。有的公司在向全球市场拓展之前已经在国内市场建立起品牌和产品/服务，如星巴克，这种公司的经理就面临这类策略抉择。第三种选择是**产品创新**（product invention），它要求着眼于世界市场

"从零开始"开发新产品。

不同国家的法律和法规经常造成产品设计的强制性修改。这一点在欧洲可能尤为明显。欧洲创建统一市场的一个动因是，希望消除对泛欧市场标准化产品销售造成阻碍的法规和法律壁垒。这些情况在技术标准和健康安全标准方面尤为严重。例如在食品行业，对 10 种食品在欧盟内部的跨境贸易设有 200 条法律和法规壁垒。其中，有对含有某种成分的产品禁用或征税的法规，也有不同的包装法和商标法。这些壁垒被消除后，修改产品设计的需要将减少，许多公司将能够生产标准化的"欧洲产品"。

尽管上述趋势走向一致，但现在许多保留下来的产品标准仍有待协调。这种情况给主要业务在欧盟以外的公司造成了一些麻烦。例如，多蒙特制造公司（Dormont Manufacturing）位于宾夕法尼亚州艾克斯波特市，制造用于油炸锅和食品工业的其他类似器具上的软管。多蒙特公司的燃气软管是不锈钢的螺旋形管，没有套管。英国的行业规定要求采用镀锌的金属环纹管外加橡胶套管；意大利的规定要求不锈钢环纹管不加套管。适应这些规定所需的成本足以将多蒙特公司拒于欧洲市场之外。[35]

不仅如此，欧盟委员会还在继续制定产品标准，迫使许多非欧盟公司调整其提供的产品或服务，以符合市场的规定。例如，消费者安全规定意味着麦当劳欧洲门店不能在其欢乐套餐里包含软塑料玩具。微软已被迫修改它同欧洲软件制造商和互联网服务提供商的合同，以确保欧盟的消费者能够大范围享用新技术。欧盟委员会还制定了有关产品成分的严格规定，因为这事关可回收性。联合技术公司在布鲁塞尔的说客马加·韦塞尔斯（Maja Wessels）最近说道："20 年前，按照美国标准设计的产品几乎可在世界各地畅通无阻。现在不是这样了。"联合技术公司运营事业部的工程师对公司的空调进行了重新设计，使其在可回收方面达到比美国标准更严格的欧洲规定。[36]

第 1 章曾提及，延伸/调整/创新的抉择是公司全球营销策略应处理的最基本问题之一。虽然此事关系到营销组合的所有要素，但延伸/调整在产品和沟通决策中具有特殊的重要性。本章前面的表 10-1 将产品/品牌的策略选择用矩阵形式列出，图 10-3 又做了进一步展开，将推广与沟通的所有方面（不仅是品牌策略）都纳入了考虑范围。图 10-3 列出了四种策略选择，可供星巴克和其他欲从本国向新的地理市场拓展的公司选用。

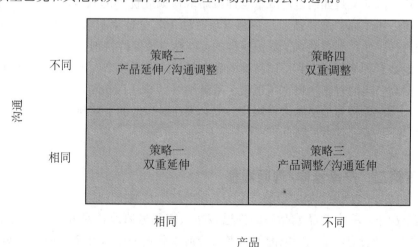

图 10-3　全球产品计划：策略选择

处于国际、全球和跨国等发展阶段的公司都运用延伸策略。关键的区别在于执行和心态。以一个国际公司为例，延伸策略反映出母国中心导向和所有市场都相同的假定。而像吉列这样的全球公司就不会陷入这种假定，公司的全球中心导向使其充分认识自己的市场，并有意识地利用世界市场的相同之处。同样，多国公司的多国中心导向和所有市场均不相同的假定促使其采用调整策略。相反，全球公司的经理和高管的全球中心导向使他们能敏锐地察觉市场之间的实际（而不是假定的）差别。一位高管人员指出，关键在于"既不做无可救药的当地派，也不盲目追求全球化"。

10.5.1 策略一：产品延伸/沟通延伸（双重延伸）

许多公司用**产品延伸/沟通延伸**（product-communication extension）策略在全球市场寻求机会。在合适的条件下，这是一种非常简单易行的营销策略，也可能是收益最大的策略。采用这种策略的公司，在两个或更多的国家市场或目标子市场中，运用与国内市场相同的广告和促销诉求方式，销售几乎未加改动的同样的产品。要使这种策略切实有效，广告主所要传递的信息必须能为具有不同文化背景（包括新兴市场）的人所理解。这种双重延伸的实例包括：

● 苹果公司于 2007 年中在美国推出 iPhone。随后的几个月，又逐渐在另外几个市场上市，包括法国和英国。一年之后，苹果推出第二代 iPhone 时，同时在 21 个国家上市。

● 汉高公司运用双重延伸策略，在全球销售其洛克泰特（Loctite）黏合剂产品。公司的各条产品线（包括医用黏合剂和螺纹锁固剂）都使用洛克泰特这一品牌名称。其广告中包含了汉高公司的徽标。

● 微软于 2009 年推出 Windows 7 操作系统。它的全球广告活动以用户为中心，主题为"我是 PC，Windows 7 是我的选择"。这些广告展示了微软的真实客户和员工。

作为一般的规律，延伸/标准化策略更多地运用于工业品（企业对企业），而不是消费品中。理由很简单：工业品一般没有消费品那种文化渊源。但如果的确如此，那么苹果作为一个完美的消费品品牌又是如何运用双重延伸策略取得如此优异的效果的呢？有一种解释是，如第 7 章所述，该品牌的高科技、高情感形象有助于其全球消费者文化定位。这些实例表明，科技公司和工业品制造商对于双重延伸的可能性应该保持特别警觉。不过，汉高公司另外还经营其他数百种不同配方和不同品牌的黏合剂、洗涤剂和个人护理产品。说到洛克泰特品牌产品，汉高公司的首席执行官乌里希·莱赫纳（Ulrich Lehner）说："像这样的产品没多少。通常，你都要按当地品味做些修改。你必须在对当地的了解与集中化规模经济之间取得平衡。这是一场永不停歇的战斗。"[37]

10.5.2 策略二：产品延伸/沟通调整

在某些情况下，一个产品或品牌的沟通策略只需稍做修改，便可成功地延伸到多国市场。研究可能已经表明，不同国家的消费者对价值主张的一个或几个方面的感知也有区别。还可能出现这种情形：在不同的国家或地区，产品满足的是另一种需求，受到另一种子市场的青睐，或发挥了不同的功效。不管原因如何，将产品进行延伸并同时调整营销沟通计划，可能是取得市场成功的关键。**产品延伸/沟通调整**（product extension-communication adaptation strategy）策略的诱人之处在于其相对低廉的实施成本。产品本身并无变化，从而避免了研发、生产设施和库存等方面的开支。这种做法的最大费用是市场调研、广告修改、促销、销售点的宣传资料以及其他一些适当的沟通要素。

请思考以下产品延伸/沟通调整的案例：

● 在匈牙利、斯洛文尼亚和其他中欧国家，英国南非米勒酿酒公司将其米勒纯生啤酒定位为一种国际生活方式品牌（全球消费者文化定位），而不是美国品牌（外国消费者文化定位）。之所以选择这种沟通调整策略，是因为焦点小组座谈的调研表明，许多欧洲人对美国啤酒的评价不高。[38]

● 在本杰瑞公司的经理向英国市场推销其冰淇淋之前，公司曾进行广泛的调研，以判断其包装设计能否有效地反映品牌的"超高价"定位。调研结果表明：英国消费者对色彩的看法与美国消费者不同。公司改变了包装，成功地在英国市场推出了本杰瑞产品。

● 英特尔公司为推广其迅驰（Centrino）无线芯片，开展了一场全球广告活动，由多位名人代言。在平面、电视和在线广告中，一位名人坐在一位移动计算机使用者的膝盖上。选中这些名人是因为他们在世界关键市场得到了广泛认可，其中有喜剧演员约翰·克里斯（John Cleese）、女演员刘玉玲和滑板王托尼·霍克（Tony Hawk）。[39]

● 在美国，索尼为其 Bravia 高清电视机做广告，鼓励电视观众登录互联网，并选择不同的广告故事结局。在欧洲的广告则截然不同，其特点是形象色彩明亮，如带有环形条纹的彩球以慢动作弹跳。索尼电子公司的首席营销官麦克·法苏洛（Mike Fasulo）说："在不同地区，消费者是否选用高清晰度产品，以及高清晰度产品的普及程度（包括我们的 Bravia 系列电视机），存在巨大差异。"[40]

● 约翰迪尔公司的工程师瞄准了现在还在使用耕牛拉犁的 3 亿印度农民，创造出了一系列相对低价、有基本功能的简易拖拉机。约翰迪尔公司的团队随后发现，这些设备同样可以卖给美国的耕作爱好者和小土地所有者——一个此前被他们忽视的子市场。[41]

威特基（Wild Turkey）等美国高价波旁威士忌品牌的营销人员发现，三角洲布鲁斯音乐、新奥尔良和 66 号公路的形象符合美国以外的高层次饮酒人的品位。然而，那种强调波旁威士忌质朴而粗犷的形象却不能吸引美国人。正如《波旁威士忌之书》（*The Book of Bourbon*）的作者加里·里甘（Gary Regan）所说，"当欧洲人想到充当世界警察的美国人时，他们恨美国人，当想到蓝色牛仔裤、波旁威士忌和牧场时，他们爱美国人"。[42]

同样，野格（Jëgermeister）烈性酒在关键国家市场的营销手段也不同。这种基于草本作物的棕色饮品产自德国，首席执行官汉索·坎普夫（Hasso Kaempfe）认为，它在德国以外取得成功的关键因素是形象的多样化。20 世纪 90 年代中期，在美国"发现"野格酒的是高校的学生。坎普夫的营销经理避开了传统的媒体广告，利用品牌崇拜心理，雇用了"野格"女孩散发免费样品，还在摇滚音乐会上发放公司的 T 恤衫和橙色横幅。而在第二大出口市场意大利，野格酒是饭后饮用的高档消食剂。在德国、奥地利和瑞士，啤酒文化盛行，野格酒和其他品牌的烈性酒给人带来的是较为传统的联想，如被当作治疗咳嗽、胃痛或对付"宿醉"的灵丹妙药。[43]

野格是**产品转换**（product transformation）的一个实例：同一实体产品发挥了与原设计或制作目的不同的功能或用途。在有些情况下，具体国家或地区的环境使当地经理在处理沟通任务时有更大的创作和冒险空间。

10.5.3　策略三：产品调整/沟通延伸

全球产品策划的第三种方式是对产品进行调整以适应当地的使用环境或偏好，同时将本国市场的基本宣传策略或品牌名称尽量原封不动地延伸。这种策略，即**产品调整/沟通延伸**（product adaptation-communication extension）。例如：

● 凯迪拉克的一种新型号汽车 BLS 正在瑞典生产，比目前的 CTS 型汽车短 6 英寸；标准配置是 4 缸发动机，买主也可选购柴油发动机。

● 多年来，福特公司一直在全世界销售福睿斯、福克斯和其他品牌的汽车。然而，这些汽车在不同地区往往有些区别。2010 年，福特在美国推出了一种新型福克斯，80% 的部件与欧洲版福克斯相同，另外 20% 依各地相关的法规做出调整，如保险杠碰撞标准等。[44]

● 1996 年，卡夫食品公司采用延伸方法，在中国推出奥利奥品牌曲奇。几年来销量平平，卡夫的驻地营销团队遂展开调研。他们发现，根据中国人的口味，奥利奥过甜；而且价格太高，14 片装售价 72 美分。改变配料后，奥利奥甜度降低，是一种外有巧克力涂层、内有香草和巧克力酱的四层威化饼干。新包装威化奥利奥的片数减少，售价约为 29 美分。如今，奥利奥已是中国最畅销的威化饼干品牌。[45]

卡夫食品公司在中国销售奥利奥的经历是在延伸策略不能取得预期效果时由产品延伸改为产品调整策略的实例。与之相反，福特公司的经理在面临丰田、本田和其他汽车制造商的强大竞争时，却在寻求替代产品调整策略的办法。2008 年，福特推出了最新版的嘉年华，被设计为一种高产量汽车（年产可高达 100 万辆），无须多作改动即可在全世界销售。福特的执行官马克·希尔兹（Mark Shields）说："这是一辆真正的全球车，因而是我们一个真正的转折点。"[46]至于通用汽车公司的凯迪拉克，经理们的意图是 2010 年使美国以外地区的年销量达到 2 万辆。这就需要根据欧洲人的驾驶偏好和条件做出适当的调整。BLS 型车只在欧洲销售，正如通用汽车公司凯迪拉克分部总经理詹姆斯·泰勒（James Taylor）所说，"美国没有哪个凯迪拉克买主会购买 4 缸的小排量车"。[47]

10.5.4　策略四：产品调整/沟通调整（双重调整）

公司也可采用**产品调整/沟通调整**（product-communication adaptation），即**双重调整**（dual adaptation）的策略。顾名思义，该策略指为适应某一具体国家或地区，同时调整（一个或多个）产品和促销要素。营销人员有时会发现，不同国家的环境状况或者消费者偏好会有差异；而产品具有的功效或消费者对于广告诉求的接受程度也是如此。当某国经理具有相当大的自主权，并决定进行调整时，他可能只是在行使其独立行动权。如果总部试图在国家间实现协调，其结果可能像一位经理所说的那样——像在放猫。联合利华的双重调整策略就是一个例子。联合利华的意大利经理发现，意大利女性每周用 20 多个小时来打扫卫生、熨衣服和做其他家务，但她们对省力的方便设施不感兴趣。因为最终结果（真正清洁光亮的地板）比节省时间重要。为向意大利市场供应商品，联合利华对西夫（Cif）喷雾清洁剂的配方进行了修改，以更加有效地去除油渍；另外还推出若干变形产品以及更大容量的瓶子。电视广告对西夫的介绍是强力而不是方便。[48]联合利华的舒耐止汗剂曾经有 30 种不同的包装设计和 48 种不同的配方。广告和品牌策略也根据当地情况进行了调整。[49]西夫品牌产品在意大利的情况是，经理根据商业情报改进了产品和沟通，使销量大增。与此相反，舒耐品牌的多重配方在很大程度上是多余的和不必要的。为解决这些问题，联合利华于 1999 年开展了一场"增长之旅"活动，旨在减少为产品配方和包装问题而逐个国家折腾的行为。

注意，如前所述，这四个选项并非互相排斥的。换言之，同一个公司可以同时在世界的不同地方采用不同的产品/沟通策略。例如耐克在对其技术先进的高价运动鞋进行营销时，辅以突出美国式的直截了当和"想做就做"态度的广告，从而建立起了全球品牌。然而在巨大并有重要战略意义的中国市场上，这种做法有若干局限性。其一，耐克的"坏小子"形象与根深蒂固的中国价值观（如尊重权威和孝道）格格不入。一般而言，耐克的中国广告不会以破坏和谐的形象出现。其二，价格也是个问题：一双普通耐克鞋的价格相当于 60～78 美元。耐克在 20 世纪 90 年代中期制造了一种专门供应中国市场的鞋，使用的材料较为便宜，售价不到 40 美元。耐克多年来一直使用其长期广告代理公司威登肯尼迪（Wieden & Kennedy）为西方市场设计的广告，后来它雇用了来自 WPP 集团上海智威汤逊广告公司讲汉语的艺术指导和制作人员，他们借助当地运动员形象创作的新广告，顺应了中国人的民族感情。[50]

10.5.5　策略五：产品创新

延伸和调整策略对于许多全球市场机会来说都是有效的方法，但并非对所有的市场都有效。例如，对于那些虽有需要但无力购买现有产品或经过修改的产品的市场，这些策略就不奏效。全球公司选定印度和其他新兴市场的消费者时，就有可能遭遇这种情况。当潜在顾客的购买力有限时，公司就可能需要开发一种全新的产品，以潜在顾客能够接受的价格抓住这种市场机会。反过来也是如此：低收入国家的公司在当地取得成功之后，如果想在高收入国家也取得成功，可能就必须超越仅限于调整的阶段，"升高横竿"，把产品设计提高到世界水平。**创新**（innovation）是赋予资源以创造价值的新能量的过程，也是一项要求高但具有潜在回报的产品策略，不仅对进入欠发达国家的大众市场而言是如此，对进入工业化国家的重要子市场也是如此。

两位独立工作的企业家认识到，全球有千百万人需要低价的眼镜。美国配镜师罗伯特·莫里森（Robert J. Morrison）创造了一种速制眼镜，使用常规镜片，几分钟便可装配完毕，每副售价约 20 美元。牛津大学的物理学教授乔舒亚·席尔瓦（Joshua Silva）提供的办法的科技含量较高：他采用透明的薄膜镜片，内注无色液态硅。使用者可用两个手动调节器增减液体的含量，以调整镜片的度数。席尔瓦教授现任发展中国家视觉中心（Centre for Vision in the Developing World）首席执行官，该组织的使命就是在发展中国家销售低成本、可自我调节的眼镜。[51]另一个创新策略的案例涉及一家南非公司——它获得了英国专利授权，可以生产手摇式收音机。这种收音机是一位英国发明家根据低收入国家对收音机的需求设计的。这些国家的消费者家里没有电，也难以承担更换电池的费用。他的发明显然提供了一种解决办法：手摇式收音机。这是一种理想的办法，可以解决新兴市场低收入人群对收音机的需求。使用者只需用手摇，短时间内手摇产生的电量就可收听广播约一小时。

有时，想走向全球的发展中国家的制造商也运用创新策略。例如，印度的特迈斯公司（Thermax）制造的小型工业锅炉在国内市场取得巨大成功。而后，工程师为印度市场开发了一种新产品，这种新型设计大幅缩小了单个锅炉的体积。然而这种新设计在国外却难以获得成功，因为安装复杂且费时。在印度，劳动力成本低，相对复杂的安装不成问题。而在工资较高的国家就不同了，那里的工业客户要求有便于快速安装的先进的整体系统。特迈斯的总经理便要求工程师为世界市场重新修改设计，关键是要便于安装。这个宝押对了，现在特迈斯是世界上最大的小锅炉生产商之一。[52]

公司开发的产品既可提供最大利益，又可为世界任何地方的购买者创造最大价值，这样才可能成为全球竞争的赢家。在有些情况下，界定价值的不是业绩，而是顾客的看法。产品质量至关重要（的确，这经常是既定的），但也有必要用富有想象力的、能创造价值的广告和营销沟通来支持产品的质量。多数行业专家认为，全球诉求和全球营销活动比一系列单个国家的活动更能有效地创造顾客对价值的认知。

10.5.6 如何选择策略

大多数公司都期望找到一种能够长期优化公司利润的产品/沟通策略。哪一种全球营销策略能最有效地达到这个目标呢？这个问题尚无普遍适用的答案。初次涉足的公司必须先处理前面提到的问题。此外值得注意的是，在产品和沟通决策方面，经理有可能犯两类错误。一种错误是患上**"非本地发明"**综合征（"not invented here" syndrome），对子公司或分公司经理的决定置若罔闻。这样行事的经理实质上并不愿意想办法在国外市场利用产品/沟通政策。另一个错误是假定凡对本国市场的顾客正确的，对其他地方的顾客也必然正确，将政策强加于所有分公司。

总之，选择全球营销的产品/沟通策略是三个关键因素作用的结果：（1）产品本身，以其提供的功能和满足的需要来定义；（2）市场，以产品使用的环境、潜在顾客的偏好和对有关产品的购买能力和意愿来定义；（3）对于考虑选用这些产品/沟通方式的公司来说，其调整的成本和制造的成本。只有经过对产品/市场组合、公司能力和成本的分析后，经营者才能选定最能获利的策略。

10.6 全球营销中的新产品

图 10-3 展示的矩阵提供了评估延伸或调整策略是否有效的框架。不过矩阵中的四种策略选择并不一定是针对全球市场机会的最佳可选对策。如欲在全球竞争中获胜，营销人员、设计人员和工程师都必须跳出框框，换位思考，并创造出在全世界都具有卓越价值的开创性

新产品。在当今充满活力与竞争的市场环境下，许多公司认识到持续不断地开发和推出新产品是生存和发展的关键因素。这就是策略五的主旨：产品创新。同样，营销人员应该寻找机会，开展支持新产品或品牌的全球广告活动。

10.6.1　识别新产品构思

什么是新产品？产品是否新颖，可以从它与购买者或使用者的关系中得到评定。产品之新也可能体现在组织方面，例如公司收购了一种它以前不曾涉足的现成产品。最后，对一个公司来说并不新颖的现有产品可能对某一特定市场来说是全新的。有效的全球新产品开发方案的起点是一套信息系统，这套系统可以依赖所有可能有用的资源和渠道寻找新产品构思，并将这些构思引向组织内部相关的筛选和决策中心。这些构思可能来自许多方面，包括客户、供应商、竞争者、公司销售人员、分销商和代理商、子公司主管人员、总部主管人员、文件（如信息服务报告和出版物），最后还有关于市场环境的真实的一手观察资料。

文化背景

全球节食计划的相关营销

美国的肥胖率越来越受关注。不过，肥胖实际上是一个世界性问题。据世界卫生组织估计，到 2015 年，10% 的世界人口（超过 7 亿人）将出现超重或者肥胖体征。对于雀巢旗下的珍妮克雷格（Jenny Craig）以及慧俪轻体（Weight Watchers）这样的生活方式公司来说，这一统计数据代表了机会。

截至 2005 年，珍妮克雷格已经在澳大利亚、加拿大、新西兰、波多黎各、关岛以及美国设立了运营中心。雀巢于 2006 年收购该公司后，管理人员开始了向欧洲扩张的计划。珍妮克雷格首席执行官帕蒂·拉切特（Patti Larchet）解释道："我们对不同国家在肥胖排行榜上的名次进行了大量研究。欧洲的肥胖问题刚刚出现。它的肥胖人口在百分比上暂且落后于美国和澳大利亚。人们渴望寻求解决这一问题的方案。"

例如，在法国，国家健康与医学研究院最近的一项研究报告称，将近 1/3 的 18 岁以上法国公民超重。2010 年，珍妮克雷格进军法国，为消费者提供了一系列咨询服务和预包装食品。每天的食物花费为 9.90 欧元，包括三餐和点心。行业观察家指出，法国人向来通过食量控制和自我节制来控制体重，而不是零售的减肥计划。法国珍妮克雷格的首席执行官埃里克·莫罗（Erick Moreau）也承认："法国人对美国食品有着消极反应。"但是，他指出："就减肥而言，美国人在这方面还是有可信度的。"

与此同时，在地球的另一边，体重增加也给中国带来了日益严重的困扰。2008 年发表于《卫生事务》（*Health Affairs*）的一项研究指出：

超过 1/5 的中国成年人超重，这与饮食结构的改变以及体育锻炼的模式有关。超重和不良饮食对低收入者形成的负担大于高收入者，还可能造成高血压、中风和二型糖尿病的患病人数大量增加。

该研究还指出，中国成年人的超重率仅次于墨西哥。尽管如此，慧俪轻体发现，许多已经注册的中国客户属于体重指标正常的健康人。也就是说，他们似乎没有超重。

大体上，慧俪轻体会将成员分组并将组员集合在一起，对其指标进行测量，展开分析并鼓励同伴间的相互支持。公司的营养专家会为不同的食物赋予一定分值，每个节食者都有特定分值的预算。通过坚持预算，节食者就能实现减重的目标。然而，在中国，慧俪轻体还要面临一项挑战，那就是把该国种类繁多又颇具特色的美食纳入其数据库。它也要应对来自其他瘦身方法的竞争。一些中国人青睐"快速瘦身法"，包括吸脂术，以及针灸等中国传统疗法。

资料来源：Jurek Martin, "Political Hot Potatoes," *Financial Times* (April 21-22, 2012), p. 2; Bruce Horovitz, "Dining Chains Shape Up Menus," *USA Today* (April 13, 2011), pp. 1B, 2B; Mary Clare Jalonick, "Wal-Mart Joins Michelle Obama, Will Make, Sell Healthier Foods," *USA Today* (January 20, 2011); Patti Waldmeir, "Industry Drools Over China's Dieting Urge," *Financial Times* (July 22, 2010); Matthew Saltmarsh, "Nestlé Bringing American-Style Diet Plans to Europe," *The Wall Street Journal* (March 7, 2010), p. B1; Barry Popkin, "Will China's Nutrition Transition Overwhelm Its Health Care System and Slow Economic Growth?" *Health Affairs* 27, no. 4 (2008), p. 1064.

新产品可能是一种全新的发明或创新，使用者需要花费大量精力学会如何使用。这类产品如获成功，便会开创新市场和新消费模式，并对行业结构产生破坏性的影响，人们有时称其为**跨越性创新**（discontinuous innovations）。这类"新且不同"的产品，从字面上就可看出与过去的决裂。[53]简而言之，它们改变了游戏规则。

例如，20 世纪 70 年代，录像机的革命性影响可以用时间转换的概念予以说明：这种设备最初的好处是可以使电视观众挣脱电视节目时间表的约束，观众可以选择快进以跳过广告！同样，30 年前开始的个人电脑革命促成了科技的民众化。微机的首次出现是一种跨越性创新，它使人们的生活和工作方式发生了巨变。苹果公司在 21 世纪头 10 年推出了一系列新产品——iPod（2001 年）、iPhone（2007 年）和 iPad（2010 年），实现了跨越性创新的帽子戏法。

有一种中度创新的新产品，其革新跨度较小，消费者需要学习的地方也不多。这类产品称作**动态连续性创新**（dynamically continuous innovations）。具有这种程度创新的产品与前几代产品共有某些特性，又包含产生附加值的新特性，如性能的显著提高或使用更加方便。这类产品对以前已有的消费模式造成的干扰较小。吉列公司的感应型（Sensor）、超常感应型（Sensor Excel）和锋速 3 等产品反映了该公司不断为湿面剃须引入新科技的做法，而几个世纪以来，湿面剃须的方式几乎未曾改变。

消费电子产品行业经常发生动态连续性创新。个人用立体声音响设备（如索尼的随身听）使人们可以在行进间欣赏音乐，这是 20 世纪 50 年代有了晶体管收音机以来人们习以为常的事，创新之处在于一个微缩型单放式卡带系统。80 年代早期出现的光盘改进了收听音乐的效果，但并不要求人们的行为有多大改变。同样，令电视迷欣喜的是，宽屏平板高清电视机在性能上有了极大的提升。但必须指出的是，高清电视用户必须从有线电视公司或卫星公司处订购高清服务。

大多数新产品属于第三种类型——**连续性创新**（continuous innovation）。这类产品是典型的现有产品的"新型号和改进型"，开发这类产品的研发开支少于动态连续性创新产品。

连续性创新对现有消费模式的干扰很小，购买者需要学的地方也最少。前面已经谈到，对"新"的评定是相对于购买者或使用者而言的。若一位想要升级的微机使用者会购买一台处理速度更快或存储空间更大的新型机，那么这台微机可以算作连续性创新产品。而对于一个首次使用微机的人来说，则是跨越性创新。快速消费品公司和食品营销人员推出新产品时，非常倚重连续性创新。这种做法往往采取**产品线延伸**（line extensions）的形式，如新的尺寸、口味和低脂型。新产品的三个层次可以用图 10 - 4 中的连续轴表示。

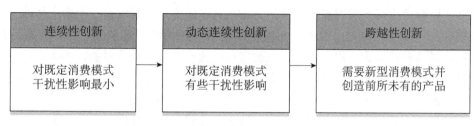

图 10 - 4　新产品连续轴

10.6.2　新产品的开发

　　开发全球产品的主要动力是产品的研发成本问题。随着竞争的加剧，一些公司发现，进行全球产品的设计可以降低研发成本。它们的目标通常是建立一个可以迅速而廉价地转向不同国家市场的单一的**产品平台**（platform），产品设计元素或部件。克里斯托弗·辛克莱（Christopher Sinclair）在担任百事食品与饮料国际公司（PepsiCo Foods and Beverages International）总裁兼首席执行官期间曾说："你真正想做的是看着这四五个产品平台，它们能够使你跨越国界，成为大规模的经营者，去做全球营销人员该做的事。"[54]

　　即使是汽车这类必须符合国家安全和排放标准的产品，在设计时也是着眼于全球市场的。汽车制造公司如果拥有全球产品平台，在需要时便可拿出一个全球设计的修改版，而不必为不同国家或地理区域分别进行设计。福特公司 1998 年和 1999 年分别在欧洲和美国推出的第一代福克斯，时下已在全球销售，而且改动极少。福克斯项目的首席项目工程师是英国人，首席技术官是德国人，项目经理是爱尔兰人，主任设计师是英裔澳大利亚人。根据福特2000 年计划，每一辆车减少了约 1 000 美元的开发费用。[55]

　　通用汽车公司在 20 世纪 90 年代着手重新设计面包车时，标准平台也成了其首选。具有全球头脑的通用汽车公司董事会指示其设计班子创造一种在美国和欧洲都会受欢迎的汽车。欧洲的道路通常较窄，燃油较贵，因此欧洲的工程师力争制造一种比典型面包车小的车辆。有些部件改用较轻的金属（如镁）可以尽量减轻整车的重量，油耗的经济性也相应得到提高。[56]事实证明，由此制造出的车型——雪佛兰 Silhouette（美国）、欧宝 Sentra（德国）和沃克斯豪尔 Sintra（英国）——在各自的市场上收效有限。经验教训：制定全球策略是一回事，成功地执行它是另一回事！

　　其他与设计有关的费用（无论是由制造商承担还是由最终用户承担）也必须考虑在内。耐用性和质量是产品的重要特性，必须适合目标市场。在美国和欧洲，汽车买主不希望承担高昂的维修费用。因此，新型的福特福克斯的设计重点就是要降低保养和修理费用。例如拆卸发动机仅需一个半小时，比福睿斯节省一半时间。此外，车身使用螺栓连接，而不是焊接；尾灯安装位置较高，即使在停车场发生碰撞也不易破碎。

10.6.3　国际新产品部门

如前所述，企业需要大量信息，以便从中搜索新产品的机会，随后还需要下大力气筛选这些机会，以确定值得开发的候选产品。为满足这些需要，最好设置一个新产品部。这个部门的经理有几项工作：首先，保证不间断地发掘所有相关的信息来源，以寻找新的产品构思；其次，对这些产品构思进行筛选，以确定适合进行调查的候选对象；再次，对选出的新产品构思进行调查和分析；最后，保证企业将资源投入到最有希望的候选新产品，同时保证企业在全球范围内不断参与有秩序的新产品开发和推广计划。

由于可能产生的新产品构思数量巨大，许多企业建立了筛选网格，以便聚焦于那些最适合被调查的创意。以下问题与这一任务相关：

1. 这种产品在各个不同价位上的市场有多大？

2. 对于我们就此产品所采取的行动，竞争者可能会有什么反应？

3. 我们能否通过现有的组织结构营销该产品？如果不能，需要做什么变动，这些变动需要多高的成本？

4. 已知该产品在各种具体价位、各种竞争强度下的估计潜在需求量，我们如果将产品外包，能否产生足够利润？

5. 这一产品符合我们的战略发展计划吗？（1）产品与我们的总体目的和目标是否一致？（2）产品与我们可得的资源相吻合吗？（3）产品与我们的管理结构相符吗？（4）产品是否具有足够的全球潜力？

例如，维珍公司的开发队伍要评估每天十几条来自公司外部的建议，还要评估维珍员工提出的建议。维珍公司的前集团公司开发主任布莱德·罗瑟（Brad Rosser）曾统领这支开发队伍多年。在评估新产品的构思时，罗瑟和他的团队都要在下述方面寻求协同效应：维珍公司的现有产品、定价、营销机会、投资的风险与回报，以及新产品构思"是利用还是滥用"维珍品牌。获得通过的业务包括：服装连锁店维珍牛仔裤、婚庆咨询服务公司维珍婚庆和互联网服务公司维珍网络。[57]

10.6.4　新产品测试

向国外市场推广新产品的主要教训是，无论产品何时与人、机械或化学成分产生互动关系，总可能出现令人吃惊和出乎意料的不兼容性。几乎所有产品都可能出现这种情况，因而在全面推出某产品之前，将其置于实际市场环境中进行测试是十分重要的。测试并不一定要动用全部的试销力量，它可能仅仅需要观察目标市场使用产品的实际情况。

如事先不对产品的实际使用环境进行评估，其结果可能会令人震惊。对这一点，联合利华已经领教过，当时它在欧洲未经充分测试便投入一种新品牌的洗衣粉。公司耗资 1.5 亿美元开发了一种新型洗涤剂，其成分中含有去污力强的复合锰分子，能比宝洁公司的碧浪等竞争产品用更低的水温快速洗净衣物。1994 年 4 月，凭借 3 亿美元的营销预算，联合利华在欧洲以宝莹强力、奥妙强力和其他品牌名称推出了这种产品。公司还在组织重组后，将在欧洲推出新品所需的时间由 3 年调整到 16 个月。在这个具体的案例中，新配方去污效率的提高和公司对新配方的热衷造成了营销的惨败。消费者发现，使用强力洗衣粉后，有些衣物受损。宝洁公司迅速借此大做文章。它刊登广告指责强力洗涤剂，并委托实验室进行检验，以证明造成损坏之事属实。联合利华的董事长迈克尔·佩里爵士（Sir Michael Perry）将强力的惨剧称作"我们遭受的最大营销挫折"。联合利华之后修改了强力配方，但为时已晚，已无法挽救品牌。公司丧失了在欧洲与宝洁公司争夺市场份额的良机。[58]

本章提要 //////////////////////

产品是营销方案中极其重要的要素。全球营销人员面对的挑战是为公司制定一个前后一致的全球产品和品牌策略。**产品**可以视为共同为购买者或使用者提供好处的有形和无形属性的集合体。**品牌**在消费者心目中是形象与经历的复合物。在多数国家，**当地品牌**、**国际品牌**和**全球品牌**互相竞争。**当地产品**只在单一国家销售，**国际产品**则可在若干个国家买到，**全球产品**适合满足全球市场的需求与欲望。

全球品牌在世界各地使用同样的名称并具有相同的形象和定位。许多全球公司运用**复合（梯次）品牌**、**联合品牌**和**品牌延伸**策略，以充分利用有利的**品牌形象**和高价值的**品牌资产**。公司可以利用**全球品牌领导地位**，在所有市场建立强势品牌。**马斯洛的需求层次理论**是一个以需求为基础的框架，它提供了一种方法，用以了解在世界不同地方开发当地产品和全球产品的机会。有些产品和品牌从**原产地效应**中受益。产品决策还必须涉及标签、**审美**等包装问题。此外，还必须对每个国家市场提供妥当的**明示担保**政策。

产品和沟通策略的选择范围包括下述三种策略及其相互组合：**延伸策略、调整策略和产品创新**。公司进行地理扩张时有五种策略选择：**产品延伸/沟通延伸、产品延伸/沟通调整、产品调整/沟通延伸、产品调整/沟通调整和产品创新**。某一具体公司究竟采用哪种策略选项，取决于公司的产品及其满足的需求、顾客的偏好与购买力，以及调整与标准化之间的成本差别。若产品进入新市场后，其功能与用途均已背离初衷，便出现了**产品转换**。管理层在选择策略时，应当有意识地尽量避免"**非本地发明**"综合征。

全球竞争给公司造成了压力，迫使它们精于开发标准化**产品平台**，以便在平台基础上进行产品调整，节省成本。新产品可以分为**跨越性创新、动态连续性创新**和**连续性创新**（如品牌延伸）。成功地推出产品需要了解市场是如何演进的：随时间先后还是并行发展。随着产品开发周期的缩短和产品开发成本的飙升，如今许多新产品都是在多个国家市场同时推出的。

讨论题 //////////////////////

1. 产品和品牌的区别是什么？
2. 当地产品、国际产品和全球产品之间的差异是什么？试举例。
3. 请列举几个构成品牌的要素。这些要素是有形的还是无形的？
4. 当全球营销人员做产品设计决策时应该考虑的标准是什么？
5. 购买者对于产品生产国或原产地的态度是如何影响营销策略的？
6. 试列举几个全球品牌。你选择的这些品牌获得全球成功的主要原因是什么？
7. 每年，国际品牌咨询公司都会编制一份全球品牌排行榜。表 10-2 列出了在 2012 年排行榜中名列前茅的品牌。请浏览该表并选出你感兴趣的品牌。可以在 www. interbrand. com 网站在线查询其近期排名，并与 2012 年的排名进行比较，观察该品牌的名次有何变化。查阅其他资料（如平面媒体的文章、年报、公司网站）以加深对影响品牌排名上升或下降的因素和作用力的了解。

8. 霍夫斯泰德的社会价值观分类体系可用以解释亚洲版马斯洛的需求层次理论。表 4-2 中哪一项与之关系最密切？在第 4 章，我们也提及创新（新发明）扩散过程在亚洲与西方的差异。你能将其与图 10-1 相联系吗？

9. 请将本章所述三种类型的创新进行比较和对照。宽屏平板高清电视机的创新属于哪一种？iPad 呢？

案例 10-1（续）

苏司兰能源公司

2008 年，伊利诺伊州的一处风力涡轮叶片发生断裂，折断了塔柱，该叶片是由约翰迪尔风力能源公司资助苏司兰制造的。这是产品质量问题首次登上头条新闻。虽然这是唯一被报道出的叶片断裂事件，但还是引发了人们对苏司兰产品质量的担忧。此前，约翰迪尔公司及爱迪生国际公司（Edison International）所属的爱迪生使命能源公司（Edison Mission Energy）在使用的涡轮机上发现有 60 多片叶片出现了裂痕，苏司兰公司为了解决这一质量问题，宣布过一项加固和更换 1 251 片叶片的计划，这几乎是苏司兰在美国销售的叶片总数。

尽管苏司兰公司力图解决质量争端，但问题却持续不断。爱迪生公司声称叶片出现撕裂，准备推迟风力发电的开发。爱迪生公司还拒绝了继续进货，并宣布将考虑改为同苏司兰的一个竞争对手商谈采购事宜。苏司兰公司发言人威维克·科尔（Vivek Kher）回应说，裂缝并非叶片瑕疵所致。相反，他将问题归咎于剧烈变化难以预料的中西部地区风向。然而，这些问题的出现并不仅限于美国市场。苏司兰的产品在印度也出现了类似的缺陷。苏司兰在印度的最大客户之一宣称，苏司兰的产品"不适宜应对风力"。

产品可靠性和耐用性问题还未了结，又发生了其他的产品开发问题。由于美国电网和印度电网的差异，苏司兰公司制造的涡轮机所产生的能量未能达到原来承诺的标准。为解决这一问题，苏司兰公司迅速将涡轮机按美国标准进行了改造。此外，由于明尼苏达州冬季极其寒冷，安装在该州的一些涡轮机在冬季会发生故障。于是苏司兰给涡轮机安装了电热器，以防控制台结冰，但这又给涡轮机造成了电路方面的问题。

苏司兰产品的可靠性和耐用性引起的怀疑，表明公司的研究和科技更新计划落后于顾客的需求。一位苏司兰公司管理团队的成员也如此承认。苏司兰公司董事会的独立董事阿希施·达万（Ashish Dhawan）说："并不是他们的技术不行……但他们做事拖沓。"

2008 年 4 月，在一次访谈中被问及对经济和产品的担忧时，苏司兰公司的董事长兼总经理坦蒂信心十足地说："没有哪家公司是像我们这样发展的。不出四年，我们将向全世界提供产品和技术。"他语气肯定地说，到 2010 年，苏司兰公司的年产能将会增加一倍，并且仍然坚持叶片断裂问题的根源不是基础设计缺陷。

然而，有人质疑坦蒂的乐观态度是否有充分的依据。以苏司兰在中国的风能项目为例。它持股 74% 的德国瑞能公司（REpower Systems）在项目中竞标成功，取得了在中国山东省安装 75 个叶片的初步合同，而且后续可能再获得 75 个叶片的订单。但是，瑞能拒绝了苏司兰的样品，并从其他供应商处采购了叶片。这最终使瑞能多花费了 600 万欧元（840 万美元）将替代叶片从欧洲运送到中国。苏司兰首席运营官休曼特·辛哈（Sumant Sinha）坚称，取消订单是因为交货延期，而不是质量问题。他说："任何新客户适应新叶片都需要时间。我们的产品很好，也很可靠。"

与此同时，苏司兰也面临资金短缺问题。在经济衰退之前，公司就承担了大量债务。管理层通过巨额贷款来扩大其在美国、中国和印度的工厂。此外，2007 年，苏司兰花费 17 亿美元用于购买瑞能的多数股权。此前，它已花费了超过 1 亿美元来修复裂开的叶片。虽然 2008 年销售额增长了 70%，达到 27 亿美元，但出口订单有所下降。经济危机爆发之后，苏司兰被迫寻求其他资金来源。2010 年，它在明尼苏达州的工厂开始裁员。

其他问题也迫在眉睫。世界许多地方的政策制定者都认识到了减少对进口石油的依赖和减少温室气体排放的重要性。根据国际能源署的数据，目前风能发电仅占全球发电量的 1% 左右。然而，石油价格下跌和全球经济衰退意味着，苏司兰公司的客户将难以获得风力发电项目的融资。那么苏司兰的未来是什么？一个曾经以快速创新和设计变革为荣的公司还能够领先于竞争对手吗？抑或它将沦为负面宣传和时代变迁的牺牲品？

案例讨论题

1. 试评估可持续能源（如风力涡轮机）的全球市场机会。

2. 你认为苏司兰在公司品牌被毁之前能够解决质量管理问题吗？

3. 你认为全球经济下滑和信贷紧缩对苏司兰这样的公司有何影响？

注：本案由研究助理凯莉·赫茨伯格（Kelli Herzberg）在马克·格林（Mark Green）教授的指导下编写。

资料来源：Chris Bryant, "Siemens to Shed U. S. Jobs Over Wind Tax Credits Threat," *Financial Times* (September 20, 2012), p. 16; Ryan Tracy, "Wildlife Slows Wind Power," *The Wall Street Journal* (December 10 – 11, 2011), p. A3; Jeffrey Ball, "Wind Power Hits a Trough," *The Wall Street Journal* (April 5, 2011), pp. B1, B9; Tom Wright, "India's Suzlon Energy is Buffeted by New Headwinds," *The Wall Street Journal* (April 16, 2009), p. B3; Saritha Rai, "Bulls Are Running to India, Raising Fears of a Bubble," *The New York Times* (April 18, 2008), p. C6; Keith Bradsher, "Indian Turbine Maker Becomes World Class as Rising Economies Discover New Source of Wealth," *The New York Times* (September 28, 2008), p. C2; Tom Wright, "Winds Shift for Renewable Energy as Oil Price Sinks, Money Gets Tight," *The Wall Street Journal* (October 20, 2008), p. B1; Wright, "India's Suzlon Energy Encounters Headwinds at Home; Turbine Maker Says Electricity Shortfall Due to Power Grid Problems, Wind Speeds," *The Wall Street Journal* (August 25, 2008), p. B1; Wright, "Edison Unit Cancels Suzlon Order," *The Wall Street Journal* (June 10, 2008), p. B2.

案例 10 - 2

Smart 轿车

2006 年夏，戴姆勒-克莱斯勒宣布，该公司的 Smart 轿车将于次年在美国上市。自 1998 年在欧洲推出以来，这款微型 Smart 轿车从未给母公司带来任何利润。2006 年初，迪特尔·蔡施（Dieter Zetsche）出任戴姆勒-克莱斯勒的首席执行官，Smart 轿车便成为他的重点事项之一。

在宣布此事之时，Smart 轿车的传奇已经持续了 15 年。1991 年，斯沃琪集团总裁尼古拉·海耶克宣布将与大众公司共同开发以电池为动力的斯沃琪汽车（Swatch car）。当时，海耶克说他的目标是建造"对生态无害的高质量双座城市用车"，售价约 6 400 美元。斯沃琪汽车的产品概念基于海耶克的下述信念：消费者已经在情感上依附于汽车，就像他们依附于手表一样。所以如同斯沃琪表一样，斯沃琪汽车——正式命名为 Smart——将是用户买得起、耐用和时髦的车。

　　早先，海耶克指出，安全将是另一个关键的卖点，并宣称，"这种汽车会在碰撞中提供像奔驰车那样的安全保护"。笼形的车身外部是复合板材，车主通过更换板材便可改变汽车的颜色。另外，海耶克预想的是一种以电动发动机为动力的汽车，因而几乎不会造成污染。这种汽车也可采用汽油作为动力，使用一种时速可达 80 英里的小型高效发动机。海耶克预测 Smart 全球销售额将达 100 万辆，其中美国约占市场总量的一半。

　　此后，同大众公司的联盟于 1993 年解散。1994 年春，海耶克宣布找到了新的合资企业伙伴。戴姆勒-奔驰公司的梅赛德斯-奔驰分部将在法国汉巴赫-萨尔格米纳的新工厂投资 7.5 亿德国马克。经过几个月的生产延误和不断出现的成本超支，海耶克于 1998 年 11 月将斯沃琪在合资企业仅剩的 19% 股份出售给该企业，这个合资企业的正式名称是微型紧凑汽车公司（Micro Compact Car GmBH，MCC）。一位发言人表示，斯沃琪退出该项目的原因是梅赛德斯-奔驰拒绝使用汽油/电力混合动力发动机。

　　梅赛德斯-奔驰的高管决定全面接管该企业的举动，符合他们的一贯战略，即充分利用其工程技术，向豪华汽车以外的子市场拓展，使公司能在更广阔的市场上受到青睐。正如梅赛德斯-奔驰董事长赫尔穆特·沃纳（Helmut Werner）所说，"梅赛德斯-奔驰希望用这种新车将生态、情感和智慧融合在一起"。Smart 车近 80% 的零部件和组件是由"系统伙伴"（即外部供应商和分包商）制造和提供的。将组装厂建在法国的决定使德国工会大失所望，但梅赛德斯-奔驰管理层则期望每辆车会由此省下 500 马克，原因是法国工人平均每年工作 275 天，而德国工人平均每年才工作 242 天。此外，法国总体的劳动力成本也比德国低 40%。

　　MCC 公司声称，该工厂名为"Smart 城"，生产一辆车只需 7.5 小时。这比世界上最好的汽车制造厂所用的时间还少 25%。前 3 个小时的工序由系统伙伴完成。开始是加拿大的马格纳国际公司（Magna International）对结构部件进行焊接，然后由德国的艾森曼公司（Eisenmann）进行喷漆。这两道工序都是在总装车间以外进行的，然后车身由传送带送进主车间。之后由另一家德国公司 VDO 安装仪表板。这时，由克鲁普-赫施（Krupp-Hoesch）、博世、诺贝尔电机（Dynamit Nobel）和伊莫斯（Ymos）制造的组件和零件均已送到，等待 MCC 人员安装。公司人员与系统伙伴人员共用可以俯瞰主装配车间的食堂，以鼓励双方人员之间的融合，突出保证质量的必要性。

　　Smart 城市斜背跑车于 1998 年 10 月正式在欧洲上市。为了打造突出的品牌特征，Smart 拥有特意为其设立的单独的销售网络。事后来看，这个决定代价高昂。开始时销路不畅，因为人们对其稳定性表示关切。后来安装了一个可以监测轮胎打滑的先进电子设备，这一问题得到解决。深夜电视脱口秀节目的主持人对这种模样古怪的汽车毫无敬意，将其称作"摩托化滑雪靴"和"带轮子的背包"。英国的销售情况最好。在英国的旺销速度特别值得称道，因为 MCC 只生产左舵车型（英国是以右舵车为标准的唯一欧洲国家）。一位行业观察家指出，英国人对最初出现于 20 世纪 60 年代的微型奥斯汀（Austin Mini）的钟爱似乎延伸到了 Smart 汽车上。

尽管有此成功，MCC 还是将年销售指标由 13 万辆减少到 10 万辆。戴姆勒-克莱斯勒的联合董事长罗伯特·伊顿公开表示对这种车的未来持怀疑态度。他在《汽车新闻》（*Automotive News*）发表的一篇采访谈话中说道："可能我们将得出这样的结论，这是一个好的想法，但它的时机尚未到来。"

2000 年，随着人们对这种车的兴趣增长，Smart 汽车的销量已经超过了修改后的目标。德国的一家花园设备公司宣布计划将 Smart 汽车改装成适于高尔夫球场使用的割草机。该车的产品系列现在又增加了一种敞篷车型和一种柴油机车型。

2001 年，戴姆勒-克莱斯勒的管理层宣布了对美国市场进行研究的计划，以期判明 Smart 的前景。宣布这个计划时，美国正面临汽油价格直线上升的趋势。2001—2006 年间，美国市场有若干种价位在 1 万~1.4 万美元的其他小型汽车上市，包括（大宇汽车公司制造的）雪佛兰爱唯欧（Aveo）、丰田雅力士（Yaris）和本田飞度。此外，丰田还成功推出了赛恩，宝马的新型 Mini 在美国也极受驾车人的欢迎。

> Smart 品牌具有持续盈利的能力，从 2007 年起将实现盈利。我们是基于成本定价的，如今成本比过去降低了 50%。在法国汉巴赫工厂的生产时间和新车型的装配时间都比过去缩短了 20%。
>
> ——戴姆勒东北亚公司董事长兼首席执行官、Smart 公司总裁兼首席执行官乌里希·沃克（Ulrich Walker）

将 Smart 汽车送到大西洋彼岸，将面临欧元对美元相对强势的问题。使问题更加复杂的是，克莱斯勒被出售给了私人财团，戴姆勒-克莱斯勒的合并也随即终结。接下来，Smart 归戴姆勒公司所有。不仅如此，分销和推广对 Smart 在美国的成功推出也具有关键作用。

潘世奇汽车集团（Penske Automotive Group）的首席执行官、赛车传奇人物罗杰·潘世奇（Roger Penske）决定拿 Smart 汽车押一次宝。他买断了这种小型车在美国的独家分销权。潘世奇靠销售豪华车和进口车组建了美国第二大汽车零售集团。它在美国和欧洲拥有 300 余个特许经销网点。潘世奇的团队将 Smart 车的第一年销售目标设定为 1.6 万辆。随着汽油价格上涨到每加仑 4 美元，微型车似乎越来越具有吸引力。2008 年，该公司的销量达到了 24 622 辆。

2010 年，随着汽油价格回落，汽车购买者又重新涌向了大型车。Smart 的销售量从 2009 年的 14 595 辆降至 2010 年的 5 927 辆。2011 年初，潘世奇汽车集团宣布，终止 Smart 的分销协议，将其分销权还给梅赛德斯-奔驰美国公司。公司发言人将此举归因于 Smart 品牌在德国的组织结构变化。

与此同时，Smart 美国公司和草莓蛙（Strawberry Frog）广告代理公司利用脸书和推特这类爆红的社交媒体，发起了一个推广计划。Smart 品牌的推特名为 @smartcarusa，关注者会收到提醒："Smart 反对笨蛋的盲目消费。"它采用的策略包括"大笨蛋以旧换新"（The Great Dumb Trade-In），以及转发车主对车辆的评论等。如今，Smart 美国公司的脸书主页上已经有超过 10 万人点击了"喜欢"。该公司还动员了街头团队，制作了网络爆红小短片。

草莓蛙的创始人斯科特·古德森（Scott Goodson）在总结 Smart 这一品牌时说道："Smart 汽车将生活变得更加轻快、灵活。简约而不简单。"在被问及如何衡量"反对笨蛋"（Against Dumb）活动时，Smart 营销及广告副总裁金·麦吉尔（Kim McGill）说道：

> 它只要能让人想起它，就是一种成功……我们需要让人们明白，他们在买东西时不该一时兴起，他们应该购买的是在大多数时间都为人所需的东西。如果我们能引导更多的人转向这个话题，这对我们的品牌有益无害。

请访问 www.smartusa.com，了解 Smart 的更多信息。

案例讨论题

1. Smart 汽车的竞争优势是什么？品牌承诺呢？定位呢？

2. Smart 与本田元素（Element）、赛扬 IQ、起亚秀尔（Soul）或菲亚特 500 相比，结果如何？这些车型的目标买主与 Smart 属于同样的消费者吗？鉴于这些品牌的成功，你是否认为 Smart 投放到美国的时间太迟？

3. 如案例中所提到的，潘世奇汽车集团不再是 Smart 美国公司的分销商。这将如何影响 Smart 在美国的命运？

4. 对 Smart 美国公司的社交媒体策略进行评估。你会建议采用哪些其他渠道或策略呢？

资料来源：Vanessa Fuhrmans and Matthew Dolan, "Daimler's Smart Gets Tuneup," *The Wall Street Journal* (January 11, 2012), p. B4; Max Ramsey, "Penske, Daimler End Smart-Minicar Deal," *The Wall Street Journal* (February 15, 2011), p. B3; Eleftheria Parpis, "Smart USA Refuels Brand," *Adweek* (November 24, 2010); Elaine Wong, "Why Smart (the Car) Wants Americans to Be 'Against Dumb,'" Forbes.com; D. Stoll, "Smart Car a Shrewd Move?" *The Wall Street Journal* (June 27, 2007), p. A8; Bernard Simon, "Daimler Weighs Smart's U. S. Appeal," *Financial Times* (March 28, 2006), p. 21; "Smart Shows Redesigned ForTwo," *The Wall Street Journal Online* (November 10, 2006); Neal E. Boudette and Stephen Power, "Will Chrysler's Move Be Smart?" *The Wall Street Journal* (June 24/25, 2006), p. A2; Dan McCosh, "Get Smart: Buyers Try to Jump the Queue," *The New York Times* (March 19, 2004), p. D1; Nicholas Foulkes, "Smart Set Gets Even Smarter," *Financial Times* (February 14–15, 2004), p. W10; Will Pinkston and Scott Miller, "DaimlerChrysler Steers Toward 'Smart' Debut in U. S. ," *The Wall Street Journal* (August 20, 2001), pp. B1, B4; Scott Miller, "Daimler May Roll Out Its Tiny Car Here," *The Wall Street Journal* (June 9, 2001), p. B1; Miller, "DaimlerChrysler's Smart Car May Have a New Use," *The Wall Street Journal* (February 15, 2001), pp. B1, B4; Haig Simonian, "Carmakers' smart Move," *Financial Times* (July 1, 1997), p. 12; William Taylor, "Message and Muscle: An Interview with Swatch Titan Nicolas Hayek," *Harvard Business Review* (March-April 1993), pp. 99–110; Kevin Helliker, "Swiss Movement: Can Wristwatch Whiz Switch Swatch Cachet to an Automobile?" *The Wall Street Journal* (March 4, 1994), pp. A1, A3; Ferdinand Protzman, "Off the Wrist, onto the Road: A Swatch on Wheels," *The New York Times* (March 4, 1994), p. C1.

第 11 章
定价决策

学习目标

1. 回顾成功的全球营销定价策略中的基本定价概念。
2. 认识在全球市场中会对产品定价决策造成影响的各种定价策略和目标。
3. 总结影响产品最终价格的各种国际贸易术语。
4. 列出影响价格的一些环境因素。
5. 将母国中心/多国中心/全球中心框架应用于价格的相关决策。
6. 解释全球公司用来解决灰色市场商品问题的一些策略。
7. 评估倾销对全球市场价格的影响。
8. 比较和对比不同类型的价格限定。
9. 解释转移定价的概念。
10. 认识对销贸易并解释它有哪些形式。

案例 11-1

全球公司瞄准低收入消费者（二）

20 世纪 50—60 年代的太空竞赛使苏联和美国陷入了探索外层空间的竞争。半个多世纪以后，国际空间站已是俄罗斯、美国还有其他国家的合作项目。与此同时，另一项竞赛已经展开。这场竞赛较为"脚踏实地"，不涉及不同半球的超级大国对地缘政治优势的角逐。在 21 世纪的这场竞争中，亚洲、欧洲和美国的大牌汽车制造商竞相创造出能向印度和其他发展中国家消费者大量出售的廉价汽车。

法国汽车集团雷诺于 2004 年推出了洛冈汽车，迄今已销售了 120 多万辆，雷诺因此成为低价汽车子市场的领先者。最初，洛冈只在雷诺位于罗马尼亚的达契亚分部生产。达契亚董事长吕-亚历山大·梅纳（Luc-Alexandre Ménard）说："当时我们也不确定该拿这款车怎么办，原来的意图是将其作为一次性打入发展中国家新市场的特洛伊木马。"而今，洛冈已在多国生产，包括伊朗、印度和巴西，并在50多个国家销售。

另外两家汽车制造商也加入了竞争，开始向新兴市场民众提供低成本的汽车。2009年，印度塔塔汽车公司推出了纳努，一款全新设计、底价为10万卢比（相当于2 500美元）的汽车。纳努配备了后置双缸发动机，可以提供33马力的动力。其最高时速为每小时60英里，每加仑汽油可以跑50英里。日产最近也宣布，曾风靡一时的达特桑（Datsun）品牌将在2014年重出江湖，推出一个基础款车型，售价在3 000～5 000美元之间。与纳努一样，新款达特桑的动力组成也将配备一个双缸发动机，以便与手动变速箱相配合。而与没有安全气囊的纳努不同，达特桑将在驾驶员侧安装一个安全气囊。

一般而言，市场价格的上下限是由两个基本因素决定的。第一个因素是产品的成本，它决定了价格的下限或最低价格。虽然我们完全可以使产品价格低于成本，但长期如此则少有公司能够承受得起。不仅如此，正如第8章所述，出口市场的低价还会招来反倾销调查。

第二个因素是同类可替换产品的价格，它构成价格的上限，或最高价格。在许多情况下，国际竞争会给国内公司的定价政策和相关成本结构造成压力。降低成本（特别是固定成本）的必要性是增加外包的原因之一。在某些情况下，当地的市场条件（如低收入）迫使公司进行创新，开发出可以低价销售并实现盈利的新产品。本章结尾处案例11-1（续）将对汽车行业在制造低成本汽车方面所做的努力进行更多介绍。

在每一产品的价格上下限之间都有一个最佳价格，它是一个产品需求函数，由顾客的购买意愿和购买力决定。本章我们将首先回顾基本定价概念，然后讨论几个与全球营销有关的定价课题，包括目标成本核算、价格升级和环境影响，如币值波动和通货膨胀。在本章后半部分，我们将讨论灰色市场商品、倾销、价格限定、转移定价和对销贸易。

11.1 基本定价概念

一般而言，国际贸易使货物价格走低；低价格又反过来使国内的通货膨胀率受到抑制。**一价定律**（law of one price）通常在真正的全球市场中盛行：市场中的所有顾客都能用最好的价格买到最好的产品。正如洛厄尔·布赖恩（Lowell Bryan）和他的合作者在《争夺世界》（*Race for the World*）一书中所言，某些产品存在全球市场，如原油、商用飞机、钻石和集成电路。在同等条件下，一架波音787的售价在全球都相同。相反，啤酒、CD和许多在全世界都能买到的其他产品却分别在各国市场，而不是在全球市场销售。换言之，在这些市场，国家的竞争反映了如下因素的差异：成本、规章和同业对手之间竞争的激烈程度。[1]啤酒市场极为分散，尽管百威是领先的全球品牌，但也只占市场销售总额的4%。啤酒市场的特性表明，为什么6瓶（听）装喜力啤酒在不同地方的售价会相差50%之多（包括按购买力平价、运输和其他交易费用所进行的调整）。例如在日本，喜力的价格是它与其他进口品牌和5个日本本国品牌竞争的函数，日本的麒麟、朝日、札幌（Sapporo）、三得利和奥立龙（Orion）等5个品牌共占有当地市场的60%。

因为各国市场存在这些差异，全球营销人员制定的定价体系与定价政策必须考虑到价格下限、价格上限和最佳价格。一个公司的定价体系与定价政策还必须顺应其他独特的全球机会与限制。例如，活跃于欧元区 17 国的许多公司正在适应新出现的跨国界价格透明现象。同样，互联网使全世界的人们都能得到许多产品的价格信息。公司必须慎重考虑，如果一个国家或地区的顾客发现购买同样的产品支付的价格比世界其他地方高出许多，他们会做何反应。

除了成本，还有一种重要的内部组织因素。在一个典型的公司里，会有许多利益团体，并且经常会有相互矛盾的定价目标。产品分部副总裁、地区分部经理和各国分公司经理都会关心他们各自组织层面上的盈利能力。全球营销总监也同样力求在世界市场上确定具有竞争力的价格。总会计师和财务副总裁关心利润。生产副总裁力求生产能长期持续地运行，以达到最高的生产效率。税务经理则关注公司是否遵守政府有关转移价格的法规。此外，公司的法律顾问会关心国际定价措施的反垄断含义。但最终，价格大体上反映了销售人员、产品经理、公司分部主管和（或）公司的首席执行官所制定的目标。

11.2　全球定价目标与策略

无论对单一国家市场还是多国市场，营销经理都应该制定定价目标以及实现这些目标的策略。请记住：价格是一个独立的变量；作为一种营销策略，管理者可以提高、降低或维持价格，并将其作为整体营销战略的一部分。然而许多定价问题是全球营销所独有的。某一特定产品的定价策略可能因国家而异，同一产品在有些国家可能被定位为低价的大众市场产品，而在另一些国家则被定位为高价的小众市场珍品。斯泰拉·阿托斯啤酒就是例证。如第 7 章所述，在比利时本土它是低价的"家常"啤酒，但在出口市场却是高端品牌（"完美有代价"）。定价目标也可能因产品所处的生命周期阶段和各国竞争状况而异。在做全球定价决策时，还有必要考虑一些外部因素，如商品越境长途运输所增加的成本。也可将全球定价的问题完全融入产品设计阶段，这是日本公司广泛采用的方法。

11.2.1　市场撇脂定价策略与财务目标

价格可以作为战略变量使用，以达到具体的财务目标，包括投资回报、利润和快速回收产品开发成本。当利润和保持毛利率等财务指标成为目标时，产品对买方而言必须是卓越的价值主张的一部分；因此，价格成为整个定位战略的组成部分。**市场撇脂**（market skimming）定价策略常常是一种有意的尝试，以帮助公司进入那些愿意为某特定品牌或为专用或独特的产品支付高价的目标子市场。那些以差异化战略或将其产品定位于高价子市场来寻求竞争优势的公司，经常使用市场撇脂定价策略。路威酩轩和其他以全球精英子市场为目标市场的奢侈品营销公司就运用了市场撇脂定价策略。梅赛德斯-奔驰公司多年来也一直运用市场撇脂定价策略，但这也给丰田公司创造了机会，使其得以推出雷克萨斯系列的豪华轿车，而且价格低于奔驰。

在产品生命周期的介绍期，生产能力有限、竞争尚不激烈，采用市场撇脂定价策略也是适宜的。用故意制定高价的办法将需求限制在那些愿意并且有能力支付高价的领先采用者和早期采用者中，而他们想成为第一批拥有并使用该产品的人。在产品进入生命周期的成长期且竞争加剧时，制造商便开始降价。消费电子产品行业一直在使用这种策略，例如索尼于20 世纪 70 年代首次推出磁带录像机时，其零售价格超过 1 000 美元。80 年代初期推出 CD播放机时也是如此。但是，几年之内，这些产品的价格便降到 500 美元以下。如今，磁带录像机已经过时了，而 CD 播放机也成了普通商品。

高清电视机的模式显然与此类似；1998 年秋，高清电视机在美国发售，当时起价约7 000 美元。这个价格不仅用有限批量的产品获得了最大限度的收入，还使供需水平相当。现在，消费者对高清电视机及其优点已经较为熟悉，且亚洲的第二代产品工厂也使成本下降、产能上升，因此高清电视机的价格已经大幅下降。2005 年，索尼推出了售价 3 500 美元的 40 英寸高清电视机，一举震惊业界；而到 2006 年底，类似的高清电视机只卖 2 000 美元左右。如今，相同功能的电视机售价已不到 1 000 美元。制造商面临的问题是要坚守价格阵地，否则，高清电视机也可能沦为普通商品。

11.2.2 渗透定价策略与非财务目标

有些公司力求以定价策略实现其非财务目标。价格可被用作竞争武器来获得或保持市场地位。在各自行业享有成本领先地位的公司经常设定市场份额目标或基于销售的目标。**市场渗透定价策略**（market penetration pricing strategy）要求将价位降低到足以迅速占领市场份额的水平。过去，使用这类定价办法的许多公司位于环太平洋地区。有规模效益的工厂和低成本的劳动力使这些公司可以用闪电战般的攻势占领市场。

应当注意的是，初次出口的企业不大可能使用这种市场渗透定价策略。原因很简单：渗透定价经常意味着，产品可能会在相当一段时期内以亏损价销售。刚刚开始出口的企业不像索尼公司，它们无法消化这种损失，也不可能拥有到位的营销体系（包括运输、分销和销售组织），而正是该体系使索尼之类的全球公司可以有效地利用渗透策略。

11.2.3 伴侣产品：配套定价策略，也称"剃刀与刀片"定价策略

给视频游戏机、DVD 播放器和智能手机等产品制定定价策略时，有必要将其置于更广阔的背景下进行考量。视频业的最大利润来自游戏软件，即使索尼和微软在每一台游戏机上可能赔钱，但热门游戏软件的销售仍可给其带来可观的收益和利润。索尼、微软和任天堂也从游戏软件制作公司收取使用许可费。不仅如此，一般的家庭只有一两台游戏机，却有几十款游戏软件。同样，在手机业务中，大量的利润来自手机使用者购买的服务，如应用软件和音乐下载。

这些例子说明了伴侣产品（companion products）这一概念：没有游戏软件，游戏机便毫无价值；没有影碟，DVD 播放机也分文不值。类似的事例不胜枚举：没有刀片，剃须刀无用武之地；因此，吉列可以用不到 5 美元的价格出售锋速 3 剃须刀，甚至免费赠送。而几年之后，公司出售的替换刀片组合却会带来丰厚的利润。如俗话所说，"如果你能靠刀片赚钱，刀架可以白送"。

　　长期以来，沃达丰（Vodaphone）、AT&T 和其他移动通信提供商都喜欢采用伴侣产品定价策略。它们按照与手机制造商约定的价格购买手机，然后予以补贴，具体方式是以很低的折扣价格向签订长期合约的用户提供购买折扣（或干脆白送），而运营商对提供的额外服务项目（如漫游、短信等）收取费用，以弥补差价。然而这一方法并非全球通用。例如，在美国，苹果 iPhone 的定价为 199 美元。而在印度和其他市场，人们不愿意被长期合约套牢，iPhone 的售价就高达 600 美元。不仅如此，iPhone 在印度由一家印度运营商 Airtel 和沃达丰专卖。iPhone 在印度的销路并不畅，因为消费者宁愿购买可从更多零售店买到的价格较低的诺基亚和三星的产品。此外，有相当数量 199 美元的 iPhone 随旅游者的行李由美国到达印度！[2]行业观察家预计，在不远的将来，苹果将为新兴市场推出一款价格较低的 iPhone。

　　20 世纪 70 年代后期，索尼公司开发了随身听，最初计划将零售价定为 5 万日元（249 美元），以达到收支平衡。然而，当时的感觉是，如果要赢得极为重要的年轻人子市场，就需要将价格定为 3.5 万日元（170 美元）。后来，工程团队做出了让步，削减了成本，实现在单价 4 万日元水平下的量产，就可收回成本。但董事长盛田昭夫步步紧逼，坚持将零售价定为 3.3 万日元（165 美元），以庆祝索尼公司成立 33 周年。按照这个价格，即使首批 6 万件产品全部售出，公司每卖出一部随身听也要亏损 35 美元。

　　营销部门也确信这个产品会失败：谁会要一个不能录音的录音机？项目经理黑木靖夫（Yasuo Kuroki）甚至做了两手准备：他订购了 6 万份部件，但实际只生产了 3 万件产品。随身听虽然在 1979 年 7 月刚刚推出的那段日子里销量平平，但到了夏末时节销售却突然变得火爆。后来发生的事就众所周知了。[3]

11.2.4　目标成本核算[4]

　　日本公司对待成本问题的传统做法总会实现大额的生产节余，同时还会使其产品的价格在全球市场具有竞争力。实行目标成本核算的著名公司有丰田、索尼、奥林巴斯和小松制作所等。这个过程有时称作按成本设计，可以概述如下：

　　　　目标成本核算在于确保开发团队能拿出可盈利的产品投放市场，不仅质量和功能要上乘，价格也要适合目标消费者子市场。它是一种约束，在开发工作中，使本来互不相干的参与者（从设计师和制造工程师到市场调研人员和供货商……）相互协作。实际上，公司从顾客的需求和付款的意愿作逆向推理，而不是沿袭有缺陷但是惯用的成本加成定价法。[5]

　　西方公司现在也开始采纳这种省钱的思路。例如，雷诺公司就使用目标定价法开发了洛冈汽车，这种车在欧洲的零售价不到 1 万美元，日产也使用目标定价法开发了 3 000 美元的达特桑（见案例 11-1）。雷诺公司达契亚分部的主管吕-亚历山大•梅纳说，这种设计思路避免了添加顾客并不认为绝对必要的配置。例如洛冈的侧窗使用相对平直的玻璃；虽然弧面玻璃看起来更有吸引力，但会增加成本。洛冈汽车的原定目标市场是东欧的消费者，但出乎公司的预料，这种车在德国和法国也很受欢迎。[6]

　　价格低廉的非耐用消费品也适合采用目标成本核算法。例如宝洁公司的经理们知道，在墨西哥和其他新兴市场，工人通常按日付工资，无怪乎墨西哥的顾客通常携带 5～10 比索的硬币。要保持洗发液和洗洁剂的价格低于 11 或 12 比索，同时又要保证有令人满意的利润空间，宝洁便使用了目标成本核算法（宝洁称之为"逆向策划"）。宝洁公司未先制造产品后赋予价格（传统的成本加成定价法），而是先估计新兴市场的消费者能够承受的价格，然后按各种价格目标调整产品属性和制造程序。例如墨西哥人使用的 Ace Natural 手洗洗衣液，宝洁公司为保持低价而减少了其中的酶含量。结果，价格比一次性包装的正常 Ace 牌产品低 1 比索，而且新配方产品对皮肤刺激更小。[7]

目标成本核算始于市场勘测和产品定义与定位；这里需要使用第 6 章和第 7 章讲到的概念和技巧。营销队伍必须做到下述各项：

● 确定待选定的子市场，以及该子市场的顾客愿意支付的价格。团队运用市场调研技术，如焦点小组座谈和联合分析法，设法更好地了解顾客如何看待产品的特点和功能。

● 计算总体目标成本，以确保公司的长期盈利能力。

● 将目标成本分摊至产品的各种功能。计算目标成本与估算的实际生产成本之间的差额。需要考虑会计的借方与贷方；因为目标成本是固定的，一个部件组装部门为改进某一具体功能的额外开支必须从另一个部件组装部门扣除。

● 遵守基本规则：如果设计不能达标，产品就不应推出。

只有到最后一步时，才涉及设计、工程和供应商定价问题，并为了实现既定目标在价值链的所有成员之间进行广泛磋商。一旦完成必要的磋商和交易，制造过程就会开始，随后跟进的是不间断的成本削减。在美国，成本通常是在依次做出设计、工程和营销的决策后才确定的。如果最终成本过高，该程序将退回到第一步，即设计阶段。

11.2.5　计算价格：成本加成定价法和出口价格升级

笔记本电脑、智能手机、平板电脑和其他受欢迎的消费电子产品说明了今日全球供应链的许多特点：无论是什么品牌（例如宏碁、苹果、戴尔或惠普），部件都来自不同国家，而产品本身在中国或日本组装。几天之内，这些商品就可空运发往销售的国家。凡对管理会计学有所研究的人都知道，成品的价格与实际生产相互关联。然而在全球营销中，总成本取决于最终市场的目的地、运输方式、关税以及其他各类费用。**出口价格升级**（export price escalation）是货物最后的售价中反映跨国境交易因素而增长的部分。下列为负责在本国以外市场定价的人员应该考虑的 8 个基本定价因素[8]：

1. 价格是否反映产品质量？

2. 价格在当地市场条件下是否具有竞争力？

3. 公司应寻求市场渗透、市场撇脂还是其他一些定价目标？

4. 公司应该为国际顾客提供哪些折扣（贸易折扣、现金折扣、数量折扣）和折让（广告折让、交易折让）？

5. 价格是否应该因不同的子市场而异？

6. 当公司成本上升或下降时，有哪些可选择的定价策略？国际市场的需求是富有弹性的还是缺乏弹性的？

7. 公司的价格会被东道国政府视为合理的还是剥削性的？

8. 外国政府的反倾销法是否会给公司造成麻烦？

公司在向国外市场销售货物时经常使用成本加成或成本导向定价法。**成本导向定价法**（cost-based pricing）的基础是对内部成本（例如材料、用工、测试）和外部成本的分析。作为起点，践行西方成本核算原则的公司一般采用完全成本法，即将单件产品的成本界定为过去或现在所有直接和间接的制造成本与营业成本的总和。但是当货物跨越国界时，会产生额外的成本和费用，例如运输、关税和保险。这些费用如果均由制造商负担，则均应包括在成本之内（本章稍后会对国际贸易术语进行讨论）。在成本加成的数字上，再加上期望得到的利润幅度，经理们便可得出最终的售价。

还有一点是重要的：有些发展中国家的许多制造企业是国营的和国家资助的，所以难以精确地估算成本数字，而且也使这些国家的出口企业容易受到指控，认为它们以低于"真实"生产成本的价格出售商品。

使用刚性成本加成定价（rigid cost-plus pricing）的公司在定价时并不考虑上述 8 个因素，也不调整价格以反映国外市场的情况。这种刚性成本加成定价的优点是比较简单。假定内部和外部的成本都有现成的数字，生成报价则相对容易。这种做法的缺点是，它忽略了目标市场的需求和竞争情况，风险是可能定价过高或过低。如果刚性成本加成定价在市场上取得成功，则纯属偶然。缺乏经验的出口商喜欢采用刚性成本加成定价，它们往往更注重评估市场潜力之类的问题，对财务目标关心较少。这类出口商对全球市场机会一般是反应性地做出回应，而不是主动寻求。

另一种方法是柔性成本加成定价（flexible cost-plus pricing），用这种方法可以确保定价在特定的市场环境中具有竞争力。有经验的出口商和全球营销者经常使用这种方法。他们意识到，刚性成本加成定价将导致严重的价格升级，结果会是事与愿违：使出口产品的定价超过顾客买得起的水平。经理们使用柔性成本加成定价法，就是承认前述 8 条标准的重要性。柔性成本加成定价有时包含未来成本估算方法（estimated future cost method），以便确定所有部件要素的未来成本。例如汽车工业在催化转换器中使用的钯。重金属的市场价格起伏不定，随供求关系变化，部件制造商便可运用未来成本估算方法，以确保它们出售产品的定价足以抵补成本。

每一项商业交易都是以销售合同为依据的，合同中的贸易条款规定了商品所有权由卖方转给买方的准确地点，以及交易中的各项费用由哪一方负担。当货物跨越国界时，必须进行下述活动：

1. 如有必要，取得出口许可证（在美国，非战略性货物可依据总许可证出口，无须具体的许可）。

2. 如有必要，取得货币许可证。

3. 对货物做适于出口的包装。

4. 将货物运往发货地点（通常需用卡车或火车运往海港或空港）。

5. 填写提货单。

6. 办妥必要的海关出口文件。

7. 备齐目的国需要的海关发票或领事发票。

8. 安排海运并做好相关准备。

9. 取得海上保险及保险单据。

道德、宗教和可持续生产

经济学的基本规律之一就是：当供给增加时，价格下降。21 世纪初，咖啡行业就面临这一情况，咖啡豆过剩导致其在世界商品市场的价格大幅下跌。咖啡一度是许多发展中国家最赚钱的出口商品之一。天然的、未烘焙的咖啡豆在伦敦和纽约期货市场上交易；两家咖啡贸易商——沃尔咖啡（Volcafe）和诺伊曼集团（Neumann Gruppe）的购买量占到了世界咖啡供应量的 25% 左右。其他主要参与者包括卡夫、雀巢和斯马克公司（Smuckers）等。它们都是食品行业的主要供应商，而咖啡最大的用途就是作为食品原料。特色咖啡（如星巴克销售的咖啡）被认为是利基产品，仅占世界咖啡豆供应量的 2% 左右。

自 20 世纪 90 年代中期以来，星巴克一直奉行的政策就是努力改善其供应商的工作条件。但是，2011 年，星巴克仅购买了 4.28 亿磅咖啡。幸运的是，各个非政府组织已经开始着手解决咖啡种植者所面临的问题了，而这些种植者所面向的是更加广阔的咖啡市场。例如，雨林联盟（Rainforest Alliance）与大公司合作，共同监测发展中国家的环境和工作条件。它率先对来自热带雨林的木材进行认证。如今，它每年认证的咖啡豆价值达 125 亿美元。国际公平贸易标签组织（Fairtrade International，FLO，www.fairtrade.net）是一家总部位于德国波恩的认证机构，代表了 100 多万的农民和工人。FLO 将其商标授权给英国公平贸易基金会（Fairtrade Foundation，www.fairtrade.org.uk）等组织。袋装或罐装的咖啡上如有公平贸易标签，则表明种植者取得了合理的报酬。美国公平贸易组织（Fair Trade USA）是美国的公平贸易认证机构（www.fairtradeusa.org）。

带有公平贸易标签的咖啡通常在慈善组织的帮助下销售。例如，英国的私人慈善机构乐施会（Oxfam），与公平贸易分销公司 Equal Exchange、Traidcraft 和 Twin 合作，共同打造了一个名为"咖啡直达"（Cafédirect，www.cafedirect.co.uk）的新咖啡品牌。除了提供价格支持之外，这些组织还为种植者培训和发展计划提供赞助，帮助他们更好地了解市场价格以及如何进入出口市场。天主教救济服务会（Catholic Relief Services，CRS）最近发起了一项鼓励美国 6 500 万天主教徒购买公平贸易咖啡的活动（www.crsfairtrade.org/coffee）。而 CRS 咖啡项目是一个更大的项目——Equal Exchange 的"跨信仰咖啡计划"的一部分；后者包括了来自路德宗、长老宗和卫理公会的参与者。其宗旨是：参与公平贸易计划的咖啡批发商同意以每磅普通咖啡豆不低于 1.40 美元的价格收购，如果是更高质量的有机咖啡豆，则价格更高。

具有社会意识的消费者极大地推动了公平贸易咖啡运动。例如，美国的跨信仰合作团体每年都在 7 500 个礼拜场所出售咖啡，价值可达数百万美元。但是，这只是杯水车薪，公平贸易咖啡的人均消费仅 2.50 美元。而美国人在咖啡上的总花费达 190 亿美元。正如美国公平贸易组织总裁兼首席执行官保罗·赖斯（Paul Rice）所指出的那样，"如果我们能让这个国家的每个天主教徒都喝公平贸易咖啡，那将是一个巨大的市场"。他还补充说："但是也存在连锁反应——让这些人加快公平贸易的步伐就要让他们能够在当地商店中买到公平贸易咖啡——这将对市场产生更广泛的影响。"

> 我们已经在这个行业干了 100 年，希望再干 100 年……这不是慈善事业，而关乎如何将可持续咖啡纳入我们的主流品牌，这是一种更有效且更具竞争力的经营方式。
>
> ——卡夫食品公司商品可持续发展项目高级主管安妮米可·维姆（Annemieke Wijm）

卡夫与雨林联盟签署了一项协议，作为世界上约 10% 的咖啡作物的购买者，卡夫同意购买经过认证的、以可持续农业方式生产的咖啡豆，并随后将其混合到大众市场品牌中进行销售。该协议每年的采购额可达 31 亿美元，将使巴西、哥伦比亚、墨西哥和中美洲的咖啡种植者受益。雨林联盟执行董事滕西·惠伦（Tensie Whelen）对该协议表示欢迎，并指出："卡夫迈出这一步标志着咖啡行业开始转型。作为一家对市场颇具影响力的公司，它承诺购买大量咖啡并将其融入它的各个主流品牌中，而不是将其单独划归为某个品牌。"

与此同时，一些企业家正在尝试新的商业模式，力图为咖啡农提供更多的回报。每次以批发方式出售未经烘焙的天然咖啡豆只能获得几美元的收益，那么为什么不能从最终零售价中获得更多的收益呢？肯尼斯·兰德（Kenneth Lander）说道："我们正在教导农民，不必过早放弃对咖啡的控制。当咖啡流向下游客户时，你可以参与这一增值过程。"除了在哥斯达黎加拥有一个咖啡种植园之外，兰德还建立了"旺农咖啡"（Thrive Farmers Coffee）公司。在这一模式下，咖啡农必须等他们的咖啡豆出口、烘焙并在零售店出售才能获得报酬。但是，等待是有回报的，最终价格的整整 50% 都将作为报酬支付给咖啡农。

资料来源：Nicole LaPorte, "Coffee's Economics, Rewritten by Farmers," *The New York Times* (March 17, 2013), pp. B1, B3; Sarah Murray, "Coffee Needs to Be Served with Credentials," *Financial Times Special Report: The Future of the Food Industry* (November 21, 2012), p. 4; Andrew Adam Newman, "This Wake-Up Cup Is Fair-Trade Certified," *The New York Times* (September 28, 2012), p. B3; Francis Percival, "No Bitter Aftertaste," *Financial Times* (February 28/March 1, 2009), p. 5; Elizabeth Weise, "Fair Trade Sweetens Pot," *USA Today* (February 9, 2005), p. 6D; Mary Beth Marklein, "Goodness—To the Last Drop," *USA Today* (February 16, 2004), pp. 1D, 2D; Tony Smith, "Difficult Times for the Coffee Industry," *The New York Times* (November 25, 2003), p. W1; Sara Silver, "Kraft Blends Ethics with Coffee Beans," *Financial Times* (October 7, 2003), p. 10; Tim Harford, "Fairtrade Tries a Commercial Blend for Coffee," *Financial Times* (September 12, 2003), p. 10; In-Sung Yoo, "Faith Organizations Throw Weight Behind 'Fair Trade' Coffee Movement," *USA Today* (December 2, 2003), p. 7D.

上述步骤由谁执行，取决于销售条件。国际公认的贸易术语称为**国际贸易术语解释通则**（Incoterms）。国际贸易术语解释通则分为四类。其中**工厂交货**（ex-works，EXW）、E 条款（E-Terms）或货源（origin）所指的交易方式是指买方在卖方所在地接货，并从此点起由买方承担所有的风险和费用。原则上，工厂交货使买方能够最大限度地控制货物的运输费用。可以将工厂交货与几种 D 条款（D-Terms）（后程主运输条款或到达条款）进行对比。例如，**完税后交货**（delivered duty paid，DDP）是指卖方同意将货物运至买方指定的进口国某地点，并承担包括完税在内的所有成本。如果需要进口许可证，卖方应按合同规定负责取得该证。

国际贸易术语解释通则的另一类别称作 F 条款（F-Terms）或前程主运输条款。因为适用于所有运输模式，**货交承运人**（free carrier，FCA）在全球销售中被广为使用。根据货交承运人条款，货物由指定的承运商送交到特定目的地，即构成卖方向买方的移交。另外还有两种 F 条款仅适用于海运和内陆水运。国际贸易术语解释通则中的**指定装运港船边交货**（free alongside ship（FAS）named port）指卖方将货物置于接运货物出国的船边或置于该运输工具可取货之处。在此之前的所有费用由卖方承担。一旦货物出口手续完备，卖方的法律责任随即终结。实际装船的费用由买方支付。指定装运港船边交货常用于（非集装箱化的）散装杂货、混装货，如铁、钢或（堆放在货仓里而不是仓面集装箱中的）机械。若是**指定装运港船上交货**（free on board（FOB）named port），卖方的责任和义务直到（往往是集装箱化的）货物越过船的舷栏才结束。有个实际问题，许多现代港口的终端站和码头都限制出入，在这种情况下，就应该使用货交承运人。

有些国际贸易术语被称作 C 条款（C-Terms）或主运输条款。若按**指定装运港成本、保险加运费**（cost，insurance，freight（CIF）named port）运送货物，一旦货物越过船舷栏，损失或损毁的风险随即转到买方。在这个意义上，成本、保险加运费与指定装运港船上交货相似。但是按照成本、保险加运费条款，卖方必须支付运货到目的港的费用，包括保险费。如果贸易条款是**成本加运费**（cost and freight，CFR），则卖方对货物在出厂后任何阶段出现的任何风险或损失均无责任。

表11-1是出口价格升级的典型例子，当所有的费用都加到单件产品成本上时，就会出现此类价格升级。在此例中，得梅因城的一个农用设备分销商正通过西雅图港将一集装箱的农用轮胎运往日本的横滨。这批货物在得梅因城的工厂交货价为 45 000 美元，运到横滨后总计零售价超过了 66 000 美元。对这些费用进行逐项分析，就可看出价格升级是怎样形成的。首先，运费总计为 2 715.00 美元，相当于得梅因城工厂交货价的 6%。这一运费的主要组成部分是陆运和海运费用，合计 2 000.00 美元。

表 11-1　价格升级：一个从得梅因城到横滨的 20 英尺农用设备集装箱*

项目	美元	美元	相当于工厂交货价的百分比（%）
得梅因城工厂交货价		45 000	100
从得梅因城至横滨集装箱场的内陆和海运费用	1 475.00①		4.44
燃油附加费	300.00		0.67
目的地手续费	240.00		0.53
发运费	150.00		0.33
丙烯腈填充	25.00		0.06
运费总额	2 715.00	2 715.00	6.03
保险（到岸价的110%）——每100美元扣0.20美元		104.97	0.23
横滨总到岸价		47 819.97	106.27
增值税（到岸价的3%）		1 434.60	3.19
到岸成本		49 254.57	109.45
分销商加成（10%）		4 925.46	10.95
经销商加成（25%）		12 313.64	27.36
总零售价		66 493.67	147.76

*在制造厂门口装货，用平板列车运往西雅图，然后经海运转往横滨。从工厂门口到外国港口的行程约30天。本书作者对普利司通美国轮胎公司（Bridgestone Americas Tire Operations LLC）出口部经理特里·卡特（Terri Carter）协助制作此表格表示感谢。

———————————

① 疑为 2 000.00——译者

所有进口费用均按到港货物价格估算。注意，此例中并没有需要征税的产品细目，因为运到日本的农用设备都无须征税，而在其他国家则可能会被征税。10%的名义分销商加成（4 925.46 美元），实际上相当于横滨到岸价的 12%，因为它不只是对工厂的交货价加成，而且对包含运费和增值税的价格加成。最后，再加上 25%的经销商加成，即 12 313.64 美元（占横滨到岸价的 27%）。同分销商一样，经销商加成也是基于到岸总成本。

这个叠加累计过程的净效应就是 66 493.67 美元的最终横滨零售价，即得梅因城工厂交货价的 147%。这就是价格升级。这里提供的绝不是极端的例子。的确，较长的或要求较高经营利润的分销渠道（普遍存在于出口营销中）可能会助长价格升级。由于日本的多层次分销体系，横滨中间商的加成很容易使最终价达到到岸价的 200%。表 11-2 提供了单项产品价格升级的实例。一辆装有 V8 发动机的右座驾驶吉普大切诺基到达日本时，价格已达到500 万日元（约 5 万美元）。这个最后价格相当于在美国标价（3 万美元）的 167%。

表 11-2　一辆美国制造的吉普大切诺基运往日本（估值）　　　　　　　　　单位：美元

项目	价格升级数额	合计
工厂交货价	0	30 000
汇率调整	2 100	32 100
运费	300	32 400
海关费用	1 000	33 400
分销商毛利	3 700	37 100
检验、零件	1 700	38 800
附加选项、规费	3 000	41 800
最终标签价格	8 200	50 000

这些成本加成定价的例子说明了新的出口商在确定到岸价格时可能用到的一种方法。这种方法也可用于差异化产品，如买主愿意出溢价购买的吉普大切诺基。然而，如前所述，有经验的全球营销者可能采取更有弹性的做法，并将价格视为一个有助于达到营销和经营目标的主要策略性变量。[9]

从实际的角度出发，如果想在全球营销领域谋取入门级的职位，了解国际贸易术语解释通则的应用知识可能有助于增强竞争优势。贝思·道雷尔（Beth Dorrell）在一家总部设在美国、经营工业墨水的公司担任出口协调员，她道出了交易条款如何对价格产生影响[10]：

> 我们使用不同的国际贸易术语作为筹码，以期获得更大的订单。我们不是按"价格细则"报价，而是根据客户订单的大小，按照国际贸易术语解释通则，提出更好的报价。我们遵循几条基本指导方针：凡订单低于一吨的按出厂价出售；一吨或更多的按指定装运港成本、保险加运费出售；所有空运货物都是按出厂价出售。当然我们也将想方设法地确保客户满意。因此，即使产品是按出厂价出售，我们也时常安排发货到目的地港口、机场或国内港口，然后将货运费用写入发票。结果我们的价格是出厂价，而发票却是指定装运港成本、保险加运费或指定装运港船上交货的总额。听起来很复杂，对吗？这使我始终忙于安排发货。

11.3 环境对定价决策的影响

全球营销者在进行定价决策时必须考虑和处理一系列环境因素。这些因素包括币值波动、通货膨胀、政府管制和补贴，还有竞争对手的行为。其中有些因素会共同发挥作用，如通货膨胀可能会与政府管制相伴而行。以下分别就每个因素进行详细的讨论。

11.3.1 币值波动

在全球营销中，汇率的波动使定价变得复杂。正如第 2 章所述，币值波动可能给从事出口的公司带来重大的挑战和机会。相对于本国货币而言，关键市场的货币坚挺或疲软，将使经理们面临不同的决策环境。本国货币疲软会使汇率朝有利的方向摆动：弱势货币国家的生产者可以选择降低出口价格，以增加市场份额；或维持原价，以获得更加健康的利润率。海外销售所得可以在转换为本国货币时产生意外收益。

新兴市场简报

亚洲需求拉动优质葡萄酒价格

每个学了微观经济学的学生都知道，当需求超过供给时，价格往往会上涨。优质葡萄酒市场就是一个教科书式的范例。每年，鉴赏家们都会在法国的拉菲罗斯柴尔德古堡等顶级酒庄寻找佳酿。特定年份（如 2009 年）的顶级葡萄酒每瓶要价在 1 000 美元以上。世界上最好的葡萄酒需要一定的窖藏年份，岁月流逝的过程也是葡萄酒升值的过程。

如今，有新客户加入了全球葡萄酒文化之旅，他们就是包括中国在内的亚洲的富裕的收藏家。有几个因素促成了这一趋势。2008 年，中国香港将葡萄酒的进口关税从 40% 降至零。从那时起，在香港，葡萄酒拍卖盛况空前。虽然中国内地仍对葡萄酒征收从价税，但从香港过境的随身携带的葡萄酒是免税的。毋庸置疑，这为创业者们提供了一个商机。他们雇用所谓的"骡子"将葡萄酒运抵内地。同样，考虑到消费者愿意为此支付的价格，假冒葡萄酒的交易也愈发猖獗。

随着中国经济的蓬勃发展，富裕的消费者和收藏家们似乎对拉菲等名贵葡萄酒不知满足。中国葡萄酒爱好者也做了不少功课；他们会去了解所喝的葡萄酒的评分和价格。当然，这反映出了"地位"在亚洲文化中的重要性。与此同时，由于经济衰退，日本、美国和欧洲的买家对昂贵葡萄酒的购买量不断缩减。一位欧洲葡萄酒出口商说："我们在拉菲酒庄采购的每一批货最终都到了中国。"

对优质葡萄酒而言，新加坡和印度尼西亚市场也充满了活力。新加坡的零售分销商较其他地方而言更为精简，这意味着进口商可以直接销售给消费者。此外，政府管制较为宽松，两个赌场作为圣淘沙名胜世界（Resorts World Sentosa）和滨海湾金沙（Marina Bay Sands）开发项目的一部分，业已开放。在这些地方大肆挥霍的高消费群体希望喝到最好的葡萄酒。而在印度尼西亚，尽管那里炎热潮湿的气候使得葡萄酒贸易商难以保持葡萄酒的适销状态，但优质葡萄酒的需求仍在不断增长。

资料来源：Jason Chow, "French Wines Are Tough Sell," *The Wall Street Journal* (April 26, 2013), p. B1；Jancis Robinson, "China's Viticultural Revolution," *Financial Times—Life & Arts* (February 12/13, 2011), p. 4；Gideon Rachman, "China Reaps a Vintage European Crop," *Financial Times* (November 30, 2010), p. 13；Kimberly Peterson, "New Whine: China Pushes Bordeaux Prices Higher," *The Wall Street Journal* (September 15, 2010), pp. B1, B2；John Stimpfig, "Demand from China Fuels Spectacular Performance," *Financial Times Special Report: Buying and Investing in Wine* (June 19, 2010), p. 6；Robinson, "A Continent of Connoisseurs," *Financial Times* (May 15, 2010)；Laura Santini, "Wealthy Chinese Make Hong Kong a New Wine Hub," *The Wall Street Journal* (December 2, 2009), p. B9.

如果本国货币走强，则是另外一番景象。对普通出口商来说，情况会发生不利变化，因为其海外所得在转换为本国货币时会缩水。现在假设美元对日元汇率趋弱。对美国公司如波音、卡特彼勒和通用电气来说，这是好消息，但对佳能和奥林巴斯（和购买照相机的美国人）而言，却是坏消息。的确，索尼公司的财务主管德中晖久（Teruhisa Tokunaka）说，在日元对美元的汇率中，1 日元的变动就可使公司的年营业利润增加或减少 80 亿日元（见图 11 - 1）。[11]这些实例说明，今天的商业环境在币值波动方面很像过山车或甩悠悠球，可能一连若干季度都朝着有利的方向摆动，然后突然逆转。

各公司受此影响的程度不同。例如哈雷-戴维森出口的所有摩托车都是美国制造的。在每一个出口市场，公司在价格决策中都必须考虑币值浮动。同样，德国汽车制造商保时捷的产品也是 100% 国内制造；德国是其出口基地。然而在欧元区内，保时捷的出口就不会受到币值波动的影响。

为应对币值波动，除了用价格，全球营销者还可以运用营销组合的其他要素。在某些情

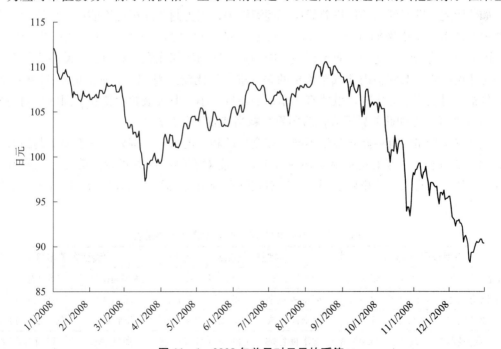

图 11 - 1　2008 年美元对日元的币值

资料来源：Based on data gathered by the Board of Governors of the Federal Reserve (www.federalreserve.gov)

况下，本国货币稍显强势使价格小幅上扬并不会对出口业绩造成多少影响，特别是当需求无弹性时。若所在国的货币较强势，公司也可选择将国际市场价格维持在以前的水平，而将与此有关的成本予以消化，至少在短时间内这一策略是有效的。其他选择包括提供更高的质量或更好的售后服务，提高生产力和削减成本，以及在本国以外的地区寻找货源等。[12]

前面讲到的采用刚性成本加成定价的公司可能将被迫改用柔性的办法。采用柔性成本加成定价方法降低价格以回应币值的不利摆动，是一种**市场维持策略**（market holding strategy），也是不愿损失市场份额的公司所采用的做法。相反，如果大幅涨价势在必行，经理们可能会发现，他们的产品已无法继续参与竞争。

在欧元区成立之初的3年中，欧元相对于美元贬值超过25%。这种情况迫使美国公司（特别是小出口商）不得不做出与强势货币相关的选择。各公司根据自身的情况做出了不同的选择。例如艾奥瓦州佩拉市的维米尔制造公司（Vermeer Manufacturing），是一家中型公司，年销售额达10亿美元，在欧洲市场以欧元为其产品定价。从欧元开始使用至2000年底，这家公司已经被迫4次提高其产品在欧洲的价格。它在荷兰的子公司用欧元支付员工工资，并在当地采购材料。

相反，伊利诺伊州梅尔罗斯帕克市的斯特恩弹球机公司（Stern Pinball）则用美元在出口市场为其机器定价。公司总裁加里·斯特恩（Gary Stern）的产品策略也反映出了其强势货币策略：由于一些欧洲客户在付款之前必须将欧元兑换成美元，为抵消他们增加的采购成本，公司开发出了新的功能，如会"说"几种欧洲语言的弹球机。它生产的新产品还有使用欧洲主题设计的足球游戏和以英国为目标市场的奥斯汀·鲍尔斯游戏。正如斯特恩自己所说，"如果有能耐知道欧元将朝哪个方向走，我肯定不会在这里做弹球机，而是做货币生意了"。[13]

如前所述，欧元区内的价格差异应当逐渐消失，因为制造商再也不能以币值波动作为价格差异的理由。**价格透明**（price transparency）的意思是消费者便于在商店间进行价格比较，因为商品将按欧元定价，而不再是德国马克、法国法郎或意大利里拉。欧盟委员会发布了一份年度报告，对欧盟内部汽车价格的差异进行了比较。表11-3所示是2008年和2010年的价格。对数字进行比较，虽然有些车型的差价缩小，但大众帕萨特在不同国家间的差价可以高达39%。在如此差异下人们跨国界采购当然就不足为奇了。

欧洲汽车价格的有些差异源于不同的安全标准和征税水平。例如，丹麦和瑞典的增值税为25%，在欧盟中是最高的税率。不仅如此，丹麦对奢侈品课以重税。芬兰、比利时、爱尔兰、奥地利和意大利的税率也很高。针对在欧洲分销的汽车，大众公司已经开始就批发价格进行协调。

表11-3　2010/2008年欧盟内部汽车价格差异

小型车子市场		中型车子市场		大型车子市场	
标志206/207	39.7%/32.6%	标志308	36.0%/37.5%	大众帕萨特	28.1%/17.1%
雷诺克里奥	32.3%/23.4%	福特福克斯	27.9%/27.4%	标志407	20.5%/15.2%
菲亚特朋多	29.2%/21.4%	大众高尔夫	27.45%/24.3%	奔驰C级	14.2%/11.9%
大众波罗	28.1%/25.0%	雷诺梅甘娜	26.8%/17.3%	奥迪A4	13.1%/7.4%
福特嘉年华	24.3%/21.4%	奥迪A3	18.1%/14.5%	宝马320D	10.6%/12%

11.3.2　通货膨胀环境

通货膨胀，或价格水平的持续攀升，是许多国家市场都存在的问题。通货膨胀可以由货币投放量增加而引起。前文已经谈到，在货币贬值的国家，通货膨胀常反映在进口货物的价格上。大宗商品和原材料成本的交替上升给商品价格带来了上行的压力。例如，玉米和小麦的价格上涨会迫使一些像卡夫食品这样的公司提高其商品价格；同样，铜、石油和其他大宗商品价格上涨则意味着联合技术公司的管理人员必须对公司制造的直升机、喷气式发动机和空调系统的定价进行重新审查。而且，任何购物者都可证明，毛衣、牛仔裤和 T 恤的价格一直在上涨。原因是棉花的全球库存量很低，棉花价格几乎翻了一番。[14]

在通货膨胀环境中进行定价的必要条件是维持营业利润率。基于这个条件，通货膨胀就会倒逼价格调整，理由很简单：上升的成本必须通过提高销售价格来弥补。无论公司采取何种成本会计核算方法，如果保住了毛利，就已经有效地使自己免受通货膨胀之害。而这又要求所有类型的制造商和零售商在科技方面更加成熟。20 世纪 80 年代后期，巴西的通货膨胀率高达 2 000%，有时零售商一天之内要多次变换价格。在沃尔玛进入这个地区之前的近 15 年时间里，整个零售部门盛行的是货架定价，而不是计件定价。仓库里的货物是按不同价格收购的，当地的零售商被迫投资建立起先进的计算机和通信系统，以便跟上多变的金融环境。它们借助先进的存货管理软件实现对财务的控制。90 年代中期，沃尔玛进入巴西，发现当地的竞争对手已经拥有了先进的科技基础设施，并可以同沃尔玛积极的定价政策相抗衡。[15]

低通货膨胀又提出了另一类定价难题。90 年代后期美国的通货膨胀率仅为一位数，强劲的需求迫使工厂满负荷或几乎满负荷地运转，按道理这时公司应该能够提高价格。不过国内的经济形势并非唯一的考量。90 年代中期，许多产业的产能过剩，许多欧洲国家出现了高失业率问题，亚洲的经济衰退仍未结束，在这种情况下，公司想涨价也难。加利福尼亚的一家工程公司的首席执行官约翰·巴拉德（John Ballard）说："我们曾想涨价，但我们对竞争对手和市场承受力的研究告诉我们，这样不值得。"到 90 年代末，全球化、互联网、大量涌入的发展中国家低价出口货物以及顾客重视价格的新动向等，都是制约因素。[16]

11.3.3　政府管制、补贴与规制

影响定价决策的政府政策和法规包括反倾销法、维持转售价格的法案、价格上限和对物价总水平的管制。政府的行动如果使管理层调整价格的能力受限，则会产生利润率压力。在某些情况下，政府的行动会对下属机构的获利能力造成威胁。如果一国正经历严重的金融困难并处于金融危机之中（比如，无法遏制的通货膨胀部分导致了外汇短缺），政府官员就面临采取某种行动的压力。多年来，巴西正是处于这种情况下。在有些情况下，政府只是采取权宜之计，如选择性管制或广泛的价格管制。

在实施选择性管制时，外国企业比当地企业更容易受到伤害，当外来者缺乏当地管理人员对政府决策所具有的政治影响力时尤其如此。例如 20 世纪 80 年代后期，宝洁公司在委内瑞拉遭到了严格的物价管制。尽管原材料的成本上涨，宝洁公司要求的涨价幅度还是被压缩

了一半，事隔数月之后才获准涨价。因此直到 1988 年，委内瑞拉的洗衣粉价格始终低于美国。[17]

政府管制也可采取其他形式。正如第 8 章所述，公司如要进口产品，有时要将资金按规定投入无息托管账户内存放一段时间。在一个案例中，一家专门修复历史性古建筑的工程公司辛泰克国际公司（Cintel International），需要进口一些特殊工具，以便修复一座埃及清真寺。为从埃及当局获得批准，公司耗费了 8 年时间。不仅如此，埃及的港务部门要求公司先存入约 25 000 美元，然后才允许其进口含有钻石的钻头和其他特殊工具。辛泰克国际公司的管理层为何要接受这种条件呢？开罗有数百座需要修复的古老的历史性建筑。辛泰克国际公司以耐心和毅力来回应埃及政府的要求，以使自己成为更多承包项目的头号竞标者。[18]

上述存入现金的要求会明显地刺激企业尽可能地降低进口产品的价格，价格越低，被要求存入的存款越少。影响定价决策的还有其他政府要求，例如可以限制利润转移出境的规定。按照这些规定，由附属公司为进口产品支付较高的转移价格可被看作一种将利润转移出境的方法。

第 8 章还讲到了政府补贴问题。如前所述，农业补贴是全球贸易谈判的敏感话题。巴西和由另外 20 余国组成的集团正向华盛顿施压，要求终止农业补贴。例如，多哈回合谈判受到延误的原因之一便是华盛顿每年 25 亿～30 亿美元的棉花补贴（欧盟的补贴则相当于每年 7 亿美元左右）。贝宁、乍得、布吉纳法索和其他国家抱怨说，补贴使美国棉花保持低价，而使非洲国家每年蒙受 2.5 亿美元的出口损失。[19]巴西向世界贸易组织控告美国对棉花补贴之事，已经胜诉。

政府的规章也能够从其他方面影响价格。例如在德国，价格竞争在许多行业历来都会受到严格的限制，服务行业尤其如此。德国政府最近采取了一些放宽管制的举动，改善了外国公司在许多行业的市场准入氛围，包括保险、电信和航空。解除管制也使德国公司首次得到在国内市场进行价格竞争的体验。解除管制在有些情况下意味着对等交换，它也为德国公司进入其他国家市场拓宽了道路。例如美国和德国最近达成了开放领空协议，汉莎航空公司能在美国国内飞行更多的航线。与此同时，德国航空市场也将对竞争者开放，结果德国国内城市间的航空旅行费用大幅下降。零售部门也慢慢出现变化。互联网和全球化迫使德国的政策制定者废除了两部陈旧的法律。一部是将产品的折扣幅度限制在定价 3% 之内的折扣法。另一部是禁止公司发放诸如购物袋等免费商品的免费礼品法。[20]

11.3.4 竞争行为

定价决策不仅受成本和需求性质的限制，还会受竞争对手行为的限制。在成本上涨的情况下，如果竞争对手不对其价格作相应的调整，公司管理层（即使确实意识到了成本上涨对营业利润率的影响）相应调整价格的能力也会受到严重的制约。相反，如果竞争对手在一个低成本国家进行生产或寻找货源，公司可能还需要降低自己产品的价格以保持竞争力。

在美国，李维斯公司要承受几方面的价格压力。首先，李维斯公司面临来自威富公司（VF Corporation）的 Wrangler 和 Lee 品牌的激烈竞争。在杰西潘尼和其他百货公司，一条 Wrangler 牛仔裤的零售价约为 20 美元，而一条李维斯 501 款约为 30 美元。其次，李维斯的两家主要零售商客户——杰西潘尼和西尔斯都在积极营销它们的自有品牌。最后，

CK、Polo 和迪赛品牌牛仔裤都在不断地推陈出新，受到消费者追捧。独家经销的时尚新品牌 Seven 和 Lucky 牛仔裤的零售价每条超过 100 美元。在美国之外，由于受品牌传统的影响，而且竞争没那么激烈，李维斯一条 501 款牛仔裤能以高价——80 美元或更高的价格出售。

为维持产品的高档形象，李维斯都在精品店出售。李维斯在美国以外地区的销售收入占总收入的 1/3，但所创利润超过公司总利润的 50%。李维斯试图应用其全球经验，强化其在美国的品牌形象，在精挑细选的几个美国城市，开设了许多"原版李维斯商店"。尽管下了这么多功夫，李维斯在 2010 年的销售额仅为 44 亿美元，而其 1996 年的销售额则高达 71 亿美元。十多年前，公司官员宣布关闭了 6 家工厂，并将公司在北美的大部分生产工厂迁往海外，其目的是削减成本。[21]

11.3.5　以资源决策为战略定价工具

对于前文讲到的价格升级或环境因素等问题，全球营销者有多种应对选择。究竟如何选择，部分取决于产品和市场竞争。营销国内制成品的企业可能会被迫转向海外寻购某些部件，以保持其成本和价格的竞争力。尤其是中国，它也因此迅速获得了"世界工厂"的美誉。美国自行车公司如赫菲（Huffy），正严重地依赖中国作为其生产地。

另一个选择是对目标市场的分销结构进行彻底的审查。分销结构的合理化可以大幅减少在国际市场上实现分销所需的加成总额。这种合理化包括选择新的中间商，赋予老中间商新的责任，或者建立直接营销业务。比如，玩具反斗城成功地瞄准了日本玩具市场，因为它跳过了分销的许多层次，并采用了如同它在美国使用的仓储式销售方式。玩具反斗城已被视为西方零售商（特别是折扣商店）能够改变分销惯例的一个例证。

11.4　全球定价：三种可选政策

全球公司应该采用何种定价政策？请记住，价格是一个策略变量；可以使用合理的分析方法或直观的方法来制定定价策略。例如，在悉尼·弗兰克创立灰雁伏特加时，他将每瓶的价格设定为比红牌或绝对伏尔加高 10 美元。为什么呢？因为他可以这么做！弗兰克没有进行任何形式的市场分析，而是依靠他在酒类企业长期工作获得的本能和见解做出该决定。定价中使用的简单决策规则还包括以下事例：

● "我们的桌案上有竞争对手的价目表……我们能准确地知道竞争对手对哪些产品定什么价，我们可以据此进行计算。"

● "我们实行差异化，只是因为在有些国家我们能卖到好价钱，而有些国家却不行。"[22]

从广义上看，公司在全球定价方面有三种可选择的立场。

11.4.1　延伸定价法或母国中心定价法

第一种可称为延伸定价法或母国中心定价法（extension or ethnocentric pricing policy）。

这种定价政策要求，某种产品无论在世界何地购买，其单位价格都一致，因此进口商必须承担运费和进口税。这种延伸方式的优点是非常简便，实施起来不需要关于竞争态势或市场状况的信息。这种母国中心做法的缺点是无法对每一个国家市场的竞争和市场状况做出反应，因此不会使公司在各国市场或在全球的利润最大化。例如，玩具制造商美泰将美国产品加以改造后便投向了国外市场，几乎未考虑将美国价格转换成当地货币后的价格水平。结果，假日芭比（Holiday Barbie）和其他一些玩具在全球市场的定价就过高了。[23]

同样，梅赛德斯-奔驰的高管们也开始走出母国中心定价法。正如戴姆勒董事长迪特尔·蔡施（Dieter Zetsche）所说，"我们一直说我们知道顾客想要什么，他们不得不付钱购买……我们并没有认识到世界已经变了"。[24] 当雷克萨斯以不到 2 万美元的售价出售达到"梅赛德斯-奔驰质量"的车时，梅赛德斯-奔驰终于醒悟了。1993 年，首席执行官赫尔穆特·沃纳（Helmut Werner）接任该职后，随即提高了员工的生产率，增加了低成本的外部供应商的数目，并在美国和西班牙投资兴建生产设施，以图进一步实行以顾客和竞争为导向的定价方针。公司还推出了新型的低价位 E 级和 S 级轿车。公司管理层的态度很快受到《广告时代》（*Advertising Age*）的盛赞，称梅赛德斯-奔驰已由"一个古板而自鸣得意的供应商"转变为"一个积极进取和市场导向的公司，它将在豪华汽车市场上，甚至在价格上，与对手展开互不相让的对垒"。[25]

11.4.2　调整定价法或多国中心定价法

第二种定价政策可称为**调整定价法或多国中心定价法**（adaptation/polycentric pricing）。这种政策允许子公司、附属公司或独立分销商制定它们认为最适合当地市场环境的价格，也不要求各国之间作价格协调。宜家采用的就是多国中心定价法：公司的政策是在每一个市场上都保持同类产品的最低价，每个国家的经理都各自确定价格。这在一定程度上取决于当地的因素，如竞争、工资、赋税以及广告费。总的说来，宜家在美国虽然需要同大零售商竞争，但其价格是最低的。在意大利价格稍高，因为与美国市场相比，当地的竞争对手一般是规模较小、档次较高的家具店。一般而言，若宜家的品牌在一国表现强势，则其价格也会较高。宜家在中国的第一家门店开张时，公司首要的目标子市场群体——年轻的职业夫妇——认为价格太高。在门店主事的英国人伊恩·达菲（Ian Duffy）迅速增加了中国制造的家具数量，以便降低价格；现在一般中国顾客每次光顾的平均消费是人民币 300 元（约合 36 美元）。[26]

最近一项关于欧洲工业出口商的研究发现，使用独立分销商的公司最有可能运用多国中心定价法。这种做法对当地的市场情况反应灵敏，但是企业系统内部关于有效定价策略的宝贵知识和经验并没有应用于每一地的定价决策中。分销商或当地经理有权自行确定他们认为合适的价格，因此他们可能无视借鉴公司经验的机会。套利（arbitrage）也是多国中心定价法的一个潜在问题，如果不同国家市场的价差高于运费和不同市场间的关税，经营者个人可能在较低价格的国家市场购买货物，然后运到较高价格的市场出售。

这正是制药业和教材出版公司出现的情况。为非洲艾滋病患者准备的打折药品被走私到欧盟出售，并获得暴利。同样，出版教材的培生、麦格劳-希尔、圣智以及其他出版商，一般都使欧洲和亚洲的定价低于美国。原因是出版商利用多国中心定价法：它们以不同国家的人均收入和经济条件为基准，制定地区价格或逐个国家地制定价格。

11.4.3 全球中心定价法

第三种方法是**全球中心定价法**（geocentric pricing），它比前两种更具动态性和主动性。采用这种方式的公司既不制定单一的全球价格，也不允许子公司或当地分销商独立作出定价决策。相反，全球中心定价法是一种折中的方法，反映的理念是，在作出定价决策时应当考虑当地市场的独特因素。这些因素包括当地成本、收入水平、竞争和当地的营销战略。价格还应当与营销方案的其他要素相结合。按照全球中心定价法，在处理国际账户和套利问题时，要由总部出面协调价格。这种方法的采用者也有意识、有计划地力求使所积累的国别定价经验在适用的地方得以充分运用。

当地经营成本加投资和人工投入的回报确定了长期的价格底线。然而短期内，公司总部可能会确定追求市场渗透的目标，通过使用出口货源，使定价低于成本加成的回报价格，以开拓市场。前面讲到的索尼推出随身听的实例就属于这种情况。另一种短期目标可能是，按给定的当地资源和一定产量得出的有利可图的价格对市场规模进行预测。之后，不是立即在当地投资建厂，而是可能先由成本较高的现有外部供应源向目标市场供应产品。如果价格和产品都被市场接受，公司随后便可在当地开办制造工厂，以可获利的方式进一步开发已确认的市场机会。如果市场机会没有变成现实，公司可以试着给产品另定价格，因为它未在当地设厂，无须受工厂固定产销量的约束。

11.5 灰色市场商品

灰色市场商品（gray market goods）是从一个国家出口到另一个国家，由未经授权的人或组织销售的带有商标的产品。请参考以下例子：

> 设想一个高尔夫设备制造商向本国的分销商出售高尔夫球杆，价格是每根 200 美元，但向泰国分销商出售的价格是每根 100 美元。造成后者价格低的原因可能是海外需求或支付能力的不同。或许这种价格差异包含了需要补偿给外国分销商的广告和营销的费用。然而这根高尔夫球杆根本未出现在泰国，而是被泰国经销商以 150 美元的价格转卖给美国的灰色营销者。然后这个灰色营销者便可以低于本国分销商的价格出售，因为本国分销商的进价是 200 美元。这会迫使制造商降低在本国的价格，或面临销售市场被灰色营销者挤占的风险，从而压低制造商的利润率。此外，灰色营销者随意使用制造商的商标，但常常不能提供消费者指望从制造商或其授权分销商那里得到的担保和其他服务。[27]

上述情形也称为**平行进口**（parallel importing），发生于公司使用全球中心、多国中心定价政策，在不同的国家市场采用不同的定价时。在产品供应短缺，生产商在特定市场采用撇脂策略，或商品经大幅加成时，灰色市场就会比较活跃。例如在欧洲药品市场，各国之间的药品价格差别很大。如在英国和荷兰，平行进口占某些药品品牌销量的 10%。一种有力的新工具——互联网的出现，使潜在的灰色营销者既能得到价格的信息，又能接触到消费者。[28]

灰色市场迫使全球营销者不得不承受若干代价或后果。其中包括[29]：

● 排他性稀释——授权经销商不再是独家分销。产品通常可从多种途径取得，利润幅度受到威胁。

● 投机取巧——如果制造商对授权渠道人员的抱怨不予理睬，他们就可能投机取巧，即可能采取各种办法来抵消对利润幅度的挤压。这些办法包括削减售前服务、对顾客的指导和销售人员的培训。

● 损伤渠道关系——面对灰色市场商品的竞争，授权经销商会试图削减成本，向制造商抱怨，并对灰色营销者提起诉讼，因此灰色市场商品形成的竞争会引起渠道冲突。

● 破坏子市场定价格局——前面提到，多国中心定价法形成的价格差异可能导致灰色市场的产生。然而，贸易壁垒的消除、互联网上的信息爆炸和现代的分销能量等诸多因素会阻碍公司实行当地定价策略的能力。

● 声誉与法律责任——即使灰色市场商品与授权渠道销售的商品商标相同，在质量、成分或其他方面可能仍有差别。灰色市场商品可能降低制造商的声望，削弱品牌资产，譬如出售过期药品，将电子设备卖到未获得使用许可或不能得到制造商承诺担保的市场。

有些时候，灰色营销者将单一国家生产的产品（如法国香槟）运往其他出口市场，与授权进口商竞争。灰色营销者所定的售价低于那些合法进口商的价格。此外，还有一种类型的灰色营销。公司既在本国市场又在外国市场生产同一种产品。在此情况下，公司的海外分部为在国外销售而生产的产品有时会被外国分销商销售给灰色营销者。后者随后又将产品带入该产品生产公司的本国市场，与其在国内生产的产品竞争。

上述实例表明，营销机会出现的条件是：灰色市场商品的定价低于授权分销商出售的产品或国内生产的产品的定价。显然，低价格和更多的选择使购买者受益。例如仅在英国，灰色市场商品的年销售额估计就高达 16 亿美元。最近欧洲的一个案例作出了有利于品牌所有者权利的裁决。奥地利高档太阳镜制造商侧影公司（Silhouette）有数千副拟销往东欧的太阳镜落到了哈特劳（Hartlauer）连锁折扣商店手中，因而其对后者提起了诉讼。欧洲法院作出了有利于侧影公司的裁决。法院澄清了一项 1989 年的指令，并作出如下裁决：未经品牌所有者允许，商店不能从欧盟以外进口品牌产品并以折扣价出售。但是，《金融时报》斥责这项裁决"不利于消费者，不利于竞争，也不利于欧洲经济"。[30]

在美国，灰色市场商品受 1930 年《关税法案》（Tariff Act of 1930）的管制。该法第 526 条明确禁止未经商标拥有者授权就进口海外生产的商品。然而法院对该法的解释有相当大的余地。一个法律专家坚称，美国议会应该废止第 526 条，并推行一项新法律，规定灰色市场商品应带有清晰的标签，且注明其与授权渠道产品的差异。其他专家认为，与其改变法律，企业不如对灰色市场商品采取先发性应对策略。其中之一是加强市场细分和产品差异化，使灰色市场商品缺乏吸引力；另一种是积极找出并制止分销商把产品销给灰色营销者的行为。

11.6　倾销

倾销是一个重要的全球定价策略问题。1979 年关税及贸易总协定的反倾销守则（GATT's

Antidumping Code）将倾销定义为一种以低于国内或原产地国家的正常价格销售进口产品的行为。另外，许多国家也有自己保护国内公司免遭倾销的政策和程序。例如中国已经制定了自己的规则，以回击西方多年的反倾销裁定。国务院在 1997 年 3 月通过了《中华人民共和国反倾销和反补贴条例》。当时，由对外贸易经济合作部与国家经贸委负责反倾销事务。[31]

美国国会将倾销定义为一种对"美国工业发展"造成"伤害、破坏或阻碍"的不公平贸易行为。按此定义，如果在美国市场上销售的进口产品定价低于生产成本加 8％ 的利润率，或低于生产国普遍的价格水平，就属于倾销。美国商务部负责判断在美国销售的产品是否属于倾销，然后由国际贸易委员会判断该倾销行为是否已对美国商家造成伤害。美国的倾销案例大多涉及来自亚洲的制成品，往往针对的是单一的或非常狭窄的产品类别。提出这类案件的通常是宣称低价进口品使它们受到实质性损害的美国公司。美国国会于 2000 年通过了所谓的《伯德修正案》（Byrd Amendment）。该法案规定，因低于市场价格的进口货物而受到伤害的美国公司有权取得反倾销补贴。[32]

在欧洲，反倾销政策由欧盟委员会执行，对倾销货物课以关税只需部长会议的多数通过即可。征收临时关税的期限可达 6 个月，更加严厉的措施有 5 年的确定关税。低成本的亚洲进口货物在欧洲是倾销争端的主题。其中一个争端涉及每年从中国、埃及、印度、印度尼西亚、巴基斯坦和土耳其进口的价值 6.5 亿美元的原色棉布。这个争端使纺织品进口商与批发商联盟同代表法国、意大利和其他欧盟国家纺织业的欧洲棉纺织业联合会（Eurocoton）进行较量。欧洲棉纺织业联合会支持以关税作为手段，保护工作岗位免受廉价进口品的侵害。工作岗位问题在法国尤其敏感。而英国的纺织品进口商布鲁姆和韦林顿公司（Broome & Wellington）则认为，征收关税会抬高物价，并使纺织品精加工和成衣业损失更多的岗位。[33]全球纺织品限额系统已于 2005 年 1 月废除。几乎一夜之间，中国对美国和欧洲的纺织品出口出现迅猛增长。短短数月之后，美国重启了对几个类别纺织品进口的配额制度；欧盟的贸易部长彼得·曼德尔森（Peter Mandelson）也实施了为期两年的配额管控。

倾销是乌拉圭回合谈判中的一个主要议题。许多国家不同意美国的反倾销法律制度，部分原因是美国商务部的裁决历来都是有利于提出申诉的美国公司的。而美国的谈判代表关切的是，在那些对法定诉讼程序几乎没有正式规定的国家，美国出口商经常是反倾销调查的目标。美国方面希望提高美国公司维护自身利益和理解裁判标准的能力。

谈判的结果是签订了《关于解释 GATT 第 6 条的协议》。按照美国的观点，这个协议与 1979 年的守则相比，最大的变化在于增加了"审查标准"，这将会使关税及贸易总协定的专家组更难对美国的反倾销决心提出质疑。另外还有一些程序和方法上的变更。在某些情况下，这些变更使得关税及贸易总协定的规定与美国法律更加吻合。比如在计算某种特定产品的"公允价格"时，以低于出口国成本价格出售的任何产品均不在计算范围之内，如将这部分销售包括在内，就会拉低"公允价格"。该协议禁止各国政府对本国市场与出口市场价格差别小于 2％ 的进口产品实行惩罚，从而也使关税及贸易总协定的标准与美国标准相一致。

如要证明在美国确已发生倾销行为，必须同时展示价格歧视和所受伤害的证据。价格歧视（price discrimination）是指在向不同买家销售同等数量的"同质"产品时，采取不同定价的做法。两项中如有一项不存在，就不足以构成倾销。那些担心与反倾销法发生纠葛的企业找到了一些回避反倾销法的方法。一种方法是使所售产品有别于其母国市场的产品，所以不属于"同质"。例如，某公司将汽车附件与扳手及使用手册包装在一起，从而将"附件"变成了"工具"。而进口国市场对工具所征的关税恰巧较低，而且该公司还得以免受反倾销法的制约，因为这样包装的货物与目标市场上的竞争品没有可比性。另一种方法是对附属机构和分销商做出非价格性竞争调整，例如提供信贷，这实质上与降低价格的作用相同。

11.7 价格限定

在多数情况下，两个或两个以上公司选派代表秘密地为产品设定近似价格的做法是违法的。这种做法称作**价格限定**（price fixing），一般被视为一种反竞争行为。采取这种合谋手段的公司通常企图确保它们的产品能卖到较高的价格，而这是它们在自由运作的市场里做不到的。水平价格限定（horizontal price fixing）是指在同一个行业里制造并营销同一种产品的竞争对手合谋保持高价。如 2011 年，欧盟委员会认定宝洁、联合利华和汉高密谋制定洗衣粉价格。这里使用"水平"一词是因为宝洁及其同谋都处于供应链的同一个"层面"（即它们都是制造商）。

如果制造商串通批发商或零售商（即在渠道内与制造商处于不同"层面"的成员），以确保维持某种零售价格，就成了垂直价格限定（vertical price fixing）。例如，欧盟委员会判定游戏机公司任天堂伙同欧洲分销商进行价格限定，因而对任天堂处以近 1.5 亿美元的罚款。20 世纪 90 年代，任天堂游戏机的价格在欧洲范围内有很大差别，在西班牙比在英国和其他国家贵许多。不过，零售价格较低国家的分销商已同意不向价格较高国家的零售商出售产品。[34]

在另一个价格限定的实例中，南非的钻石公司戴比尔斯（DeBeers SA）站在了美国的对立面。这个价格限定案涉及工业钻石，而不是宝石。不过戴比尔斯成为美国人熟悉的品牌名称，是因为它在历时长久的广告活动中反复出现的广告语："钻石恒久远，一颗永流传"。戴比尔斯公司本身在美国没有零售机构，而是通过中介在美国营销它的钻石。公司高层已经表示愿意认罪并支付罚金，交换条件是获准进入美国。公司的一位发言人说："美国是最大的钻石首饰市场，占全球首饰零售额的 50％，我们的确希望解决这些争端。"[35]

11.8 转移定价

转移定价（transfer pricing）是指一家公司向所属经营单位或分部买卖的商品、服务和无形资产的定价。换言之，转移定价涉及的是企业内部的交换，即属于同一母公司的买方与卖方之间的交易，例如丰田子公司之间的相互买卖。转移定价是全球营销中的一个重要问题，因为只要货物跨越国界就是一次买卖。货物的定价不仅是税务部门感兴趣的事——它们要征收不菲的所得税，而且是海关感兴趣的事——它们要对货物征收适量的关税。据美国银行（Bank of America）首席营销战略家约瑟夫·昆兰（Joseph Quinlan）估计，美国公司在海外约有 2.3 万个子机构，25％的美国出口是美国公司向美国以外的子公司或附属机构发货。

在确定向子公司的转移价格时，全球公司必须解决一系列的问题，包括税负、关税、国家的利润转移法规、合资企业合作伙伴之间的目标冲突以及政府法规。税务部门如美国的国家税务局（Internal Revenue Service，IRS）、英国的国内税务局（Inland Revenue）和日本的国税厅（National Tax Administration Agency）等，都对转移定价政策有浓厚的兴趣。[36]转移定价在欧洲已经成为公司的一个关键问题，因为欧元使税务当局更容易对转移定价政策实施审计。

转移定价决策有三种可选的主要方法，选用哪一种因企业性质、产品、市场和历史背景而异。**基于市场的转移定价**（market-based transfer price）派生于在国际市场中保持竞争力的价格。换言之，它是正常交易的一个近似值。**基于成本的转移定价**（cost-based transfer pricing）将内部成本作为确定价格的出发点。基于成本的转移定价同本章已经讨论过的基于成本的定价可能采取同样的形式。界定成本的方法可能会影响关税及全球公司对子公司和附属公司的销售税。第三种选择方案是允许企业的附属公司**相互协商的转移价格**（negotiated transfer prices）。在市场价格经常变化的情况下可能会使用这种方法。表11-4对满足多种管理标准的不同方法进行了总结。

表 11-4　不同转移定价方法的比较

标准	基于市场的转移定价	基于成本的转移定价	相互协商的转移价格
达到目标一致	当市场竞争激烈时，可行	通常可行，但有例外	可行
激励管理工作	可行	基于预算成本时，可行	可行
用于评估子公司的绩效	当市场竞争激烈时，可行	除非转移价格超过全部成本，否则难以实现	可行，但转移价格会受到买卖双方谈判技巧的影响
保留子公司的自主权	当市场竞争激烈时，可行	因有章可循而不可行	因其基于子公司之间的协商，可行
其他因素	市场可能不存在或不完善	可用于确定产品的总成本；易于实施	议价和谈判需要时间，而且在情况发生变化时可能需要重新进行审查

资料来源：Adapted from Charles T. Horngren, Srikant M. Datar, George Foster, Madhav Rajan, and Christopher Ittner, *Cost Accounting: A Managerial Emphasis* (Upper Saddle River, NJ: Prentice Hall, 2009), p. 783.

11.8.1　税收规定和转移定价

全球公司在世界各地经营，要承受各国不同的公司税率，因此公司会有一种倾向：在低税率国家（如爱尔兰）实现收入最大化，而尽量减少在美国和其他高税率国家的收入。各国政府监管机构都非常清楚，苹果等各家公司都制定了税收筹划及避税策略。[37]最近几年，许多政府试图通过检查公司的回报以及强制要求公司重新分配收入和支出，使国家税收最大化。最近涉及转移定价的案例包括如下几家公司：

● 摩托罗拉可能因其全球运营收入存在记账错误，应向美国的国内收入署缴纳5亿美元税款。

● 美国劳工部已向斯沃琪集团提出控诉，指责这家瑞士制表公司不正当地利用转移定价逃避数百万美元的关税和其他税款。[38]

● 美国政府历时多年，试图向制药巨头葛兰素史克公司追缴27亿美元税款加利息。美国国家税务局指控葛兰素史克对其大获成功的溃疡治疗药物雷尼替丁（Zantac）的利润未能足额纳税。1989—1999 年间，雷尼替丁在美国获得的收入共计 160 亿美元；美国国家税务局指责葛兰素史克的美国营业部门向其英国母公司超额缴纳专利费，从而降低了在美国的可征税收入。该案原定于 2007 年开庭审理，然而 2006 年 9 月，葛兰素史克同意向美国国家税务局支付约 31 亿美元，该案遂告了结。[39]

11.8.2 有形资产和无形资产的销售

每个国家都有处理公司内部转移的法律与法规。无论定价的理由如何，制定全球定价政策的管理人员都应该熟悉相关国家的法律法规。定价的理由必须符合这些法律和法规的意图。虽然适用的法律与法规貌似复杂，但有充分证据表明，大多数政府只是为了设法防止逃税，确保从事国际贸易的公司的营业收入得到公正的分配。

有些公司真心尽力地遵守适用的法律与法规，并将这方面的所作所为记录在案，但它们也可能被送上税务法庭。如果税务审计官提出质疑，高管人员应该能够为他们的决定据理力争。幸运的是，咨询服务提供商可以帮助经理们对付转移定价的诡秘世界。为审查转移定价政策，大型全球公司通常不惜斥资数十万美元聘用国际会计师事务所。

11.9 对销贸易

近年来，许多出口商不得不接受以货币以外的方式支付全部或部分货款，以维持其国际交易。[40] 广泛使用的替代性支付方法种类多样，统称为**对销贸易**（counter-trade）。在对销贸易交易中，一笔销售生意的结果是产品流向买主，接着通常产生另一笔向相反方向流动的产品或服务的销售。对销贸易通常包括西方国家的卖主和发展中国家的买主，20 世纪 80 年代中期是这种方式广泛使用的高峰时期，现在已被 100 多个国家采用。

一位专家指出，当坚挺的货币供应不足时，对销贸易就会繁荣。外汇管制可能阻止公司向国外转移收入，公司可能不得不把钱花在国内，用以购买可出口并在第三国市场销售的产品。历来，发展中国家通过银行贷款进行进口融资的能力下降，就成了对销贸易发展的唯一重要的驱动力。这种趋势导致那些债台高筑的政府推行自我资助式交易。[41] 曾主管美国国际贸易局金融服务和对销部门的普罗皮利厄·沃泽瑞（Pompiliu Verzariu）说：

> 20 世纪 90 年代，布拉迪计划（Brady plan）导致债务减轻、国际利率降低，出现了放松贸易管制的政策，还有北美自由贸易区和南方共同市场等根据自由市场原则对地区贸易进行整合的经济集团，对销贸易的压力在世界许多地区有所减弱，尤其是拉丁美洲。[42]

通常，对销贸易可能受到几个条件的影响。
- 进口所附加的优先条件。优先级别越高，要求实行对销贸易的可能性就越小。
- 交易价值。价值越高，进行对销贸易的可能性就越大。
- 从其他供货商处得到产品的可能性。如果公司是某差异化产品的唯一供货商，它便能够要求用货币支付。

欧洲债务危机促使一些公司考虑使用对销贸易。例如，德国化工巨头巴斯夫（BASF）开展了一项应急计划，即愿意与农业领域的希腊买家进行对销贸易。此类交易对巴斯夫来说并不新鲜；在东欧，该公司就曾接受矿物作为支付其化学产品的对价。巴西的一些客户甚至使用糖浆来付钱！巴斯夫北美首席财务官弗里德-沃尔特·敏斯特曼（Fried-Walter Muenstermann）表示，公司将在欧洲对新的对销贸易订单进行筛选。他说道："我们不需要葡萄酒和橄榄油。"[43]

下面讨论两种类型的对销贸易。易货贸易属于一种类型；另一种则包括反向采购、抵消、补偿贸易和转手贸易等的混合形式。它们与易货贸易有明显的区别，因为在交易中涉及现金和信用的问题。

11.9.1　易货贸易

易货贸易（barter）一词讲的是最单纯而又最古老的非货币化双边对销贸易。简单易货是双方之间做货物或服务的直接交换。虽然不涉及货币，但双方都会对向各方流动的产品形成一个大概的影子价格。公司有时会向外界易货专家寻求帮助。例如，总部设在纽约的 At-wood Richards 公司与世界各地进行易货贸易。但通常分销是在贸易伙伴之间直接进行的，没有中间商参与。

在进行易货贸易的公司中，百事公司当属最引人注目的公司之一，该公司曾在苏联市场以及后苏联市场上做了几十年的生意。在苏联时代，百事公司用软饮料的浓缩糖浆交换红牌伏特加酒，再由百事酒类分公司（PepsiCo Wines & Spirits）出口到美国并由 M. 亨利酒业公司（M. Henri Wines）销售。俄罗斯卢布可以自由兑换以后，不再需要实行易货贸易。今天，红牌伏特加酒是由帝亚吉欧公司下属的卡瑞龙进口公司（Carillon Importers）进口并在美国销售的。委内瑞拉已故总统查韦斯的经济政策中最为重要的一点就是用石油同其他拉美国家进行易货贸易。例如，古巴向委内瑞拉派遣医生以换取石油，其他国家则以香蕉或糖进行"支付"。

11.9.2　反向采购

反向采购（counter-purchase）形式的对销贸易也称为平行贸易或是平行易货，它与其他对销贸易形式的区别在于每个方向的货物流动都是以现金结算的。例如，罗克威尔国际公司（Rockwell International）出售给津巴布韦一套价值 800 万美元的印刷机器。但是，只有当罗克威尔公司同意从津巴布韦购买价值 800 万美元的铁铬合金和镍，再向世界市场出售时，交易才最终达成。

罗克威尔国际公司与津巴布韦的交易反映了反向采购的几个方面。国外客户提供的产品一般与西方公司出口的产品无甚关系，也不能被直接利用。在大多数反向采购交易中，要分别签订两份合同。在一份合同中，供应商同意出售产品，并以现金结算（原始销售合同）；在另一份合同中，供应商同意从买主手中采购并销售与之前产品毫无关系的产品（一份单独的、平行的合同）。反向采购的美元金额通常代表向外方出售的商品价值的一定百分比（有时是全部价值）。西方供应商卖出这些货物后，整个贸易循环才算结束。

11.9.3 抵消

抵消（offset）是一种对等的安排，当进口国想要弥补其在大宗采购（如军用飞机或通信系统）中付出的大量坚挺货币时会运用这一安排。现实中政府会说："如果你要我们花政府的钱买你们出口的产品，你们必须从我国进口。"抵消的做法也可能涉及合作制造、某种形式的技术转让、与当地签订分包合同，或按合同价值的一定百分比安排在当地组装或制造。[44]最近一笔涉及抵消的交易是洛克希德马丁公司（Lockheed Martin）向阿拉伯联合酋长国出售价值 64 亿美元的 F16 战斗机。为此，洛克希德马丁公司答应向与石油有关的阿联酋抵消集团（UAE Offsets Group）投资 1.6 亿美元。[45]

抵消与反向采购可以区别开，因为后者是以小额、短期为特征的。[46]抵消与其他形式的对销贸易的另一个主要区别是，协议不是合同形式的，而是一份谅解备忘录，其中记载着产品的美元金额中多少将被抵消，以及在多长时间内完成交易。此外，如果供货商不能履约，也没有什么处罚。一般而言，要求抵消的范围在供货商产品价值的 20%～50%之间。在一些竞争非常激烈的销售项目里，抵消的要求甚至超过原始销售价值的 100%。

抵消已经成为当今贸易环境中一个具有争议的侧面。为了在中国这样重要的市场赢得销售合同，全球公司可能需要采用抵消的方式，即使交易并不涉及军用品采购。例如中国政府要求波音公司按每架飞机价格的 20%～30%购买中国商品。波音的一位高层管理人员迪安·桑顿（Dean Thornton）解释说：

> "抵消"不是个好听的字眼，它与关税及贸易总协定及一整套其他东西相抵触，但这就是无法改变的现实。20 年前在加拿大或英国这些地方，这种交易是完全暴露在外的，它可以精确到小数位。"你要买东西来抵消你的价值的 20%"，或 21%，或其他数字。在军用品方面现在还是这样。（出售商用飞机时）这样做是不合法的，所以也没有原来那样露骨了。[47]

11.9.4 补偿贸易

补偿贸易（compensation Trading）又称回购（buyback），是一种对销贸易形式，涉及两个平行的单独的合同。在一份合同中，供货商同意建设一座工厂或提供工厂的设备、专利许可，或是技术、管理和分销方面的专业知识，用于替代在交货时以硬通货支付定金。在另一份合同中，供货商同意在长达 20 年的时间里，以工厂的产成品作为对工厂初始投入（减去利息）的偿付方式。

实质上，补偿贸易成功的基础是双方都既是买主又是卖主。中国就大量使用补偿贸易方式。埃及也使用这种方法建立了一个铝厂。一家名为 Aluswiss 的瑞士公司建了该厂，并向埃及出口矾土（一种存在于铝土矿和黏土中的氧化铝）。Aluswiss 公司从工厂制成的铝中运回一定比例作为建厂的部分收款。正如此案例所表明的那样，补偿贸易与反向采购不同，其技术和资金的提供是与生产的产出相关的。[48]而在前面讲到的反向采购中，供货商拿走的货物通常都不能直接用于其商业活动。

11.9.5　转手贸易

转手贸易（switch trading）又称三角贸易或交换，是一种可应用于易货或是对销贸易的方法。使用这种方法时，如果其中一方不希望接受交易的全部货物，这时第三方就会加入简单易货或其他对销贸易方式中来。这个第三方可能是专业的转手贸易商、转手贸易公司或银行。转手贸易为易货贸易或对销贸易中的货物提供了一个"二级市场"，增加了易货贸易和对销贸易的灵活性。转手贸易商的收费从商品市场价值的 5％到高科技产品的 30％不等。转手贸易商建立它们自己的公司网络和个人关系网，总部通常设在维也纳、阿姆斯特丹、汉堡或伦敦。如果交易的一方指望最终通过转手贸易商把在易货贸易或对销贸易中得到的货物打折售出，普遍的做法是将货物的原价提高，为港口仓储或咨询等加上"特殊费用"，或要求由国家运输公司承运。

本章提要 /////////////////////////

定价决策是营销组合的一个关键要素，这个组合必须反映成本、竞争因素和顾客对产品价值的理解。在真正的全球市场里，**一价定律**将会盛行。定价策略包括**市场撇脂**、**市场渗透**和**市场维持**。新的出口商经常使用成本加成定价法。**工厂交货**，**完税后交货**，**货交承运人**，**船边交货**，**船上交货**和**成本、保险加运费**，**成本加运费**等国际贸易术语都属于**国际贸易术语解释通则**的内容，它们明确规定了交易的哪一方负担哪些费用。这些成本和其他费用形成了**出口价格升级**，即产品从一国运往另一国的行程中所产生费用的累计。

对于币值波动、通货膨胀、政府控制和竞争形势等的预计也应列为定价决策中需要考虑的因素。欧元的出现引起的**价格透明**影响欧盟市场的定价。全球公司可随行情的变化改变用于生产的货源，以便在世界市场保持具有竞争力的价格。总体而言，公司的定价政策可分为**母国中心**、**多国中心**和**全球中心**等几种类别。

与全球营销有关的还有另外一些定价问题。**灰色市场商品**问题的出现是因为不同国家之间的价格差异导致**平行进口**。**倾销**是另一个可能使贸易伙伴之间关系紧张的争议问题。公司之间的**价格限定**属于反竞争和违法行为。**转移定价**之所以成为问题，完全是因为公司内部交易涉及的金额，以及政府总希望获得尽可能多的税收。在当今的全球环境中，各式各样的**对销贸易**发挥着重要的作用。可供选择的主要对销贸易形式有**易货贸易**、**反向采购**、**抵消**、**补偿贸易**和**转手贸易**。

讨论题 ///////////////////////////

1. 在所有市场中都能够影响价格的基本因素是什么？在做定价决策时，应考虑哪些方面？
2. 界定全球营销者可用的各类定价策略及其目标。
3. 认识影响全球定价决策的一些环境限制。
4. 世界市场的价格差异为何时常导致灰色营销？
5. 何谓转移价格？它对拥有国外子公司的公司为何是个重要问题？

6. 母国中心、多国中心和全球中心定价策略之间有何区别？你将向有全球经营抱负的公司推荐哪一种策略？

7. 如果你负责在世界范围内销售 CT 扫描仪（平均价格为 120 万美元），而且生产国的货币相对于几乎所有的其他货币正处于强势并不断升值，在此情况下，你会用哪些办法使你的公司在世界市场中保持竞争优势？

8. 试对不同形式的对销贸易进行比较与对比。

案例 11-1（续）

全球公司瞄准低收入消费者（二）

洛冈汽车是降低成本的研究范例。司机们要用老式的手动钥匙点火；没有巡航控制系统。前挡风玻璃几乎是平板一块，意味着成本较低。左右两侧的外后视镜一模一样，烟灰缸与另一款雷诺汽车 Espace 的一模一样。此外，洛冈与雷诺的次紧凑型汽车——克里奥的发动机和变速箱是同一款，这样，发动机和变速箱等大部件的产量升高，形成规模经济。

第一批洛冈车型于 2004 年在罗马尼亚投产。组装地点的选择完全是从经济学角度出发的：高劳务费和工资税会使每辆车在法国的生产成本增加 1 000 欧元（1 400 美元）。洛冈于 2007 年 4 月在印度推出，标价约合 1 万美元，由雷诺和印度著名工业集团马辛德拉组成的合资企业制造。但在合伙人之间发生争执之后，该合资企业解散。如今，马辛德拉根据许可协议继续生产洛冈汽车。

2008 年，两厢车型 Sandero 上市。随后，Duster 运动型多功能车于 2009 年推出。2012 年，Lodgy 首次亮相。雷诺在 2012 年的销量达到创纪录的 255 万辆，其中 25% 是低成本车型。洛冈和入门级雷诺车型的销量各占一半。事实证明，这种将销售按照地域划分的策略使雷诺陷入了困境：虽然洛冈针对的是新兴市场，但它在富裕的欧洲国家也受到了消费者的青睐。

这是怎么回事呢？积极开拓市场的独立分销商购买了在罗马尼亚生产的洛冈汽车，然后将其出口到了法国和其他西欧国家。而这时恰好迎来了消费者态度的转变，即由于金融危机，许多年轻的欧洲人认为减少开支是明智的。事实上，调查显示，20 多岁的欧洲人中有很大一部分对购买低成本汽车"感兴趣"或"非常感兴趣"。

纳努

尽管雷诺仍在继续完善其低成本汽车战略，但一些业内人士又提出了一个可望不可及的问题：是否有汽车公司能够实现最佳的价值主张——小型、简洁、四门汽车，驾驶安全，造型能够满足初次购车者的愿望，而售价只有洛冈的一半（或更低）？对全世界最好的汽车工程师而言，在最好的条件下，制造这样一款汽车也是对他们真本事的考验。然而在钢材、树脂和其他商品与部件处于创纪录的高价的环境下，这个挑战格外令人生畏。一位货源和采购公司的总经理说："设计中包含许多遗留的成本，要把它们去掉是十分困难的。不如重起炉灶，把低成本做进去。"

印度塔塔汽车公司的高层管理人员认为他们的公司能胜任这项任务，而纳努就是证据。纳努的仪表盘集中安装在仪表板中间，以便塔塔为出口市场提供右舵和左舵两款汽车。塔塔的目标市场是那些原来骑小型摩托车出行的新兴市场上的消费者。有些环保主义者已发出警告，要注意千百万辆新车出现在印度本已拥挤的道路上时可能产生的负面影响。但塔塔公司的董事长拉坦·塔塔（Ratan TaTa）表示，低收入家庭也应该得到汽车赋予的自由。他说："难道他们不应享有独自使用交通工具的权利吗？"

纳努项目最初在业界掀起了一股风潮，并得到了媒体的积极报道，但由于运气不佳，加上消费态度的转变，最终陷入了困境。开始是抗议者对纳努第一个组装厂的选址存在异议。终于投产后，又发生了几起众所周知的汽车起火事件。许多竞争品牌的汽车也开始崭露头角；其中最畅销的车型要属售价 6 200 美元的风神铃木奥拓（Maruti Suzuki Alto）。市场似乎在告诉人们：很少有人想驾驶"世界上最便宜的汽车"。印度《汽车周刊》编辑霍马茨德·索拉布吉（Hormazd Sorabjee）指出："金字塔底部仍是行动所在，但是人们的愿望在不断升级。他们需要一些更实质的东西。"

达特桑

塔塔汽车公司宣布推出纳努汽车的计划使日产首席执行官卡洛斯·戈恩（Carlos Ghosn）颇受鼓舞。他全力支持日产重新推出达特桑：他出生在巴西，直到快 20 岁才拥有自己的汽车。达特桑不仅仅代表了一种商业战略或商业模式，更重要的是，事实上，它是一个人生的使命，一个孤注一掷的数十亿美元的决策，将决定他的成就和声誉。2007 年，戈恩召集了一批名为"日产探索团队"的管理人员，派遣他们前往印度，研究当地消费者的购车想法。

行业观察家指出，20 世纪六七十年代，达特桑品牌在美国极受欢迎。选择使用"达特桑"作为名称，原因很简单：如果日本汽车制造商在美国没能取得成功，日产的名号也不会有任何损失。但是，1981 年，当高管们决定将这两个品牌合二为一，并将达特桑变成日产时，其结果是：消费者存在很多混淆，而日产在美国的市场地位逐渐被侵蚀。此举被广泛认为是汽车行业历史上最糟糕的决定之一。

竞争对手丰田汽车公司的执行副总裁布野幸利（Yukitoshi Funo）对达特桑的前景表示怀疑。他说："你认为你可以在新兴市场推出一款廉价汽车并大获成功，这是一个很大的错误。人们需要一辆他和他的家庭都可以引以为傲的汽车。"

案例讨论题

1. 洛冈能够实现低价格，关键何在？

2. 你认为塔塔可以拯救纳努吗？该公司应该采取哪些步骤？

3. 对卡洛斯·戈恩重振达特桑品牌的计划进行评估。售价 3 000 美元的汽车可以为母公司带来利润吗？

4. 纳努和达特桑等低成本汽车缺乏高收入市场监管机构所要求的多层次安全及质量性能。为新兴市场推出较低安全性能的"基本款"车型是否真的合适？

资料来源：Chester Dawson, "For Datsun Revival, Nissan Gambles on $3, 000 Model," *The Wall Street Journal* (October 1, 2012), p. A1; Sebastian Moffett, "Renault's Low-Price Plan Turns Tricky," *The Wall Street Journal* (February 2, 2011), pp. B1, B2; Vikas Bajaj, "Tata's Nano, the Car That Few Want to Buy," *The New York Times* (December 10, 2010), p. B1; Simon Robinson, "The World's Cheapest Car," Time.com (January 10, 2008); Heather Timmons, "In India, a $2, 500 Pace Car," *The New York Times* (October 12, 2007), pp. C1, C4; David Gauthier-Villars, "Ghosn Bets Big on Low-Cost Strategy," *The Wall Street Journal* (September 4, 2007), p. A8; John Reed and Amy Yee, "Thrills Without Frills," *Financial Times* (June 25, 2007), p. 9; Christopher Condon, "The Birth of a Frankenstein Car," *Financial Times* (July 20, 2004), p. 12.

每童一台电脑

尼古拉斯·尼格洛庞帝（Nicolas Negroponte）主管着麻省理工学院（Massachusetts Institute of Technology，MIT）著名的媒体实验室。他可以让自己沉浸在尖端技术开发项目中，而这是极为难得的机会。该实验室各个部门的探索领域包括机器人设计、人工智能、全息影像以及个人电脑的教育类应用程序等。2005年，在实验室工作了20年后，尼格洛庞帝宣布他将离开那里，要去追求一个远大的理想：向撒哈拉以南的非洲和世界其他贫困地区的学龄儿童提供功能强大的个人电脑，在发达国家和发展中国家之间架起数字信息系统的桥梁。尼格洛庞帝将他的计划命名为"每童一台电脑"（One Laptop Per Child，OLPC）。他的目标是开发出售价为100美元的笔记本电脑，政府可以大批量购买并分发给学校。尼格洛庞帝说："我的目的不是销售笔记本电脑。OLPC不经营笔记本电脑生意。这是一项教育事业。"2007年4月，尼格洛庞帝表示，他希望在2008年底之前，有5 000万到1.5亿儿童能够用上新电脑。

> 我们并没有把儿童视为一个市场，而是将他们视为一项使命。
>
> ——OLPC创始人尼古拉斯·尼格洛庞帝

包括媒体实验室资深人士沃特·本德（Walter Bender）在内的OLPC设计团队开发了一款名为XO的笔记本电脑。该电脑十分耐用，即使在连续高负荷使用或错误使用下，仍不会有损坏。XO防尘防水，可以使用小型太阳能电池板为电池充电。该电脑的高分辨率屏幕即使在阳光下也能看清图像。它还包括内置摄像头等其他组件。屏幕两侧的两个小天线可以提供无线网络连接。一些观察家评论说，这种天线看起来像一个友好的外星生物的耳朵。

为了降低成本，每台笔记本电脑都装有一个名为Linux的开源操作系统。Linux没有专利权属；也就是说，任何想要使用它的人都可以免费使用。此外，该系统还鼓励用户对其进行改进。使用电脑的儿童可以自行对名为"糖"的用户界面进行修改。正如开发者所说，"糖"的精髓在于将学生与"世界的同学互动和教师协作相整合，强调社群内部、人与人之间，以及各项活动之间的联系"。设计团队认为Linux和"糖"将促进学龄儿童之间的协作学习，这与OLPC的核心使命相吻合。该笔记本电脑由超微半导体公司的微处理器驱动，其成本低于英特尔公司的组件。

影响最终成本的另一个因素是生产量。尼格洛庞帝需要明确的购买承诺，以便快速扩大生产规模。利比亚和尼日利亚的政府官员最初承诺为各自国家的公民购买100万台；但是，2007年年中，两国都放弃了该承诺。因此，制造商广达电脑公司仅完成了30万台的初始产量。较低的产量加上微处理器升级等原因，提高了每台电脑的单位成本。公司不得不放弃100美元的价格（一个关键的卖点）。新的目标价格在180～190美元之间。

OLPC最初的热情未能转化成确定的订单，其原因之一就是较高的价格。但其他问题也浮出了水面。例如，一些潜在的买家对缺乏Windows操作系统表示担忧。与此同时，OLPC也引起了几位业界重量级人物的关注。2006年，英特尔官方展示了一台名为"同学笔记本"（Classmate）的笔记本电脑原型，售价在 230～300 美元之间。"同学笔记本"自带微软的 Windows XP 操作系统，电池续航时间为 4 小时，并配有固态硬盘。2007 年，微软董事长比尔·盖茨宣布，他的公司将向发展中国家提供售价 3 美元的软件包，其中包括了 Windows、Office 和其他教育类软件。发售这些低价软件的是微软针对发展中国家设立的无限潜力事业部（Unlimited Potential Group）；其早期客户包括利比亚和埃及政府。

尼格洛庞帝指责英特尔官员试图暗中破坏他在非营利事业上的努力；例如，有报告显示，英特尔的销售人员在蒙古国和尼日利亚做推介期间将"同学笔记本"和 OLPC 笔记本电脑进行直接对比。即便如此，英特尔还是对 OLPC 提供了巨大的财务支持，一位英特尔官员也加入该组织的董事会。

2007 年 11 月，为了增加产量，OLPC 宣布了一个名为"买一捐一"（Give One. Get One）的促销计划。美国和加拿大的消费者有机会以 399 美元的价格购买两台 OLPC 电脑。每位买家可以留下一台电脑，将第二台捐给海地或其他发展中国家的学生。

2008 年，面对令人失望的销量，尼格洛庞帝与微软达成协议。从 2010 年开始，OLPC 将同时提供微软的 Windows 操作系统以及开源的 Linux 操作系统。微软将为每台电脑提供售价约 3 美元的软件，使每台笔记本电脑的总售价达 199 美元。

案例讨论题

1. 为什么微软、英特尔和其他领先的营利性公司会对发展中国家的低成本计算机感兴趣？

2. 你是否赞成尼格洛庞帝与微软合作的决定？

3. 讨论"买一捐一"促销活动背后的想法。你认为这是一个好的营销策略吗？

资料来源：Geoffrey A. Fowler and Nicholas Bariyo, "An E-Reader Revolution for Africa?" *The Wall Street Journal* (June 16-17, 2012), p. C3; Nick Bilton, "One Laptop Per Child Project Works with Marvell to Produce a $100 Tablet," *The New York Times* (May 27, 2010), bits. blogs. nytimes. com; Randall Stross, "Two Billion Laptops? It May Not Be Enough," *The New York Times* (April 17, 2010), p. BU5; Steve Stecklow, "Laptop Program for Kids in Poor Countries Teams Up with Microsoft's Windows," *The Wall Street Journal* (May 16, 2008), pp. B1, B2; Steve Stecklow and James Bandler, "A Little Laptop with Big Ambitions: How a Computer for the Poor Got Stomped by Tech Giants," *The Wall Street Journal* (November 24-25, 2007), pp. A1, A7; David Pogue, "$100 Laptop a Bargain at $200," *The New York Times* (October 4, 2007), pp. C1, C8; Kevin Maney, "The Latest Cool Tool You Can't Have: Laptops So Cheap They're Disposable," *USA Today* (February 28, 2007), p. B8; John Markoff, "At Davos, the Squabble Resumes on How to Wire the Third World," *The New York Times* (January 29, 2007), pp. C1, C2.

第12章
全球营销渠道和实体分销

学习目标

1. 识别和比较消费品渠道和工业品渠道的基本结构。
2. 列出公司在全球市场中选择渠道中间商时应遵循的准则。
3. 描述世界各地不同类别的零售业态。
4. 比较和对比6种主要的国际运输模式，并解释这些模式在可靠性、可获性和其他性能指标方面的差异。

案例 12-1

沃尔玛的印度冒险之旅

沃尔玛是一家折扣零售巨头，仅闻其名就足以引起美国小镇零售商们发自内心的恐慌。如今，它已经走向全球。该公司采用了各种零售形式，包括折扣商店、拥有全系列食杂品和一般商品的超级购物中心以及销售未开封的批量包装商品的仓储式商店——山姆会员店（Sam's Club）。随着沃尔玛在全球范围内的业务扩张，观察人士开始使用"进攻"和"入侵"等词语来描述沃尔玛对目标国家的锁定。正如某供应商的首席执行官所言，"就像它在国内所做的那样，沃尔玛正在国际上改变零售业的格局"。

理所当然的，金砖国家（巴西、俄罗斯、印度、中国和南非）是沃尔玛全球扩张计划中不可或缺的一部分。例如，在印度，严格的政府管制曾经意味着零售市场基本不对外国企业开放，但现在情况发生了变化。沃尔玛开始在印度设立联络处，开展市场调研并游说印度政策制定者。印度零售市场每年的价值可达5 000亿美元，分析师预计，未来几年，其零售领域还将以7%的速度增长。如今，仍有超过90%的零售活动发生在小商店、报亭和茶摊。

2012年秋季通过的监管改革方案使沃尔玛和其他外国大型零售商得以直接将商品销售给消费者。但是，尽管沃尔玛有可能改善印度零售业的现状，一些观察人士仍对该公司带来的影响表示担忧。印度的许多活动人士和政策制定者反对西式大型零售企业进入，他们担心沃尔玛会使印度数以百万计的小商店部分倒闭。立法者也对公司的动机持怀疑态度，这种态度可以追溯到殖民时期以及英国东印度公司的运作。也许他们担心，小型经营者破产后，外国企业会借机提高价格。

那么，为什么沃尔玛坚持如此做呢？因为印度的成功对首席执行官迈克·杜克（Mike Duke）的全球营销战略至关重要。面对美国和其他发达国家饱和的市场，杜克明白，公司需要在像印度这样的新兴市场建立更大的影响力和规模。印度的现代商店约占该国零售业的 7%。欲知更多有关沃尔玛全球扩张及其在印度面临的挑战的信息，请参阅本章末尾的案例 12-1（续）。

超市和便利店只是构成全球分销渠道的众多元素中的两个。如今，全球供应链连接着世界各地的生产商，并利用先进的物流来确保整个系统的顺畅运行。美国市场营销协会将**分销渠道**（channel of distribution）定义为："一个由代理商和机构组成的组织网络，通过联合经营，建立生产者和使用者之间的联系，完成营销任务。"[1]实体分销是指商品通过分销渠道的移动过程，根据定义，分销渠道是由相互协作的个人或公司群体构成的，共同履行为商品或服务增加效用的职能。

分销渠道是各国营销系统中高度差异化的领域之一。零售商店的规模大小不一，大到超大型商场，小到被称为 pulperlas 的拉丁美洲小商店。负责设计全球营销方案的管理者都会面对不同国家分销渠道的多样性、各种可能的分销策略以及市场进入策略带来的挑战。分销渠道和实体分销是整体营销方案中的关键环节，没有它们的支撑，即使产品很好、价格合理、宣传效果不差，成效也会甚微。

12.1　分销渠道：目标、术语和结构

营销渠道的存在目标就是为顾客创造效用。渠道带来的主要效用类型有：地点效用（place utility，产品或服务在潜在顾客方便到达的地点可以得到）；**时间效用**（time utility，产品或服务在顾客需要时可以得到）；**形式效用**（form utility，经加工可用的、状态良好的产品，且随时可用）；**信息效用**（information utility，顾客对产品特征和利益的疑问能够得到解答和沟通）。由于这些效用可以成为竞争优势的基本来源，并且可以构成企业整体价值主张的重要组成部分，所以选择分销战略是管理层不得不做的一个关键决策。例如，可口可乐公司在世界市场上的领导地位，部分是基于它把可乐放在人们"唾手可得"的位置。换言之，它创造了地点效用。

在选择最有效的渠道安排时，公司的营销人员首先应把营销力量集中于目标市场，并评估分销在公司整体价值主张中所起的作用。谁是目标顾客？他们在哪里？他们需要什么信息？他们偏爱什么服务？他们对价格有多敏感？另外，每个市场都要经过分析以确定提供渠道服务的成本。适用于一国的东西未必在另一国也有效。即使是只关心某一国经营方案的营销经理也应该研究世界各地的渠道安排，以获取宝贵的信息并洞察潜在的新渠道战略和战

术。例如，欧洲和亚洲的零售商在学习了美国的自助式折扣零售模式后，将自助概念引入本国；同样，世界各国政府和企业经理也已经开始研究日本的贸易公司，以期学习它们的成功之道。沃尔玛所到之处，各国的竞争对手都对其经营模式进行了仔细研究和复制。

正如前面所定义的那样，分销渠道是连接厂商和顾客的系统。虽然消费品和工业品的渠道很相似，但仍然存在一些明显的差异。在**企业与消费者间的营销**（business-to-consumer marketing，B2C）中，消费品渠道的设计旨在把产品送至用户手中；在**企业间营销**（business-to-business marketing，B2B）中，工业品渠道则是把产品送交到那些随后在生产过程或日常运营中使用该产品的制造商或组织那里。中间商在消费品和工业品的分销渠道中都发挥着重要的作用。**分销商**（distributor）是指有选择性地分销一些产品线或者品牌的批发中间商。**代理商**（agent）是指在两方或多方之间开展交易谈判，但对买卖货品不享有所有权的中间商。

12.1.1　消费品和服务

图 12 - 1 总结了消费品的 6 种渠道结构。买主和产品的特征对渠道设计都有重要的影响。第一种渠道结构是通过互联网、邮购、各种上门销售或者自营零售商店，直接将产品卖给顾客。其他的渠道结构则利用零售商以及制造商的销售队伍、代理商/经纪人和批发商的各种搭配组合。个人消费者的数量、地理分布、收入、选购习惯和对不同销售方式的不同反应往往都因国家而异，所以要求公司做不同的渠道安排。

产品特征，例如标准化程度、易腐性、体积大小、单价和需要的服务，对渠道设计也存在影响。一般而言，随着顾客数量的增加和单品价格的降低，渠道会延长（需要更多的中间

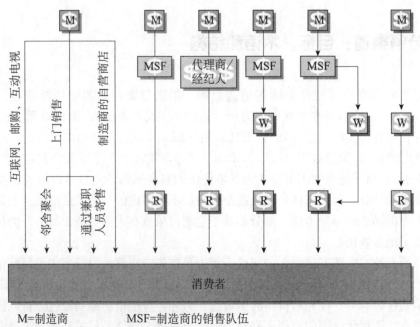

M=制造商　　　　　MSF=制造商的销售队伍
W=批发商　　　　　R=零售商

图 12 - 1　消费品分销渠道的各种选择

商）。对大体积产品的渠道安排通常要求运输距离最小化和产品到达最终消费者前的转手次数最小化。

互联网和与之相关的新媒体形式正在使分销版图发生巨大的变化。美国 eBay 开拓了一种个人消费者向其他个人推销产品的在线商务模式，被称作**点对点营销**（peer-to-peer，p-to-p）。eBay 成功的原因之一是，传统商家很快就认识到了互联网的潜力。为保持收入的增长，eBay 开始帮助诸如迪士尼和 IBM 这样的大公司建立在线"店面"，这些店面除了开展 B2C 拍卖之外，还能以固定的价格在线销售商品。eBay 全球营销高级副总裁比尔·科布（Bill Cobb）说："我们原来只有拍卖竞标模式，后来增加了'立即购买'（Buy It Now）模式，下一步自然会为卖主提供展示系列产品的空间。"[2]一些观察家预言，随着更多的家庭被必需的互动技术连接，在不久的将来，互动电视也将成为一种可行的直销渠道。在很多国家，时间短缺的消费者日益被互联网和与之相似的新媒体技术所提供的时间效用和地点效用吸引。

针对大众市场的低成本产品和某些服务，可以使用直销人员上门销售的模式。在美国，上门销售（door-to-door selling）和邻舍聚会（house-party）的分销方式业已成熟，但在其他地方才刚开始流行。例如，总部位于佛罗里达州奥兰多的特百惠在印度尼西亚拥有 17 万名销售人员。具有品牌意识的消费者已经接受了该公司作为生产用于储存食物的塑料容器的存在，而特百惠的直销模式使其在零售基础设施尚不完善的国家具有优势。如今，印度尼西亚是特百惠最大的市场。该公司首席执行官里克·戈因斯（Rick Goings）说："对我们而言，这个地方无与伦比地美好。这是世界人口所在。你无法抗拒。"[3]

1995 年，玫琳凯凭借其独立的销售代理网络进入中国市场。在成功渗透中国一线城市后，公司开始向二、三线城市扩张。[4]1998 年 4 月，中国下令全面规范各种直销活动。由于这项禁令是直接针对非法的金字塔传销模式的，玫琳凯、特百惠、雅芳和安利等外国公司被允许继续在华经营，不过都必须调整自己的商业模式：它们的销售代理必须直接隶属于实体零售店。由于该规定限制了非法竞争，少数被允许开展直销的外国营销商在禁令生效期间获得了独有的增长机会。玫琳凯就是一个很好的例子：2011 年，玫凯琳在中国市场的销量是 1999 年的 50 多倍。

在日本，美国汽车制造商面临的最大障碍不是高额关税，而是销售方式：日本全年汽车销售量的半数都是通过上门销售实现的。丰田和它的日本竞争对手不仅保留了汽车展厅，还雇用了 10 多万人的汽车销售队伍。不像美国消费者，许多日本汽车买主从来不去经销店。汽车销售员和日本顾客之间长期紧密的关系堪比第 9 章详细介绍的联营公司系统。买车人期望和销售代表进行多次面对面交谈，从而建立互信。这种关系在成交后仍将继续，销售代表会给顾客寄贺卡并争取让顾客持续感到满意。与此同时，像福特等美国竞争对手仍在试图增加汽车展厅的人流。福特在东京的经销商小仓信正（Nobumasa Ogura）说："如果不搞上门销售，我们得有一些卖出更多车的办法。可事实上我们一点主意都没有。"[5]

另一种直销方式是开设制造商自营店或独立的特许经营店。胜家公司（Singer）是总部在美国的最先获得成功的国际公司之一，它已经在世界范围内建立起公司自有自营的连锁商店，出售缝纫机并提供相关服务。正如第 9 章所述，日本的消费电子产品公司把商店整合为它们的分销团队。苹果、李维斯、耐克、索尼、一些著名时装设计公司，以及其他拥有强势品牌的公司，有时会建立旗舰零售店，用来展示产品或获取营销情报。以独立的零售商店为渠道，是对主要分销模式进行的补充而非替代。

消费品的其他渠道结构包括制造商的销售队伍和批发商（通过独立零售商，把货物卖给顾客）的各种组合（零售将在本章后半部分详述）。像花式冰淇淋、香烟和电灯泡这种大众市场消费品的购买者有千百万，只有连接制造商、分销商和零售商，才能建立足以覆盖市场的渠道。沃尔玛在美国得以快速增长的基石是：通过从制造商那里直接采购巨量产品以取得显著的规模效益。与此相反，一些公司则采用非常灵活的分销策略，以确保展示产品的环境具有吸引力。总部位于英国的阿尔弗雷德·萨金特（Alfred Sargent）就采用这种方式将其手工鞋销往世界各地。

易腐产品对渠道成员提出了特别的要求，后者必须保证产品（如新鲜水果和蔬菜）在消费者购买时保持令人满意的状态（形式效用）。在发达国家，这类产品由公司自己的销售队伍或独立的渠道成员分销。无论哪种情况，分销组织都要负责检查存货以保证产品的新鲜度。在欠发达国家，露天市场是重要的销售渠道，蔬菜、面包和其他食品生产商通常在那里销售它们的产品。新鲜农产品的高度易腐性是现代印度最大的供应链难题之一。

在发展中国家，有时候一个相对简单的渠道创新就可以大大优化一个企业的整体价值主张。如 20 世纪 90 年代初，莫斯科面包公司（Moscow Bread Company）需要改进它的分销系统。俄罗斯消费者每天都会在无数的商店和小商亭外排队购买新鲜面包。遗憾的是，因流程烦琐，这家面包公司运行不畅，结果出售的面包大多不新鲜。安达信咨询公司（Andersen Consulting）发现，产出的面包有 1/3 被浪费了。在发达国家大约 95％ 的食品都有包装，但在苏联，这个比例很低。消费者不论在露天市场还是在商店里，看到的面包都是没有包装的。因此，咨询团队设计了一个简单的解决方法：用塑料袋包装以保持面包的新鲜。消费者对这一变化反响积极，不仅因为塑料袋保证了新鲜，将食品的保质期延长了很多，还因为塑料袋本身也创造了效用。在一个几乎不知道这种附加品的国家中，塑料袋被视为可再次使用的"赠品"。[6]

发展中国家的零售环境对销售非易腐产品提出了同样的挑战。在富裕国家，宝洁、金佰利（Kimberly-Clark）、联合利华、高露洁以及其他全球消费品公司都习惯于迎合"成捆成打购买"的消费心态。相反在墨西哥和其他新兴市场，许多消费者习惯每天在小型、独立的"家庭式"小店、售货亭和街摊多次购买食品、饮料和其他物品。那些销售点供应的是分装成仅够一次用量的洗发水、尿不湿和洗衣粉，实际上总体来看每次用量的价格相对较贵。

在宝洁公司，这些销售点被称为"高频率商店"，仅在墨西哥，估计有 70％ 的人口在这些商店消费。为激励店主囤积较多的宝洁产品，公司推出了"黄金商店"方案。在店主承诺经销至少 40 种不同的宝洁产品后，这些商店会迎来宝洁公司销售代表的定期探访，他们会帮助店主整理陈列区，并在显眼的地方放置宣传材料。宝洁公司最初使用自己的销售队伍，现已开始依靠独立的进货代理（提前付款），通过他们转售给商店经营者。[7]宝洁的经验反映的事实是，图 12-1 所示的渠道结构代表可选的战略方案，企业可以而且应该根据市场情况的变化改变它们的策略。

12.1.2　工业品

图 12-2 总结了工业品或商务产品公司的几种营销渠道。和消费品渠道一样，产品和顾

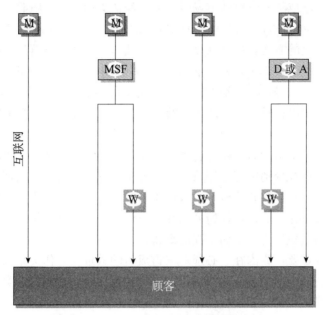

M=制造商　　　　　　　MSF=制造商的销售队伍
W=批发商　　　　　　　D或A=分销商或代理商

图 12 - 2　工业品分销渠道的各种选择

客特征对渠道结构是有影响的。这涉及三个基本因素：制造商的销售队伍、分销商或代理商，以及批发商。制造商可以通过自己的销售队伍直接与顾客接触，或由销售队伍要求批发商把产品卖给顾客，或者合用这两种方法。制造商也可以不用销售队伍而把产品直接卖给批发商，批发商再卖给顾客。

　　意大利的喜客（Saeco）通过企业与消费者间的营销渠道以及企业间的营销渠道分销其产品。负责家用电器的营销经理通过零售分销的方式向消费者提供产品。而为自动售货及专业领域服务的经理则需要向组织客户提供自动售货机并向酒吧和咖啡馆提供专业的浓缩咖啡设备。

　　渠道创新可以是成功的营销策略的一个关键要素。戴尔赢得全球个人电脑产业的领导地位源于迈克尔·戴尔（Michael Dell）的决策，即绕过传统渠道实行直销，并按客户要求的技术指标定制电脑。戴尔由企业间的营销起家，其商业模式被证明是如此成功，以至于公司开始用直销方式进军家用个人电脑市场。考虑一下波音公司的例子，鉴于喷气式客机的价格、体积和复杂程度，波音依靠自己的销售队伍的原因显而易见。这种方式也被用于销售其他产品，包括大型计算机和大型复印机系统。这些都是昂贵、复杂的产品，必须针对各个顾客的需要做出相应的解释和应用分析。经过公司培训的销售员、销售工程师或销售团队比较适合完成为计算机买主创造信息效用的任务。

12.2　建立渠道和与中间商共事

　　跨越国境扩展业务的全球公司必须利用现有的渠道或者建立自己的渠道。在进入一个其他品牌和供应关系都已成熟的竞争性市场时，公司经常会遇到渠道障碍。如果管理层决定直接介入（direct involvement），公司就要组建自己的销售队伍或开设自己的零售店。柯达在日本就采取了这种直接的方式，柯达（日本）公司就是一个公司自营的分销公司。另一种选择是间接介入（indirect involvement）。间接介入需要利用独立代理商、分销商和零售商。在亚洲，西方奢侈品营销公司长期以来都依靠独立分销商，例如香港的华敦集团（Fairton），其当地的市场知识和门店网络是成功的关键。同样，戴比尔斯在美国市场使用独立的中间商销售其钻石（见第 11 章）。

全球营销方案中的渠道策略必须符合企业的竞争地位和在每个国家市场中的整体营销目标。企业直接介入新市场分销渠道会导致大额的支出。它需要聘用和培训销售代表和销售部主管，而且在新市场的经营起始阶段，销售组织因为没有足够的销售量来抵消其高额的管理费用，经营亏损不可避免。所以，任何公司在考虑建立直接销售队伍时，都应该做好在一段合理的时期内承担因组建销售队伍而亏损的准备。

渠道决策之所以重要，原因在于必须对渠道成员的数量与合作关系的性质进行管理。渠道决策通常涉及对各种中间商的长期的法律承诺和责任。终止或改变这类承诺的代价往往极大，所以公司必须将其与国外合作伙伴之间的关系性质书写成文，并存档管理。俗话说，好记性不如烂笔头。至少，书面协议应该包含一条关于什么是构成终止协议的"充足理由"的定义。同样，正如第 5 章所说，最好通过仲裁而不是当地法院来处理商业纠纷。所以，分销商协议或者代理商协议也应该规定由第三国的中立仲裁庭进行仲裁。在许多情况下，当地法律都对代理商和分销商有所保护；即使没有正式的书面协议，在一个大陆法系国家，法律也会提供相应的保护。除了靠书面规定的责任，承诺也要靠诚信和相互间的责任感来支撑。简言之，在目标市场中谨慎选择分销商和代理商是一项至关重要的任务。

公司首次进入新兴市场时，务必十分小心地选择渠道中间商。它们通常需要寻找一个当地分销商，因为新进入者缺乏有关当地商业惯例的知识，而且需要一个与潜在客户存在联系的合作伙伴。另外，一个特定市场的新进入者一般都希望减少风险和财务负担。虽然初始结果可能令人满意，但随着时间的推移，总部可能会对当地分销商的业绩感到不满。这时，全球公司的经理经常会介入并试图从当地分销商手中获得控制权。哈佛商学院教授戴维·阿诺德提出了防止此类问题发生的七条准则。[8]

1. 挑选分销商，不要让它们挑选你。当分销商代表在商品交易会上主动联系你之后，你的公司自然会与它们接洽。事实上，如此急切的候选者可能已经在为公司的竞争对手服务了，其目的也许是想要对特定市场中某一产品种类保持控制。先发制人的市场进入者可通过从美国商务部或其他国家的同类部门获得的名单来识别潜在分销商。各国当地的商会和贸易协会也能提供类似的名单。

2. 寻找有能力开拓市场而不是仅有一些良好顾客关系的分销商。具有良好客户关系的经销商似乎是"理所当然"的选择，它们能迅速提高销量并取得收益。然而，更好的选择往往是一个既愿意为取得成功进行必要投资，又能吸取跨国公司营销经验的合作伙伴。事实上，这样的合作伙伴可能并没有关于特定产品种类的经验。在此情形下，分销商可能会更加努力，并给予新伙伴较多的优先关注。原因很简单，承销某个产品线并不能代表现状。

3. 把当地分销商看作长期合作伙伴，而不是进入市场的临时载体。对分销商来说，如果市场进入者签订相关合同，为获取新客户、销售新产品或寻求其他形式的业务发展提供财务支持，那么这就是一个信号，意味着市场进入者正从长期的角度看待问题。这种业务发展可仰赖全球公司管理者的投入实现。

4. 通过对资金、管理人员和有效营销创意的承诺来支持市场进入。除了提供销售人员和技术支持，管理层还应该考虑通过对独立分销商的早期小额股权投资来表现其合作诚意。当然，与这种投资相关的风险不应大于在制造商母国与独立分销体系相关的风险。承诺得越早，则越有可能发展出好的关系。

5. 一开始就应保持对营销战略的控制。为了充分挖掘全球营销渠道的潜力，制造商需要在以下方面提供强有力的营销指导：分销商应该销售何种产品，如何为它们定位。另外，有必要安排现场员工或者地区级甚至国家级经理监督分销商的表现。一位经理说："考虑到分销商了解其市场，我们曾给予分销商过多的自主权。但结果是我们的价值主张很难实现，并屡次看到分销商削价处理，以补偿因未能正确定位目标顾客或给予销售人员足够培训造成的损失。"这不是说不允许中间商调整分销策略以适应当地情况，关键是制造商要掌握领导权。

6. 确保分销商为你提供详细的市场和财务业绩数据。分销商组织通常是公司市场信息的最好来源，甚至是唯一来源。制造商和分销商的合同应包括具体的措施，使当地的市场信息和财务数据能够有效地传回制造商。制造商/分销商关系是否已成功建立的标志是后者有没有主动提供这类信息的意愿。

7. 一有机会就马上在全国分销商之间建立联系。制造商应努力在其不同的全国分销商网络之间建立联系。公司可以通过设立地区商贸客户办事处或者分销商理事会来达到这一目的。在任何一个时间点，公司的分销网络中可能都会有一些代理商或分销商表现出色，有一些令人满意，当然也许还会有一些令人不满意。创造分销商之间沟通的机会，对基于单个市场的某些新产品设计思路会有启发作用，而且分销商的整体业绩也会提高。

在设计渠道策略时，有必要对典型渠道中间商的动机保持现实的态度。一方面，中间商的责任在于执行公司营销战略中的一个重要部分。但是，当被授权自主决定策略时，中间商可能会努力为自己而不是为制造商谋求最大的利润。这些代理商有时会"**挑肥拣瘦**"（cherry picking），即只从确有需求的特定产品或品牌的制造商那里承接订单。挑肥拣瘦也表现为中间商只在供应商的产品线中订购少量的产品种类。挑肥拣瘦的中间商没有兴趣为新产品开发新市场，而这对试图拓展国际市场的公司来说却是个问题。如前所述，制造商应投入一定资源与理想的分销商建立关系，并起到领导作用。如果制造商拥有新产品或其某一产品的市场份额很有限时，通过一些措施绕过那些挑肥拣瘦的分销商的做法可能更可取。在有些情况下，制造商必须直接介入投入资金，建立自己的直销组织，以获取一定的市场份额。最终当公司销售额达到临界规模时，管理层可能会决定由直接介入的营销模式转向成本效益更高的利用独立中间商的模式。

另一种应对挑肥拣瘦问题的方法则无须建立一支昂贵的直接分销队伍，而是依赖分销商的分销队伍。当分销商为销售公司产品指定某销售代表时，公司可以对该销售代表的花费提供补贴。该方法的好处是，通过与分销商现有的销售管理队伍和实体分销体系建立的联系，制造商能控制成本。使用这种方法，制造商可以为产品提供有效的直接销售和分销支持，而且只需为每个销售区域支付一名销售人员的费用。在这种模式中，分销商获得的合作激励是：它"无偿"地获得新产品的销售代表地位，这种产品有可能为其产品线增加获利潜力。这种合作安排最适合将新的出口产品推入市场分销渠道。此外，公司也可以决定给独立的渠道代理商提供特殊的绩效激励。

12.3　全球零售

全球零售（global retailing）是指所有超越国界的零售活动。几个世纪以来，有冒险精神的商人都曾到国外去寻找货物和新思想，并开展零售业务。在 19 世纪和 20 世纪初，英国、法国、荷兰、比利时和德国的贸易公司都在非洲和亚洲设立了零售组织。国际贸易和零售店是那个时代殖民体制的两大经济支柱。到了 20 世纪，荷兰的服装与鞋类零售商 C&A 扩张到欧洲各地。1909 年，哈里·戈登·塞尔弗里奇（Harry Gordon Selfridge）从芝加哥来到了伦敦，开设了一家百货公司，并最终重塑了零售行业。同年，另一位美国人弗兰克·沃尔沃斯（Frank Woolworth）带着他的 5～10 美分廉价店概念（five-and-dime concept）越过大西洋，在英国利物浦开了第一家店。

全球零售商为全球分销的实现起了很重要的作用。当家乐福、乐购和沃尔玛在发展中国家开设店铺时，它们为客户提供了比以往更低的价格和更多的产品。我们在本书中一再指出，全球公司在海外扩张时经常会遇到当地的竞争对手。零售行业也不例外；印度是一个恰当的例子。有组织的零售是一个用来描述现代品牌连锁店的术语，此类商店目前仅占有不到 5％的印度市场。该业态预计将呈两位数的增长，并且这个事实已经吸引了全球零售业巨头。然而它们必须与当地的零售连锁商店竞争。印度信实工业公司（Reliance Industries）就是其中之一，其信实零售分部正在印度各地新建数以千计的现代化超市。另外，信实工业公司本身也在构建其全球扩张计划。[9]

在某些情况下，不是全球零售商，而是当地零售商通过改变购物体验开辟新的局面。肯尼亚的连锁超市纳库玛特（Nakumatt）就是一个很好的例子。多伦多大学政治学教授万布伊·姆万吉（Wambui Mwangi）指出："纳库玛特超市让你感到自己是受过教育的、成功的、见过世面的人。这是一个对所有人都有吸引力的、激励你追梦的空间，尤其是对那些没有真正购买力的人来说。"[10]

零售商业模式可能会在其起源国之外的一些国家经历重要的改变。例如，自 1973 年第一家日本 7-11 特许经营店开业后，门店迅速吸引了追求便利的顾客。如今，日本的便利店超过 4.3 万家，可谓随处可见。经营 7-11 店的柒和伊控股公司（7 & I Holdings）是日本最大的食品杂货店。便利店经营者使用尖端的电子销售点数据来跟踪顾客的行为，并依靠准时配送体系确保易腐产品和其他商品在流量高峰期的配送。即使在当今困难的经济环境下，便利店的销售业绩依然强劲。现在经营者正在进一步差异化，例如，7-11 便利店内设有柒银行（Seven Bank）自动柜员机以及自有品牌 Seven Premium 的低价产品线。[11]

如今的全球零售业态具有多样化的特性（表 12-1 按销售收入列出了前五家公司）。在仔细讨论全球零售问题之前，我们先简单浏览一下零售可采取的各种业态。零售店可按占地面积、服务水平、产品线的宽度和深度等标准分类。每一个类别都反映了有意进行全球扩张的零售商的一个战略选择。

表 12 - 1　2012 年五大全球零售商

排名	公司	国家	业态	销售额（单位：百万美元）
1	沃尔玛	美国	折扣店，仓储式会员店	469 162
2	家乐福	法国	大卖场	100 601
3	乐购	英国	超市/大卖场	98 062
4	麦德龙	德国	多种业态	86 372
5	奥乐齐	德国	折扣店	73 000

资料来源：Company reports.

12.3.1　零售业态类型

百货商店（department stores）在同一屋檐下设有多个部门，每个部门负责不同的商品线并配有人数不多的售货员。典型的百货商店设有男装部、女装部、童装部、美容用品部、家居用品部和玩具部。表 12 - 2 列举了几个扩张到母国以外的大型百货商店。但是在大多数情况下，这种扩张也仅限于少数的几个国家。伦敦一家咨询公司的零售分析师莫琳·辛顿（Maureen Hinton）指出："将百货商店品牌打入海外市场是相当困难的。你必须找到一个人口统计情况适合你的报价的城市。如果你要修改报价以适应当地情况，则会稀释品牌的价值。"布鲁明戴尔（Bloomingdales）前董事长马文·特劳布（Marvin Traub）则有不同的看法。他说："从概念上看，百货商店已经是全球品牌了，因为城市间和大洲之间的旅行在我们生活的世界已经司空见惯了。"[12]

表 12 - 2　拥有全球分店的百货商店

店名	发源地	全球营业地
哈维尼克斯	英国	沙特阿拉伯、爱尔兰、迪拜
萨克斯第五大道（Saks Fifth Avenue）	美国	迪拜、沙特阿拉伯、墨西哥
巴尼斯纽约（Barneys New York）	美国	日本
三越百货（Mitsubishi）	日本	美国、欧洲、亚洲
H&M	瑞典	奥地利、德国、科威特、斯洛文尼亚、美国等 20 国

专卖店（specialty retailers）提供的商品品种花色少于百货商店。它们集中经营某些针对特定目标市场的狭窄的产品组合。专卖店提供很多有深度的产品线（例如多种风格、颜色和尺码）；知识渊博的员工提供高品质服务，展现清晰、有吸引力的价值主张。罗兰爱思（Laura Ashley）、美体小铺、维多利亚的秘密（Victoria's Secret）、盖璞、星巴克和迪士尼商店都是全球零售商在世界多地成功扩张的范例。在一些国家，这些连锁商店是由当地公司经营的。例如，在日本，永旺集团（Aeon Group）经营着罗兰爱思和美体小铺，并和体育权威（Sports Authority）建有合资企业。

超市（supermarkets）是提供食品（如农产品、烘焙食品、肉）和非食品商品（如纸制品、保健品和美容产品），多采取自助形式的单层分部门式零售业态。超市的平均占地面积为 5 万～6 万平方英尺。英国的乐购是一个全球化的零售集团，虽然其国内销售仍然占全部销售额的约 80%，但是该公司已在 10 多个国家开展业务。公司主管通常在对一国市场研究几年后才会选择进入。乐购初次进入日本是通过收购了东京的连锁店 C Two-Network。正如乐购国际业务负责人戴维·雷德（David Reid）所解释的那样，因为提前做了功课并注重细节，乐购已经在全球范围内获得成功。但是，正如案例 12 - 2 所指出的，乐购在渗透美国市场方面做得还不够。虽然沃尔玛的全球扩张带来很多头条新闻，但美国零售商在本国以外的市场拓展仍然落后于欧洲零售商。原因之一是美国本土市场规模庞大。[13]事实上，沃尔玛在北美以外的地区缺乏经验，这无疑导致了其在韩国和德国的失败。

便利店（convenience stores）提供的一些产品和超市一样，但其商品组合仅限于流动性高的便利商品和冲动购买品。一些商品的价格可能会比超市高 15％～20％。按平方英尺计算，便利店与这里提及的各种零售店相比，面积是最小的。如在美国，典型的 7-11 便利店占地 3 000 平方尺。便利店通常开在人流密集的地方，以超长的开店时间服务于上下班人群、学生和其他流动性高的消费者。7-11 是世界上最大的连锁便利店，总共有 26 000 家门店，包括特许加盟商、授权经营商和公司直营店。便利店大多是位于商场、机场、写字楼和高校建筑内的小商店。正如全美便利店协会（National Association of Convenience Stores）发言人杰夫·莱纳德（Jeff Lenard）最近所说，"所有好的街角都已被占据，剩下的位置竞争非常激烈"。[14]

折扣店（discount stores）可分为几种类型。它们最典型的共同特征是强调低价。全线折扣店（full-line discounters）通常以一种有限的服务模式提供各种各样的商品，包括非食品类和非易腐食品。表 12 - 1 清楚地显示，沃尔玛是全线折扣店的冠军。许多商店拥有 12 万平方英尺或更大的占地面积；食品约占 1/3 的面积和销售额。沃尔玛商店通常充盈着亲民的气氛，提供价值导向定价的品牌商品。沃尔玛在折扣零售业中也是仓储式会员店的领导者，购物者"加入"会员俱乐部即可享受有限范围的低价产品（一般为 3 000～5 000 种不同的物品）。其中许多物品都"不加修饰"地陈列在装运箱里。

当沃尔玛进入新市场时，当地的折扣商店必须应对这种竞争威胁。如在加拿大，哈德逊海湾公司（Hudson Bay）旗下的泽勒斯（Zellers）是最大的折扣连锁店。当沃尔玛收购了一家破产的加拿大连锁店之后，泽勒斯以粉刷店面、加宽走道以及为带小孩的妇女提供服务等措施来还击。[15]法国折扣店塔蒂正在全球扩张，除在纽约第五大道开了一家商店外，还在黎巴嫩、土耳其、德国、比利时、瑞士和科特迪瓦开办了自己的商店。

一元店（dollar stores）以单一低价出售所选类别的产品。在美国，家庭一元店（Family Dollar Stores）和一元树商店（Dollar Tree Stores）主导着这个行业。然而，我的一元店（My Dollarstore）作为新近的行业进入者，正在经历迅速的国际增长。我的一元店公司在东欧、中美洲和亚洲开展特许经营。为在全球市场上取得成功，我的一元店调整了其在美国的商业模式。例如，典型的一元店形象是廉价的。相反，在印度我的一元店以富裕的中产阶层购物者为目标顾客，吸引他们的低价品牌还能使他们联想到美国的"美好生活"。商品标价为 99 卢比（相当于 2 美元），店内装饰的主色是红色、白色和蓝色，并陈列着自由女神像。在美国，一元店以自助服务方式经营，配备很少的员工。而在印度，我的一元店配备的员工人数较多，也可以更好地回答有关新潮产品或陌生产品的问题。[16]

硬折扣店（hard discounters）包括诸如德国的奥乐齐和利德尔（Lidl，"质优价廉的地方！"）以及法国的价格领袖（Leader Price，"质优价更低！"）等商店，以极低的价格出售高度集中的精选商品，通常只有 900～1 600 种物品。从 1976 年开始，奥乐齐每年都在美国新开几家商店。这些商店的占地面积相对较小，建筑面积一般都在 17 500 平方英尺左右。奥乐齐美国业务副总裁贾森·哈特（Jason Hart）说："我们的店里有 1 500 种最受欢迎的杂货商品。与那些有 20 000～30 000 种商品的大型超市相比，顾客会惊讶地发现我们的小商店所能提供的商品种类之多。"

当沃尔玛进入德国市场时，那里的硬折扣店地位已经非常稳固了。经过多年的亏损，到 2006 年中期，沃尔玛决定关停当地的商铺。伴随当前经济低迷，囊中羞涩的消费者设法节省家庭开支，而硬折扣店正在蓬勃发展。占欧洲销售额约 10% 的硬折扣零售商在很大程度上依赖自有品牌，其中的一些产品以全球知名品牌价格的一半出售。为了应对这种状况，家乐福等大型超市经营者以更低的价格供应更多的自有品牌产品。例如，乐购最近开始出售 350 种自有品牌的低价新产品，包括袋泡茶、饼干和洗发水。乐购的商务总监查理·布拉舍尔（Richard Brasher）说："如果这是一场战争，我们将赢得胜利。"[17]

大卖场（hypermarkets）是在同一屋檐下融合了折扣店、超市以及仓储式超市的一种零售业态。大卖场占地极广，可达 20 万～30 万平方英尺。

超级购物中心（supercenters）以竞争性的定价提供种类繁多的食品杂货和日用商品。它的占地面积约为大卖场的一半。不论在国内还是国外，超级购物中心都是沃尔玛成长战略的一个重要组成部分。1988 年，沃尔玛开办了它的第一家超级购物中心。如今，它经营着 2 600 多家超级购物中心，其中几百家在墨西哥，还有一些在阿根廷和巴西。巴西沃尔玛超级购物中心的一些产品价格比竞争对手低 15%。一些观察家怀疑该公司的折扣策略可能搞得太过了。公司高管则坚持强调其利润率在 20%～22% 之间。[18]

超级商场（superstores，又称**品类杀手**（category killer）和大盒子零售商）是零售业同行提到诸如美国玩具反斗城、家得宝和宜家等商家时使用较多的标签。这个名称指的是专门以大量低价销售特定产品类别（如大量低价的玩具或家具）的商店。总之，这些商店代表零售业中的巨头，它们把压力转嫁给较小、较传统的竞争对手，并且促使百货公司缩减与它们有直接竞争关系的商品部门。

超大型购物中心（shopping malls）由开在同一地点的多个商店组成，如西蒙地产集团（Simon Property Group）这样的开发商聚合众多零售商打造的一个有吸引力的休闲目的地。这里通常以一个或多个大型百货商店为主体。超大型购物中心会为顾客提供大型免费停车场，毗邻交通要道，交通方便。传统的购物中心大都是封闭式设计，顾客可以舒适地游逛而不用顾忌天气状况。然而，目前的趋势是向称为"生活方式中心"的户外购物中心发展。美食城和娱乐设施可以使全家人在超大型购物中心消磨若干小时。在美国，购物中心的兴起与人们从城市中心向郊区迁移的趋势有关。如今，全球超大型购物中心的发展反映了为寻求便利和娱乐的新兴中产阶层消费者服务的机会。

世界五大购物中心有三家在亚洲（见表 12-3）。原因是很明显的：经济增长导致收入增加，而且旅游业在该地区蓬勃发展。一些业内观察家警告，超大型购物中心及其魅力四射的全球品牌正吸引消费者远离那些出售当地工匠制品的市场。倘若继续发展下去，某一天人们就会失去发现新事物的快感。东康涅狄格州立大学的教授埃米尔·波考克（Emil Pocock）是研究超大型购物中心的专家。他最近指出："我觉得非常令人不安的是，无论你走在世界何地，超大型购物中心都大体相同。我不确定是否希望由 100 家国际公司来决定我们对消费品的选择。"[19]

表 12 - 3　世界最大的超大型购物中心（按可出租的零售场地总面积排名）

排名	超大型购物中心	所在地	店铺数量
1	华南购物中心	中国东莞	2 350
2	世纪金源购物中心	中国北京	1 000
3	SM City North EDSA	菲律宾	1 100
4	1 Utama	马来西亚	700
5	波斯湾综合商场	伊朗	2 500[20]

厂商直销店/奥特莱斯（outlet stores）是传统购物中心的一种变异，是著名消费品品牌厂商处理多余库存、过期产品或次等品的零售业态。为了吸引大量购物者，多家厂商直销店常常组合为**厂家直销商城**（outlet malls）。美国是数百家名品厂家直销商城的发源地，如位于纽约中央谷、占地非常大的伍德博瑞名牌折扣城（Woodbury Common mall）。如今这种理念也被欧洲和亚洲采用，这反映了消费者和零售商态度的转变。在亚洲和欧洲，有品牌意识的消费者也渴望省钱。

12.3.2　全球零售趋势

当前，许多环境因素共同推动着零售商走出本土市场，在全球范围内寻找机会。本土市场饱和、经济萧条或其他经济因素、对商店发展的严格管制和高运营成本，是促使管理层去海外寻找成长机会的部分原因。沃尔玛就是个恰当的案例：该公司 20 世纪 90 年代中期向国际市场扩张时，恰逢其在本土市场上的财务业绩让人失望的当口。

当许多公司的国内零售环境越来越具挑战性时，审视一下环境可能就会在世界其他地方发现有待开发的或竞争不是很激烈的市场。另外，经济的高速发展，中产阶层的持续成长，年轻人占总人口的高比例以及较为宽松的监管制度，使一些国家的市场具有很大的吸引力。[21] 开发商需要知名品牌来填充大型美式城郊购物商城的空间，它们正在吸引罗兰爱思、美体小铺、迪士尼商店和其他专卖品零售商前往日本。[22] 随着一些国家和地方放宽了对零售业发展的约束，顾客也越来越厌烦在拥挤的市区购物，这使购物商城得到了发展的机会。

然而，大量失败的跨境零售计划表明，任何试图进军国际零售市场的首席执行官都必须谨慎行事。几年前，家得宝首席执行官弗兰克·布莱克（Frank Blake）指出："海外市场的拓展已被证明是我们的一个竞争优势。在加拿大、墨西哥以及现在的中国，我们展示出我们可以在进入一个市场时，针对当地客户调整商业模式，从而获得类似于在美国市场早期的增长速度的能力。"[23] 但尽管如此，2012 年底，家得宝仍被迫缩减了其在中国的业务。其他失败的案例还有：

- 沃尔玛撤出德国和韩国。
- 百思买关闭了中国的几家门店。
- 美泰关闭了上海的六层楼芭比旗舰店。
- 在亏损达 16 亿美元后，乐购关闭了其在美国的新鲜便捷店（Fresh & Easy）（见案例 12 - 2）。

这仅仅是一些例子，说明在国内市场取得成功的零售业务模式未必能在出口他国时仍然可行。一位行业分析家指出："跨洋经营十分困难。打开墨西哥和加拿大市场是一回事，而要把整个商店概念搬到海外去，分销任务就太艰巨了。"[24]

对于可能成为全球零售商的企业来说，关键的问题是"与当地竞争者相比，我们有什么优势?"当你考虑到竞争、当地规范零售活动的法律、分销模式和其他因素时，答案通常是"没有"。然而公司拥有的某些能力，则可能成为其在特定零售市场获得竞争优势的基础。零售商能为消费者提供不少好处，其中有些很容易被顾客感知，如选择的便利性、优惠的价格及店内商品展示和销售的总体风格;此外，店址、停车场、店内气氛和顾客服务等也可助力其价值主张。而分销、物流和信息技术这种不太明显的价值链活动也可以证明零售商的能力。麦德龙集团现购自运（Cash & Carry）国际业务的首席执行官托马斯·西普纳（Thomas Hübner）表示："商店只是冰山一角，其他 90% 的工作都在水面下。"[25]

例如，日本零售商历来就很少为客户提供额外服务。没有特殊的订单，不许退货，进货也不是根据消费者需求，而是根据商店自身的购买偏好。一般情况下，商店会从自己喜欢的制造商那里购买数量有限的产品，当产品卖光时，顾客不能要求商店补货。许多零售商对消费者的需求置若罔闻，而未设法利用巨大的市场。然而从零售商的角度看，这样做的结果是有利的，它们大部分的货品最终都能售出，因为顾客不得不购买剩下的产品，他们别无选择。后来，盖璞、艾迪堡（Eddie Bauer）和其他西方零售商多以合资的方式进入日本市场。这些商店提供自由退货政策，愿意承接特殊订单和补货，很多日本消费者转而忠诚于这些零售店。此外，由于达到了规模经济，并且运用了一些日本百货商店经营者不了解的现代分销方式，外国公司可以较低的价格提供种类繁多的商品。虽然高水平的外来竞争者挫伤了日本百货商店的经营者，但日本自身的经济低迷也是一个因素。在经济衰退的压力下，消费者都涌向像 Y100 连锁店这样的折扣店，传统零售商也受到低档商店的挤压。

基于这里提到的多种原因，杰西潘尼公司开始扩张并涉足国际零售经营。在考察了几个国家后，杰西潘尼公司的管理者认识到，美国以外地区的零售商往往缺乏产品归类、产品陈列和如何进行过道设置以优化顾客流量等方面的营销技巧。如在 20 世纪 90 年代初，一个考察伊斯坦布尔零售商的团队注意到，某商店竟将女士内衣陈列在管道设备旁边。杰西潘尼公司董事长兼首席执行官威廉·R. 豪威尔（William R. Howell）说，在此情况下，杰西潘尼公司的优势在于它有能力创造出一种邀请顾客来购物的环境。虽然该公司在印度尼西亚、菲律宾、智利的经营较为艰难，但在巴西取得了巨大的成功。1999 年，该美国零售商收购了雷纳（Renner）的控股权，后者是一家拥有 21 家分店的地区连锁店。关键策略在于，杰西潘尼保留了雷纳当地名称和本土管理团队。同时，受益于杰西潘尼在物流、分销和品牌建设方面的专业知识和技能，雷纳已成为巴西成长最快的连锁店，旗下共有 60 多家分店。

图 12-3 是一个用来划分全球零售商类别的矩阵图。[26] 图中，横轴左端代表私有或自有商标，右端代表制造商品牌;纵轴上端是产品种类较少的零售商，下端则是产品种类繁多的零售商。象限 A 中的宜家就是一个全球零售商的好案例，它同时聚焦于利基市场（定位于自行组装家具的市场）和自有品牌（销售自己品牌的产品）。宜家以及其他处于象限 A 的零售商通常依靠大量广告和产品创新来构建强势品牌形象。

在象限 B 中，零售商仍然以自有商标为主，但同时提供更多的产品种类。这正是总部设在英国的玛莎百货集团的战略，其自有商标圣米高（St. Michael）可见于一系列的衣服、

产品种类较少

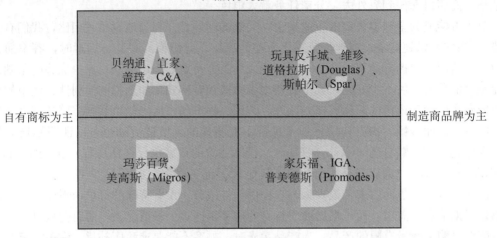

自有商标为主

制造商品牌为主

产品种类较多

图 12 - 3　全球零售类型

资料来源：Adapted from Jacques Horovitz and Nirmalya Kumar，"Strategies for Retail Globalization，" *Financial Times-Mastering Global Business*，Part VII（1998），pp. 4 - 8.

食品、家具、珠宝和其他产品。试图进行全球扩张的自有商标零售商面临着双重挑战，必须既要把顾客吸引到商店中，又要把他们吸引到自有品牌商品上。玛莎百货凭借过去100多年里形成的创业管理风格取得了成功。1974年玛莎百货开办了它在英国以外的第一家商店。现在其业务遍布40个国家。1997年，时任董事长的理查德·格林伯里爵士（Sir Richard Greenbury）宣布了一个雄心勃勃的计划——"带领玛莎百货集团走上建立全球企业之路"。他坚信消费者的品味正在全球化，至少在时尚服饰方面是这样的。食品另当别论，因为人们在食物方面的品味更加本土化。玛莎百货集团的管理者预计食品销售收入所占的比例会低于它在英国的比例。[27] 玛莎百货近期的财务困境凸显了当今零售环境的艰难。在销售额下滑和公司高管内战不休的情况下，20世纪90年代后期该公司的利润和股价暴跌；理查德爵士于1998年离开了该公司。

处于象限C的零售商在界定得比较狭窄的范围内提供了很多知名品牌的产品。例如，我们发现专卖玩具的玩具反斗城销售来自美泰、任天堂和其他厂家的品牌产品。此外，同样的例子还有像百视达影视（Blockbuster Video）和维珍大型商场这样的品类杀手。正如上文所说，这种商店在理货方面比当地竞争对手技高一筹，并凭借大库存、低价格为客户提供超高价值，于是很快就在小型零售商中占据主导地位。一般情况下，低价是买主实力和采购优势的结果，而这些正是当地零售商所缺乏的。

理查德·布兰森在当时的零售环境下建立了维珍大型商场，这又一次说明了创业型管理风格可以使企业家取得怎样的成功：

几乎无须具备零售专业技能就能看出，传统音像店死气沉沉的商业做法给创业者提供了巨大的商机。依仗风格多样的录音带收藏品，一种新型的音像店应运而生，与小型的社区音像店展开竞争。店面大、光线好，而且音乐艺术家的唱片按字母顺序清晰地排序。这种音像店涵盖了所有风格的流行音乐唱片，并且它的库存周转大大快于小型唱片零售商……它相当于音乐行业中的超市。[28]

自1975年在伦敦牛津街首建大型商场后,布兰森的维珍零售帝国如今已扩张到欧洲、北美、日本等地。布兰森的另一家公司维珍大西洋航空公司(Virgin Atlantic Airlines),为提供不同的服务体验也付出了同样的努力。维珍大西洋航空的前首席执行官史蒂夫·里奇韦(Steve Ridgway)说:"从根本上说,公司是围绕价值主张和消费者将为此支付的价格运营的。我们最大的创新就是总在试图打乱市场的步伐。我们的产品定位总比常规做法领先半个身位。"[29]

家乐福、普美德斯、沃尔玛和象限D中的其他零售商供应的商品种类已和当地知名的零售商相同。然而,这些新进入者带给市场的是在分销能力或其他价值链上的管理元素。迄今为止,沃尔玛国际部已经在美国以外的地区开设了3 000多家商店。在墨西哥和加拿大,它已经成为最大的零售商。其他商店坐落在中美洲、南美洲和中国,还有最新开展业务的德国。

12.3.3 全球零售市场拓展战略

在海外拓展市场的零售商面临四种可选的市场进入战略。如图12-4所示,矩阵有助于我们理解这些战略之间的差异:容易进入的市场相对于较难进入的市场、文化相近的市场相对于文化差异大的市场。矩阵的上半部分包括象限A和象限D,是指购物模式和零售结构与本国相似的市场。矩阵的下半部分,即象限C和象限B,是指在一种或多种文化特征上与母国存在显著差异的市场。矩阵的右半部分,即象限A和B,指的是难以进入的市场,这是因为存在强大的竞争对手、地理位置的限制、过高的租金、房地产成本大或其他因素。在象限C和D所指的市场中,任何障碍都比较容易克服。矩阵揭示了四种进入战略:有机增长、特许经营、连锁店收购,以及合资企业和许可经营。

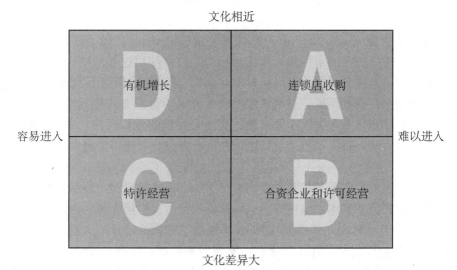

图12-4 全球零售市场进入战略框架

资料来源:Adapted from Jacques Horovitz and Nirmalya Kumar, "Strategies for Retail Globalization," *Financial Times-Mastering Global Business*, Part VII (1998), pp. 5.

　　有机增长（organic growth）是指公司使用自己的资源在一个新址开设商店，或从其他零售商那里收购一个或多个现有的零售店。如在 1997 年，玛莎百货宣布其在德国的扩张计划，即通过收购克拉默与米尔曼（Cramer and Meerman）经营的 3 家商店，使其在德国的商店数量从 1 家变为 4 家。理查德·布兰森投资数百万英镑在巴黎香榭丽舍大道创建了第一家维珍大型商场，该店的零售空间颇为壮观。在玛莎百货和维珍看来，德国和法国是文化相近、容易进入的零售环境。当然，这一进入战略之所以成功，关键是公司已有的资源能够承担投资初期的高成本。

　　特许经营（franchising）出现在图 12-4 的象限 C 中。当进入障碍较低、消费者行为或零售结构方面的市场文化差异较大时，这是一种合适的进入战略。第 9 章将特许经营定义为两个公司之间的一种契约关系。母公司许可方授权给受许方，允许后者经营由前者开发的业务。作为回报，受许方向许可方支付许可费，并遵守与特许相关的政策和惯例。特许经营店运行成功的关键在于，是否拥有将公司的经营技巧传递到新市场的能力。贝纳通、宜家和其他专一的自有商标零售商通常在把特许经营作为自己的市场进入战略的同时，还兼用有机增长战略，即开设自营商店。宜家在欧洲和美国拥有 100 多家自营商店；而它在中东和中国香港的商店则为特许经营店。

　　在全球零售业中，**收购**（acquisition）是一种通过购买公司进入市场的战略，被收购的公司已在国外拥有多家现成的零售店。这种战略不仅能使收购者触及现有的品牌产品供应商、分销商和顾客，还能使其实现快速增长。

　　例如，2002 年，沃尔玛通过收购西友（Seiyu）零售连锁店 6.1% 的股份，实现了首次进入日本市场的目标。2007 年，沃尔玛将其持股比例提升至 95.1%；次年，西友及其 414 家门店成为沃尔玛的全资子公司。如今，沃尔玛又开始通过其他收购来扩大其规模。正如沃尔玛亚洲首席执行官斯科特·普赖斯（Scott Price）所说的那样，"我们将规模化经营视为下一个目标，它可以改变我们针对日本顾客的价值主张"。但沃尔玛不会选择有机增长。普赖斯说："我们不想在日本建立更多的零售业务。日本最不需要的就是零售空间了。"[30]

　　第 9 章对**合资企业**（joint venture）和**许可经营**（licensing）做了详细的阐述。当全球零售商把陌生的、难以进入的市场视为目标市场时，经常使用这些战略来降低风险。例如，巴尼斯纽约精品店将其店名授权给巴尼斯日本使用 10 年；萨克斯第五大道在中东将店名使用权授予当地公司。在一些国家，当地法规要求外方采用合资方式进入市场。如在 2005 年前，中国规定，外国零售商在进入中国市场时必须有当地的合作伙伴。中国政府在 2005 年放开了零售行业的管制；目前，宜家及其他最初以合资企业形式作为进入战略的零售商正在转变为全资商店。

　　维珍集团在亚洲的零售业务扩张为我们提供了一个很好的案例，展示了如何以合资企业的方式应对进入障碍。在日本，商用房房东一般要求租户在租用零售店面之前预付几百万日元。因此，1992 年，维珍与丸井百货（Marui）成立了名为维珍日本大型商场（Virgin Megastores Japan）的合资公司。丸井百货是一家当地零售商，在迎合年轻人偏好方面有良好的记录并享有盛誉。首家合资大型商场开在日本新宿一家丸井百货商店的地下室里。该店和之后开出的一些商场都取得了极大的成功；维珍在亚洲其他地区也复制了这一合资模式，包括韩国。在每一个地方，维珍都与当地行业领先的集团建立合资公司。[31]

美国零售商在伦敦

哈里·戈登·塞尔弗里奇是一位企业家，也是一个充满激情和梦想的人。他开发了一种创新产品，创立了一个品牌，并创办了一家企业。这是一家不一般的企业，它就是塞尔弗里奇百货公司（Selfridge & Company），被誉为"世界上最美丽的百货公司"。在现代营销学成为一门正式学科之前的几十年前，塞尔弗里奇就利用营销的基本工具和原则取得了令人惊叹的成功。与许多企业家一样，塞尔弗里奇的想法来源于他自己的需求、欲望和愿景。他宣称："我们将向世界展示，如何让购物变得激动人心！"

如果零售商不了解零售环境以及消费者行为和偏好的差异，他们就很难在他国开展业务。但是，当塞尔弗里奇在牛津街附近开设百货商店时，情况恰恰相反。他在许多方面都打破了常规。他注意到，当时的马车数量多于汽车，于是他将香水和香氛置于店铺前端中央的位置。这样，如果购物者鞋底沾上了马粪，就能在进店后祛除由此带来的臭味。在传统的英国商店中，商品都放在柜台后面，购物者要向店员寻求帮助。与此相反，塞尔弗里奇将商品放置在人们可以看到并触摸到的地方。他宣称："顾客永远是第一位的。"而伦敦人此前从未见过这样的安排。

塞尔弗里奇的故事似乎颇为引人入胜，而事实也是如此！它成了一本书的主题——《购物，诱惑，赛尔弗里奇先生》，也成了英国 ITV 和美国公共电视台播出的一部电视连续剧。无论书中还是电视剧中都清楚地表明，塞尔弗里奇喜爱戏剧、表演和艺术。因此，毫不奇怪，塞尔弗里奇的一些营销策略和宣传噱头充斥着戏剧性的成分。其中包括"早鸟"特价，邀请俄罗斯芭蕾舞演员安娜·帕芙洛娃（Anna Pavlova）来到店内，以及在商店底层展示第一架横跨了英吉利海峡的飞机。

事实证明，这个故事并没能有一个完美的结局。塞尔弗里奇成了各种恶习的牺牲品，并被他所创立的公司驱逐。但是，他留下了一笔宝贵的财富。21 世纪，塞尔弗里奇百货仍走在零售创新的前沿。其伦敦旗舰店是欧洲最大的化妆品百货店。橱窗内经常有一些博眼球的"表演"，如身着动物造型内衣的人形模特。塞尔弗里奇首席执行官彼得·威廉斯（Peter Williams）说："我们的竞争对手不仅是其他百货公司，还有餐馆、剧院，以及其他娱乐场所。"

资料来源：Mike Hale, "Fogging Up the Windows of a Big Store," *The New York Times* (March 30, 2013), p. C1; Nancy Dewolf Smith, "The Dawn of Shopping," *The Wall Street Journal* (March 29, 2013), p. D5; Vanessa O'Connell, "Department Stores Are Hard Sell Abroad," *The Wall Street Journal* (May 22, 2008), p. B3; Cecilie Rohwedder, "Harvey Nichols's Foreign Affair," *The Wall Street Journal* (February 18, 2005), pp. B1, B3; Erin White, "Dress for Success: After Long Slump, U. S. Retailers Look to Britain for Fashion Tips," *The Wall Street Journal* (April 22, 2004), pp. A1, A8; Rohwedder, "Selling Selfridges," *The Wall Street Journal* (May 5, 2003), p. B1.

要想在母国市场以外的零售市场取得成功，单靠参考一个矩阵和选择上面建议的战略是不够的。管理层必须注意，商品组合、采购策略、分销或其他组成要素可能也需要进行调整。例如，克拉特·巴雷尔公司（Crate & Barrel）的管理层对是否在日本开店迟疑不决。

部分原因是调研发现至少一半的公司产品线不得不根据当地的偏好加以调整。另一个问题则是公司能否将自己的专业知识转变为开辟新市场的能力。

12.4　实体分销、供应链和物流管理

在第 1 章里，营销被描述为公司价值链中的一项活动。营销组合中的分销要素在现有公司价值链中起核心作用；毕竟像可口可乐、宜家、宝洁、丰田之类的全球公司之所以能够创造价值，是因为它们能让顾客在需要和期望的时间和地点买到产品。本章开头对实体分销的定义是，实体分销包括把成品从生产商运送到顾客手中所涉及的所有活动。尽管如此，价值链的概念要宽泛得多。首先，价值链是一种评价组织能力的有用工具，因为它在更广泛的**供应链**（supply chain）中开展价值创造活动；而供应链又包括所有的相关公司提供的支持性活动，如提供原材料，将原材料转化为零部件或产成品，并将产品提供给顾客。

公司是在某个特定行业（例如，汽车、消费电子产品、家具或医药行业）开展竞争的，而这个行业又有其独特的价值链。单个公司开展的具体活动有助于界定其在价值链中的位置。如果某公司或活动距离最终顾客较远，可以认为它处在价值链的上游。请参考宜家前首席执行官安德斯·莫伯格（Anders Moberg）的以下言论："在宜家公司，我们走进森林去看哪棵才是应被挑选的合适的树，以期在锯木厂能优化生产，获得成本效益。"[32] 这是对上游活动的一个非常好的描述！而一个离顾客比较近的公司或活动，如零售商，则可以说它处在价值链的下游。

所以，物流（logistics）是一个管理过程，它整合了包括上游和下游所有公司的活动，以确保产品在供应链上高效地流动。在 UPS 推出其全球"我们♥物流"广告活动之前，物流并不是一个真正家喻户晓的名词。UPS 在电视广告中使用了一首脍炙人口的短歌：哈里·沃伦（Harry Warren）作曲的《那就是爱》（That's Amore）。这首歌因为 1953 年由杰里·刘易斯（Jerry Lewis）和迪安·马丁（Dean Martin）主演的电影《球童》（The Caddy）而名声大噪。在 UPS 广告中，原歌词（例如，"当月亮击中你的眼睛，好像一大块比萨派，那就是爱"）被物流的颂歌取代了！比如说：

> 飞机在天上飞供应链来支配，那就是物流。
> 流水线各部件准点到守时间，那就是物流。

你可以在 YouTube 上找到该广告的美国版本，以及中文和西班牙文版本。

类比和隐喻也可以帮助我们更好地理解物流。一本写于 1917 年的书中有以下段落：

> 战略之于战争就是剧情之于戏剧。表演者的角色代表战术；而物流则提供了舞台管理、道具和维修保养。观众会因戏剧表演和表演者的艺术表现而兴奋不已，却会忽视舞台管理中所有巧妙隐藏的细节。[33]

这段话暗示了物流和其他与供应链管理相关的活动都发生在"幕后"。然而，近年来供应链在全球营销中的重要作用愈加凸显。2011 年 3 月，日本发生了灾难性的地震和海啸，造成惨重的人员伤亡。自然灾害还扰乱了包括汽车和消费电子等众多行业的供应链。

吁！马肉是如何成为欧洲食品的？

有些人会惊讶地发现，在许多国家，吃马肉是一种习俗。马肉脂肪少，富含铁和其他营养成分，而且比牛肉便宜得多。例如，"炖马肉"（Pastissada de Caval）是意大利北部维罗纳地区的传统炖菜，而马肉是该菜的关键原料（cavallo 在意大利语中是"马"的意思）。仅在欧洲，2012 年就售出了 6 万吨马肉。

然而，最近出了一则丑闻，在爱尔兰超市销售的冷冻牛肉汉堡包中检测出了马的 DNA。随后，英国销售的冷冻千层面虽然标明含有"牛肉"却也检测出了马肉。不久，这一丑闻蔓延整个欧洲，并引发了人们对该地区食品供应安全的质疑。

在欧洲，各类供应商处都有马肉供应。该供应链包括了屠宰场、经纪人和贸易商组成的网络。例如，意大利每年从爱尔兰、波兰和其他十几个欧洲国家进口 5 000 万磅马肉。（2006 年后，在美国生产马肉属违法行为；因此，马被运往墨西哥和加拿大进行屠宰。然后，马肉被运往欧洲等出口市场。）根据几个国家政府的调查结果，标记为牛肉的马肉似乎来自法国、德国和爱尔兰的加工厂。

随着丑闻升温，一些全球食品公司、连锁餐厅和零售商纷纷做出回应。塔可钟（Taco Bell）被迫撤回其在英国商店的牛肉产品。在一些样品中检测出马肉后，瑞典家具零售商宜家也召回了在多个国家自助餐厅和杂货店中售卖的肉丸。雀巢从意大利和西班牙商店中撤回了一些牛肉面食产品。英国最大的连锁超市乐购的首席执行官菲利普·克拉克（Philip Clark）承诺会更多地从当地供应商处采购食品。英国农民联盟（National Farmers Union）主席彼得·肯德尔（Peter Kendall）说："很明显，供应链越长，要跨越的国界越多；我们的食品越不可追溯，供应链就越容易出现疏忽，这还是最好的情况。在最坏的情况下，则会出现欺诈和犯罪。"

具有讽刺意味的是，马肉丑闻爆发之际正是美国农业部放松对另一种肉类的进口禁令之时。来自意大利北部的各种猪肉腌制产品将几十年来首次出现在美国餐桌上。随着该禁令的取消，据估计，未来几年内，意大利的冷切肉类产品进口量将在目前的每年 9 000 万美元的基础上增加 1 300 万美元。某著名餐厅老板乔伊·巴斯提亚尼奇（Joseph Bastianich）说："这将在美国开辟一个新的意大利香肠世界。美国人过去一直吃劣等的意大利香肠，但以后不会了。"

资料来源：Glenn Collins, "A Ban on Some Italian Cured Meats Is Ending," *The Wall Street Journal* （May 1, 2013）, p. D3; John Revill and Inti Landauro, "Horse-Meat Scandal Hits Nestlé in Europe," *The Wall Street Journal* （February 20, 2013）, p. B4; Anna Moline, "Horse-Meat Scandal Claims IKEA's Swedish Meatball," *The Wall Street Journal* （February 26, 2013）, p. B1.

中东持续的政治动荡也凸显了全球供应链设计中灵活性的重要之处。例如，2011 年春季，宝洁被迫临时关闭了其在埃及的工厂，该工厂的产能主要供应南非市场。在关停期间，匈牙利和土耳其工厂生产的产品被重新定向，用来供应南非市场。此类事件解释了为何供应链管理者要借用军事用语"VUCA"来描述"易变（volatile）、不确定（uncertain）、复杂（complex）和模糊（ambiguous）"的分销方式。[34]

沃尔玛是物流和供应链管理方面的大师，这是其竞争优势的重要来源。这个零售巨头的基本价值主张很简单：尽可能高效地为人们提供商品。为此，沃尔玛充分发挥了其核心竞争力：利用其庞大的顾客数据来了解和预测顾客的需求，并快速有效地将商品提供给顾客。

行业价值链会随着时间的推移而变化。以医药行业为例，从 19 世纪初开始，研究、测试和交货三个步骤代表了这个行业的价值链活动。20 世纪 60 年代中期，克瑞克（Crick）和沃特森（Watson）发表了他们在 DNA 方面的突破性著作后，行业价值链中出现了两个新的上游环节：与特定疾病相关的基因的基础研究，以及这些基因所产生的蛋白质的识别。最近，随着人类基因图谱基本绘制完成，医药行业的价值链正在向下游环节转移，以识别、测试和生产能够作用于基因所产生的蛋白质的分子。[35]

随着供应链伸展到全球，价值链、物流和相关的概念变得极为重要。正如某出口公司管理者贝斯·德瑞尔（Beth Dorrell）所说的那样，"来自非洲的原材料可以在亚洲提炼，然后运送到南美洲合成部件，再在中东完成最终工序，最后销往全球各地"。图 12 - 5 演示了全球家具公司宜家的一些概念和活动。宜家通过分散在数十个国家的供应商网络采购木材和其他原材料；这些供应商处在价值链的上游，而木材运往工厂的过程称为进厂物流（inbound logistics）。宜家的工厂通过把原材料加工为成套家具来增加价值，然后把这些家具运往宜家的商店。商店在宜家的价值链中处于下游；而将家具从工厂运往商店的这些活动称为出厂物流（outbound logistics）。[36]

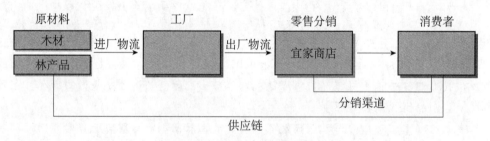

图 12 - 5　供应链、价值链和物流

实体分销和物流是使顾客在期望的时间和地点买到他们想要产品的手段。最重要的分销活动是订单处理、仓储、存货管理和运输。

12.4.1　订单处理

与订单处理相关的活动为履行顾客订单提供了所需的关键信息。**订单处理**（order processing）包括订单录入、订单处置和订货发送三个环节。其中，订单录入就是把订单输入公司的信息系统；订单处置包括拣选、组装和把产品送入分销渠道；订货发送就是把产品送达顾客可以买到的地方。

在某些情况下，顾客是消费者，就像你在亚马逊或 Lands' End 网站下订单时一样。在其他情况下，顾客是渠道成员。百事装瓶集团（Pepsi Bottling Group）最近对它的供应链进行了彻底检查，以消除货品脱销的问题。过去，该公司的掌上电脑不能无线上网，必须通过固定电话服务来联网；通过升级技术，销售代表现在已能无线输入订单。仓库工人现在都配备条形码扫描仪以及耳机，这样他们就可以更好地工作，确保每个托盘上的饮料产品正是零售商所订购的。[37]

12.4.2　仓储

仓库被用于储存货物直到它们被卖掉；另一种类型的设施为配送中心。配送中心的建立旨在高效地从供应商那里接收货物并完成各商店或顾客的订单。如今，配送和仓储已经成为一种自动化和高科技的服务，以至于许多公司已将这一职能外包出去。例如，ODW 物流公司代表迪尔公司（Deere & Company）、有限品牌公司（Limited Brands）和其他顾客经营着多家仓库。ODW 公司的大部分运送能力分布在俄亥俄州哥伦布市，该市是美国的一个主要纺织品入境口岸。第三方仓储增长背后的一个主要驱动力是降低固定成本和加快交货速度的需要。ODW 公司对离开工厂后的货物进行追踪以增加更多的效用，比如从货物离开中国一直追踪到它们到达哥伦布市。这样的货物追踪可以让公司提醒零售商可能因天气或港口拥堵造成的货物延迟。此外，随着制造商开始在发货时使用无线射频识别标签，ODW 公司将同它的顾客分摊使用新技术的成本。正如咨询顾问约翰·博伊德（John Boyd）所指出的那样，"现在，配送仓储是企业流程再造和削减成本的下一个竞技场"。[38]

12.4.3　存货管理

良好的存货管理能确保公司既不出现生产用零部件或成品的短缺，也不会因过多的存货而增加费用和风险。另一个问题是平衡订单处理成本和存货的持有成本。产品订购的频率越高，与卸货、存货和相关活动有关的订单处理成本就越高。产品订购的频率越低，存货持有成本就越高，因为较长的订购间隙需要持有更多的存货。如第 6 章所述，存货管理中的一种重要的新工具是无线射频识别技术。这种技术利用一些贴在货盘、货柜或单个库存货物上的小标签进行管理。

12.4.4　运输

最后，运输决策涉及公司在利用国内和全球渠道运输产品时应采用的方法或模式。模式这一词意味着一种选择，最主要的产品运输模式有铁路、卡车、空运、水运、管道和互联网。每一种模式都有它的优缺点，表 12-4 对此进行了总结。但因基础设施不完善或存在地理障碍，一些国家可能没有某种运输模式。管道运输的专业性很强，采用这种模式的公司所运送的是与能源相关的资源，如石油和天然气。

铁路运输在远距离运输大量货物时，具有非常高的成本效益。在美国，按吨英里计算，像 CSX 和柏林顿北方公司这类运输公司运送的货物几乎占运输总量的一半。在运输的产品种类方面，铁路的运输能力仅次于水路，居于第二位。然而火车不如卡车可靠。轨道维护不良会导致火车出轨，当运输线路过于繁忙导致堵塞时会延误运输。

卡车在长途、州际运输和当地货物运送中都是一种非常好的运输模式。在具备发达的高速公路系统的国家，卡车货运同时具有运送快捷、次数多、可达性最高的优势。现代信息技

表 12 - 4　主要国际运输模式比较

模式	可靠性	成本	速度	可达性	运输能力	追踪便捷性
铁路	中	中	中	高	高	低
水运	低	低	慢	低	高	低
卡车	高	不定	快	高	高	高
空运	高	高	快	低	中	高
管道	高	低	慢	低	低	中
互联网	高	低	中到快	中，正在提高	低	低

术使卡车运输的货物也很容易被追踪。然而在那些基础设施落后的国家，卡车运输会慢得多。印度就是一个典型。

　　水运方式主要有两种，内河航运和远洋运输。内河航运（inland water transportation）是一种成本非常低的运输模式，主要用于运输农产品、石油、化肥和其他适合用驳船散装船运的货物。然而，内河航运速度慢，难免会因天气变化而延误船期。几乎任何产品都可以通过远洋运输（ocean transportation）送达。世界上的深海港可以接收各种各样的远洋船，如集装箱船、散装和分散统装船，以及滚升滚降式（ro-ro）滚装船。虽然它们的运输速度无法与空运竞争，但是在运输大量商品时海运与空运相比更具有成本效益。丹麦的马士基是世界上最大的集装箱运输公司（见表 12 - 5）。

表 12 - 5　领先的航运公司

承运商	船只拥有量
马士基（丹麦）	600＋
地中海航运公司（瑞士）	458
达飞轮船集团（法国）	414
长荣海运（中国台湾）	182
中国远洋运输集团（中国大陆）	130＋

　　资料来源：Compiled by authors from company reports.

　　为什么水运在可靠性上得分较"低"？因为无论哪一年，都有近 200 艘货船由于恶劣的天气或其他原因而沉没。其结果是，船员不幸丧生，货物沉入海底。有时候，船只虽然没有沉没，但货物也会丢失。如在 1997 年，东京快船号（Tokio Express）货船在英国海域遭遇了巨浪冲击，几十个集装箱被抛入水中，其中包括一个装有近 500 万块乐高玩具拼装件的集装箱。这个集装箱原本计划的目的地是康涅狄格州，在那里这些部件将被组装成玩具。一年后，这些拼装件被冲到了佛罗里达的海滩上！

　　当货物仍在船上而船并没有沉没时，损失也仍有可能发生。例如，一艘装有 4 700 辆马自达汽车的货船王牌美洲狮号（Cougar Ace），2006 年侥幸避免了在太平洋沉没。船上的汽车那时都被捆绑着，但船的倾斜达到 60 度，几周后才被矫正。管理层担心这些车可能无法销售了，于是销毁了这批价值 1 亿美元的货物。[39]公海上的海盗是影响水运模式可靠性的另一因素。近年来，海盗在靠近非洲海岸的印度洋开枪射击，并试图登上几十艘商业船只。在有些情况下，海盗成功登上了商船并劫持了货物。其中有一次，海盗抓获了插有美国国旗商船的船长，而该船正在将援助的食品运往东非。

空运的运输速度最快，是适用于运输鲜花或鲜鱼等易腐出口产品的运输模式，但它也是最昂贵的选择。物品的大小和重量可能决定了空运的成本效益比海运高。如果所运货物对时效很敏感，如紧急替换部件，空运也是一种合理的运输模式。

由于数字化革命，互联网逐渐成为一种重要的传输模式，它有多个优点和一个重要的缺点。首先，缺点是互联网的运输能力有限。根据麻省理工学院媒体实验室的尼古拉斯·尼格洛庞帝的名言，只要由原子组成的东西，就不能通过互联网来传送。但是，任何数字形式的东西，包括文本、声音、音乐、图像和录像，都能通过互联网传输。互联网的优点包括低成本和高可靠性。互联网的可获性正随着全球个人电脑需求的增加而上升；现如今，大约有 10 亿个家庭已接入互联网。同时，电信技术的创新还使手机和其他无线数字设备得以接入互联网，进而提高了互联网的可获性。网速取决于包括带宽在内的几个因素。宽带技术的应用越来越广，而压缩技术也有所提高，像整部影片这样的大文件下载速度也因此大大加快。

渠道策略（channel strategy）包括对每一种运输模式的分析，以期确定在特定的情况下，哪种模式或模式组合既有效果又有效率。有不少专业从事第三方物流的公司是帮助其他公司做运输物流的。例如，C. H. 鲁滨逊环球公司（C. H. Robinson Worldwide）可以将世界各地的货主与货运公司及其他承运商相匹配。集装箱运输是促使全球商业取得革命性进步的一种运输技术。20 世纪 50 年代中期，美国首次提出集装箱的概念。**集装箱运输**（containerization）是指将远洋运输货物装于宽 20 英尺、长 40 英尺，或更长的钢制货柜中的做法。集装箱运输有很多优点，包括产品可以获得货柜运输的灵活性和运输模式的灵活性。

多式联运（intermodal transportation）结合陆地运输和水运两种模式，把产品从生产商手中运送到顾客那里。[40]仅在美国，铁路就要运输超过 1 500 亿美元的港口货物，这个统计数据验证了多式联运的重要性正在提升。遗憾的是，美国的铁路基础设施缺乏投入，导致货物在港口延误。运输与物流教授伯纳德·拉隆德（Bernard LaLonde）说："这是全球分销的'阿喀琉斯之踵'。货船越来越大，越来越快；贸易量在增加，但是我们没有相应的所需的铁路连接。"[41]

使用何种运输模式取决于特定的营销环境、公司的总体战略或者进口港的环境。如每年 11 月，法国博若莱地区的葡萄酒酿造商都会参加当年的酒品上市推介活动。销往欧洲市场的葡萄酒通过铁路或者卡车运输，而销往美国的葡萄酒则采用空运方式。一般出于对重量和体积的考虑，法国葡萄酒也通过水运的方式横渡大西洋。同理，宏碁集团使用空运的方式将主板和其他高科技零部件从中国台湾运出，以确保其电脑能够融合最新的技术。孟加拉国第一大港口吉大港经常会遇到货物装卸延误和罢工，迫使盖璞和其他服饰公司采用空运的方式。

每年圣诞节，热销玩具和电子产品的供应商都使用空运的方式从亚洲的工厂运输货物，以确保圣诞老人能及时送出礼物。索尼的 PS3 是一个恰当的例子：2006 年秋，公司把成千上万台 PS3 空运到美国。同样，2007 年，人们翘首以盼的苹果公司的第一批亚洲产 iPhone 也是通过空运送到的。因为美国公司不得不通过储存更多的零部件或用空运方式来补偿铁路运输的延误，这使得美国每年的运输成本要增加 10 亿美元左右。

12.4.5 物流管理：简要的案例研究

物流管理（logistics management）这一术语描述了各种活动的整合，这些活动有助于确保原材料、半成品和成品从生产商向顾客高效地流动。杰西潘尼为我们提供了一个 21 世纪物流、实体分销和零售供应链的变化过程的案例。几年前，杰西潘尼的管理团队做出了一个重要决定，即将它的自有品牌衬衫供应链中的大部分环节外包给香港的 TAL 服装公司（TAL Apparel Ltd.）。杰西潘尼的北美商店实际上没有多余的自有品牌衬衫库存；如果一件衬衫被卖出，EPOS 扫描仪会将这一信息直接传输到香港。TAL 公司的专有计算机模型会对是否向商店补充相同尺码、颜色和型号的衬衫做出决策。补充衬衫不经过杰西潘尼的仓库系统就被直接运送到商店；这些衬衫有时靠空运，有时靠海运。这种方式与过去的做法有着天壤之别；杰西潘尼一般在仓库保有 6 个月的库存，在商店则保有 3 个月的库存。通过与 TAL 更加密切的合作，杰西潘尼能够降低库存成本，减少不得不降价处理的商品数量，更快地对消费者的品位和流行款式的变化做出反应。但是，麦肯锡咨询香港分公司董事陈维赞（Wai-Chan Chan）指出："当你们把库存管理外包出去时，就意味着你们正放弃一项相当重要的职能，而这是许多零售商不愿意放弃的。"[42]

本章提要 ////////////////////

分销渠道是由联系生产商和使用者的一些代理商和组织机构所组成的网络。实体分销是指商品通过渠道进行移动。**企业与消费者间的营销**使用的是消费品渠道；**企业间营销**则采用工业品渠道将产品运送到制造商或其他类型的组织。通过互联网进行的**点对点营销**是另一种渠道。在两种渠道中，**分销商**和**代理商**都是关键的中间商。由于渠道结构因国家而异，因此全球渠道决策很不容易把握。营销渠道可以为购买者创造**地点效用**、**时间效用**、**形式效用**和**信息效用**。顾客、产品、中间商和环境特征都在影响着渠道设计和渠道策略。

由于使用直接邮购、上门销售或制造商自营商店等方式，消费品渠道可能比较直接。制造商的销售队伍、代理商/经纪人和批发商这些渠道可混合使用。工业品渠道的种类较少，制造商常通过自己的销售队伍、批发商、经销商或代理商进行销售。

由于成功的零售商为实现增长目标而扩张到世界各地，**全球零售**已经呈现出蓬勃发展的趋势。零售分销有许多不同的业态，包括**百货商店**、**专卖店**、**超市**、**便利店**、**折扣店**、**硬折扣店**、**大卖场**、**超级购物中心**、**超级商场**、**超大型购物中心**、**厂商直销店/奥特莱斯**和**厂商直销商城**。可选性、价格、店址和顾客服务等都是零售商在进入一个新的市场时可用的部分战略性竞争能力。可以按照矩阵将零售商划分为以下四种：以自有品牌为主提供较少品类的公司、以自有品牌为主提供较多品类的公司、以制造商品牌为主提供较少品类的公司，以及以制造商品牌为主提供较多品类的公司。全球零售可以通过**有机增长**、**特许经营**、**收购**、**合资企业**和**许可经营**来实现扩张。

运输和实体分销问题在公司价值链中非常重要，因为存在产品货源问题以及向世界各地的消费者提供服务都涉及地理距离。公司的**供应链**包括所有开展支持活动的公司，这些活动包括提供原材料或制造零部件。**物流**和**物流管理**整合了公司价值链中所有公司的活动，以确保商品在供应链中高效地流动。重要的活动包括**订单处理**、**仓储**和**存货管理**。为了降低成本，提高效率，许多公司正在通过外包部分或全部业务活动方式来重新组合它们的供应链。空运、卡车、水运、铁路、管道和互联网 6 种运输模式在全球分销中已得到广泛应用。**集装箱运输**是实体分销的一个关键创新，它为**多式联运**提供了便利。

讨论题 //////////////////////

1. 渠道中间商能以什么方式为顾客提供效用?

2. 哪些因素会影响渠道结构和全球营销者的可选策略?

3. 什么是"挑肥拣瘦"? 有哪些方法可用于应对该问题?

4. 对典型的消费品和工业品渠道结构进行比较。

5. 请识别不同的零售业态,并举例说明每一种业态。认识尽可能多的各国零售商。

6. 请识别本章所述的 4 种零售市场扩张战略。哪些因素决定了合适的模式的选择?

7. 很多全球零售商正在瞄准中国、印度和其他新兴市场。按照图 12-4 给出的战略选择,哪些是进入这些国家最可行的战略?

8. 简要讨论与实体分销和运输物流相关的全球问题。以某公司为例,讲述其渠道和实体分销安排中效率改善的情况。

9. 日本存在什么特别的分销挑战? 作为非日本公司,应对这种挑战的最佳方法是什么?

案例 12-1(续)

沃尔玛能破解印度零售代码吗?

全球零售商已经将目光投向了印度,它们将面临特殊的挑战。正如本章前面所述,组织零售这一术语描述的是大型品牌零售连锁店(如沃尔沃斯、乐购和沃尔玛)的活动。而此类商店的零售额仅占印度每年近 5 000 亿美元零售额的一小部分。

绝大多数的印度零售活动都发生在狭小的货摊上,每个摊位的占地面积约 50 平方英尺。有许多人呼吁进行监管改革,而且一些观察人士认为,未来几年内,组织零售将以 30%～35% 的速度增长。然而,就目前而言,执政的国大党中则有人担心组织零售将对数以百万计的小型"家庭式"商店造成冲击。

尽管进展缓慢,但零售的现代化是大势所趋。在印度 2012 年修法之前,沃尔玛和其他销售多个品牌的全球零售商都被禁止直接参与印度市场。2006 年,印度最大的经营移动网络的本地业务集团巴帝集团(Bharti Enterprises)宣布与沃尔玛建立合资企业。但是,由于当时的监管限制,该合资企业由批发商店组成。当贝纳通、耐克、必胜客、锐步和赛百味等单一品牌零售商首次踏入印度时,它们也必须使用特许经营的市场进入战略。

最近监管政策的变化使得这些公司更容易取得印度业务的多数股权。然而,这有附加条件:政府要求外国零售商在印度的投资额必须达到 1 亿美元,而且其中至少一半资金需用于所谓的"后端"运营和基础设施,包括冷藏设施和交通基础设施等。此外,印度 28 个邦都分别保留着批准或禁止外资商店的权力。

西方零售商通常需要与当地供应商合作,以帮助它们提高质量。例如,巴帝-沃尔玛合资企业为小型零售商开设了现购自运批发模式的超级购物中心,但由于当地生产商使用的是过时的技术,该合资企业不得不应对印度糟糕的基础设施和效率低下的供应链。农产品一般通过敞篷卡车、马车和拖拉机运送到大城市的批发市场。在那里,经农产品市场委员会(APMC)许可的贸易商和代理商将农产品转手卖给没有温控设备的小市场或仓库。

当农产品到达消费者手中时，已经经历了多达 7 个中间商，其中不少产品都已腐败变质。事实上，据印度政府估计，该国每年 1/3 的农产品（价值 100 亿美元）都因此被浪费了。

在印度，沃尔玛必须做的不仅仅是建立批发店和零售店。它还努力通过其高效的举措来改善印度的农业，提高生产力，并加快农产品和其他商品的流动。沃尔玛及其合作伙伴之一拜耳作物科学（Bayer Cropscience）开始与农民合作，提高产量和质量。另外，沃尔玛也开始绕过传统的中间商，与农民签署协议，并将自己的冷藏卡车开到农场。农民们喜欢与沃尔玛合作的一个原因是：这个全球巨头总是能及时支付货款。

与此同时，随着大量全球零售商的涌入，印度本地经营者也开始为未来进行投资。例如，印度最大的零售商 Pantaloon Retail 公司经营 Central 和 Big Bazaar 两家连锁百货店，以及 Food Bazaar 连锁超市。具有讽刺意味的是，Pantaloon Retail 首席执行官基肖尔·比亚尼（Kishore Biyani）却利用狭小的店面成功地为印度中低阶层购物者提供了熟悉的零售体验，而西方购物者往往会觉得这样的环境混乱不堪。大型企业集团，如从事石油精炼业务的信实工业公司，以及贝拉集团（Birla Group），也已经进入零售领域。与此同时，包装商品巨头联合利华旗下的印度公司——印度斯坦利华，也推出了一项咨询服务，以帮助"家庭式"零售经营者取得更大的竞争力。

沃尔玛首席执行官迈克·杜克似乎毫不畏惧公司所面临的挑战。他说："由于供应链效率低下，印度人民正错失良机。但是我很有耐心，并且我相信随着时间的推移，这终将得到解决。"同时，杜克在其他主要新兴市场也取得了不错的进展。例如在非洲，沃尔玛斥资 24 亿美元收购了 Massmart 的股份。Massmart 是一家连锁店，在南非和其他 13 个非洲国家拥有 288 家门店。虽然南非只有 5 000 万人口，但人们消费意愿较强，交通基础设施、银行融资渠道和电信系统也很发达。成功进入南非市场将成为沃尔玛在整个非洲大陆扩张的跳板。毋庸置疑，有幸与这位全球巨头签订合同的当地供应商当然希望它们能够借此机会踏入全球供应链并扬名立万。

案例讨论题

1. 沃尔玛和其他外国零售商在印度面临的最大障碍是什么？

2. 总结印度政治、经济和文化环境中可能影响市场机遇的一些因素。

3. 图 12-4 中哪个象限可以最直接地适用于印度？为什么？

4. 展望未来，沃尔玛需要在多大程度上调整其在印度的商业模式？

资料来源：Amol Sharma, "Bad Roads, Red Tape, Burly Thugs Slow Wal-Mart's Passage to India," *The Wall Street Journal* (January 12-13, 2013), pp. A1, A10; Shelly Banjo, "Japan, Ready for Wal-Mart," *The Wall Street Journal* (September 26, 2012), p. B6; Vikas Bajaj, "Skepticism and Caution Greet India's New Policy on Retailers," *The New York Times* (September 20, 2012), p. B1; Sharma, "India Revives Plan to Let in Retailers," *The Wall Street Journal* (September 15-16, 2012), p. A8; Robb M. Stewart, "Wal-Mart Checks Out a New Continent," *The Wall Street Journal* (October 27, 2010), p. B1; Bajaj, "In India, Wal-Mart Goes to the Farm," *The New York Times* (April 13, 2010), p. B1; Eric Bellman and Cecilie Rohwedder, "Western Grocer Modernizes Passage to India's Markets," *The Wall Street Journal* (November 28, 2007), pp. B1, B2; Bellman, "Chaos Theory: In India, a Retailer Finds Key to Success Is Clutter," *The Wall Street Journal* (August 8, 2007), p. A8; Bellman, "India's Reliance Looks Abroad," *The Wall Street Journal* (March 16, 2007), pp. A1, A10; Jo Johnson and Jonathan Birchall, "'Mom and Pop' Stores Braced for Challenge," *Financial Times* (November 28, 2006), p. 16; Joe Leahy, "Indian Regulation Hampers Retail Growth," *Financial Times* (October 26, 2006), p. 21; Anita Jain, "The 'Crown Jewel' Sector That's Ripe for Modernization," *Financial Times* Special Report—India and Globalization (January 26, 2006), p. 16; Ann Zimmerman and Emily Nelson, "With Profits Elusive, Wal-Mart to Exit Germany," *The Wall Street Journal* (July 29/30, 2006), pp. A1, A6.

案例 12-2

失败！乐购在美国被三振出局

乐购是英国最大的连锁超市。该公司的经营口号是"积少成多"（Every Little Helps）；它通过各种方式来实现这一口号，包括会员卡忠诚计划以及每周超过 10 万订单数的网上杂货零售。乐购的供应链（包括与供应商和经销商之间的关系）处于行业中的领先地位。作为一个零售商，它在经济衰退期间表现稳健。该公司正在寻求银行和宽带服务等非食杂领域的增长机会。乐购 70% 的利润来自英国，在那里，它是最大的私营雇主。

尽管有这些优势，乐购在全球市场占位方面仍然落后于零售业巨头沃尔玛和家乐福。为克服这一弱点，乐购首席执行官特里·莱希爵士（Sir Terry Leahy）制定并实施了一项从 1996 年到 2010 年的扩张战略。例如，他手下的业务主管启动了与巴帝集团的谈判，意在建立相关的合资企业。同时，乐购也正在向中国和日本扩张。如今，乐购已在 14 个国家展开了业务。

美国是其扩张过程中的重要目的地。莱希斥资数亿美元在内华达州、亚利桑那州和加利福尼亚州开设小型商店。这一决定被行业观察家称为"全球零售业受到最广泛关注的事件之一"。这位前首席执行官的愿望是在美国开设 1 万家小型商店，遍布"美国的每个主要城市的每个交叉路口"。

第一批门店占地 1.5 万平方英尺，挂牌为"乐购新鲜便捷店"（Tesco Fresh & Easy）。它们提供精选的新鲜食品、包装食品和预制食品。在评论美国 1 万亿美元的零售市场时，莱希指出："这里的人对便利购物的需求已经很成熟了。很多消费者富有但很忙碌，他们的文化是多元的。你得在某个地方切入，而最重要的是如何步步为营、达到目标。"

乐购在其国内市场以三种业态开设了 2 300 多家商店：超级购物中心（销售有限的非食品物品的大型商店）、常规的紧凑型超市以及乐购快捷店（Tesco Express）。尽管美国的市场进入被限制在小型社区市场内，但乐购出乎意料地制定了一项雄心勃勃的自建分销网络的计划。管理层期望能大量卖出像沙拉、以鸡肉为主的菜肴等的预制食品。为执行此项计划，乐购将两个供应商也带到了大西洋彼岸：专业生产沙拉的自然方式食品公司（Natures Way Foods）和两姐妹食品集团（2 Sisters Food Group）——一家领先的英国禽类供应商。

乐购管理层信心满满，认为自己发现了一个机会。小店业态让乐购不太可能遭遇沃尔玛在一些社区遭受的抵制。论及美国的零售环境，乐购营销和物业总监蒂姆·梅森（Tim Mason）认为："一般所谓的购物，不是在大盒子店（即大型专卖店），即一周一次开车出城去购物的地方，就是在街道尽头的便利店。我们发现，美国便利店的市场做得不是很好，那里有更多的消费者机会和零售机会。"

然而，2010 年底，在乐购新鲜便捷店推出 6 年后，其表现明显差于预期。累计损失总计超过 6 亿美元。只有 145 家商店在运营，而此前乐购团队预计在 2009 年底之前开设 200 家门店。一些行业观察家质疑乐购是否完全了解美国的消费者。在典型的美国杂货店中，许多新鲜水果和蔬菜都随意堆叠在出售农产品的冷藏区域。与此相反，新鲜便捷店中的大多数农产品都装在袋子中。而过于强调自有品牌，也被认为是其另一个缺点。正如一位零售经理所解释的那样，"新鲜便捷店非常依赖自有品牌，而美国消费者虽喜欢品牌，但新鲜便捷店并不是一个知名品牌，因而过分专注于此反而无法获得消费者的忠诚"。

其他方面，该公司在英国以外的市场确实有骄人的纪录；乐购甚至渗透了沃尔玛和家乐福试水后发现难以进入的市场。例如，1999 年乐购进入了韩国。三星乐购（Samsung Tesco）是一家 89/11 分股的合资企业，负责经营被誉为"价值商店"的家庭特别店（Homeplus）的大卖场。家庭特别店不仅以购物闻名，还设有咖啡店和餐馆。一位分析师指出，合资企业方式让乐购受益匪浅。该分析师说："由于建立了和当地合作伙伴的关系，乐购能够根据当地的品味调整其服务，而沃尔玛和家乐福还在通过低价来苦苦赢取消费者。"2008 年，乐购收购了拥有 36 家门店的当地连锁店 E-Land。如今，乐购在韩国拥有 300 多家门店，年销售额达 60 亿美元。这使得韩国成为迄今为止乐购所进入的全球市场中最成功的一个。

乐购在日本市场同样也取得了成功，尽管规模还不大。在进入市场前，乐购派了一个团队和日本当地的消费者一起生活，陪伴后者去商店购物，并观察消费者的食物烹调习惯。乐购国际运营负责人戴维·雷德解释说："在美国，你有大汽车，你可以在 5 分钟内开几英里，你可以批量购买并存放在你的双车库里。而日本人和美国人的习惯截然不同。在日本，我们发现一些家庭主妇每天都骑自行车去购物。她们会逛 6 家或 7 家店以寻觅划算的买卖。"乐购正是凭借这些洞察收购了 C-Two，东京的一家小型便利折扣连锁店。

回到美国，2011 年底，乐购宣布将对新鲜便捷店的管理层进行重组。首席营销官西蒙·尤温斯（Simon Uwins）离开了公司，而他曾是创业团队的一员。新鲜便捷店首席执行官蒂姆·梅森（Tim Mason）将商业部门和营销部门重组为一个团队。随之而来的是重组后的第一家新鲜便捷店在洛杉矶市中心开业。乐购还推出了新鲜便捷店友情卡，这是基于该公司备受推崇的会员卡制度而创设的新会员卡。

在乐购英国总部，新任首席执行官菲利普·克拉克有意在 2013 财年结束前使美国业务扭亏为盈。作为乐购亚洲业务和欧洲业务的前任负责人，他意识到，利用乐购在中国、捷克、波兰和其他主要新兴市场的在线营销专业知识，可以为公司带来重要机遇。这位首席执行官在解释其战略时说道："我认为不能一切都按顺序来，先建立一个商店网络，然后再做互联网。我们应该这样看，'我们有一个很好的商店网络，我们必须让家庭采购我们的杂货，那么非食品领域怎么样？接下来呢？'"

案例讨论题

1. 在竞争激烈的全球零售业中，乐购成功的关键因素是什么？

2. 鉴于艰难的零售环境，你认为乐购在打造"新鲜和便捷"的概念时会被迫做出怎样的改变？

3. 乐购在进入美国市场时，选用了本章提及的哪些进入战略？你认为这些战略是否合适？

4. 2012 年底，在累计损失达 10 亿英镑（16 亿美元）后，菲利普·克拉克宣布关停乐购美国业务。你对此感到惊讶吗？

资料来源：Paul Sonne, "Five Years, $1.6 Billion Later, Tesco Decides to Quit U.S.," *The Wall Street Journal* (December 6, 2012), p. B1; Elizabeth Rigby, "Tesco Aims to Expand Online Model Overseas," *Financial Times* (September 20, 2010), p. 7; Rigby, "Fresh Horizons Uneasily Scanned," *Financial Times* (September 20, 2010), p. 7; Rigby, "Tesco's American Dream Struggles to Fulfill Potential" (September 21, 2010), p. 19; Rigby, "Clarke to Take on Challenges at Tesco," *Financial Times* (June 9, 2010), p. 17; Christian Oliver, "Every Little Helps in the Local Culture," *Financial Times Special Report: Investing in South Korea* (May 21, 2009), p. 4; Cecilie Rohwedder, "Tesco Tries to Hit a U.S. Curveball," *The Wall Street Journal* (March 2, 2009), p. B1; Rohwedder, "Stores of Knowledge: No. 1 Retailer in Britain Uses 'Clubcard' to Thwart Walmart," *The Wall Street Journal* (June 6, 2006), pp. A1, A16; Jonathan Birchall, "Tesco Will Launch in LA and Phoenix," *Financial Times* (May 18, 2006), p. 17; Rigby, "Tesco Seeks to Gain Weight Abroad," *Financial Times* (May 2, 2006), p. 17; Song Jung-a, "One-Stop Model Gives Tesco Edge in Korea," *Financial Times* (March 22, 2006), p. 17; Sophy Buckley and Birchall, "Tesco Plans to Build Brand in US," *Financial Times* (February 10, 2006), p. 19; Rohwedder, "Tesco Jumps the Pond," *The Wall Street Journal* (February 10, 2006), p. B2; Susanna Voyle, "Tesco's Tough Act: With Record Profits, Britain's Biggest Retailer Prepares for Further Challenges at Home and Abroad," *Financial Times* (April 20, 2004), p. 13; Alastair Ray, "Own-Brand Broadcaster Tunes In," *Financial Times* (March 16, 2004), p. 10; Bayan Rahman, "Tesco's Japanese Shopping without the Hype," *Financial Times* (January 16, 2004), p. 20.

第 13 章
全球营销沟通决策 I：广告与公共关系

学习目标

1. 了解全球广告及全球广告支出排名靠前的公司。
2. 解释广告行业的结构，并描述广告集团和单个公司品牌之间的差异。
3. 认识广告公司的主要人员并描述他们在全球广告活动中所起的作用。
4. 解释世界各地的媒体可利用性有何差异。
5. 对宣传和公关进行比较，并认识最近受负面宣传影响的全球公司。

案例 13-1

海湾石油泄漏事故：BP 公司的公关梦魇

要弄清楚是什么让 BP 公司高管们夜不能寐并不难。2010 年 4 月，位于墨西哥湾的深水地平线（Deepwater Horizon）石油钻井平台发生灾难性爆炸，造成 11 名工人死亡，数百万加仑石油泄漏到路易斯安那海岸附近的海域。人们为阻止石油泄漏做出了许多努力，但都以失败告终。每天从事故井中泄漏的石油达 3 万桶，深水地平线事件成了美国历史上最严重的漏油事故，超过了 1989 年在阿拉斯加发生的埃克森·瓦尔迪兹（Exxon Valdez）事故。正如一家报纸在 2010 年年中所指出的那样，"BP 已经成了美国的头号公敌"。

BP 的前身是英国石油公司（British Petroleum），它是美国领先的天然气和石油生产商。其 40% 的股东在美国。具有讽刺意味的是，2000 年，BP 刚开始实施一项以生态为主题的名为"超越石油"的企业形象宣传活动。而这一灾难性事件却造成了沿岸牡蛎养殖场和渔场被石油污染，威胁到了成千上万渔民的生计。一些图片被媒体广泛传播，图片上的鹈鹕身上沾满了棕褐色的油污。亚拉巴马州、佛罗里达州、路易斯安那州和密西西比州的旅馆所有者面临着游客数量减少的可能，因为海浪将焦油球冲上了海滩。

当工程师们夜以继日堵塞泄漏口时，BP 试图向公众保证，会想尽一切办法并做出一切努力来处理此次事故。公司用整版的平面广告表示："我们会做好的。我们能够做到。"尽管如此，BP 首席执行官托尼·海沃德（Tony Hayward）在早期曾评论说此次泄漏造成的环境影响应该会"非常非常有限"，引来了批评人士的猛烈抨击。还有人发现公司网站上有关此次泄漏事件的照片是经过数字修改的，这也使 BP 陷入了窘境。

这一危机持续到了夏季，大西洋两岸的论战也持续升级。美国总统奥巴马声称，他将找出到底是谁"欠揍"。在一次椭圆形办公室的电视讲话中，奥巴马总统表示，BP 应该对此次事件负责。BP 董事会取消了公司分红，并承诺向受此次泄漏事故影响的人们提供200 亿美元的援助。BP 是如何应对深水地平线泄漏事件的？更多信息，请参阅本章末尾的案例 13-1（续）。

广告、公关和其他形式的沟通是重要的营销手段。营销沟通（即营销组合中的促销要素）是指用于通知、提醒、解释、劝说以及影响顾客和其他人态度与购买行为的各种沟通活动。营销沟通的首要目的是告诉顾客某个公司、国家、产品或服务能提供的利益和价值。促销组合的基本因素是广告、公共关系、人员销售和营业推广。

全球营销者可以单独或以各种组合的方式使用所有这些手段。在深水地平线石油泄漏事件发生后，BP 的经历凸显了公关的重要性。世界舞台上，处于众目睽睽之下的任何实体（无论是国家抑或商业企业）都必须明白公关工作至关重要。本章将从全球营销者的视角审视广告和公共关系。第 14 章将涉及营业推广、人员销售、事件营销和赞助。阅读这几章时，切记此处所述的所有沟通工具都应用来强化某个一致的信息。

13.1　全球广告

营销沟通方案和策略的实施环境因国家而异。全球公司及其广告公司钟情于**整合营销沟通**（integrated marketing communications，IMC）概念，原因是跨国的有效沟通非常艰难。整合营销沟通的拥护者坦率地承认，对公司沟通策略中的各种因素必须进行周密的统筹协调。[1] 例如，耐克就偏好整合营销沟通概念。耐克负责全球品牌和类别管理的副总裁特雷弗·爱德华兹（Trevor Edwards）说：

> 我们用灵活的方式介绍自己，借此创造对我们品牌的需求。我们不是僵硬地盯住一种办法……我们采用整合营销的模式，涉及营销组合的所有要素（从数字营销到体育营销，从活动营销到广告再到娱乐活动），这些都是催生新想法可用到的。[2]

广告是整合营销沟通计划的因素之一。**广告**（advertising）可被界定为任何得到赞助的、有偿的、通过非个人渠道传播的信息。有些广告信息设定的沟通对象是单一国家或地区市场的人群。地区性或泛地区性广告设定的受众则跨越若干国家的市场，例如欧洲或拉丁美洲。**全球广告**（global advertising）可被视为特意运用具有全球适应性的艺术方式、文案、照片、广告语和其他因素传播的信息。采用全球性主题广告语的公司有麦当劳（"我就喜欢"），IBM（"四海一家的解决之道"），戴比尔斯公司（"钻石恒久远，一颗永流传"），BP（"源于石油，超越石油"），沃达丰（"你的声音好清晰"）。我们在第 10 章中提及，有些全球公司同时向不同地区的顾客提供当地的、国际的和全球的产品与品牌。广告也是如此。全球公司在运用地区或全球规模的广告手段以外，还可运用单一国家的广告手段。

全球公司在营销沟通方面的作为能使它们具备一种关键的营销优势：有机会把国内广告成功地转化为全球广告，或者也可以从无到有，发动一场新的全球广告活动。寻求开展全球广告活动的公司应该将本公司和广告公司的关键人员聚在一起，共享信息、洞识和经验。麦当劳的广告语"我就喜欢"就是一个例证；其全球营销总监拉里·莱特召开了一次由麦当劳所有广告代理商代表参加的会议，之后就产生了这个广告语。具有统一主题的全球广告有助于构建消费者对产品和品牌的长期认识，减少制作广告的相关费用，从而节省大量的开支。在像欧洲这样的地区性市场上，公司之间正在通过并购以及评估生产计划和定价政策来形成一个统一的区域，因而使标准化的全球品牌大批涌入。从营销的角度看，这些公司进行了大量的活动，使其品牌得以在短期内成为真正的泛欧品牌。这一现象将加快全球广告的发展。

随着公司意识到并接受"产品文化"之类的新概念，它们就有可能创作更多有效的全球广告。啤酒文化的全球化便是例证：德国风格的啤酒屋在日本受到欢迎，爱尔兰式酒吧在美国也是如此。同样，咖啡文化的全球化也为星巴克这类公司提供了市场机会。营销经理们还认识到，对有些子市场的界定可以用全球人口统计的标准（如青少年文化或新生中产阶层），而不是以种族或民族文化为基础。例如，运动鞋和其他服装类产品的目标市场可以是 18～25 岁的男性这一全球子市场。MTV 电视网前任全球董事长威廉·罗迪（William Roedy）清楚地看到了这类产品文化对广告的含义。MTV 只是诸多媒介载体中的一个，它能使几乎全球各地的人们看到世界上其他地方的人是怎样生活的，并了解最新的电子产品和时尚潮流。罗迪说："相比他们的父母而言，巴黎的 18 岁少年与纽约的 18 岁少年有更多的共同之处。他们买同样的产品，看同样的电影，听同样的音乐，喝同样的可乐。全球广告正是在这个前提下发挥作用的。"[3]

根据各个行业团体编制的数据，2012 年全球广告总支出迈过了 5 000 亿美元大关。广告经常被用于增加产品或品牌的心理价值，因此在消费品营销中的沟通作用比在工业品营销中更为重要。购买频率高的低成本产品往往需要大量的广告支持，且通常是提示性广告。所以在按广告支出排名的全球公司中，经营消费品的公司名列前茅。就宝洁、联合利华、欧莱雅和雀巢这类公司而言，它们的"全球性"可归因于其在外国市场上的大比重广告支出。

表 13－1 是《广告时代》（*Advertising Age*）杂志按广告支出对全球营销商所做的排名。[4]美国是世界上最大的广告市场；2012 年在主要媒体上的花费达 1 600 亿美元，占全球的 1/3。这一数字展现了经济复苏的迹象；在 2009 年经济衰退加剧时，美国广告支出下降了约 12%。新兴市场的广告支出稳步增长：2012 年巴西的广告支出总额达 186 亿美元；俄罗斯 97 亿美元；印度 61 亿美元；中国 362 亿美元。[5]仔细研究表 13－1，便可看出各公司为实现全球化做出了多大的努力。例如，快速消费品巨头宝洁和联合利华在世界各主要地区都有相当大的投入，而法国的标致雪铁龙则主要限于欧洲市场，外加亚洲和拉丁美洲的一些地区。

表 13-1　2011 年广告支出排名前 25 位的全球营销商　　　　　　单位：百万美元

公司（总部）	全球	美国	亚洲*	欧洲	拉丁美洲
1. 宝洁（美国）	11 247	3 134	3 300	3 324	578
2. 联合利华（英国、荷兰）	7 358	694	2 474	2 407	963
3. 欧莱雅（法国）	5 533	1 380	1 149	2 612	210
4. 通用汽车（美国）	3 334	1 774	240	846	220
5. 雀巢（瑞士）	2 977	828	463	1 207	244
6. 可口可乐（美国）	2 906	390	979	984	285
7. 丰田汽车（日本）	2 828	1 088	973	598	44
8. 大众汽车（德国）	2 823	511	313	1 688	233
9. 麦当劳（美国）	2 647	963	567	862	102
10. 利洁时（英国）	2 616	434	462	1 181	298
11. 卡夫食品（美国）	2 490	791	324	1 016	176
12. 菲亚特（包括克莱斯勒；意大利、美国）	2 347	1 286	21	723	222
13. 玛氏食品（美国）	2 251	568	447	993	20
14. 强生（美国）	2 167	1 041	306	579	108
15. 福特汽车（美国）	2 127	1 060	69	661	178
16. 康卡斯特（美国）	1 822	1 585	30	175	0
17. 百事（美国）	1 803	652	285	201	116
18. 索尼（日本）	1 777	800	324	573	5
19. 辉瑞制药（美国）	1 751	1 343	182	142	39
20. 日产汽车（日本）	1 750	630	437	506	93
21. 标致雪铁龙（法国）	1 623	1	11	1 430	159
22. 时代华纳（美国）	1 607	1 280	21	264	4
23. 葛兰素史克（英国）	1 592	551	318	501	128
24. 本田汽车（日本）	1 587	707	649	149	39
25. 迪士尼（美国）	1 501	991	149	302	19

* 包括澳大利亚和新西兰。

资料来源：Adapted from "100 Largest Global Marketers," *Advertising Age* (December 10，2012)，p. 18.

　　全球广告活动为公司提供了广告方面的规模经济效益，同时也使公司更容易进入分销渠道。在货架位置紧俏的情况下，公司必须设法说服零售商承销自己的，而不是竞争对手的产品。有全球广告支持的全球品牌可能会充满吸引力，因为从零售商的视角看，全球品牌产品在货架上遭受冷落的可能性较小。专精于品牌标识与设计的朗涛设计顾问公司（Landor Associates）最近确定，可口可乐的品牌认知度和受尊重程度在美国位居第一，在日本位居第二，在欧洲位居第六。然而标准化并不是必须实施的，甚至在有些地方并不值得提倡。尽管雀巢公司的雀巢咖啡广告信息和产品配方因各国的文化差异而有所不同，但它仍然被作为全球品牌营销。

13.1.1　全球广告的内容："标准化"与"因地制宜"之争

　　沟通专家一般都同意这样一种观点：有效沟通和成功劝说的总体要求是固定的，不会因国家而异。沟通过程中的各个环节也是如此：营销者是信息的源头，其发布的信息需经编码，由适当的渠道传送，再由目标受众的成员解码。沟通只有在信息从源头向接收者传递时才会发生。公司与任何地点的顾客进行沟通都可能面临以下四种主要困难：

1. 信息可能无法到达目标接收者。这个问题的出现可能是由于广告主不了解到达某类受众的合适媒体。

2. 信息送达目标受众，但可能不被理解甚至被误解。这类问题的出现可能是因为对目标受众的教育水平了解不够，或者由于信息编码不当。

3. 信息传递到目标受众并被正确理解，但未能使接收者采取行动。这个问题的出现可能是因为公司缺乏有关目标受众文化方面的知识。

4. 信息传送的效果可能被噪声削弱。这里所说的噪声是诸如竞争者广告、其他销售人员以及接收终端的混乱等外部影响。这些因素可能会分散接收者的注意力，妨碍沟通的最终效果。

全球营销者面临的关键问题是：由于存在所处环境的要求，具体的广告信息和媒体策略是否应该随地区和国家的不同而有差异。赞同采取"同一个世界，同一种声音"做法的人认为：地球村时代已经到来，全世界的品味和偏好日趋一致。根据标准化的论点，各地的人们出于相同的原因需要相同的产品。这意味着，公司可以通过标准划一的全球广告来获取巨大的规模经济效益。

遵从当地化思维的广告主对地球村的论点表示怀疑。他们坚持认为：不同国家的消费者之间仍存在差异，所以要想触及他们，必须使用为不同国家量身定制的广告。当地化思维的支持者们还指出：大部分愚蠢的错误都是由于广告主没能理解（并适应）外国文化。广告行业资深人士尼克·布莱恩（Nick Brien）是埃培智集团（Interpublic Group）旗下的麦肯世界集团（McCann Worldgroup）全球广告公司的首席执行官。20 世纪 90 年代后期，他观察到，有关当地化和全球化的争论不一定非要被看作一个非此即彼的主张：

> 鉴于传统媒体的效力与日俱下，当地品牌的建立日益昂贵，而国际品牌的建立更有效益。广告主和广告公司面临的挑战是要找到在不同国家和文化里都有效的广告。与这种全球化趋势并行的是日益发展的当地化趋势。对这二者需求的了解正变得日益重要。[6]

宜家对外沟通经理尼尔斯·拉森（Nils Larsson）同意布莱恩的观点，但他更倾向于当地化：

> 如果我们能够找到一条基于全球的信息，它可能是有效的，但如今只有不同国家的不同需要。我们在瑞典已有 60 年的历史，在中国只有几年，所以我们的感觉是，零售是当地性的。重要的是要会运用当地人的幽默和他们所关心的事情。[7]

试考虑一下李奥贝纳广告公司首席创作官迈克尔·康拉德（Michael Conrad）所说的：

> 我想不出几个有效的纯粹的全球广告。品牌在世界各地常常处于不同的发展阶段，这就意味着有不同的广告工作要做。[8]

20 世纪 50 年代，广告业内普遍流行的观点是：有效的国际广告需要由一个指定的当地广告公司来负责准备。60 年代早期，这个委托当地广告公司的观点不断受到质疑。例如，某瑞典广告公司的负责人埃里克·埃林德（Eric Elinder）曾写道："为什么要让三个不同国家的三位艺术家坐下来画同一个电熨斗，或让三个广告撰稿人来为同一个电熨斗撰写几乎相同的文案呢？"[9] 埃林德认为，不同国家的消费者之间的差别正在缩小；如果把一流的专家集合起来设计一场强有力的国际广告活动，他就能更有效地为客户利益服务。在实施广告活动时，只需略做修改，即主要将文案译成恰当的特定国家的语言。

80 年代初，时任雀巢首席执行官的皮埃尔·里欧泰德沃格特（Pierre Liotard-Vogt）在接受《广告时代》采访时表达过类似的观点：

> 《广告时代》：在您业务所及的不同国家里，人们对食品的口味和偏好有差异吗？
>
> 里欧泰德沃格特：我们速溶咖啡销量最多的两个国家是英国和日本。但在第二次世界大战之前，这两个国家的人都不喝咖啡。我曾听人说向英国人销售速溶咖啡是徒劳的，因为英国人只喝茶；在日本推销更是白费工夫，因为日本人只喝绿茶，对其他的饮料都不感兴趣。
>
> 我小的时候住在英国。那时，如果你对一个英国人说吃意大利面条或比萨饼这类东西，他会看着你，认为你说的也许是意大利人吃的东西。如今在伦敦每条大街的拐角处，你都能看到比萨饼店和意粉屋。
>
> 所以我不相信有关"国家口味"的成见，那是"习惯"，不同的习惯。如果你给公众带来了一种截然不同的甚至起初没人知道的食品，当人们习惯它后，同样会喜欢它。
>
> 在一定程度上，我们知道北方人爱喝味淡、带一点酸、烘焙得不很干的咖啡；南方人则爱喝很浓的咖啡。所以口味的差别确实存在，但是认为口味一成不变也是不对的。[10]

如前面章节所述，莱维特教授曾在 1983 年的《哈佛商业评论》中发表名为《市场的全球化》的文章。随后，关于"标准化-当地化"的争论日趋激烈。近来，全球公司热衷于一种被称为模板广告（pattern advertising）的技巧，这与第 10 章所述全球产品平台的概念相近。模板策略介于全盘标准化和完全因地制宜两者之间，是中间策略，它要求创建一种基本的泛地区或全球性的沟通概念，其中的文案、美工或其他要素可以根据每个国家市场的需要进行修改。例如，波音公司在欧洲的平面广告活动中有一些基本的设计元素，但文案和视觉元素按国别实行当地化。

这方面的研究多集中于广告内容是否适应当地文化等问题。例如，阿里·坎梭（Ali Kanso）对两组不同的广告经理进行了调查，他们对广告分别采用了当地化和标准化的做法。结果发现：已适应文化问题的广告经理往往偏向于当地化广告，而对文化问题不很敏感的经理则倾向于标准化广告。[11] MTV 欧洲公司的广告销售总监布鲁斯·斯坦伯格（Bruce Steinberg）发现，负责在当地执行全球广告策略的经理对全球广告战役可能表现出强烈的抵触。斯坦伯格说，为使一部泛欧 MTV 广告片得到认可，他有时需要拜访同一公司的 20 位营销总监。[12]

坎梭说得对，广告标准化和当地化的争论由来已久，可能还要持续多年。坎梭的结论是：国际广告如要成功，就要在全球范围内重视当地化，充分了解当地国情。归根结底，有关究竟是采用全球广告还是当地广告的决策取决于经理们对利弊的权衡。全球广告会带来降低成本、增强控制、充分利用潜在有效的全球诉求点（appeal）等实际的好处；不过，当地广告也可以专注于产品或品牌等相对每一个国家或文化而言最为重要的方面。

从实际出发，对于全球广告和当地广告，营销经理可以采取"兼收并蓄"而非"非此即彼"的态度。例如，先锋良种国际公司的营销与广告经理经常并用全球广告和当地广告。其管理层的信念是，有些广告内容适于直译，而有些则需要运用创造性的手法，使其最适合特定国家或地区的农民、市场和风格。

何时使用哪一种广告，答案取决于所涉及的产品和公司在特定市场的目标。以下概述可以用作指导原则：

● 标准化平面广告可以用于工业产品或高技术性消费品。例如，苹果的 iPhone 和 iPad。

● 带有强烈视觉诉求的标准化平面广告往往传播效果好。例如，芝华士（"这就是芝华士生活"）。同样，宜家家具的装配说明书中也没有文字。基于图片的说明可以在全世界范围内通用而无须翻译。

● 使用旁白而不是演员或名人对白的电视广告可以使用标准化的视频画面配以翻译解说。例如吉列的"男人的选择"、通用电气的"梦想启动未来"和 UPS 的"我们♥物流"。

13.2 广告公司：组织和品牌

广告业是一个快节奏的行业，广告代理的世界是流动与动态的。新的公司诞生，原有的公司解体，还有跨国投资、资产剥离、合资和并购，而现实就是这样。这个行业也有很大的流动性，高管人员和高级人才从一家公司转向另一家公司。表 13 - 2 列出了按 2012 年全球总收入排序的全球前 20 家广告集团（advertising organizations）。理解此表的关键在于"集团"一词；表 13 - 2 列出的多数广告集团都是伞状公司或控股公司，包括一家或几家"核心"广告公司，以及专事直接营销、营销服务、公共关系或调研等业务的部门。仔细审视该表可以发现，IBM 已涉足广告行业。毫不意外，IBM 互动（IBM Interactive）（排在第 13 位）是数字方面的专家。

2013 年，宏盟集团和阳狮集团的合并公告震惊了广告界。如图 13 - 1 所示，阳狮宏盟集团的全球收入将超过 220 亿美元。该新公司一举超越了 WPP 集团，成为全球最大的广告控股公司。而这两家公司也拥有了多个全球代理网络，成为了名副其实的全球公司中的"巨擘"。例如，宏盟集团是恒美广告、天联广告（BBDO Worldwide）和腾迈广告（TBWA Worldwide）的母公司；其客户包括强生、日产和大众等。而阳狮集团的网络主要由阳狮广告（Publicis Worldwide）、李奥贝纳广告、DigitasLBi 公司和萨奇广告（Saatchi & Saatchi）组成，其客户包括欧莱雅、联合利华和雀巢等。

表 13 - 3 列示的是 2012 年单个广告公司（广告公司品牌）按全球收益的排名。在这些公司品牌中，大部分是全面服务型公司（full-service agencies）：它们除制作广告，还提供其他服务，如市场调研、媒体购买和直接营销。表 13 - 3 列出的公司均属较大的控股公司所有。

表 13-2　全球前 20 家广告公司

集团名称及总部所在地	2012 年全球收益（百万美元）
1. WPP 集团（伦敦）	16 459
2. 宏盟集团（纽约）	14 219
3. 阳狮集团（巴黎）	8 494
4. 埃培智集团（Interpublic Group of Cos.，纽约）	6 956
5. 电通公司（Dentsu，东京）	6 390
6. 汉威士公司（Havas，法国叙雷纳）	2 287
7. 博报堂 DY 控股（Hakuhodo DY Holding，东京）	2 184
8. 艾司隆（Epsilon，得克萨斯州欧文）	1 223
9. MDC 伙伴（纽约）	1 071
10. 益百利市场营销服务（Experian Marketing Services，纽约）	947
11. 安客诚（Acxiom，阿肯色州小石城）	823
12. 沙宾特公司的麒灵广告（SapientNitro，波士顿）	772
13. IBM 公司的 IBM 互动（芝加哥）	717
14. DJE 控股（芝加哥）	690
15. 第一企划集团（Cheil Worldwide，首尔）	597
16. 旭通广告公司（Asatsu-DK，东京）	580
17. Aimia 公司（蒙特利尔）	486
18. 媒体资讯公司（Media Consula，柏林）	481
19. ABC 集团（圣保罗）	402
20. Inventive 健康传媒（纽约）	388

资料来源：Adapted from "Agency Companies," *Advertising Age* (April 29, 2013), p. 34.

表 13-3　十大广告代理网络

公司	预计 2012 年全球总收入（百万美元）
1. 电通公司（电通）	3 577
2. 扬罗必凯广告（Young & Rubicam Group，WPP）	3 400
3. 麦肯环球公司（埃培智）	2 965
4. 恒美广告（宏盟）	2 655
5. 奥美广告（Ogilvy & Mather，WPP）	2 413
6. 天联广告（宏盟）	2 403
7. 腾迈广告（宏盟）	1 797
8. 阳狮广告（阳狮）	1 524
9. 博报堂（博报堂 DY 控股）	1 357
10. 汉威士（阳狮）	1 327

资料来源：Adapted from "World's Largest Agency Networks," *Advertising Age* (April 29, 2013), p. 35.

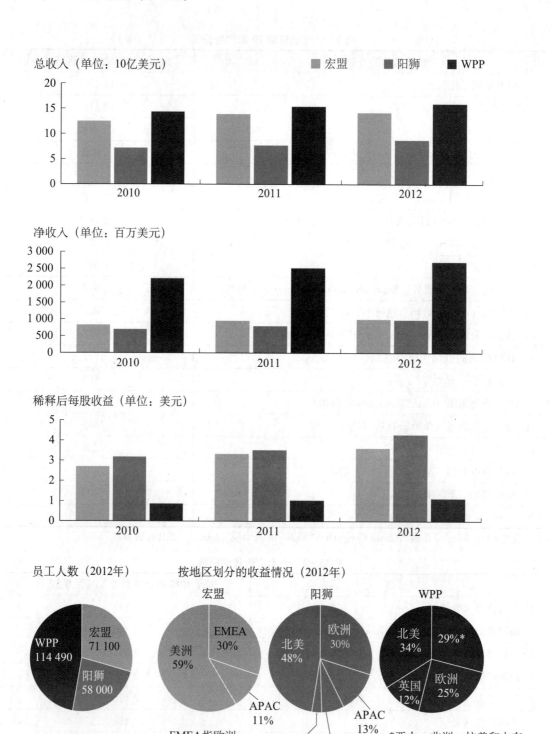

图 13-1 宏盟集团、阳狮集团和 WPP 集团的比较

资料来源：Thomson Reuters Eikon；company reports.

13.2.1　选择广告公司

公司可以自己制作广告，也可请外面的广告公司制作，或两者并举。例如香奈儿、贝纳通、H&M 和迪塞依靠自己内部的营销和广告人员制作广告；可口可乐有自己的广告公司——艾吉创作公司（Edge Creative），但是也用如李奥贝纳等外部公司。如果雇用一家或几家外部广告公司，这些公司便可按照多国甚至全球的需要来为产品项目提供服务。可以在每个国家市场选择一家当地广告公司，也可选择一家在国内外都有分支机构的广告公司。李维斯和宝丽来同可口可乐一样，都使用当地的广告公司。

但是，为实现营销和广告职能的整合，如今西方客户为产品指定全球广告公司的趋势正在加强，而日本的公司却不太倾向于这样做。如 1995 年，高露洁公司将 5 亿美元的全球广告业务一并交由扬罗必凯公司处理。同年，IBM 发起"四海一家的解决之道"的全球广告活动，把广告项目集中交予奥美广告公司。无独有偶，拜耳公司也将 3 亿美元的消费品广告经费中的大部分用以委托天联公司代理其广告，而以前拜耳公司依靠的是位于世界各地的50 家广告公司。广告公司已经知晓了这一发展趋势，因而也都在进行国际性兼并，建立合资企业，以求扩大其服务的地理范围和提高其在全球广告项目上为客户服务的能力。为了保持竞争力，欧洲、亚洲和美国的许多独立小型公司组成了全球广告公司网络（Trans world Advertising Agency Network，TAAN），这个组织能使成员公司共享它们本来无法接触到的全球资源。

在选择广告公司时，应考虑以下一些问题：

● 公司组织结构：实行分权的公司通常会让当地子公司管理者自主做出广告决策。

● 对东道国市场的反应能力：全球广告公司是否熟悉特定国家的当地文化和购买习惯？如果不熟悉，是否应该选用一家当地广告公司？

● 地区覆盖面：候选广告公司能否覆盖所有的相关市场？

● 购买者的认知：公司想要达到一个什么样的品牌认知度？如果产品需要很强的当地认同，最好选用一家当地广告公司。

文化背景

吸烟者不满对烟草广告的限制

世界卫生组织声称，每年因消费烟草制品而直接死亡的人数达 500 万。共有 172 个国家签署了《烟草控制框架公约》（Framework Convention on Tobacco Control，WHO FCTC）。该公约于 2005 年 2 月生效，旨在减少全球烟草产量及烟草制品的消费。

而在 WHO FCTC 生效之前，各国政策制定者早已纷纷采取措施，压制烟草公司推广其产品和品牌的力度。中国也于 1994 年起禁止在电视和广播中播放烟草广告。这项禁令还延伸到报纸、杂志和电影院的广告中。中国有 14 亿人口，世界上每 3 个吸烟者中就有1 个是中国人。当西方烟草市场逐渐萎缩时，中国却成为卷烟制造商眼中拥有巨大潜力的市场。该禁令是中国第一部广告法的一部分。世界卫生组织曾要求中国领导人发起禁烟运动，严格控制卷烟走私，并加重国内卷烟生产者的税负。中国也认可了 WHO FCTC。

欧盟每年大约花费 1 600 万欧元（2 100 万美元）用于反吸烟运动。1991 年中，为了实现《马斯特里赫特条约》规定的单一市场原则，欧盟提出了禁止烟草广告的方案。其步骤是自 2001 年 7 月起禁止在广告牌上展示烟草广告，2002 年之前停止在报刊和杂志上刊登此类广告，2003 年之前禁止在体育赛事中出现烟草赞助的广告（到 2006 年之前，如一级方程式等世界级赛事除外）。不出所料，该提案遭到了烟草公司和广告协会的反对。而欧盟则解释说，之所以提出这一禁令，是因为各国已经或正在考虑限制烟草广告，而且有必要为跨国贸易建立共同的规则。

然而，在该禁令付诸实施之前，德国政府将此事提交到了欧洲法院。德国人认为这个禁令是非法的，因为烟草广告属于健康问题，所以需经所有成员国一致同意方可通过。欧盟总法律顾问与德国政府的意见一致。2000 年 10 月 5 日，法院裁定废除禁止烟草广告的指令。2002 年 12 月，另通过了一项修改后的关于跨境烟草广告的指令。

然而，德国政府又向欧洲法院提出针对该新指令的质疑，理由是它会限制当地香烟品牌在单一国家的平面广告。德国认为大多数媒体都是当地媒体或仅在本国市场运营，但这一论点被欧洲法院驳回。即便德国也开始遵守该禁令，某零售商协会仍宣称，在禁令实施后，德国各地将裁减大约 4 万个工作岗位。

对于雷诺国际公司（RJ Raynolds International）、菲利普•莫里斯国际公司、英美烟草公司以及其他烟草营销商来说，泛欧烟草广告禁令的威胁正在减弱，这是一个大好消息。烟草业每年在欧盟投入 6 亿~10 亿美元的广告费。欧盟的禁令会使这些烟草营销商在与那些根深蒂固的国家烟草专营商（即法国、意大利和西班牙的专营商）竞争时遭受最大的伤害。

中欧国家正在努力达到加入欧盟的条件，因此这些国家的烟草公司面临更加严格的营销管制。2000 年 5 月 1 日，立陶宛当局开始执行它在 3 年前宣布的烟草广告禁令，一些报纸用空白版面表示抗议。萨奇广告立陶宛公司的媒体总监于尔加•卡曼诺维恩（Jurga Karmanoviene）认为，实施该禁令是政府在发出信号，表示它正在争取达到欧盟标准。类似情况也正出现在波兰、匈牙利、保加利亚和罗马尼亚等国。

资料来源：Enda Curran, "Australia Plans to Get Tougher on Tobacco," *The Wall Street Journal* (April 8, 2011), p. B2; Cailainn Barr, "Cigarette Factories Suck in 1.5 Million of Funds," *Financial Times* (December 2, 2010), p. 8; Rita Rubin, "Smoking Warnings More Graphic Elsewhere," *USA Today* (December 9, 2010), p. 13A; Farai Mutsaka, "Zimbabwe Enemies United on Tobacco," *The Wall Street Journal* (November 13 – 14, 2010), p. A8; Hugh Williamson, "Germany to Stub Out Most Tobacco Adverts," *Financial Times* (June 13, 2006); Geoffrey A. Fowler, "Treaty May Stub Out Cigarette Ads in China," *The Wall Street Journal* (December 2, 2003), pp. B1, B6; Joyce-Ann Gatsoulis, "EU Aspirants Shake Up Tobacco Marketing Scene," *Advertising Age International* (July 2000), p. 15; Tony Koenderman and Paul Meller, "EU Topples Tobacco Ad Rules," *Advertising Age* (October 9, 2000), pp. 4, 97; Juliana Koranteng, "EU Ad Ban on Tobacco Under Fire as Illegal," *Advertising Age* (July 10, 2000), pp. 4, 49; "Australia's Ad Ban Is Fought," *The New York Times* (June 7, 1994), p. 19; Marcus Brauchli, "China Passes Law in Move to Prohibit Ads for Tobacco," *The Wall Street Journal* (October 31, 1994), p. B10; Lili Cui, "Mass Media Boycott Tobacco Ads," *Beijing Review* (June 6, 1994), p. 8; "Tobacco Adverts: Fuming," *The Economist* (February 5, 1994), pp. 60 – 61.

使用全球广告公司来支持全球营销的趋势已无可置疑，而全球中心导向的公司为适应全球市场的要求，会相应地选用一个或多个最佳的广告公司。西方广告公司仍然觉得像中国和日本这类的市场非常复杂。同样，亚洲的广告公司也认为在西方市场开展当地广告代理业务很困难。

　　本章稍后将会指出，广告从业人员面临的压力日渐增大，他们的创作能力要求达到新的高度。某些广告批评家抱怨说，广告公司有时致力于创作能够获奖和赢得赞誉与威望的广告，而不是满足顾客需要的广告。为了解决推广效果的难题，一些客户公司竭力寻找新的创意源泉。例如，麦当劳历来是靠美国广告公司确立基本创意方向的。然而，其全球营销总监拉里·赖特曾开展一次由世界各地广告公司参加的竞赛。一家德国公司提出了"我就喜欢"的广告语。[13]李奥贝纳中国公司的创意包括为麦当劳的全球广告设计的一个手势。赖特说："中国让我们豁然开朗。我们没想到还有这样的表达方式和乐趣。我们的预期偏于保守、缺乏个性化并相对谨慎。"[14]

13.3　全球广告创作

　　前面讨论因地制宜与标准化问题时曾经提到，广告的中心是信息。具体信息及其展示的方式取决于广告主的目标。制作广告的目的究竟在于告知、娱乐、提醒还是说服？不仅如此，在以信息过载为特征的世界里，广告必须与众不同，抓住受众的眼球，并能在人们心目中留下印象。这就需要有原创性和有效的**创作策略**（creative strategy），即将具体信息或广告活动所要传达的内容凝聚为一种表述或概念。广告公司可以算作"创意工厂"；按照行话，创作策略开发中的"圣杯"就是人们所说的**大创意**（big idea）。传奇广告人约翰·奥图尔（John O'Toole）将大创意称作"一种闪光的洞识，它能综合广告策略的目的，以新颖而又引人入胜的方式将产品的好处与消费者的愿望连接起来，使产品栩栩如生，从而能使读者或观众停下来，观看它，倾听它"。[15]兰德尔·罗滕伯格（Randall Rothenberg）在他关于北美斯巴鲁的书中，对大创意有这样的描述：

　　　　大创意演示容易，定义较难；说清大创意不是什么，比说清它是什么容易。它不是一个"定位"（虽然一件产品在消费者心中占有的位置可能算是其中的一部分）；它不是"表现技巧"（虽然某条广告的写作和绘画风格肯定起了作用）；它不是一句广告口号（虽然广告结语就是对广告口号的提炼）。

　　　　大创意是现世且实际的广告策略与有力且持久的形象之间的桥梁。大创意理论的假设是，一般消费者在作购买决策时，会因为感觉乏味而作出非理性决策。[16]

　　有些令人难忘的世界级广告之所以成功，是因为其最初的创意非常"大"，似乎为无数新的实施方式提供了机会。据说这样的广告有持久力，因为它可以在相当长的一段时间内使用。绝对伏特加的平面广告就是一个很好的例证。在 20 多年的时间里，它的广告公司用该品牌名创作了数百条两个词的双关语，并将其与独特形状的酒瓶效果图相配。其他运用大创意的公司有 MSN 的"让你的生活更加丰富多彩"（Life's better with the butterfly）和万事达卡的"万事皆可达，唯有情无价"（There are some things in life money can't buy）。2003年，麦当劳在某些国家面临逆反的消费者，这些人将公司与不得人心的美国政策联系在一起，为此麦当劳公司高管发起了一场创意征集活动，以期获得大创意，用到众多国家市场中去。

广告诉求（advertising appeal）是与目标受众的动机相关联的沟通方法。例如，基于理性诉求（rational appeal）的广告，依靠逻辑，与受众进行理性的对话。理性诉求是建立在消费者需要信息的基础上的。先锋良种国际公司的广告要向农民提供的信息是，抗虫害的种子品种可以提高产量。相反，运用**情感诉求**（emotional appeal）的广告则可能拨动目标受众的心弦，从而激发可以支配购买行为的情感反应。例如瑞典的家居用品零售商宜家在最近的全球宣传活动中，将房屋定位为家："家是爱的场所……是令人留恋的地方……是欢笑的地方。家是世界上最重要的地方。"[17]

特定广告的信息元素，部分取决于采用何种诉求方式。**销售主张**（selling proposition）是一种承诺或陈述，能够抓住顾客购买产品的理由或拥有产品的好处。鉴于产品在不同的国家市场所处的生命周期阶段经常不同，同时这些国家市场在文化、社会和经济等方面存在差异，产品的最有效的诉求或销售主张可能因市场而异。

有效的全球广告也可能要求对产品的诉求与销售主张有不同的表达方式。诉求与销售主张的表达方式称作**创意实施**（creative execution）。换言之，说什么和怎么说可能有所区别。可供广告公司人员选择的实施方式有多种，包括直接销售、科学证据、演示、比较、见证、生活片段、动画、梦幻和戏剧化。决定诉求、销售主张和适当实施方案的责任在于**创作人员**（creatives），这个名词是对艺术总监和文案撰稿人的总称。

13.3.1 艺术设计和艺术总监

广告的视觉表现（"肢体语言"）属于**艺术设计**（art direction）的职能范围。**艺术总监**（art director）是对广告的总体画面负总责的人，其负责挑选出现在广告中的图形、图片、字体风格和其他视觉元素。某些视觉表现形式是为世人所普遍理解的。例如，露华浓公司委托一家法国制片公司设计其在国际市场上播放的英语和西班牙语电视广告片。这些广告片以巴黎为拍摄背景，宣传了普遍的诉求点和露华浓产品的特别优势。由于广告是在法国制作的，露华浓以较低的价格摄制了有效的电视广告。若在美国拍摄同样长度的广告，费用会高很多。百事公司用4部基本的电视广告片宣传其广告主题。年轻人在聚会上取乐或在海滩上嬉戏等基本场景经过修改，反映了北美、南美、欧洲、非洲和亚洲等地的一般地理环境和种族特征。广告中的音乐也经过了调整，以适应各地的不同品味，如在北美洲用摇滚乐，在拉丁美洲用巴萨诺瓦音乐，在非洲用强节奏爵士音乐。

全球广告主必须确保广告延伸时，其视觉表现方式适应当地情况。20世纪90年代中期，贝纳通公司的"全色彩的贝纳通"广告引起了相当大的争议。这场广告活动覆盖数十个国家，主要形式是平面广告和路牌广告。其艺术设计侧重于醒目、刺激性的种族间对比。例如，一个黑人的手和一个白人的手被手铐铐在一起。这组广告的另一版本是一个黑人妇女给一个白人婴儿喂奶的画面，它获得了法国和意大利的广告大奖。然而，这些形象会激起美国人对黑奴制历史的回忆，所以这种创意未在美国实施。[18]

13.3.2 广告文案与文案撰稿人

作为广告的口头或书面沟通元素的文字称为**文案**（copy）。**文案撰稿人**（copywriter）是

新兴市场简报

在中国实施广告当地化

奥美广告公司在中国遇到了一个创作方面的挑战，反映了创作策略、诉求点与具体实施之间的关系。其客户——可口可乐的芬达，要求通过全国性电视广告对消费者传达，芬达可以缓解中国年轻人日常承受的压力。这是总体的创作策略，换言之，这是要传达的信息。那么用何种诉求方式较为适宜？毋庸置疑，软饮料特别适合用情感诉求；这也正是奥美公司的选择。

下一步就是选择具体的实施方案。软饮料营销商通常运用生活片段或梦幻式表现手法，并注入一种欢快或幽默的元素。奥美公司驻上海的地区业务总监杰夫·德尔金（Jeff Delkin）指出，美国广告可以利用青少年的幻想，或对刻薄老师进行报复等来实施这种创作策略。但挑战或贬损权威人士地位的做法，在中国通常是不被接受的。最后完成的广告表现了饮用芬达能够在教室里营造欢快的气氛。当一个学生打开一罐芬达，橙子如雨般落下，连老师也抓住橙子玩起杂技，令学生们更加开心。

另一个例子是雅酷数字广告公司（AKQA digital agency）最近为耐克创作的广告。耐克的"想做就做"广告通常展示的是著名运动员或体育明星，并以其励志风格著称。耐克大部分广告中的大创意都是将迈克尔·乔丹这样的体育明星作为产品展示，而非鞋子本身。而其销售主张——耐克是一个"很酷"的品牌，是全球通用的。然而，对中国人来说，他们对跑步这项运动的理解与西方人不同。雅酷数字广告的策略总监林志钧（Gavin Lum）说："跑步与其他运动不同。它不像篮球或足球，涉及篮球、足球时你可以向观众展示你的东西以及你有多酷。"而使问题更加复杂的是，亚洲许多大城市都遭受着严重的空气污染，街道上挤满了汽车和其他车辆。

耐克公司的解决方案是在社交媒体上发布一个新的视频广告"为何而跑"（Run For），将目光聚焦在跑步者身上，探讨他们为何而跑，并鼓励观众分享他们自己的跑步故事。一位中国女士在解释她的跑步动机时说："城市总那么喧嚣忙碌，给我的一天增加了压力。我想，对我而言，跑步就是关闭噪声。"正如雅酷数字广告创意总监友汉（Johan Vakidis）所说，"我们要保证的是，不一定由耐克来告诉人们为什么跑步是好的，所以此次沟通的切入点实实在在就是那些跑步者的故事"。

资料来源："Nike Faces Ultimate Marketing Challenge in China：Make Running Cool," *Advertising Age* (October 31, 2011), pp. 1, 56；Gordon Fairclough and Janet Adamy, "Sex, Skin, Fireworks, Licked Fingers—It's a Quarter Pounder Ad in China," *The Wall Street Journal* (September 21, 2006), pp. B1, B2；Geoffrey A. Fowler, "Commercial Break：The Art of Selling," *Far Eastern Economic Review* (October 30, 2003), p. 32.

语言专家，负责平面广告中的标题、副标题和正文以及广播广告的文稿，包括由代言人、演员或聘请的播音人士读出的文字。一般来说，广告的文案应该比较简洁，避免使用俚语或俗语。为了传达同样的信息，不同语言需要的字数不同，因而全球广告更多地使用照片和插图。有些全球广告使用视觉诉求手法来传达特定的信息，而尽量少用文字。许多国家的低识字率使平面广告很难成为有效的传播手段，并且要求在使用音响类媒体方面更富有创造力。

世界上许多地区（如欧盟、拉美、北美）的国家是多种语言重叠使用的，了解这一事实非常重要。利用这一点，全球广告主可以用同样的语言和信息为这些市场制作广告文案，从而获得规模效益。当然，要想使这种方法获得成功，就要避免在无意中造成广告文案中的歧义。此外，在有些情况下，广告文案必须被译成当地语言。翻译文案是广告界争议很大的课题。广告口号的翻译经常是最难的翻译问题。在不同的民族和文化背景中，对广告口号和标语的编码和解码十分困难，可能无意中导致可笑的错误。例如，百事的"百事可乐，带给你活力"（Come alive）的亚洲版广告语竟被理解成让你的祖先从坟墓中起死回生。

公司的广告主管可以选用目标国家的语言为特定外国市场准备新的广告文案，或选择将原始文案译成目标国家的语言。还有一种选择是保留原始（母国语言）文案的部分（或全部）方案元素。广告主在上述三种方案中做选择时，必须考虑目标国受众能否领会和理解经过翻译的信息。任何知晓两种或多种语言的人都明白，具备使用另一种语言思维的能力有助于准确地开展沟通。为了确保信息接收后被正确地理解，译者必须完全理解单词、词组、句子结构的含义及其译文的意思。

同样的原则也适用于广告，并可能更甚。文案撰稿人必须用目标市场的语言来思考，了解目标消费者的购买行为，然后才可能创作出最有效的诉求点，构建好的创意，驾驭某种特定的语言，特别是其口语、俗语或俏皮话。例如，在中国，麦当劳在其广告涉及产品价格的部分小心翼翼，争取少用数字"4"。原因很简单：在中文里，"4"的发音和"死"的发音相似。[19]花旗银行在试图树立其全球形象的过程中，发现它的口号"花旗从不休眠"（Citi never sleeps）的译文给人的印象是，花旗银行有失眠这样的睡眠紊乱症状。公司的高管最后决定保留原口号，但在全世界统一使用英文。[20]

13.3.3 文化因素

关于文化多样性的知识，特别是与文化特征相连的象征手法，在广告创作中必不可少。当地经理能够共享有关信息，例如在广告创作中何时该小心谨慎。对颜色和男女关系诉求的使用常会变为沟通的障碍。如在日本，展示男女之间亲密的情境属于低级趣味；在沙特阿拉伯，这甚至是非法的。资深广告人约翰·奥图尔向全球广告主提出以下真知灼见：

> 派驻外国的美国广告创作人员总爱拍摄欧洲男人亲吻女人手背的照片，但他们中很少有人知道男人的鼻子不能碰到女人的手背，且这一礼节只适用于已婚女性。那么你怎么知道照片上的女性已经结婚了呢？当然是从她左手戴的戒指得知。然而在西班牙、丹麦、荷兰和德国，信仰天主教的妇女是用右手戴结婚戒指的。
>
> 当拍摄夫妇双双进入饭店或剧院的情境时，你让女士走在男士前面，对吗？不，在德国和法国不是这样的。在日本，这样做是可笑的。在电视广告中，一般都用手背朝外手指向内摆动的手势表示"过来"之意。但在意大利，这却表示"再见"。[21]

被某些国家的人认为幽默或恼人的广告，对其他国家的人来说未必如此。美国的广告经常使用代言人并对产品进行直接比较，依靠富有逻辑的论据来争取受众的理解。日本广告则更强调形象，注重从情感上吸引受众。在日本，最重要的往往不是直统统说出的话，而是其隐含的意思。耐克的美国广告以一种桀骜不驯、"明目张胆"的风格出名，完全依靠体育明星的形象做宣传，如迈克尔·乔丹。但在世界上那些将足球视为顶级赛事的地方，人们认为耐克的广告趣味低下，其代言人的相关性也较小。针对这种情况，耐克做出了调整。其全球广告总监杰弗里·弗罗斯特（Geoffrey Frost）十多年前曾说："我们必须将自己置于其他国家的情感之中。这是我们成长过程的一部分。"[22] 有些美国公司撤下了为拉丁美洲市场准备的电视广告，因为广告中带有对有色人种的刻板印象，存在种族歧视的嫌疑。纳贝斯克（Nabisco）、固特异（Goodyear）和其他一些公司对它们购买的播出时间内的节目也保持更加小心的态度，因为有些很受欢迎的拉美节目有以阶级、种族和民族分歧为题材的内容。[23]

在使用带有性表现或挑逗性的广告形象时，有关适度的标准在各地存在很大差异。拉丁美洲和欧洲的广告中常见半裸体或同性恋。而在美国市场上，网络电视的体面性标准以及保守型消费者活动家的抵制活动都制约了广告商的活动。有些行业观察家注意到一种荒谬的现象，美国电视节目常常是不雅的，而在节目期间插播的广告却不是。麦肯公司全球首席创作官玛奇奥·莫雷拉（Marcio Moreira）指出："美国人在娱乐方面追求刺激，但到了广告问题上，他们就不再是观众，而是消费者和批评家。"[24] 然而，到美国之外就肯定不是这样了。墨西哥蒙特雷市的女性最近对莎莉集团（Sara Lee Corporation）下属倍得适（Playtex）分部的路牌广告提出了抱怨，该广告展现的是穿着该公司神奇胸罩的超级模特伊娃·赫泽戈娃（Eva Herzegova）。这次广告是当地一家名为佩雷斯·穆尼奥斯（Perez Munoz Publicidad）的广告公司创作的。倍得适对此做出的应对是，在墨西哥的部分城市，把广告牌上的模特加以遮掩。英国 French Connection 公司在美国也引起了一场风波，因为这家英国公司的平面广告凸显了公司名称的首字母缩写（FCUK）。公众哗然，这促使该公司对此广告予以淡化，改用公司的全名。

食品是最能显示文化敏感性的产品。所以，食物和加工食品的营销者必须对他们的广告是否需要当地化保持警觉。亨氏公司进军海外番茄酱市场的情况就是一个很好的例子。二十多年前，亨氏的营销经理们制定了一个策略，要求产品和广告两者都要适合目标市场。[25] 例如在希腊，广告展示番茄酱倒在面食、鸡蛋和肉块上的画面；在日本，广告教家庭主妇把番茄酱用作煎蛋饼、香肠、意大利面等西式食品的佐料。驻伦敦的亨氏公司西半球贸易分部总经理巴里·蒂利（Barry Tilley）说，亨氏通过焦点小组座谈来决定外国消费者需要什么口味和形象的产品。美国人喜欢相对甜一点的番茄酱，欧洲人则偏爱更辛辣刺激一些的番茄酱。为此，亨氏快速调整产品，在适应当地文化偏好后，其海外营销工作取得了明显的成功。在瑞典，亨氏广告隐去了美国制造的信息，以至于"瑞典人没有意识到亨氏是美国的，亨氏的品牌名让他们感觉那是德国的产品"，蒂利说道。相反，强调美国制造的主题在德国颇受欢迎。卡夫和亨氏都在各自的广告中塑造鲜明的美国产品形象，以求胜过对方。在亨氏最近的电视广告中，几个橄榄球运动员因为他们点的 12 份牛排在送来时没加番茄酱而十分生气。广告的结局当然令人高兴：所有的牛排上都倒上了足够多的亨氏番茄酱。[26]

文化对广告的影响问题已有许多相关的学术研究。岸井保（Tamotsu Kishii）总结了 7 条广告策略方面日本不同于美国的特征：

1. 在信息表达上常用含蓄的手法。避免直接表达是日本各种人际交流（包括广告）的普遍特点。许多电视广告就不提及人们对正在使用的品牌的期望，而是让观众自己作出判断。

2. 广告的内容和被宣传的产品之间往往没有什么关系。

3. 电视广告往往只有简单的对话或叙述，用于解释的内容要尽可能少。在日本文化中，一个人说的话越多，别人越会认为他不值得信任和不自信。一条30秒钟的年轻男士服饰广告展示了5个穿着各式样、各季节的服装的模特。结尾时只能听到这样一句解说词："我们的生活就是一场时装秀。"

4. 幽默被用来创造一种共鸣。不同于粗俗的滑稽剧，幽默喜剧包含家庭成员、邻里和同事等多种角色。

5. 名人以亲近的熟人或普通人形象出现。

6. 被放在首位的是公司信誉，而不是产品质量。日本人多半认为，如果公司规模较大、形象好，那么其产品质量也应该是出类拔萃的。

7. 通过15秒的电视广告，产品名称就能在观众心目中留下印象。[27]

格林、坎宁安和坎宁安（Green，Cunningham and Cunningham）三人组织了一项跨文化的研究，以确定不同国籍的消费者用同样的标准评价软饮料和牙膏的概率有多大。研究对象是来自美国、法国、印度和巴西的大学生。与法国和印度的大学生相比，美国大学生更注重对产品的主观判断，而不是产品的功能属性。而巴西大学生甚至比美国大学生还注重对产品的主观判断。研究者得出结论：如果广告主试图向这几个市场传递产品最重要的属性，那么其广告信息中的诉求点就应该各不相同。[28]

13.4 全球媒体决策

广告主面临的下一个问题是通过哪种媒体或哪家媒体与目标受众沟通。可供使用的媒体也因国家而异。有的公司几乎把能用的各种媒体全都用了一遍，可口可乐就是个好例子。其他公司更倾向于使用一两种媒体。在有些情况下，制作广告的公司也会提供关于媒体投放的建议。然而，许多广告主使用的是专业媒体策划和购买机构提供的服务。宏盟的浩腾媒体（OMD Worldwide）、阳狮的星传媒体集团（Starcom Media Vest Group）和WPP的传立媒体环球公司（MindShare Worldwide）是三大媒体专业公司。

可用的媒体可以大致归为三类：平面媒体、电子媒体和其他媒体。平面媒体的载体也有多种，如地方性日报和周报，也有面对全国、地区或国际读者的杂志和商业刊物。电子媒体包括广播电视、有线电视、广播电台和互联网。此外，广告主还可利用不同形式的户外广告、交通广告和直接邮寄广告。全球范围的媒体决策必须考虑到各国的法规，例如法国禁止零售商做电视广告。

13.4.1 全球广告支出和媒体载体

每年在美国花费的广告开支比世界上任何地方都多。如前所述，2012年在美国的广告开支共计1 600亿美元。欲知此数字的概念，不妨先看看在广告市场排名第二的日本，2012年日本的广告总支出约为520亿美元。此外，如人们所料，人均广告支出最多的是高度发达的国家。然而，现在广告支出的增长中，有相当一部分（约占1/3）来自金砖五国。在广告市场上，仅俄罗斯就占据97亿美元的份额；每年广告支出的增长率大约为13%，而美国和欧洲是3.5%~4.5%之间。俄罗斯最大的广告主包括宝洁、欧莱雅、百事、雀巢和玛氏。

在全世界范围内，电视是第一大广告媒体，2012 年广告收入约为 1 630 亿美元；在全球总支出中，电视的占比略超 40%。塞尔维亚是世界上观看电视时长最长的国家，每日观看时间为 5 小时 39 分钟。马其顿以 5 小时 19 分排名第二，美国以 5 小时 4 分排名第三。[29] 报纸是世界上第二大广告媒体，约占广告支出的 27%。然而，各国的媒体消费模式各有不同。在发达国家，许多家庭拥有不止一台电视。此外，电视在美国和日本都是第一大媒体。而德国相反，报纸居首位，电视其次。

电视在拉美市场也有重要的地位。波多黎各、墨西哥和委内瑞拉在人均每日观看时长方面均名列前 25。在巴西，电视广告的支出比报纸高出将近 3 倍。在世界各地，可作为广告渠道的媒体，以及购买媒体渠道所需的条件，存在很大差异。在墨西哥，支付整版广告费用的广告主有可能得到头版；而在印度，由于纸张紧缺，可能要提前 6 个月预订广告版面。在有些国家，特别是那些电子媒体为政府所有的国家，电视台和广播电台只能播放数量有限的广告。沙特阿拉伯在 1986 年 5 月之前不允许播放商业电视广告，目前的广告内容和视觉展现仍受限制。

与平面媒体和电视媒体相比，广播电台在世界范围内依旧是次要的。然而在广告费预算有限的国家，广播覆盖面广的特点可以使它成为同广大消费者市场沟通的高性价比载体。同时，广播在那些识字率低的国家会是有效的媒体。然而有一个正在全世界蔓延的趋势：客户关系管理和互联网广告的支出不断增加，导致电视和平面媒体广告缩减。

13.4.2　媒体决策

在世界不同地方，获得电视、报纸、其他形式的广播和平面媒体的可能性并不相同。不仅如此，各国的媒体消费模式也不相同。例如在许多发达国家，随着消费者将更多时间用于新的媒体选择（例如互联网），报纸的发行量和读者数量都在下降。在印度则相反，重新设计的报纸版面和有光纸的增刊吸引了新一代读者，使平面媒体重获新生。印度有将近 300 种国内日报，包括《印度时报》《印度斯坦时报》，每份的价格仅 5 卢比（约 10 美分）。印度的媒体环境还有其他关键因素：有线电视尚未深入，以及印度目前仅有约 400 万的互联网用户等。[30] 而在莫斯科，首选媒体是广告牌。弗里德曼曾经指出，莫斯科是为 3 万辆汽车设计的城市，但过去 10 年来，莫斯科的汽车由 30 万辆增加到 300 万辆。[31] 结果交通拥堵不堪，路途不畅；因此，富有的生意人要在路上用去数小时，也就没多少时间读报和看电视了。

即使在媒体可获性高的地方，这些媒体被用作广告载体时也可能会受到限制。例如在欧洲，丹麦、挪威和瑞典等国的电视广告极为有限。有关商业广告内容的法规也各不相同；瑞典禁止向 12 岁以下的儿童做广告。2001 年，在瑞典担任欧盟轮值主席国时，政策制定者曾试图将该禁令延伸到欧洲其他地区。虽然最终未果，但瑞典依然维持着国内的禁令。这也能说明为什么瑞典每年用于平面媒体的开销 3 倍于电视。[32]

前面曾经提到，文化方面的考虑常会影响广告内容的表达方式。一项研究将美国与阿拉伯世界的杂志广告内容进行了比较，结果发现：

- 阿拉伯的杂志广告较少表现人物。但是如果出现人物，在对女性的展现程度上并无不同。阿拉伯杂志广告中的女性穿着长袍，她们的出现一般与广告产品相关联。
- 美国广告倾向于包含更多的信息量；而在阿拉伯，简洁是美德。在阿拉伯，语境/背景对于信息的阐释作用比在美国更大。

● 美国广告有较多的价格信息，比阿拉伯广告更可能包含比较性的诉求。[33]

13.5 公共关系和新闻报道

2011 年，美国公共关系协会（Public Relations Society of America，PRSA）推出了给公共关系下定义的活动（Public Relations Defined），此举对以往公共关系的定义进行了升华。PRSA 向行业专业人士、学者和普通公众征求意见，共收到 900 多个定义。根据最终入选的定义，**公共关系**（public relations，PR）是指"在组织与公众之间建立互利关系的战略沟通过程"。[34]公关人员负责培育公司的各个组成部分和利益相关者与公众之间的相互友善、理解与包容。公关同广告一样，也是促销组合的 4 个因素之一。公关从业人员的任务之一是营造有利的**新闻报道**（publicity）。按照定义，新闻报道是有关公司或产品的信息传播，是免费的（在公关领域，新闻报道有时指"免费的媒体报道"，广告和促销则被称为"付费的媒体报道"）。

公关专业人士的关键作用还体现在应对公司在世界不同地区活动所引起的负面新闻报道、危机或争议等方面。在这种情况下，尤其是事关公司声誉时，较好的公关做法是迅速回应并将事实告知公众。公共关系的基本工具包括新闻发布稿、通讯/简报、成套介绍材料、新闻发布会、参观工厂及其他公司设施、商业杂志或专业杂志上的文章、公司刊物和宣传册、电视台或广播电台的访谈节目、特别事件（活动）、社会媒体和公司网页等。

卡特彼勒公司在中国的活动是公关威力的教科书式范例。由于中国政府投入数十亿美元用以改善基础设施，所以中国的工业机器市场生意兴旺。卡特彼勒公司希望在中国出售巨型轮式牵引铲土机，这种机械比目前普遍使用的液压挖掘机和卡车更有效率。然而商业情报队伍在同中国的上百家顾客和经销商接触后发现，他们对卡特彼勒机械的认知较少，接受程度低。调查对象对其他国家关于这种机械可节省费用的数据并不信服。为增加诱惑力，卡特彼勒公司中国代表迈克·蔡（Mike Cai）在全国进行了产品路演。他说："在中国，树立口碑是建筑行业最好的宣传方式。"奥美公关环球公司中国分公司总裁斯科特·克朗尼克（Scott Kronick）表示同意。他说："对于中国顾客来说，正在向他们进行推介的许多产品和服务都是其前所未见的，因此不能就无形的东西向他们做广告。"地方和国家媒体的记者们都应邀参观演示。有一次，中央电视台发布一条报道，播放了这种牵引铲土机的演示片段。[35]

有些公司的高级管理人员喜欢能产生新闻报道的机会。例如贝纳通公司以"全色彩的贝纳通"为基调的平面和户外广告，既引起了争议，也引起了媒体的广泛关注。维珍集团创始人、声名显赫的理查德·布兰森自己就是一部单人宣传机器。他个人作为热气球驾驶员的辉煌成就，为他和他的公司招来了大量的免费笔墨。然而他们的确也使用传统意义上的媒体广告。维珍集团的品牌开发与公司事务主管威尔·怀特霍恩（Will Whitehorn）曾说："公共关系是公司的核心。如果我们这部分工作做得不好，进而对我们品牌形象造成不良影响，比集团大多数公司都严重。"他还说："在维珍，广告是公共关系的下属组成部分，反之则不成立。"[36]

毋庸置疑，社交媒体作为许多公司的公关工具之一，重要性与日俱增。公关专业人士指出，脸书、推特以及其他 Web 2.0 平台上的消费者"与品牌间的互动"越来越多。例如，截至 2013 年年中，阿迪达斯的经典三叶草（Adidas Originals）已在脸书上获得了 2 000 万个"喜欢"，喜力也有 1 300 万个"喜欢"。联邦快递的"我是联邦快递"脸书页面上有一个专题是"来自联邦快递团队成员的故事"。这一沟通渠道可以让该公司 28.5 万名员工分享他们的工作和家庭生活故事。凯旋公关公司（Ketchum Digital）高管乔·贝克尔（Joe Becker）认为，脸书上的对话可以增强联邦快递的品牌内涵。他说："主要目的是让员工们讲述故事或创造故事，从而影响公众对该品牌的看法。"[37]另一个优点是：由于社交媒体网站的访问者可以立即点击那些指向电子商务网站的链接，因此公司可以很容易地跟踪投资回报率（ROI）。我们将在第 15 章中更详细地讨论社交媒体。

　　如前所述，公司完全控制着广告的内容，并支付在媒体上发布的费用。然而媒体收到的新闻发布稿和其他公关材料，远远超出它们所能采用的数量。一般而言，公司几乎无法控制新闻稿何时或是否会被采用，也无法直接控制文稿的扭曲、偏向和语气。为弥补这种失控局面，许多公司采用**公司广告**（corporate advertising）的做法。公司广告不管其名称如何，一般认为是公关功能的组成部分。和"常规"广告一样，公司广告也是由需要进行广告的公司或组织创作并由其支付费用。然而与常规广告不同的是，公司广告的目的不是依靠通告、说服、娱乐或提醒消费者来激发需求。在营销沟通的整体范围内，公司广告常被用来提醒人们注意公司的其他沟通工作。除后面提到的案例，表 13 - 4 还归纳了几个涉及著名企业的全球宣传实例。

表 13 - 4　影响全球营销公司的负面报道

公司或品牌（母国）	报道的性质
波音（美国）	新的 787 梦幻客机可能由于锂电池故障引发火灾，这导致所有该型号的飞机停飞，直至问题得以解决。
沃尔玛（美国）	孟加拉国服装厂的火灾和建筑倒塌事故重新激起了人们对全球供应链和低价商品人力成本的担忧。
BP（英国）	大量原油泄漏至路易斯安那州海岸附近的墨西哥湾中。
苹果（美国）	中国供应商富士康科技的员工自杀；为 iPhone 制作玻璃屏幕的工厂中有人员因接触有毒化学品而受伤。
耐克（美国）	自 20 世纪 90 年代以来，因一直有人批评其分包商经营血汗工厂，耐克持续做出回应。电影制作人迈克尔·摩尔（Michael Moore）在其反全球化纪录片《大家伙》（*The Big One*）中对耐克公司首席执行官菲尔·耐特（Phil Knight）进行了访谈。

　　形象广告（image advertising）用于提高公司在公众中的感知度，以及建立友善关系或宣布重大变化（如合并、收购或剥离）。例如 2008 年，安海斯-布希英博在商业刊物上用整版广告宣布其合并的消息。全球公司经常利用形象广告，努力为自己在外国树立好公司公民的形象。巴斯夫公司（BASF）利用广告提高公司生产一种用于汽车、住房建造和制药行业的创新产品的知名度。同样，戴姆勒公司举办活动，旨在提高人们对该公司的环保型电动车辆的认识。公司通过**观点广告**（advocacy advertising）表达它对特定问题的观点。请见以下

观点广告实例：

● 日本的富士摄影胶片公司请它的广告公司为其在美国开展观点广告活动。当时富士正卷入一场同柯达公司的贸易纠纷。富士曾为在美国的生产设施投资 10 多亿美元，并同沃尔玛达成照片加工的长期合同。这次广告活动的着眼点既在于沃尔玛，也在于这个零售巨头的顾客。沃尔玛发言人说："我们一直在说，只要可能，我们就买美国造的产品。了解美国富士情况的人越多越好。"[38]

● 美国国际汽车经销商协会（American International Automobile Dealers Association，AIADA）1995 年聘用伟达公司（Hill & Knowlton）开展了一场公关活动，目的是使当时的克林顿总统、国会、媒体和广大公众相信，对 13 种豪华汽车征收 100% 关税的计划是不明智的。这项活动主要传达的信息是，外国汽车制造商为美国提供了大量的就业岗位，如果该制裁得以实施，美国的就业率将深受其害。日产公司和其他公司也散发文件，向经销商和媒体表明见解。同汽车经销商代表的访谈内容也同时见诸平面媒体和电子媒体。几周之后，克林顿政府宣布，美国和日本已经达成协议，不再实施制裁，美国国际汽车经销商协会宣布公关取得重大胜利。

有时公司只需参与全球营销活动，便可产生新闻报道。如表 13-4 所示，在所谓的分包商开办条件艰苦的血汗工厂问题上，耐克和其他营销商受到大量负面报道的影响。如今，耐克的公共关系团队比以前做得好些，他们通过说明耐克在经济方面给那些为其生产运动鞋的国家带来的积极影响，对这些批评给予有效的回击。

任何致力于发展国外市场的公司都可以充分发挥公关人员的作用，使他们成为沟通公司与员工、工会、股东、顾客、媒体、金融分析家、政府或供应商之间关系的桥梁。很多公司有自己内设的公关职员，公司也可在公司之外选择一个专业公关公司为自己服务。在过去几年中，一些大型广告控股公司购进了公关公司。例如，宏盟集团收购了福莱希乐国际传播咨询有限公司（Fleishman-Hillard），WPP 集团收购了加拿大的伟达公司，埃培智集团收购了高诚国际公关公司（Golin/Harris International）。其他一些公关公司，包括总部在伦敦的宣伟公司（Shandwick PLC）和爱德曼全球公共关系公司（Edelman Public Relations Wordwide）都是独立的公司。英国、德国、意大利、西班牙、奥地利和荷兰的几家独立公关公司都加入了一个称为 Globalink 的网络组织。该网络组织的宗旨是为其成员提供诸如新闻联络、活动策划、文案设计等各种帮助，以及就全球广告活动按照特定国家或地区的需要进行修改提出建议。[39]

13.5.1　公共关系在全球营销沟通中日益重要的作用

担负国际责任的公关专业人员不能局限于处理媒体关系，也不能只充当公司的代言人。公司要求他们设法同时做好以下工作：与公众保持一致和相互谅解的关系，营造信任与和谐的氛围，说服和影响公众舆论，预见冲突，解决争议。[40]随着公司越来越多地参与全球营销，产业全球化持续酝酿发展，公司管理层必须认识到全球公共关系的价值。如今，该行业面临的商业环境充满挑战，包含各种威胁和机遇。由于全球经济衰退，许多公关公司 2009 年的营业收入和利润都有所下降。而与此同时，经济衰退也增加了对公关服务的需求。爱德曼全球公共关系公司的首席执行官理查德·埃德尔曼（Richard Edel-

man）最近指出，作为企业决策中的关键投入，公关的地位一直在提高。他说："我们曾经
处于次要地位。"[41]

欧洲有着悠久的公关传统。例如，德国公共关系协会（Deutsche Public Relations Ge-
sellschaft，DPRG）最近迎来了其成立 50 周年的纪念日。包括 DPRG 在内的许多欧洲公关
从业者和行业协会都是欧洲公共关系联盟（Confédération Européenne des Relations Pub-
liques，www. cerp. org）的成员。总部位于英国的国际公共关系协会（International Public
Relations Association，www. ipra. org）有一个阿拉伯语网站，这说明世界各地对公关的重
要性都有所认识。促进国际公关发展的另一个重要因素是各国政府间的关系日益紧密。政
府、组织和社会团体正就共同关心的问题形成广泛的合作，比如近期全球衰退带来的后遗
症、贸易关系、环境问题和世界和平等。技术驱动的通信革命引领了信息时代，促使公共关
系成为一个真正接触和联系全球各地的职业。智能手机、宽带互联网连接、社交媒体、卫星
连接和其他渠道创新使公关专业人员几乎能够随时随地与媒体保持联系。

尽管有这些技术上的进步，公关专业人员仍需与记者、其他媒体代表以及其他主要利益
群体的领导者建立良好的工作关系，所以仍然需要有娴熟的处理人际关系的技巧。公共关系
实务中一个最基本的概念是了解受众。对于全球公关工作者来说，这意味着要了解母国和东
道国的受众。所需的具体技巧包括用东道国语言进行交流和熟悉当地的风俗习惯。一个不懂
东道国语言的公关专业人员没有能力与大部分主要受众直接沟通。同样，为了与东道国保持
良好的工作关系，在那里工作的公关专业人员必须对各种非语言沟通方式很敏感。在对国际
公关专业人员工作的复杂性进行评论时，一位专家指出：总体而言，受众正在变得"更陌
生，怀有更多的敌意，而且更加有组织，有力量……要求更高，疑心更重，类型也更加多
样"。作为"跨越地球村内鸿沟的桥梁"（尽管鸿沟正在缩小），国际公关人员能够发挥重要
的作用。[42]

13.5.2 世界各地公共关系实践的差异

各国的文化传统、社会背景和政治背景以及经济环境都可能影响公共关系的实践。正如
本章前面所述，在许多工业化国家，大众传媒和书面文字是传播信息的重要工具。而在发展
中国家，最好的沟通方式可能是在集市或市政厅前的广场等公共场所敲锣打鼓、沿街叫卖。
在加纳，跳舞、唱歌和讲故事是重要的宣传渠道。在有半数人不识字的印度，新闻发布稿不
会是最有效的宣传手段。[43]虽然土耳其政府仍宣称拥有历代传承的绝对控制权，但它允许发
展公司形式的公关和新闻事业，这使土耳其的各类组织能够参与全球竞争。

即使在工业化国家，各国的公关实践也大相径庭。在美国，地方小报上的许多消息都来
自小镇新闻通告。而在加拿大，大都市人口集中，再加上经济和气候条件，都对地方报纸的
发展构成阻力。小报的缺乏意味着几乎不存在发送小镇新闻的做法。[44]在美国，公共关系越
来越多地被看作一个单独的管理职能，而这种看法在欧洲尚未得到广泛接受；在欧洲，公关
被视为营销职能的一部分，公关人员并不是公司里独具特色的专门人才。在欧洲，开设公关
课程并授予学位的大学比美国少。同时，欧洲的公关课程理论性较强，而在美国，公关课程
往往是大众传播或新闻学院的组成部分，更侧重于实际的操作技能。

一个在公关实践中有母国中心倾向的公司会将本国的公关活动延伸到东道国。这种做法

的理由是任何地方的人被激励和被说服的方式多半相同。显然，这种做法没有考虑文化方面的因素。在公关方面采取多国中心方式的公司会给予东道国的从业人员更大的余地，便于将当地的习俗融入其公关工作。虽然这种方式的优点是能对当地情况做出反应，但它缺乏全球性的沟通和协调，而这会导致公关灾难。[45]

在环境出现动乱时，特别是出现潜在的或实际的危机时，一个组织对公关的威力和重要性的理解才会受到真正的考验。当灾难来袭时，公司或行业经常发现自己成了公众关注的焦点。在此期间，公司对沟通问题做出快速而有效的处理可能具有重要意义。公司最好做出直率和直接的反应，既让公众放心，又给媒体提供准确的信息。

中国与贸易伙伴之间持续的贸易摩擦凸显了中国外交部的公关工作任重而道远。

本章提要 //////////////////////////

营销沟通（营销组合中的促销要素）包括广告、公共关系、营业推广和人员销售。公司采用**整合营销沟通**，就意味着它认可公司沟通策略中的各种因素必须周密地统筹协调。**广告**是一种得到赞助的、有偿的、通过非个人渠道传播的信息。**全球广告**在全世界的广告活动中使用相同的广告诉求、信息、美工和文案。开展全球广告活动需要下一番功夫，这迫使公司决定其产品或品牌是否确实存在遍及全球的市场。广告的标准化和因地制宜之间的平衡点往往是通过**模板广告**得以实现的，这种办法可用于制作当地化的全球广告。许多广告公司隶属于更大的**广告集团**。广告主可以委托一家全球广告公司负责全球范围的广告，也可按地区划分，使用一家或多家广告公司。

广告策划的起点是**创作策略**，即所要宣传的信息的表述。广告创作者通常要寻觅一个**大创意**，以构筑令人难忘的有效信息。**广告诉求**（理性的或情感的）是能与购买者动机完美结合的沟通手法。**理性诉求**是与心智的对话；**情感诉求**是与心灵的对话。**销售主张**是承诺购买产品的原因。**创意实施**是对诉求或主张的表达方式。**艺术设计**和广告**文案**的创作必须考虑到文化因素。世界各地对幽默、男女关系和性意象的看法各不相同。媒体的可获性在各国之间有相当大的差异。营销者在选择媒体时，不仅会受制于法律法规，有时还要面对识字率的问题。

公司利用**公共关系**促进公司内外各个组成部分之间的友善与理解。公关部门尤其要打造对公司及其产品和品牌有利的**新闻报道**。公关部门还必须在回应负面宣传时管理好公司的沟通工作。重要的公关工具包括访谈、成套介绍材料、新闻稿、社交媒体和参观活动等。许多全球公司使用各种类型的**公司广告**，包括**形象广告**和**观点广告**。公关部门还负责提供准确、及时的信息，特别是在出现危机时。

讨论题 //////////////////////////

1. 全球品牌和全球广告可以何种方式为公司带来利益？

2. "标准化－当地化"之争是如何反映在广告中的？

3. 广告诉求和创意实施之间有何差别？

4. 从第 1 章开始，重温书中出现的广告。你能否指出其中哪些属于情感诉求？哪些属于理性诉求？它们各自的沟通目的是什么？是通知、劝说、提醒，还是娱乐？

5. 供广告主使用的媒体种类在世界各地有何不同？某些国家对媒体的使用实行限制，广告主可以采取什么样的应对措施？

6. 公共关系的具体做法在世界各地有何不同？

案例 13－1（续）

BP 公司石油泄漏事故

BP 并不是 2010 年唯一出现公关问题的全球公司。日本汽车制造商丰田公司因质量问题而饱受诟病，华尔街投资公司高盛（Goldman Sachs）也因证券欺诈而收到了超过 5 亿美元的罚单。公关专家霍华德·鲁宾斯坦（Howard Rubenstein）指出："这是真正的声名扫地。在这三个案例中，这些公司强势的全球品牌和企业形象的核心特质都遭受了攻击。"

BP 首席执行官托尼·海沃德成了众矢之的，美国人似乎要将此次泄漏事故的愤怒和沮丧全部发泄在他身上。海沃德有时会穿着细条纹西装出现在公众面前。他的装束与捕虾船操作员以及其他因此次漏油事故而陷入生活困境的人们所穿的工作服形成了鲜明对比。海沃德的一些公开声明似乎也显得麻木不仁。例如，英国《卫报》援引他的话说："墨西哥湾是一片非常大的水域。我们泄漏到水中的油量以及扩散的程度相对于其总水量来说是微不足道的。"海沃德还在接受电视采访时发表了另外两个言论，引来了批评家的强烈抨击。他说："没有人比我更想要这件事尽快过去，我希望回归我的生活。"

一些行业观察家想知道，针对 BP 的骂战是否部分源于人们对该公司是英国公司的认识。全球公司必须确保它们已经成功地将自己定位为多元化的实体，在其经营的各个市场中都具有代表性。正如品牌顾问沃利·奥林斯（Wally Olins）所指出的那样，BP 的灾难"表明你需要顶尖的或近乎顶尖的业务人才，他们能够说其业务所在国的语言，并能用当地的方法做事"。在这方面，许多观察家认为 BP 和海沃德本人都表现不佳。

与危机管理相关的从业者普遍认为，在出现危机时，公司发言人必须说实话并承担相应的责任。如果不这样做，就可能导致信誉丧失。在这方面，鲁宾斯坦认为应该对 BP 点名批评。该公司对漏油事件的早期评估是：只有少量石油泄漏至海湾；而这些报告与 BP 以外的专家做出的估计相矛盾。此外，BP 试图将井喷事故归咎于承包方。鲁宾斯坦说："这是我在 56 年职业生涯中见过的最糟糕的公关方法之一。他们试图让这些事实变得不透明。他们使用了书中能找到的一切借口。他们应该立即承担责任，并认识到他们所面对的灾难性后果。可他们却在本质上认为自己可以摆脱灾难。这样是行不通的。"

另有观点认为，某些公司的危机过于重大，以至于传统的公关方法根本不够用。沟通战略家埃里克·德赞哈尔（Eric Dezenhall）就持这种观点。根据德赞哈尔的说法，只要存在石油泄漏，BP 试图赢得美国公众谅解的努力就注定是徒劳的。他说："有两件事可以让人们举步维艰，那就是虚伪和嘲笑。如果你认为在危机中公众会寄望于从自己想要杀死的人那里汲取智慧的箴言，那真是过于狂妄自大了。其目标不应是让人们不要恨他们，而是让人们少恨他们一些。"

为在华盛顿恢复一定的信誉，BP 组建了一个由顾问和说客组成的团队，帮助它准备国会证词并应对政府的问询。该团队成员包括联邦紧急事务管理署（Federal Emergency Management Agency，FEMA）前负责人詹姆斯·李·威特（James Lee Witt）。BP 还聘请了公关公司博然思维集团（Brunswick Group）的合伙人希拉里·罗森（Hilary Rosen）进行协助。令一些观察家感到失望的是，这些政界相关人士居然接受了 BP 开出的价码。

Public Citizen Action Network 总裁罗伯特·韦斯曼（Robert Weissman）问道："这些人晚上睡觉之前会想'我希望我早上醒来作为公司罪犯的代表'吗？"民主党战略家唐纳·布拉齐尔（Donna Brazile）在回应此类批评时指出："这是一项巨大的挑战，他们雇用谁并不重要，他们要做的是遏制泄漏、清理混乱并赔偿那些因此遭受损失的人。"

尽管这座近乎荒废的油井终于在 2010 年 8 月停止了运转，但 BP 可能因刑事和民事诉讼而面临长达数年的法庭之旅。例如，美国政府可能控诉 BP 违反了《清洁水法》（Clean Water Act）或《废物法》（Refuse Act）。此外，由于泄漏事件发生在海湾野生动物产卵和筑巢季节，《候鸟条约》（Migratory Bird Treaty Act）也可以成为法律诉讼的依据。另有成千上万的私人诉讼也在等待审理。BP 已经建立了一笔 200 亿美元的赔偿基金，它的律师希望那些因泄漏事件而遭受损害的个人能够申请该基金，而不是诉诸法庭。最后，由于 BP 股票在危机发生后暴跌，它还可能面临投资者发起的股东诉讼。

案例讨论题

1. 一些行业观察家认为 BP 不应花钱购买平面广告和电视广告来消除美国公众的疑虑。你是否同意？请说明理由。

2. 2010 年 10 月 1 日，美国人鲍勃·达德利（Bob Dudley）接替托尼·海沃德成为 BP 首席执行官。这一更替令你感到惊讶吗？

3. BP 律师的建议与 BP 公关专业人士的建议有何不同？

4. BP 能否恢复公司声誉会受到哪些因素影响？

资料来源：Peter S. Goodman, "In Case of Emergency: What Not to Do," *The New York Times* (August 22, 2010), p. C1; Michael Peel, "Eagles and Vultures," *Financial Times* (July 2, 2010), p. 5; Mimi Hall, "BP Enlists Washington Elite to Help Image," *USA Today* (July 1, 2010); Morgen Witzel and Ravi Mattu, "The Perils of a Tarnished Brand," *Financial Times* (June 23, 2010); Stefan Stern, "Can Too Strong a National Identity Harm the Business?" *Financial Times* (June 16, 2010), p. 10; Ed Crooks, "BP's Disaster Manager," *Financial Times* (May 1-2, 2010), p. 7.

案例 13-2

苏格兰威士忌在中国：品尝美好生活

苏格兰威士忌是全球产品的典型范例。具有鉴赏能力的富裕消费者都不惜重金购买顶尖的全球品牌，如芝华士和尊尼获加（Johnnie Walker）。此外，不论何地，凡饮用苏格兰威士忌者无不将这种琥珀色烈性酒与成功和成就之类的追求和抱负联系在一起。20 世纪 90 年代后期，拥有尊尼获加品牌的帝亚吉欧发起了一场全球广告活动，广告语是"持续前行"（Keep walking）。该广告主题由英国巴特尔·博格·海格蒂广告公司（Bartle Bogle Hegarty, BBH）提出，旨在与尊尼获加品牌的徽标匹配：一位身着红色上衣和高顶礼帽的男士迈步前行。不过根据 BBH 负责尊尼获加这一客户的工作人员的理解，构成"成就"的内容可能因文化不同而有所差异。

例如在中国，仅有达到目的后的自我满足是不够的，得到来自同辈对成就的承认同样重要。为此，BBH 广告公司提出针对中国的当地化营销活动。其中一则广告是两位高尔夫球手在越来越极端的条件下击球，包括击打高尔夫球车顶上和鳄鱼身下的球。开展这场营销活动的时机是 2001 年中国加入世界贸易组织之后，烈性酒的进口税由 65％ 降到 10％，因而市场迅速扩大。苏格兰威士忌协会（Scotch Whisky Association）称，2009 年苏格兰威士忌对中国的出口额为 8 000 万英镑，而 2001 年仅为 150 万英镑。如今尊尼获加在中国威士忌市场的份额是 34％。

BBH 广告公司的奥兰多·胡珀-格林希尔（Orlando Hooper-Greenhill）说明了这场活动的用意。他说："尊尼获加在中国的营销既要照顾到威士忌属于年轻化的饮品，又需要突出同辈和家庭对个人成就的看法。"他认为在中国饮用威士忌的场合比西方多得多。用他的话说，"我们需要在那些饮用威士忌的不同场合以及城市化程度不同的地区传递不同的信息"。

市场细分是帝亚吉欧对中国市场所采取的措施中不可或缺的一部分。帝亚吉欧中国公司总经理肯尼思·麦克弗森（Kenneth MacPherson）说："中国的市场规模和复杂的人口构成使得中国不同地区的消费习惯截然不同。"第一类子市场是"关系"人，受地位观念驱使的、35～45 岁的生意人，他们会在交际上花费大量时间，试图达成交易。第二类子市场是"独立女强人"，也在 35～45 岁之间。第三类子市场是正在上升的 25～35 岁的流动男女，他们希望显得前卫。最后是 20 多岁、追求新体验的"自由选择的一代"。

虽然尊尼获加在中国取得了很大的成功，但仍然落后于占有 50％ 市场份额的芝华士，名列第二。数十年来，芝华士在全球享有豪华苏格兰威士忌的美誉。同尊尼获加一样，芝华士的推广策略也经常要求开展全球广告活动。如在 20 世纪 90 年代初，它曾开展了一次平面媒体活动，采用的口号就是"芝华士无处不在"（There will always be a Chivas Regal）。那次活动塑造了一系列广为人知的形象，并被译成 15 种语言。34 个国家的经理可从中选择他们认为适合其各自市场的单一广告。

2000 年，法国的保乐力加公司从施格兰公司手中收购了芝华士品牌。在 2000—2002 年间，芝华士的销售总额下降了 10％，尊尼获加却上升了 12％。在芝华士被收购之前，保乐力加公司最出名的莫过于一种称为果露酒的力加牌（Ricard）茴香味饮品。一些行业观察家仍然怀疑，一家原来专事"二线"地方品牌的公司，是否有足够的营销技巧使像芝华士这样名副其实的全球品牌恢复生机。有位分析家指出："保乐力加公司是赶上好时代的一家大型法国公司，现在它要挑起这个全球大品牌的重担，这需要与以往不同的能力。现在的问题是，它具备这样的能力吗？"

帕特里克·理查德（Patrick Ricard）自 1978 年起至 2012 年他去世时，一直担任保乐力加公司董事长，他对公司的管理团队充满信心，认为他们的确有能力在帝亚吉欧等强手如林的全球市场上取得成功。有一点要注意，对于这个以适应当地口味为特征的行业，保乐力加公司的分权策略的确是非常匹配的。与帝亚吉欧公司不同，保乐力加公司绕过英国广告公司，选用了腾迈广告巴黎公司。施格兰公司最后一次为芝华士所做的广告中有一句莫名其妙的口号"当你知道时"（When you know），行业杂志《影响》（*Impact*）评价这个口号"毫无效果"。正如保乐力加公司芝华士分部的首席营销官马丁·赖利所说，"在亚洲或南美洲等非英语母语国家，他们希望你能把省略的话说出来"。新口号是"这就是芝华士式生活"（This is the Chivas Life），用意是迎合全世界任何地方的芝华士饮用者的期望。

2005 年，"这就是芝华士式生活"的口号在中国被改为"这就是芝华士式派对体验"（This is the Chivas Party Experience）。提出这个口号的 TEQUILA（中国）广告公司（TEQUILA/China）想要把更加国际化的富裕的年轻人作为目标市场。该广告公司的调研显示这部分人有休闲和旅游的意愿，于是便开发了一套宣传计划，集中展现在上海、北京和其他关键城市举行的一系列派对上。每一场派对都有一个独特的主题，如某一城市是"2070 芝华士未来派生活"，另一个是"70 年代芝华士生活幻觉迪斯科热"。参加派对者可以品尝芝华士鸡尾酒，享受换装美容新造型和聆听前卫音乐。

2008 年，随着全球经济开始下滑，保乐力加的调研洞察到了消费者情绪的微妙转变。正如首席营销官赖利所说，"人们对于把世界变成如今这个模样的价值观产生了一定的怀疑……人们为了获得成功不计代价"。调研结果在中国引发了一场名为"活出骑士风范"（Live with Chivalry）的新活动。创意策略中融入了芝华士的欧洲传统和骑士作风。兄弟情谊、自由、英勇、荣誉和忠诚在这则全球发行的广告主题中占据着显著位置。有一个片段是一个身着西装的男士走在拥挤的城市街道上，旁白为："茫茫人海中，每个人都为了自己而四处奔波，难道，这就是我们唯一的前进方向么？"然后，镜头又切换到人们在跳伞和骑马的画面："让我们为荣耀干杯！为绅士风度得以长久流传，为心怀他人并乐于伸出援手，为恪守承诺，干杯！"

案例讨论题

1. 帝亚吉欧、帕特里克·理查德和其他全球烈性酒品牌的营销者在新兴市场开展广告活动时，为何都要当地化？

2. 各国消费苏格兰威士忌这类产品的习惯有何不同？

3. 为什么有些烈性酒产品和品牌具有严格的本土性（例如法国茴香酒或中国茅台酒），而另一些则具有全球化的潜力？

4. 帝亚吉欧、保乐力加和其他西方烈性酒品牌应该在中国采取什么策略？

资料来源：Eric Felten, "The Subtle Science of Scotch Whisky," *The Wall Street Journal*（July 7 - 8, 2012），p. C11；Andrew Jacobs, "Fake Liquors Flow as Demand Soars for China's Fabled Sorghum Spirit," *The New York Times*（February 14, 2011），p. A4；Mei Fong, "In China, Brands Come with Plots," *The Wall Street Journal*（June 12, 2009），p. B6；Jenny Wiggins, "Brands Tap into Today's Values and Past Campaigns," *Financial Times*（February 25, 2009），p. 12；Andrew Bolger, "Whisky Finds New Lovers in New Markets," *Financial Times*（February 17/18, 2007），p. 9；Meg Carter, "Diageo Splashes Out on China's Whiskey Drinkers," *Financial Times*（November 14, 2006），p. 6；"Chivas Regal," *Media Asia*（October 21, 2005）；R. W. Apple Jr., "A Rugged Drink for a Rugged Land," *The New York Times*（July 16, 2003），pp. D1, D7；Adam Jones, "Pernod Mulls Next Wave of Consolidation," *Financial Times*（March 9, 2004），p. 14；Deborah Ball, "Scotch on the Rocks? 'Single Malt' Diversifies," *The Wall Street Journal*（December 30, 2003），pp. B1, B4；Jones, "Global Media Campaign Aims to Stress the Importance of Being Chivas," *Financial Times—Scotch Whisky Special Report*（November 28, 2003），p. 10；Ball, "Pernod Acquisition Has Mixed Well," *The Wall Street Journal*（November 11, 2002），p. B3.

第 14 章
全球营销沟通决策Ⅱ：营业推广、人员销售、特殊形式的营销沟通

学习目标

1. 了解营业推广以及对全球营销者来说最重要的推广策略和工具。
2. 列出战略性/顾问式销售模式的步骤。
3. 解释在做销售人员国籍决策时必须考虑的因素。
4. 解释直接营销的优势，并识别最常见的直接营销渠道类型。
5. 了解特殊形式的营销沟通，并说明全球营销者是如何将其整合到整体促销组合中的。

案例 14-1

红牛

我敢说，大多数阅读本教材的人都熟知红牛。这家价值 64 亿美元的公司实质上开创了能量饮料市场。人们总能在音乐会和极限运动（包括单板滑雪和冲浪）等相关活动中看见它的身影。该公司除了广告和公关之外，还利用各种沟通渠道来推广其品牌。红牛的脸书页面上有 3 800 万个"喜欢"，它的推特关注人数也达到了 100 万。在音乐会和其他活动中，街头车队驾驶着经过特别改装的汽车——车顶上安装着巨型红牛罐，向人们分发免费样品。公司还赞助了英菲尼迪红牛世界一级方程式车队。此外，位于新泽西州哈里森的红牛竞技场（Red Bull Arena）是美国职业足球大联盟纽约红牛队的主场。毫无疑问，红牛不仅是高能量的，它也很吸引眼球！

该品牌的广告语"红牛给你插上翅膀"（Red Bull Gives You Wings），使红牛作为一

个完美的企业合作伙伴，完成了近年来最大的公关行动之一。2012 年秋季，红牛赞助了菲利克斯·鲍姆加特纳（Felix Baumgartner）太空边缘的终极死亡跳伞。经过 7 年的筹备，鲍姆加特纳从海拔 24 英里的氦气球中一跃而下。全球观众通过电视和 YouTube 观看了这一过程。鲍姆加特纳在安全着陆之前以高达 1.24 马赫（每小时 834 英里）的速度坠向地球。毋庸置疑，红牛的徽标在他的制服上十分醒目，而该活动被媒体广为报道。

"红牛平流层计划"（Red Bull Stratos）的成功帮助红牛从包括魔爪（Monster）和巨星（Rockstar）在内的一众竞争者中脱颖而出。品牌策略师罗杰·阿迪斯（Roger Addis）指出："这是一个明智之举，因为这是一个如此独特的事件。如果其徽标被埋没在纳斯卡赛车徽标的海洋中，就会被其他竞争者彻底稀释。"广告行业也颇为赞同此观点，红牛在《广告时代》杂志评选的综合/互动类"2012 年最佳创意"中荣登榜首。

赞助和活动营销是红牛等全球公司重要的营销工具。在制定整合营销沟通方案及策略时，全球公司和广告公司已愈加重视这样那样特殊形式的促销活动在沟通组合中发挥的重要作用。21 世纪的最初十年，全球范围内对营业推广的支出呈两位数增长。营业推广、直接营销和特殊形式的营销沟通（如信息广告和互联网）的重要性也在提高。人员销售依然是一种重要的促销手段。总而言之，本章和第 13 章所述的各种营销组合要素，都可用以形成高度有效的整合促销活动，从而对全球品牌发挥支持性作用。

14.1 营业推广

营业推广（sales promotions）是指在有限的时段内所有付费的、针对消费者或商家的沟通方案，该方案能提升产品或品牌的有形价值。在价格推广中，有形价值可由降价、赠券或邮寄退款等形式来体现。而在非价格推广中，则可能采取派送样品、赠品、"买一送一"、抽奖和竞赛等形式。消费者营业推广（consumer sales promotions）的目的是使消费者知晓新产品，刺激非用户试用某种既存产品，或是增加消费者的整体需求。商贸营业推广（trade sales promotions）常被用来提升产品在分销渠道中的可获性。在许多公司，营业推广活动的支出超过了媒体广告的费用。然而，无论开支水平如何，营业推广也只是诸多营销沟通手段之一。营业推广计划和方案应与广告、公共关系和人员销售的计划和方案整合协调。

在世界范围内，对于营业推广这一营销沟通工具的日益流行，有多种解释。营业推广不但给购买者有形的激励，而且能降低购买者对所购产品的风险感知。从营销商的角度来看，营业推广的效果是可衡量的；负责促销的经理可随时跟踪促销结果。总体而言，许多公司的促销费用在增加，因为它们的广告经费已不再投向传统的印刷和广播广告。表 14-1 列出了几个实例。

表 14-1　全球营销公司的营业推广实例

公司/促销市场	促销
联合利华/全球	在一个涵盖 60 个国家、45 种不同语言的竞赛中，艾科阿波罗（Axe Apollo）品牌的营销人员邀请消费者填写一份"宇航员简介"。22 名最终入选者有机会乘坐凌仕号亚轨道飞船来一场太空之旅。
迪士尼/中国	为打击假冒商品，公司推出"迪士尼神奇游"促销活动，鼓励参与者将迪士尼真品上的全息贴纸寄回公司。参与者可赢得迪士尼的 DVD 光盘、电视机，甚至香港迪士尼免费游的奖励。*
玛氏/全球	全球择色投票：邀请 200 个国家的消费者投票决定 M&M 糖果的新产品应是紫色、海蓝色还是粉红色。紫色胜出。
吉尼斯/全球	亚瑟·吉尼斯（Arthur Guinness）是总部位于爱尔兰都柏林的吉尼斯啤酒厂创始人，为纪念其诞辰 250 周年，举行了一系列"亚瑟日"音乐会活动。

* Geoffrey A. Fowler, "Disney Fires a Broadside at Pirates," *The Wall Street Journal*（May 31，2006），p. B3.

　　抽奖、返现以及一些其他形式的促销手段可能要求消费者提供个人信息，以便公司完善其数据库。例如，法国农业部（French Ministry of Agriculture）发动的一场全球促销活动，其目的是促进法国葡萄酒和奶酪的出口。它知道有些消费者可能被法国的烹饪传统吓倒了，这次促销活动就是要显示法国烹调也可以是轻松自在的。Spoexa 是一家食品营销公司，这次受雇在包括加拿大、西班牙和美国在内的 19 个国家举行鸡尾酒会。家庭酒会公司（House Party Inc.）作为一家美国营销公司，通过其网站为在美国举办酒会进行促销。想要主办酒会的人可以在线登记，家庭酒会公司会从中挑选 1 000 人。胜者将收到购买法国葡萄酒的折扣券；从指定网站购买法国奶酪时还可得到免费赠品。每位获胜者还会收到一套酒会用品，包括软木瓶塞钻和围裙等。作为回报，主办人同意家庭酒会公司通过照片和博客介绍他们的酒会，并在酒会之后回答相关问卷，向赞助方反馈有关所用食品和葡萄酒的信息。最后，各种商店和超市也会为在酒会中用到过的法国商品举办店内促销活动。[1]

　　全球公司有时可以将在一国市场上获得的经验用于另一市场。例如，百事公司的数字狂（Numero-mania）竞赛在拉美取得了巨大成功。20 世纪 90 年代中期，当软饮料在波兰滞销时，百事公司也在那推出了数字狂竞赛。许多经济窘迫的波兰人受到巨额奖金的诱惑，纷纷购买百事可乐，参加竞赛。[2]通过参加诸如美国促销协会（Promotion Marketing Association of America，PMAA）等组织举办的专题研讨会，国际业务经理可以了解美式促销的策略和战术。但有时需要有所调整，以适应各国的具体情况。例如，法国的电视广告不准进行电影搭售。设计广告时必须注重促销而不是电影情节。这类规定使迪士尼等公司受到影响。

　　至于营销沟通的其他方面，一个关键问题是：促销工作究竟应由总部来指挥，还是应将权力交给所在国当地的经理。一份研究报告的作者指出，一度对消费者营业推广和商贸营业推广实行多国中心主义的雀巢公司和其他大公司，已经在重新安排它们的工作。卡萨尼和奎尔奇（Kashani and Quelch）认为，以下四种因素通常会使总部更多地介入营业推广活动：成本、复杂性、全球品牌建立和跨国贸易。[3]

　　1. 随着营业推广所需经费日益增多，总部自然对此更加关切。

　　2. 促销计划的制定、实施和后续跟进可能需要当地经理所不具备的技能。

　　3. 全球品牌的重要性与日俱增，说明总部有必要介入，以保持不同国家之间的一致性，并确保成功的当地促销计划得以在其他市场运用。

　　4. 由于合并和兼并使零售业的集中度越来越高，伴随着行业的全球化进程，零售商将努力与供货商协调促销计划。

　　尽管有总部的介入，但在多数情况下，还是当地市场的经理最了解当地的具体情况。因而在推出促销计划之前，应当先咨询这些经理。在确定促销活动地方化程度时，必须考虑诸多因素：

　　● 在经济发展水平较低的国家，低收入限制了可用的促销手段的种类。在这类国家，更可能采用样品派送和演示的方法，而不是赠券或赠品。

　　● 市场的成熟度因国家而异，消费品样品派送和赠券适用于成长中的市场，但在成熟市场可能需要实行贸易折让或品牌忠诚度方案。

　　● 对具体促销手段或方案的看法也不尽相同。例如，日本消费者不喜欢在收银台使用赠券。某种超值优惠可能是在浪费钱。

　　● 某些国家的当地规定可能不允许使用某种促销方式，如内附优惠券或邮寄折扣券等。

　　● 零售业的行业结构会影响营业推广的运用。例如在美国和部分欧洲国家，零售业高度集中（即由沃尔玛等少数主要竞争对手统治市场）。这种情形要求企业在渠道和消费者两个方面都大力开展促销活动。相反，在零售业比较分散的国家（如日本），进行促销活动的压力就小些。

14.1.1　样品派送

　　样品派送（sampling）是一种营业推广技巧，可使消费者有机会免费试用产品或服务。宝洁公司负责全球化妆品和个人护理用品业务的副总裁马克·普里查德（Marc Pritchard）说道："消费者最关心的是在购买前能先试用。"[4] 典型的样品派送就是通过邮寄、上门或在零售点给消费者分发单次用量的包装产品，如谷类早餐、洗发液、化妆品或洗涤剂。

　　50 年前，龟甲万品牌（Kikkoman）酱油在美国无人知晓。现任龟甲万公司名誉首席执行官兼董事会主席的茂木友三郎（Yuzaburo Mogi）开始在美国超市实施样品派送计划。茂木和他的雇员免费发放使用龟甲万酱油作调料的食品样品；如今龟甲万的海外利润中，70％来自美国市场。[5] 该公司仍在继续使用该方法作为沟通手段。例如，在烧烤季节，龟甲万的促销策略是在超市肉类过道上分发酱汁配方以及货架商品优惠券。在感恩节来临之际，其策略则是在销售禽类的区域放置火鸡腌制配方。[6]

　　样品的平均单价在 10～50 美分之间，每个派送方案一般发放 200 万～300 万份。样品派送的最主要问题是成本，另一个问题是营销经理难以评估派送方案的投资回报有多大。如今，许多公司采用活动营销和赞助的方法，在音乐会、体育活动或有大批人参加的特殊活动（如食品节和饮料节）现场发放样品。在信息时代，样品派送也可以是一周免费收看有线电视频道，或免费试用计算机网上服务；互联网用户也可通过公司的网站索要样品。

　　与其他营销沟通方式相比，样品派送更可能使产品真正被试用。为确保产品试用，消费品公司越来越多地采用所谓的"使用地点"样品派送的方式。例如，星巴克在夏季派出"清凉巡逻队"，在交通拥堵时段到繁华市区，向在高温笼罩下的穿梭者分送冷藏的卡布奇诺咖啡样品。在"易脏地点"样品派送中，联合利华公司雇用了一家促销公司，在美食广场和互动式动物园中，分发利华 2000（Lever 2000）擦手巾。联合利华公司的家庭和个人护理用品促销主管迈克尔·墨菲（Michael Murphy）说："我们干得十分漂亮。我们要在何时、何地和发放什么赠品方面做得更加精确。"[7]

如果通过广告或其他途径不足以使消费者信服，样品派送就格外重要了。例如在中国，凡顾客不曾用过，特别是价格高于当地品牌若干倍的进口消费品，他们都不想按常规包装购买。宝洁在中国的洗发水市场上占有优势，其成功的原因在于公司精妙的市场细分，加上强有力的样品派送方案。宝洁向中国市场投放了四个洗发水品牌：飘柔（柔软美发）、潘婷（滋润）、海飞丝（去头屑）和沙宣（时尚）。[8]宝洁发放了数百万份洗发水样品，经过无风险试用后，已被许多消费者采用。

14.1.2　赠券

赠券（coupon）是一种印制证明，持有者在购买某种产品或服务时有权享受降价或其他特殊照顾。在美国和英国，营销人员大量使用报纸投送赠券；90%的赠券被印成单页分发，即插页广告。绝大多数插页由周日的报纸附送。包装外赠券（on-pack coupons）是产品包装的一部分或附件，通常可在收款台当场兑现。内附赠券（in-pack coupons）则置于包装之内。赠券也可在商场分发，挂在货架上供顾客自取或邮寄到户，或在收款台以电子手段发放。另外，通过互联网发放赠券的数量也在增加。交叉赠券（cross coupons）随某一产品分发，但可用于兑现其他产品，如牙膏的赠券可能随牙刷附送。美国发放赠券的数量远远超过世界上任何其他国家。据跟踪赠券趋势的 NCH 营销服务公司（NCH Marketing Services）的报告，美国每年发放约 3 亿份赠券，其中实际由消费者兑现的仅占 1%左右。在线赠券也在快速增长，谷歌是试行在线赠券的公司之一。[9]

赠券是快速消费品公司（如宝洁和联合利华）最喜欢使用的促销手段，其目的是奖励忠实用户和鼓励非用户试用其产品。在欧盟，赠券被英国和比利时广泛使用。而由于亚洲人看重面子，赠券在亚洲并不流行。虽然亚洲消费者以节俭著称，但有些人不愿使用赠券，因为这么做可能使他们或他们的家人蒙羞。约瑟夫·波塔奇（Joseph Potacki）曾在美国促销协会专题研讨会上讲授"促销基本原理"，他说，赠券是促销组合的一个方面，但在实际操作方面则反映了美国与世界上其他国家的最大不同。在美国，赠券促销占整个消费品促销费用的 70%。而在其他地方，这个比例要小得多。波塔奇说："赠券在其他许多国家不流行甚至不存在的原因是，它们的文化不接受赠券这种东西。"他还指出，赠券在英国等国家日显重要，是因为零售商对它的好处日渐了解。[10]

社交赠券是当今最热门的在线促销趋势之一。行业领导者 Groupon 公司为其追随者提供了由当地企业赞助的每日团购赠券。这些粉丝可以通过社交网络分享他们的经历，为当地企业赢得客户，而 Groupon 则会从这些赠券产生的收益中分一杯羹。Groupon 以惊人的速度增长，一年内从 1 个国家扩展到了 35 个国家。其大部分增长来源于收购。截至 2012 年底，Groupon 已经在 48 个国家拥有超过 4 000 万用户。超过半数的 Groupon 网站访问者生活在欧洲；33%在北美。它的主要投资者之一是俄罗斯的互联网投资集团——数字天空科技（Digital Sky Technologies，DST）；最近，Groupon 的创始人拒绝了谷歌提出的 60 亿美元收购要约！[11]

14.1.3 营业推广：争议与问题

如前所述，许多公司在选定样品派送目标方面更注重其战略作用。而在赠券方面，零售商必须把已兑现的赠券汇集起来，集中送往处理中心。很多时候，赠券未在购买时进行验证；此外，欺诈性的兑付也使营销商每年遭受数亿美元的损失。欺诈也有别样的方式。例如在 2004 年超级碗转播期间，百事与苹果公司的 iTunes 音乐库联合开展促销活动。苹果公司计划免费（正常价格为每首 99 美分）赠送 1 亿首歌曲，消费者可从百事可乐的瓶盖里获得一个代码，上网输入代码即可获得下载权。促销的计划是每 3 瓶百事可乐就有 1 次获奖机会。然而很多人发现，把瓶子向一侧倾斜，就能知道该瓶是否有奖。不仅如此，他们甚至无须购买百事可乐便可看到代码。[12]

因此，公司在策划和执行营业推广计划时必须极为小心。在某些新兴市场，如果公司钻了法规的空子，而消费者对这种行为又未予抵制，那么这些活动的结果往往会让人惊讶和不满。营业推广在欧洲是受到严格管制的。由于广播广告在斯堪的纳维亚国家受严格的管制，因此营业推广在那里较为流行。但是在北欧国家，促销活动本身就受到法律约束。如果随着欧洲单一市场的发展和相关法规的协调一致，这些法规变得宽松一些，公司就能推出面向整个欧洲的促销活动。

最近的一项研究审视了中国台湾、泰国和马来西亚的赠券使用情况和人们对赠券与抽奖的态度。这项研究与那些瞄准这些国家和地区及其他亚洲发展中国家和地区的全球公司十分相关，因为相对而言，这些地区的消费者较为缺乏使用赠券的经验。这项研究以霍夫斯泰德的社会价值框架为指南。该研究的三个对象都奉行集体主义文化，研究人员发现，某个人对赠券及其使用方式的正面态度受家庭成员和整个社会的正面态度的影响。

然而这三个地区的消费者在价值取向上却有所不同。例如，马来西亚相对来说具有较高的权力距离和较低的不确定性规避。因害怕在公共场合出糗，赠券在马来西亚的使用受到限制。在这三个地区，使用媒体的习惯也是一个因素，不是定期阅读报纸或杂志的人难以知道在刊物中可以找到赠券这回事。中国台湾和泰国的消费者对赠券的看法好于抽奖。宗教的影响令研究人员吃惊。在多数人信奉伊斯兰教的马来西亚，研究人员原以为消费者会回避抽奖促销。因为抽奖可能类似于赌博，为伊斯兰教徒所蔑视。然而马来西亚却更看好抽奖而非赠券。在发展中国家和地区，营销的作用之一是，尽管有文化上的差异，但更多的促销活动都将带来更高的消费品使用率。[13]

14.2 人员销售

人员销售（personal selling）是公司销售代表和潜在购买者之间进行的面对面的交流。卖方的沟通行为着力于向买方提供信息并劝说其购买产品，短期目的是达成一项交易，长远目的是与购买者建立一种关系。销售人员的任务是正确了解购买者的需要，并据此选择公司的产品进行匹配，然后说服顾客购买。因为人员销售过程提供了一个双向交流的渠道，所以它在价格昂贵、技术复杂的工业品营销中尤为重要。销售人员常可以向总部提供重要的顾客反馈，以帮助公司制定设计和工程决策。

在销售人员的本国市场，人员销售若想实现应有的效果，就应与顾客建立联系。在全球营销中，买卖双方可能来自不同的国家和文化背景，因而更具挑战性。在全球市场上，除了这些挑战，工业品更需要面对面的人员销售，其重要性再怎么强调也不为过。例如西班牙伊比利亚航空公司（Iberia Airlines）要更新其远程机队时，波音及其对手空中客车的销售人员与西班牙伊比利亚航空公司的首席财务官进行了无数次会面。商谈的焦点是价值约 20 亿美元的 12 架飞机订单。入围的考虑对象是波音 777 - 300ER（增程型）和空中客车 A340 - 600。各方经过初次投标后，即进入谈判。波音飞机首席推销员托比·布莱特（Toby Bright）与空中客车的约翰·利希（John Leahy）对阵。伊比利亚航空公司的要求包括在价目表基础上再打折和保证飞机的转卖价值等。经过数月的会晤和对提案的修改，空中客车公司得到了这份合同。[14]

在广告受到各种限制的国家，人员销售也是常用的一种营销沟通手段。在日本，任何类型的对产品进行比较的广告都难以获得批准。在这种情况下，人员销售提供了与竞争产品进行硬碰硬、逐一比较的可能。在工资水平低，因而得以雇用大批当地销售人员的国家，也经常使用人员销售的方式。例如，HBO 频道在匈牙利利用上门销售建立起了核心观众队伍。

事实上，在世界上某些地方，人员销售的成本效益促使许多基于美国的商家得以在海外销售产品和服务。如果进入费用低，公司就更有可能试探新的领域或产品。例如，有些高科技企业利用拉丁美洲的低成本销售人员向顾客介绍其新产品特点。只有在反应积极时，商家才会投入大量资源在美国开工。

对于希望在海外采用低成本人员销售的公司来说，挑战在于建立和保持令人满意的销售队伍质量。常言道，"一分钱一分货"，不止一个向全球拓展的公司验证了这句话。美国微波通信公司（MCI）在几十年前首次进入拉丁美洲，部分原因是这个为多国客户服务的大公司看到了可能获得花费不高的市场进入的机遇。管理层最初的热情很快就被惊人的发现取代。他们发现此地的配套服务质量同他们在美国的主要客户所习惯的不属于同一层次。结果在一段时间内，MCI 及其竞争对手都改用较昂贵的销售办法，由位于美国的员工向各自设在拉丁美洲的全球客户基地提供远程但较高质量的配套服务。然而 MCI 的高层最终决定增加投资，以建立当地的销售和服务队伍，这使得他们的产出更加接近其美国同行。

在海外，建立人员销售结构所固有的风险依然存在。关键问题并不是东道国的销售和营销人员能否比远程队伍带来更多的利润，即使在多数情况下他们能，而这已是不争的事实。问题在于东道国的队伍应该由其国内人员还是**驻外人员**（expatriate）——从母国被派到外国去工作的人组成。值得注意的是，许多环境问题以及前几章提到的挑战，往往是在完成了人员销售方案的初始阶段后才出现的。这些问题包括：

● 政治风险。不稳定或腐败的政府可能会完全改变相关销售队伍的规则。如果你想建立新业务的国家政变在即，或那里的独裁者要求某种"回报"（在许多发展中国家发生过这种事情），则需要特别小心。例如，如今哥伦比亚蕴藏着巨大的市场潜力，其政府也塑造了开放的形象。然而，情况并非总是如此。在不久之前，许多公司都发现，当地势力的潜规则实在超出人们的忍受限度。在专制体制下，销售工作的目标对象和所要传达的信息常常受到压缩和限制，因为只有政府的计划制定者才能决定生意如何做。

● 法则障碍。政府有时会设置配额或征收关税，从而影响外国销售队伍入境。部分原因是政府认为这是方便的收入来源，但更重要的是政策制定者希望确保当地商家的销售队伍在产品服务及价格上都能保持竞争优势。法规也可能会限制某种形式的销售活动。例如，1998年，中国规范了上门销售，雅芳因而建立了商店代理人网络。2006 年，当直销在中国合法化时，雅芳首席执行官钟彬娴（Andrea Jung）预计，该公司在中国的年销售额很快将达到10 亿美元。然而，事实证明，在从商店向直销模式过渡的过程中，雅芳的销售增长未达到预期。而使其雪上加霜的是"贿赂门"事件，该事件首先在中国爆出，并迅速扩大到其他市场。一系列调查使公司的声誉受损，公司为平息此事花费了数千万美元。[15]

● 币值波动。币值波动——而不是效率低下或缺乏市场机会——致使公司的销售工作脱轨，这类事例已有多起。例如在 20 世纪 80 年代中期，卡特彼勒的全球市场份额下降，原因在于美元的坚挺使小松制作所拉走了美国的顾客。此后，就在卡特彼勒的管理层陷于国内问题时，竞争对手削弱了它在全球市场的地位。

● 未知的市场信息。公司进入一个新的地区时，它的销售策略可能失灵，这可能是由对市场情况的不了解、当地的习惯做法或其国内竞争对手的牢固地位造成的。等到终于研究出克服这些障碍的招数时，往往为时已晚，公司已无法取得成功。此外，如果公司在进入之前用过多的时间进行市场调研，也可能会发现已错失机遇，而没有受到"分析瘫痪"综合征侵扰的竞争者却已捷足先登。因此，很难笼统地说何时是进入一个新国家市场的最佳时机。

如果上述挑战能够克服（或者至少最小化），人员销售可以在名为战略性/顾问式销售模式的辅助下得以实施。

14.2.1　战略性/顾问式销售模式

图 14 - 1 展示的是在美国被广为接受的**战略性/顾问式销售模式**（strategic/consultative selling model）。这种模式分为 5 个相互依存的步骤，每一个步骤有 3 种可选做法，可以用作销售人员的查点清单。[16] 许多美国公司已经开始拓展全球市场，并建立了面对面的销售队伍，其中有的直接用公司自己的人员，有的则通过签约销售代理间接进行。结果战略/顾问式销售模式在世界范围内的应用日益广泛。这种模式的预期效果是能同顾客建立高质量的伙伴关系，要达到这个目的，关键是将这个销售模式不折不扣地付诸实施，并持续追踪。美国国内的销售队伍比较容易做到这一点，因为他们靠近总部，国际的销售队伍则困难得多。

首先，销售代表必须确立**人员销售理念**（personal selling philosophy）。这一理念表现为，销售代表信奉营销观念，并愿意扮演问题解决者或合作伙伴，为顾客提供帮助。职业销售人员必须坚定地相信销售是有价值的活动。第二步是要制定**关系策略**（relationship strategy），也就是与未来的和现有的顾客建立高质量的关系。这种关系策略为融洽和相互信任创建了一个蓝图，而这是建立持久关系的基础。这一步把销售人员与关系营销直接联系起来，强调与顾客建立长期关系的重要性。许多总部设在美国的公司在美国国内市场的销售中采用了关系营销法；对于希望在全球营销中获得成功的公司，这个概念同样相关（也许相关性更大）。

销售代表如果想要形成国际水平的人际策略和关系策略，明智的做法是先后退一步，弄明白这种策略将如何适应外国环境。例如，"我要不惜一切得到你的生意"的激进做法在许多美国大城市里是常用的，甚至是更为可取的，但在有些文化背景下，这却是最糟糕的做法。所

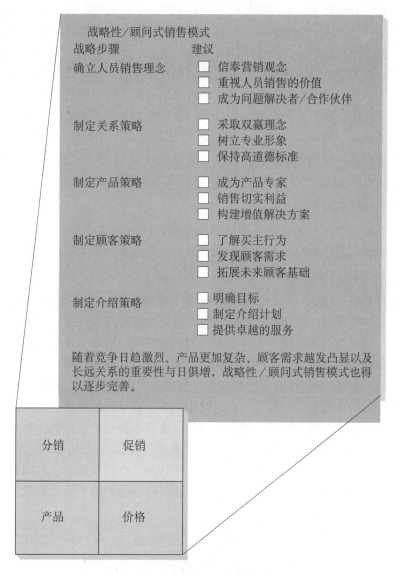

图 14－1　战略性/顾问式销售模式

资料来源：Gerald L. Manning and Barry L. Reece，*Selling Today*：Creating Customer Value，10th ed. © 2007，pp. 15，18，238. Reprinted/Adapted by permission of Pearson Education，Inc.，Upper Saddle River，NJ.

以，对公司的销售管理部门和销售队伍来说，谨慎的办法是投入必要的时间和精力去了解他们将开展销售业务的全球市场。在许多国家，人们对销售技巧只有初步了解，接受程度也低。在美国表现出色的销售活动在其他国家可能根本不起作用。当地的专家，如顾问或代理，或许能够提供务实的信息，这种信息有助于销售代表制定有效的国际关系策略。如果销售队伍（包括驻外人员）在当地没有熟人可以咨询，那么上述人士提供的建议就特别有用。销售代表必须明白，要想在尊重的基础上发展关系，必须有耐心并入乡随俗，这是一种重要的品性。

第三步，要制定**产品策略**（product strategy），也就是形成一个计划，能够帮助销售代表对产品进行挑选和定位以满足顾客的需要。职业销售人员必须是一个专家，不仅要对他所销售的每一件产品的特点与属性有深刻的了解，还应了解竞争对手所提供的东西。然后运用所了解的情况对产品进行定位，并就与顾客的欲望和需求相关的利益进行沟通。同人员销售理念和关系策略一样，这一步也必须了解目标市场的特点，并清楚地了解，当地的需求和欲望可能会要求公司提供的产品不同于本国现有的产品。

直到最近，大多数从事国际销售的美国公司都只是提供产品，而不提供服务。例如，约翰迪尔公司过去向那些仍以农业为经济支柱的国家出口高质量但相对简单的农机设备，因而奇迹般地扩大了其在全球市场的份额。而今天，由于全世界对科技相关服务的爆炸性需求，情况已经出现了改变。例如，2000 年，IBM 税前收入的 24％来自硬件销售，另有 40％来自服务，24％来自软件。而如今，硬件只占其税前收入的 8％，服务占到 39％。增长最明显的是软件，现在已占到 44％。[17]2011 年，在 IBM 成立 100 周年之际，《经济学人》对该公司多年来的成功秘诀进行了总结：

> 从一开始，作为一家制造复杂机器的厂商，IBM 别无选择，只能向其顾客解释其产品，因此他们对顾客的业务需求了若指掌。从那之后，顾客和供应商之间建立起了紧密的关系。[18]

简而言之，IBM 的成功在很大程度上归功于卓越的执行力，即**顾客策略**（customer strategy）。它是一项计划，能够确保职业销售人员最大限度地回应顾客需求。这样做需要对顾客行为有基本的了解，而且销售人员必须尽可能收集和分析每个现有顾客或潜在顾客的需求信息。顾客策略也包括建立未来顾客的基础，其中既有现有的顾客，也有潜在的顾客（或销售线索）。符合条件的销售线索是指有较大可能性购买产品的人。许多销售组织因追逐过多的不符合条件的销售线索，而降低了自己的生产率。这个问题对于国际销售团队极具挑战性，因为顾客的暗示或"购买信号"可能与销售代表在本国已经验证的并不相符。

最后一步——面对面的实际销售要求有**介绍策略**（presentation strategy）。内容包括确定每一次销售访问的目的，并根据此目的制定介绍计划。介绍策略必须以销售代表承诺向顾客提供优质服务为基础。如图 14-2 所示，这五种策略与适当的人员销售理念结合起来，才能构建互信互利的伙伴关系。

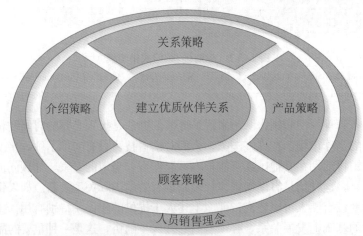

图 14-2　构建优质的销售伙伴关系

资料来源：Gerald L. Manning and Barry L. Reece, *Selling Today*: Creating Customer Value, 10th ed. © 2007, pp. 15, 18, 238. Reprinted/Adapted by permission of Pearson Education, Inc., Upper Saddle River, NJ.

　　介绍计划（presentation plan）是介绍策略的核心，通常分为六个阶段：接近、介绍、演示、谈判、成交和为销售服务（见图 14-3）。每个阶段的相对重要性可能因国家或地区而异。前面已多次说过，全球销售人员必须了解相关的文化准则和适当的礼仪——从得体地互换名片，到说话时音量适当，以及与决策者进行适当的目光接触。在某些国家，接近阶段是漫长的，买方先从个人层面对销售者进行了解或打量，全然不提有待进行的交易。在这种情况下，只有在确实已建立融洽关系后才可开始介绍。例如，在拉丁美洲和亚洲的某些地区，可能需要数周乃至数月才能建立起这种融洽的关系。顾客所看重的可能是常规工作时间之外的表现，而不是早晨 8 点到下午 5 点的正式工作时间里有何成果。

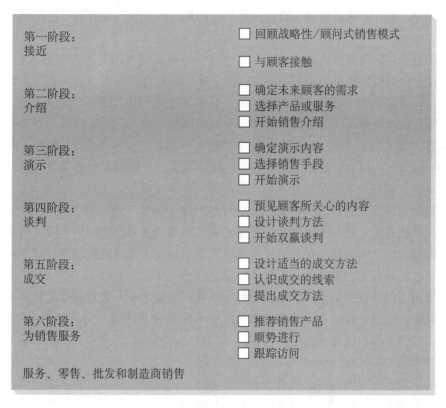

第一阶段：
接近
☐ 回顾战略性/顾问式销售模式
☐ 与顾客接触

第二阶段：
介绍
☐ 确定未来顾客的需求
☐ 选择产品或服务
☐ 开始销售介绍

第三阶段：
演示
☐ 确定演示内容
☐ 选择销售手段
☐ 开始演示

第四阶段：
谈判
☐ 预见顾客所关心的内容
☐ 设计谈判方法
☐ 开始双赢谈判

第五阶段：
成交
☐ 设计适当的成交方法
☐ 认识成交的线索
☐ 提出成交方法

第六阶段：
为销售服务
☐ 推荐销售产品
☐ 顺势进行
☐ 跟踪访问

服务、零售、批发和制造商销售

图 14-3　介绍计划的六个阶段

资料来源：Gerald L. Manning and Barry L. Reece, *Selling Today: Creating Customer Value*, 10th ed. © 2007, pp. 15, 18, 238. Reprinted/Adapted by permission of Pearson Education, Inc. , Upper Saddle River, NJ.

　　在介绍计划的六个阶段中，第一阶段——接近是指销售代表同顾客或潜在顾客初次接触。这个阶段的最关键因素是要完全了解决策的过程和每一个参与者的角色，如决策者、影响者、同盟者或阻碍者。在某些国家或地区，靠观察会谈期间的行为难以分辨谁的地位最高。通常是在销售代表花费相当多时间营造了融洽的气氛，并从各个角度和不同方面了解到客户的全面组织情况后，才能得到这种战略性的关键信息。

　　在介绍阶段，公司应该对未来顾客的需求作出评估并匹配公司的产品。为了有效地同外国听众进行沟通，介绍的风格与内容都必须经过仔细斟酌。在美国，介绍的意图就是销售和说服，而国际版本的介绍意图就应是教育和通告。在全球销售中，高压手段很少奏效，尽管它在许多美国销售宣传中是一种常见的组成部分。内容同样关键，因为在美国的讨论中可接受的内容可能会使外国听众受到冒犯或感到迷惑。阿道夫·库尔斯公司（Adolph Coors）的销售代表在同一家外国潜在客户的谈判中发生了一件好笑的事情。在介绍过程中，第一张幻灯片里包含了库尔斯公司的口号"把它拧松"（Turn It Loose），然而几秒钟后听众都咯咯地笑起来。原来，该口号翻译成当地语言就成了"腹泻"，而介绍者显然完全无意向听众传达这样的意思。

下一阶段是演示，在这个阶段，销售员有机会针对顾客定制沟通方案，并可交替使用口述和演示的方法表明产品是如何迎合顾客需求的。作为一种促销手段，在这个阶段人员销售具有重要优势。潜在顾客的感官也会发挥作用，他们可以看到、触摸到、品尝到或听到演示的产品。

在介绍过程中，潜在顾客可能会对产品本身、价格或销售的其他方面表示担心或反对。在国际环境中处理反对意见也是一门有学问的艺术。在有些情况下，这只不过是销售惯例的组成部分，顾客也期望销售代表能够对相关产品的优劣进行生动的说明。而在某些情况下，如果已经明显出现某种形式的分歧，进行公开讨论则是大忌；这类对话应一对一地进行，或在只有少数关键人物在场的小范围内进行。销售培训中有一个常见的主题，即积极倾听（active listening）的概念。如第4章所述，在全球销售中，语言和非语言的沟通障碍构成了特殊的挑战。在成功地克服反对意见后，即可进入实际谈判。

谈判要确保顾客和销售人员在离开介绍现场时都是赢家。有经验的美国销售代表知道，要想在美国赢得订单，谈判阶段常常需要使用坚持不懈的战术。然而当美国式的坚持不懈演变成固执或强硬时，则会使一些外国顾客觉得粗鲁和无礼。这可能使谈判很快终止，或者最坏的情况是，这种行为会被视为美国人优越感的表现，因而必须予以有力回击或立即制止。不适当地运用美国式谈判战术，已经使一些企图武断地同加拿大公司达成交易的美国销售代表尝够了苦头。反过来说，在另一些国家，坚持不懈经常意味着"持久的耐力"，在实际成交之前，卖方愿意耐心地花上几个月甚至几年的时间。例如，期望进入日本市场的公司必须准备花费若干年的时间进行谈判。

谈判阶段完成后，销售代表便可进入成交阶段，进而请求顾客订货。至于用多少直接的语言提出这个请求，不同国家的接受程度也不尽相同。在拉丁美洲，大胆地宣布成交会受到尊重；而在亚洲，成交需更多地顺从决策者的意愿。同处理反对意见和谈判一样，成交是全球商务与销售的知识和经验带来的一种销售技巧。

最后阶段是为销售服务。一笔成功的交易并非签署了订单就算结束；为确保顾客对所购产品感到满意，必须制定实施程序（其中可能包括交货和安装），还必须确定顾客服务方案。由于物流和运输问题，以及各个阶段需要东道国提供的资源等潜在问题，实施过程可能相当复杂。运输方式的选择在第12章已有叙述。有关实施过程和售后服务所需资源的决策与下文所述的人员销售结构决策类似。用客户所在国的国民完成实施过程有成本上的益处，但质量控制上较难得到保证。为了实施过程中的主要任务而专门建立外派团队，则成本太高，且在国际运作达到成熟和实现盈利之前没有理由这样做。然而派出实施队伍到东道国也有费用和监管等问题。即使实施问题得到了妥善处理，完善的客户服务工作也需面对同样的问题，即究竟使用东道国国民、驻外人员还是第三国国民？

14.2.2　销售人员国籍

如前所述，在全球开展销售业务的公司面临的基本问题是销售队伍的国籍组成。可能的选择有：利用驻外销售人员、雇用东道国国民或招募第三国销售人员。人员决策取决于若干因素，包括管理层导向、产品技术的先进程度和目标国所处的经济发展阶段。毫不奇怪，母国中心导向的公司可能喜欢选用驻外人员，而且不管目标国家的技术或经济发展水平如何，都采用标准化做法。在发达国家进行销售的多国中心导向公司应该选用驻外人员销售技术复杂的产品；如果产品的科技水平较低，则可利用东道国的销售队伍。在欠发达国家，销售有科技因素的产品应当用东道国国民；低科技含量的产品用东道国代理。在地区中心导向的公司，销售人员的国籍最为多样化。除发达国家的高科技产品，在所有情况下都可能使用第三国国民。[19]

除上述因素，管理层还应权衡不同选择的利弊。首先，驻外人员来自公司本国，往往掌握着更多的产品知识，并可能完全熟知公司对售后服务的承诺。在他们的思想中公司理念和公司文化根深蒂固。此外，他们制定的措施往往更为可取，并能够遵守总部的政策，而且一般来说出现控制或忠诚问题的可能性也较小。最后，派往国外也能给雇员提供宝贵的经验，从而增加晋升机会。

但是，利用驻外人员也有几点不利之处。如果总部的理念过于根深蒂固，驻外人员可能很难理解并融入外国的环境。这最终会造成巨大损失：他们的销售工作在市场上可能反响不佳，或因"身在曹营心在汉"，难以全力开发当地市场，反而导致高额成本。事实上，维持驻外销售队伍的费用也是极其昂贵的：美国公司用于驻外人员及其家属的年平均费用超过25万美元。公司除付给他们薪水外，还需要支付搬迁费、生活费用补助金和东道国税负。尽管在他们身上投资很多，许多驻外人员还是不能完成任务，因为他们在派驻国外之前接受的培训和指导不够充分。

另一个办法就是建立一支由东道国人员组成的销售队伍。当地人有若干优势，包括熟悉市场与商业环境，有语言技能和通晓当地文化。最后一点在亚洲和拉丁美洲特别重要。此外，当地人员本来就在目标国家，所以没有高成本的搬迁问题。不过，东道国国民可能存在与母公司不相吻合的工作习惯和销售方式。不仅如此，公司的销售经理一般较难控制完全由东道国国民组织的活动。总部的管理人员在培养忠诚度方面可能也会遇到困难，在对东道国国民进行有关公司和公司产品的培训和教育方面，可能需要下猛药。

第三种选择是雇用既不属于总部所在国也不属于东道国的人员，这种人被称为第三国国民。譬如总部设在美国的公司可能雇用泰国人到中国做代表。这种办法与用东道国国民有许多共同的优势。此外，如果有由于冲突、外交关系紧张或其他方面的分歧引起公司所在国与目标国之间的不和，来自第三国的销售代表有可能被认为是中立或"不相关"的，因而还可继续公司的销售活动。当然，第三国国民方案也有一些缺点。潜在顾客可能感到不解，为什么他们所接触的既不是当地人也不是总部所在国的人；第三国国民的报酬如果不及驻外人员或公司本国人员，他们可能会缺乏积极性；此外，如果他们期待的任职被派给了他人，他们可能会感到自己升迁无望。

大多数公司在经过多次创建销售队伍的摸索后，如今都想建立混合的销售队伍，即由驻外人员和当地国民构成均衡的组合。这种方式的关键词是"平衡"，因为这两组人之间发生冲突的可能性总是存在的。这也是在早期投入上最昂贵的方案，因为既有驻外人员的搬迁问题，又需要对当地国民进行全面培训。但是，为了做生意并开展海外人员销售，一般认为短期的开支是必要的。

管理层研究过以上各选项之后，可能会质疑由他们自己的人组成销售队伍的适当性。还有第四个选项，即利用**销售代理**（sales agent）的服务。代理人按合同行事，不是公司的全职雇员。从全球角度看，为了进入一个特定的国家或地区，更合理的做法往往是建立一个或多个代理机构。在某些情况下，由于地区偏远或缺少收入机会（客户与其总部不在一地，且客户地处服务网点可及范围之外）等原因，公司会在相当长的时期内雇用代理公司。迄今为止，在非洲开展销售活动的大多数美国、亚洲和欧洲公司都雇用代理机构来代表它们的利益。

销售代理比专职的东道国国民销售代表省钱得多，同时他们具有同东道国国民销售员一样的市场和文化知识。如果开始时使用代理机构，而且销售工作出现进展，便可逐渐用制造方的销售队伍取代他们。反过来，公司也可在开始时用自己的销售队伍，然后改用销售代理。宝洁公司在墨西哥的黄金商店计划（Golden Store）便是利用各种销售队伍的绝好例证。如第 12 章所述，公司代表造访各加盟商店，整理陈列销售区并将促销材料摆放在显眼位置。最初宝洁公司使用自己的销售队伍，现在则依靠独立的销售代理，由销售代理先行付款备货并转售给商店。

其他介于销售代理和专职雇员队伍之间的国际人员销售办法包括：

● 独家许可安排（exclusive licence arrangements）。根据这种安排，公司请在某国的（其他）公司销售队伍代其进行人员销售，并向他们支付佣金。例如，由于加拿大的监管部门不许美国电话公司进入市场，AT&T、美国微波通信、斯普林特还有其他公司便设计了一系列同加拿大的电话公司之间的独家许可安排。

● 合同制造或生产（contract manufacturing or production）。通过对潜在客户开放的仓库或展厅，实现一定程度的人员销售。西尔斯公司在各个海外市场都采用了这种办法，重点是制造和生产，但它同时也明白，实现销售的机会同样存在。

● 专职管理协议（management-only agreements）。公司通过这种协议，以一种类似特许的方式，管理一支外国销售队伍。希尔顿酒店在全世界都有此类安排，不仅限于酒店经营，还包括招揽大会举办、商务会议和大型活动的人员销售。

● 合资企业，即同当地国家（或地区）的合作伙伴建立合资企业。许多国家对境内的外国独资企业有所限制，因此建立伙伴关系就成为公司获得人员销售能力和现有顾客基础的最佳途径。

14.3 特殊形式的营销沟通：直接营销、辅助媒体、活动赞助和产品置入

直接营销协会（Direct Marketing Association）将**直接营销**（direct marketing）定义为：任何以消费者或商家为对象，旨在换取对方做出订货、要求提供进一步资料和/或参观

商店或其他商业场所等回应的沟通行动。公司运用直接邮寄、电话营销、电视、印刷品和其他媒介取得回应，并建立有购买记录和其他信息的消费者信息库。与此相反，典型的大众营销（mass marketing）沟通则针对广泛的，具有某些共同的人口特点、心理特点或行为特点的消费者子市场。直接营销和"普通"营销之间还有其他区别，如表 14-2 所示。

表 14-2　直接营销与大众营销对比

直接营销	大众营销
营销者安排送货上门（创造地点效用），从而实现增值。	正常情况下，产品的利益不包括送货上门。
营销者全程控制产品直至交货。	正常情况下，产品转到分销渠道的中间人后，营销者即失去控制。
采用直接回复式广告，以取得客户的询价或订单。	使用广告是为了实现日积月累的效果，虽不敦促即刻购买，但能树立形象、知名度、品牌忠诚度，且让顾客牢记产品的益处。
重复广告发布或产品推荐。	广告在一段时期内重复发布。
顾客购买产品时见不到实物，通常感知风险较大，进行追偿时还会感到距离较远或不太方便。	顾客直接接触产品，故感知风险较小，距离较近，容易追偿。

虽然几十年前就有直接营销，但现在的技巧和手段更加成熟。例如，唐·佩珀斯（Don Peppers）和玛莎·罗杰斯（Martha Rogers）推崇**一对一营销**（one-to-one marketing）的方法。一对一营销以客户关系管理这一概念为基础，它要求根据以往的购买记录或同公司的互动关系区别对待不同的顾客。佩珀斯和罗杰斯将一对一营销解释为下述四个阶段[20]：

1. 辨认（identify）顾客并积累他们的详细信息。
2. 区分（differentiate）顾客并根据他们对公司的价值排序。
3. 与顾客互动（interact）并创建成本效率和效益更高的互动形式。
4. 按顾客需求定制（customize）产品或服务（例如，使直接邮寄服务更加个性化）。

近年来，直接营销在全球的普及率稳步上升。原因之一是信用卡的普及（在一些国家已经广泛使用，另外一些国家用得也越来越多），它是直复购买（direct response purchases）的方便支付机制（事实上，维萨、运通和万事达都通过向持卡人发送直接邮寄广告，而获得了数额庞大的收入）。另一个是社会原因：无论在日本、德国或美国，双收入家庭有钱花，但没时间出门采购。科技的进步使公司更容易直接接触到顾客。有线电视和卫星电视可使广告商在世界范围内触及特定的观众。MTV 已经在全世界深入数亿个家庭，并吸引着年轻观众。公司如果想接触到生意人，就可以在有线电视新闻网（CNN）、福克斯新闻网（Fox News Network）或美国消费者新闻与商业频道（CNBC）等电视网购买播出时间。

20 世纪 90 年代，直接营销在欧洲的受欢迎程度急剧上升。欧盟委员会预计，在不久的将来，用于直接营销的投资将会超过用于传统广告的开支。原因之一是，直接营销的方案能够较好地适应"思维全球化，行动当地化"的理念。20 年前，伦敦一家直接营销和数据库公司的总经理托尼·科德（Tony Coad）曾说："鉴于欧洲在语言、文化和地域上的多样性，'欧洲消费者'这一流传的概念分明是胡扯。直接营销的优点在于它努力应对差异并迎合每位消费者的不同需求。"[21]不过障碍依然存在，欧盟委员会对数据保护和隐私、某些国家的高邮资以及邮址列表行业相对不发达表示担忧。德国邮政公司（Deutsche Post）的雷纳·亨斯特（Rainer Hengst）对希望走向全球的美国直接营销公司提出如下指导意见[22]：

● 世界上充满了非美国人。千万别把他们都当美国人对待。

● 同政治一样，所有的营销都是地方性的。勿因你的直接邮寄活动在得克萨斯行之有效，就以为在多伦多也灵验。

● 虽然可能有一个欧洲联盟，但没有"欧洲人"这回事。

● 选中你的目标，聚焦于一个国家，然后去做功课。

● 假如你给出的退货地址是得克萨斯州的巴黎，那你就很难在法国巴黎找到顾客了。顾客需要能够在当地退货或者至少需要确信在本国有服务点。

14.3.1 直接邮寄

直接邮寄（direct mail）利用邮政服务向营销者选定的潜在顾客寄送推荐材料。直接邮寄是银行、保险公司等其他金融服务提供商喜欢使用的手段。顾客如直接对其做出答复，营销者便将有关信息添加到数据库中。这些信息反过来又可使营销者重新确定可提供的（商品或服务）内容，并生成针对性更强的明细表。美国拥有完善的邮址列表产业。公司只要租用相关的邮寄名单，就基本上可选定所有类型的购买者；当然，名单的选择性和专门性越强，价格就越高。美国人收到直接邮寄的件数多于其他各国，原因在于他们更可能取得优质的名单并拥有绝对领先的市场规模。可是按人口计算，德国消费者却在邮购金额上领先于世界其他地方，每人每年购买的商品价值超过 500 美元。

欧洲和日本不像美国，可以得到的名单极为有限。可得名单的质量可能不如美国，错误和重复也多些。尽管有这些问题，直接邮寄在世界某些地方仍然越来越普遍。例如，欧洲的监管部门担心，传统的烟草广告会影响到或有意针对儿童。烟草行业看到广告行为面临不断增强的限制，受此威胁，他们的策略正向直接邮寄方式转移。直接营销协会的开发主任戴维·罗伯汤姆（David Roberttom）说："香烟盒上的许多促销内容都和已收集到的资料有关，（烟草公司）正极力培养忠诚度。"

在亚洲经济危机之后，该地区的许多公司都转而采用直接邮寄的方式，以便更有效地使用广告经费。亚洲直接营销部门历来落后于美国和欧洲的同行。葛瑞环球集团于 1997 年建立了葛瑞直接互动（Grey Direct Interactive）的吉隆坡办事处；奥美全球公司（OgilvyOne Worldwide）是奥美集团专事直接营销的马来西亚子公司。在亚洲，银行和通信部门处于直接营销先行者的行列，因为它们可利用丰富的数据库，并通过邮件或互联网向目标消费者投递材料。

14.3.2 目录

目录（catalogs）是一份杂志式刊物，内有照片、图画和对公司产品的详细介绍（有时使用目录杂志（magalog）一词来形容这种沟通媒体）。每年全球目录零售业产生的年收入为数千亿美元。目录作为一种直接营销工具，在欧洲和美国都有着悠久且辉煌的历史。欧洲的目录市场是在第二次世界大战后兴盛起来的，因为消费者想要寻求方便、廉价且范围广的商品。美国的目录营销商包括杰西潘尼、Lands' End、里昂比恩（L. L. Bean）和维多利亚的秘密；在欧洲，德国的翱拓邮售公司（Otto GmbH & Co KG）是领先的目录零售商。目录作为整合营销沟通方案的重要组成部分，已经得到广泛认可，许多公司将目录与传统的零售分销和电子商务渠道串联使用。美国的目录零售部门约占全球市场总额的 1/3；2008 年寄出目录 170 亿份。[23]

从历史上看，美国的目录营销商可以在东西海岸间运送货物，中间跨越多个州界，监管上的障碍相对较少，他们因此受益颇丰。相反，欧洲的目录营销商在单一市场形成之前却受到阻碍，因为邮购的产品在通过不同国界的海关时要缴纳增值税。由于增值税抬高了跨境货物的价格，因此具体的目录往往针对国内买主。换言之，德国人按德国目录购买，法国人按法国目录购买。海关规定也影响了市场进入策略，目录营销商不断收购不同国家的现有公司，从而使自己壮大起来。例如，翱拓邮售公司就在 20 个国家发行数百种目录。

如今，欧洲的单一市场意味着邮购的货物可以在欧盟国家内部自由流动，而不产生增值税问题。此外，从 1993 年 1 月起，免收增值税的适用范围扩大到了运往欧洲自由贸易区（挪威、冰岛、瑞士和列支敦士登）的货物。鉴于潜在目录市场不断扩大以及免征增值税的环境，人们预计欧洲的邮购行业将会有迅猛发展。欧洲的单一市场也吸引了美国的目录零售商，不过它们将面临更高的纸张、印刷和运输成本，还有是否应使其商品适应当地品味的老问题。Lands' End 国际开发主管斯蒂芬·迈尔斯（Stephen Miles）说："最难搞明白的是应当在什么领域实行当地化。我们为自己是美国运动服装公司而感到自豪，但这不等于说普通的德国消费者会愿意接听电话并用英语来进行答复。"[24]

日本国内的目录业相当发达。最大的目录公司包括年销售额达 10 亿美元的女性服装和内衣公司塞西尔（Cecile）、出售教育用品的 Kukutake 出版社和出售一般商品的谢迪公司（Shaddy）。第 12 章已提到，分散的分销系统构成了营销公司进入日本市场的巨大障碍。因此越来越多的公司利用直接营销来绕过渠道瓶颈。20 世纪 90 年代中期，日本各种形式的消费者和商业直复广告的年收入超过 1 万亿美元；2000 年日本经济继续处于困境之中，这个数字降到了 5 250 亿美元。但是营销者仍然可以通过不同的策略取得成功。例如巴塔哥尼亚公司（Patagonia）出版了一份日文目录，其销售额急剧增长，而里昂比恩公司则在传统目录中增加了日文插页。

西方目录营销商在日本市场继续发展的同时，也将目光转向了其他的亚洲国家。新加坡的邮政服务效率高，人口的受教育程度高，信用卡使用广泛，并且人均收入高，这些吸引了目录营销商的注意。Lands' End 的前国际业务开发主管迈克尔·格拉西（Michael Grasee）说："我们的亚洲顾客和其他地方的顾客基本是一样的，就是那些时间紧迫、到处奔波、勤奋工作的管理人员。"[25] 目录营销商也瞄准了亚洲的发展中国家和地区。翱拓邮售公司 2012 年的总收入为 153 亿美元，占全球邮购营业额的 6%，它正计划进入中国、韩国市场。因为那些地方没有几家当地邮购公司可收购，翱拓邮售公司的进入策略是在与当地零售商成立的合资企业中控股。

14. 3. 3　信息广告、电视购物和互动电视

信息广告（infomercials）是一种付费电视节目，即在节目中演示和解释某种产品，并

在电视屏幕上提供免费电话号码，向观众出售该产品。萨奇广告公司（Saatchi & Saatchi）信息广告部总裁托马斯·伯克（Thomas Burke）说，信息广告是"迄今创造的威力最强的广告形式"。一个信息广告的制作费用为 300 万美元，广告主在美国有线和卫星系统以及当地电视频道购买插播时间还要支付 50 万美元。信息广告的标准长度是 30 分钟，片中有现场观众和知名播音员，许多观众认为他们是在观看普通脱口秀之类的节目。信息广告最初用于个人护理、健康和家用产品，诸如传奇式直复兜售人罗恩·波佩尔（Ron Popeil）叫卖的商品等，但近几年档次提高了。例如雷克萨斯通过信息广告推出其二手车计划后，接到了 4 万个问讯电话，其中 2% 的人最终购买了雷克萨斯车。信息广告在亚洲可产生数亿美元的年销售额。在日本，深夜插播时段的费用为 10 万美元，在新加坡是 2 万美元。

在**电视购物**（tele-shopping）方面，家庭购物频道如 QVC 和家庭购物网（Home Shopping Network，HSN）等将信息广告的概念又向前推进了一步，这种全天候的节目完全用于产品的演示与销售。全球范围的家庭购物构成了一个数十亿美元的行业。领先的家庭购物频道也在利用互联网。例如 HSN 除在美国、中国、德国和日本经营家庭电视购物频道外，还通过公司网站（www.hsn.com）提供在线购物服务。

QVC 同默多克的英国天空广播卫星公司（British Sky Broadcasting，BSkyB）达成的协议可以使其覆盖德国、意大利和英国，在日本也可收到。QVC 的一位管理者弗朗西斯·爱德华兹（Francis Edwards）说："欧洲消费者有不同的反应方式，虽然基本前提和概念是相同的，但首饰的种类却不同。德国消费者不会买 14K 黄金，因为他们追求高成色。我们可以在德国卖葡萄酒，但在美国不行。"[26] 欧洲兴起了许多地方性或区域性的电视购物频道，德国的家庭订购电视（Home Order Television，HOT）是与一家名为 Quelle Schickedanz 的邮购公司建立的合资企业。瑞典的电视商店（TV-Shop）覆盖了十多个欧洲国家。一般而言，欧洲人比一般的美国电视购物者拥有更强的鉴别力。

行业观察员预计，随着**互动电视**（interactive television，ITV）技术进入更多家庭，家庭购物在今后几年将更受欢迎。如其名字所示，互动电视可以让电视观众与其正在观看的节目进行互动。互动电视在欧洲的普及率高于美国，仅在英国，半数以上的付费电视用户已在利用互动电视服务。英国付费电视提供商提供的遥控器上有一个红色按钮，观众只需按下该按钮就可以订购家庭购物频道的产品，改变体育赛事的转播角度，在观众参与的节目如《老大哥》（Big Brother）中按按钮投票，或索取广告产品的免费样品。2005 年，帝亚吉欧试用互动电视做皇冠牌伏特加的广告；广告开始 60 秒后要求观看者再按两次按钮观看完整的广告。斯米诺品牌的英国地区经理詹姆斯·彭内法特尔（James Pennefather）将这种新模式与传统电视广告加以比较后说："互动电视广告远未经检验与考量，对我们来说是一场精心策划的冒险。我们只有做了才知道它是否会成功。"[27]

14.3.4 辅助媒体

传统的辅助媒体有移动广告和路牌广告。如表 14-3 所示，在世界上的大多数地区，户外广告的增长速度高于整体广告市场。随着中国政府和其他新兴市场扩大公共交通系统，修建和改善其公路基础设施，广告主也在利用更多的室内和室外招贴画和广告牌向广大购买者传递广告信息。日本人倚重公共交通工具，东京的居民一般到上班地点有 70 分钟的通勤路程。因此，日本的户外广告和移动广告的支出高于大多数国家；估计每年用于户外媒体的支出为 44 亿美元，占（广告）支出总额的 12%。[28]

表 14 - 3　户外广告开支占广告总开支的比例

国家	百分比（%）
法国	11.7
英国	5.8
西班牙	5.4
意大利	4.3
加拿大	4.2
美国	4.0
德国	4.0
全世界	5.9

新兴市场简报

广告牌在巴西被禁！

环保人士赢得一分：2007 年 1 月 1 日，《清洁城市法》（Lei Cidade Limpa）在巴西圣保罗生效。该法案是市长吉尔伯托·卡萨布（Gilberto Kassab）提出的，其主要作用就是在这个拥有 1 100 万人口的城市中禁止各式各样的户外广告。卡萨布表示："《清洁城市法》意味着抗击污染的必要性……水污染、噪声污染、空气污染，以及视觉污染。我们决定从最引人注目的领域开始抗击污染，那就是——视觉污染。"

这项禁令意味着圣保罗的巨型广告牌和大屏幕（总共约 15 000 个）都将被拆除。剩下的是没有海报的钢骨构架，杂乱无章。此外，公共汽车和出租车上也不许继续搭载移动交通广告。商店招牌仍可使用，但招牌的最大尺寸根据商店外立面的大小用公式计算确定。

一位当地记者称赞该禁令时写道，这项新法律"是为数不多的公共利益对私人利益的胜利，是秩序战胜了无序，美学战胜了丑陋，清洁战胜了脏乱。"但马塞尔·索利玛尔（Marcel Solimeo），作为拥有 32 000 名成员的圣保罗商业协会（Commercial Association of São Paulo）的首席经济学家，并不赞同这一观点。他在谴责该禁令时说道："这项激进的法律违反了市场经济规则，破坏了法治。我们生活在一个消费社会中，资本主义的本质是提供有关产品的信息。"

一些广告主承认，在巴西，传统的户外广告可能并不是最好的沟通渠道。Agência Africa 的高管马西奥·桑托罗（Marcio Santoro）在《清洁城市法》生效之前，用直率的语言描述了当时的广告环境。他说："这太糟糕了。你必须购买大量的广告，才能获得人们的注意，因为噪声实在太多了。"惠普巴西公司的营销经理安娜·弗赖塔格（Anna

Freitag）对此表示同意，她说："广告牌就是道路上的媒体。理性购买就意味着效率降低……人们有诸多顾虑，很难仅因广告而购买。"

　　由于如今已不能使用传统的户外广告了，公司设计了许多其他方式来与潜在客户进行沟通。例如，花旗银行在其大部分广告中使用了蓝色，因此它把圣保罗的主要分支机构也装修成了蓝色，从而使它脱颖而出。创新的室内广告也陆续出现，如在电梯和浴室中放置广告。巴西人越来越多地使用社交媒体，因此在线渠道也非常合适。ABC 集团（Grupo ABC）广告代理网络的尼萨恩·瓜纳斯（Nizan Guanaes）说："互联网是下一个前沿，其原因已无须解释。巴西在数字和社交媒体方面非常成熟。"

　　圣保罗市的领导表示，他们最终将建立一个特殊区域，允许出现有限数量的户外广告。即便如此，许多广告主已开始适应新的现实了。由于绝大多数圣保罗居民都支持该禁令，广告主已经意识到，将广告置于不受欢迎的地方是没有意义的。

　　资料来源：Vincent Bevins, "São Paulo Advertising Goes Underground," *Financial Times* (September 7, 2010), p. 10; David Evan Harris, "São Paulo: A City Without Ads," *Adbusters*, no. 73 (September/October 2007); Larry Rohter, "Billboard Ban in São Paulo Angers Advertisers," *The New York Times* (December 12, 2006), p. C1.

　　全世界用于户外广告的支出约占全部广告支出的 6%；欧洲用于户外广告的开支为 6.4%，美国是 4%。该领域最大的两家公司是总部设在得克萨斯州的清晰频道户外控股公司（Clear Channel Outdoor Holdings，它在全世界拥有 90 多万个户外和移动广告载体）和法国的德高（JCDecaux）。

14.3.5　赞助

　　赞助（sponsorship）是一种日渐流行的营销沟通形式，即公司通过支付费用，将自己的名称同某一特定事件（活动）、运动队或体育协会，或体育设施相联系。赞助把公共关系和营业推广两种因素相结合。从公共关系的角度讲，赞助一般能保证解说员在无线广播或扩音系统中无数次地提到公司或品牌名称。大型活动也可大范围地吸引媒体的注意，因而在新闻和访谈节目中会多次提到赞助公司或品牌名称。活动的赞助通常会提供无数接触点，可接触到人数众多的群体，因而是样品派送和其他营业推广活动的理想载体。

　　对奥运会或世界杯足球赛的赞助可使公司接触到全球观众；而像职业体育比赛、赛车、热气球比赛、牛仔竞技赛和音乐会等可以接触全国或地区观众的活动也会吸引到不少的赞助商。例如，可口可乐公司将世界杯赞助视为一个重要的促销机会。在 2010 年南非世界杯期间，可口可乐花了大约 1.24 亿美元用于购买赞助权，另有 4.75 亿美元用于广告和促销活动。这家饮料巨头采用了整合营销沟通的方式，在电视上、网络上和餐馆中推出非洲主题的广告。当世界杯比赛播出时，围绕球场的电子广告牌上出现了可口可乐 Powerade 运动饮料品牌的特写。可口可乐公司的整合营销总监斯科特·麦丘恩（Scott McCune）预测，在比赛前的几个月中，可口可乐公司的销售额会增长 5%。他的公司计划从现在到 2020 年在非洲投资 120 亿美元。正如麦丘恩所说，"非洲大陆对我们至关重要"。[29]

中国 2010 年上海世界博览会

2010 年，对于世界上所有大型企业及民族品牌的营销者而言，上海是他们的必到之地。原因是什么？起源于 19 世纪中叶的大型世界博览会，将迎来它的最新系列——上海世界博览会（以下简称上海世博会）。1851 年伦敦的万国工业博览会是第一届；其他还包括巴黎世界博览会（1889 年）、芝加哥哥伦布纪念博览会（1893 年）和纽约世界博览会（1939 年和 1964 年）等。

2010 年 5 月 1 日，上海世博会开幕，它是有史以来最大的博览会。耗资 550 亿美元，是 2008 年北京奥运会的两倍。然而，北京奥运会和上海世博会之间存在重大差异。正如一位观察家所指出的那样，奥运会是中国为世界准备的一个节目，而相比之下，世博会是世界为中国带来的表演。

至 2010 年 10 月底上海世博会闭幕时，共有 192 个国家参展，迎来了约 7 300 万访客（其中大多数是中国人）。这些访客有何收获呢？上海世博会的主题是"城市，让生活更美好"；整个世博园区的冷却系统都利用了黄浦江水。如今，世博会已闭幕，但上海居民仍受益于相关投资对基础设施的改善。例如，世博会附近的街区道路重新进行了铺设，并有 150 个新建地铁站。

上海曾被誉为"东方巴黎"。走过一个轮回，如今的上海再度成为中国的金融中心和崭露头角的国际大都会。中国作为一个整体代表着世界第二大奢侈品市场。因此，众多全球时尚公司和品牌亮相 2010 年上海世博会也就不足为奇了。参展商包括香奈儿、普拉达和范思哲等。意大利馆的工作人员就穿着普拉达。普拉达还特意推出了一系列以世博会为主题的消费品，其中包括风衣、棒球帽和钥匙链等。

正如 2010 年上海世博会的主题"城市，让生活更美好"，由各企业和国家赞助的许多展馆都意在展示技术是如何改善生活质量的。城市最佳实践区的展馆突出体现了这一要义。例如，德国汉堡市选择的主题是"和谐城市"，即平衡的城市，并展示了一个"被动房屋"，该房屋能在没有传统的供暖或空调系统的情况下保持全年都有舒适的室温。其指导思想是："如果一个城市在求新与存旧、创新与传统、城市与自然、集体与个人、工作与休闲之间都能达到平衡，那这里的生活就是和谐的城市生活。"另一个对日常生活投以希望的创新是"生态厕所"，它能收集雨水用于冲洗；这在一些公共卫生问题严重的国家会特别受欢迎。

瑞士馆部分由雀巢赞助，它以"城市与乡村的互动"为主题，其外部帷幕由大豆纤维制成。该"智能帷幕"被 10 000 个太阳能电池覆盖；当拆除展馆时，这些电池将出售。西班牙馆斥资 260 万美元，建筑面积 8 500 平方英尺，由钢结构支撑，外立面覆盖着手工编织成各种图案的藤条。西班牙还展示了一座由竹子制成的 5 层楼房。

在各展厅前排队的访客都兴致勃勃。人们有时会等待 8 个小时就为了体验沙特阿拉伯馆的 IMAX 影院，在那里你可以身临其境地飞越该王国的诸多宝藏。沙特阿拉伯馆还展示了 4 种类型的城市，其中包括"能源之城"和"新经济之城"。中国游客将日本馆称为"紫蚕岛"，半圆形的结构上覆盖着双层紫色的外膜。膜内有太阳能收集器，被称为"洞穴"的凹陷处用于收集雨水，再喷洒在膜上帮助降温。展馆的设计主旨是"心之和，技之和"。共有 550 万游客涌入丹麦馆观摩标志性的小美人鱼雕像。智利则展示了"凤凰一号"救生舱，它曾在一次矿井坍塌事故中成功协助救出了 33 名矿工。

在过去的许多届世博会上，通用汽车公司都是参展商。例如，1939 年纽约世博会，通用汽车提出了后来由美国政府建造的州际公路系统。1974 年斯波坎世博会，通用汽车的两项创新——安全气囊和儿童汽车安全座椅，如今已经是许多车辆的标配。在上海，通用汽车及其中国合资伙伴上汽集团展示了一款电动小型车，紧凑、轻盈，可以自行停入高层公寓楼的壁橱中。

通用汽车并不是 2010 年上海世博会唯一拥有品牌展馆的西方企业参展商。思科是来自加利福尼亚州的互联网设备制造商，其展馆主题为"智能＋互联生活"（SMART＋CON-NECTED LIFE，S＋CL）。S＋CL 意在展示经济、社会和环境效益的三重要旨。思科馆还展示了一款自动饮料机，它可以给放学回家的孩子提供饮品。

可口可乐的红白色展馆——"快乐工坊"——以动画角色和人物为卖点，向游客展示了"一个畅爽开怀的世界"。此外，可口可乐还展示了一种使用塑料和植物材料制作的创新包装"PlantBottle"。参观者还可领到一种开启时会结冰的罐装可口可乐。为什么可口可乐会参加 2010 年上海世博会呢？可口可乐公司经理特德·瑞安（Ted Ryan）说："我们的目标是成为首屈一指的饮料品牌。还有谁能做到？只有可口可乐。"

当然，中国公司在世博会上也相当抢眼。它们的展馆外观被称为"魔方"，可随着内部人员的移动而改变颜色。这些参展商的投资回报是什么？参展国家希望能提升旅游业；中国公民全球旅行的趋势不断增长。到访巴黎的中国游客正在大幅增加。根据法国旅游发展署的数据，仅 2010 年，就有 55 万游客来自中国，他们共消费了 8 900 亿美元。热门的购物目的地包括老佛爷百货（Galeries Lafayette）和春天百货（Au Printemps），这两家百货公司在中国非常有名。两家公司都曾在中国做广告；此外，它们还雇用了会说中文的员工，并分发已翻译成中文的商店地图。

资料来源：Steven Erlanger, "After Long March, Chinese Surrender to Capitalist Shrine," *The New York Times* (September 14, 2011), p. A10; James T. Areddy, "What Makes a Crowd? In Shanghai, 73 Million," *The Wall Street Journal* (October 29, 2010), p. B1; Edwin Heathcote, "Special Effects," *Financial Times* (June 5-6, 2010), p. 8; Patti Waldmeir, "A Luxury Invasion," *Financial Times* (June 5-6, 2010), p. 9; Claire Wrathall, "A City in the Mood for Celebration," *Financial Times* (June 5-6, 2010), p. 9; Waldmeir, "Grand Vision of Shanghai Expo Set to Redream the Past," *Financial Times* (May 1-2, 2010), p. 4.

就如同可口可乐联手世界杯足球赛一样，赞助可以是整合营销沟通计划的有效组成部分。在广告使用范围和其他营销形式受到监管限制的国家，就可以使用赞助的手段。例如中国禁止烟草广告，英美烟草公司和菲利普·莫里斯便斥资上千万美元用于赞助活动，如香港至北京的汽车拉力赛和中国的全国足球联赛。但是，2005 年中国政府批准了世界卫生组织的《烟草控制框架公约》，这意味着一切形式的烟草促销和赞助活动都将在 2010 年之前逐步淡出。赞助活动在英国也很普遍，本森赫奇斯（Benson & Hedges）以 400 万英镑（600 万美元）签订了一份 5 年期合同——为板球赛事提供赞助；乐富门（Rothman's）每年出资 1 500 万英镑（2 300 万美元）赞助世界一级方程式赛车队。然而根据欧盟关于烟草广告的指令，烟草业已在逐渐退出所有体育活动（包括世界一级方程式赛）的赞助。

14.3.6　产品置入：电影、电视节目和公众人物

公司可以用**产品置入**（product placement）的办法获得独特的展现机会：安排产品和品牌名称出现在人们喜爱的电视节目、电影和其他类型的演出中。营销人员还可以向名人或其他公众人物出借或捐赠产品；当这些名人在公众场合使用这些产品时，产品也会得到宣传。

这种策略特别受汽车制造商和时装设计师的欢迎，并常常与年度大众电视活动结合使用，如吸引媒体关注的奥斯卡和格莱美颁奖活动。奥迪生活方式和娱乐经理西莱斯特·阿特金森（Celeste Atkinson）的任务就是确保诸如 12 缸的 A8L 和 S8 轿跑车等能够成为狗仔队拍照的焦点，以吸引眼球。[30] 在 2006 年《超人回归》的首映式上，阿特金森安排了 35 辆配有专职司机的奥迪汽车，将凯文·斯佩西（Kevin Spacey）和其他明星送到现场。还有小罗伯特·唐尼在《钢铁侠》电影中扮演的托尼·史塔克（Tony Stark）所驾驶的那辆奥迪 R8 Spyder！

具有轰动效应的电影大片在全世界的观众人数可以达到数千万。在很多情况下，产品置入会激起媒体的兴趣，从而得到额外的宣传。置入的方法有多种。有时公司会为此付费，还有一种情况是节目制作人将产品写进剧本，以换取对新作品的营销和促销的支持。品牌所有者也可达成一项交换协议，公司（如索尼）向制片人提供产品作为道具，换取在零售促销活动中使用詹姆斯·邦德名字的许可权。产品置入代理公司，如瑞士的宣传（Propaganda）、好莱坞的英雄产品置入（Hero Product Placement）和永久（Eon）等，以人才中介机构的运作方式代理产品。作为代理，它们担负着若干重要任务，如从品牌所有者那里获得许可，向制作人推荐客户的产品，安排产品送到摄影棚等。

在电视置入方面，就在公司越来越怀疑传统广告的有效性时，广告与节目内容的界限变得模糊了。事实上，有证据表明，在电视节目中明显置入的产品比传统广告更易引起回忆。此外，还有许多观众使用数字视频录像机（DVR）"跳过"广告，即实际上消费者不看广告。这种趋势迫使广告主去寻找新的途径，使观众能接触到它们的信息。其中一种做法有时被称作品牌娱乐（branded entertainment），它将产品和品牌与娱乐有效地结合，热门电视节目《美国偶像》（*American Idol*）中就有这种手法。

除有效性问题，负责道具和布景的人都面临预算压力，于是他们被迫尽可能使用免费的道具。不仅如此，故事片的营销费用已经上涨，制片厂在营销上用去 2 000 万～3 000 万美元并不罕见，它们越来越希望寻找合伙人分担费用并吸引尽可能多的观众。然而，产品置入给全球营销者（特别是快速消费品公司）提出了一个有趣的问题。这种策略实际上是产品标准化的做法，因为一旦一个镜头已经拍成并编入电影或电视节目，产品的形象也会随之"定型"，而且将一成不变地出现在世界各地。[31]

不管是好是坏，产品置入已经进入戏剧与歌剧世界。2002 年秋，百老汇版本的普契尼歌剧《艺术家的生涯》将场景设在 1957 年前后的巴黎。舞台布景包括一面印有名笔制造商万宝龙（Mont Blonc）和白雪香槟酒（Piper-Heidsieck）的广告牌，其中一个场景——Momus 咖啡馆的人潮中也出现了白雪香槟酒。有些行业观察员提醒到要防止不利的反应。突出或渲染有争议的产品（如香烟）会引起道德上的担忧。如果广告以常规形式出现（如广播商业广告），大多数消费者会知道他们是在看广告。而以产品置入形式出现时，就不一定了。

事实上，这是在未经观众许可的情况下使他们下意识地成为销售对象。怎样使用产品置入才算得当？宏盟媒体策划集团的管理者乔·尤瓦（Joe Uva）说："不应带有强制性，不应使人受到侵扰。如果有人说'这是出卖行为，是产品置入'，那就不灵了。"纽约大学的媒体研究教授尤金·西坎达（Eugene Secunda）也对此持怀疑态度："我认为这是个很危险的计划。观众对你的节目内容越是不信任，对你的真实意图越是怀疑，他们对你的信息做出回应的可能性就越小，因为他们将用愤世嫉俗的态度和抵触心理对待一切。"[32]

文化背景

詹姆斯·邦德系列影片中的产品明星

詹姆斯·邦德少校——广为人知的特工 007——首次出现于 1962 年的电影中。50 年后，邦德的特许经营比以往任何时候更加强大，而其系列影片也因著名品牌与动作片的结合而为世人所熟知。围绕这位精明练达的英国特工的前 23 部影片在全世界的票房总收入超过了 50 亿美元。而该系列的最新影片《大破天幕杀机》（Skyfall）的制作成本超过了 1 亿美元。该系列片集聚的非凡人气和高额制作成本，使它成为展示产品与品牌的完美载体。

许多公司渴望与詹姆斯·邦德这种高调的影片建立联系。宝马公司在 1996 年推出新的敞篷跑车 Z3 时，想在全球引起轰动。它便把 Z3 置入第 18 部邦德影片《黄金眼》（Golden Eye）中，得到了广泛的宣传。在该影片中，负责装备的 Q 给 007 配备了一辆 Z3，替换了原来的阿斯顿·马丁；影片预告和印刷广告也把该车放在了突出位置。宝马经销商还得到了"宝马 007 装备资料"，用于在影片和新车面世前向潜在买主介绍相关信息。《广告时代》说："宝马在美国通过媒体对 Z3 和宝马的空前宣传和介绍，使汽车行业受到震撼，而不仅是搅动。"

《黄金眼》的后续影片《明日帝国》（Tomorrow Never Dies）附带促销的全球品牌金额约有 1 亿美元。爱立信、喜力、欧米茄、布里奥尼（Brioni）和威士国际都在影片中置入了自己的产品。邦德明星皮尔斯·布鲁斯南（Pierce Brosnan）也以特工 007 的形象出现在了专门摄制的电视广告中。但是在该系列影片的第 20 部《择日而亡》（Die Another Day）于 2002 年底发行时，宝马退居福特之后。这家美国汽车制造商说服制片人换回了原来的阿斯顿·马丁（当时该品牌归福特所有）；捷豹和新型雷鸟（Thunderbird）在影片中也大出风头。

第 21 部邦德影片《皇家赌场》（Casino Royale）中扮演 007 的是丹尼尔·克雷格（Daniel Craig）。为避免影迷和营销管理人员的抵制，影片的制片方有意将官方全球合作伙伴的数量限制在 6 家：索尼电子、索尼-爱立信、欧米茄、喜力、福特和皇冠伏特加。福特公司全球品牌娱乐总监麦尔斯·罗梅罗（Myles Romero）指出："这对提升品牌知名度来说太有用了。影片将我们带到了我们尚未开展营销活动的地方。"

制片方做出了一个绝好的选择，即决定让克雷格扮演第六任邦德。《皇家赌场》获得了将近 6 亿美元的票房收入，使其在特许经营方面成为第一赚钱大户。接下来，于 2008 年推出的《大破量子危机》（Quantum of Solace），又有几个品牌首次搭上了邦德的便车，其中就包括零度可乐（Coke Zero）和雅芳。说到零度可乐，德克·亨德里克森（Derk Hendriksen）解释道："我们已经进入 100 多个市场。我们认为将两个互不相干的全球角色进行搭卖是可取的。"而就雅芳而言，它配合电影的发行推出了邦德女郎 007 香水（Bond Girl 007 Fragrance）。雅芳全球营销副总裁特蕾西·哈夫纳（Tracy Haffner）称这部电影是"推出迷人的香水并与全球女性建立联系的绝好平台"。

正值邦德特许经营 50 周年之际，2012 年的《大破天幕杀机》延续了产品置入的传统。喜力为其旗舰啤酒产品花费了数千万美元；明星丹尼尔·克雷格也出现在了该品牌的电视广告中。索尼 Vaio 笔记本电脑和 Xperia 手机也占用了不少屏幕时间。还有汽车：显而易见的品牌就包括了奥迪、捷豹、路虎、大众、揽胜，当然还有阿斯顿·马丁。

资料来源：Edward Helmore, "Happy Birthday, Mr. Bond," *The Wall Street Journal* (July 7-8, 2012), p. D11; Theresa Howard, "Brands Cozy Up to Bond," *USA Today* (October 20, 2008), p. 3B; Emiko Terazono, "Brand New Bond Has a License to Sell," *Financial Times* (November 14, 2006), p. 10; Tim Burt, "His Name's Bond, and He's Been Licensed to Sell," *Financial Times* (October 5-6, 2002), p. 22; Jon Rappoport, "BMW Z3," *Advertising Age* (June 24, 1996), p. S37.

本章提要 //////////////////////

营业推广是指所有付费的针对消费者或商家的短期沟通方案，以期给产品或品牌增加有形价值。**消费者营业推广**针对的是最终消费者。**商贸营业推广**则用于企业间营销。**样品派送**使消费者有机会免费试用产品或服务。**赠券**是一种印制的证明，持有者购买某种产品或服务时有权享受降价或其他增值的特殊照顾。

人员销售是潜在购买者和公司销售代表之间面对面的交流。在美国广为接受的**战略性/顾问式销售模式**在世界范围内也得到运用。这种模式的五个战略步骤要求确立**人员销售理念**、**关系策略**、**产品策略**、**顾客策略**和**介绍策略**。**介绍计划**的六个阶段是接近、介绍、演示、谈判、成交和为销售服务。成功的全球销售可能需要对介绍计划的一个或多个步骤做出调整。全球销售中另一个需要考虑的问题是销售队伍的组成，其中可含**驻外人员**、东道国国民或**销售代理**。

在开展全球营销时还可使用若干其他的沟通形式。其中包括**直接营销**，即使用一种或多种媒介开始或完成销售的一种可衡量的体系。**一对一营销**是直接营销的升级，要求根据以往的购买记录或与公司的互动关系对不同的顾客给予区别对待。**直接邮寄**、**目录**、**信息广告**、**电视购物**和**互动电视**是几种已在全球成功使用的直接营销手段。全球营销者经常试图在全世界观众都能看到的大片中展示其产品。**赞助**活动和**产品置入**也已成为可在全球使用的重要沟通工具。

讨论题 //////////////////////

1. 简单回顾营业推广的主要手段（如样品派送和赠券）应如何运用于全球市场。在不同国家市场可能出现哪些争端和问题？

2. 在母国之外使用人员销售作为促销手段的公司必须考虑哪些潜在的环境挑战？

3. 管理导向（如母国中心、多国中心或地区中心）与销售队伍成员的国籍决策有何关联？还有哪些其他因素会影响销售队伍的组成？

4. 如本章前面所述，宝洁公司在墨西哥和其他新兴市场有一个"黄金商店"计划。宝洁的代表造访这些加盟商店，整理产品展售区，并将促销材料置于显眼的位置。最初宝洁公司使用自己的销售队伍，现在则依靠独立的销售代理，由销售代理先行付款备货并转售给商店。这种做法符合本章的论述吗？

5. 直接营销在全球公司的促销组合中有何作用？指出三个成功运用直接邮寄或其他形式直复广告的公司。

6. 为何信息广告、赞助和产品置入对全球营销者的重要性与日俱增？

案例 14 - 1（续）

红牛

红牛的创立者迪特里希·马特希茨信赖他自己的创业本能，而不依赖于传统的营销调研。马特希茨回忆道："刚开始时，我们说，红牛没有现成的市场，但是红牛会创造市场。而这最终成了现实。"换句话说，马特希茨成功实现了市场营销最基本的目标之一：他发现了一个尚未被任何现有产品所满足的细分市场。如今，红牛蓝色和银色易拉罐上印着的奔牛标志，已经得到全世界的认可。马特希茨的营销本能为他带来了巨额财富。2005 年，他登上了《福布斯》杂志的亿万富翁封面。

带着创业者特有的天分，马特希茨并未遵循常规的广告策略，而是另辟蹊径。他说："我们一直在寻找一种与众不同的、更具创造性的视角。"例如，红牛使用了一种称为自营销媒体的沟通手段。《红色告示牌》（Red Bulletin）是红牛媒体（Red Bull Media House）制作的月刊。该杂志每期的销量都超过了 300 万份，其中包括报摊销售、订阅以及通过免费的 iPad 应用程序的推送。该杂志在奥地利、德国、英国、科威特、新西兰、波兰和南非均有销售。2011 年，《红色告示牌》登陆美国，它在《洛杉矶时报》《芝加哥论坛报》《纽约每日新闻》等主要报纸上免费发放了 120 万份。美国版的第一期特别报道了旧金山巨人队的投手蒂姆·林瑟肯（Tim Lincecum），他是红牛赞助的数百名运动员之一。正如出版商雷蒙德·罗克（Raymond Roker）所说，"就消费者的需求和期望而言，我们正在进入一个新的媒体时代"。

自 1998 年以来，红牛的另一个举措也备受瞩目。红牛音乐学院（Red Bull Music Academy）由一系列音乐会、工作坊、艺术设施和其他文化活动组成，每年在不同的国际城市之间轮流举办。红牛音乐学院还赞助了蒙特勒爵士等国际音乐节；红牛音乐电台（RBMA Radio）是一个网络资源平台，听众可以收看或收听新音乐、现场音乐会、访谈及其他内容。尽管其冠名为"红牛音乐学院"，但红牛减少了它在该活动中的参与度；据该网站称，"红牛音乐学院不是一项赞助活动，而是一项长期的音乐倡议，它致力于促进已经并将继续改变声乐世界的人们之间的创造性交流"。毋庸置疑，该活动举行期间将随处可见红牛的徽标，而装满饮料的冷柜也会摆放在关键位置上。

红牛音乐学院成立的头两年，相关活动在柏林举行；随后的主办城市包括都柏林、罗马、伦敦、开普敦和纽约。该活动欢迎词曲作家、DJ、制作人和音乐家提出申请。每年在数千名申请者中会选出 62 位参与者。这些参与者白天参加工作坊和讲座，晚上分组写曲录音。红牛对音乐学院制作的任何音乐都不享有所有权。红牛音乐学院创始人之一托尔斯滕·施密特（Torsten Schmidt）说："这是开场白的一部分：没有任何回报。我们最终不会为你提供任何东西，除了灵感和这种一起创作的机会。"

2013 年，红牛音乐学院自 2001 年后首次回到纽约。许多工作坊和讲座都向公众开放。例如，由资深音乐制作人尼尔·罗杰斯（Nile Rodgers）、托尼·维斯康蒂（Tony Visconti）和肯·斯科特（Ken Scott）组成的小组专门讨论了大卫·鲍伊（David Bowie）录音室的录音。另外还有诸如氛围音乐的先驱布莱恩·伊诺（Brian Eno）及唐娜·莎曼（Donna Summer）的制作人乔吉奥·莫罗德尔（Giorgio Moroder）之类的业界传奇人物带来的演讲和表演。

一位热情的红牛音乐学院校友在解释学院的影响和重要性时说道："这个学院背后的那些人，不仅仅是在'例行公事'；他们真的是对艺术家充满热情的特别人物。在他们之上，仍有一些需要'例行公事'的，但我们从不需要关心这些。"不过，仍然有一些不同的声音。马修·赫伯特（Matthew Herbert）是一位英国电子音乐家，他的录音作品包括《一只猪》（*One Pig*），一张记录了一只猪的生命（和死亡）的专辑。他曾参加过红牛音乐学院，但不打算今后继续参加。他说："与红牛相关的任何音乐产业都给我一种强烈的印象，即品牌总是比艺术更为响亮。我认为任何曾与他们进行互动的人都会发现，他们除了销售含咖啡因和糖类的饮料之外并没有其他兴趣。"

伦敦商学院营销学教授尼尔马利亚·库马尔（Nirmalya Kumar）曾撰写过一篇对红牛进行案例研究的文章，题为《反品牌的品牌》（*The Anti-Brand Brand*）。库马尔对红牛非传统的营销沟通策略给予了很高的评价。他说道："成为一个伟大品牌的必备条件之一是，你必须以真实的方式传达你所要代表的事物，从而让消费者相信你。红牛音乐学院和鲍姆加特纳的跳伞表演就是极好的方式。"

案例讨论题

1. 这个案例有哪些值得批判和思考之处？

2. 总结红牛使用的不同的营销沟通类型。它们属于"传统"还是"非传统"方式？

3. 红牛的各个营销沟通手段分别达成了什么样的沟通目的？你是否还熟悉其他未在本案例中提及的品牌接触点？

4. 对特殊活动提供赞助（如菲利克斯·鲍姆加特纳历史性的跳伞表演）存在什么样的风险？

5. 有报道说红牛和其他能量饮料可能会对健康造成危害。请讨论。

6. 是什么使红牛成为库马尔教授口中的"反品牌的品牌"？

资料来源：Ben Sesario, "Live Music and a Canned Patron," *The New York Times* (April 26, 2013), p. C1; William M. Welch, "Skydiver's Space Jump Pays Off for Red Bull," *USA Today* (October 21, 2012); Nat Ives, "Red Bull Brings Its Monthly Magazine, Red Bulletin, to the U.S.," *Advertising Age* (May 8, 2011); Kerry A. Dolan, "The Soda with Buzz," *Forbes* (March 28, 2005), pp. 126–130.

案例 14－2

拉丁美洲的工业品营销

位于墨西哥新莱昂州的某大型制造厂的管理层决定投资数百万美元购买最先进的生产设备，以提高其子工厂的生产率。消息传开后，亚洲、欧洲和北美洲的供应商纷纷提出方案。其中一家美国公司因其高质量的产品和服务在全球享有盛誉。这家美国公司的管理层研究了订单的规模，决定绕过其在拉美国家的正规销售代表，派国际销售经理直接前往。

下面描述了后来发生的事情。

销售经理到该国后下榻某高级宾馆。不久，他就感到很难确定谁是与他接头的业务负责人。几天后仍无结果，他便拜访了美国驻该国使馆。在那里，他发现使馆商务专员掌握了必要的最新信息。商务专员听他讲述了情况，感到销售经理已经犯了一些错误，但估计拉美人已对美国人的莽撞司空见惯了，他推断销售经理的行为还没有造成损失。专员告诉销售经理，公司的全球采购经理是关键人物，得到他的首肯便是得到了合同。他也向销售经理简要地介绍了拉美国家的商务惯例，并告知与这位采购经理打交道的注意事项。

专员的建议大致如下：

1. "美国的做法在此地行不通；在这里必须花费很多时间。你必须认识对方，对方也必须认识你。"

2. "在谈业务之前，你必须先和他接触几次。我将告诉你什么时候可以说正事。注意接收我给你的暗示。"（此刻，我们这位销售经理暗暗感到这位专员像是那种"马屁精"，而且怀疑他有过多少掌管企业的经历。）

3. "把报价单放在口袋里。直到我叫你拿出来时再拿。在这里，价格只是成交前需考虑的多个因素中的一个。在美国，以往的经验促使你按照一套原则去行事，但是许多以往的原则在这里是行不通的。每当你急于要做什么或说什么时，先看看我的眼色。压抑自己的冲动，接住我给你的提示。这很重要。"

4. "这里的人喜欢和那些头面人物做生意。'是个人物'意味着写过书，在大学做过演讲，或在某些方面有独特的才能。你将要见的是一个诗人。他出过好几本诗集。像其他许多拉美人一样，他对诗歌赞美有加。你会发现他会花费大段的业务时间向你吟诵他的诗句，并且乐此不疲。"

5. "你也会注意到这里的人为自己的历史和西班牙血统倍感自豪，但他们同时也为脱离西班牙获得独立而特别自豪。他们是民主国家，他们享受自由，再也不是殖民地的事实对他们来说非常非常重要。如果他们喜欢你，他们会对你很友善，甚至十分热情。假如不喜欢你，他们会表现得冷漠，与你疏远。"

6. "还有一件事，时间在这里的含义是不同的。时间以不同的方式起作用。你知道在美国，当有人心直口快、不分场合地表达想法时会是什么情境。他会被看作缺乏耐心的讨厌鬼、有几分以自我为中心的人。但在这里你得等待，等上好久好久，在你能开口解释拜访缘由之前，你确实得等很长很长的时间。"

7. "还有一点我想提醒你注意。在美国，卖方总是主动的。而在这里，是由买主告诉你什么时候他们准备好做生意了。但在多数情况下，别提价格，要等他们询价后，你才能和他们讨论价格，切莫急于求成。"

展示过程

第二天，商务专员把销售经理介绍给了那位采购经理。首先，他们在办公室外间等了许久，看着别人进进出出。销售经理看了看表，坐立不安地问，那位采购经理是否真准备接见他。得到的回答仍然很不确定："哦，是的，他是想见你，只是有点事他必须过问。再说人们都习惯在这里等一会儿的。"销售经理不耐烦地答道："难道他不知道我大老远地从美国飞到这里来见他，而且为了找到他我已经花了一个多星期的宝贵时间？""是的，我知道，可在这儿事情就是办得慢。"

等了近 30 分钟后，那位采购经理从办公室里走出来，伸出双臂热情拥抱商务专员以示问候，还拍了拍他的背，像是失散多年的亲兄弟。之后，那位采购经理转过身来又笑着向销售经理伸出手去，而后者却因在外间等待过久而感到恼怒。采购经理将他们二人引进他的套间，此时商务专员谨慎地指了下墙上悬挂的迭戈·里维拉（Diego Rivera）、乔奎因·克劳赛尔（Joaquin Clausell）和其他墨西哥艺术家的画。销售经理看了一眼，但没做评价。

销售经理刚刚落座，电话铃响了。采购经理拿起电话，就在他说话期间，行政助理拿着几张需要经理签字的支票和其他文件走了进来。然后另一个电话又响起，采购经理迅速挂断第一个电话，拿起第二个电话。

最后，在显然过于简短而且多次被打断的谈话之后，那位采购经理就起身，提议次日晚上去一家有名的咖啡馆共进晚餐。此前销售经理以为，这笔买卖的性质和订单额度非同小可，采购经理可能会邀请他去家里，他并未意识到拉美人的家只容许家人和密友进入。

直到此时，销售经理此行的来意还未曾提及，这让他有点费解。整个安排似乎都有问题，况且他也不乐意又在城里浪费一天。离开美国前他曾对总部说，他将离开一周，最多10 天，心里却打算争取在 3 天内拿下这份订单，然后去阿卡普尔科或墨西哥城玩几天。现在已经过去了一个星期，看来 10 天后能回家就很幸运了。

销售经理对商务专员表露了自己的疑虑，他很想知道这位采购经理是否真想做这笔生意。他说，如果他想做，为什么不在一起谈谈？至此，商务专员开始略显疲惫，因为他得不停地宽慰销售经理。即便如此，他还是试着说："你想不到的是，在我们等待的时候，采购经理正在重新安排他排满的时间表，这样才能挤出时间明晚和你吃饭。你想，这里下放职责的方式不同于美国。他们公司的控制比美国公司严得多。结果是，这个人每天要在办公室里工作 15 个小时。可能你不相信，但我向你保证，这笔生意他是真的想做。他想把订单给你们公司，如果你的牌出得好，订单就归你了。"

第二天晚上情况依旧。主要的话题是食品和音乐，以及销售经理从未听说过的人物。他们去了一家夜总会，那个地方让销售经理高兴起来，心想或许自己和这位采购经理毕竟还有些共同的兴趣。但令他烦恼的是，他此行的主要原因甚至还未隐约提及。每当他开始谈起电子产品时，商务专员就会用胳膊轻轻推他，并把话题岔开。

第三次会面安排在一家咖啡馆喝早咖啡。至此，销售经理已经很难掩饰其不耐烦了。更糟糕的是，他很不喜欢采购经理的那种举止。讲话时，采购经理多半要将自己的手搭在销售经理的身上；他总要抓住销售经理的胳膊，靠得那么近，几乎在往对方脸上喷唾沫星子。结果销售经理老在设法躲开，并和采购经理拉开距离。

喝完咖啡，他们到附近的公园散步。采购经理又详细解说了眼前的灌木丛、飞鸟以及大自然之美。他在某处停下脚步，指着一尊雕像说："这是世界上最伟大的英雄的雕像，人类的解放者！"就在此刻，最糟糕的事情发生了。销售经理问是谁的雕像，当被告知是著名的拉美爱国英雄后，他说："我从未听说过。"然后继续向前走。此次会面之后，这位美国的销售经理再也不能见到采购经理了。那份订单后来落到了某瑞典公司手中。

案例讨论题

1. 你认为销售经理给采购经理留下了什么印象？

2. 你如何评判案例中各方之间的沟通质量？

3. 在此案例中，起作用的是高语境文化还是低语境文化？请做出解释。

资料来源：Special thanks to Jeff Wilson，Global Project Manager，Becker Underwood，Inc.，for his contributions to this case. Additional sources：Edward T. Hall， "The Silent Language in Overseas Business," *Harvard Business Review* (May-June 1960), pp. 93 - 96；Alan Riding， *Distant Neighbors：A Portrait of the Mexicans* (New York：Vintage，1989)；Philip R. Harris and Robert T. Moran， *Managing Cultural Differences：High Performance Strategies for a New World of Business*，3rd ed. (Houston：Gulf Publishing Company，1991)，Chapter 14；Paul Leppert， *Doing Business with Mexico* (Fremont，CA：Jain Publishing Company，1995)；Lawrence Tuller， *Doing Business in Latin America and the Caribbean* (Chicago：Amacom，1993)．

第 15 章
全球营销和数字化革命

学习目标

1. 列出数字化革命背后的主要创新和趋势。
2. 认识价值网络，并解释持续性技术和颠覆性技术之间的差异。
3. 指出全球电子商务的当前趋势，并说明全球公司应如何扩大其在网络上的存在感。
4. 指出过去十年中出现的最重要的新产品和服务。

案例 15-1

非洲 3.0

你听说过"猎豹一代"吗？给你个提示：它与"河马一代"正好相反。你可能猜到了，我们谈论的是非洲。这是一个拥有 53 个国家和 10.3 亿人口的大陆。根据加纳经济学家乔治·阿耶提（George Ayittey）的说法，猎豹一代由迅速迁移的公民组成，他们不接受腐败，并认为民主和透明是更好的治理方式。手机对猎豹一代来说是一种强大的工具。肯尼亚萨法利通信公司（Safaricom）的首席执行官迈克尔·约瑟夫（Michael Joseph）说道："移动电话彻底改变了人们的生活，也改变了社会。"

放松对电信部门的管制推动了这种转型，而非洲国内生产总值（GDP）5％～6％的平均增长率也部分得益于市场自由化。总体而言，非洲的手机用户超过 6.5 亿；2000—2011 年间，手机使用率以平均每年 41％的速度增长。这种爆发式的增长也很容易得到解释：手机让生活更轻松。在缺乏自来水和电力的村庄，手机是人们最重要的财产。沟通的改善也导致了经济活动的增加。例如，农民可以查阅农作物的价格，从而决定何时何地出售他的农产品。

手机在非洲的普及以及电信行业的爆发式增长也消除了全球营销人员一直以来存在的误解：非洲的市场机会有限，因为那里的人们太穷，在那里做生意风险太大。欲了解更多有关电信公司在非洲面临的挑战以及手机所带来的影响，请见本章末尾的案例 15-1（续）。

　　数字化革命正在非洲和世界的其他地方推动新的公司、行业和市场不断涌现。它不仅为公司、行业和市场的变革做出了贡献，同时在某些情况下也对它们造成了破坏。简而言之，这次革命给我们生活的世界带来了戏剧性的变化。随着革命的深入和加速，全球营销人员将被迫适应不断演进的世界，手机、平板及其他移动设备在其中发挥着重要作用。

　　本章之前的 5 章都在讨论营销组合，为什么这样安排？因为营销组合的所有要素（4P）都凝聚在了互联网连接和商务世界中。例如，代表产品的"P"包括脸书、谷歌、钉图（Pinterest）、推特、维基百科和其他无数可以在世界任何地方使用的网站。这些网站还发挥着分销渠道的功能，并且效率非常高。典型的例子包括苹果公司的 iTunes，这家数字娱乐零售商改变了音乐和视频的分销规则。

　　互联网也成为一种沟通渠道。今天，几乎所有的公司和组织都已出现在网络空间中。互联网可被用作广告渠道、公关工具、举办竞赛或营业推广活动的手段，以及对人员销售的支持。最后是价格。比价网站可以帮助顾客查看和比较产品与服务的价格。此外，存储和分销音乐文件等数字产品的边际成本几乎为零。这种情况造成了很多有趣的定价策略的出现。例如，来自英国牛津的创新摇滚乐队——电台司令（Radiohead），就充分利用了互联网的效率，让歌迷可以免费下载其 2007 年的专辑《彩虹中》。

　　本章首先简单回顾了作为数字化革命前兆的重要创新，接下来的两节讨论了技术趋同、互联网技术的颠覆性特点以及它们对全球公司的影响，随后的部分分析了全球营销经理所面临的重要电子商务问题。鉴于网站设计属于全球营销问题，本章也将予以概述。最后一节讨论了推动数字化革命的一些产品和服务创新。

15.1 数字化革命简史

　　数字化革命（digital revolution）是一场由技术进步引起的范式转变，它使得信息、声音和图像的模拟源可以数字化（即转化为二进制）。数字化革命可以追溯到 20 世纪中叶。在 1937—1942 年的 5 年时间里，约翰·文森特·阿塔那绍夫（John Vincent Atanasoff）和克利福德·贝里（Clifford Berry）在艾奥瓦州立大学研制出了第一台数字式电子计算机。阿塔那绍夫-贝里计算机（ABC）包含计算方面的多项重大创新，包括二进制计算的使用、再生存储器、并行处理以及存储与计算功能的分离。

　　1947 年，威廉·肖克利（William Shockley）及其在 AT&T 贝尔实验室的两位同事发明了一个"固态放大器"，即后来为人们所熟悉的**晶体管**（transistor）。这是一项关键的创新，因为当时计算机和电子产品中使用的真空管体积大、耗能多而且发热度高。由于这一发明，肖克利及两位合作者约翰·巴丁（John Bardeen）和威廉·布拉顿（William Brattain）被授予了 1956 年的诺贝尔物理学奖。

　　1948 年，贝尔实验室的研究人员克劳德·香农（Claude Shannon）撰写了一篇题为《传播的数学理论》的报告。他在报告中提出，所有的信息媒介都可以译成二进制数字，即比特（bits）。早在 1940 年，香农就曾在他的博士论文中提出，逻辑值"对"与"错"可以分别用"1"和"0"表示，而媒体文件可以通过电线用 1 和 0 的数据流进行传递。由于他开创性的工作，香农被视为信息理论的发明者。

20 世纪 50 年代中期，索尼公司从贝尔实验室取得晶体管的许可。索尼的工程师提高了晶体管的效用，并开创了晶体管收音机市场。虽然声音的保真度低，但晶体管收音机易携带且十分时尚，正是消费者（尤其是青少年）所渴望拥有的。同样在 50 年代，罗伯特·诺伊斯（Robert Noyce）和杰克·基尔比（Jack Kilby）独立发明了硅芯片，也称为**集成电路**（integrated circuit，IC）。[1]实际上，集成电路就是将电阻器、二极管和电容器等电路的各个部分整合到单片材料上。这一技术赋予晶体管现代的形式，同时以一种可靠、低成本的方式发挥它的功能。

集成电路和二进制数字概念使**个人电脑**（personal computer）得以发展，体积紧凑、价格尚可的个人电脑的出现标志着数字化革命进入了新的阶段。这一时代的许多事件和人物已经成为传奇。一些观察家认为阿伦·凯（Alan Kay）的研究成果为首台个人电脑的开发奠定了基础。在 20 世纪 70 年代，凯是施乐帕克研究中心（PARC）学习研究小组的组长。1981—1983 年间，凯任职于当时著名的游戏公司雅达利（Atari），该公司与奥斯本（Osborne）和康懋达（Commodore）等个人电脑领域的先驱公司一样，多年前就退出了这个领域。

凯在施乐帕克研究中心的工作曾对史蒂夫·乔布斯产生了重要影响，后者与史蒂夫·沃兹尼亚克（Steve Wozniak）于 20 世纪 70 年代在一个车库里创立了苹果计算机公司（Apple Computer）。大多数人认为苹果 Ⅱ 是第一台"真正的"个人电脑，1979 年 VisiCalc 电子表格的问世，使苹果 Ⅱ 的普及程度大大提高。**电子表格**（spreadsheet）是一个电子分类账的软件应用系统，当在行和列中输入数字之后，可以自动计算其变化，而之前这些变化必须手工计算。虽然在今天看来，如此强大省时的功能是理所当然的，但 VisiCalc 是数字化革命进程中一个真正的里程碑。[2]

1981 年，IBM 推出了第一台个人电脑。比尔·盖茨最初拒绝为 IBM 的新机器编写**操作系统**（operating system）——提供基本指令的软件代码，但之后他改变了主意，开发出微软磁盘操作系统（MS-DOS）。1984 年，苹果公司推出了革命性的麦金托什机（Macintosh），它具有用户友好的图形界面和点击式鼠标。若干年之后，微软的视窗系统（Windows）取代了 MS-DOS。同时，部件生产商也在创新。英特尔公司于 1982 年推出 286 微处理器，之后很快相继推出了 386 和 486。1993 年，英特尔公司的奔腾处理器问世。

互联网和万维网的兴起，标志着数字化革命进入到下一阶段。互联网可以追溯到美国**国防部高级研究项目计划局**（Defense Advanced Research Projects Agency，DARPA）采取的一项举措，它建立了一个允许在战争期间维持通信线路的计算机网络。1969 年，阿帕网（ARPANET）诞生，这是一个连接各个高校计算机研究中心的网络系统。1972 年，文件传输协议（FTP）的出现，使得在计算机网络内部发送电子邮件成为可能。但仍存在一个问题，即不能从某网络将电子邮件发送至另一网络中的电脑上。一年后，文特·瑟夫（Vint Serf）和鲍勃·卡恩（Bob Kahn）创建了一个称为 TCP/IP（传输控制协议/因特网协议）的软件架构，解决了这一问题。这种于 1973 年推出的交叉网络协议为"网络中的网络"铺平了道路，**互联网**（Internet）随之诞生了。

正如技术权威斯图尔特·布兰德（Stewart Brand）在 20 世纪 80 年代末期所说，这种在互联网上交换电子邮件讯息的能力，给社会带来了革命性的影响：

马歇尔·麦克卢汉（Marshall McLuhan）曾说，"古登堡使每个人成为读书人，施乐使每个人成为出版商"。个人电脑正在使每个人成为作者。电子邮件、可使人随心所欲进行修改的文字处理软件以及激光打印机，所有这些颠覆了写作—出版—发行程序，使之成为完全由个人控制的事情。唯一的真正新闻自由是拥有一家媒体，如果真是这样，那么美国宪法第一修正案的全面实施正在靠技术而非政治来完成。[3]

当然，互联网革命并未止步于电子邮件的到来。更多创新即将来临。1990 年，软件咨询师蒂姆·伯纳斯-李（Tim Berners-Lee）发明了确定在万维网上互联网网址的**统一资源定位符**（uniform resource locator，URL），控制网页外观的格式语言即**超文本标记语言**（hypertext markup language，HTML），以及能使超文本文件在互联网之间转移的**超文本传送协议**（hypertext transfer protocol，HTTP）。[4]这些发明使网页之间实现链接，并且人们可以发布和获取缤纷的网页内容。简言之，伯纳斯-李是**万维网**（World Wide Web）之父。

20 世纪 90 年代中期，计算机科学家马克·安德里森（Marc Andreessen）发明了第一款商用浏览器——马赛克（Mosaic），它能将图形和文字放在同一页面内，用户可以搜索和查看网上的资料。后来，安德里森与硅谷图形公司（Silicon Graphics）的创立者之一吉米·卡拉克（Jim Clark）合作，共同成立了马赛克通信公司（Mosaic Communications Corporation），后来更名为网景通信公司（Netscape Communications Corporation）。随着全球对网景浏览器软件的商用需求量越来越大，网景通信公司逐步成为网络时代发展最快的企业之一。托马斯·L. 弗里德曼曾经指出："虽然马克·安德里森没有发明互联网，但是他为互联网的发展和普及做出了突出的贡献。"[5]

在网络兴起的最初 5 年里，用户数量从 60 万猛增到 4 000 万。在接下来的 10 年中，诸如谷歌和雅虎这样的搜索引擎问世，加密和安全性能也嵌入网站。搜索引擎技术有了飞速进步，例如，早期的"链接分析"技术让位于全新的谷歌"网页排名"技术。谷歌搜索功能的最新升级包括 2007 年推出的"全局搜索"（Universal Search）和 2012 年推出的"知识图谱"（Knowledge Graph）。而令人惊讶的是，微软却不是搜索市场的主要参与者。为改变这一局面，这家软件巨头公司于 2009 年推出了搜索引擎必应（Bing），其设计初衷是在购物、旅游、医疗等相关方面提供卓越的搜索体验。

与此同时，谷歌也增加了新的功能和业务：其摩托罗拉移动部门是智能手机和平板电脑的生产者，其安卓操作系统也已经是世界领先的智能手机系统。谷歌还拥有风靡全球的视频共享网站 YouTube，并推出了 Google＋社交网络。如今，将近 30 亿人——几乎占世界人口的一半——正在使用互联网。但是由于发展中国家的居民在互联网接入方面普遍落后，谷歌正致力于在有线网络无法企及的地区（尤其是大城市以外的地区）建立无线网络。此外，谷歌眼镜（Google Glass）是一个以可穿戴设备为中心的新项目，公司最近还推出了名为"全部访问"（All Access）的音乐流媒体服务。[6]

然而，这项技术的强大功能和不断提升的重要性也引发了各种形式的强烈抵制。

谁控制了互联网？这个问题很好！第一届互联网治理论坛（Internet Governance Forum，IGF）于 2006 年在希腊雅典举行。IGF 的宗旨是指导"政府、私营部门和民间团体，以共同的原则、规范、规则、决策流程和计划，在各自的作用下发展和运营，以实现互联网的演进和利用"。全球互联网界有许多相关人士都注意到该声明中包含了"政府"一词，对此感到担忧。非营利性的互联网名称与数字地址分配机构（Internet Lorporation for Assigned Warnes and Numbers，ICANN）的总部设在美国加利福尼亚州的玛丽安德尔湾，该组织维护着一个网站地址的数据库，有权审批网站地址的新后缀（例如，.info 和 .tv），同时执行其他一些幕后的程序，以维持互联网的正常运行。ICANN 的咨询机构中包括很多国际人士，但美国商务部对所有决策都享有否决权。

文化背景

韩国积极参与数字化革命

联合国最近公布的数字机会指数（digital opportunity index，DOI）显示，韩国在为国民提供信息与通信技术准入方面处于全球领先地位。该国的高科技基础设施具有多种形式，宽带互联网连接只是其中的一种。在韩国，94％的家庭是宽带互联网用户。

德勤公司（Deloitte）咨询师斯蒂芬•沃德（Stephen Ward）解释道："韩国人通常会较早地接受新技术，而且更重要的是，他们都是行动快速的跟随者。他们一直非常担心会落后于日本人，而且年轻人也都希望能达到同龄人的潮流标准。"90％的韩国青少年和二十出头的年轻人都会经常登录赛我网（Cyworld），这是韩国一个知名的社交网络网站。用户可以在此创造一个虚拟世界，并进入一个丰富多彩的 3D 环境。尽管这个网站是免费的，但用户需要购买虚拟家具、背景音乐和其他用于装饰"房间"的物品。

对速度的追求好像也是韩国文化固有的特点。正如一位大学生所指出的，韩国人都倾向于"快点、快点、再快点"。为提高速度，韩国政府投入了大量财政资源。为了让宽带连接起本国的 80 个重要城市和城镇，韩国政府编制了 500 亿美元的预算。此外，韩国网速极快，其标准速度可达每秒 100 兆。

不过，韩国的数字化未来所包含的不仅仅是宽带连接。例如，政策制定者迫切地想在韩国推广应用无线射频识别标签（RFID）；而且韩国政府投资了近 3 亿美元，用于建设一个无线射频识别标签的研究中心。

该中心将是一项更宏大的计划的组成部分：在仁川经济自由区附近 1 500 英亩的人工岛上建设一座智慧城市（ubiquitous city）。松岛新城为什么可以称为一座智慧城市？原因之一是，其所有建筑物的设计中都包含了电脑和所有主要信息系统的共享数据，包括商用的、民用的和政府的。松岛新城的造价预算为 250 亿美元，计划于 2014 年建成。在世界各大城市的启发下，人性化的元素将与新城的高科技特色形成互补。这些元素包括一座中央公园（受纽约的启发）和类似于威尼斯的排水管道系统。

约翰•金（John Kim）负责智慧城市的设计和规划，他说这座城市将是"智慧生活"的范本。金解释道："智慧生活将成为这座城市的品牌和特有的生活方式。"居民可以通过视频会议相互沟通，而且所有人在需要时都可以使用视频。智能房屋钥匙卡也可以用于支付地铁票、停车费、电影票等多种费用。现在的问题是确保所有的韩国人（即使不住在智慧城市中）也可以从该研发创新中受益。

资料来源：Mark McDonald, "For South Korea, Internet at Blazing Speeds Is Still Not Fast Enough," *The New York Times* (February 22, 2011), p. B3; Christian Oliver, "S Korea's Dream City Entangled in Red Tape," *Financial Times* (August 12, 2009), p. 13; Song Jung-a, "Korean Site Tackles Might of MySpace," *Financial Times* (September 1, 2006), p. 16; Tom Braithwaite, "The Young Guns of Broadband," *Financial Times* (May 29, 2006), p. 8; Pamela Licalzi O'Connell, "Korea's High-Tech Utopia, Where Everything Is Observed," *The New York Times* (October 5, 2005).

　　有些国家的政策制定者担心美国对互联网的控制。例如，中国、印度、巴西和欧盟提出，由于互联网是全球性的，任何单个国家都不应该控制互联网。因此，这些国家正在积极努力，希望联合国在互联网管理方面发挥作用。[7] 隐私是另一个重要问题。随着公司越来越善于利用互联网收集、存储和获取顾客信息，隐私保护成为一个令政策制定者和公众担心的焦点问题。例如，欧盟于 1995 年制定了一项隐私保护规定；2002 年通过了一项关于隐私和电子通信指令的规定。

15.2　技术趋同

　　数字化革命使产业结构发生了剧烈的颠覆性变化。2010 年初，《纽约时报》专栏作家约恩·帕拉里斯（Jon Pareles）撰文总结了以下变化：

　　　　21 世纪初的十年是宽带的十年、脱媒的十年、文件共享的十年、数字录音（和图像）的十年、iPod 的十年、"长尾"的十年、博客的十年、用户生成的十年、随需应变的十年，以及全面接入互联网的十年。在新千年开启之后，互联网吞噬了所有的文化，而回馈给每一个上网人士的是更便宜、更快速、更精致的文化服务。[8]

技术趋同（convergence）是指以往分散的产业和产品类别聚合到一起，如图 15 - 1 所

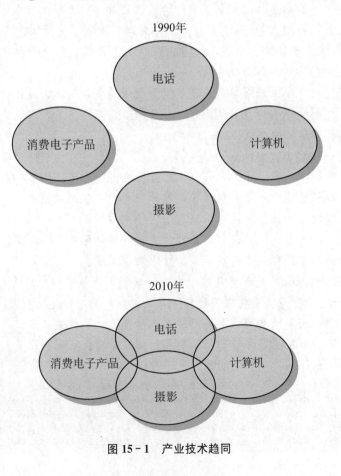

图 15 - 1　产业技术趋同

示。新技术影响着公司参与竞争的业务部门。索尼的业务是什么？最初，它是一个以创新产品著称的消费电子产品公司，这些产品包括晶体管收音机、特丽珑电视机、录像机和其他立体声音响部件，以及随身听个人音乐播放器系列。然后，索尼通过收购 CBS 唱片公司（CBS Records）和哥伦比亚电影公司（Columbia Motion Pictures）进入了新的业务领域。这些收购本身不代表技术趋同，因为它们发生在数字化革命的早期。电影、录制音乐和消费电子产品仍然属于单独的产业。然而，如今索尼进入了比特（二进制）业务领域，其核心业务融合了数字技术，以及声音、图像和数据的数字化和发布。索尼现在的竞争对手包括苹果（音乐播放器、智能手机），戴尔（计算机）和佳能（相机）。

技术趋同会带来什么样的挑战？想想柯达的处境，一个多世纪以来，它一直是摄影类产品行业无可争议的领先者。随着数码产品在 5 年内的销售额从零增长到 10 亿美元，公司一直在努力再造其商业模式。由于技术趋同，柯达的竞争对手中增加了戴尔和惠普等企业。此外，柯达的核心业务——胶卷、相纸和照片冲洗试剂——已经被彻底颠覆。该公司面临的竞争对手还来自电信行业。可拍照手机出现于 1997 年，它的主要好处是可以从相机中下载数码照片，并将这些照片上传到网站上，或者通过电子邮件发送给朋友。具有讽刺意味的是，手机行业的主要竞争者摩托罗拉公司是最早销售可拍照手机的企业之一。不过，管理层的注意力因为推出注定失败的卫星电话而分散。因此，发明者菲利普·卡恩（Philippe Kahn）带着他的想法来到日本，日本 1999 年才开始销售可拍照手机。[9] 2010 年，配有照相功能的手机销售额已超过了 10 亿美元。

15.3　价值网络和颠覆性技术[10]

正如本章开头所指出的那样，数字化革命在带来机遇的同时也带来了威胁。面对技术创新，许多全球公司都已经奋力再造业务模式，戴尔、柯达、摩托罗拉、施乐和索尼就是其中的典型案例。IBM 之所以丢掉了微机市场，部分原因就在于管理层相信微机的利润较低，且其市场也小于已经稳固的主机市场。DEC、Data General 和 Prime 创造了微机市场，但是它们却错过了个人电脑革命。不过，IBM 的高管团队很快吸取了教训：他们成立了一个独立的组织机构来打造公司的首台个人电脑。然而，IBM 在此后认识到笔记本电脑的增长需求时却慢了一拍。新进入该市场的公司包括苹果、戴尔、东芝、夏普和 Zenith 等。最近，IBM 退出了个人电脑市场。

为什么许多企业的管理者都未能成功地对变革做出及时的反应？按照哈佛教授克莱顿·克里斯滕森（Clayton Christensen）对问题的判断，管理者们是如此专注于流行的可获利技术，以至于他们不能在风险较高的新技术上有足够的投入。具有讽刺意味的是，公司因拘泥于流行的正统营销理论，即只倾听现有顾客的声音，对他们的需求做出反应，从而落入这一陷阱。克里斯滕森称这一情形为**创新者的两难困境**（innovator's dilemma）。

无论从事哪一个产业，公司都身处一个**价值网络**（value network）之中。每个价值网络都有一个与之相连的成本结构，决定了达到特定利润率所需的边际利润。网络的边界在一定程度上是由不同产品的性能属性按照重要性进行独特的排序所界定的。在一个定义广泛的产业内部，也可能存在平行的价值网络，其中每个网络对"什么使产品具有价值"的定义不同，即每个网络有其自身的"价值量度"。例如，笔记本电脑，其价值量度包括体积小、重量轻、耗电少和设计好。在 20 世纪 80 年代，袖珍电脑的购买者愿意为体积更小的产品支付溢价，而主机用户则不看重这一特性。相反，后者重视（即愿意为之支付高价）以兆字节度量的计算机存储容量，而袖珍电脑的买主不看重这一属性。简言之，主机和袖珍电脑的价值网络是不同的。

随着公司在既定的网络中获得经验，它们就很可能根据各自价值网络的独特要求，发展出合适的公司产能、组织结构和企业文化。处于行业主导地位的公司（通常有"管理出色"的美名）在开发和/或采用**持续性技术**（sustaining technology）方面居领先地位，即有助于改善产品性能的渐进的或激进的产品创新。在克里斯滕森看来，现有公司开发的多数新技术在本质上都是持续性的。的确，创新技术中的绝大部分都属于这一类型。然而，行业的新进入者在重新定义产品性能的**颠覆性技术**（disruptive technology）的开发方面居领先地位。颠覆性技术带来的益处不只是改善产品性能，它能使从前被认作不可能的事情变为现实，而且一般都能创建新市场。克里斯滕森解释道："一项对某个公司来说是颠覆性的创新，对另一个公司来说可能是持续性的。互联网对戴尔公司来说是持续性技术，因为该公司在互联网出现之前就利用直销渠道销售个人电脑。但是，它对于康柏公司而言就是颠覆性技术，因为康柏的主要分销渠道是中间零售商。"[11]

为了帮助管理人员认识创新者面临的困境，并对环境变化做出适当的反应，克里斯滕森提出了颠覆性创新应该遵循的 5 条原则：

1. 公司依靠顾客和投资人获得资源。管理学权威罗莎贝斯·莫斯·坎特（Rosabeth Moss Kanter）指出，最好的创新是用户导向的。但自相矛盾的是，如果管理层倾听现有客户的意见，就可能错过颠覆性创新的机会。[12]

2. 小型市场不能满足大公司的增长需要。小规模的组织最容易在小市场上对增长机会做出反应。这一事实要求大型组织组建一些独立单位去探索新技术，IBM 就是这样开发其个人电脑产品的。

3. 不存在的市场是无法分析的。克里斯滕森建议公司接受不可知论营销观。这是一个显性假设，即在公司员工或顾客实际使用和体验某一颠覆性产品之前，没人能知道它是否会被采用，如何被采用，以及被采用的量有多大。

4. 一个组织的能量决定了其能力的局限。例如，微软曾是行业的潮流引领者。但是，如今，当微软仍然坚持投身于其 Windows 操作系统时，它已在诸如搜索和社交网络等高增长的消费者导向领域落后于新的行业进入者。[13]

5. 技术供应可能不等同于市场需求。有些产品的复杂程度超过了市场的需要。例如，财务软件开发商为小企业开发的软件功能超出了市场的需要，由此为那些提供足够功能（无须很高级）的颠覆性软件技术创造了市场机会，这些技术使用起来更简单，也更方便。斯科特·库克（Scott Cook）就抓住了这样的机会，开发出了 Quicken 和 Quickbooks 软件。

15.4　全球电子商务

电子商务（e-commerce）指利用互联网或类似的线上网络作为营销渠道开展的商品和服

务的一般交换。福雷斯特研究所（Forrester Research）的数据表明，2011 年美国线上零售销售收入总额达到 1 920 亿美元，占到美国零售总额的 7%。目前，大约有 75% 的美国人在使用互联网；而在挪威、格陵兰和瑞典，网民人数占到其总人口的 90% 以上。韩国目前正在对其互联网基础设施进行大幅升级（见本章的文化背景专栏）。[14] 考虑以下现象：

● 雅虎公司每 48 个小时收到的关于用户在线活动的数据资料达到 24 太字节，这个数量相当于美国国会图书馆中全部书籍包含的信息。[15]

● 2003—2010 年期间，中国的互联网用户数量从 6 800 万增长到 4.5 亿①，这使得中国成为世界上最大的电子商务市场；在上海、北京和广州，1/3 以上的居民使用互联网。当当网等当地企业已经成为雅虎、谷歌和 eBay 等全球公司强有力的竞争对手。[16]

● 美国福雷斯特研究所指出，西欧地区的在线零售和旅游销售额在 2008—2014 年期间将保持 8% 的年增长率。2008 年，37% 的欧洲成年人（约 1.36 亿）曾有网上购物经历。[17]

电子商务活动可分为三个大类：企业对消费者（B2C）、企业对企业（B2B）、消费者对消费者（P2P）。许多人将电子商务与一些著名的消费者导向型网站联系在一起，如亚马逊、苹果的 iTunes 商店和 eBay 等。但总的来说，B2B 贸易是互联网经济最大的组成部分，而且在可预见的将来会一直如此。2001 年的 B2C 收入中大约 3/4 来自北美地区，但是随着未来几年在线销售在欧洲及其他地区的发展，这个比重预计会下降到 50%（见表 15-1）。

表 15-1　2008—2014 年欧洲部分国家在线零售和旅游销售额　　　　单位：百万欧元

国家	2008 年	2009 年	2010 年	2011 年	2012 年	2013 年	2014 年
德国ᵃ	27 581	31 311	34 021	37 131	39 662	41 901	43 723
法国ᵇ	14 795	16 990	19 594	22 334	24 373	26 256	27 948
西班牙ᶜ	5 961	6 976	9 031	11 281	13 247	15 286	17 353
西欧各国ᵈ	116 009	128 606	146 636	164 046	177 781	190 960	202 799

a. Forrester Research，*German Online Retail and Travel Sales*，*2008—2014*（March 2，2009），p. 8.

b. Forrester Research，*French Online Retail and Travel Sales*，*2008—2014*（March 2，2009），p. 8.

c. Forrester Research，*Spanish Online Retail and Travel Sales*，*2008—2014*（March 6，2009），p. 9.

d. Forrester Research，*Western European Online Retail and Travel Sales*，*2008—2014*（March 16，2009），p. 8. Data is for EU-17：Austria，Belgium，Denmark，Finland，France，Germany，Greece，Ireland，Italy，Luxembourg，the Netherlands，Norway，Portugal，Spain，Sweden，Switzerland，and the United Kingdom.

当一个原本不是针对外国顾客的交易网站吸引了外国顾客时，就可能出现问题。当顾客来自不同时区时，顾客服务就是个问题。例如，BlueTie 是位于纽约罗切斯特的一家小公司，它通过订阅方式销售电子邮件和办公软件应用程序，公司的服务器会不断地更新顾客的日历和电子邮件。当美国本土以外的订单到来时，公司经理发现其很难发送准确的时间和日期。解决这一问题需要花费数万美元，雇员的工作时间也因此备受束缚。

网站可按用途进行分类：**促销网站**（promotion sites）是为商品或服务提供营销沟通的网站；**内容网站**（content sites）提供新闻和娱乐，并支持公司的公关活动；**交易网站**（transaction sites）是顾客能够购买商品或服务的线上零售点。很多情况下，网站包含以上全部三种功能。此外，网站还可以按照内容和受众焦点来进行分类。

---

① 据中国互联网络信息中心第 45 次《中国互联网发展状况统计报告》，截至 2020 年 3 月，中国网民规模为 9.04 亿。——译者

例如，你所在大学的国际学生可能是通过互联网了解到该校的，即便该学校网站的首要目标群体是本国的潜在学生。与此相类似的是在线音乐服务商潘多拉（Pandora），它只为美国听众服务；法国在线音乐流媒体公司 Deezer，仅在其国内市场上运营。原因是什么？国际版权法的规定使歌曲很难取得演播权。正如前潘多拉首席执行官乔·肯尼迪（Joe Kennedy）最近指出的，"好消息是互联网是全球性的，但坏消息是版权法是各国的"。[18] 苹果公司的 iTunes 音乐商店最初只面向美国用户。在过去几年里，其服务领域已经拓展到了德国、法国、英国以及其他一些国家。网飞公司（Netflix），这家在线影片发行商也以类似的方式从国内扩展到国际。

如古驰和联邦快递等公司的业务早已扩展到全球，互联网为它们构建了一个强有力且具有成本效益的沟通工具。同样，联合利华的互动营销人员相信，互联网可以作为一种重要的、低成本的产品展示媒介。该公司巨大的电视广告库已经完成数字化处理。电脑用户可以下载如沙龙精选洗发水（Salon Selectives）等产品的全景动作影像，并随时观看。最近，联合利华公司在雅虎网站的食品专栏中发起了为期 12 周的题为"寻找真正的食物"的系列节目。这个节目由美食频道的著名主持人戴维·利伯曼（David J. Lieberman）主持，主要围绕赫尔曼蛋黄酱（Hellman's Mayonnaise，联合利华的品牌）展开。奥美广告公司的娱乐执行总监道格·斯科特（Doug Scott）解释道："宽带内容的成本要远远低于电视产品，而且可以帮助你接触到更多的受众。"[19]

公司也寻求在全世界范围内与顾客进行电子商务交易。亚马逊可能是采用全球顾客交易模式中最成功的一例。在线书店的顾客可以从数百万册的图书中进行选择，其中许多是以折扣价出售的。在对一些潜在产品的在线销售持续性进行适当评估后，公司创始人杰弗里·贝佐斯（Jeffrey Bezos）选择了图书这种产品。原因有两个：第一，任何一个实体书店都无法持有太多的图书；第二个原因与产业结构相关，出版业高度分散，仅在美国就有 4 200 家出版社，这意味着没有一家出版社能有很强的供应商议价能力。贝佐斯的直觉被证明是对的，亚马逊获得了来自几十个国家的订单。今天，亚马逊网站是全球最大的在线零售网站，每年有数亿访客。亚马逊的九个国际网站——巴西、加拿大、中国、法国、德国、意大利、日本、西班牙和英国——的销售额占到该公司总销售额的 50%。

正如前面提到的那样，2011 年美国的在线销售总额突破了 2 000 亿美元大关。福雷斯特研究所指出，2016 年的在线销售总额将达到 3 270 亿美元，占全部销售总额的近 10%。这个数字包括来自海外的订单。Abercrombie & Fitch、Aéropostale、J. Crew、梅西百货（Macy's）、天伯伦（Timberland）和萨克斯第五大道只是一部分通过在网站上增加国际送货服务来开展海外零售业务的美国企业。这种发展趋势受到多种因素的推动，其中包括美国消费者支出的减少，以及美元疲软导致购物者更愿意用欧元或其他货币付款。当然，为了将商品运送至海外消费者手中，公司还是要做一番功课的；例如，必须更新仓库软件以识别外国的邮政编码等。为了降低运费和关税，一些零售商开始考虑在欧洲和其他国家开设分销中心。[20]

显然，某些产品天生不适于在网上销售；例如，麦当劳不通过其网站出售汉堡包。在有些情况下，即使产品是可以在网上销售的，开展全球营销的公司制定的战略决策也可能只是在网上展示品牌而不提供交易机会。因此，这些公司的网络活动仅限于支持线下零售分销渠道的推广和信息传播。这一做法有几方面的原因。第一，许多公司缺乏处理个人订单所必需的基础设施；第二，建立一个功能全面的电子商务网站的成本为 2 000 万～3 000 万美元。此外，还可能有与产品特性相关的一些其他原因。例如，Godin 吉他的网站提供了大量的产品信息和公司的全球经销网络名录。但是，公司创始人罗伯特·戈丁（Robert Godin）相信，选购吉他的最佳方式是弹奏，这就要求顾客亲自到访乐器商店。

对消费品巨头宝洁公司而言，互联网代表了全球推广和信息传播的渠道，这是其品牌战略中不可或缺的一部分。例如，宝洁的第一大品牌帮宝适（Pampers），全球年销售额达 85 亿美元。它在网站 www.pampers.com 上展示了全新的品牌概念。以前，品牌经理认为帮宝适的一次性纸尿裤可以使婴儿感到愉悦；而新的理念是该产品是促进婴儿成长的好帮手。访问帮宝适在线社区（Pampers Village），不仅可以看到来自帮宝适育婴中心的建议，还可以看到其他妈妈的育儿经。此外，人们还可以在网站上下载折扣券。

宝洁公司于 2010 年 3 月推出"帮宝适最大干爽"（Pampers Dry Max）系列后，社交媒体给它上了重要的一课。据称，新款纸尿裤是帮宝适有史以来"最薄、最干爽"的产品。帮宝适品牌管理团队向包括"购物妈妈"（The Shopping Momma）在内的各个"妈咪博客"的作者分发免费样品。但接下来发生的事，让宝洁十分讶异：一些博主抱怨说穿着"最大干爽"纸尿裤的婴儿出现了严重的尿布疹。美国消费品安全委员会（CSPC）声称将对此事进行调查。

起初，宝洁公司会根据具体情况对客户的投诉做出回应。随着负面宣传愈演愈烈，宝洁北美婴儿护理主管乔迪·艾伦（Jodi Allen）出现在了早间访谈节目中，并谴责"社交媒体不断推动这种完全错误的谣言"。在宝洁公司看来，有些家长对帮宝适"最大干爽"取代熟悉的旧款帮宝适感到不满，一部分负面博客就来自这些不满的家长。艾伦声称，另有一些倡导使用尿布的家长"试图宣传我们的产品会导致'化学灼伤'，这简直是个神话"。

一些行业观察家对艾伦以这种语气做出回应感到吃惊。"购物妈妈"的博主凯茜·马什·洛德（Kathy Marsh Lord）说道："当我第一次阅读他们的新闻稿时，我觉得他们很不近人情。这对扑灭这场大火毫无帮助，人们也不会觉得自己的诉求得到了倾听。"为了重修旧好，宝洁公司邀请马什·洛德和其他博主到公司在辛辛那提的总部参观。这些访客花了一天时间与"帮宝适最大干爽"开发团队进行交流。接下来，宝洁打算向公众传达"帮宝适最大干爽"纸尿裤是安全的讯息，并表示"我们所做的一切都是为了倾听爸爸妈妈们的意见并积极地帮助他们"。

宝洁公司推出了 www.thankyoumom.com 网站，将宝洁定位为"妈妈们最大的支持者"。2010 年，宝洁在该网站举办活动，奖励是 10 万美元的旅行券，帮助妈妈们与家人团聚。宝洁还推出了一个零售网站，向美国消费者销售潘婷洗发水、帮宝适婴儿用品和其他品牌产品。这一线上战略使宝洁与沃尔玛、塔吉特（Target）及其他通过互联网销售对实体店进行补充的零售商展开了直接竞争。[21]

直到最近，大多数奢侈品供应商网站的访客仍然没有机会在网上购买产品。原因很简单：这些顶级的设计公司努力创造能够提升品牌形象的全面零售购物体验，这一目标与电子商务基本目标是不相符的。正如福雷斯特研究的分析师苏查丽塔·马尔普鲁（Sucharita Mulpuru）最近所解释的那样，"人们有这么一种信念，即无法在网上传达出你的品牌精髓"。[22]但这一信念正在发生变化。一些奢侈品营销商推出了智能手机和 iPad 应用程序，以帮助消费者购物。博柏利、香奈儿、蔻驰、古驰和许多其他奢侈品牌正在脸书上营造官方的在线社区。按照一家社交媒体管理公司的首席执行官雷吉·布拉德多（Reggie Bradord）的说法，他们正在做正确的事情。他说："奢侈品牌应该考虑的问题是'我们如何创设一场对话并让消费者与我们的品牌产生联系？'"[23]

随着互联网发展成为不可或缺的全球沟通工具，实际上所有组织的决策者都意识到，他们必须将这一新媒体纳入其沟通计划中。许多公司在热门网站上购买条幅广告，通常这些广告会链接到公司的主页或与其产品或品牌相关的网站。当用户点击该链接时，广告主就要为此付费。尽管条幅广告的创作空间有限，而且**点击率**（clickthrough rate，点击网上广告的用户百分比）通常比较低，但是在未来几年内将网络作为全球广告媒介的企业数目还有望大幅增长。

一个重要的趋势是**付费搜索广告**（paid search advertising），即公司通过付费方式，使自己的广告能在用户输入关键（搜索）词时出现。雅虎以 16 亿美元收购的 Overture 就是一家专门做付费搜索广告的公司。正如雅虎的一位发言人所指出的那样，"付费搜索在全球范围内刚刚起步，因此这次收购不仅是我们搜索战略的一部分，而且对公司的全球战略也非常重要"。[24]

在数字化革命中，最值得关注的方面是由克里斯·安德森提出的，他是《连线》（Wired）杂志的主编和《长尾理论》（The Long Tail）的作者。此书的主题是如何利用在线零售的高效经济性来聚集大量销售速度相对缓慢的产品，并解释了 eBay、亚马逊、网飞和 iTunes 的成功原因，所有这些网站提供的产品数量和种类都远远超过传统的零售商。安德森解释说："《长尾理论》中的故事实际上是关于富足经济的，如果在我们的文化中供求之间的瓶颈开始消失，人们可以购买任何商品的话，将会发生什么呢？"安德森指出，关注度较低的产品，例如晦涩难懂的图书、电影和音乐等，大大推动了亚马逊、网飞和 iTunes 等电子商务网站销售额的增长。他说："这些高达几百万美元的附带销售是一种高效的、具有成本效益的业务……在历史上，畅销产品和利基产品在实现经济效益方面首次处于同等水平。"[25]

15.5 网站设计与网络工具[26]

为了充分利用互联网的潜力，公司高管必须将互动媒介加入其营销组合中。网站的建立可以在公司内部完成，也可以外包给其他公司。在过去的几年里，出现了一种新型的互动广告代理机构，它们帮助公司实现网上销售的全球化（见表 15 - 2）。有些代理机构是独立的，而有些隶属于其他广告代理公司和控股公司（见第 13 章）。不管采取何种方式，在建立全球电子商务时有几个问题必须考虑到，包括选择域名、设计支付方式、实现网站的当地化、解决隐私保护问题和建立分销系统等。

关键的第一步是注册一个国别域名。亚马逊公司因此在其开展业务的每个国家都有一个域名（见表 15 - 3）。尽管欧洲的消费者可以浏览亚马逊的美国网站，但他们可能会更喜欢直接点击当地的网站。从营销者和消费者两个角度来看，此类做法都有意义：他们所选的网站会以欧元而非美元计价，提供更适合当地人口味的产品，并从当地分销点发货。不过，正如前面所提到的，美元对欧元持续走软，使得欧洲消费者能以更低的价格通过美国的在线零售商订购商品。

表 15 - 2 2012 年全球销售额最高的五大互动广告代理机构

广告公司（母公司）	总部所在地	客户
伟门（Wunderman，WPP）	纽约	路虎、福特、可口可乐
奥美数字（Digital@Ogilvy，WPP）	纽约	路威酩轩
Digitas LBi（阳狮）	波士顿	Xperia、可口可乐、彪马（Puma）
麒灵广告（沙宾特公司）	波士顿	菲亚特、汉莎航空、Victorianox
IBM 互动（IBM）	芝加哥	可口可乐、美国高尔夫大师赛（Masters Golf Tournament）

资料来源：Adapted from "World's 15 Largest Digital Agency Networks," *Advertising Age* (April 25, 2013), p. 32.

表 15 - 3 亚马逊（Amazon.com）的域名

域名	国家
amazon.com.br	巴西
amazon.ca	加拿大
amazon.cn	中国
amazon.fr	法国
amazon.de	德国
amazon.it	意大利
amazon.co.jp	日本
amazon.es	西班牙
amazon.co.uk	英国

再者，研究结果表明网站的访客在浏览采用本国语言的网站时会花更多的时间，他们多半也会翻看更多的网页并购买更多的产品。许多人都会使用当地版本的知名搜索引擎来搜寻信息。例如，在法国，雅虎的当地网站是 http：//fr.Yahoo.com。同样的原则也适用于将美国在线消费市场作为目标市场的非美国公司。沃特福德-韦奇伍德公司、哈罗斯精品百货公司和其他知名企业都曾经申请美国域名，而且网站上的产品都是以美元标价的。[27]

尽管在美国注册".com"网站域名的程序比较直接，但其他国家和地区的要求可能有所不同。例如，在有些国家，在注册当地域名的网站之前，企业必须建立一个合法实体。**域名抢注**（cybersquatting）是指注册某一特定域名的行为，其明确的目的是将该域名转售给某公司以便该公司能合法使用。这也是一个问题。雅芳、松下和星巴克都曾经是域名抢注行为的受害者。

付款可能是另一个问题。在很多国家，信用卡的使用率较低。在这种情况下，电子商务运营商必须通过银行支票或邮政汇票来安排付款；货到付款也是一种选择。另外一个问题是信用卡欺诈，印度尼西亚、俄罗斯、克罗地亚和波斯尼亚等国家的欺诈十分猖獗。因此，必须采用更多的身份识别手段，如要求顾客将他们正使用的信用卡以及带照片的身份证传真过来。[28]在日本，消费者在便利店（konbini）支付在网上购物的费用。在线挑选商品之后，购买者到附近的便利店（例如 7 - 11）为该商品支付现金，然后由店员将这笔钱汇到在线卖方的账户。不过，国外公司不能使用 konbini 系统，这意味着国外的在线零售商必须与当地公司结成联盟。

　　理想的状况是，每个国别网站都应当反映当地文化、语言习惯、习俗和审美偏好。品牌识别体系中的公司标识和其他因素应该包括在网站中，但在必要时需调整颜色偏好和含义差别。例如，美国和许多欧洲国家的在线购物者对购物车标识十分熟悉，但在线公司必须确定该标识是否适用于所有国家的市场。即使在讲英语的国家之间，也会存在微小但很重要的语言差异。例如，www. figleaves. com 和 www. figleaves. com/uk 分别是一家英国女性内衣公司在美国和英国的网址。美国网址的英文含义是"女裤"，而英国网址的英文含义是"短裤"。当涉及两种以上的语言时，翻译人员应该确保文本能反映当前的语言习惯。同样重要的是，同一术语切忌被屡次翻译，以防"画蛇添足"。当地翻译人员应当能够使用内部字典，字典中包含特定公司对某些术语的偏向性译法。该数据库系统应当有能力识别出已经翻译过的内容，从而可以重复使用。产品描述也可能因国家而异。正如第 4 章所指出的那样，美国主题的商品在日本很受欢迎。

　　仅仅把网站从本国语言翻译成其他语言是不够的。因此，另一个基本的步骤是将网站用目标国的当地语言和商业术语进行当地化。从技术角度来看，那些支持英语、法语、德语和其他使用拉丁字母语言的网站最多只能存储 256 个美国信息交换标准码（ASCII）格式的字符。即便如此，也存在各种语言的不同需要。比如，一个德语网站所需的空间是英语网站的 2 倍以上，因为德文文本更占空间。[29] 然而，日语和汉语等语言需要能支持双字节 ASCII 的数据库。为此，设计网站结构时以双字节 ASCII 码开始是比较明智的。网站构架也应当有足够的弹性，允许不同日期、币种和货币形式的存在。比如，对英国居民而言，"7/10/10"意为 2010 年 10 月 7 日。但对美国人来说，它是指 2010 年 7 月 10 日。

　　隐私是全球电子商务中的另一个关键问题。欧盟是在这方面立法最为严厉的地区之一，公司在个人信息（如顾客的年龄、婚姻状况和购买模式）获取的数量和可保留的时间上受到种种限制。2012 年，欧盟司法专员维维安·雷丁（Viviane Reding）宣布要对欧盟数据收集规则进行全面改革。如果非欧盟的公司向欧盟公民提供服务，如苹果、谷歌和脸书等，则它们也将适用该规则。居住在欧盟境内的顾客将享有"被遗忘权"，即他们可以要求有关方面删除他们的个人数据。此外，公司在共享其数据之前必须取得欧盟公民的明确同意。[30] 与此相反，华盛顿在保护隐私方面表现得犹豫不决，部分原因在于美国宪法第一修正案以及 2001 年恐怖袭击所引起的对国家安全问题的忧虑。为了确保公司遵守隐私法，美国公司创造了一种新的行政级别的职位：首席隐私官。[31]

　　很多问题与物流配送决策息息相关。随着特定国家或地区在线销售的快速发展，企业需要在当地建立仓库设施，以便加速物流和降低运输成本。在美国，这种做法需要缴纳相应税款；营销人员可能需要征收销售税。为了缓解消费者对在线购物的担心，企业可以选择免运费，同时提供免费退货和退款的保证。

15.6　新产品和新服务

　　数字化革命推动了很多不同行业的创新。全球各地的众多公司不断开发出新一代的产品、服务和技术。它们包括宽带、云计算、智能手机、移动商务、无线连接等。

15.6.1　宽带

宽带（broadband）是一种有足够能力同时承载多个语音、数字或视频通道的通信系统。带宽（bandwidth）决定了可以通过既定传输通道的频率范围。例如，与最先进的数字电话网络相比，传统电话网络提供的带宽就很有限。结果，传统电话听起来就是"低保真"的。带宽用比特/秒来计量，一整页英文文本大约为 1.6 万字节。例如，连接到传统电话线上的一个 56KB 的调制解调器，可以在一秒之内传输 16KB；相比之下，采用同轴电缆的宽带互联网连接每秒可传输的字节多达 10GB。

正如本章文化背景栏中所述，韩国是目前世界上平均网速最快的国家。然而，近期正在进行的技术升级将意味着更高的网速：政府打算确保每个韩国家庭都可获得 1GB 的互联网连接速度。正如负责该项目的工程师崔光基（Choi Gwang-gi）所说，"很多韩国人都是早期采用者，我们认为我们需要为 3D 电视，互联网协议电视，高清多媒体、游戏和视频会议，超高清电视，以及云计算做好准备"。[32]消费者并不是本次升级的唯一受益者；企业也将能够利用千兆速的互联网连接进行高清全球视频会议或其他应用。

随着韩国和其他国家在宽带基础设施升级方面进行的大规模投资，落后国家的政治家和工会领导人也对此问题产生了浓厚的兴趣。最近的一项研究表明，韩国和其他几个国家已经在互联网速度方面"为明天做好了准备"。而第二梯队的国家则仍"低于今天的应用门槛"，美国、德国和中国都属于这一类别。[33]美国总统奥巴马在 2011 年对此进行了回应，他承诺会提供 187 亿美元用于改善美国的宽带网络。

政策制定者为何如此关注宽带竞赛呢？宽带为很多行业中的企业提供了大量营销机会。宽带使得互联网用户能够获取**流式音频**（streaming audio）和**流式视频**（streaming video）等**流媒体**（streaming media）。个性化的电台服务网站，例如潘多拉、Spotify 和 iHeartRadio 等，允许用户创建自己最喜欢的艺术家和歌曲列表。潘多拉使用一种名为音乐基因组项目（Music Genome Project）的专利技术，为用户推荐与其目前最喜欢的歌曲风格相类似的音乐。随着亚马逊、iTunes、网飞等服务网站提供电影和电视节目的下载及流媒体作为观看选项，流媒体对电视产业产生了重大影响。

流媒体代表着视频游戏产业的一个巨大的市场机会，该产业包括消费电子产品公司（如微软和索尼）、游戏发行商（如艺电）和互联网门户网站（如谷歌）。不同地方甚至不同国家的游戏玩家可以通过个人电脑、Xbox 或者 PlayStation 进行较量，这有时也称为大型多人在线游戏（MMOG），其中最为流行的是《魔兽世界》（*World of Warcraft*）。微软的 Xbox 在线服务吸引了全球 1 000 万注册用户。消费者对在线游戏的兴趣受到新一代游戏机的推动，其中包括微软公司的 Xbox One 和索尼公司的 PlayStation 4。

15.6.2　云计算

在上一节中，云计算被视为更高的宽带速度的一个驱动因素。该术语指的是在"云端"执行的下一代计算方式。此类应用程序无须安装 iTunes 或 Microsoft Office 等软件，而是通过网页浏览器提供服务。云计算意味着可以将档案（包括音乐和电影文件、照片，以及文档等）储存在海量远程的服务器和数据中心上，而不是储存在个人用户的计算机上。用户可以在任何地方、使用任何计算机通过互联网远程访问计算机文件。

谷歌的 Chrome 操作系统被描述为"一种新的计算模式"，旨在利用云计算的巨大商机。另一个行业潮流引领者亚马逊也建立了亚马逊网络服务（AWS），为企业提供云计算资源。AWS 是第 8 章讨论的外包趋势的变体；网飞、Foursquare 和成千上万的其他公司都在使用该服务来替代自己的数据中心。但是，云计算仍处于起步阶段；近期 AWS 的服务中断导致客户陷入一片混乱。尽管会有这样那样的挫折，预计未来几年云计算的年增长率仍可达 25%。[34]

创新、创业和全球创造

里德·黑斯廷斯和网飞公司

里德·黑斯廷斯（Reed Hastings）是一位企业家。他开发了一项创新服务，创立了一个品牌，并成立了一家公司用于对其进行营销。通过应用现代营销的基本工具和原理，黑斯廷斯获得了令人瞩目的成功。与许多企业家一样，黑斯廷斯的想法最初来源于他对亟待解决的问题的认识和作为一名消费者的体验。有一次，他像许多人一样忘了将租借的录像带还回去。当终于来到音像店还录像带时，他不得不支付一大笔滞纳金。他对自己说："肯定有更好的办法。"许多健身俱乐部就采用了一种更合理的商业模式：每月缴纳固定的费用，会员就可以随时使用俱乐部的设施。想到这一点，1997 年黑斯廷斯创立了网飞公司——一家通过邮寄方式提供 DVD 租赁服务的公司。

几年之内，红白相间的网飞信封就出现在了美国各地的邮箱中。该公司的订阅用户猛增，截至 2011 年中期，其股价飙升至每股近 300 美元。网飞能如此受欢迎，部分归功于其"星级"的推荐功能，能够帮助订阅者根据之前的观看习惯和他们对所观看节目的评分来查找新的节目和电影。网飞的成功使那些从事实体音像租赁业务的竞争对手损失惨重；例如，2010 年，百视达申请破产。

视频行业正在经历着快速转型，但黑斯廷斯一直处于最前沿。不过，他仍将面临更多的挑战：随着家庭宽带和快如闪电的 4G 移动网络在用户中普及，流媒体视频正在取代物理介质 DVD 成为大众首选的观看形式。黑斯廷斯也对此做出了回应，除了 DVD 租赁之外，他还以每月 7.99 美元的价格提供流媒体内容的订阅服务。但是，网飞还面临来自红盒（Redbox）这一廉价的新兴 DVD 租赁公司以及 Hulu 等流媒体服务平台的竞争。

2011 年年中，黑斯廷斯宣布了一项计划，将其 DVD 租赁服务重新命名为 Qwikster，并将那些只想订阅流媒体电影和电视节目的用户与其他订阅者分开。但消费者却为此感到困惑，这使得该策略的结果适得其反，网飞因此失去了数十万用户。当股价下跌至每股 53.80 美元时，黑斯廷斯不得不寻找新的增长来源。正如一位分析师所说，"网飞的唯一选择就是走向国际化"。

这对黑斯廷斯来说，正中下怀。加拿大是网飞进入的第一个国际市场，当地业务于 2010 年起步。2011 年，是拉丁美洲；2012 年，英国、爱尔兰、丹麦、芬兰、挪威和瑞典的线上业务也开始运营。但是，全球扩张耗资巨大。版权法要求按照国家/地区授权相关的内容，而且营销成本也很高。黑斯廷斯的目标之一就是通过谈判取得全球许可协议，这将比按照国家/地区逐个授权好得多。

如今，网飞在 40 个国家拥有 3 600 万用户。无论在何地，流媒体用户支付的费用与在美国的订阅价格大致相当，即每月 8 美元左右。用户可使用 1 000 多种不同的设备访问网飞提供的内容，这些设备包括智能手机、平板电脑，当然还有电视。与此同时，黑斯廷斯正在推进原创内容计划。一部 13 集的政治惊悚片《纸牌屋》（*House of Cards*）获得了观众和业界的一致好评。订阅用户又回来了，公司时来运转，股价也从 2011 年的低点增至四倍多。正如《彭博商业周刊》（*Bloomberg Businessweek*）所说，网飞是"史上最伟大的翻盘之一"。黑斯廷斯说："我们将这项技术视为可以为我们现有内容创造更好、更具现代化体验的工具。我们真正大张旗鼓竞相追逐的是——人们的时间。"

资料来源：Ashlee Vance，"The Man Who Ate the Internet（Cover Story），" *BloombergBusinessweek*（May 13, 2013），pp. 56 - 60＋；Amol Sharma and Nathalie Tadena，"Viewers Stream to Netflix，" *The Wall Street Journal*（April 23，2013），pp. B1，B4；Greg Bensinger，"Netflix Transition Rattles Investors，" *The Wall Street Journal*（July 26，2012），p. B3.

15.6.3　智能手机

手机是数字化革命的新产品中最成功的传奇之一。2012 年，全球共卖出了 17.5 亿部手机。爆发式的需求增长成就了苹果、HTC、摩托罗拉、黑莓和三星等手机制造商，也成就了 AT&T、德国电信（Deutsche Telekom）、美国 Cellular 和威瑞森等服务提供商。新特性和功能为消费者定期升级手机提供了理由。传统的蜂窝电话（有时称为功能手机）可以通过**短信服务**（short message service，SMS）发送文本消息。SMS 是一种全球通用的无线传输标准，最多可发送 160 个字符的字母和数字消息。SMS 也是推特微博服务的技术基础。行业专家预测，营销人员将通过互动数字电视、互联网和电子邮件等其他数字化渠道将短信服务纳入营销沟通体系。

智能手机（Smartphone）具有比功能手机更强大的功能，融合了计算机的一些功能，其销量占全球手机销量的 1/4。一个恰如其分的例子是苹果公司热卖的 iPhone，它配备了该公司完善的 iOS 系统和网页浏览器。智能手机的普及部分归功于各种应用程序，例如图享（Instagram）、动作电影（Action Movie FX）和愤怒的小鸟（Angry Birds）等。2013 年，苹果的 iTunes 商店卖出了第 500 亿个 iPhone 应用程序。苹果公司为纪念这一里程碑式事件，推出了"500 亿应用程序下载"活动：下载第 500 亿个应用程序的幸运者可以赢得一张价值 10 000 美元的礼品卡。当然，这张卡可以在 iTunes 上进行兑换！苹果公司的许多竞争者都使用安卓系统，这是一款由谷歌开发的手机操作系统。

15.6.4　移动广告和移动商务

移动广告（mobile advertising）和**移动商务**（mobile commerce，m-commerce）是指人们以手机为渠道来传递广告讯息并进行产品和服务交易的行为。大多数智能手机用户都可以通过 **Wi-Fi** 访问互联网；此外，手机服务提供商通常也提供数据流量，用户可通过 3G 或 4G

网络连接互联网。这使得苹果、Crisp 无线、谷歌、Medialets、Mobext 和其他公司可以向客户提供移动广告服务。例如，联合利华、日产和其他一些公司就利用苹果公司的 iAd 服务在 iPhone 和 iPod 应用程序中置入交互式广告。[35]

2007 年全球移动广告支出总额仅为 10 亿美元左右，但行业专家预计到 2013 年这一数字将达到 100 亿～200 亿美元。2012 年，美国移动广告支出总额为 23 亿美元。广告主通过发送推广讯息与客户进行对话，并将其与品牌联系起来。移动搜索广告和移动展示广告的重要性与日俱增；据业界预测，它们将在不远的将来超过短信广告。在当今移动互联网的普及度和参与度下，尤其如此。另一驱动力是平板电脑等移动设备激增，其中包括苹果的 iPad、三星的盖乐世平板（Galaxy Tab）、黑莓的 PlayBook 以及其他几款设备。

安装了**全球定位系统**（global positioning system，GPS）的智能手机可以帮助使用者确定他们所在的地理位置。这一功能为 foursquare 等基于地点的移动平台创造了新的机会。随着配备了 GPS 的移动设备的普及，基于地点的广告也吸引了更多厂商的目光。例如，法国电信设备生产商阿尔卡特朗讯公司（Alcatel-Lucent）曾推出一项服务，即当手机用户距离商店、酒店或餐馆等特定位置很近时，该项服务就可以向用户发送定制短信。这项服务由总部在旧金山的 1020 Placecast 公司进行管理，它可以提供企业的地址和电话号码，而且可以提供赠券链接和其他类型的营业推广信息。用户同意接收广告则"加入"该服务。

印度的手机使用量呈现出爆炸式的增长。孟买软件公司 People Infocom 的首席执行官马诺伊·达瓦尼（Manoj Dawane）说道："在印度，与电视或互联网等其他形式的媒介相比，手机的渗透率相当高。对移动广告而言，不可能有比印度更好的地方了。"推动印度移动广告增长的另一个因素是低费率——用户每分钟只需支付 2 美分。人口统计学也发挥了重要作用。约有 2/3 的印度人口生活在农村地区，那里的电视拥有率和报刊阅读率都很低。BPL Mobile 等移动运营商建立了覆盖数万个印度村庄的移动网络。BPL 品牌传播负责人阿里夫·阿里（Arif Ali）的想法可以降低用户成本。他说："我们正在考虑提供 30 秒到 60 秒的手机商业广告，我们将通过这种广告将某些利益信息传递给用户。"[36]

另一种普遍采用的移动通信技术是**蓝牙**（bluetooth），与 Wi-Fi 相比，它具有耗能更少的优势。[37]这使得蓝牙十分适用于手机。许多人都会用蓝牙将手机里的照片传输至电脑。但是，蓝牙的传输距离比 Wi-Fi 短。因此，蓝牙技术已经应用于汽车和家电领域，例如冰箱和微波炉等。目前的 Wi-Fi 技术只能处理数据，而不能处理语音。但许多行业观察家预计，在不久的将来，无线热点将允许手机用户切换至互联网进行电话呼叫。

无线技术也已广泛应用于其他方面。在汽车领域，具有无线通信功能的车载信息系统（telematics）势不可当，它使汽车具备就其所处位置和机械性能进行信息交换的能力。汽车上还装有网络接口；宝马的驾驶者辅助系统、在线系统和远程服务系统就展示了车载信息系统的部分潜能。该系统可提供广泛的信息和服务，包括是否有停车位等。它还可以帮助用户订房或预订餐馆座位。梅赛德斯-奔驰正在推出相似的服务。同样，微软公司的 SYNC 是一款可用语音激活的通信系统，并已经安装在福特汽车上。该系统可以与配有蓝牙装置的手机兼容使用。

15.6.5 移动音乐

由于非法共享音乐文件的行为蔓延成风，唱片公司正在寻找新的收入来源。随着技术融合，新一代的手机将引领移动音乐行业的变革。**移动音乐**（mobile music）是指通过手机或其他移动设备购买和播放的音乐。唱片公司创造新收入的一种方式就是授权相关方使用流行歌曲作为手机彩铃。

苹果公司的 iTunes 商店在合法的全曲音乐付费下载市场上占据主导地位。从 iTunes 购买的音乐可以在电脑以及 iPod、iPhone 和 iPad 等移动设备中播放。2006 年，iTunes 的歌曲下载量创纪录地达到 10 亿首。如今，苹果公司是世界排名第一的音乐销售商，累计下载量达到 250 亿次。（2013 年，第 250 亿首歌曲在德国被下载，这位幸运的 iTunes 用户赢得了10 000 欧元的苹果公司礼品卡。）苹果公司的竞争对手曾试图开发自己的音乐播放器和下载服务，以便与 iPod 和 iTunes 这对组合展开竞争，但是都没有取得成功，其中包括微软的Zune 和戴尔的 Digital Jukebox（DJ）等音乐播放器。除了 iTunes 商店，还有其他在线音乐服务商，包括亚马逊、纳普斯特 2.0（Napster 2.0）、RealNetworks 公司的 Rhapsody 和RealPlayer 音乐商店、Slacker、Spotify，以及 Xbox 音乐服务等。

这些在线音乐服务采用多种不同的定价战略。Rhapsody 是一种订购式服务，每个月的最低费用为 9.99 美元。纳普斯特（Napster）的定价策略有所不同，每月费用从 5 美元到 10美元不等。与此不同，iTunes 采用"按次数收费"的定价策略，对每一首歌曲或专辑下载都收取相应费用。以前在 iTunes 每下载一首单曲要收取 0.99 美元的费用。不过，苹果公司最近推出了可变的定价政策：下载量排名前 100 位的流行歌曲价格为每首 1.29 美元，几百万首怀旧歌曲的价格为每首 0.69 美元，而其他歌曲仍然维持每首 0.99 美元的价格。这种新的定价政策符合苹果公司放弃对其销售的歌曲文件进行数字版权管理（DRM）的决定。这种变化意味着在 iTunes 上购买的歌曲可以在 iPod 和 iPhone 之外的其他设备上播放。

苹果 iTunes 商店在全球范围内的成功引发了各式各样的抵制活动。2005 年，日本音乐产业试图说服政府对每部售出的 iPod 征收版权费，然后将所得资金分发给唱片公司、词曲作者和录音艺术家，以弥补他们因非法音乐文件下载造成的部分损失，但这一计划最终没能实现。法国国民议会批准了一项法案，要求苹果公司与其他公司共享 iTunes 软件代码，以便下载的音乐可以在所有数字音乐播放器上播放，而不再仅是 iPod。2007 年 1 月，挪威消费者监察会因 iPod 缺乏互操作性而裁定其非法。苹果公司则发表声明回应称，公司"希望欧洲各国政府能够鼓励创新的竞争环境，保护知识产权，并让消费者决定到底什么样的产品是成功的"。

本章前面讨论过的云计算有望对移动音乐业务产生重大影响。基于云端的音乐服务是订阅服务和在线商店业务模式的综合体；这种新方法克服了现有方法的一些缺点。例如，iPod用户必须将 iPod 与计算机或其他设备同步。此外，各种订阅服务的定价方案可能使人困惑。相比之下，基于云端的音乐服务为用户提供了音乐储存柜；该储存柜位于"云端"，而各种各样的移动设备均可以访问已购买或上传的音乐文件。如今，亚马逊、苹果和谷歌都已推出了基于云端的音乐服务。

15.6.6　移动游戏[38]

移动游戏越来越受欢迎；行业数据表明，移动游戏收入将从 2010 年的 37.7 亿美元增加至 2015 年的 176 亿美元。全球范围内，苹果公司的 iPhone、iPod 和 iPad 是占据主导地位的移动游戏平台。企业家马克·平卡斯（Mark Pincus）于 2007 年创立的 Zynga 是最知名的移动游戏开发商之一。每个月都有约 2.4 亿用户在玩 Zynga 扑克和填字游戏（Words With Friends）等。其他流行游戏包括数独（Sudoku）等益智游戏；单人纸牌、21 点和其他牌类或赌场类游戏，以及大富翁等桌面游戏。有些游戏是免费的，其他则要几美元不等。营销人员如何通过免费游戏获利？只需很少的费用，许多免费游戏就可以升级到高级版本；此外，许多游戏还为用户提供在游戏中购买虚拟商品的机会。实际上，对"免费"一词可能会产生误解，因为网络运营商通常会对游戏的下载收取费用。

早期的智能手机屏幕小，存储空间和计算能力有限，因此移动游戏最初对通勤者这类偶尔登录的用户比对铁杆玩家更有吸引力。不同品牌的手机采用不同的技术标准，这也给行业增长带来了阻力。但是，随着手机制造商不断提高兼容性，添加更多的特性和功能，并构建起高速的 4G 网络，移动游戏很快会变得更加成熟。GPS 功能也使基于位置的游戏成为可能，这些游戏中的玩家可以尝试在现实中接近其竞争对手。

15.6.7　互联网电话服务

对电信产业而言，互联网电话服务是"下一件大事"。一项称为**网络电话**（voice over internet protocol，VoIP）的技术，可使人的语音被编码、压缩和打包，通过互联网传输，再还原为正常语音。如果用传统的电话网络打电话，声音必须从互联网转移到传统电话网络，当地电话公司通常拥有接入家庭和企业的电话线。然而，如果通电话的双方是同一 VoIP 供应商的用户，就可以越过传统网络。影响是显而易见的：VoIP 有可能使现有的电信基础设施（主要由缠绕在一起的铜和光纤组成）过时。

目前，VoIP 只占全球电话市场的很小的一部分；不过，VoIP 有可能成为颠覆性的创新，进而打破电信行业中的势力均衡状态。全球成长型市场的前景推动了创业公司股票价格飙升。在欧洲，Kazaa 音乐文件共享服务的合伙创始人尼科拉斯·泽斯特罗姆（Niklas Zennström）建立了 Skype 公司，提供互联网电话服务。随着每天上万名新用户（其中大部分来自印度和瑞典）的加入，Skype 逐步发展成为一种全球现象。2005 年，eBay 以 26 亿美元的价格收购了 Skype。不过，eBay 为了在通信系统与公司的核心拍卖业务之间创造协同效应，做出了不少努力。2009 年，eBay 宣布将 Skype 作为一家独立的公司剥离。2011 年，微软以 86 亿美元收购了 Skype。

15.6.8　数字图书和电子阅读器

数字化革命对报纸和杂志等传统印刷媒介产生了重大影响。随着人们的上网时间越来越长，出版商正面临着读者数量骤减的状况。同时，全球经济衰退迫使很多公司都在削减印刷品上的广告支出。由于陷入了经营困境，很多杂志开始停刊，报纸也纷纷宣布破产。但是，亚马逊公司的 Kindle、索尼公司的数码读书机以及苹果公司的 iPad 等电子阅读器将会吸引更多的用户。

亚马逊首款 Kindle 的售价为 359 美元；较大的 Kindle DX 售价为 379 美元，收录了 3 500 本电子图书，显示屏的尺寸为 9.7 英寸。亚马逊随后推出了一款国际化、更小更便宜的 Kindle，它可在全球 100 多个国家使用。苹果公司于 2010 年 3 月推出 iPad；截至当年年底，苹果售出了 1 500 万台设备。截至 2012 年年底，出售的设备总量超过了 1 亿台。

行业观察家相信，高校对于培养电子阅读者的意识并鼓励他们适应这种方式可以起到帮助作用。原因很简单：电子图书代表着巨大的市场机会。例如，你阅读的图书能以电子"订阅"的形式（通过 www. coursesmart. com）直接从出版商那里购买。在线版本需要使用者登录互联网；无数台电脑都可以查阅到该书的原文。购买者在订阅到期之前有 180 天的阅读时限。这个价格大约是在书店购买纸质图书价格的一半左右。一般来说，学生每次最多可以打印 10 页；此外还可以直接在电脑上剪切、粘贴、划重点和做注解。

与音乐和电影行业一样，电子图书行业面临着越来越严重的数字盗版问题。很多网站和文件共享服务器会在未经授权的情况下传播受版权保护的资料。作者本人将怎样看待这个问题？有些作者将数字盗版视为吸引更多读者的方式，还有些作者只是希望自己的作品能得到公平的报酬。第三阵营则包括那些认为不值得对盗版进行追究的作者。畅销书作家斯蒂芬·金（Stephen King）说："问题是，我打算花费多少时间和精力来驱赶这些家伙呢？而且为什么要这样做呢？我的感觉是，他们大多数人住在铺满旧地毯的地下室里，依靠廉价的食物和啤酒生活。"[39]

本章提要 ////////////////////

数字化革命已经创造了一个全球电子市场。在长达 70 多年的历程中，数字化革命的发展势头越来越迅猛，这一过程中的技术突破包括数字主机计算机、**晶体管、集成电路、个人电脑、电子表格、操作系统**和**互联网**，这些技术突破都源自美国**国防部高级研究项目计划局**的推动。蒂姆·伯纳斯李的三个主要创新包括 **URL，HTTP** 和 **HTML**，这些又导致 20 世纪 90 年代早期**万维网**的产生。

数字化革命导致了**技术趋同**的过程，其含义是曾经相互分离的产业和市场开始聚合到一起。在这种环境中，**创新者的两难困境**是指企业管理者必须对投资于现有技术，还是努力开发新的技术做出抉择。尽管行业中的领先企业经常开发可以改进产品性能的**持续性技术**，但这种革命也引发了**颠覆性技术**的浪潮，后一种技术会创造出新的市场，并重塑行业和**价值网络**。

对于消费者和工业品的营销者来说，**电子商务**变得越来越重要。一般而言，商务网站可能聚焦于本国或全球市场；此外，这类网站可以划分为**促销网站、内容网站**和**交易网站**。全球营销者在设计网站时必须小心谨慎。必须注册国别域名，并开发使用当地语言的网站。除了考虑技术和功能性，网站的内容还必须反映当地文化、习俗和审美偏好。**域名抢注**会阻碍公司把企业名称注册为互联网站点。

互联网是广告主强有力的工具。**点击率**是广告效果的一个测评指标。另一个发展趋势是**付费搜索广告**。由数字化革命衍生出的新产品和服务包括：使**流媒体**得以通过互联网传播的**宽带**；依靠 **Wi-Fi**、蓝牙和其他形式的无线连接实现的**移动商务；车载信息系统**和**全球定位系统**，以及**短信服务。智能手机**正在为**移动音乐**下载创造新的市场，其中包括彩铃、原音铃声和全曲音乐资料。智能手机还可以用于移动游戏，并借助**网络电话**进行互联网电话服务。

讨论题 ////////////////////

1. 简要回顾登上数字化革命顶峰的关键创新技术。使得数字化革命成为可能的基本技术进程是什么？

2. 何谓技术趋同？它正在对索尼、柯达和诺基亚等企业造成怎样的影响？

3. 何谓创新者的两难困境？持续性技术和颠覆性技术之间的区别是什么？简要回顾克里斯滕森关于颠覆性技术的 5 条原则。

4. 什么是长尾理论？该理论对市场细分有什么启示作用？

6. 回顾在数字化革命过程中兴起的主要产品和服务。还有哪些产品和服务本章尚未提及？

6. 如果有机会购买电子版的大学教科书，你会不会这样做？

7. 你认为哪种定价方式更适合音乐下载业务：iTunes 商店的按次数收费或 Rhapsody 的订阅服务？你认为基于云端的音乐服务会取得成功吗？

案例 15-1（续）

非洲 3.0

众多因素都对向非洲电信部门和其他领域的投资起到了拉动作用。非洲的一些人口趋势很明显。例如，近一半的人口未满 15 周岁。世界银行称，一半人口每天的生活费在 1.25 美元左右。然而，非洲发展银行的一项研究表明，非洲的中产阶层如今已占到总人口的 34%，共约 3.13 亿人。报告中将"中产阶层"定义为每天花费 2～20 美元的人。若把该定义的范围缩小至每天花费 4～20 美元的人，则仍有 1.2 亿人（占 21%）。

这一新兴中产阶层的需求对电信公司来说是一个福音。2006—2010 年间，该行业收入的平均复合增长率为 40%。在非洲，手机通常是人们最宝贵的财产，而且手机用户已超过 4.5 亿人。例如，在肯尼亚，4 000 万人口中有超过 2 100 万有电话号码。在非洲的大部分地区，移动网络会出现服务中断的现象，因此许多人都拥有不止一部手机并接受多个运营商的服务。

萨法利通信公司就是主要的行业参与者之一。它是肯尼亚领先的移动电话服务运营商，也是东非最大、盈利能力最强的公司。而从用户数量来看，南非的 MTN 集团是非洲大陆领先的移动服务提供商。2010 年，MTN 成为非洲第一家赞助世界杯足球赛的公司，因而备受瞩目。此外，还有尼日利亚的环球电信公司（Globacon）。

苏丹商人莫·易卜拉欣（Mo Ibrahim）创立凯尔特国际（Celtel International）电信公司的事迹是非洲最著名的成功故事之一。2005 年，易卜拉欣以 34 亿美元的价格将公司出售给了总部位于科威特的移动运营商 Zain。2010 年，印度的巴帝电信（Bharti Airtel）斥资 107 亿美元买下了 Zain 在非洲的资产。Zain 在 15 个非洲国家开展业务，包括马拉维、乍得和赞比亚。此次收购使巴帝成为仅在新兴市场开展业务的全球最大移动运营商——共有 1.65 亿用户。

当然，这样的市场机会也吸引了其他全球电信运营商来此投资。例如，法国电信（France Telecom）在非洲和中东 22 个国家拥有 5 500 万用户。管理人员正在将公司的非洲业务扩展到整个大陆；其目标是通过以 Orange 品牌推出一系列新的低成本移动服务，成为"非洲农村地区的优胜者"。例如，该公司的电子充值服务允许用户通过短信交换积分，非高峰时段的通话享有 99% 的折扣，这些举措都大受欢迎。

随着服务运营商不断降价吸引顾客，肯尼亚已成为一个关键战场。Airtel 肯尼亚公司已经与萨法利通信公司、Orange 肯尼亚公司以及其他竞争对手展开了对抗。Airtel 最近降低了 50% 的费率，语音通话每分钟仅需 0.03 美元，短信费用为 0.01 美元。其母公司巴帝电信此前曾在印度使用过这种策略，那里的客户由于通话费用较低而加长了通话时间。萨法利通信公司首席执行官罗伯特·科利莫尔（Robert Collymore）则表示，他的公司将专注于数据和移动银行服务。

可以说非洲最大的移动创新是 M-Pesa（M 代表"移动"；pesa 在斯瓦希里语中代表"钱"）。M-Pesa 是在英国国际发展部的支持下，由萨法利通信肯尼亚公司和沃达丰开发的基于手机的转账服务。M-Pesa 拥有数百万注册用户，并正在改变非洲的银行业。仅在十年前，许多主流银行都还认为与低收入客户做生意不可行；微薄的回报不值得它们开设分支机构或设置 ATM 机。其结果是，在城市里工作的人们不得不托朋友或公交车司机帮忙把钱带给家里的亲戚。毋庸置疑，公路劫匪给他们造成了持续的威胁。

如今银行可以与店主和酒吧老板合作，让他们分发或收取现金，然后将相应金额划到顾客的手机账户或从顾客的手机账户中扣取。目标市场是那些没有银行账户的人。仅在肯尼亚，如今已有 70% 的成年人可以享受金融服务，而在 2006 年只有 5%。在拥有 1.5 亿人口的尼日利亚，只有 20% 的人有银行账户。尼日利亚中央银行（CBN）正在带头创建一个由电信公司提供金融服务基础设施的体系。鉴于尼日利亚境内有数家主要的手机服务提供商，这一措施确有必要。

在非洲大陆开展业务要面临诸多挑战，价格战只是其中之一。在世界银行的"营商便利度"（Ease of Doing Business）排名中，非洲处于最底部。腐败猖獗也是问题之一；正如苏丹电信巨头易卜拉欣所说，"非洲的领导和治理都存在危机，而我们必须面对它"。此外，他还指出："这些人知道，有数百万儿童睡前吃不上晚餐。而那些把钱花在武器和私人飞机的人手上沾满了这些儿童的鲜血。"

由非政府组织——全球金融诚信组织（Global Financial Integrity）编制的数据支持了易卜拉欣对商业环境的评估。根据最近的一份报告，由于腐败和非法交易，非洲流失的财富超过了 3 500 亿美元。

案例讨论题

1. 对巴帝电信而言，Zain 是否是一个合适的收购对象？印度市场与非洲市场是否相似？

2. 非洲若要进一步实现经济自由化，部分取决于政府领导人能否消除外国公司想要剥削非洲的这种怀疑。这还要多久能够实现？

3. 如果营销人员采用"思维当地化，行动当地化"，那么未来几年内非洲可能会出现哪些新产品和服务？

资料来源：Kevin J. O'Brien, "Microsoft and Huawei of China to Unite to Sell Low-Cost Windows Smartphones in Africa," *The New York Times* (February 5, 2013), p. B2; Peter Wonacott, "A New Class of Consumers Grows in Africa," *The Wall Street Journal* (May 2, 2011), p. A8; Sarah Childress, "Telecom Giants Battle for Kenya," *The Wall Street Journal* (January 14, 2011), pp. B1, B7; Ben Hall, "France Telecom Targets Rural Africa for Growth," *Financial Times* (November 10, 2010), p. 16; Parselelo Kantai, "Telecoms: Mobile May Be the Future of Banking," *Financial Times* (September 29, 2010); Gordon Brown, "To Combat Poverty, Get Africa's Children to School," *Financial Times* (September 20, 2010), p. 9; William Wallis and Tom Burgis, "Attitudes Change to Business in Region," *Financial Times* (June 4, 2010), p. 6; Wallis, "Outlook Brightens for Frontier Market," *Financial Times* (June 2, 2010), p. 7; Robb M. Stewart and Will Connors, "For Bharti, Africa Potential Outweighs Hurdles," *The Wall Street Journal* (February 17, 2010), pp. B1, B2; Jamie Anderson, Martin Kupp, and Ronan Moaligou, "Lessons from the Developing World," *The Wall Street Journal* (August 17, 2009), p. R6; Tom Burgis, "Case Study: Text Messages Give Shopkeepers the Power to Bulk Buy," *Financial Times Special Report: Digital Business* (May 29, 2009), p. 8; Cassell Bryan-Low, "New Frontiers for Cellphone Service," *The Wall Street Journal* (February 13, 2007), pp. B1, B5.

全球营销经理发现社交媒体

克里斯·安德森（Chris Anderson）、理查德·布兰森爵士、乔治·科鲁尼（George Colony）和谢家华（Tony Hsieh）有什么共同之处？除了都是极具社会影响力的成功商业领袖、思想家和社会公众人物之外，他们还都使用一种被称为"推特"的微博网站。推特是众多社交媒体网站中的一家，近几年才冒出来并迅速遍布全球。其他常见的社交媒体网站包括脸书、MySpace、YouTube，以及专业人士使用的社交网站领英（LinkedIn）。

这些网站有时被统称为 Web 2.0，它们使个人和企业得以通过互联网实现互动。推特用户可以通过电脑或手机等移动设备发布不超过 140 个字符的短消息（也称推文）。个人用户在注册推特后，可以吸引阅读其推文的"追随者"。那么全球营销经理究竟是如何使用 Web 2.0 的呢？为了解答这个问题，很多企业期待社交媒体咨询公司在全新的数字化环境中给予导航服务。

理查德·布兰森爵士是维珍集团的创始人兼董事会主席，也是企业家中使用推特的代表人物。布兰森现在拥有两家航空企业：维珍大西洋航空公司和维珍美国航空公司。这两家企业都在推特上注册了账号，分别是 www.twitter.com/virginatlantic 和 www.twitter.com/virginamerica。布兰森在接受《商业周刊》的采访时指出："维珍在全世界共有 200 多家公司，我每时每刻都能听到各种消息，例如公司推出新服务、研制出新产品、公司聚会、重大事件和消费者机会等。人们经常问我，理查德·布兰森的一天是怎样度过的，而推特可以帮助我回答这个问题。此外，无论我身在何处，推特都可以帮助我与他人保持沟通。"

其他公司高管也有类似的经历。摩斯拉公司（Mozilla）的约翰·里利（John Lilly）曾说："摩斯拉公司是一个庞大的社区组织，其成员遍布全球不同的时区、国家和企业。推特可以帮助我了解所有社区成员的情绪和想法，为我带来更广阔的视野。"网上鞋类零售公司 Zappos.com 的首席执行官谢家华承认自己也"沉迷"于推特，他将推特用作媒体共享设备；很多推特信息中包括各类新闻资源的链接。谢家华说："一般来说，我主要通过推特获得所有的新闻信息。"

尽管获得了上述人士的大力支持，但很多人仍然不清楚推特的实质，为什么需要它，以及它与脸书等其他社交媒体有什么区别。这是可以理解的；正如《金融时报》中所提到的那样，"这种服务与博客、短信和社会关系网络都很相似，因此无法轻易将其进行归类"。关于推特的描述包括"社区""对话""约定"以及其他一些类似的词语。

推特是由硅谷创业者埃文·威廉姆斯（Evan Williams）和比兹·斯通（Biz Stone）于 2006 年推出的。他们发明的这款服务具有很多有趣的功能。例如，推特可以与脸书结合使用，所以用户可以选择将他们最新的推文自动更新至脸书页面上。此外，推特还可以与第三方应用程序兼容。例如，TwitPic 是一款可以让用户通过推文链接共享照片的应用程序；Twitterific 是一款可以让 iPhone 用户直接登录推特的应用程序，而它则可以从 iTunes 商店获取。

用户必须掌握一些新术语和新符号。推特在线社区的成员被称为"推友"（tweeps）。

推文既可以是动词，也可以是名词。当用户更新他们的页面时，他们正在推文（tweeting）；每个单独的条目都是一条推文（tweet）。此外还可以"回推"（retweet），即转发他人的推文。每位推特用户都可以关注其他用户。推特还可以进行搜索；标有"#"号的条目表示一组具有特定主题的推文，而符号"@"可以将一条推文链接至其他用户。

推特在全球范围内广受欢迎。据业内人士估计，巴西的推特覆盖范围最广，那里有近1/4的人口使用该网站。相比之下，美国推特用户仅占总人口的10%左右。推特在日本也发展迅速，这部分归功于媒体报道以及一些公众人物的使用。此外，软银（Softbank）作为一家快速增长的通信运营公司，其开发的智能手机应用程序也吸引了新的用户。推特一直是重大新闻事件的关键沟通渠道，例如中东的政治动荡和本·拉登的死亡等。

即便如此，仍然不能确保推特能够达到像脸书那样的全球流行度。尽管创始人坚称他们对基本服务不收取任何费用，但他们最终可能向使用优质服务的企业用户收取费用。重新设计的主页将帮助人们学会如何使用该网站获知周围的最新信息。正如斯通所解释的，"从长期来看，我们需要提高推特与更多用户之间的关联程度"。

案例讨论题

1. 推特好像把人们分成了两个极端：有些人非常喜欢使用这种产品，而其他人则不愿意使用甚至对此表示恐惧。为什么？

2. 你刚被聘为一家全球公司的社交媒体经理，这是一个刚刚设立的职位。你上任后的第一周将做什么？

3. 从长期来看，推特如何产生收益？通过广告、推广推文或其他来源？

资料来源：Hiroko Tabuchia, "Twitter to Get Even Bigger in Japan," *The International Herald Tribune* (May 19, 2010)；Jessica E. Vascellaro, "Twitter Trips on Its Rapid Growth," *The Wall Street Journal* (May 26, 2009), p. B1；Vascellaro, "Firms Seek Profits in Twitter's Chatter," *The Wall Street Journal* (March 25, 2009), p. B1；Richard Waters, "Sweet to Tweet," *Financial Times* (February 27, 2009), p. 8.

专业词汇 *

80/20 法则（80/20 rule） 按购买行为细分市场的一个定律，即按粗略的估算，80％的收入或利润通常源自公司产品或顾客中 20％的部分。（7）

收购（acquisition） 对母国以外的资产进行投资的市场进入战略。（12）

调整战略（adaptation strategy） 为迎合特定国家市场需要或国情而采取的在设计、功能或包装等方面的全球市场战略的改变。（10）

采用者类型（adopter categories） 在埃弗雷特·罗杰斯开发的新产品采用过程中，处于采用过程或产品生命周期不同阶段的购买者被划分为不同的采用者类型。这些类型分别为：领先采用者、早期采用者、早期多数采用者、晚期多数采用者以及滞后采用者。（4）

采用过程（adoption process） 一个由埃弗雷特·罗杰斯开发的描述采用或购买决策的模型。构成模型的各个阶段分别是：知晓、兴趣、评估、试用及采用。（4）

从价税（ad valorem duty） 一种按商品价值的百分比表达的税收形式。（8）

广告（advertising） 即任何得到赞助的、有偿的并通过非个人渠道宣传的信息。广告是促销组合中的四个因素（手段）之一。（13）

广告诉求（advertising appeal） 涉及目标受众动机的宣传或沟通方式。（13）

广告集团（advertising organization） 包含一家或多家核心广告公司，或包含专门进行直接营销、营销服务、公共关系或市场调研的部门的股份公司或控股公司。（13）

观点广告（advocacy advertising） 就特定专题表达公司观点的一种公司广告的形式。（13）

审美（aesthetics） 人们在特定文化中共享的一种对美与丑以及有品位和无品位的感觉。（4）

代理商（agent） 在两方或多方之间开展交易谈判，但对交易的货品不享有所有权的中间商。（12）

安第斯共同体（Andean Community） 由玻利维亚、哥伦比亚、厄瓜多尔、秘鲁和委内瑞拉 5 国组成的关税同盟。（3）

反倾销税（antidumping duties） 对政府官员认为价格过低的产品所征的税。（8）

仲裁（arbitration） 为了在法院系统之外解决争议，两个或多个当事方进行的一种谈判过程。（5）

---

* 定义后面的数字是章号。

艺术设计（art direction） 广告的视觉表现。（13）

艺术总监（art director） 广告（代理）公司内负责总体广告视觉效果的一个创意人职位。艺术总监有责任挑选确定合适的图形、图像、字体和其他视觉元素。（13）

东南亚国家联盟〔Association of Southeast Asian Nations（ASEAN）〕 由文莱、柬埔寨、印度尼西亚、马来西亚、老挝、缅甸、菲律宾群岛、新加坡、泰国和越南组成的贸易集团。（3）

态度（attitude） 作为文化现象，以一致的方式对给定的事物和组织做出回应的一种习得的倾向。（4）

国际收支（balance of payments） 有关一国与世界其他国家和地区居民之间所有经济交易的记录。（2）

易货贸易（barter） 最单纯而又最古老、双边的、非货币化的对销贸易，由双方之间的货物或服务的直接交换构成。（11）

行为细分（behavioral segmentation） 利用用户状况、使用率或其他测量产品消费的尺度细分市场的过程。（7）

信仰或信念（belief） 在文化中，被个人视为世界真知的、有组织的知识形态。（4）

利益细分（benefit segmentation） 以购买者追求的利益为标准的市场细分过程。（7）

大创意（big idea） 有效广告信息的一个基础性概念，它能使广告信息令人难忘。（13）

交易票据（bill of exchange） 由一方出具的、要求第二方向第三方支付的书面指令。（8）

蓝牙（Bluetooth） 一种允许手机在用户处于无线热点范围之内时连接到互联网的技术。（15）

品牌（brand） 由特定公司就特定产品所做承诺的表述，也是消费者心目中的印象与其个人经历的复合体。（10）

品牌资产（brand equity） 反映品牌价值的一种公司无形资产。（10）

品牌延伸（brand extensions） 公司在进入新的业务领域，或开发新产品线、新品类时，沿用强势品牌的名称，使之成为保护伞的战略。（10）

品牌形象（brand image） 印在人们心中、代表有形产品及其制造公司的某个单一却常常内涵复杂的形象。（10）

贿赂（bribery） 谈判越境生意时，索要或给予某些优惠（典型做法是支付现金）的腐败商业做法。（5）

宽带（broadband） 有足够能力同时承载多个语音、数据或视频频道的一种数字通信系统。（15）

企业间营销〔business-to-business marketing（b-to-b，B2B）〕 针对公司和组织的产品和服务的营销。与此相对的是企业与消费者间的营销。（12）

企业与消费者间的营销〔business-to-consumer marketing（b-to-c，B2C）〕 针对个人自己使用的产品和服务的消费者营销，与此相对的是企业间营销。（12）

《伯德修正案》（Byrd Amendment） 受到外国低于市场价格倾销商品危害的美国公司可请求获得反倾销赔偿的法律。（11）

呼叫中心（call centers） 为世界各地打进来的呼叫者提供顾客支持和其他服务的、复杂的电话运行系统，还可以提供诸如电话营销之类的外包服务。（8）

买权（call option）　在期权到期之日前，按约定价格购买具体金额外币的权利。（2）

资本项目（capital account）　在一国的国际收支中，所有的长期直接投资、组合投资及其他短期和长期的资本流动记录。（2）

加勒比共同体和共同市场〔Caribbean Community and Common Market（CARICOM）〕　成立于 1973 年的一个自由贸易区，成员国包括安提瓜和巴布达、巴哈马、巴巴多斯、伯利兹、多米尼加、格林纳达、圭亚那、海地、牙买加、蒙特塞拉特、圣基茨和尼维斯、圣卢西亚、圣文森特和格林纳丁斯，以及特立尼达和多巴哥。（3）

卡特尔（cartel）　一些共同制定价格、控制产出或采取其他措施以使利润最大化的独立的公司或国家集团。（5）

目录（catalog）　一种以照片、图示以及扩展信息来展示公司产品的杂志式样的出版物。（14）

品类杀手（category killer）　一种专营特定产品种类，并以低价提供花色多样的产品的商店。（12）

中美洲一体化体系（Central American Integration System）　由萨尔瓦多、洪都拉斯、危地马拉、尼加拉瓜、哥斯达黎加和巴拿马等国组成的关税同盟。（3）

中央计划资本主义（centrally planned capitalism）　一种以资源指令配置和资源私有为特征的经济体制。（2）

中央计划社会主义（centrally planned socialism）　一种以资源指令配置和资源国有为特征的经济体制。（2）

成本加运费〔CFR（cost and freight）〕　卖方对货物在出厂后任何阶段出现的任何风险或损失均无责任的一种合同。（11）

财阀（chaebol）　在韩国，由几十家公司围绕一家中心银行或控股公司组成，并由一个创始家族控制的公司联盟集团。（9）

分销渠道（channel of distribution）　有组织的代理商和机构的网络，通过联合经营开展各种必需的活动，将生产商和使用者联系起来，完成营销任务。（12）

新发明的特征（characteristics of innovations）　埃弗雷特·罗杰斯创新扩散理论框架中的一个要素。该框架中的其他要素是五阶段的新产品采用过程和采用者类型。（4）

挑肥拣瘦（cherry picking）　分销过程中的一个现象，诸如分销商之类的渠道中间商在考虑是否承销新产品线时，通常只接受那些产品和品牌需求已经很旺的制造商的新产品线。（12）

指定装运港成本、保险加运费（到岸价）〔CIF（cost, insurance, freight）named port〕　合同所含的一条国际贸易术语解释通则，即要求卖方在货物越过船舷转移至买方前承担所有责任和义务。（11）

民法国家（civil-law country）　指法律体系反映了 6 世纪罗马帝国的结构理念和原则的国家。（5）

点击率（click-through rate）　在访问网站的用户中，点击电脑屏幕所示广告链接的百分比。（15）

聚类分析法（cluster analysis）　市场调研中的一种定量数据分析技术，把变量集合为簇，使同一变量群内部相似性最大，不同变量群之间差异性最大。此法可用于市场的心理细

分。(6)

联合品牌（co-branding）　复合品牌的变异，即两个或多个不同的公司或产品品牌同时出现于产品的包装或广告上。(10)

集体主义文化（collectivist culture）　在霍夫斯泰德的社会价值观分类体系中，群体的内聚性与和谐程度得到强调的文化。同样显而易见的是，该文化中社会所有成员的福祉都得到共同关注。(4)

复合品牌（combination branding）　一种将公司名称和产品品牌名称相结合的品牌战略，也称梯次品牌或伞状品牌。(10)

共同农业政策〔Common Agricultural Policy（CAP）〕　欧洲国家在第二次世界大战后采取的帮助改善和保护农民利益的法规。(8)

共同对外关税〔common external tariff（CET）〕　特惠贸易集团成员国之间达成的一项关税协定，其实施标志着由自由贸易区向关税同盟的转型。(3)

普通法国家（common-law country）　此类国家的法律体系是依据以往法院的判决（判例）解决争端的。(5)

共同市场（common market）　一项特惠贸易协定，建立在由自由贸易区和关税同盟构成的经济一体化基础上。(3)

南方共同市场〔Common Market of the South（Mercosur）〕　一个包括阿根廷、巴西、巴拉圭、乌拉圭和委内瑞拉五国在内的关税同盟。(3)

补偿贸易（回购）〔compensation trading（buyback）〕　一种销售工厂设备或许可技术的对销贸易形式，即卖方或许可方同意买方在特定的若干年内用获得的设备或技术生产的产品来偿付这些设备或技术。(11)

竞争优势（competitive advantage）　将一家公司特有的能力与在行业中创造优质消费者价值的关键因素进行匹配的结果。(1)

没收（confiscation）　政府无偿占有公司资产的行为。(5)

联合分析法（conjoint analysis）　市场调研中的一种定量资料分析技术，用于深入了解吸引消费者的产品特性组合。(6)

消费者样本组（consumer panel）　长期跟踪消费者或住户样本行为的一手资料收集方法；这一方法常被用以测量电视观众的收视情况。(6)

消费者营业推广（consumer sales promotions）　一种营业推广方式，其目的是使消费者知晓新产品，刺激非用户试用某种产品，或增加消费者的整体需求。(14)

集装箱运输（containerization）　实体分销的一种方式，即把远洋运输的货物装入 20 英尺、40 英尺或更长的钢制货柜后进行运输的做法。(12)

内容网站（content site）　一种提供新闻和娱乐并支持公司公关活动的网站。(15)

连续性创新（continuous innovation）　开发时所需研发费不多，对现有消费模式的影响很小，也无须买方下力气学习使用的"新的改良产品"。(10)

合同生产（contract manufacturing）　一种许可安排。据此安排，全球公司向分包商或当地制造商提供技术规范。(9)

便利店（convenience stores）　一种零售分销的形式，这种零售店提供部分超市有售的同样产品，但其商品组合仅限于周转率高的便利品。(12)

技术趋同（convergence）　涉及以往分散的产业或产品类别的合并、重叠或聚合的数字化革命。(15)

合作出口商（cooperative exporter）　制造商的出口组织，被其他独立的制造商借用，以在某些或全部外国市场销售其产品。(8)

文案（copy）　广告中用以说明或书面宣传的文字元素。(13)

版权（copyright）　对书写、录制、表演或拍摄的各种原创作品所有权的确立。(5)

文案撰稿人（Copywriter）　语言专家，负责平面广告中的标题、副标题和正文以及广播广告的文稿。(13)

公司广告（corporate advertising）　一种不是用来直接刺激具体产品需求的广告。形象广告和观点广告是公司广告的两种类型。(13)

成本导向定价法（cost-based pricing）　一种基于内部成本（如原材料、劳动力等）和外部成本分析的定价方法。(11)

基于成本的转移定价（cost-based transfer pricing）　一种转移定价政策，以成本为基础来确定公司内部的转移价格。(11)

假冒（counterfeiting）　未经允许对产品的复制和生产。(5)

反向采购（互购）（counterpurchase）　一种货币化的对销交易，其中销售方同意采购与其售出的产品价值相当的产品，然后卖掉，以从最初的交易中获得收入。(11)

对销贸易（反向贸易）（countertrade）　在这种出口贸易交易中，销售的结果是产品流向买主，接着通常会产生另一笔相反方向流动的产品或服务的销售。(11)

反补贴税〔countervailing duties（CVD）〕　为抵消出口国提供的补贴而征收的附加关税。(8)

国家与市场集中型（拓展战略）（country and market concentration）　一种瞄准少数国家的少数顾客子（细分）市场的市场拓展战略。(9)

国家与市场多样型（拓展战略）（country and market diversification）　经营多种业务的全球公司采取的一种市场拓展战略。(9)

国家集中市场多样型（拓展战略）（country concentration and market diversification）　一种集中在少数国家服务于不同消费子市场的市场拓展战略。(9)

国家多样市场集中型（拓展战略）（country diversification and market concentration）　公司为单一产品寻求全球市场的市场拓展战略。(9)

原产地效应（country-of-origin effect）　对产品或品牌基于其原产地或加工国家的感知或态度。(10)

赠券（coupon）　一种印刷凭证形式的促销工具，持有者购买某种产品或服务时有权享受降价或其他特殊照顾。(14)

创意实施（creative execution）　广告中的诉求点或销售主张的表达方式。创意实施就是"怎么说"，而创作策略则是"说什么"。(13)

创作策略（creative strategy）　特定广告信息或广告活动要表达的语句或概念。(13)

文化（culture）　一个社会代代相传的各种生活方式。文化表现在多个方面，包括态度、信仰、价值观、审美、饮食习俗和语言。(4)

经常项目（current account）　一种包括国家间经常发生的商品和服务贸易、私人馈赠，以

及公共捐助等类金额的记录。(2)

客户关系管理〔customer relationship management (CRM)〕　一种存储和分析从客户"接触点"收集的数据的过程，其目的是辨认公司的最佳客户，以期尽可能高效地满足客户的需求，不仅有效，而且能获利。(6)

顾客策略（customer strategy）　即销售代表收集和分析每位客户或潜在客户需求信息的计划。(14)

关税同盟（customs union）　一种特惠贸易集团，其成员国同意争取达到比自由贸易协定提供的程度更高的经济一体化。除降低关税和配额，关税同盟还具有共同对外关税的特征。(3)

域名抢注（cybersquatting）　注册某一特定域名的行为，其目的是将该域名转售给某公司以便该公司能合法使用。(15)

数据仓库（data warehouse）　作为公司管理信息系统的组成部分，这种数据库被用以支持管理层做决策。(6)

美国国防部高级研究项目计划局〔Defense Advanced Research Projects Agency (DARPA)〕　曾经创建了在战争中仍可维持通信线路的计算机网络的美国机构。(15)

完税后交货〔delivered duty paid (DDB)〕　一种合同，其中的卖方同意将货物运至买方指定的进口国某地点，并承担包括完税在内的所有成本。(11)

人口统计细分（demographic segmentation）　基于可测量的人口特征，如国家、收入、人口、年龄或其他测量指标的市场细分程序。(7)

百货商店（department store）　一种零售运营业态，其特点是一个店内有很多分类或分区，每个分区代表一条独特的产品线，并配备数量有限的销售员。(12)

贬值（devaluation）　一种货币相对于其他外币币值的降低。(2)

发达国家（developed countries）　可归入高收入类型的国家。(2)

发展中国家（developing countries）　可归入低收入、中低收入或中高收入等类型的国家。(2)

差异化全球营销（differentiated global marketing）　一种要求瞄准两个或多个明显的子市场，并配置多套营销策略组合的战略。(7)

创新扩散（diffusion of innovations）　由埃弗雷特·罗杰斯开发的一个理论框架，解释了新产品在社会文化中逐渐被采用的方式。该理论框架包含一个五阶段的采用过程、新发明的特征，以及采用者类型。(4)

数字化革命（digital revolution）　一场由技术进步引起的范式转变，使信息、声音和图像的模拟源数字化，如转化为二进制。(15)

直接邮寄（direct mail）　公司利用邮政服务向选定的潜在顾客寄送产品/服务资料的一种直接营销手段。(14)

直接营销（direct marketing）　任何以消费者或商家为对象，旨在换取对方做出订货、要求提供更多资料和/或参观商店或其他商业场所等回应的沟通行动。(14)

跨越性创新（discontinuous innovation）　一旦被广泛接受，就能开创新市场和新消费模式的新产品。(10)

折扣店（discount retailers）　一种强调商品低价的零售运营业态。(12)

歧视性采购政策（discriminatory procurement policies） 可能以政府规定、行政条例以及正式或非正式的公司政策的形式出现的歧视外国供应商的政策。(8)

颠覆性技术（disruptive technology） 一种重新定义产品或行业并能孕育新市场的技术。(15)

分销商（distributor） 一种渠道中间商，通常是批发商，它汇集来自制造商的产品并交付给零售渠道成员。(12)

国内公司（domestic company） 将资源获取和营销活动的地理范围局限于母国机会的公司。(1)

汇票（draft） 一种可将所有未付款的风险转移给出口商（卖方）的支付工具。(8)

倾销（dumping） 以低于国内市场或原产地正常价的价格在出口市场上销售商品的行为。(8，11)

动态连续性创新（dynamically continuous innovation） 属于中度创新，具有一定颠覆性，并需要消费者下一些功夫学习新产品。(10)

电子商务（e-commerce） 以互联网或类似的网络为营销渠道实现商品和服务的一般交易的做法。(15)

西非国家经济共同体〔Economic Community of West African States（ECOWAS）〕 一个由 16 个国家组成的联盟，包括贝宁、布基纳法索、佛得角、冈比亚、加纳、几内亚、几内亚比绍、科特迪瓦、利比里亚、马里、毛里塔尼亚、尼日尔、尼日利亚、塞内加尔、塞拉利昂和多哥。(3)

经济联盟（economic union） 一种高度发达的跨境经济一体化形式，涉及降低关税和配额，实行共同对外关税，减少对资本和劳动力自由流动的限制，建立统一经济政策和诸如中央银行这样的机构。(3)

高效消费者反应〔efficient consumer response（ECR）〕 管理信息系统的一个工具，能使零售商和供应商在补货、存货环节紧密合作。(6)

电子数据交换〔electronic data interchange（EDI）〕 管理信息系统的一个工具，能使公司的业务部门以电子手段提交订单，给出发票，并与公司的其他部门或其他公司开展业务。(6)

电子销售点〔electronic point of sale（EPOS）〕 利用收银台扫描仪收集购买数据，以帮助零售商了解产品销售状况和不同地区消费偏好的差异。(6)

主位分析（emic analysis） 一种按当地含义和价值体系分析一国市场的全球市场调研方法。(6)

情感诉求（emotional appeal） 指一种通过激发情感反应（而不是理性反应）引导购买行为的广告诉求方式。(13)

实现条件（enabling conditions） 结构性市场特性，这种条件存在与否决定营销模式能否成功。(7)

环境敏感性（environmental sensitivity） 对产品按不同国家市场的特定文化需要因地制宜的程度的测量。一般来说，消费品表现的环境敏感性高于工业品。(4)

持股（equity stake） 以对外直接投资方式进入市场的战略，目的是获取某项业务的部分所有权。(9)

母国中心导向（ethnocentric orientation）　EPRG 框架的第一层次，是一种认为自己的母国优于世界其他国家的有意识的或无意识的信念。(1)

母国中心定价法（ethnocentric pricing）　将产品在本国的价格延伸到所有其他国家的做法，也称延伸定价法。(11)

客位分析（etic analysis）　一种以外人的视角分析一国市场的全球市场调研方法。(6)

欧元区（euro zone）　包括奥地利、比利时、塞浦路斯、芬兰、爱尔兰、荷兰、法国、德国、希腊、意大利、卢森堡、马耳他、葡萄牙、斯洛伐克、斯洛文尼亚和西班牙等 16 个使用欧元的国家。(3)

驻外人员（expatriate）　公司从母国派往外国工作的员工。(14)

出口经纪人（export broker）　为卖方和海外的买方牵线并因此获得报酬的经纪人。(8)

出口佣金代表（export commission representative）　由制造商指派的所有或部分海外市场的销售代表。(8)

出口分销商（export distributor）　享有在原产国以外的全部或某些市场独家销售某制造商产品的权利的个人或公司。(8)

出口管理公司〔export management company（EMC）〕　独立的出口公司，充当一个以上制造商的出口部门。(8)

出口营销（export marketing）　以适销国内市场的产品为起点，然后修改产品，以满足国际目标市场的需求偏好。(8)

出口商人（export merchant）　在外国市场发现需求，然后在世界市场上采购产品以满足这些需求的商人。(8)

出口价格升级（export price escalation）　由于相关的运费、汇率浮动等原因导致进口商品价格的上升。(11)

出口销售（export selling）　一种不必为迎合个别国家要求而修改产品、价格或促销宣传资料的出口活动。(8)

明示担保（express warranty）　一种书面担保，保证购买者得到他所偿付的物品，或在产品不能实现预期性能时拥有追索权。(10)

征用（expropriation）　指政府夺取公司资产的行动，其赔付额一般低于市场价值。(5)

延伸策略（extension approach）　指在进入新的国家市场时，公司管理层仍然运用其在国内的营销方案和策略。(1)

延伸战略（extension strategy）　将产品几乎原封不动地提供给（即"延伸"到）本国以外市场的全球战略。(10)

工厂交货〔ex-works（EXW）〕　一种卖方按合同规定的时间将货物交由买方处置的合同。(11)

因子分析法（factor analysis）　在市场调研中，计算机所做的定量数据分析技术被用以削减数据。包含产品功效等很多项目的回收问卷提供录入的数据，计算机生成的因子载荷可用以创建感知图。(6)

指定装运港船边交货〔FAS（free alongside ship）named port〕　此项国际贸易术语解释通则所对应的合同为：要求卖方将货物置于船边或其他运输工具，或置于这些运输工具可取货之处，并且负担在到达此点前的所有费用。(11)

先行者优势（first-mover advantage） 一种传统的营销智慧，即首先进入某国市场的公司最有机会成为市场领先者。(7)

指定装运港船上交货〔FOB（free on board）named port〕 此项国际贸易术语解释通则所对应的合同为：卖方的责任和义务一直到货物实际装船后才结束。(11)

聚焦（focus） 将资源集中到核心业务或能力上。(1)

聚焦差异化（focused differentiation） 波特基本战略框架中构建竞争优势的四种选项之一。当企业服务于一个小的利基市场，且其产品被认为是独特的时候，就能索取高价。(16)

焦点小组座谈（focus group） 一种原始数据收集方法，依靠一位受过训练的主持人，借助一些调研设施，组织小组成员开展讨论。(6)

外国消费者文化定位〔foreign consumer culture positioning（FCCP）〕 一种将产品、品牌或公司与原产国或其文化相联系，使之与众不同的定位战略。(7)

《反海外腐败法案》〔Foreign Corrupt Practices Act（FCPA）〕 一部法律，规定美国公司向外国政府官员或政党要员行贿以获得商务机会的行为是非法的。(5)

海外直接投资〔foreign direct investment（FDI）〕 公司通过向本国以外地区投资或收购厂房、设备或其他资产进入市场的战略。(9)

外国采购代理（foreign purchasing agents） 代表海外顾客，并由委托人支付报酬的采购代理。(8)

形式效用（form utility） 已完成加工、准备妥当、状态良好、随时可用的产品的可获得性。(12)

远期市场（forward market） 一种按现价买入或卖出未来交割的货币的机制。(2)

特许经营（franchising） 母公司特许方与受许方之间的一种合同，受许方依据合同经营特许方开发的业务，条件是必须付费并遵守许可范围内的政策与惯例。在市场进入壁垒低、消费者行为或零售业结构与本国市场差异大的情况下，这是一种合适的市场进入方式。(9, 12)

货交承运人〔free carrier（FCA）〕 此项国际贸易术语解释通则所对应的合同为：卖方只要将货物在指定的地点交给买方指定的承运人即完成交货。(11)

自由贸易协定〔free trade agreement（FTA）〕 一个导致自由贸易区创建的协定。自由贸易协定代表着较低水平的经济一体化。(3)

自由贸易区〔free trade area（FTA）〕 一种特惠贸易集团，其成员国已签署自由贸易协定，从而使关税和配额降低或消除。(3)

自由贸易区〔free trade zone（FTZ）〕 一个地区实体，可能包括制造工厂和仓库。(8)

货运代理商（freight forwarders） 调度、清关、海运关税和时间安排方面的专家。(8)

完全所有权（full ownership） 市场进入战略之一，通过对外直接投资获得公司 100% 的控制权。(9)

关税及贸易总协定〔General Agreement on Tariffs and Trade（GATT）〕 第二次世界大战结束时为促进自由贸易建立的组织，该协定是由各成员签署的。(3)

全球中心导向（geocentric orientation） EPRG 框架的第四层次，是对公司必须从全世界寻求市场机会的一种理解。管理层认识到，不同的国家市场可能同时具有相似的和不同的特征。(1)

全球中心定价法（geocentric pricing） 这种做法是在不同的国家市场同时实行延伸和调整的定价政策。(11)

全球广告（global advertising） 画面、文案、标题、照片、结语和其他元素的创作适用于全球各地的广告信息。(13)

全球品牌（global brand） 在全世界具有同一名称、相似的形象和定位的品牌。(10)

全球品牌领导地位（global brand leadership） 为了建立全球综合效应并开发出可以协调并利用国家品牌战略的全球品牌战略，在全球范围内调配建立品牌所需资源的行动能力。(10)

全球公司（global company） 展示了全球导向的公司，即在世界所有地区追求市场机会的公司。所采用的战略主要有两种选择：一种是出口母国市场制造的产品并服务于全球市场；另一种是从多个不同的国家采购产品，主要服务于母国市场。其全球运营是一体化和协调有序的。(1)

全球竞争（global competition） 一种获得成功的战略：公司以全球视角看待竞争，并着手在全球范围而不是逐个国家地争取利润最大化。(16)

全球消费者文化定位〔global consumer culture positioning（GCCP）〕 一种定位战略。借此战略，公司努力使产品、品牌或公司自身与众不同，并成为全球文化或全球子市场的象征或关联者。(4，7)

全球精英（global elite） 一个全球性子市场，其成员是游历丰富的富裕消费者，他们花很多钱购买高档的或承载独特形象的奢侈品和品牌产品。(7)

全球性行业（global industry） 指可以通过整合和利用全球范围的运营来获取竞争优势的行业。(1)

全球营销（global marketing） 将公司的资源用于寻求全球市场机会，并对全球市场环境的威胁做出回应的行为。(1)

全球营销战略〔global marketing strategy（GMS）〕 一个公司寻求全球市场机会的蓝图，主要解决四个问题：是采用标准化策略还是当地化策略；是集中在少数国家，还是分散在世界各国开展关键营销活动；协调全球营销活动的指导方针；参与全球市场的范围。(1)

全球市场调研（global market research） 在全球范围内或在本国以外一个或多个市场开展的、以项目为单位的数据收集和分析工作。(6)

全球市场细分（global market segmentation） 识别同质性潜在消费者群体的过程。这个群体不论是哪国居民，对公司的营销策略组合都可能会表现出相同的反应。(7)

全球定位系统〔global positioning system（GPS）〕 一种使用卫星确定移动设备所处地理位置的数字通信系统。(15)

全球产品（global product） 能够满足世界各地购买者欲望和需要的产品。(10)

全球零售（global retailing） 在多个国家市场从事或拥有零售业务。(12)

全球战略伙伴关系〔global strategic partnerships（GSP）〕 与一个或一个以上的商业伙伴结盟的、周密的市场进入战略，其目的是服务于全球市场。(9)

全球青少年（global teens） 由12～19岁年轻人构成的全球性子市场。影响他们购买行为的因素包括对时尚、音乐的共同兴趣和年轻人的生活方式。(7)

灰色市场商品（gray market goods）　从一个国家出口到另一个国家、未经商标拥有者授权销售的产品。(11)

绿地投资（greenfield investment）　一种市场进入战略，企业按照该战略向目标市场国的工厂、零售店或其他新经营形式进行对外直接投资。(9)

国内生产总值〔gross domestic product（GDP）〕　用来测量一个国家经济活动情况的数据，由消费性支出（C）、投资性支出（I）、政府采购（G）和净出口（NX）相加所得：$C+I+G+NX=GDP$。(2)

国民收入总值〔gross national income（GNI）〕　测量一国经济活动的指标之一，包含国内生产总值，外加本国海外居民的收入。(2)

八国集团〔Group of Eight（G8）〕　指美国、日本、德国、法国、英国、加拿大、意大利和俄罗斯等8个国家，它们的代表定期开会，应对全球经济问题。(2)

七国集团〔Group of Seven（G7）〕　指美国、日本、德国、法国、英国、加拿大和意大利等7个国家，它们的代表定期开会，应对全球经济问题。(2)

二十国集团〔Group of Twenty（G-20）〕　指二十个国家，它们的代表定期开会，应对全球经济和金融问题，其目标包括恢复全球经济增长和强化全球金融系统。(2)

海湾阿拉伯国家合作委员会〔Gulf Cooperation Council（GCC）〕　包括巴林、科威特、阿曼、卡塔尔、沙特阿拉伯和阿联酋在内的石油生产国联盟。(3)

硬折扣店（hard discounter）　以极低的价格出售高度集中的精选商品的零售商，经常倚重自有品牌。(12)

协调（harmonization）　使影响营销组合的不同标准和制度达到一致的状态。(3)

协调关税制度〔Harmonized Tariff System（HTS）〕　根据该制度，进口商和出口商必须确定将要跨边境交易的某一商品或服务的正确分类号码。(8)

套期保值（hedging）　为保护公司不遭受因浮动货币汇率可能引起的财务损失而进行的投资。(2)

高语境文化（high-context culture）　在这种文化中，大量的信息和含义隐含在沟通的语境中，包括沟通参与者的背景、关联事物和基本价值观。(4)

高收入国家（high-income country）　人均国民收入总值达到或超过12 476美元的国家。(2)

超级竞争（hypercompetition）　理查德·达维尼开发的一个战略框架，它是按公司的动态变化和业内公司间的战略互动来判断竞争和追求竞争优势的。(16)

大卖场（hypermarket）　一种零售运营业态，其特征是有规模巨大的场地等设施，融合了诸如折扣店、超市和仓储式会员店等业态的元素。(12)

超文本标记语言〔hypertext markup language（HTML）〕　用于控制网页外观的格式语言。(15)

超文本传送协议〔hypertext transfer protocol（http）〕　使得超文本文档能够通过互联网传送的协议。(15)

形象广告（image advertising）　用以向公众通报诸如名称变更、公司合并等重要事件的一种公司广告。(13)

初始市场（incipient market）　在某种特定的经济、人口、政治和社会文化趋势持续发展的

情况下，需求有望变成现实的市场。(6)

国际贸易术语解释通则（Incoterms）　国际广泛接受的、对价格具有影响的贸易术语。(11)

个人主义文化（individualist culture）　在霍夫斯泰德的社会价值观分类体系中，每一个社会成员主要关心自己及近亲利益的社会文化。(4)

信息广告（infomercial）　一种付费电视节目，在节目中演示和解释某种产品，并在电视屏幕上提供免费电话号码，向观众出售产品的广告。(14)

信息技术〔information technology（IT）〕　一个组织创造、存储、交换、使用和管理信息的过程。(6)

信息效用（information utility）　顾客有关产品特征和利益的疑问能够得到解答和沟通而产生的效用。(12)

创新（innovation）　用新的能力利用资源以创造价值的过程。(10)

创新者的两难困境（innovator's dilemma）　企业管理者所处的境遇，即他们已对现存具有盈利性的技术投入很多，导致他们对风险较大的新技术投入不足。(15)

整合营销沟通〔integrated marketing communications（IMC）〕　开展促销这一营销组合要素的一种方式，重视公司营销沟通策略的协调和整合。(13)

互动电视〔interactive television（ITV）〕　允许观众在观看电视的过程中和节目内容进行互动。(14)

多式联运（intermodal transportation）　实体分销的一个环节，涉及在陆地和水运模式之间的转换。(12)

国际品牌（international brand）　在特定（世界）区域内的所有地方都有产品供应的品牌，也称国际产品。(10)

国际公司（international company）　通过采用延伸策略寻求母国之外市场机会的公司。(1)

国际法（international law）　国际法主体就国家（地区）之间的非商业争端达成的协议。(5)

互联网（Internet）　一种能传送电子邮件和其他数字文件的计算机网络。(15)

内联网（intranet）　允许授权的公司职员和外部人士安全地共享信息的一种电子系统，它可以帮助公司节省大量的纸张。(6)

伊斯兰法（Islamic law）　中东地区采用的法律体系，其基础是被称为伊斯兰教教法（Sharia）的综合性的法典。(5)

合资企业（joint venture）　一种市场进入战略，做法是由两家公司共享新建企业实体的所有权。(9，12)

司法管辖权（jurisdiction）　一国法制环境的一个方面，即法庭对国（境）外发生的特定种类争端做出判决的权力，或对不同国家的个人或实体行使权力的权威。(5)

联营公司（keiretsu）　日本的一种由多个公司组成的、业务交叉的联盟。(9)

潜伏市场（latent market）　一种尚未被发现的子市场。如果有适当的产品出现，这个子市场的需求就会变为现实。(6)

一价定律（law of one price）　市场中的所有顾客都能用最好的价格买到最好的产品。(11)

欠发达国家〔least-developed countries（LDC）〕　联合国采用的术语，是指人均国民收入总

值排位最低的 50 个国家。（2）

信用证 ［letter of credit （L/C）］　进出口贸易中的一种支付方式。其中，银行为买方担保信用。（8）

杠杆作用 （leverage）　公司通过在多个国家市场积累经验而享有某些优势，如经验移植、技术诀窍或规模经济。（1）

许可经营 （licensing）　一种契约式市场进入战略。一个公司（许可方）据此向另一个公司（受许方）提供一种可供使用的资产，交换条件是专利使用费，或其他形式的报酬。（9）

产品线延伸 （line extension）　现有产品的变异，如新的口味或新的设计。（10）

当地品牌 （local brand）　在单一国家市场上有售或可见的品牌，亦称当地产品。（10）

当地消费者文化定位 （local consumer culture positioning）　一种定位战略，即力图使产品、品牌或公司形象按当地文化、当地生产或当地消费进行差异化处理。（7）

当地化（因地制宜）策略 ［localization （adaptation） approach］　在不同国家因地制宜地改变营销组合，以寻求全球市场机会的策略。（1）

物流管理 （logistics management）　在原产地和装配地或最终消费地之间负责规划、实施和控制零部件和成品的管理活动。（12）

长期取向 ［long-term orientation （LTO）］　霍夫斯泰德社会价值观分类体系的第五个维度，反映了相对于即时满意的追求，社会对持续性和长期行为更为关注。（4）

见缝插针 （loose bricks）　当竞争对手专注于某个子市场或地理区域时，企业趁机创造竞争优势的战略。（16）

低语境文化 （low-context culture）　在这种文化中，信息和知识更为明确，词语承载了所要沟通的信息。（4）

中低收入国家 （lower-middle-income country）　人均国民收入总值为 1 026～4 035 美元的国家。（2）

低收入国家 （low-income country）　人均国民收入总值不到 1 025 美元的国家。（2）

《马斯特里赫特条约》 （Maastricht Treaty）　签订于 1991 年，确立了欧洲货币体系向经济和货币联盟的转型。（3）

《马德里议定书》 （Madrid Protocol）　即马德里商标保护系统，该系统允许申请人通过一次申请和交费，即可实现在多个国家的知识产权登记。（5）

管理信息系统 ［management information system （MIS）］　为管理者和其他决策者提供关于公司运营的持续信息流的一个系统。（6）

制造商的出口代理 ［Manufacturer's export agent （MEA）］　能履行出口分销商或出口佣金代表职责者。（8）

基于市场的转移定价 （market-based transfer price）　一种转移定价政策，按照全球市场有竞争力的水平为内部交易定价。（11）

市场资本主义 （market capitalism）　一种由市场配置资源、资源私有的经济体制。（2）

市场进入战略 （market-entry strategy）　公司管理层决定在本国以外地区寻求市场机会的方式。（9）

市场拓展战略 （market expansion strategy）　在本国以外地区扩张经营时，公司管理层选择的产品-市场和地理条件的特定组合。（9）

市场维持策略（market holding strategy） 一种允许管理层维持市场份额的策略；管理层随竞争态势或经济形势的变化对价格做相应的上下调整。（11）

市场营销（marketing） 一种组织职能，是指为顾客创造、沟通和传递价值，管理客户关系，以使组织和其利益相关者都受益的一整套过程。（1）

营销组合（marketing mix） 四个要素——产品、价格、渠道和促销——代表了营销人员控制的战略变量。（1）

营销模式驱动因素（marketing model drivers） 在对潜在目标市场进行评估时必须考虑的关键要素或因素。（7）

市场调研（market research） 搜寻模式中针对专门项目开展的系统的数据收集活动。（6）

市场渗透定价策略（market penetration pricing strategy） 一种把价格定得较低，以迅速赢得市场份额的策略。（11）

市场细分（market segmentation） 根据共同特征对消费者和国家群组进行识别和分类的工作。（7）

市场撇脂（market skimming） 一种针对愿意为特定品牌或为特制的产品支付高价的顾客设计的定价策略。（11）

市场社会主义（market socialism） 一种在整体国有的环境中允许对有限的资源进行市场配置的经济体系。（2）

马斯洛的需求层次理论（Maslow's hierarchy） 一个有关理解人类的动机如何与需求相连的经典理论框架。（10）

商品贸易（merchandise trade） 在国际收支统计中，与制造产品相关的条目。（2）

移动广告（mobile advertising） 使用智能手机或其他手持设备作为渠道的有说服力或有信息量的沟通方式。（15）

移动商务［mobile commerce（m-commerce）］ 通过手机和平板电脑等手持无线设备进行的商务交易。（15）

移动音乐（mobile music） 在手机上购买并播放的音乐。（15）

多维量表法［multidimensional scaling（MDS）］ 市场调查中的一种定量数据分析技术，可用以绘制感知图。存在大量的产品或品牌时，多维量表法有助于营销人员洞察消费者的感知。（6）

多国公司（multinational company） 采用因地制宜策略（例如不同于本土市场的产品、价格、分销渠道和促销策略）寻求母国市场之外市场机会的公司。在一个典型的多国公司中，驻各个国家的经理人员被授予相当的自主权，而且不同国家市场之间的整合或协调也很少见。（1）

多重目标子市场（multi-segment targeting） 一种营销战略，要求把两个或多个明显的子市场作为目标市场，并设置多套营销策略组合。（7）

国有化（nationalization） 涉及的范围比较广，指把某国特定行业的管理权和产权从私有部门转给政府。（5）

相互协商的转移价格（negotiated transfer price） 一种转移定价政策，以组织与附属公司的关系为基础确定在公司内部转移的价格。（11）

新兴工业化经济体［newly industrializing economies（NIE）］ 经济高速增长的中高收入国

家。（2）

利基市场（niche） 全球市场的某单一子市场。（7）

非关税壁垒〔nontariff barriers（NTB）〕 限制或防止货物跨境流动的且不同于关税的各种举措：从"只买国货"运动，到各种使公司难以进入某国或某区域市场的政策障碍。（1，8）

正常贸易关系〔normal trade relations（NTR）〕 世界贸易组织规定的一个贸易地位，赋予一个国家低关税税率资格。（8）

《北美自由贸易协定》〔North American Free Trade Agreement（NAFTA）〕 包含加拿大、美国和墨西哥三国自由贸易区的协定。（3）

"非本地发明"综合征〔"not invented here"（NIH）syndrome〕 在选择战略时易犯的一种错误，即忽略由子公司或分公司经理所做的决策。（10）

观察法（observation） 用于收集一手资料的一个方法。按此法，经过培训的观察员观察并记录现实或潜在购买者的行为。（6）

抵消（offset） 一种对销贸易交易：买方政府通过要求卖方采取某种合作方式弥补其付出的硬通货，具体做法有进口产品或转让技术。（11）

一对一营销（one-to-one marketing） 直接营销的一种新模式，要求依据以往的购买记录或同公司的互动关系区别对待不同的顾客。（14）

操作系统（operating system） 为电脑提供一套基本指令的软件代码。（15）

期权（option） 在外币交易中，通过合同规定以特定价格购买或销售特定量货币的权利。（2）

订单处理（order processing） 包括订单录入、订单处置以及订货发送在内的实体分销环节。（12）

有机增长（organic growth） 全球零售业中的一种市场扩张战略。公司据此战略利用自己的资源在某块"绿地"上新建商店，或从另一家公司收购一家或多家现成的零售店或零售点。（12）

经济合作与发展组织〔Organization for Economic Cooperation and Development（OECD）〕 一个拥有 34 个成员国的集团，成员国共同努力，促进基于市场资本主义和多元化民主的经济体系的发展。（2）

组织（organizing） 创建组织架构，旨在使企业能够对国际市场环境中的显著差异做出反应，并拓展有价值的企业知识。（17）

厂商直销商城（outlet mall） 集聚厂商直销店的大商场。（12）

厂商直销店（outlet store） 一种允许著名消费品品牌厂商处理积压库存和过期产品或次品的零售业态。（12）

外包（outsourcing） 为降低成本，公司将生产任务或工作转交给另一家公司。有时用离岸外包一词来指代生产转移到诸如印度等低工资国家的情况。（8）

付费搜索广告（paid search advertising） 一种互联网传播手段，即公司通过付费方式，使自己的广告能在用户输入关键（搜索）词时出现。（15）

平行进口（parallel importing） 未经商标拥有者的授权将货品从某国进口到另一国的做法。平行进口利用了两国市场间的价差。（11）

专利（patent） 一份正式的法律文件，给予发明者在特定时期内制作、使用和销售其发明的独有权。(5)

模板广告（pattern advertising） 一种要求创作泛地区或全球基本概念的营销沟通策略，其文案、图像或其他元素可根据单个国家市场的需要加以修改。(13)

点对点营销〔peer-to-peer（p-to-p）marketing〕 一种个人消费者向其他个人营销产品的营销模式。(12)

个人收视记录仪（peoplemeter） 公司（如尼尔森）用来收集全国电视观众收视数据的一种电子设备。(6)

个人电脑〔personal computer（PC）〕 一款紧凑的、价格合理的计算设备，其出现标志着数字革命进入了下一阶段。(15)

个人访谈（personal interview） 通过交互式沟通（如面对面或电话交谈）进行的一手资料收集，使调查者能够询问"为什么"之类的问题。(6)

人员销售（personal selling） 促销组合的四个因素之一，是公司销售代表和潜在购买者之间的面对面交流。(14)

人员销售理念（personal selling philosophy） 这一理念表现为，销售代表信奉营销观念，并愿意像伙伴那样帮助顾客解决问题。这是战略式/顾问式销售模式的第一步。(14)

地点效用（place utility） 因产品或服务在潜在顾客方便取得的地点而产生的效用。(12)

产品平台（platform） 可以迅速、低成本地进行修改以适应不同国家市场的核心产品设计元素或部件。(10)

政治环境（political environment） 代表世界各国人民心声的政府机构、政党和组织的集合。(5)

政治风险（political risk） 政治环境和政府政策变化引起的风险，这种风险会对公司开展有效经营的能力和获利能力造成负面影响。(5)

多国中心导向（polycentric orientation） EPRC框架的第二层次，即每个公司业务所及的国家都是独特的。在全球营销中，这一导向使得营销组合因地制宜的程度较高，而且经常由拥有自主权的每个国家市场的当地经理实施。(1)

多国中心定价法（polycentric pricing） 为在不同国家市场销售的同一产品确定不同价格水平的做法，也称调整定价法。(11)

市场定位（positioning） 使顾客或潜在顾客心目中的产品或品牌不同于竞争者产品或品牌的做法。(7)

权力距离（power distance） 霍夫斯泰德的社会价值观分类体系中的文化维度之一，反映了一个社会接受权力分配不平等这一现实的程度。(4)

优惠税率（preferential tariff） 对从某些国家进口的产品的关税减让。(8)

特惠贸易协定〔preferential trading agreement（PTA）〕 一种基于区域或子区域少数观察国之间的贸易协定。这些协定以不同的经济一体化程度为特征。(3)

介绍计划（presentation plan） 在人员销售过程中，介绍计划是介绍策略的核心，通常分为六个阶段：接近、介绍、演示、谈判、成交和为销售服务。(14)

介绍策略（presentation strategy） 该策略包括为每个销售访问确定目标，并制定实现这些目标的介绍计划。(14)

价格限定（price fixing）　两家或更多公司选派代表共同设定价格的秘密协定。(11)

价格透明（price transparency）　商品和服务价格以欧元为计价单位，以便消费者和组织采购者对全欧各地的商店的价格进行比较。(11)

一手资料（primary data）　在市场调研中，与特定问题、决策或研究中的问题相关的数据收集活动。(6)

产品（product）　营销策略组合 4P 的要素之一：商品、服务或具有有形和无形属性的构思，它们为购买者或用户创造价值。(10)

产品调整/沟通延伸（product adaptation-communication extension）　按当地用户需要或偏好修改产品，并且通过最少的改变沿用母国市场的基本沟通策略。(10)

产品调整/沟通调整（双重调整）〔product-communication adaptation（dual adaptation）〕　利用营销组合要素的双重调整策略。(10)

产品延伸/沟通延伸（product-communication extension）　在本国市场以外地区寻求机会的策略。(10)

产品延伸/沟通调整（product extension-communications adaptation）　通过修改营销沟通方案来营销同样产品的策略。(10)

产品创新（product invention）　在全球营销中针对世界市场开发新产品。(10)

产品置入（product placement）　一种有偿的营销沟通手段，公司利用它安排产品和品牌名称出现在人们喜爱的电视节目、电影和其他类型的演出中。(14)

产品饱和度（product saturation level）　在特定国家市场拥有某产品的顾客或家庭的比例，是一种测量市场机会的尺度。(2)

产品策略（product strategy）　在人员销售中，销售代表为满足顾客需要所做的产品挑选和定位计划。这是战略式/顾问式销售模式的第三步。(14)

产品转换（product transformation）　产品在通过产品延伸/沟通调整策略被引进多个国家市场时，发挥了与原设计或用途不同的功能或用途。(10)

形式发票（pro forma invoice）　有助于实现出口/进口交易的文件。形式发票注明了出口商所希望的付款形式和数额，也注明了购买的产品项目。(8)

促销网站（promotion site）　提供关于公司产品或服务的营销沟通信息的网站。(15)

心理细分（psychographic segmentation）　按态度、兴趣、观点和生活方式将人群分为子市场的过程。(7)

新闻报道（publicity）　有关公司或产品的无偿宣传。(13)

公共关系〔public relations（PR）〕　促销组合的四个变量之一。也是组织内负责评估对组织及其产品和品牌的公众舆论和态度的部门或职能。公关人员也负责在公司的各组成部分和公众当中培养商誉、理解和认同。(13)

卖权（put option）　在期权到期之日前按某一约定价格卖出一定数量外币的权利。(2)

配额（quota）　政府对特定产品或产品类别设置的进口单位数量或总价值的限制。(8)

理性诉求（rational appeal）　一种作用于目标受众逻辑和智力的广告诉求方式。(13)

地区中心导向（regiocentric orientation）　EPRG 框架的第三层次，表现了世界各个区域都有类似的和不同的观点。在全球营销中，当某公司为某个独特的地理区域开发一体化的战略时，地区中心导向就十分明显。(1)

监管环境（regulatory environment） 由各种政府和非政府代理机构及其他组织构成。这些机构负责执法或制定商务行为指南。(5)

关系策略（relationship strategy） 在人员销售中，销售代表为建立和维持与潜在顾客和现有顾客之间高质量关系而制定的计划。这是战略式/顾问式销售模式的第二步。(14)

限制性管理和技术规定（restrictive administrative and technical regulations） 可能会形成贸易壁垒的法规，以有关反倾销、规模、安全和健康的规定等具体形式出现。(8)

升值（revaluation） 一国货币变得坚挺。(2)

原产地规则（rules of origin） 为交付的货品原产于哪个国家出具证明的一种制度。(3)

销售代理（sales agent） 按合同行事的代理人，不是全职雇员。(14)

营业推广（sales promotion） 营销策略组合四因素之一，是一个有偿的短期沟通计划，用以提升产品或品牌的有形价值。(14)

样品派送（sampling） 一种可使潜在顾客有机会免费试用产品或服务的营业推广技巧。(14)

二手资料（secondary data） 在个人文件、出版物资源和数据库中已经存在的数据等资料。(6)

自我参照标准［self-reference criterion（SRC）］ 人们无意识地按照自己的文化经历和价值观诠释世界的倾向。(4)

销售主张（selling proposition） 一种承诺或宣传，在广告中指出购买产品的理由或产品所能给予的好处。(13)

服务贸易（services trade） 基于经验的、无形的经济产出品的买卖。(2)

超大型购物中心（shopping mall） 此类购物中心由同一地点的多个商店组成，通常以一个或多个大型百货商店为主体店，交通方便并有免费停车场可用。(12)

短信服务［short message service（SMS）］ 一种全球接受的数字和字母信息发送（最多达160个字节）的无线标准。(15)

短期取向（short-term orientation） 霍夫斯泰德社会价值观分类维度之一，与之相对应的是长期取向。(4)

单式税则（single-column tariff） 对源自所有国家的进口产品实行同样计税标准的税率表，是一种最简单的关税。(8)

智能手机（smart phone） 一种提供网页浏览器等电脑功能的手机。(15)

货源获取决策（sourcing decision） 决定是自己制造还是从外部采购产品，以及在哪里制造或采购的战略决策。(8)

南部非洲发展共同体［Southern African Development Community（SADC）］ 该联盟的成员国包括安哥拉、博茨瓦纳、刚果民主共和国、莱索托、马拉维、毛里求斯、莫桑比克、纳米比亚、塞舌尔、南非、斯威士兰、坦桑尼亚、赞比亚和津巴布韦。(3)

主权（sovereignty） 一国最高的和独立的政治权威。(5)

经济特区［special economic zone（SEZ）］ 一种区域性的实体，为生产商提供简化的清关流程、宽松的监管环境和操作的灵活性。(8)

专卖店（specialty retailer） 一种零售业态，其特点是，与百货商店相比，更聚焦，集中经营某些针对特定目标市场的狭窄的产品组合。(12)

赞助（sponsorship） 一种营销沟通形式，即公司通过支付费用，将自己的名称同某一特定事件（活动）、运动队或体育协会、体育运动设施相联系。(14)

电子表格（自动账户系统）（spreadsheet） 一个电子分类账的软件应用系统，当在行和列中输入数字之后，可以自动计算其变化。(15)

利益相关者分析（stakeholder analysis） 为所有利益相关者形成共赢结果开展研究的过程。(17)

标准化/延伸策略〔standardized（extension）approach〕 通过在不同的国家实行营销组合变动最小的延伸战略，寻求全球市场机会。(1)

标准化全球营销（standardized global marketing） 一种目标市场战略，要求为数量众多的潜在购买者创造一套同样的营销策略组合。(7)

战略联盟（strategic alliance） 两个或更多的公司之间在市场上建立的旨在使资源利用最有效、风险最小化的伙伴关系。(9)

战略式/顾问式销售模式（strategic/consultative selling model） 为开展人员销售工作采取的五步模式：人员销售理念、关系策略、产品策略、顾客策略和介绍策略。(14)

战略意图（strategic intent） 由战略学专家哈默尔和普拉哈拉德创建的竞争优势框架。(16)

国际战略联盟（strategicinternational alliances） 两个或多个在全球开展业务的公司之间的互利合作形式，其目标是利用互补的资源和能力获得竞争优势。(9)

流媒体（streaming media） 通过宽带网络对混合音频和视频内容的传播。(15)

流式视频（streaming video） 一系列以压缩形式通过互联网传输并显示在电脑屏幕上的移动图像。(15)

亚文化（subculture） 在一种文化中，一个较小的持有自己态度、信仰和价值观的人群。(4)

补贴（subsidies） 生产商受益的、直接或间接的财政支持或激励。(8)

超级购物中心（supercenter） 一种综合了折扣店和超市元素的零售业态，其占地约为大卖场的一半。(12)

超市（supermarket） 一种零售业态，通常是单层的零售店铺，其商品按部门分类陈列，以自助的方式经营品种丰富的食品和其他商品。(12)

超级商场（superstore） 专门以低价大量销售花样繁多的特定类别产品的商店。(12)

供应链（supply chain） 一系列企业，从事支持性的经营活动，包括生成原材料，将原材料转变为零部件或成品，并提供给购买者等环节。(12)

询问式调查（survey research） 一手资料收集方法，即使用设计好的问卷来获取定量资料、定性资料或两种资料。(6)

持续性技术（sustaining technologies） 有助于改善产品性能的渐进的或激进的产品创新。(15)

转手贸易（switch trading） 在这种交易中，专业的转手贸易商、转手贸易公司或银行会进入简单易货或其他对销贸易方式中，其中一方并不愿意接受交易的全部货物。(11)

确定目标市场（targeting） 评估各个子市场，并将营销工作集中于某个国家、地区或某群潜在顾客。(7)

关税（tariffs） 单个国家影响进口货品的规则、税率和法规。（8）

车载信息系统（telematics） 汽车的一种功能，它通过无线互联网交换关于车辆所在位置或机械性能的信息。（15）

电视购物（teleshopping） 完全用于产品的演示和销售的全天候节目。（14）

临时进口附加费（temporary surcharge） 为保护当地产业，特别为应对国际收支的赤字而不时征收的追加费用。（8）

梯次品牌（tiered branding） 使公司名称与产品品牌名称相结合的策略，亦称复合品牌或伞状品牌。（10）

时间效用（time utility） 在顾客想要时，就可取得产品或服务。（12）

贸易逆差（trade deficit） 国际收支呈负数，表示一国的进口产品价值大于出口产品价值。（2）

商标（trademark） 制造商贴附于特定的产品或包装上的特别标识、口号、设计或徽章，以区别于其他制造商制造的产品。（5）

贸易代表团（trade mission） 由国家赞助的，围绕某个产品、某一组产品、某个产业或某项活动，在本国以外地区主办的展览会，公司员工在会上得以学习有关新的市场和竞争对手的知识。（8）

商贸营业推广（trade sales promotion） 旨在提高分销渠道中的产品可获性的推广方式。（14）

贸易展销会（trade show） 围绕某个产品、某一组产品或某个产业组织的公司代表的集会，公司员工可以在这一场合会见潜在顾客，并收集有关竞争对手的情报。（8）

贸易顺差（trade surplus） 国际收支呈正数，表示一国的出口产品价值大于进口产品价值。（2）

交易网站（transaction site） 一种顾客能够购买商品或服务的网络空间零售点。（15）

转移定价（transfer pricing） 这种定价涉及一家公司的经营部门或分部与另一辖区内的附属公司之间买卖的商品、服务和无形资产。（11）

晶体管（transistor） 一种在电子产品中替代真空管的"固体扩音器"，它的诞生是数字化革命的一个里程碑。（15）

跨国公司（transnational company） 一种展现全球中心导向，即在全球各地寻求市场机会的公司。然而，跨国公司和全球公司在对两种战略的整合和协调上存在区别。跨国公司从各种不同的国家获取产品，并且服务于跨越大部分世界区域的多国市场。（1）

透明度（transparency） 商业交易、财务披露、定价或其他情况中的开放性，其目标是消除各种保密措施和其他障碍以充分理解并做出决策。（3）

复式税则（two-column tariff） 普通关税加特惠关税，后者是指通过与别国的关税谈判而达成的关税减让。（8）

不确定性规避（uncertainty avoidance） 在霍夫斯泰德的社会价值观分类体系中，社会成员对含糊不清或无结构的环境感到不舒畅的程度。（4）

统一资源定位符〔uniform resource locator（URL）〕 在万维网上的互联网网址。（15）

中高收入国家（upper-middle-income country） 人均国民收入总值为 4 036～12 475 美元的国家。（2）

使用率（usage rate）　在按消费行为细分时，对某人使用某产品或服务的程度所做的评估。（7）

使用者现状（user status）　在按消费行为细分时，对某人属于哪一种用户所做的评估，包括现有用户、潜在用户、非用户、过去的用户等。（7）

价值（value）　顾客对企业提供的产品或服务的利益（产品、分销、促销）与价格之比的感知。这个比率可以用价值等式来表达：价值＝利益/价格。（1）

价值链（value chain）　公司为创造顾客价值而开展的各种活动，如研发、生产、营销、实体分销和物流。（1）

价值等式（value equation）　$V = B/P$，其中 V 代表感知的价值，B 代表产品、价格和渠道，而 P 则代表价格。（1）

价值网络（value network）　特定产业的成本结构，它决定了达到某个利润率所需的边际利润。一个广义的产业（如计算机业）可能有平行的价值网络，每一个都有它自己的价值度量指标。（15）

价值观（values）　存在于文化中的、持久的信念或情感，它是一种个人和社会偏爱的具体行为模式。（4）

可变进口征费（variable import levies）　一种针对某几类进口农产品的征税制度。（8）

网络电话〔voice over internet protocol（VoIP）〕　可以将语音编成数据，压缩和打包，通过网络传输后解压处理，还原为正常语音的技术。（15）

Wi-Fi（wireless fidelity）　基于低耗电量的无线电信号技术，允许笔记本或智能手机在基站发射机传送范围（无线热点）内接入互联网。（15）

世界贸易组织〔World Trade Organization（WTO）〕　关税及贸易总协定的后续组织。（3）

万维网（World Wide Web）　连接含有文本、图片及流式音频和视频资源的互联网网站的全球电脑网络。（15）

图书在版编目（CIP）数据

全球营销：第8版/沃伦·基根，马克·格林著；傅慧芬等译.—北京：中国人民大学出版社，2020.9
（国际商务经典译丛）
ISBN 978-7-300-27915-2

Ⅰ.①全… Ⅱ.①沃… ②马… ③傅… Ⅲ.①国际营销－教材 Ⅳ.①F740.2

中国版本图书馆 CIP 数据核字（2020）第 028133 号

国际商务经典译丛
全球营销（第 8 版）
沃伦·基根　马克·格林　著
傅慧芬　杜　颖　译
Quanqiu Yingxiao

出版发行	中国人民大学出版社		
社　　址	北京中关村大街 31 号	邮政编码	100080
电　　话	010 - 62511242（总编室）	010 - 62511770（质管部）	
	010 - 82501766（邮购部）	010 - 62514148（门市部）	
	010 - 62515195（发行公司）	010 - 62515275（盗版举报）	
网　　址	http://www.crup.com.cn		
经　　销	新华书店		
印　　刷	北京市鑫霸印务有限公司		
规　　格	185 mm×260 mm　16 开本	版　　次	2020 年 9 月第 1 版
印　　张	30.25 插页 1	印　　次	2023 年 3 月第 2 次印刷
字　　数	740 000	定　　价	79.00 元

Pearson

尊敬的老师：

您好！

为了确保您及时有效地申请培生整体教学资源，请您务必完整填写如下表格，加盖学院的公章后以电子扫描件等形式发我们，我们将会在 2～3 个工作日内为您处理。

请填写所需教辅的信息：

采用教材				□ 中文版 □ 英文版 □ 双语版
作　者		出版社		
版　次		ISBN		
课程时间	始于　　年　月　日	学生人数		
	止于　　年　月　日	学生年级		□ 专科　　　□ 本科 1/2 年级 □ 研究生　□ 本科 3/4 年级

请填写您的个人信息：

学　校				
院系/专业				
姓　名		职　称		□ 助教 □ 讲师 □ 副教授 □ 教授
通信地址/邮编				
手　机		电　话		
传　真				
official email（必填） （eg：×××@ruc. edu. cn）		email （eg：×××@163. com）		
是否愿意接受我们定期的新书讯息通知：　　□ 是　□ 否				

系/院主任：＿＿＿＿＿＿＿＿（签字）

（系 / 院办公室章）

＿＿＿年＿＿＿月＿＿＿日

资源介绍：

——教材、常规教辅资源（PPT、教师手册、题库等）：请访问 www. pearsonhighered. com/educator。（免费）

——MyLabs/Mastering 系列在线平台：适合老师和学生共同使用；访问需要 Access Code。（付费）

地址：北京市东城区北三环东路 36 号环球贸易中心 D 座 1208 室（100013）

Please send this form to：copub. hed@pearson. com

Website：www. pearson. com

教师教学服务说明

中国人民大学出版社管理分社以出版经典、高品质的工商管理、统计、市场营销、人力资源管理、运营管理、物流管理、旅游管理等领域的各层次教材为宗旨。

为了更好地为一线教师服务，近年来管理分社着力建设了一批数字化、立体化的网络教学资源。教师可以通过以下方式获得免费下载教学资源的权限：

在中国人民大学出版社网站 www.crup.com.cn 进行注册，注册后进入"会员中心"，在左侧点击"我的教师认证"，填写相关信息，提交后等待审核。我们将在一个工作日内为您开通相关资源的下载权限。

如您急需教学资源或需要其他帮助，请在工作时间与我们联络：

中国人民大学出版社　管理分社

联系电话：010-82501048，62515782，62515735

电子邮箱：glcbfs@crup.com.cn

通讯地址：北京市海淀区中关村大街甲 59 号文化大厦 1501 室（100872）